D1754001

PROBLEME DER DICHTUNG
Studien zur deutschen Literaturgeschichte
Begründet von Hans Pyritz

Fortgeführt von
Adolf Beck · Hans-Joachim Mähl · Karl Ludwig Schneider

Herausgegeben von
Peter Uwe Hohendahl · Rüdiger Steinlein

Band 42

STEPHAN KRAUSE

Topographien des Unvollendbaren

Franz Fühmanns intertextuelles
Schreiben und das Bergwerk

Universitätsverlag
WINTER
Heidelberg

Bibliografische Information Der Deutschen Nationalbibliothek
Die Deutsche Nationalbibliothek verzeichnet diese Publikation
in der Deutschen Nationalbibliografie;
detaillierte bibliografische Daten sind im Internet
über *http://dnb.d-nb.de* abrufbar.

Umschlagbild:
© Stephan Krause

ISBN 978-3-8253-5617-0

Dieses Werk einschließlich aller seiner Teile ist urheberrechtlich geschützt. Jede Verwertung
außerhalb der engen Grenzen des Urheberrechtsgesetzes ist ohne Zustimmung des Verlages
unzulässig und strafbar. Das gilt insbesondere für Vervielfältigungen, Übersetzungen,
Mikroverfilmungen und die Einspeicherung und Verarbeitung in elektronischen Systemen.
© 2009 Universitätsverlag Winter GmbH Heidelberg
Imprimé en Allemagne · Printed in Germany
Druck : Memminger MedienCentrum, 87700 Memmingen

Gedruckt auf umweltfreundlichem, chlorfrei gebleichtem
und alterungsbeständigem Papier

Den Verlag erreichen Sie im Internet unter:
www.winter-verlag-hd.de

Für Doris, Günter, Sebastian, Martin und Valéria

En effet, la grotte est un refuge dont on rêve sans fin.
Gaston Bachelard, La terre et les rêveries du repos

Össze ne csirizeld holmi bárgyú mesével. Maradjon minden annak, ami egy költőhöz illik: töredéknek.
Kostolányi Dezső, Esti Kornél.

Dank

Im Rückblick auf meine Arbeit an diesem Dissertationsprojekt denke ich an viele Menschen, die mir sehr hilfreich zur Seite standen, die mich in vielerlei Hinsicht unterstützt haben und die mir in zahlreichen Gesprächen wertvolle Hinweise, Anregungen gegeben oder ihre Kritik eingebracht haben.
Ihnen gebührt an dieser Stelle mein großer Dank.

Doris und Günter Krause
Lengyel Valéria
Sebastian Krause
Martin Krause
Prof. Dr. Frank Hörnigk
Prof. Dr. Dennis Tate
Dr. René Kegelmann
Prof. Dr. Kulcsár Szabó Ernő
Lengyelné Hajnal Valéria és Lengyel Attila
Σέργιος Κατσίκας
Heike Hardt
Paul Kárpáti
Barbara Heinze
Volker Scharnefsky
Kerstin Krull
Dr. Lutz Kirschner
Rolf und Elke, Nicole, Nadine Stütze
Gerhard Krause und Gudrun Thümer

Ich danke außerdem der Rosa-Luxemburg-Stiftung und dem Deutschen Akademischen Austauschdienst für die mir gewährten Stipendien.
Mein Dank gilt zudem der Stiftung Archiv der Akademie der Künste in Berlin sowie der Zentral- und Landesbibliothek Berlin für die Unterstützung meiner Recherchen und für die Gewährung sehr günstiger Arbeitsmöglichkeiten.

Inhaltsverzeichnis

Erschürfung und Abteufen – Einleitung 1

I. Fensterchen im Sesamberg – zur Nachdichtung (ung. műfordítás) 15
I.1 Steine einen Berg hinanrollen 15
I.2 Nachdichtung als Ersatzfunktion der eigenen Lyrik
bei Franz Fühmann – Eine Einführung 16
I.3 „Ich habe mir die Landschaft richtig verboten: Du treibst dich jetzt
nicht auf den Bergen herum!" – Heimatverlust, Heimatverbot und
der Verlust der lyrischen Stimme bei Franz Fühmann 19
I.4 „Itt ülök, csillámló sziklafalon." und „Nirgends sein o Nirgends du
mein Land" – Beginn in der Nachdichtung 32
I.5 Neuland Nachdichtung – Zaubersprüche eines tauben Ali Baba 45
I.6 „Ihrer Dichtung verdanken wir Deutschen viel Freude." 51
I.6.1 „Mért legyek én tisztességes? Kiterítenek úgyis! / Mért ne legyek
tisztességes! Kiterítenek ugy is. " – Attila József 55
I.6.2 „Mondd, van-e ott haza még, ahol értik e hexamétert is?" –
Miklós Radnóti 70
I.6.3 „Diese Gedichte sind […] Kern-Substanz, Konzentrat von
Granit, poetisches Urgestein." – Ágnes Nemes Nagy 85
I.7 „Fertig zu sein, dieses Gefühl jedenfalls hat man nie." –
„[D]er ewig quälende Drang, jenen Ort in der
Sprache zurückzugewinnen, den ihm das Leben
unwiederbringlich verlor." 96

II. „Könnte man eine Straße, ein Viertel, eine Stadt, ein Land durch
die Gedanken, Träume, Erinnerungen, Gefühle beschreiben,
die einem in ihrem Bannkreis kommen?" – Der τόπος
Budapest und *22 Tage oder Die Hälfte des Lebens* 101
II.1 „Nel mezzo del cammin di nostra vita / mi ritrovai per una
selva oscura, / ché la diritta via era smarrita." 101
II.2 Dialektik von Beginn und Ende – „Ostbahnhof, Bahnsteig A,
Nord-Süd-Expreß, 23.45 –". 103
II.3 „Verblüffte Funken" – Aspekte des Plötzlichen
im Budapest der *22 Tage* 116
II.4 „Ein einziges großes Gedichtganzes [der weltweiten Moderne]" –
Budapests Texte bei Fühmann 128
II.5 Zwischen AUSGANG und EINGANG –
ein labyrinthischer τόπος in Budapest 165

II.6	„Blick nachts auf Buda – Bergwerk der Träume"...175	

III.	„μία δ' οίη μύθον άκουσεν." – Mythos und Wissen, „»was Sache ist«"...179	
III.1	Poetik des Unvollendbaren und unvollendbare Poetik...................179	
III.2	*Je suis un mensonge qui dit toujours la vérité.*"....................202	
III.3	τόπος τρίτον..211	

IV.	Bergwerk – τόπος χθόνιος 215	
IV.1	Weißkaue...215	
IV.2	Einfahrt – Seilfahrt 229	
IV.3	„[…] da wie dort unbegreiflich vor Ort"...................................249	
IV.4	„Natürlich würde ich Bergmannsgeschichten erzählen" – das Bergwerk als Bibliotheksphänomen 292	
IV.5	Bitterfelder Weg und Mansfelder Strecke.................................310	
IV.6	„Jedes BW = Totenstadt, Nekropolis" 326	
IV.7	„Mein Problem: wie kann ich das darstellen, ›kann‹ nicht im Sinne eines ›Dürfens‹, sondern eines literarisch-handwerklichen Vermögens."..................................334	

V.	Schwarzkaue – Schlusswort als Ausblick 355	
VI.	Bibliographie..361	

Erschürfung und Abteufen – Einleitung

Für die Diskursivität von Literatur gilt die jeweils mehrdimensionale Eingebundenheit literarischer Texte in und durch ihre Rezeption, ja schon durch ihre Rezipierbarkeit. Dass Deutbarkeit und Deutungen von Texten damit bereits ihr Gleis zugewiesen sei, lässt sich vielleicht annehmen[1], doch hat sich literaturwissenschaftliches Interesse an Texten mehr noch um die Potenz ihrer Signifikanz zu kümmern. Dies geschehe gerade auch eingedenk der Tatsache, dass Diskursivität sich eminent aus Kontinuität speist. Denn Endgültigkeit wird dort zur fast hilflosen Fußnote, einfältiger Wunschtraum von einem Abschließbaren und Abzuschließenden, der dem Bereich des Mächtigen eignet.

Auch die Verse aus Goethes *Divan*, die Franz Fühmann sich auf seine Briefbögen[2] setzen ließ, wissen hiervon. Sie künden von einer Erfahrung, die durch den epigraphischen Einsatz des Goethe-Zitats nicht mehr nur die eines konkreten Einzelnen darstellen mag. Fühmann kontextualisiert diese neu und erweist dadurch die Potenz ihrer – auch allgemeinen – Gültigkeit. So ergäbe sich alsbald die treffliche Deskription dieser Goethe-Rezeption als Teil eines oft eingeschränkt öffentlich geführten Einzel- oder Teildiskurses. So müsste denn unter Einbezug der Tatsache, dass es sich bei dem Begriff DDR-Literatur um eine weitestgehend territoriale und nach 1989/1990 gern auch temporale Bestimmung handelt, eine politische und sozial- wie literaturhistorische Auslegung des Zusammenhangs hergeleitet werden, in den Goethes Verse gestellt zu sein scheinen.

Die Betonung der Erfahrungen im, mit Müller zu sprechen, ‚Material DDR' träte hervor.

Noch ehe aber Goethe zu Wort gekommen ist, spricht aus seinen Versen damit etwas, das ihnen wohl auch innewohnt und sich doch zu entscheidendem Teil der beobachteten Kontextualisierung verdankt. Letztere ließe sich je mit Blick auf die Inhalte der einzelnen Briefe und auf die jeweiligen Adressaten fortschreiben.

Die ästhetischen und literarischen Leistungen in dem als DDR-Literatur geführten Teil der deutschen Literatur reduzieren sich bekanntlich bei weitem

---

[1] Vgl. hierzu etwa: „[J]e suppose que dans toute société la production du discours est à la fois contrôlée, sélectionnée, organisée et redistribuée par un certain nombre de procédures qui ont pour rôle d'en conjurer les pouvoirs et les dangers, d'en maîtriser l'événement aléatoire, d'en esquiver la lourde, la redoutable matérialité." (Foucault, Michel: *L'ordre du discours*. Leçon inaugurale au Collège de France prononcée le 2 décembre 1970. Paris 2004, S. 10f.)

[2] „Übers Niederträchtige / Niemand sich beklage; / Denn es ist das Mächtige, / Was man dir auch sage." (Goethe, Johann Wolfgang: *Wanderers Gemütsruhe* [West-östlicher Divan]. In: Ders.: Werke, Hamburger Ausgabe (HA). Bd. 2, Gedichte und Epen II. Hrsg. v. Erich Trunz. München 1998, S. 47.)

nicht auf Briefe und Briefköpfe oder die rezeptive Verarbeitung von klassischem Material. Dennoch scheint es, als bliebe die affirmative Wiederkehr der interpretatorischen Diskurse um Sklavensprachen und Kassiberfunktionen bestimmend, womit sich letztlich eine Konzentration auf die Punkte, Details und Kriterien fortsetzt, nach denen schon innerhalb der DDR die soziologische Funktion und das soziale und politische Funktionieren von Literatur ausgelotet wurden, freilich allzu oft unter Vernachlässigung von ästhetischem Wert. Die kulturpolitische Schelte der frühen 1990er Jahre erging sich ja schon in Diskussionen, bei denen es über das Zusammentragen von Textäußerem noch verstärkt zu Etikettierungen kam, die zwar politische Messungen erlaubten, aber darüber gleichsam ästhetische Kategorien vernachlässigten.[3] Worum es hierbei geht, ist nicht die Aburteilung bestimmter literaturwissenschaftlicher Deutungsansätze oder Lesarten, sondern es ist der berechtigte Hinweis darauf, dass gerade Franz Fühmann ausdrücklich auf die Differenz in der ästhetischen Kompetenz hinwies, durch die Literatur zu bestimmen ist. Bei ihm heißt es, erst in der Rezeption durch einen Leser erhalte eine „Hervorbringung gesellschaftlichen Charakter", da jener „des Artikulierens oder *so* Artikulierens Unfähige[]"[4] seine Erfahrung

---

[3] Vgl. hierzu insbesondere: Hörnigk, Frank: *Die Literatur ist zuständig*. Über das Verhältnis von Literatur und Politik in der DDR. In: Goodbody, Axel / Tate, Dennis (Hrsg.): Geist und Macht. Writers and the State in the GDR. Amsterdam 1992, S. 23-34. Vgl. außerdem die Problematisierung dieses Komplexes bei Wolfgang Emmerich mit engem Bezug zu Bernhard Greiner. Emmerich benennt jedoch nicht den Beitrag von Gerd Labroisse, der bereits 1978 in Teilen ähnliche Überlegungen zur Sicht auf die Literatur der DDR anstellt, wie Emmerich 1992: Emmerich, Wolfgang: *Für eine andere Wahrnehmung der DDR-Literatur: Neue Kontexte, neue Paradigmen, ein neuer Kanon*. In: Goodbody / Tate: Geist und Macht, S. 7-22; Greiner, Bernhard: *DDR-Literatur als Problem der Literaturwissenschaft*. In: Klussmann, Paul Gerhard / Mohr, Heinrich (Hrsg.): Probleme deutscher Identität. Zeitgenössische Autobiographien, Identitätssuche und Zivilisationskritik. Bonn 1983, S. 233-262; Labroisse, Gerd: *DDR-Literatur als literaturwissenschaftliches Problem*. In: Ders. (Hrsg.): Zur Literatur und Literaturwissenschaft der DDR. Amsterdam 1978, S. 7-25 und mit einem rezeptionsbetonten Blickwinkel: Hogeveen, Jos: *Prolegomena zu einer funktionsgerechten Betrachtung von DDR-Literatur*. In: Labroisse, Zur Literatur und Literaturwissenschaft der DDR, S. 27-66 sowie als Beispiel für eine nahezu vollständig ästhetikferne Lektüre von DDR-Literatur: Corino, Karl: *Vor und nach der Wende*. Die Rezeption der DDR-Literatur in der Bundesrepublik und das Problem einer einheitlichen deutschen Literatur. In: Neue deutsche Literatur (NdL) 39 (1991) 8, S. 146-164.
Vgl. dazu auch Margarete Hannsmanns distanzierte und treffende Einschätzung in ihrem offenen Brief an den toten Franz Fühmann: „Wir betrachten Dich heute als eine Spezies, die nur 40 Jahre auf der Erde weilte: ein Dichter der DDR. Ein DDR-Dichter. / Sie spucken inzwischen nicht mehr auf Dein Grab. Andre sind dran. Noch kämpfen die Fachleute, Literaturwissenschaftler jeglicher Couleur, mit den ihnen zu Gebote stehenden Waffen, um der freizusprechenden Exemplare zu begrenzen." (Hannsmann, Margarete: *Franz, sie wollen Dich ausstellen*. In: Heinze, Barbara (Hrsg.): Franz Fühmann. Es bleibt nichts anderes als das Werk. Ausstellung der Stiftung Archiv der Akademie der Künste [Ausstellungskatalog]. Berlin 1993, S. 6.)
[4] Beide Zitate: Fühmann, Franz: *Vademecum für Leser von Zaubersprüchen*. Zu einem Gedichtband der Sarah Kirsch. In: Ders.: Autorisierte Werkausgabe. Bd. 6, Essays, Gesprä-

mit der in dem Textgebilde enthaltenen zusammenbringe. Dabei ist nicht nur die Kenntnis eines Stoffes oder eines Gegenstandes entscheidend, aber auch das Wie einer möglichen Artikulation, denn „Mythen gehen im Rationalen sowenig ganz auf wie ein Kunstwerk, doch sie ereignen sich ununterbrochen, und wer sie erzählen kann, ist ein Dichter."[5]

Noch hierin steckt die ausdrückliche Betonung einer Diskrepanz, die sich jedoch – gerade beim Erfahrungsmaterial DDR – nicht allein durch eine pragmatische Zuordnung bzw. eine diskursive Einordnung erfassen lassen wird. Fühmanns Hinweis auf den Anteil des Irrealen am Mythos wie an einem literarischen Kunstwerk ist der Hinweis auf ihre Offenheit und es ist zugleich die Privilegierung jenes mythischen Elementes in der Literatur.

Der Schreibung und den Schriften von Fühmanns *Topographien der Unvollendbarkeit* nachzugehen, heißt hier in ein Bergwerk seines Schaffens einzufahren, dessen Verzweigungen mitnichten in Zerfaserungen auslaufen. In Fühmanns Werk lässt sich eher ein Modus von Unabschließbarkeit erkennen, der die in dieser Untersuchung als exemplarische und wesentliche Topographien beschriebenen Texte und Schaffensbereiche kennzeichnet. Nachhaltig wird darin jene durch Offenheit bestimmte, poetische Mythoskonzeption erkennbar, deren Einfluss in Fühmanns Werk anhand verschiedener Realisierungen eines topographisch vorstellbaren Konzepts zu beobachten ist.[6]

Es werden demnach Lesarten privilegiert, die die Texte aus einer vielfach eingeschränkten Auffassung von ihrer Lesbarkeit herauslösen. Denn diese Auffassung kann sich nur allzu oft einer mimetisch-historisch fixierten Lesart nicht erbrechen. Ihre Ergebnisse wiederholen letztlich diese Fixierung und führen zu Urteilen und Einschätzungen, die zwar nicht von der auch nur indirekten Forderung nach einem geschützten und zu schützenden Areal beseelt sind, doch die es eben auch nicht erreichen, endlich aus einem Diskurs über Literatur herauszutreten, der sich eine Neubestimmung seiner selbst vorgenommen hat und doch

---

che, Aufsätze 1964-1981. Rostock 1993, S. 146-187, hier S. 157. (Hervorhebung i. Orig.) Die Bände dieser Werkausgabe werden im Folgenden mit WA und der jeweiligen Bandnummer angegeben.

[5] Ders., *22 Tage oder Die Hälfte des Lebens*. In: Ders.: Das Judenauto. Kabelkran und Blauer Peter. Zweiundzwanzig Tage oder Die Hälfte des Lebens (WA 3). Rostock 1993, S. 281-506, hier S. 490.

[6] Auch im Trakl-Essay spricht Fühmann z.B. von „der mythischen Landschaft der Dichtung Trakls" (Fühmann, Franz: *Vor Feuerschlünden*. In: Ders.: Vor Feuerschlünden – Erfahrung mit Georg Trakls Gedicht. Unter den Paranyas – Traum-Erzählungen und -Notate (WA 7). Rostock 1993, S. 7-205, hier S. 166.) Für einen in Teilen ähnlichen Ansatz, der jedoch vor allem biographisch fundiert ist, vgl.: „Auf Franz Fühmann trifft es offensichtlich zu, daß Orte und Landschaften seine Biographie wie kaum eine andere prägen, zu einem vielschichtigen Bezugspunkt seiner Poetik werden und vielleicht auch die Architektur seines Schreibens bestimmen." (Krüger, Brigitte: *Mythischer Ort – poetischer Ort*. Franz Fühmann: „Im Berg". In: Krüger, Brigitte / Bircken, Margrid / John, Helmut (Hrsg.): „Jeder hat seinen Fühmann". Herkunft – Prägung – Habitus. Zugänge zu Poetologie und Werk Franz Fühmanns. Frankfurt/M. u.a. 1998, S. 79-100, hier S. 79.)

nicht über so oder so, auch hüben und drüben, anhaltend praktizierte Haltungen und Präfigurationen hinauskommt.

Anhand von vier Säulen des Gesamtwerkes, vier bedeutenden Orten und Landschaften[7] innerhalb von Fühmanns Werk wird hier eine Sichtweise angeboten, die, orientiert an dem bei Fühmann mehr und mehr relevanten Problem der Schreibbarkeit von Erfahrung, die Frage aufwirft, ob das Bergwerk als symbolische Topographie wesentlich von seiner Abschließbarkeit her bestimmt werden muss oder ob nicht eher die Beschreibung seiner Unabschließbarkeit zu wesentlich neuen Erkenntnissen führt. Die hier vorgenommene Auswahl von vier Hauptsträngen versteht sich dabei durchaus als exemplarisch stellvertretend für ein Gesamtwerk, dessen Vielgesichtigkeit sich derart repräsentieren lässt. Als Hintergrund und als wichtige Einzeltopographien innerhalb von Fühmanns literarischer Gesamttopographie werden dazu neben der Nachdichtung als lyrisch-sprachlichem Ersatzort für die „zerschlissene" eigene Lyrik noch Budapest, der Ort der *22 Tage*, und der Mythos als poetischer „dritter Ort"[8] menschlicher Erfahrung aufgerufen. Darauf aufbauend wird schließlich ein Deutungsansatz der Bergwerklandschaft angeboten, der eine Reihe von poetischen, mythologischen, intertextuell-rezeptiven, literatur- und stoffgeschichtlichen und traditionsmäßigen Attributen benennt, die das Bergwerk bei Fühmann in seiner unvollendeten Gestalt bereits besitzt. Es ist so auch „Kreuzpunkt"[9] und Vereinigungsraum poetischer Hauptlinien in Fühmanns Werk.

Das Kapitel I dieser Untersuchung widmet sich mit der Nachdichtung, einem Schaffensbereich Franz Fühmanns, dem in der Forschung bisher wenig Aufmerksamkeit galt bzw. gelten konnte.[10] Der Rahmen dieses Kapitels ist freilich auch hier durch die für eine lautere und fundierte Betrachtung notwendige fremdsprachliche Kompetenz eingeschränkt. Insofern fiel die Wahl in keiner Weise willkürlich auf Fühmanns Nachdichtungen aus der ungarischen Lyrik, sondern erklärt sich auch durch die fremdsprachlichen wie damit fachlichen Möglichkeiten, die etwa für die wichtigen und viel zu wenig beachteten Arbeiten Fühmanns im Zusammenhang mit dem Tschechischen[11] hier nicht gegeben sind. Allerdings steht selbstverständlich auch Fühmanns *22 Tage oder*

---

[7] Welche Rolle der Begriff der Landschaft in der Literatur in verschiedener Hinsicht für Fühmann gespielt haben muss, lässt sich auch anhand der breiten Sammlung von Textstellen erahnen, die seine Zettelkästen unter dem Stichwort ‚Landschaft' enthalten. (ZLB, Sammlung Fühmann, Nr. 130+131)
[8] Fühmann, *Das mythische Element in der Literatur*. In: WA 6, S. 82-140, hier S. 121.
[9] *22 Tage*. WA 3, S. 287.
[10] Jürgen Krätzer verweist etwa auf die für Untersuchungen nötige fremdsprachliche Kompetenz und liefert eine (nicht ganz vollständige) Übersicht über die von Fühmann übertragenen Autoren. (Vgl.: Krätzer, Jürgen: *Fühmanns Lyrik: Das Scheitern der „Märchenkonzeption"*. In: „Jeder hat seinen Fühmann", S. 41-58, hier S. 58.)
[11] Das Institut für Slawistik der Humboldt-Universität zu Berlin widmete Fühmanns Vermittlertätigkeit für tschechische Lyrik 2003 allerdings eine Veranstaltung unter der Leitung von Prof. Dr. Manfred Jähnichen. Für weitere einzelne Literaturhinweise zur Nachdichtung aus dem Tschechischen vgl. unten, Kap. I.

Einleitung

Die Hälfte des Lebens in bekanntermaßen enger Verbindung mit Ungarn und Budapest und dem Ungarischen. Aus dieser Tatsache nun leitet sich mithin ein zusätzlicher Konnex zwischen zwei Schaffenskomplexen her, der die Anlegung dieser Arbeit unterstützt und in Teilen bedingt hat. Das heißt, dass die Kontextualisierung von Nachdichtung und *22 Tage* also auch explizit einen sprachlichen und sprachräumlichen Zusammenhang mit einer tragenden Säule des Gesamtwerkes aufnimmt, der etwa für die Fühmann'sche Übertragungsarbeit aus dem Polnischen oder Tschechischen trotz allen Stellenwertes bedeutend weniger gegeben ist.[12] Fühmanns Nachdichtungsarbeit aus dem Ungarischen wird in der vorliegenden Untersuchung durch seine Arbeit mit den Texten von drei Lyrikern repräsentiert: Attila József, bei dem Fühmann mit der Nachdichtung aus dem Ungarischen begann, Miklós Radnóti, dessen Gesamtwerk Fühmann zu übertragen plante und zu dem er den wichtigen Aufsatz *Der Dichter zwischen den Kriegen* verfasste und die Dichterin Ágnes Nemes Nagy, eine Zeitgenossin, von der Fühmann Texte nachgedichtet hat. Die Konzentration auf das zwanzigste Jahrhundert erfolgt auch, um Fühmanns Verständnis vom „Werk […] der weltweiten Moderne" als „einziges großes Gedichtganzes"[13] mit dem Schaffenskomplex Nachdichtung zu illustrieren. Die literarischen Dimensionen, die dieses Verständnis voraussetzt, lassen sich dafür am Reichtum des Trakl-Essays ablesen, aber auch an den reichen Beständen in Fühmanns Arbeitsbibliothek. Die Nachdichtung steht insofern auch stellvertretend für Fühmanns Bemühungen um die Moderne[14], von deren breiter Kenntnis und von deren Stellenwert für den Autor Fühmann vorzugsweise auch *22 Tage* zeugt.

Dieser zentrale Text steht im Mittelpunkt des Kapitels II. Dort werden Schwerpunkte gesetzt im Hinblick auf die Offenheit dieses Textes über seine textuellen Begrenzungen hinaus. Die Frage des offen über sich und sein Ende hinausgehenden Textes weist hier bereits voraus auf ein Problem, das sich mit der Fragmentarizität des Bergwerkes auf andere Weise stellt. Daneben wird gezeigt, wie das engmaschige Netz von Intertextualitäten, das Fühmann in *22 Tage* knüpft, Budapest als Ort der Moderne erzeugt und setzt. Daran erweist sich neuerlich die hervorzuhebende Vielfalt und Breite einer literarischen und intertextuellen Basis, die Fühmann dem aphoristisch gestalteten Text und dem Ort einschreibt. Inwiefern Budapest in *22 Tage* in der Tat eine Topographie in Texten sowie im Text darstellt, wird auch an der Episode verdeutlicht, die einen

---

[12] Es sei nachdrücklich angemerkt, dass dies <u>kein</u> Werturteil über die von Fühmann nachgedichteten tschechischen und polnischen Texte impliziert!
[13] *Vor Feuerschlünden*. WA 7, S. 114.
[14] Vgl. dazu etwa das frühe Konzept zu einer „Bibliothek des 20. Jahrhunderts" in: Heinze, Barbara (Hrsg.): *Franz Fühmann. Eine Biographie in Bildern, Dokumenten und Briefen*. Rostock 1998, S. 81ff. Vgl. auch entsprechende Aussagen mit der Nennung einzelner Autoren in den Briefen Fühmanns an Hans Bentzien vom 01. März 1964 in: Fühmann, Franz: *Briefe 1950-1984*. Hrsg. v. Hans-Jürgen Schmitt. Rostock 1994², S. 40, sowie, viel offener, an Margarete Hannsmann 1978, ebd., S. 283. Dieser Brief wurde vermutlich Ende 1978 geschrieben.

Besuch im Budapester Lukácsbad behandelt (II.5). Dieser in mythischem Kontext dargebotene Ort zeigt nicht nur eine erste konzeptuelle Verwandtschaft mit dem wenig später bedeutsamen Bergwerk, sondern durch die (schrift-)sprachliche Gestaltung der Textpassage selbst wird recht eigentlich die Schrift dieses Ortes, seine Topo-Graphie, gegenwärtig.

Aus Budapest zurückgekehrt, war Fühmann nach dem labyrinthischen Panoptikum der *22 Tage* von je gleichzeitiger Dichtung, Nachdichtung, Geschichte und Schichtung der Budapester und ungarischen Wirklichkeiten die bekannte dialektische Schlussfrage übrig geblieben: „Anfangen? Oder: Aufhören?"[15]

Durchaus nicht fertig zu sein mit den vorgetragenen Überlegungen und sich „nach Art redlicher Handwerker"[16] – Künstler – im Prozess der Selbstverständigung über das eigene Tun zu befinden, markiert auch Franz Fühmanns Ausführungen zum mythischen Element. Einen derartigen Hinweis stellt er seinem poetologischen Vortragsessay voran. Dieser sei zudem eher eine Art Aufforderung, bestimmte Fragen aus einem möglicherweise neuen Blickwinkel zu sehen, doch fertige Ergebnisse zum Nach-Hause-Tragen könne er, Fühmann, damit keineswegs bieten: Der Vortragsessay *Das mythische Element in der Literatur* von 1974/75 bildet den Gegenstand des Kapitels III, das Fühmanns Mythoskonzeption neben die beiden vorausgehenden Orte stellt. Die Vorstellung vom mythischen Gleichnis als drittem Ort, da sich allgemeine Menschheitserfahrung und die individuelle Erfahrung des einzelnen Menschen treffen, wird als dritte Hauptlinie in Fühmanns Werk behandelt.

Bei allen drei Bereichen lässt sich jeweils eine Offenheit des poetischen Prozesses erkennen, der hier als Schaffen am Unvollendbaren charakterisiert wird. Im Bergwerk sind dann sowohl ποίησις als auch τεχνέ aller drei bearbeiteten Texte bzw. Schaffensbereiche wiederzufinden, sodass sich für die Anlegung dieser Untersuchung auch die Notwendigkeit ergab poetische Techniken darzustellen, die Fühmanns Schreiben und das Bergwerk eigentlich ausmachen.

Das Kapitel IV zum Bergwerk lässt somit Bedeutungsstränge dieses unvollendeten Textes erkennbar werden, anhand derer – und dies verfasst der Text der Untersuchung selbst – Konturen sichtbar werden, die der fragmentarische Text bereits enthält und die ausdrücklich nicht mit der vom Ende her rührenden Problematik des Abbruchs überschrieben werden. Anstatt einer Diskussion des ungefüllten – als Text weißen – Raumes wird die durch den Text angefüllte Topographie beleuchtet, um – dem Erzähler unter Tage streckenweise durchaus verwandt – deren Erhellung in dem und durch den lichten Raum des vorhandenen Textes zu beschreiben. Dieses Kapitel teilt sich in sieben thematische Einzelabschnitte auf. Zunächst erfolgt die inhaltliche Zusammenführung der in den ersten drei Kapiteln vorgenommenen Betrachtungen mit den für das Bergwerk relevanten Fragestellungen (IV.1). Daran schließt sich ein Unterkapitel (IV.2) zum Eingehen bzw. Einfahren ins Bergwerk an, das etwa mit dem Problem des

---

[15] *22 Tage*. WA 3, S. 506.
[16] *Das mythische Element in der Literatur*. WA 6, S. 83.

Einleitung

Eingangs in der Badepisode in *22 Tage* und mit dem Problem des unauffindbaren Mythosanfangs korrespondiert. Das folgende Unterkapitel (IV.3) widmet sich der Orts(be)schreibung, die Fühmanns Bergwerk-Text anbietet und mit deren Hilfe die wichtige Rolle des Fiktionalen im Bergwerk erläutert wird. Unter IV.4 werden die wichtigsten intertextuellen Einschreibungen untersucht, die Fühmann im Bergwerk teilweise explizit vorgenommen hat. Ein fünfter Abschnitt thematisiert den für das Bergwerk bedeutsamen und zugleich höchst problematischen Begriff der Arbeit, und zwar gerade als Zusammenhang zwischen der bergmännischen und der literarischen Arbeit. Nach der Darstellung des Bergwerkes als Thanatos fragt der sechste Abschnitt, dessen Problematik auch in diesem Kontext auf die Verbindung von schriftstellerischer und Bergmannsarbeit hinweist, steht doch unter Tage „jedes Tun und Lassen im Wirkungsfeld des Todes"[17]. Der siebte Abschnitt setzt sich mit im Bergwerk-Text wiederholt zur Sprache gebrachten poetischen Fragen auseinander, im Umkreis derer ebenso die Fragmentarizität des Textes diskutiert wird. Denn die wissenschaftliche Auseinandersetzung mit der Literatur Franz Fühmanns scheint sich in immer neuen Sätzen über das Scheitern zu bewegen.[18] Eine ganze Reihe unvollendeter, abgebrochener, nicht weitergeführter und ohne Ende belassener Textzeugnisse lassen sich beim Durchgang und der Durchsicht der zum Teil veröffentlichten teilweise bisher nur im Archiv zugänglichen Texte und Materialien finden. Zu den bekanntesten gehören der fragmentarische zweite Teil des *Prometheus*, einst als fünfbändiger Roman geplant, die *Libuscha* und natürlich das auch als Fragment posthum publizierte Bergwerk. Das fortwährende Postulat des Scheiterns und des Gescheitert-Seins, das sich ein ums andere Mal aus den hinreichend bekannten Sätzen aus Fühmanns Testament speist, mag sich anhand der hier ebenso unabgeschlossenen Reihe scheinbar gut bestätigen lassen.

Franz Fühmanns Wege in der Literatur erscheinen in ihren Brechungen, Brüchen und Windungen nicht wie „[...] ein geländerter Steig", der „sicher den Wanderer [dahinträgt]"[19]. Eher wohl bleibt sein Pfad ein *Meredek út*[20], ein immer steiler Weg, der sich zuweilen gar als niedrige Bergwerksstrecke gibt, die zu schmerzhaftem Kriechen auf den Knien zwingt, „manche hundert Mal"[21].

---

[17] Fühmann, Franz: *Im Berg*. Texte aus dem Nachlaß. Hrsg. v. Ingrid Prignitz. Rostock 1993², S. 22. Im Folgenden zitiert als: *Im Berg*.
[18] Vgl. u.a.: Müller, Lothar: *Schichtende*. Über Franz Fühmanns Fragment »Im Berg«. In: Menninghaus, Winfried / Scherpe, Klaus R. (Hrsg.): Literaturwissenschaft und politische Kultur. Für Eberhard Lämmert zum 75. Geburtstag. Stuttgart 1999, S. 77-99; Kim, Ihmku: *Franz Fühmann – Dichter des „Lebens"*. Frankfurt/M. u.a. 1996, S. 265; Köhn, Lothar: *Franz Fühmanns Fragment* Im Berg. In: [Colonge, Paul (Hrsg.)]: La mine dans la civilisation et la littérature allemandes. / Der Bergbau in Kultur und Literatur des deutschen Sprachraums. Villeneuve d'Ascq 1995, S. 83-93.
[19] Beide Zitate: Schiller, Friedrich: *Der Spaziergang [Elegie]*. In: Ders.: Werke. Nationalausgabe (WN). Zweiter Band, Teil I, Gedichte in der Reihenfolge ihres Erscheinens 1799-1805 (Text). Hrsg. v. Norbert Oellers. Weimar 1983, S. 308-314, hier S. 309.
[20] Titel eines Gedichtbandes von Miklós Radnóti, *Steiler Weg* (Übers. S.K.).
[21] *Im Berg*, S. 12.

Beim Blick auf ein Manuskript oder Typoskript Fühmanns und bei einer vielleicht nur flüchtigen Berührung einer Typoskriptseite fällt sogleich die Papier und Material gewordene Gegenwart eines Arbeitsprozesses auf, der für den Betrachter in mehrfach übereinander geklebten Papierstreifen die mühevollen Um- und Aufschichtungen von Material im Laufe der Textentstehung darstellt und zugleich ausstellt. Die Klebetyposkripte sind Reliefkarten eines mühsamen Schreibens, verschiedenfarbig je neben- und übereinander gesetzter Absätze, Zeilen und einzelner Wörter, geschichtete Dokumente, vom Bergdruck gepresste Flöze eines literarischen Gewordenseins.

Mit Blick auch darauf sind immer wieder biographische, wie zum Teil auch literarisch-sprachliche Veränderungsprozesse markiert worden, die damit auch und gerade die Brüche eines „deutschen Dichterlebens"[22] zeigen. Die unterschiedlichen Entwicklungsstufen des Dichters, des Schriftstellers, des Essayisten, ja des Kritikers Franz Fühmann wurden dabei etwa als „Prozeß der Selbstbewußtwerdung von Literatur"[23] oder aus einem vor allem durch sich selbst methodisch dominierten Blickwinkel als „potentialgeschichtlicher Wandel"[24] interpretiert. Sigrid Damm hat hingegen hervorgehoben, Fühmanns Thema sei „nicht so sehr die Wandlung, wie oft geschrieben wird und wie er es in früher Zeit selbst nahegelegt hat, – sondern die Kontinuität."[25] Von Bülow nimmt vor diesem, vor allem aber vor dem Hintergrund einer genaueren Auseinandersetzung mit der „Beziehung zwischen seiner (Fühmanns, S.K.) am Mythos entwickelten Auffassung von ›Dichtung‹ und der anthropologischen Deutungsweise"[26] den zentralen poetologischen Mythos-Essay in den Blick. Allen bisher genannten Untersuchungen ist gemeinsam, dass sich darin teilweise erkennen lässt, wie Fühmanns Literatur aus einem zumeist historisch-politisch dominierten Deutungskontext gelöst werden könnte. Dies gilt im Übrigen auch für die thematisch wie interpretatorisch differenzierten Bände[27] in der Verantwortung der Potsdamer Literaturwissenschaftlerin Birgit Krüger. Die dort vorzufindende Auseinandersetzung mit einer Reihe von Einzelaspekten und -texten zu und aus Fühmanns Schaffen, erhält ihre Qualität gerade durch den durchgehaltenen Anspruch ‚Jeder hat seinen Fühmann', und zwar bis hinein in den Folgeband. Aus diesen Bänden seien die Beiträge des englischen Germanisten Dennis Tate erwähnt, dessen englischsprachige Fühmann-Monographie *Franz Fühmann. Inno-*

---

[22] Vgl. den Titel von Hans Richters 1992 im Aufbau-Verlag (Berlin, Weimar) erschienener Fühmann-Biographie: *Franz Fühmann – Ein deutsches Dichterleben*.
[23] Wagner, Irmgard: *Franz Fühmann. Nachdenken über Literatur*. Heidelberg 1989, S. 7.
[24] Kim, *Dichter des „Lebens"*, S. 45.
[25] Damm, Sigrid: „*Am liebsten tät ich auf die Straße gehen und brüllen*" – zu Franz Fühmanns „Im Berg". In: Es bleibt nichts anderes als das Werk, S. 8-15, hier S. 8.
[26] v. Bülow, Ulrich: *Die Poetik Franz Fühmanns*. Vom geschichtsphilosophischen Märchen zum anthropologischen Mythos. Neuried 2001, S. 14.
[27] Vgl.: Krüger, Brigitte / Bircken, Margrid / John, Helmut (Hrsg.): „*Jeder hat seinen Fühmann*". Herkunft – Prägung – Habitus. Zugänge zu Poetologie und Werk Franz Fühmanns. Frankfurt/M. u.a.: Peter Lang, 1998; Krüger, Brigitte (Hrsg.): *Dichter sein heißt aufs Ganze aus sein*. Zugänge zu Poetologie und Werk Franz Fühmanns. Frankfurt/M. u.a. 2003.

Einleitung

vation and Authenticity hier neben seinen Untersuchungen zu Fühmanns Joyce-Rezeption oder zur frühen Lyrik als kompetente und höchst detaillierte Zusammenschau der wesentlichen Entwicklungslinien im Gesamtwerk genannt werden soll.[28] Darüber hinaus ist die von Barbara Heinze erstellte, wertvolle Material- und Bildbiographie[29] aufzuführen, die an vielen Stellen Zusammenhänge herstellen lässt bzw. erst erhellt und zahlreiche Einblicke in zuvor Unveröffentlichtes und auch in Fühmanns fragmentarischen Kosmos bietet.

Es fehlt aber bisher eine umfassende Auseinandersetzung mit Fühmanns Bergwerk-Projekt in einem engeren Kontext seines Gesamtwerkes bzw. wichtiger Etappen seines literarischen Schreibens und Arbeitens, wozu die vorliegende Untersuchung einen neuen Diskussionsansatz liefert. Die Arbeit hinterfragt entschieden den Diskurs vom Scheitern, beruft sich dabei aber nicht darauf, dass Fühmann Wieland Förster noch im Juli 1984 auf dem Krankenbett von der ihm nun vor Augen stehenden Konzeption für das Bergwerk berichtet haben soll.[30]

Zum Verdikt geworden taucht der Begriff des Scheiterns, der aus den bekannten Sätzen des Testaments[31] und bevorzugt auch aus der von Fühmann 1983 gewählten Beschriftung des Bergwerkfragmentes übernommen worden ist, in einer Reihe von Untersuchungen auf, um ihn je auf verschiedene Texte und Fragmente bei Fühmann anzuwenden, gerade so als läge, mit einem Hölderlin-Wort, auf aller Texte Schultern „eine Last von Scheitern"[32]. Nicht zuletzt ist so Fühmanns vermeintliches Scheitern als Sinnbild für das der DDR und des Sozialismus in DDR-Prägung gesetzt worden.[33] Die erdgeschichtliche, räum-

---

[28] Vgl.: Tate, Dennis: *Fühmanns heimliche Odyssee*. Die Rezeption von James Joyce in seinem Werk. In: „Jeder hat seinen Fühmann", S. 185-196; englisches Original: Ders.: *Undercover Odyssey*: The Reception of James Joyce in the Work of Franz Fühmann. In: German Life and Letters 47 (1994) 3, S. 302-312; ders.: *Franz Fühmann. Innovation and Authenticity*. A Study of his Prose Writing. Amsterdam 1995; ders.: *Franz Fühmann als Lyriker und Förderer der Lyrik in der DDR*. In: Flood, John L. (Hrsg.): Ein Moment des erfahrenen Lebens. Zur Lyrik der DDR. Amsterdam 1987, S. 51-72. Eine umfassende Kritik der Aufsätze und Untersuchungen soll und kann hier nicht vorgenommen werden. Verwiesen sei aber auf die jeweilige Berücksichtigung nach inhaltlicher Maßgabe innerhalb dieser Untersuchung.
[29] Heinze, Barbara (Hrsg.): *Franz Fühmann. Eine Biographie in Bildern, Dokumenten und Briefen*. Rostock 1998.
[30] Vgl.: Damm, *„Am liebsten tät ich auf die Straße gehen und brüllen"*. Es bleibt nichts anderes als das Werk, S. 14.
[31] Vgl.: „Ich habe grausame Schmerzen. Der bitterste ist der, gescheitert zu sein: In der Literatur und in der Hoffnung auf eine Gesellschaft, wie wir sie alle einmal erträumten." (Fühmann, Franz: *Auszug aus dem Testament*. In: Im Berg, S. 307.)
[32] Hölderlin, Friedrich: *Mnemosyne.[Dritte Fassung]*. In: Ders.: Sämtliche Werke. Stuttgarter Ausgabe (StA). Bd. 2, Gedichte nach 1800. Hälfte 1, Text. Hrsg. v. Friedrich Beissner. Stuttgart 1951, S. 197f., hier S. 197, V. 7.
[33] „Das Jahrzehnt, in dem Fühmann mit dem Bergwerkstoff rang, war jenes, das dem Zusammenbruch der DDR vorausging. Seine Schaffenskrise ist existentiell mit der Krise des Sozialismus verbunden." (Damm, *„Am liebsten tät ich auf die Straße gehen und brüllen"*. Es bleibt nichts anderes als das Werk, S. 12.) Damms Interpretationsansatz macht vom Bergwerk her eine Schaffenskrise Fühmanns aus, die kausal mit dem kommenden Ende der DDR in Zusammenhang stehen soll. Franz Fühmanns Bergwerk als gescheitert zu nehmen, führt dann

lich-zeitliche Dimension der unterirdischen Mythostopographien wurde mit diesem Verständnis auf ein Terrain eingeschränkt, über dessen materiale wie intellektuelle Eindeichungen Fühmanns Projekt in vielerlei Hinsicht hinausweist.[34] Das Kapitel IV dieser Arbeit geht gerade darauf nachhaltig ein.

Der Anachronismus solcher oben benannten interpretatorischen Versuchsaufbauten kann an dieser Stelle nicht der Schlüssel eines notwendigen Hinterfragens sein. Konsequent zu Ende gedacht, gibt eine derartige Lesart sich selbst und vor allem der Literatur, die ihr Gegenstand ist, keine rechte Möglichkeit des nachhaltigen Fortbestehens. Der beständig wiederholte Bezug der Texte auf die unleugbaren und unbestrittenen Gegebenheiten ihres Entstehens als dessen kritischer Subtext, lassen die Lesbarkeit derart als DDR-Literatur bestimmter Texte mehr und mehr schwinden.[35] Bereits die von Fühmann in zahlreichen Briefen und Diskussionsbeiträgen angesprochene Literaturbürokratie der DDR hatte meist nur eine einzige Leseerwartung für die Beschreibung und Kritik ihres Untersuchungsgegenstands entwickelt, nämlich Literatur als „Transportmittel für Anderes an[zu]sehen: für Geschichte, Staatsbürgerkunde,

notwendig dazu, dessen im Scheitern aufgehobene Aussage in einen allgemeinen politisch-historischen Kontext stellen zu müssen und den buchstäblichen Abbruch des Textes mitten im Satz als Verbruch der historischen Strecke Sozialismus zu lesen. Es sei dort die Haltung der Bergleute (vgl.: Ebd.) und die Banalität des DDR-Alltags, die das Scheitern des ambitionierten Projektes bedingt hätten. Die Hintergründe von Fühmanns Besuchen, Aufenthalten und Schichten bis zum Ende der Beziehungen zu den Bergmannsbrigaden und den Betrieben, könnten in einem solchen Kontext das Übrige zum Scheitern beitragen. Der Text des Bergwerk-Fragments müsste dann genauso die Geschichte seiner eigenen Blockierung erzählen, die das Scheitern bedingen würde. Dies aber gibt das Fragment nicht her. „Das war mein Ort.", bleibt unwiderrufen (*Im Berg*, S. 24.) Es scheint daher, als sollten u.a. die Testamentsworte gleichsam als Indiz für das Zum-Scheitern-Sein im Literarischen eine Stelle vertreten, die einen Begriff von Literatur in der DDR noch immer als selbstbezogenes System ohne Blick über den Tellerrand setzt. Es zeigt sich darin der Versuch, an die Literatur in der DDR – und Fühmann ist als 1984 Verstorbener da ein besonders passendes Beispiel – noch immer Lesarten anzulegen, die den abgeschlossenen historischen, politischen und gesellschaftlichen Raum nachahmen.
[34] Ursula Püschel hat in ihrer Kritik zum Bergwerkbuch einen Blickwinkel eingenommen, der die schriftstellerische und literarische Leistung Fühmanns betont. Es hieße, „Fühmann zu unterschätzen", würden die äußeren Umstände von Fühmanns Bergwerkbesuchen „als Hinweise auf Gründe des Scheiterns" verstanden (beide Zitate: Püschel, Ursula: *Franz Fühmann im Berg*. In: NdL 40 (1992) 1, S. 149-155, hier S. 151.
[35] Vgl. etwa: Müller, *Schichtende. Literaturwissenschaft und politische Kultur*, S. 77-99; Köhn, *Franz Fühmanns Fragment* Im Berg. La mine dans la civilisation et la littérature allemandes, S. 83-93. Es bliebe hier außerdem daran zu erinnern, dass Fühmann bei aller tief gehenden Verzweiflung in erster Linie die (weiterhin) radikale Diskreditierung eines Gesellschaftsentwurfs beklagte und nicht dessen Abschaffung betrieb. Die DDR gen BRD zu verlassen, kam aber für Fühmann trotz als seine Existenz bedrohend empfunener Bedrängnis nicht in Frage, da „nämlich diese Saturiertheitsgesellschaft auch keine Alternative sein kann" und er „dort auch nicht leben könnte." (Franz Fühmann an Margarete Hannsmann am 30.05.1978. In: Hannsmann, Margarete: Protokolle aus der Dämmerung 1977-1984. Begegnungen und Briefwechsel zwischen Franz Fühmann, Margarete Hannsmann und HAP Grieshaber. Rostock 2000, S. 60.)

Politik, Ideologie."[36] Dieser Haltung ähnlich bezog sich andernorts die Auseinandersetzung mit Literatur der DDR selten auf wirklich Anderes. Zwar nimmt Fühmann z.B. die Reich-Ranicki-Kritik an seiner Lyrik nicht nur zur Kenntnis, sondern erkennt für sich gar deren Berechtigung, was zu bitterer Selbstkritik führt[37] und wohl auch zur Bestätigung seines Lyrikverlustes beiträgt, doch ist Formulierungen wie „[m]an hatte ihn auf der ‚Antifaschule' nur ‚umfunktioniert': Daher schrieb er HJ-Gedichte mit FDJ-Vorzeichen"[38] deutlich anzumerken, dass sie eher eine politische Diskreditierung im Auge haben, als ehrlich gemeinte literarische Kritik. Die ansatzweise Gleichsetzung von HJ und FDJ gehört zudem unbedingt in den Bereich eines populistisch vereinfachenden Vokabulars des Kalten Krieges.

Die starke Konzentration auf einen dokumentarischen Aspekt des Textes vermindert bei derartigen Lesarten zugunsten scheinbar faktischer Komponenten jedoch beträchtlich das Erkennen und den Ausdruck z.B. ihrer poetischen und ästhetischen Besonderheiten sowie ihrer Alterität und Literarizität. Im Falle der hier behandelten und zu behandelnden Texte von Franz Fühmann erweist sich hingegen eine verstärkte Betonung des Literarischen seiner Texte und damit letztlich der Texte selbst als fruchtbar, gilt es doch, sie durch ihren Stellenwert als sprachliche Gebilde und als intertextuell eingebundene Fortschreibungen und Beschreibungen von Literatur, auch als Literatur über Literatur wahrzunehmen, was sich schwerlich nur durch Abwägen einer vermeintlichen historisch-politischen Bezogenheit erreichen lassen wird.

Die vielerorts zentrale Frage nach dem Scheitern ist demnach zwar nicht selbst zu interpretatorischem Scheitern verurteilt, ihre Unbedingtheit wäre aber mehr anhand der und durch die Texte selbst zu überprüfen. Der nahezu umfassenden Wirkung der Testamentsworte für interpretatorisches Gebaren soll in ihrer Absolutheit und Totalität eine weitaus weniger apodiktische Form gegeben werden.[39] Die Textsorte Testament selbst speist solcherlei Lesarten sicher weit-

---

[36] Fühmann, Franz: *Miteinander reden. Gespräch mit Margarete Hannsmann*. In: WA 6, S. 429-457, hier S. 446.
[37] *22 Tage*. WA 3, S. 467f.
[38] Reich-Ranicki, Marcel: *Deutsche Literatur in Ost und West*. München 1963, S. 425f. Fühmann selbst spricht mit Blick auf diese Kritik von der Häme in den Worten des Kritikers. (Vgl.: *22 Tage*. WA 3, S. 468.)
[39] Vgl. auch: „Frank Hörnigk […] sagt, Scheitern halte er für kein sehr aufschließendes Wort. Was Fühmann mit dem Bergwerk wollte, laufe doch zwangsläufig hinaus auf eine fragmentarische Form. Gerade sie zeigt eine Modernität, die mitten aus der Romantik kommt." (Decker, Gunnar: *Selbstbildnis als Sisyphos*. Debatten über Franz Fühmann im Berliner Brecht-Haus. In: Neues Deutschland (ND) v. 25.08.2005; vgl. weiterhin: „Dass er literarisch gescheitert sei, wie Fühmann in seinem Testament meinte festhalten zu müssen, wird man heute […] schwerlich behaupten können." (Agthe, Kai: *Der Wahrheit nachsinnen*. In: Palmbaum 9 (2001) 1+2, S. 180f., hier S. 181.) Hans Richter weist darauf hin, dass das Verdikt die Gefahr von „Leugnung und Preisgabe von Fühmanns Selbst und Werk" birgt, daher solle jeder sich angehalten fühlen, „die Wege des Menschen und Dichters vorurteilslos nachzugehen, denn das bedeutet nicht, prinzipienloses Mitleid an einen Opportunisten zu verschwenden, sondern vielmehr […] das Vermächtnis eines Moralisten zu studieren, der die

gehend aus ihrem Charakter einer absolut letzten Botschaft, mit dessen Hilfe sich eine Reihe von Aussagen gut belegen lassen mögen. Doch bleibt dem nicht nur die typologische Determiniertheit der Testamentsworte und die daraus resultierende relativ einseitige Abhängigkeit der entsprechenden Lesarten entgegenzuhalten, sondern vor allem auch die Tatsache, dass gerade Fühmanns dialektischer Umgang mit der Frage des Scheiterns nicht ohne Beachtung zu lassen ist.

Die aspektuelle Hervorhebung des Scheiterns verschiebt die Perspektive derartiger Lesarten in einen Blickwinkel vom Ende her, sodass die daraus folgende Deutung je gewissermaßen in einer Bewegung von hinten nach vorn zu denken ist. Diese Sichtweise mag sich für die Texte Franz Fühmanns aus den 1950er Jahren als produktiv erweisen. Unter der Domäne der Märchenpoetik entstanden dort in entscheidender Hinsicht auf das Ende hin Texte, für die die Notwendigkeiten und Regeln eines geordneten Systems zu erfüllen sind, das beispielsweise mit dem Prädikat „schwarz-weiß Malerei"[40] oder als: „Im Märchen ist die Moral mechanisiert"[41], beschrieben worden ist. In den unter dem Einfluss der Märchenpoetik entstandenen Texten hatte Fühmann nach eigenem Bekunden geschrieben, was er „fertig im Kopf hatte" und „in der Frage von Erkenntnis und Bewußtsein [...] nur [...], was vordisponiert war"[42] und war damit gewissermaßen von einem schriftstellerischen A priori ausgegangen, das das dichterische Tun selbst nur als ein Niederschreiben verstand. Gegenüber Jacqueline Benker-Grenz erklärt er zudem mit Bezug auf den gleichen Hintergrund: „Es wäre für mich unvorstellbar gewesen, etwas zu schreiben, von dem ich nicht von vorn herein wußte, was ich sagen und wie ich damit wirken wollte."[43] Demgegenüber aber steht nicht nur Fühmanns nachhaltige Beschäftigung mit der Literatur der Moderne[44], sondern vom Ende der 1950er Jahre an die fortgesetzte Arbeit am Unabschließbaren, die die bis in Fühmanns letztes Lebensjahr anhaltende Nachdichtung darstellt. Der von hier aus zu schlagende

---

menschliche Größe und künstlerische Stärke errang, mit sich selbst, wo er sich schuldig fühlte, schonungslos ins Gericht zu gehen und eigene Irrtümer immer wieder aufs neue gründlich [...] aufzuklären." (Richter, Hans: *Über Franz Fühmann*. In: Es bleibt nichts anderes als das Werk, S. 16.) Richard Blanchet erwähnt das Bergwerk als „une œuvre inachevée, Fühmann n'ayant pu nous livrer ce qu'il considérait comme son opus magnus [sic!], ce Bergwerk dont nous n'avons aujourd'hui que des fragments." (Blanchet, Richard: *Le mythe dans l'œuvre de Franz Fühmann (1922-1984)*. Etudes des modalités de réception et de mise en œuvre du mythe grec chez l'écrivain. Rennes 1993, S. 6.)

[40] Wittstock, Uwe: *Franz Fühmann*. München 1988, S. 26.
[41] *22 Tage*. WA 3, S. 488.
[42] Ders.: *Gespräch mit Wilfried F. Schoeller*. In: Fühmann, Franz: Den Katzenartigen wollten wir verbrennen. Ein Lesebuch. Hrsg. v. Hans-Jürgen Schmitt. Hamburg 1983, S. 349-384, hier S. 363.
[43] Fühmann, Franz: *Gespräch mit Jacqueline Benker-Grenz*. In: WA 6, S. 408-422, hier S. 419.
[44] Gemeint ist die Rezeption von Trakl und Rilke schon während des Krieges oder Fühmanns frühe Joyce-Rezeption, auf die Tate verweist. (Tate, *Undercover Odyssey*. German Life and Letters 47 (1994) 3, S. 302-312.)

Bogen bezieht das Budapest der *22 Tage* ebenso mit ein, wie die poetischen „Urtopographien"⁴⁵ des μύϑος und mit ihm schließlich des Bergwerks.

Was dieser Text greifbar, fassbar und möglicherweise *be*greifbar macht, erscheint wie die Topographie eines umfangreichen Werkes und eines in mancherlei Hinsicht fragmentarischen Gesamttextes, bestehend aus Einzeltexten, die Franz Fühmanns sprachliche, literarische und geschriebene Topographien des Unabschließbaren formen.

---

⁴⁵ *Das mythische Element in der Literatur*, WA 6, S. 105.

I. Fensterchen im Sesamberg – zur Nachdichtung (ung. műfordítás)

I.1 Steine einen Berg hinanrollen

Das translatorische Problem der Übertragung[46] von Lyrik betrifft noch immer die – im doppelten Sinne – Aufgabe des Übertragenden im Nachgang zu Walter Benjamins Ausführungen[47] oder Gottfried Benns Problematisierung des Lyrischen als des Unübersetzbaren[48]. Jenes auratische Element der dichterischen Rede, in seiner Übertragung nur noch Artefakt und Abglanz des Sprachereignisses – eigentlich ja „durch die Rede geworden und nur mit ihr zugleich da"[49] –, scheint nachgedichteter oder übertragener Lyrik eben nur den Stellenwert einzuräumen, der sich aus „Sklavenarbeit"[50] ergibt. Die nachdichterischen Anstrengungen hindert dies freilich ebensowenig, wie den unendlich erfolglos arbeitenden Sisyphos in Camus' großem *Essai sur l'absurde*, ja man mag sich den Nachdichter gar in einem ähnlichen Glücksgefühl vorstellen, wie jenen mythischen König von Korinth im aktiven Tätigsein seiner Strafe. *Il faut s'imaginer l'adaptateur de poésie heureux?*

---

[46] Der oben genannte ungarische Terminus betont in der ersten Silbe ‚mű' selbst das künstlerische Moment des nachdichterischen Tuns. Die deutsche Entsprechung hierzu könnte auch ‚Kunstübersetzung' heißen, was das Magyar Értelmező Szótár (MÉSZ [Bedeutungswörterbuch]. Budapest 1992⁹) außerdem durch folgende Erklärung des Terminus unterstützt: „Irodalmi alkotás, kül. vers művészi fordítása". (literarisches Werk, insbesondere künstlerische Übersetzung eines Gedichtes; Übers. S.K.)
[47] Vgl.: Benjamin, Walter: *Die Aufgabe des Übersetzers*. In: Ders.: Gesammelte Schriften. Hrsg. v. Rolf Tiedemann unter Mitwirkung v. Theodor W. Adorno (GS). Bd. IV/1, Kleine Prosa, Baudelaire-Übertragungen. Hrsg. v. Tillman Rexroth. Frankfurt/M. 1998², S. 9-21. Vgl. zu Benjamins Begriff der ‚Aufgabe' auch: de Man, Paul: *Conclusions: Walter Benjamin's „The Task of the Translator"*. In: Ders.: The Resistance of Theory. Minneapolis 1993³, S. 73-105 sowie Derrida, Jacques: *Des tours de Babel*. In: Ders.: Psyché. Invention de l'autre. Paris 1998, S. 203-235.
[48] Vgl.: Benn, Gottfried: *Probleme der Lyrik*. In: Ders.: Sämtliche Werke. Stuttgarter Ausgabe (StA). Hrsg. v. Gerhard Schuster (I-V) u. Holger Hof (VI-VII). Bd. VI, Prosa 4 [1951-1956]. Stuttgart 2001, S. 9-44.
[49] Schleiermacher, Friedrich D. E.: *Über die verschiedenen Methoden des Übersetzens*. In: Ders.: Kritische Gesamtausgabe (KGA). Hrsg. v. Hermann Fischer u. Ulrich Barth, Konrad Cramer, Günter Meckenstock, Kurt-Victor Selge. Erste Abteilung. Schriften und Entwürfe. Bd. 11. Akademievorträge. Hrsg. v. Martin Rössler. Berlin u.a. 2002, S. 66-93, hier S. 69.
[50] Fühmann spricht in einem Zeitungsinterview von der Nachdichtertätigkeit als „szolgamunka" – Sklavenarbeit. Franz Fühmann in: Józsa György Gábor: *„Minden, amit most csinálok, folytatás" [„Alles, was ich jetzt tue, ist Fortsetzung"]*. [Gespräch mit Franz Fühmann]. In: Magyar Nemzet 33, Nr. 267 v. 13.11.1977, S. 9.

I.2 Nachdichtung als Ersatzfunktion der eigenen Lyrik bei Franz Fühmann – Eine Einführung

Die betonte Verabschiedung aus dem Land der Lyrik, d.h. der Schritt weg von der eigenen Gedichtproduktion, ist für Franz Fühmann ein Schritt in die Landschaft fremdsprachiger Dichtung und fremdsprachiger Dichter. Die eigene lyrische Stimme verstummt. Stattdessen überträgt er nunmehr die Gedichte von Lyrikerinnen und Lyrikern der ungarischen und tschechischen Moderne in deutsche Nachdichtungen.

Gewissermaßen als ‚lyrischer Ortswechsel' führt der Weg aus den bewaldeten Tälern des böhmischen Isergebirges in die Mitte des brodelnden Budapest, in die ungarische Tiefebene und in die ungarischen Mittelgebirge und auch zu Vertretern der tschechischen Moderne wie Konstantin Biebl, František Halas oder Vítězslav Nezval nach Prag und Brno bzw. Mitte der 1960er Jahre gar noch einmal zurück in die sudetischen Mittelgebirgstäler im Norden der Tschechoslowakei.

Auf Fühmanns lyrischer Landkarte liegt Böhmen als seine angestammte Landschaft der Lyrik nunmehr – ersatzweise – an der Donau oder in Lillafüred im Bükkgebirge bzw. an der Ostsee[51] und vor allem „näher am Bosporus als Preußen"[52].

Es ist alles anders[53] an diesen Orten als in der lyrisch geprägten Landschaft der Kindheit. Fühmann entfernt sich von dem Ort der eigenen lyrischen Stimme und nähert sich einem der ungarischen oder tschechischen Lyrik an, die ihm letztlich die eigene Lyrik nicht vollends ersetzen können. Dennoch erfährt der Nachdichter Franz Fühmann nachhaltig jenes Eigene, das für Gadamer darin besteht, dass auch der Nachdichter sagen müsse, wie er verstehe und Farbe bekennen müsse. Denn die Übertragung ist „eine Nachbildung des Textes, die durch das Verständnis des in ihm Gesagten geführt wird"[54]. Mithin ist sie „immer die Vollendung der Auslegung, die der Übersetzer dem ihm vorgegebenen Wort hat angedeihen lassen."[55] Miklós Radnóti – einer der

---

[51] *Böhmen am Meer* ist der Titel einer Erzählung von Franz Fühmann, deren Heldin das als ihre Heimat verlorene Böhmen für sich an der Ostseeküste entdeckt. Fühmanns Erzählung stellt durch ein an den Beginn gesetztes Shakespeare-Zitat eine explizite intertextuelle Verbindung zu *The Winter's Tale* her.
[52] Fühmann, Franz: *Reisebilder*. In: Trajekt 5. Franz Fühmann zum 50. Geburtstag. Hrsg. v. Hinstorff-Verlag. Rostock 1972, S. 33-69, hier S. 40.
[53] Anfang [Titel] eines Gedichtes von Paul Celan, das sich aufgrund der Nennung des Namens „Ossip" wohl auf Celans übersetzerische Arbeit an und mit Ossip Mandelstams Lyrik bezieht. (Celan, Paul: *Die Niemandsrose*. Vorstufen - Textgenese - Endfassung. Bearb. v. Heino Schmull. [Werke. Tübinger Ausgabe (TA).] Frankfurt/M. 1996, S. 134-137.)
[54] Gadamer, Hans Georg: *Gesammelte Werke* (GW). Bd. 1, Hermeneutik: Wahrheit und Methode. 1. Grundzüge einer philosophischen Hermeneutik. Tübingen 1986^5, S. 389.
[55] Ebd., S. 388.

I.2 Nachdichtung als Ersatzfunktion der eigenen Lyrik bei Franz Fühmann

ungarischen Lyriker, der selbst Nachdichter war und dessen Texte Fühmann nachgedichtet hat – erklärt im Vorwort zu seiner Auswahl von Nachdichtungen[56]: „Der nachdichtende Poet weiß, dass man nicht „übersetzen" kann, sondern dass ein fremdes Gedicht nur je neu geschrieben werden kann und dass jede Nachdichtung – ein Versuch ist"[57].

Zu diesen Positionen kommt für Fühmann hinzu, dass seine Nachdichtungsarbeit sich auf das Rohmaterial der Interlinearübersetzungen stützt und die Beherrschung der jeweiligen Fremdsprache durch ihn *nicht* mit einschließt.[58]

Jene paradoxe »*Fremde Nähe*«[59], in der sich dennoch auch der Nachdichter Fühmann bzw. seine Nachdichtungen vor allem zur hier schwerpunktmäßig untersuchten ungarischen Lyrik befinden, bildet in den folgenden Abschnitten den thematischen Kern des behandelten Problems.

Fremdheit und Nähe rufen den geistig-räumlichen Zusammenhang auf, den der Schritt ins Andere der fremdsprachigen Texte bedeutet. Die örtliche Annäherung an die durch das fremde Andere zuallererst gekennzeichnete Dichtung ist auch in Goethes Versen aus dem Umfeld des *West-östlichen Divan* Voraussetzung für das Verstehen, dessen Zeugnis letztlich das nachgebildete Gedicht ist. So mag der Schritt in „Dichters Lande"[60] eben den Dichter erschließen helfen, das Verständnis der Dichtung freilich eröffnet dort jener Gang ins ‚Land der Dichtung'.

Franz Fühmanns sprachliche Auseinandersetzung mit exemplarischen Texten der nachgedichteten Autoren ist ein kontinuierlich verfolgter Strang seiner literarischen Tätigkeit, seines Tätigseins. Die mehrfach gelobte Qualität der Texte weist ihn als feinfühligen und genauen Interpreten aus. Neben den Originalen und der Fühmann'schen deutschen Fassung der Texte zeigen

---

[56] In diesem Fall ins Ungarische.
[57] „A műfordító költő tudja, hogy nem lehet „fordítani", csak újra megírni egy idegen verset s hogy minden műfordítás – kísérlet." (Radnóti Miklós: *Utószó* [Nachwort]. In: Ders.: Orpheus nyomában. Műfordítások kétezer év költőiből [Auf Orpheus Spur. Nachdichtungen aus zweitausend Jahren Dichtung]. Budapest 1943, S. 165-171, hier S. 170. Übers. S.K.)
[58] Fühmann sprach trotz ausdauernder Versuche sich die Sprache anzueignen, nicht Ungarisch und wenig Tschechisch. Davon zeugen u.a. ein Gespräch mit der *Budapester Rundschau* (BR 15 (1981) 48, S. 9) oder verschiedene Bemerkungen in *22 Tage oder Die Hälfte des Lebens*. Vgl. z.B. die Begebenheit im Gemüseladen, in der Fühmann auf die für deutsche Ungarischlerner typischen Probleme mit dem ungarischen Vokalsystem anspielt. Der Unterschied zwischen offenerem /á/ und /a/ ist distinktiv. Das gleiche gilt für /e/ und /é/ (‚zöldség' bedeutet ‚Gemüse, Grünzeug'), auf die sich Fühmann in seinem Beispiel (S. 303) bezieht.
[59] Vgl. den Titel des Marbacher Kataloges Nr. 50: »*Fremde Nähe*« – Celan als Übersetzer. Hrsg. v. Axel Gellhaus. Marbach/N. 1998³. Siehe dort auch die Einleitung (S. 9-16), in der »*Fremde Nähe*« als Celans Titelnotiz zu einem Übersetzungsband genannt wird.
[60] v. Goethe, Johann Wolfgang: [*Mottoverse.*] [Noten und Abhandlungen zum besseren Verständnis des west-östlichen Divans.] In: Ders.: Werke. Berliner Ausgabe (BA). Bd. 3, Poetische Werke. Gedichte und Singspiele III. West-östlicher Divan, Epen. Berlin u. Weimar 1965, S. 161.

poetologische Bemerkungen zur Nachdichtung und zu deren Verfahrensweise an verschiedenen Stellen, so z.B. in *22 Tage*, Fühmanns Umgang mit den dem deutschen Leser sprachlich nicht zugänglichen Gedichten.

In der folgenden Untersuchung wird von einer Relation zwischen Originalgedicht und dessen Nachdichtung ausgegangen, die eine Nachdichtung zwar als „lyrisches Gebilde deutscher Sprache"[61] ernst nimmt, deren Eigenständigkeit jedoch nicht als letztendliche Loslösung vom Original betrachtet. Die Bezogenheit eines noch so meisterlich nachgedichteten Textes auf das fremdsprachige Original drückt sich gerade im Lob für den Nachdichter besonders aus, wenn auch die Übertragung eben „klarer und flacher"[62] bleibt. Die von ihm zu leistende Arbeit der nachschöpfenden[63] Vermittlung ist somit Hinführung zu und Eröffnung von (fremd-)sprachlich verschlossener Dichtung.

Ein Exkurs zum Gedicht *Die Richtung der Märchen* zeigt hier bereits das Veränderungswissen der poetischen und poetologischen Wandlung vom Märchen zum Mythos und damit jenen Punkt, an dem sich auch der Schritt von der aufgegebenen eigenen Lyrikproduktion in die Nachdichtung vollzieht. Insofern enthält es in lyrischer Form schon Ansätze zur Ikonographie der Mythospoetik, deren Anfänge nicht nur durch Fühmanns Verlust der Märchenlyrik markiert werden, sondern auch vom Beginn der Arbeit des vielfach gelobten Nachdichters.

---

[61] Fühmann, Franz: *[Die Gedichte wurden ausnahmslos...]* [Anmerkung]. In: Ders.: Gedichte und Nachdichtungen (WA 2), S. 14.
[62] Gadamer, *Grundzüge Hermeneutik*. GW 1, S. 390.
[63] Fühmann reflektiert diesen Begriff in *22 Tage* ist damit jedoch selbst nicht zufrieden: „Nachschöpfer (kein gutes Wort, aber ich finde kein besseres)" (*22 Tage*. WA 3, S. 422).

I.3 „Ich habe mir die Landschaft richtig verboten: Du treibst dich jetzt nicht auf den Bergen herum!" – Heimatverlust, Heimatverbot und der Verlust der lyrischen Stimme bei Franz Fühmann

Den Ort in der Sprache zu erreichen und zum Grunde zu gelangen, war bei Franz Fühmann anfangs die Bewegung der Märchen gewesen.

Allein sechsmal taucht in einem seiner letzten veröffentlichten[64] Gedichte, *Die Richtung der Märchen*, die Tiefe und jenes „tiefer" auf, das die expressive vertikale Bewegung nach unten kennzeichnet. Sie markieren den beinah unaufhaltsam zerrenden Drang der Abwärtsbewegung, zur „Wurzel der Dinge, / ins Wesen"; gerade auch im Zeilensprung zwischen dem zweiten und dritten Vers. Er unterstreicht einen Schritt, dessen dialektische Bewegung sich aus dem Widerspruch zwischen „tiefer" (Vers 1) und „irdischer" (Vers 2) ergibt. Der tiefe Grund ist hier gedachter Zielpunkt einer Bewegung ins Wesenhafte, die sich nicht mit dem Sieg über den Drachen abschließt, wie es im Märchen und mit dessen Logik, d.h. auch dessen Moral, konklusiv zu geschehen hätte. Im Nachsetzen der Schlussstrophe lässt sich mit deren iterativem Charakter bereits die Fortbewegung und -erzählung der Offenheit des Mythos ausmachen. Der Drang hin zum Grunde bleibt und mit ihm das Zerren als willenhaftes und in sich widersprüchliches Handeln des Helden, des „er": Denn sein Zerren ist gleichsam Ausdruck der Angst vor der Tiefe, vor dem Voranschreiten nach unten, „zum Grund zu" (Vers 2) *und* Ausdruck seines Willens nach unten zu gelangen, „näher der Wurzel der Dinge"[65] (Vers 2). So gibt er denen, die am Rande des Schachtes stehen, im Voraus die Deutung seines Handelns vor: Auf sein Zerren solle nicht mit Heraufziehen reagiert werden, sondern mit dem Herablassen der Stränge. Der eigentlichen Forderung nach dem Hinauf kann somit nur die Bewegung hinab folgen. Diese Verkehrung schafft im Aussprechen des Wortes ‚hinauf' im Gedicht den Widerspruch, den der Mythos brauchen wird. Denn die klare moralische Aufteilung in schwarz und weiß, gut und böse gehört dort in eins, in eine Figur oder in einen Vorgang. Die offene Spannung dieses Gegensatzes findet sich erneut in den Wiederholungen der Schlussstrophe, diesmal im kollektiven Wir, mit dem das lyrische Ich Anweisung, Angst und Bewegung aus dem märchenhaften Geschehen heraus in einen unmittelbaren Rezeptionszusammenhang trägt. Die Suche nach dem Wesen freilich endet nicht mehr nur mit dem erneut reinen Sprudeln der im Märchen durch böse Mächte blockierten Quelle. Die Suche bleibt als prozesshafter Vorgang mit Offenheit geschlagen, ausgedrückt auch in der Interpunktion der Schlussverse. Zu beachten ist im folgenden Auszug die (Er-)

---

[64] Fühmanns letzter Band mit eigenen Gedichten erschien 1962 im Aufbau-Verlag (Berlin, Weimar) unter dem Titel *Die Richtung der Märchen*.
[65] *Die Richtung der Märchen*. WA 2, S. 60. Ebd. auch alle vorangehenden Verszitate.

Setzung des Komma und des Doppelpunktes zwischen den Halbversen. Das Komma trennt die Teile einer Aufzählung bis zum Doppelpunkt im letzten Vers: Dann beginnt das Zerren in seiner Fortsetzung erneut.

> Dem Grund zu, die Richtung der Märchen,
> dem Grund zu, wir zerrn an den Strängen,
> dem Grund zu, wir zerrn an den Strängen,
> dem Grund zu: Wir zerrn an den Strängen...[66]

Die Öffnung am Schluss des Textes hat Fühmann durch typographische Merkmale deutlich verstärkt. Als Ereignis in der Oralität dürfte der Text seine Offenheit eher durch die abschließende dreifache Wiederholung erweisen. Deren Aussprechen bezieht das geöffnete Ende und den Anfang des Textes wechselseitig aufeinander. Der räumliche Gegensatz von ‚tief' und ‚irdisch' wird in den der Bewegung transponiert, wobei ‚tief' und ‚dem Grund zu' und ‚irdisch' und ‚zerren an den Strängen' jeweils Paare bilden. Die explizite Abwärtsbewegung in *Die Richtung der Märchen* wird nicht durch eine Erfüllung aufgelöst, sondern schriftlich wie mündlich in der Spannung zwischen den zwei Bewegungsrichtungen von Hinab und Hinauf gehalten. Der Sieg über den Drachen kann so nicht mehr den Endpunkt als Erfüllung bilden, das Erreichen des Grundes könnte diese noch weniger sein. Entscheidend ist die Richtung, welche sich aus dem Offen-Halten des Widerspruchs ergibt. Insofern zeigt das Gedicht „eigentlich schon de[n] Übergang zum Mythos"[67], wie Fühmann gegenüber Schoeller selbst bemerkt. Die Unabschließbarkeit, die in der „Konzeption des widerspruchsvollen Mythos, wo es in der Tat dialektisch zugeht"[68], konstitutiv enthalten ist, erscheint bereits im offenen Schluss von *Die Richtung der Märchen*: „Wir zerrn an den Strängen..."[69]

Gewissermaßen als zeichenhafter Schlüsseltext ist das Gedicht *Die Richtung der Märchen* an das Ende des Abschnittes mit Fühmanns eigenen Gedichten im Band 2 seiner Werkausgabe gesetzt. Es erhält dort einen Platz, der in dem Prozess poetischer Veränderung den Verlust des eigenen Lyrischen bei Fühmann anzeigt. Ihm sei die Lyrik abgestorben[70], erklärt Fühmann, womit der Beginn einer grundsätzlichen poetischen Veränderung angedeutet ist. Fühmanns Verstummen als Lyriker produziert auch den Schritt in die poetische Konzeption des Mythos, die zwar sicher nicht als antilyrisch zu beschreiben ist, deren poetologische Differenz zur Märchenkonzeption jedoch auch formale Konsequenzen nach sich zieht. Fühmann beginnt, sich verstärkt in der Prosa zu betätigen. Gedichte publiziert er nicht mehr. Mehrfach hat Fühmann auf diesen

---

[66] Ebd.
[67] Fühmann, *Gespräch Schoeller*. Katzenartigen, S. 357.
[68] Ebd.
[69] *Die Richtung der Märchen*. WA 2, S. 60.
[70] Vgl.: Ders., *Gespräch Schoeller*. Katzenartigen, S. 379.

Bruch hingewiesen[71] und ihn derart als entscheidend für seine poetische Entwicklung markiert. Der Hinweis von Wittstock[72], dass wenigstens ein Text des Bandes *Die Richtung der Märchen* (1962) inhaltlich mit einem Ereignis von 1959 (Start einer sowjetischen Rakete ins Weltall) zusammenhänge, deckt zwar auf, dass Fühmann noch nach 1958 Gedichte schrieb, allerdings fällt auf, dass es Fühmann offenbar wichtig war, den Verlust der eigenen Lyrik, wie auch dessen Zeitpunkt zu betonen.[73] Fühmanns Berechnung seiner Lebensabschnitte in 12-Jahres-Zyklen[74] würde beispielsweise auch hier für den fraglichen Zeitpunkt passen. Wird diese explizite Markierung von Veränderungen persönlicher und literarischer Art ernst genommen, so wäre vielmehr nach den Gründen dafür zu fragen. Es muss dem Autor darum gegangen sein, sehr bewusst eine solche Markierung in der eigenen Biographie und in der Entwicklung der Literatur seines Landes DDR zu setzen, vor allem wohl im Rückblick aus der Gesprächssituation von 1983. Der bloße Gegenbeweis lenkt eher vom Stellenwert dieser Aussage ab und ist im Übrigen spätestens mit dem Erscheinen von *22 Tage*, das wenigstens zwei lyrische Versuche Fühmanns enthält[75], erbracht. Fühmann äußert sich gerade auch nach *22 Tage* in der erwähnten Weise, was sich zudem als Wegmarke erkennen lässt.

Für die Zeit unmittelbar nach Nikita Chrustschows Rede auf dem XX. Parteitag der KPdSU 1956 berichtet Fühmann von einer neuerlichen Blüte als Lyriker[76]: „Meine besten Gedichte schrieb ich, nachdem die anfangs

---

[71] Vgl.: Hegyi, Hannelore: *Fühmann zu Gast in der Budapester Rundschau*. In: BR 15 (1981) 48, S. 9 und Fühmann, *Gespräch Schoeller. Katzenartigen*, S. 356ff.
[72] Vgl.: „Das letzte Gedicht in dem Band ‚Die Richtung der Märchen' bezieht sich ausdrücklich auf ein Ereignis im Januar 1959." (Wittstock, *Franz Fühmann*, S. 31.)
[73] Vgl. dazu auch: „Die von Fühmann für den Abbruch des Lyrikschreibens mit dem Jahr 1958 gesetzte Zäsur ist also nicht buchstäblich zu nehmen." (Krätzer, *Fühmanns Lyrik: Das Scheitern der „Märchenkonzeption"*. „Jeder hat seinen Fühmann", S. 57.)
[74] Wieland Förster berichtet von dieser Einteilung in seinem Beitrag zum Katalog der Fühmann-Ausstellung in der Akademie der Künste 1992. (Vgl.: *Franz Fühmann zu Ehren*. In: Es bleibt nichts anderes als das Werk, S. 5.) Außerdem zitiert Walkó Fühmann mit einer ähnlichen Aussage in seinem Nachruf in der ungarischen Tageszeitung *Népszabadság*: „»Minden tizenkét évben más emberré válok.«" („Alle zwölf Jahre werde ich ein anderer Mensch." Übers. S.K.) (Vgl.: Walkó, György: *Magyar költők világba vezérlő kalauza. Emlékezés Franz Fühmannra.* [Botschafter ungarischer Dichter in der Welt. Erinnerung an Franz Fühmann.] In: Népszabadság 42 (1984) 164 v. 14.07.1984, S. 14.)
[75] Zum Lyrischen der und in *22 Tage* vgl. auch: Kalász, Márton: *Arcképvázlat Franz Fühmannról.* [Porträtskizze von Franz Fühmann.] In: Új írás 16 (1976) 9, S. 102-105 und Walkó, György: *Franz Fühmann önmegtagadása és ujjászületése.* [Franz Fühmanns Selbstverleugnung und Neugeburt.] In: Nagyvilág 19 (1974) 1, S. 460-461.
[76] Franz Fühmann nennt gegenüber Schoeller (1983) einige seiner Vorbilder als Lyriker. Neben Benn („Übervater"), Swinburne, Shelley und mit Einschränkungen Celan, taucht dort auch Hermlins Name auf. Brechts Lyrik bleibt Fühmann nicht nur fremd, sondern erscheint ihm als ideologisch, z.T. gar als schlecht. Johannes R. Becher hatte er Anfang der 1950er Jahre als Mentor angesprochen. (Vgl. dazu: Franz Fühmann an Johannes R. Becher am 30.01.1950, 08.02.1950 und 13.03.1950. In: Fühmann, *Briefe*, S. 7f.)

schockartige Wirkung der [...] Rede [...] überwunden war."[77] Die Hoffnung auf eine allgemeine Entspannung und einen Weg aus dem Stalinismus löste sich jedoch alsbald auf und führte für Fühmann gar dazu, dass seine „lyrische Konzeption endgültig [zerschliß]"[78]. Die Ergebnisse der Kulturkonferenz des Jahres 1958 schließlich beendeten mit „eine[r] Zäsur[, was man Entstalinisierung nannte]"[79]. Fühmanns lyrische Produktion brach ab.

Ein Blick in die in Ungarn erschienene Literaturkritik zeigt, dass es dort durchaus nicht für „müßig"[80] gehalten wurde, sich mit Fühmanns Lyrikverlust und seinem „Schritt [...] von der Widerspruchslosigkeit zum Widerspruch"[81] zu beschäftigen. Wenn auch ausführliche Erklärungsansätze fehlen, so wird doch diese poetische Veränderung sicher auch wegen ihres direkten Zusammenhangs mit dem Beginn der Nachdichtungsarbeit mehrfach genannt. Fühmanns Freund Márton Kalász etwa sieht – ähnlich einer Aussage Fühmanns gegenüber Sauter 1971[82] – die Abkehr von der Lyrik als Wechsel des Ausdrucksmittels zugunsten der Prosa: „Er wollte seinen Lesern ein Beispiel geben. Es schien ihm so am ehrlichsten und vernünftigsten. Dies hielt er mit den abstrakteren und musikalischeren Mitteln der Lyrik allerdings für unmöglich. Wenn irgendwie, dann war dies für ihn nur noch in der Prosa vorstellbar."[83] György Walkó unterstellt Fühmann eine aktive Verleugnung seines lyrischen Schaffens, gibt allerdings keinen triftigen Grund für diese Behauptung an: „Vor Jahrzehnten verleugnete Fühmann eines schönen Tages in sich den Dichter, den Lyriker – denn er war immer anfällig für derartige Verleumdungen – und entdeckte den Prosaschriftsteller. Er verabschiedete sich vom Lyriker."[84] Gábor Hajnal schließlich meint, Fühmann habe aufgrund seiner außergewöhnlich empfindlichen und strengen Anspruchshaltung das Gedichte Schreiben aufgegeben.[85]

Fühmanns Betonung des Zusammenhanges zwischen den politischen Ereignissen in der Sowjetunion und dem Verlust der eigenen lyrischen Stimme

---

[77] Fühmann, *Gespräch Schoeller*. Katzenartigen, S. 356.
[78] Ebd., S. 357. Vgl. auch die fast wörtlich gleiche Aussage in: Soldat, Hans-Georg: *Gespräch mit Franz Fühmann 1979*. In: Sinn und Form (SuF) 50 (1998) 6, S. 844-854, hier S. 845.
[79] Fühmann, *Gespräch Schoeller*. Katzenartigen, S. 357.
[80] Wittstock, *Fühmann*. S. 31.
[81] Soldat, *Gespräch Fühmann*. SuF 50 (1998) 6, S. 845.
[82] Vgl.: „Ich halte die Prosa für die geeignetere Ausdrucksmöglichkeit für das, was ich heute sagen möchte." Franz Fühmann in: Sauter, Josef-Hermann: *Interview mit Franz Fühmann*. In: Weimarer Beiträge (WB) 17 (1971) 1, S. 33-53, hier S. 35.
[83] Kalász, *Arcképvázlat*. Új írás 16 (1976) 9, S. 102. („[... K]ivánt olvasóinak példát adni. Így érezte legőszintébbnek és legértelemesebbnek. Ez pedig a líra elvontabb s énekesebb eszközével lehetetlennek látszott. Ha valamiképp, neki most már csak prózában volt elképzelhető." Übers. S.K.)
[84] Walkó, *ujjászületése*. Nagyvilág 19 (1974) 1, S. 460. Übers. S.K. („Évtizedekkel ezelőtt megtagadta magában egy szép napon Fühmann a költőt, a lírikust, mert tagadásra mindig is hajlamos volt, és felfedezte a prózaírót. A lírikusnak búcsút mondott.")
[85] Vgl.: Hajnal, Gábor: *Franz Fühmann 1922-1984*. In: Nagyvilág 29 (1984) 9, S. 1407f., hier S. 1407. Übers. S.K. („[R]endkívül érzékeny és szigorú igényessége miatt a versírástól megriadt.")

I.3 Heimatverlust, Heimatverbot und Verlust der lyrischen Stimme bei Franz Fühmann

stellt zudem einen Reflex auf Adornos bekannte Aussage zur Lyrik nach Auschwitz[86] dar. Jedoch erst in *22 Tage* erfolgt Fühmanns ausgesprochen schmerzhafte, ja harte Auseinandersetzung mit Auschwitz als dem Ort eigener und deutscher Verantwortung und Schuld.

Die scharfe Kritik Marcel Reich-Ranickis an seiner Lyrik reflektiert Fühmann dort ohne Nennung des Kritikers. Reich-Ranicki identifiziert, wohl auch mit der erkennbaren Optik der Systemkonfrontation im Kalten Krieg[87], die vereinfachende moralische Struktur in Fühmanns Lyrik als noch immer typisch HJ[88] – ideologische Verwendung von Adornos viel zitierten Worten oder jene ernst gemeinte Kritik, als die Fühmann Reich-Ranickis offensichtliche und wenig hilfreiche Häme nimmt?

In welcher Weise die späten 1950er Jahre zwar einen Einschnitt bedeuteten und doch andernorts nicht als die Zäsur erscheinen, als die Fühmann sie individuell und generell beschreibt, erweist sich exemplarisch bei einem Blick in die 1966 erschienene Anthologie *In diesem besseren Land*.[89] Der Untertitel *Gedichte der Deutschen Demokratischen Republik seit 1945* verweist auf den 20-jährigen Zeitraum, aus dem der Band Texte versammelt. Damit überspannt er gerade auch das Jahr 1958, das Fühmann als „tiefe Zäsur in der Literatur der DDR"[90] beschreibt. Das Buch enthält eine ganze Reihe von Texten, die aus der ersten Hälfte der 1950er Jahre stammen. Durch die Anthologie wird allerdings nicht der Eindruck einer gebrochenen Lyriklandschaft vermittelt. Vielmehr scheint sich eine Kontinuität zu zeigen, die von 1945 bis ins Erscheinungsjahr reichen und die mögliche einschnittartige Wirkung der späten 1950er Jahre überdecken soll. Bemerkenswert, fast merkwürdig ist demgegenüber die Tatsache, dass die Sammlung durch Fühmanns *Die Richtung der Märchen* und Johannes R. Bechers *Von den letzten Dingen* abgeschlossen wird.[91] Fühmann schreibt nach eigener Aussage seit 1958[92] keine Gedichte mehr und das genannte Gedicht ist nach seiner Selbsteinschätzung gerade Zeichen poetischer Veränderung und Entwicklung.[93] Becher war 1958 verstorben. Sein Gedicht endet: „Im Allerersten starb das Allerletzte"[94]; eine Eschatologie, die gleichsam

---

[86] Vgl.: Adorno, Theodor W.: *Kulturkritik und Gesellschaft*. In: GS, Bd. 10/I, Kulturkritik und Gesellschaft I. Prismen, S. 11-30, hier S. 30.
[87] Auch Wittstock kolportiert eine solche Optik bereitwillig. (Wittstock, *Fühmann*, S. 27ff.)
[88] Vgl.: Reich-Ranicki, *Deutsche Literatur in Ost und West*, S. 426 und *22 Tage*. WA 3, S. 467f.
[89] *In diesem besseren Land*. Gedichte der Deutschen Demokratischen Republik seit 1945. Ausgewählt v. Adolf Endler u. Karl Mickel.- Halle/S. 1966.
[90] Fühmann, *Gespräch Schoeller*. Katzenartigen, S. 356. Vgl. auch Fühmanns sehr ähnliche Bemerkung dazu im Gespräch mit Hans-Georg Soldat. (S. 844f.)
[91] In: In diesem besseren Land, S. 373-375.
[92] Vgl.: Fühmann, *Gespräch Schoeller*. Katzenartigen, S. 356; *Miteinander reden*. WA 6, S. 443; Hegyi, *Fühmann zu Gast*. BR 15 (1981) 48, S. 9; Soldat, *Gespräch Fühmann*. SuF 50 (1998) 6, S. 845.
[93] Vgl.: Fühmann, *Gespräch Schoeller*. Katzenartigen, S. 379.
[94] Becher, Johannes R.: *Von den letzten Dingen*. In diesem besseren Land, S. 375.

als Epitaph zu lesen wäre. Letzteren schreibt freilich Stephan Hermlin mit *Der Tod des Dichters*[95] (1958), das sich auch als Abgesang auf das eigene lyrische Schaffen Hermlins interpretieren ließe. Fühmanns Beschreibung dieser Jahre nennt außerdem noch das Verstummen Kurt Barthels und den Weggang aus der DDR von Uwe Berger. All dem stellt sich Adolf Endler mit seiner Einschätzung von 1971 entgegen. Er nimmt die Sammlung *In diesem besseren Land* in einem Artikel als Beweis für eine „Lyrik-Szenerie"[96] der DDR, die – mit einer Brecht-Paraphrase – ein „blühender Garten"[97] sei. Das Problem sei die ärgerliche Kritik der „dürre[n] Gouvernante"[98] Germanistik. Es fehlt jedes Wort über das lyrische Verstummen von wenigstens drei der Anthologie-Autoren – Barthel, Fühmann und Hermlin.

Die Gründe und Hintergründe, die für seinen Lyrikverlust entscheidend waren, hat Fühmann verschiedentlich selbst ausdrücklich als Zusammenhänge benannt. Der Einfluss der im Nachgang zu Chruschtschows Rede erlebten Enttäuschung muss für Fühmann durch noch zwei weitere Aspekte ergänzt werden. Ohne diese Zusammenhänge handelte es sich um ein monokausal politisches Erklärungsmuster, das allein aber nicht ausreichend wäre, um auch die Nachwirkung des Verlustes als eine der entscheidenden Linien in Fühmanns Schaffen zu verdeutlichen.

Ernst Blochs *Prinzip Hoffnung* setzt je denkerisches Überschreiten als Kern einer Betrachtung von Denk- und Handlungsstrukturen, die eben Hoffnung als Material des Vorausbewussten etabliert, was beim rückblickenden Fühmann als Beschreibung formelhafter künstlerischer Vorgaben der späten 1950er Jahre wiederzufinden wäre: „Keine Rückschau, keine Darstellung des Alten, im Vormarsch das Alte überwinden!"[99] Der „utopisch-prinzipielle Begriff als der der Hoffnung und ihrer menschenwürdigen Inhalte"[100] bildet bei Bloch die Eröffnung seiner eigenen umfangreichen Erläuterung. Sie hält mit und durch ihren Wortreichtum zugleich die Gefahr gegenwärtig, die die Größe des Hoffnungsgebäudes auch als Größe des Enttäuschungspotentials und der darauf folgenden Ernüchterung zeigt. Insofern mag das lyrische Aufleben, das Fühmann für jenen kurzen Zeitraum nach dem XX. KPdSU-Parteitag beschreibt, das Verstummen nach sich ziehen, das sich analog zum vorangegangenen Sprach- und Wortreichtum aufbaut. Die nötige Entlastung und Befreiung der

---

[95] Hermlin, Stephan: *Der Tod des Dichters*. In: Ders.: Gedichte und Nachdichtungen. Berlin u. Weimar 1990, S. 129f.
[96] Endler, Adolf: *Im Zeichen der Inkonsequenz*. Über Hans Richters Aufsatzsammlung „Verse, Dichter, Wirklichkeiten". In: SuF 23 (1971) 6, S. 1358-1366, hier S. 1363.
[97] Ebd. Als eigentlich erstes Gedicht der Sammlung findet sich Brechts *Der Blumengarten* (Brecht, Bertolt: Werke. Große kommentierte Berliner u. Frankfurter Ausgabe. Hrsg. v. Werner Hecht, Jan Knopf, Werner Mittenzwei, Klaus-Detlef Müller. Bd. 12, Gedichte 2. Berlin u. Weimar / Frankfurt/M. 1988, S. 307.) auf dessen Metaphorik sich Endler hier wohl bezieht.
[98] Endler, *Im Zeichen der Inkonsequenz*. SuF 23 (1971) 6, S. 1363.
[99] Fühmann, *Gespräch Schoeller*. Katzenartigen, S. 356.
[100] Bloch, Ernst: *Werkausgabe*. Bd. V, Das Prinzip Hoffnung. Frankfurt/M. 1985, S. 5.

I.3 Heimatverlust, Heimatverbot und Verlust der lyrischen Stimme bei Franz Fühmann

bisherigen Darstellungsmöglichkeiten durch die Überwindung des „unerträglichen Zwiespalt[s]" von Realität und Darstellung der Realität"[101] bleiben aber aus. Demzufolge entschwindet auch die am Schluss von *Prinzip Hoffnung* skizzierte Heimkehrmöglichkeit ersatzlos, was in diesem Sinne einen Heimatverlust für Fühmann meint, dem nicht einmal ein Heimatbesitz vorangegangen wäre. Ähnlichkeiten in einer Geschichtsauffassung des Tätigseins als dialektischer Tätigkeit lassen sich bei Fühmann gegenüber Bloch ansatzweise zeigen. Beispielsweise *Die Richtung der Märchen* enthält in der Figur des Helden die Spur jenes „die Gegebenheiten umbildende[n] und überholende[n] Menschen"[102], der in dem Vorausbewusstsein des eigenen Widerstrebens im Angesicht der Gefahr dieses von vorn herein zu umgehen sucht, daher seine oben zitierte Anweisung. Daraus wird das zum Grunde strebende Ziehen und Zerren, hin zu „etwas, das allen in die Kindheit scheint und worin noch niemand war: Heimat"[103]. Insofern ließe sich ‚dem Grund zu' auch als strebender Wunsch nach Rückkehr, besser nach Heimkehr lesen. Im Gespräch mit Schoeller erwähnt Fühmann, dass und wie er sich die verlorene Heimat Böhmen verboten habe: „[I]ch habe die Heimat gewaltsam getilgt. [...] Dieses Heimatverbot war sicher eine Komponente mit, daß mir die Lyrik abgestorben ist – nicht die wesentliche, aber doch eine."[104] Diese bewusste Tilgung führt zur eigentlichen Heimatlosigkeit in Berlin und der Mark Brandenburg, die nur mehr unzureichender Ersatz für Böhmen sein können.[105] Somit geht Fühmann seine angestammte urpoetische Landschaft vollends verloren und damit schließlich auch die eigene Poesie. Im Fahrwasser der politisch opportunen Vereinfachungen der Märchenpoetik[106] mit ihrem klaren moralischen System hatte es mit der Heimat für Fühmann „aus und vorbei"[107] sein sollen. Diese Verleugnung der eigenen Herkunft und Heimat – in Teilen

---

[101] Fühmann, *Gespräch Schoeller*. Katzenartigen, S. 356.
[102] Bloch, *Prinzip Hoffnung*, S. 1628.
[103] Ebd. – Klemens Renoldner skizziert Fühmanns Beziehung zu seiner Heimat Böhmen in Anlehnung an Bloch als „Bild der Sehnsucht nach vorne. Heimat, wo noch niemand war." (Renolder, Klemens: *Ach Du Engel meines Vaterlandes!* Die böhmische Kindheit – auf den Wegen durch Österreich. In: Simon, Horst (Hrsg. u. Mitarb. v. Barbara Richter): Zwischen Erzählen und Schweigen. Ein Buch des Erinnerns und Gedenkens. Franz Fühmann zum 65. Rostock 1987, S. 113-130, hier S. 117.)
[104] Fühmann, *Gespräch Schoeller*. Katzenartigen, S. 379.
[105] In einer längeren Passage im *Ruppiner Tagebuch* zeigt Fühmann dies etwa im Vergleich mit Fontane sehr deutlich auf. Die Bewegung durch die Ersatzheimat Brandenburg ist so nur ein Stolpern bzw. Latschen „durch dies Land, durch diese Geschichte". (Fühmann, Franz: *Das Ruppiner Tagebuch*. Auf den Spuren Theodor Fontanes. Hrsg. v. Barbara Heinze u. Peter Dehmel. Rostock 2005, S. 305.) Er behandelt dies dort gerade auch als sprachliches Problem: Brandenburg sei für ihn „ein fremdes Land, dessen Sprache ich nicht einmal mächtig bin und auch nie mächtig sein werde, weil man eher Sanskrit lernt als ein benachbartes Idiom". (Ebd., S. 304.)
[106] Vgl. aber Fühmanns Differenzierung zwischen Volks- und Kunstmärchen gegenüber Horst Simon: *Gespräch mit Horst Simon*. In: WA 6, S. 475-493, hier S. 476ff.
[107] Fühmann, *Ruppiner Tagebuch*, S. 304.

eine Selbstverleugnung – wirkt sich durch den Verlust der eigenen lyrischen Stimme schwerwiegend aus.

Das eigene Verbot der Heimat reflektiert Fühmann in *22 Tage* erneut kritisch und erwähnt als Gegenbeispiel die Lyrik[108] von Johannes Bobrowski, der sich „seine Landschaft hinübergerettet und bewahrt"[109] habe und somit im besten Benn'schen Sinne „seine Teilfunktion versorg[t]"[110] habe. Der Gegensatz, den Fühmann zwischen Bobrowskis Strategie für Litauen und Ostpreußen und seiner eigenen für Böhmen eröffnet, unterstreicht erneut, welchen Stellenwert Fühmann der Bindung der eigenen Lyrik an seinen heimatlichen Ort beimisst. Auch die Erwähnung der Stelle aus *22 Tage* im Gespräch mit Schoeller unterstützt dies. Eine noch genauere Erklärung des Zusammenhangs zwischen dem Heimatverbot und dem Verlust der eigenen Lyrik liefert Fühmann in einem Gespräch mit Margarete Hannsmann. Sie bietet eine Deutung des *Marsyas* an, dem, so Hannsmann, die Haut der Heimat abgezogen worden sei und spielt damit auf Schriftsteller an, die die DDR verlassen hatten. Fühmann stellt einen ausführlichen Bezug zu seinem selbst auferlegten Böhmen-Verbot und -Verlust her: „Die Haut der Heimat abgezogen. Ebendas ist mir einmal geschehen, und ich will mit leiser Stimme hinzufügen: Ich hätte Angst vor einem zweiten Mal."[111] Fühmann hat als Künstler zwar über erheblich bessere Reisemöglichkeiten verfügt als die meisten DDR-Bürger, doch hat er das Land nie endgültig verlassen oder verlassen wollen. Der von Hannsmann angedachte Weggang aus der DDR käme für Fühmann trotz des Unbehagens in Berlin-Brandenburg einem zweiten Verlust gleich. Für den ersten Verlust der Heimat Böhmen erscheint ihm Marsyas' Leiden als passendes Bild, das ganz ähnlich auf ein Verlassen der DDR bezogen werden könnte. Dies unterstreicht zusätzlich die fortgesetzte Virulenz nicht nur des Lyrischen in seiner Sprache und Arbeitsweise[112], sondern auch das Moment der Qual, der das Schreiben für Fühmann gleichkommt[113]:

> Meine Heimat war das Riesengebirge, das war die Landschaft meiner Kindheit, und das ist ja auch immer die Landschaft, in der man als Lyriker sich bewegt, von da stammen die Bilder, die Metaphern – diese Landschaft kann natürlich ebenso die der Stadt sein –, und daß ich die verloren habe, und keine neue gefunden habe (auch meine Hoffnung, sie im Bergwerk zu finden, ist wohl gescheitert), hat natürlich auch mit dem Verlust des Gedichts zu tun. Dieses Riesengebirgstal war allerdings eine extrem

---

[108] „Erinnerungen an die Nebelmorgen hinter der Weichsel und den süßen Ruf des Vogels Pirol" (*22 Tage*. WA 3, S. 417). Fühmann erklärt anhand von Bobrowskis Gedicht *Kindheit*, wie dieser sich seine Heimat erhalten habe, während er, Fühmann, sich die seine verbot und auch Bobrowskis „[…] Lyrik [anfangs] schroff ablehnend" (Ebd.) gegenüberstand.
[109] Fühmann, *Gespräch Schoeller. Katzenartigen*, S. 379.
[110] Vgl. den Bezug zu Benn (*Probleme der Lyrik*. StA VI, S. 32) in: *22 Tage*. WA 3, S. 417.
[111] *Miteinander reden*. WA 6, S. 452.
[112] Vgl.: Fühmann, *Gespräch Schoeller. Katzenartigen*, S. 376.
[113] Vgl.: *Miteinander reden*, WA 6, S. 450.

I.3 Heimatverlust, Heimatverbot und Verlust der lyrischen Stimme bei Franz Fühmann

> provinzielle Landschaft, abgeschieden, eingeschlossen von vier Bergzügen, aber es war halt meine Landschaft, und meine Gedichte wurzeln da.[114]

Fühmann fügt eine Erklärung an, in der er auch hier den Vergleich zu Bobrowski zieht, jedoch politisch und biographisch deutlicher wird, so dass sich zeigt, warum Fühmann „seinem Lied auf die Kehle getreten ist"[115]:

> Dann kam die Umsiedlung, die ich historisch bejahe, eine andere Lösung war wohl nicht möglich, dann sah ich diesen Mißbrauch der Heimatgefühle, dies Treiben der Landsmannschaften oder wie die heißen, dies kaltschnäuzige Kalkül ihrer Führer mit etwas, darin am Anfang gewiß Trauer und Schmerz schwang und das dann zur Operette und Farce wurde, zur gefährlichen Farce falschen Erinnerns, und da hab ich es mir gewissermaßen verboten: ich wollte diese Landschaft nicht mehr in meiner Lyrik weitertragen. Es war *meine* Entscheidung, wahrscheinlich eine falsche, denn es gibt ja das Beispiel Johannes Bobrowski, der es verstanden hat, seiner litauischen Heimat, diesem kleinen Stück Land, ein Werk abzugewinnen, vor dem ich mich bewundernd verneige.[116]

Vor diesem Hintergrund stehen auch die *Reisebilder* in einem schmalen Bändchen des Hinstorff-Verlages, zusammengestellt und herausgegeben aus Anlass von Fühmanns 50. Geburtstag. Ihre Grundlage bildet Franz Fühmanns erste Reise in seine riesengebirgische Heimat nach dem Zweiten Weltkrieg. Das angestammt Urpoetische dieser Landschaft hinterlässt intensive Spuren im Text. Dennoch bleibt für Fühmann unsicher, ob das wieder gesehene und erneut erlebte Riesengebirge Ort des poetischen Arbeitens sein kann, ob sich also das tief in Herkunft und Heimat Verwurzelte des Lyrischen dort wieder einstellen würde. Daher wohl ist dort vor allem die Rede von der Nachdichterarbeit aus dem Tschechischen und nicht von eigener Lyrik. Die Beschreibung einer kleinen Szene an einem Bach gerät z.B. zu „echte[m] Märchenmaterial"[117]. Mit dem Lyrisch-Idyllischen dieser Szene entsteht ein ‚locus amoenus', wobei die Klimax das Aufrufen der tschechischen Moderne[118] und Rilkes darstellt. Ein romantisch-poetischer ‚Zauberspruch' könne die beschriebenen Einzelheiten der Szene am Bach miteinander verbinden. Jener Zauberspruch, der nach Eichendorff die Welt zum Gesang anheben lasse, begegnet übrigens erneut als märchenhaftes Motiv, das der Nachdichter Fühmann in *22 Tage* verwendet. Dort beschreibt er seinen Blick in die ungarische Poesie, als den eines „taube[n] Ali Baba", dem der „öffnende[] Zauberspruch"[119] fehle[120] und der ihm auch nicht

---

[114] Ebd., S. 452f.
[115] Fühmann zitiert dieses Majakowski-Wort in *22 Tage* (WA 3, S. 417) und auch im Gespräch mit Schoeller. (S. 357.)
[116] *Miteinander reden*, WA 6, S. 453 (Hervorhebung i. Orig.)
[117] Ders., *Reisebilder*. Trajekt 5, S. 40.
[118] Aufgezählt werden ebd. die ‚Pläne' Konstantin Biebl, Vítězslav Nezval, František Halas und František Hrubín. Der erste Nachdichtungsband mit Gedichten von Halas erscheint jedoch erst 1970. (Halas, František: *Der Hahn verscheucht die Finsternis*. [Gedichte]. Nachgedichtet v. Franz Fühmann. Berlin 1970.)
[119] Beide Zitate: *22 Tage*. WA 3, S. 316.

mehr erlernbar sei.[121] Ihm seien hier und dort kleine Fenster in den „Sesamberg"[122] geschlagen, durch die sich dem Blick funkelnde Schätze zeigten. Dieses Bild lässt bereits an die Schätze der Bergwerkswelt unter Tage denken. Weiterhin im Rahmen des (orientalischen) Märchenstoffes wird für und in Böhmen eine aphoristische Verbindung von *Sommernachtstraum* und *Tausendundeiner Nacht* hergestellt, die das Märchenhafte und die Märchennähe der böhmischen Landschaft und ihrer Flora aufbaut. „Böhmen ist näher am Bosporus als Preußen"[123], lautet ein Konstantin Biebl entlehntes Wort, das sich auf zwei Verse aus dessen Gedicht *Orient*[124] bezieht. Böhmen läge damit ganz shakespearisch auch näher am Meer.[125] Die vermeintliche Nähe zum Bosporus mag dabei vor dem Hintergrund von Fühmanns Selbstverständnis als Böhme gemeint sein, der sich mehr Österreich als Deutschland zugehörig fühlt[126], und quasi in der Interpretation der Biebl-Verse zu einer Art West-Östlichem Divan werden. Es könnte sich auch um eine Anspielung auf den etwa 150 Jahre langen türkisch-orientalischen Einfluss in Ostmitteleuropa während des 16. und 17. Jahrhunderts handeln. Auch insofern wäre Böhmen dann näher am Bosporus als Preußen, das mit der Mark Brandenburg Fühmanns Wahlheimat seit der Rückkehr aus der sowjetischen Kriegsgefangenschaft ist. Diese Wahlheimat kann ihm jedoch nicht die verlorene poetische Landschaft Böhmen ersetzen. Böhmen ist für Fühmann nunmehr ein Reiseziel. Der Fernreisende Biebl hatte sein Böhmen in Java entdeckt und somit die Nähe der eigenen Landschaft in der Ferne, im Anderen erfahren.[127] Fühmann kommt nach dem Zweiten Weltkrieg nach Brandenburg, das ihm einen Aufenthalt bietet, doch nie die Heimat werden

---

[120] Ähnlich äußert sich z.B. auch Hans Magnus Enzensberger: „Wir sind also, was die ungarische Poesie betrifft Analphabeten." (*[Auf ihre Frage will ich in aller Kürze antworten.]* In: Arion 1. Nemzetközi költői almanach / Almanach international de poésie. Hrsg. v. György Somlyó. Budapest 1966, S. 57f., hier S. 58.)
[121] Gemeint ist Fühmanns vergebliches Bemühen, sich das Ungarische anzueignen.
[122] *22 Tage.* WA 3, S. 316.
[123] Ders., *Reisebilder.* Trajekt 5, S. 40.
[124] Biebl, Konstantin: *Poesiealbum 117* [Gedichte]. Berlin 1977, S. 3; auch in: WA 2, S. 63.
[125] Vgl.: Fühmanns Erzählung *Böhmen am Meer* (in: Ders.: Erzählungen 1955-1975 (WA 1), S. 283-318.) und Ingeborg Bachmanns Gedicht *Böhmen liegt am Meer*. (In: Dies.: Werke. Erster Band, Gedichte, Hörspiele, Libretti, Übersetzungen. Hrsg. v. Christine Koschel, Inge v. Weidenbaum, Clemens Münster. München u. Zürich 1993^4, S. 167f.) Zu Bachmanns Fühmann-Rezeption in diesem Gedicht vgl.: Doležalová, Romana: *Böhmen am Meer.* Zu Ingeborg Bachmanns Prätexten (Erschaffen einer utopischen Landschaft in Werken von Greene, Shakespeare, Rilke und Fühmann). In: Germanoslavica. 15 (2004), S. 45-58.
[126] Wieland Förster über Fühmann in: *Franz Fühmann zu Ehren. Es bleibt nichts anderes als das Werk,* S. 5.
[127] Fühmann weist darauf in einer sehr kurzen Vorbemerkung zum *Poesiealbum 117* (Konstantin Biebl) hin (S. 3). Er zitiert einen Vers aus dem Gedicht *Die Gegenfüßler*: „Auf der anderen Seite der Welt liegt Böhmen / ein schönes und exotisches Land" (S. 16). Ein zweites Mal erwähnt Fühmann Biebls Suche nach Böhmen (am Meer) in Java in einer Anmerkung zum Trakl-Essay. Dort heißt es: „[…] Man könnte auch auf Konstantin Biebl verweisen, der erst in Java sein Böhmen fand" (*Vor Feuerschlünden.* WA 7, S. 203).

I.3 Heimatverlust, Heimatverbot und Verlust der lyrischen Stimme bei Franz Fühmann

kann, die dem Lyriker abhanden kam. Fühmann ist und wird kein Märker, sondern sucht weiterhin einen Ersatz für die verlorene und von ihm selbst ausgelöschte Kindheitslandschaft, deren Attribut das genuin Poetisch-Lyrische ist. So als sei eben Schillers „das Schöne lebt nur im Gesang"[128] hier Leitfaden und so als lebte auch das Riesengebirge wenigstens poetisch fort, werden die Nachdichtung und Shakespeares Verse aus *Das Wintermärchen*[129] Heterotopien der böhmischen Herkunft.

Hans Richter nimmt den fraglichen Biebl-Vers in seiner Fühmann-Biographie als „vielsagende[n] Kommentar zur andauernden, liebevollen nachdichterischen Immigration"[130] Fühmanns, womit vermutlich die Suche nach dem verlorenen Eigenen des lyrischen Sprechens im räumlich, wie sprachlich und literarisch Fremden gemeint ist. Einen Bezug zur tschechischen Literatur liefert Fühmann selbst, einen weiteren zur ungarischen Literatur stellt Richter beispielhaft mit „Hajnal, Füst und Vörösmarty"[131] her, wobei hier unabhängig von Böhmen am Bosporus der Gang ins Fremde zur Findung des Eigenen hervorgehoben wird.

Der Farn sei „ein arabisches Gewächs"[132] heißt es in Fühmanns *Reisebildern* außerdem, sodass auch die böhmische Flora in ihrer Alterität Medium der Ferne und der Nähe des beinah arkadischen Orients ist. In der eigentlich banalen Aussage über die räumliche Entfernung Preußens und Böhmens voneinander und zur berühmten Verbindung von Marmarameer und Schwarzem Meer wird das expressive ‚Ins Andere' lesbar. Denn in dem Maße wie Fühmanns Lyrikverlust eine räumliche wie lyrische Entfernung vom Isergebirge darstellt, nimmt gleichermaßen die Annäherung an einen solchen bedeutsamen Ort im sprachlichen und literarischen Raum der Nachdichtung zu. Es geht demnach eher nicht, wie Krüger[133] meint, um das Zurückholen einer Erinnerungslandschaft, sondern um die buchstäbliche Transformation einer sprachlich-poetischen Heimat in die Nachdichtung.

Dennoch erscheint die Nachdichtungsarbeit als der eigentlich erfolglose Flugversuch, den Fühmann einige Schmetterlinge in den *Reisebildern* unternehmen lässt: Schwerfällig versuchen sie sich in die schwüle Luft zu erheben und gehen aber schließlich zur Begattung über. Erst ein Naturereignis selbst – die Entladung der Schwüle in einem Gewitter – bringt die Lösung der Anspannung, denn der Erzähler, „Liebhaber des Gewitters, Liebhaber von Gewitterflügen und Gewitterfahrten, [spürt] den siedenden Ausbruch der Angst

---

[128] Schiller, Friedrich: *Der Antritt des neuen Jahrhunderts*. WN 2,I, S. 362f., hier S. 363.
[129] Vgl. Franz Fühmanns Nacherzählung in: Reineke Fuchs. Märchen nach Shakespeare. Das Nibelungenlied. Märchen auf Bestellung (WA 5), S. 109-140.
[130] Richter, Hans: *Franz Fühmann – Ein deutsches Dichterleben*. Berlin u. Weimar 1992, S. 229.
[131] Ebd.
[132] Fühmann, *Reisebilder*. Trajekt 5, S. 40.
[133] Vgl.: Krüger, Brigitte: *Mythischer Ort – poetischer Ort*. Franz Fühmann: „Im Berg". In: „Jeder hat seinen Fühmann", S. 82.

[s]einer Kindertage"[134]. Diese Szene, als aphoristisches *Reisebild* gezeichnet, trägt die Nachdichtungspläne zu Texten tschechischer Modernisten wie Biebl, Nezval, Halas und Hrubín nunmehr in die Landschaft. Die einstige poetische Herkunftslandschaft soll zur Folie der genannten Pläne werden. Dieser Abschnitt stellt mit einem voraufgehenden zusammen eine Klammer her, innerhalb derer sich zwei Absätze zu den erwähnten tschechischen Modernisten befinden: „Ob man hier arbeiten könnte? Ich bin mißtrauisch."[135] Dieses Zwischenfazit – die Schmetterlings- und Gewitterszene scheint es zu bestätigen – zeigt die Landschaft nicht als Arbeitsort, sondern inszeniert die befreiende Entleerung von gedanklicher Anstrengung als jähen Einbruch der Kindheitsängste am Ort der Kindheit.[136]

An der gleichen Stelle wird der Einfluss von Rilkes Poesie auf die „deutsche[] Lyrikentwicklung"[137] gegenüber dem „herrlich konkreten tschechischen Poetismus"[138] thematisiert: „Nicht auszudenken: Daß wir uns Rilke erspart hätten"[139], betont Fühmann die Unentbehrlichkeit des Dichters, dessen *Aufzeichnungen des Malte Laurids Brigge* er auch das Motto des Trakl-Essays entnimmt.[140] Fühmanns Wahl fällt dort auf eine Stelle, die die Quelle des Verse-Schreibens eng an vielfältige und intensive Erfahrungen bindet – ganz ähnlich den Fühmann'schen Überlegungen im Mythos-Essay –, darunter zählt z.B. auch die Bedeutung von Städten oder Wegen in unbekannten Gegenden. Gerade an Letztere erinnert Fühmanns betonte Heraushebung der Kindheitslandschaft als eigentlich lyrischer Landschaft eines Dichters. Rilkes *Neue Gedichte* hatten im Übrigen den jungen Fühmann schon während seiner Kriegsteilnahme[141] begleitet. Noch im Bergwerk bleibt der Einfluss dieser Lektüre deutlich erkennbar, beispielsweise wenn Dr. Schmid dort als direkte Intertextualität einen Vers aus *Orpheus. Eurydike. Hermes* leicht abgewandelt zitiert.[142] Diese Einbettung der Modernerezeption und der damit verbundenen Nachdichtungspläne mit einem zusätzlichen direkten Bezug zur verlorenen und zur Wahlheimat lässt sich mit dem für den Lyrikverlust relevanten Problem des Heimatverlustes und -verbotes im Zusammenhang sehen. Hier ist schon der Erhalt des an sich und für sich verlorenen lyrischen Sprechens in Form einer stark lyrisch bestimmten Poetik in der Prosa erkennbar. Die Komposition der *Reisebilder* in aufeinander bezogene Strophen lässt zuweilen ein durchaus

---

[134] Fühmann, *Reisebilder*. Trajekt 5, S. 42.
[135] Ebd., S. 40.
[136] Das Gewittermotiv spielt abgewandelt außerdem eine zentrale Rolle in der Erzählung *Die Gewitterblume*, die örtlich auch mit Fühmanns Heimat Böhmen in Zusammenhang zu sehen ist. Dort kommt dem Gewitter allerdings in der geheimnisvollen blauen Gewitterblume eine eher bedrohliche Funktion zu. (Vgl.: Ders.: *Die Gewitterblume*. In: WA 1, S. 461-472.)
[137] Fühmann, *Reisebilder*. Trajekt 5, S. 40.
[138] Ebd.
[139] Ebd.
[140] Vgl.: *Vor Feuerschlünden*. WA 7, S. 9.
[141] Vgl.: *Miteinander reden*, WA 6, S. 436.
[142] Vgl.: *Im Berg*, S. 81.

I.3 Heimatverlust, Heimatverbot und Verlust der lyrischen Stimme bei Franz Fühmann

lyrisch anmutendes Ich erkennen, z.B. in verblosen, strophischen Abschnitten[143]:

> Die rötlich-weißen Quarzlagerungen im schwarzen, fettigen Weg: durchwachsener Bauernspeck
>
> Auf einem Hügelchen unten im Tal ein winziges Wäldchen wie ein verirrter Igel: Der Märchenurwald meiner Kindheit. Dort die tapferste Tat meines Lebens: Allein abends am Hexenhaus vorbei[144]

Das Absterben der Lyrik bei Fühmann verlegt deren sprachliches Potential in die Nachdichtungen und in die Prosa. Der Verlust und das (Selbst-) Verbot der Heimat hat nach Fühmanns eigener Einschätzung ein Verschwinden der genuin lyrischen Sprache zur Folge. Das sprachliche Potential bleibt Fühmann aber insoweit erhalten, als er es weiterhin in den erwähnten Bereichen nutzt. Die Lyrik beschreibt Fühmann nunmehr als seine Herkunft und sie bleibt ihm wenigstens als Grundlage seiner Arbeitsmethode auch erhalten:

> Ich bin ja von Haus aus Lyriker, habe eine lyrische Schaffensmethode, feile tagelang an einem Absatz. Ich arbeite nicht al fresco wie ein Romancier, sondern fange mit der Pizzelei im ersten Satz an.[145]

Die lyrischen Grundlagen des Fühmann'schen Schreibens schienen durch das Ausbleiben von Gedichten seit dem Ende der 1950er Jahre ihre Bedeutung verloren zu haben. Allerdings darf wohl die Abkehr von der durch die Märchenpoetik vielfach besonders gekennzeichneten eigenen Lyrik nicht als vollständiger Verlust der lyrisch-sprachlichen Möglichkeiten gesehen werden. Als poetische Basis scheint Fühmann das Potential seiner lyrischen Sprache weiterhin zur Verfügung zu stehen. Nur die Gattung, die wohl das moralisch hermetische und vereinfachende Moment des Märchens mit enthielt, nimmt Fühmann aus seinem Genrespektrum schmerzlich heraus. Als in vielen der folgenden Texte gegenwärtiger Gestus bleiben lyrische Elemente jedoch bestehen. Sie sind nunmehr Ausdruck beständiger, drängender, strangzerrender Suche nach dem einzig lyrischen „Ort in der Sprache"[146]. So hatte es „Wir zerrn an den Strängen..."[147] geheißen; – bereits auch mit jener Geste des Unabgeschlossenen und Unabschließbaren, die die eingeschriebene Suche nach dem sprachlichen Ort und dem Ort der Sprache kennzeichnet.

---

[143] Vgl. auch den Deutungsansatz bei: Richter, *Dichterleben*, S. 227f.
[144] Fühmann, *Reisebilder*. Trajekt 5, S. 33.
[145] Ders., *Gespräch Schoeller*. Katzenartigen, S. 379.
[146] *Im Berg*, S. 104.
[147] *Die Richtung der Märchen*. WA 2, S. 60.

I.4 „Itt ülök, csillámló sziklafalon." und „Nirgends sein o Nirgends du mein Land" – Beginn in der Nachdichtung

Für 1960 vermerkt Fühmann in einem Überblick über seine Lebensdaten: „Letztes Gedicht; Beginn intensiver Nachdichtungsarbeit, zuerst Attila József."[148] Diese Angabe dürfte sich in ihrer ersten Hälfte auf die Entstehung des letzten auch veröffentlichten eigenen Gedichtes von Fühmann beziehen. In der zweiten Hälfte ist aber eher die Publikation des ersten Bandes von Attila-József-Nachdichtungen unter Leitung und auf Initiative von Stephan Hermlin gemeint. Denn bereits 1959 findet sich Fühmanns Fassung der *Ode*[149] und ein Auszug aus *Holzfäller* in *Sinn und Form*. Die *Ode*-Nachdichtung ist dort einem längeren Aufsatz zu Leben und Werk Attila Józsefs von Miklós Szabolcsi vorangestellt.[150] 1960 erschien der erste Nachdichtungsband[151] mit 36 Gedichten Attila Józsefs in deutscher Sprache. Allein zehn der Nachdichtungen stammen von Franz Fühmann.

1958 hatte Stephan Hermlin brieflich bei einer größeren Zahl seiner Schriftstellerkollegen in der DDR angefragt, ob sie sich an einem Unternehmen beteiligen würden, das für Fühmann zu einer 25 Jahre währenden immer wieder aufgenommenen Beschäftigung werden sollte. Hier beginnt mit Texten Attila Józsefs die vielfältige Auseinandersetzung mit und Nachdichtung von ungarischer Lyrik und eines lyrischen Dramas[152] durch Fühmann. Die Begegnung mit Józsefs Gedichten führt nicht nur etwa zu Fühmanns Nachdichtung der *Ode*, sondern, Attila József sei „eigentlich die Ursache dessen [...], daß ich für mich Ungarn entdeckt habe"[153], so Fühmann. Der Brief Hermlins datiert vom 28. April 1958[154] und enthält dessen Rekurs auf ein

---

[148] Heinze, *Biographie*, S. 97.
[149] Der Heftumschlag der *Óda*-Nachdichtung weist die Aufschrift „Dez' 58 – 8.5.59" auf. (Akademie der Künste (AdK), Berlin, Franz-Fühmann-Archiv (FFA), Nr. 167.)
[150] Vgl.: Szabolcsi, Miklós: *Attila József*. A. d. Ung. übers. v. Géza Engl. In: SuF 11 (1959) 3, S. 355-390. Der Artikel enthält auch Fühmanns Nachdichtungen der genannten József-Gedichte.
[151] József, Attila: *Gedichte*. Nachdichtungen v. Franz Fühmann, Peter Hacks, Stephan Hermlin u.a. Hrsg. v. Stephan Hermlin. Berlin / Budapest 1960.
[152] Vörösmarty, Mihály: *Csongor und Tünde [Csongor és Tünde]*. Ein romantisches Märchenspiel. Deutsch v. Franz Fühmann. M. e. Nachwort v. Paul Kárpáti. Berlin 1985. Für den ungarischen Originaltext vgl.: Vörösmarty, Mihály: *Összes művei* [18 kt.]. Szerk. Horváth Károly és Tóth Dezső. 9. kt., Drámák IV. Sajtó alá rendezte Fehér Géza, Staud Géza, Taxner-Tóth Ernő. [Sämtliche Werke [18 Bde.]. Hrsg. v. Károly Horváth u. Dezső Tóth. Bd. 9, Dramen IV. Hrsg. v. Géza Fehér, Géza Staud, Ernő Taxner-Tóth.] Budapest 1989, S. 5-192.
[153] Kiss, Endre: *Ich versuche Petőfi zu übersetzen*. Ein Gespräch mit Franz Fühmann. In: BR 6 (1972) 50, S. 6.
[154] Im Fühmann-Nachlass, Stiftung Archiv der Akademie der Künste Berlin. Vgl. zudem Paul Kárpátis Angaben in Fühmann, Franz: *Briefe aus der Werkstatt des Nachdichters 1961-1984. / Műfordítói műhelylevelek 1961-1984*. Mitgeteilt v. Adressaten Paul Kárpáti. / Közzéteszi a

I.4 „Itt ülök csillámló sziklafalon." – Beginn in der Nachdichtung

Erlebnis mit Nachdichtungen aus dem Ungarischen ins Französische, auf das Fühmann laut Hegyi in Budapest hinwies:

> Fühmann erzählt, daß *er* zur ungarischen Dichtung eigentlich in den fünfziger Jahren kam, und zwar durch Attila József und Stephan Hermlin. Hermlin hätte damals eine französische Nachdichtung eines Attila-József-Gedichtes gelesen und gemeint, »das müßten *wir* haben!! Und so begann – da keiner von uns ungarisch sprach – mit großem Eifer und gutem Willen das Nachdichtungsexperiment...«[155]

Von seinem Lektüreerlebnis mit József-Nachdichtungen in französischer Sprache berichtet Hermlin noch in dem kurzen Vorwort zum erwähnten Band. Dass noch durch die Übersetzung hindurch die dichterische Wirkung des József-Textes erhalten bleibt bzw. bei Hermlin nachhaltiges Interesse weckt, weist zum einen die Güte der französischen Übersetzung aus, darüber hinaus lässt sich darin wohl aber das Besondere des lyrischen Sprechens in Attila Józsefs Dichtung wiedererkennen, das Hermlin eigentlich betont. Aus dieser ersten Begegnung folgt so der Plan zu weiteren „gemeinsamen Bemühungen"[156] um Józsefs Lyrik.

Hermlin erklärt im Vorwort kurz, in welcher Weise ihn besonders „das Gedicht selbst traf" und „einen erbeben" lässt, so dass József fortan in die persönliche „geheime Anthologie"[157] Hermlins aufgenommen war. Die Kriterien, nach denen dieser erste József-Band zusammengestellt wurde, betreffen interessanterweise weniger die – meist speziell im ungarischen Kontext bedeutenden – Rezeptions- und Bedeutungszusammenhänge, denn mehr die sprachliche Qualität der Nachdichtungen. Zwar sind „einige der

---

levelek címzettje Kárpáti Pál. Leipzig / Budapest 2007, S. 14ff. sowie in zwei Artikeln: *Franz Fühmanns nachdichterisches Scheitern an Adys Lyrik dokumentiert in Briefen und Interviews*. In: Drei Raben (2003) 4-5, S. 39-44, hier S. 39 und: *Műfordítói műhelylevelek. [Briefe aus der Nachdichterwerkstatt.]* Árgus 13 (2002) 5-6, S. 40-45, hier S. 40 und: *Vorbemerkung*. In: Fühmann, Franz: Briefe an den Übersetzer Paul Kárpáti. In: SuF 57 (2005) 5, S. 671-684, hier S. 672. Auch in seinem Beitrag auf der Tagung des Übersetzeraktivs wies Fühmann auf Hermlins Initiative hin. Vgl.: *Über die Kunst des Nachdichtens*. In: WB 19 (1973) 8, S. 34-74, hier S. 52ff. Im Vergleich mit dem Datum des Hermlin-Briefs (28.04.1958; AdK, Berlin, FFA Nr. 1100) und den von Paul Kárpáti dargestellten Zusammenhängen ist Fühmanns Aussage in einem Gespräch 1978, er übersetze „seit 25 Jahren" (Tóth, János: *Treffen in Budapest. Eine Stunde mit Franz Fühmann*. In: BR 12 (1978) 47, S. 10) aus dem Ungarischen, wohl etwas ungenau. Auch die Werkverzeichnisse in Simon, *Erzählen und Schweigen* und de Wild, Henk: *Bibliographie der Sekundärliteratur zu Franz Fühmann*. Frankfurt/M. 2003 zeigen den Band von 1960 als den ersten. Allerdings finden sich einzelne Nachdichtungen Fühmanns aus dem Polnischen bereits in der Anthologie *Polnische Lyrik*. Hrsg. v. Ryszard Matuszewski. Berlin 1953.
[155] Hegyi, *Fühmann zu Gast*. BR 15 (1981) 48, S. 9. (Hervorhebungen i. Orig.) Vgl. auch Fühmanns Darstellung in: *Über die Kunst des Nachdichtens*. WB 19 (1973) 8, S. 52ff.
[156] Ebd.
[157] Alle drei Zitate: Hermlin, Stephan: *Vorwort*. In: József, Gedichte, S. 9f.

berühmtesten Gedichte" vertreten, doch wurden die Texte für den schmalen Band danach ausgewählt, „in welchem Maße die Übertragung gelungen war"[158].

Hermlin war sich der sprachlichen Schwierigkeiten bewusst, die unter den gegebenen Voraussetzungen entstehen würden. Er verweist in seinem Brief zunächst auf die ihm aus seiner eigenen Lektüre bekannten französischen Nachdichter[159] und deren erfolgreiche Arbeit mit Józsefs Lyrik. In dem Brief heißt es weiter, keiner der angesprochenen Dichter in der DDR könne Ungarisch, „aber die Aufgabe ist lösbar. Wir verfügen über brauchbare Rohübersetzungen."[160] Fühmann beschreibt diese Aufgabe noch in *22 Tage* mit Stolz wie leichter Enttäuschung über deren Nachleben folgendermaßen:

> Es war ein Wagnis, aber es hat sich gelohnt, und es ist gelungen; ein Dogma der Nachdichtungstheorie und -praxis ist umgestoßen; wir haben hier wirklich Neuland beschritten und die Möglichkeiten sozialistischen Verlagswesens ausgenutzt,[161] aber das alles wird fast gar nicht beachtet[162]

Die Unterscheidung zweier Arbeitsschritte ermöglichte auf diesem Wege das Ausnutzen von zwei muttersprachlichen Kompetenzen, nämlich der des Interlinearübersetzers in seiner Sprache (hier Ungarisch)[163] und der poetischen des Nachdichters im Deutschen. Zur jeweiligen sprachlichen Kompetenz beider Beteiligten kamen insbesondere die kulturellen und literarhistorischen Kenntnisse des nicht selten an der Textauswahl beteiligten Übersetzers. Dies gilt insbesondere für Paul Kárpáti, dessen umfangreicher Briefwechsel mit Fühmann einen guten Einblick in die Nachdichterwerkstatt und in die enge Kooperation zwischen Übersetzer und Nachdichter erlaubt.[164] Fühmann berichtet außerdem

---

[158] Beide Zitate ebd., S. 13.
[159] Hermlin erwähnt z.B. Jean Cocteau, Paul Éluard oder Eugène Guillevic.
[160] Gerade die Vokabel ‚Aufgabe' im Zusammenhang mit Übersetzungen lässt an Benjamins Einleitungsessay zu seinen Baudelaire-Übertragungen, *Die Aufgabe des Übersetzers* (GS, Bd. IV/1, S. 9-21), denken, wo mit der Doppeldeutigkeit des Wortes ‚Aufgabe' alle Sicherheit des Zu-Ende-Bringens einer Übersetzung (gerade von Lyrik!) in Zweifel gezogen wird. – Stephan Hermlin an Franz Fühmann am 28.04.1958. AdK, Berlin, FFA Nr. 1100.
[161] Die „außerordentlich günstige[n] Voraussetzungen" betont auch: Creutziger, Werner: *In Dichters Lande gehen*. Übersetzen als Schreibkunst. Halle/S. 1985, S. 10f.
[162] *22 Tage*. WA 3, S. 422.
[163] Fühmann arbeitete für seine Nachdichtungen aus dem Tschechischen sehr eng mit Ludvík Kundera zusammen. Einen Einblick in die Zusammenarbeit mit Fühmann auf dem Gebiet der Nachdichtung aus dem Tschechischen erlaubt Kunderas Beitrag: Kundera, Ludvík: *Erinnerungen*. In: SuF 53 (2001) 2, S. 238-246, zu Fühmann S. 240-246. Einen kleinen Einblick in die zeitgenössische tschechische Sicht auf Fühmanns Nachdichtungen aus dieser Sprache bietet: Ort, Jan: *Česka lyrika v nových německých překladech*. [Tschechische Lyrik in neuen deutschen Übersetzungen]. In: Česka literatura 14/1966, S. 162-166.
[164] Fühmann, *Briefe aus der Werkstatt des Nachdichters*. Leipzig / Budapest, 2007. Vgl. auch: Kárpáti, Paul: *Dokumentarisches zur Edition ungarischer Lyrik in der DDR (1968-1982)*. In: Bödeker, Birgit / Eßmann, Helga (Hrsg.): Weltliteratur in Versanthologien des 20. Jahrhunderts. Berlin 1997, S. 335-343; Kárpáti: *Műfordítói műhelylevelek*. Árgus 13 (2002) 5-

im Zusammenhang mit dem opus magnum seiner Nachdichtungen, Vörösmartys *Csongor und Tünde*, davon, wie der mit ihm befreundete ungarische Lyriker Gábor Hajnal, ihn mit einer gewissen ‚Taktik' zu neuem Nachdichtungsmaterial brachte: „...speziell durch Gábor Hajnal, der denkt sich immer: Was binde ich ihm als nächstes auf? Gábor ist ja ein großer Taktiker – da zitiert er dann etwas, und ich sage: „Ei, das ist aber schön!" – und schon hab ich's in der Tasche, zum Nachdichten..."[165] Die kleine Szene, die Fühmann der Redaktion der *Budapester Rundschau* mit einem Augenzwinkern berichtet, kennzeichnet einen Zug der freundschaftlichen Arbeitsbeziehung zwischen Hajnal und Fühmann. Auch Paul Kárpáti bestätigt, dass Hajnal gern Arbeitspläne und -aufträge für ihn als Interlinearübersetzer und Fühmann als Nachdichter gemacht habe.[166]

Für die Verbreitung ungarischer Lyrik im deutschen Sprachraum, besonders in der DDR, ist die Arbeit Fühmanns in und an den Nachdichtungen ein Glücksfall zu nennen. Auch wenn sich für Fühmann der Schritt in diese Arbeit zunächst als Ersatz für die eigene Gedichtproduktion ausnimmt und noch in dem Gespräch mit Schoeller seine Verbitterung über deren Abebben zu erkennen ist, bleibt die immer engere Verbindung von Fühmanns poetischer Entwicklung mit Ungarns Literatur ein nicht zu übersehendes Merkmal der Qualität seiner Texte. Er selbst bestimmt mit *Zweiundzwanzig Tage oder Die Hälfte des Lebens* (1973), das Ungarn und insbesondere Budapest für Fühmann vor allem auch als poetische Orte markiert,[167] seinen „eigentlichen Eintritt in die Literatur"[168]. Die ungarische Kritik nimmt um so interessierter und lobender auf, was Fühmann als dankbarer und bedenkenswerter Multiplikator ungarischer Kultur leistet.[169] Dies

---

6, S. 40-45; sowie: Ders., *Fühmanns nachdichterisches Scheitern*. Drei Raben (2003) 4-5, S. 39-44; und: Fühmann, *Briefe an den Übersetzer Paul Kárpáti*. SuF 57 (2005) 5, S. 671-684.
[165] Hegyi, *Fühmann zu Gast*. BR 15 (1981) 48, S. 9.
[166] Mündliche Auskunft von Paul Kárpáti gegenüber dem Verfasser.
[167] Vgl. dazu auch vom Verfasser: *Nagy tudós vagy idegen. [Du bist ein großer Gelehrter, Fremder]*. In: Berliner Beiträge zur Hungarologie 13 (2004), S. 95-112; *Zur Medialität des Mythos*. In: Kulcsár-Szabó Zoltán / Szirák Péter: Az esztétikai tapasztalat medialitása. [Die Medialität der ästhetischen Erfahrung.] Budapest 2004, S. 194-207.
[168] Fühmann, *Gespräch Schoeller*. Katzenartigen, S. 363.
[169] Neben den literarisch und literarhistorisch fruchtbaren Beziehungen zwischen Fühmann und seinen ungarischen Freunden und Partnern dürfen aber auch die mancherorts angeführten und gelobten guten Kenntnisse in der ungarischen Literatur, die Fühmann selbst zunehmend besaß, nicht unerwähnt bleiben. Zunächst wären hier die Aufsätze zu ungarischen Dichtern wie Miklós Radnóti (Fühmann, Franz: *Der Dichter zwischen den Kriegen*. In: WA 6, S. 17-27 und als Nachwort in: Radnóti, Miklós: *Ansichtskarten*. Gedichte. Nachdichtung v. Franz Fühmann. Berlin 1967, S. 93-104), Ágnes Nemes Nagy (Nemes Nagy, Ágnes: *Dennoch schauen*. Gedichte. Nachdichtung v. Franz Fühmann. Hrsg. v. Paul Kárpáti. Leipzig 1986, S. 5 u. S. 88-90 [Fragmente]) oder über Gábor Hajnal (Fühmann, Franz: *Hajnal Gábor, Dichter & Nachdichter, Ungar*. In: WA 6, S. 302-310.) zu nennen, die eine eingehende Beschäftigung mit Leben und Werk der von ihm nachgedichteten Autoren zeigen. Der Aufsatz von Hajnal (*Ein Freund der Ungarn und ihrer Poesie*. In: Erzählen und Schweigen, S. 107-110) würdigt zudem Fühmanns Interesse für Ungarns Dichtung und Dichter (besonders für Attila József). Ungarische Nachrufe auf Franz Fühmann, des Germanisten György Walkó in der

gilt auch ganz offiziell, erhält Franz Fühmann doch schon bei seinem ersten Ungarnbesuch 1961 die Attila-József-Plakette des ungarischen PEN und bereits 1964 den Arbeitsverdienstorden der Ungarischen Volksrepublik in Silber, 1978 folgt die gleiche Auszeichnung in Gold.[170] Im Hinblick auf diese auch aus heutiger Sicht nicht unbedeutenden Ehrungen muss Günter Rücker recht gegeben werden, der in einem Fühmann-Portrait dessen nachdichterisches Bemühen nicht nur lobt, sondern darauf hinweist, dass die maßgeblichen Anerkennungen meist aus dem Land kämen, aus dem der Dichter des Originals stammt. In der Tat scheint „der Gewinn, den [...] die Bekanntschaft mit einem Dichter"[171] für ein deutsches Lesepublikum bedeutet, für die ungarische Kritik um einiges wichtiger zu sein als für die deutsche.[172] Im Hinblick auf den erkennbar breiten Erfolg in Deutschland wieder und neu entdeckter ungarischer

---

Tageszeitung *Népszabadság* (*világba vezérlő kalauza*, Népszabadság 42 (1984) 164 v. 14.07.1984, S. 14.), von Gábor Hajnal (*Fühmann*, Nagyvilág 29 (1984) 9, S. 1407-1408) und des Schriftstellerfreundes Márton Kalász (*Franz Fühmann 1922-1984*. In: Uj írás 24 (1984) 9, S. 114f.), sprechen davon, dass der Tod Fühmanns ein Verlust „Magyarországnak, a magyar költészetnek is" (Hajnal) [„für Ungarn und auch für die ungarische Dichtung"] sei bzw. dass die ungarische Literatur trotz Fühmanns minimaler Ungarischkenntnisse „legalább olyan mélyen meghajtja előtte gyászában a zászlót [...] mint hazájáé" (Walkó) [„[...] die Flagge in Trauer wenigstens so tief vor ihm senkt, wie man es zu Hause tut"]. In einem sehr jungen Aufsatz geht Márton Kalász gar soweit, Fühmann zu bescheinigen, er habe die ungarische Dichtung und Kunst besser gekannt, als mancher Ungar. (*„Monsieur – wir finden uns wieder"*. In: Studia Caroliensia 5 (2004) 1, S. 147-151, hier S. 147.)
[170] Fühmann dazu: „Die Anerkennung hat mir sehr wohlgetan." (Tóth, *Eine Stunde mit Fühmann*. BR 12 (1978) 47, S. 10.) Vgl. dazu auch die Angaben in: Heinze, *Biographie*, S. 97 u. 161. Es handelt sich natürlich ausnahmslos um Preise, die die Volksrepublik Ungarn verlieh. Es wäre unlauter, diese Auszeichnungen mit dem Verweis auf deren nicht erwiesene Propagandarolle zu unterschlagen. Fühmann hatte gar nicht die Möglichkeit im Nachwende-Ungarn derartige Auszeichnungen zu bekommen. Im Übrigen dürfte der Grund für die Ehrung „Vermittlung ungarischer Literatur und Kultur im Ausland" gerade in einem sich vereinigen wollenden Europa seine interkulturelle Aktualität behalten haben.
[171] Vgl.: Rücker, Günther: *Was ich läse*. In: NdL 20 (1972) 1, S. 24.
[172] Dies bezieht sich auf die aufgefundene deutsche kritische Resonanz, nicht auf den erfolgreichen Verkauf der deutschen Ausgaben, der vielleicht auf eine gute Aufnahme bei den Lesern schließen lässt. (Vgl.: Kárpáti, *Dokumentarisches zur Edition*. Weltliteratur in Versanthologien, S. 342; hier zu Fühmanns Hajnal-Übertragungen.) In Anbetracht des Stellenwertes, den die Form im lyrischen Genre innehat, mag ein Hinweis von Werner Creutziger, zumindest die Kritik betreffend, hier einen weiteren Aspekt beitragen: „Problematisch ist ferner dies: Die Erwartung, mit der die Leser und Kritiker den Übersetzungen gegenüberstehen, richtet sich offenbar fast ausschließlich auf den Stoff und erschreckend wenig auf die sprachlich-literarische Qualität des Textes." (Creutziger, *Dichters Lande*, S. 11.) Zu dem ersten József-Band von 1960 (Hrsg. v. Stephan Hermlin) fand sich etwa eine Rezension im *Sonntag*, die jedoch mit keinem Wort auf die Qualität der Nachdichtungen eingeht, sondern sich nahezu ausschließlich in wenig hilfreichen, vereinfachenden Deutungsansätzen verliert. (Vgl.: Schiller, Dieter: *Attila József: Gedichte*. In: Sonntag 16 (1961) 19, S. 11.

I.4 „Itt ülök csillámló sziklafalon." – Beginn in der Nachdichtung

Literatur der Zwischenkriegszeit[173] bleibt hier zu erwähnen, dass die Rezeption ungarischer Literatur in Deutschland seit der Frankfurter Buchmesse 1999 einen merkbaren Aufschwung erfahren hat, der durch den Nobelpreis für Imre Kertész 2002 und den Friedenspreis des Deutschen Buchhandels für Péter Esterházy 2004 sicher noch befördert wurde. Dennoch scheinen Rücker und Fühmann[174] noch im Nachhinein mit ihrem Hinweis auf ausgebliebene Wertschätzung recht zu behalten. Die lyrisch wenig adäquaten und sprachlich unzureichenden deutschen Neuübersetzungen der Gedichte von Attila József[175] wollen ostentativ ohne die Beachtung der hochgeschätzten[176] Nachdichtungen auskommen, die Hermlin und Fühmann gemeinsam mit weiteren Kollegen bereits seit Beginn der 1960er Jahre besorgt hatten.

Die hohe ungarische Wertschätzung für Franz Fühmanns nachdichterische Leistungen hat der Autor in *22 Tage* reflektiert. Die Einschätzung dort wird als Lehre aus Ungarns Literatur und Geschichte angeführt und das besondere ungarische Interesse an der Vermittlung eigener Kultur- und Literatur im Ausland bzw. in der Welt erklärt sowie explizit der Vorteil und auch und Reichtum postuliert, den der literarische Blick über den eigenen Tellerrand enthält. Was es heißt, sich „von der Kenntnis der Weltdichtung nicht auszuschließen"[177] benennt Fühmann in der ungarischen

> Weltoffenheit als Selbstverständnis eines kleinen Volkes, sich vor einer drohenden Überflutung nicht durch eine (entweder unmögliche oder verkrüppelnde) Abkapselung, sondern durch Sich-selbst-Erheben auf die Höhe der Weltkultur zu bewahren[178]

---

[173] Z.B. Márai, Sándor: *Die Glut*. [A gyertyák csonkig égnek.] Übers. v. Christina Virágh. München 2000; Ders.: *Bekenntnisse eines Bürgers*. [Egy polgár vallomásai.] Übers. v. Klaus Skirecki. Hrsg. v. Siegfried Heinrichs. München 2005⁷; Szerb, Antal: *Reise im Mondlicht*. [Utas és holdvilág.] Übers. v. Christina Virágh. München 2003; Kosztolányi, Dezső: *Die Bekenntnisse des Kornél Esti*. [Esti Kornél.] Übers. v. Christina Virágh. Reinbek b. Hamburg 2004.
[174] Vgl.: „[...] aber das alles wird fast gar nicht beachtet." (*22 Tage*. WA 3, S. 422.)
[175] Vgl.: József, Attila: *Ein wilder Apfelbaum will ich werden*. Gedichte. Übers. v. Daniel Muth [Csaba Báthory]. Zürich 2005.
[176] Vgl. u.a.: Garai, Gábor: *József Attila németül*. [Attila József auf Deutsch.] In: Nagyvilág 6 (1961) 3, S. 444f.; Engl, Géza: *Kétnyelvű József Attila-kiadás Svájcban*. [Zweisprachige Attila-József-Ausgabe in der Schweiz.] In: Nagyvilág 9 (1964) 9, S. 1417 (Fühmanns Nachdichtungen werden hier als Maßstab für in der Schweiz erschienene Übersetzungen genutzt); Walkó, *ujjászületése*. Nagyvilág 19 (1974) 1, S. 460f.; Ders., *világba vezérlő kalauza*. Népszabadság 42 (1984) 164 v. 14.07.1984, S. 14; Friedo, Heribert: *Franz Fühmanns Kunst des Übertragens*. In: Mitteilungen der Akademie der Künste der DDR 24 (1986) 5, S. 18-20. Hajnal, *Freund der Ungarn*. Zwischen Erzählen und Schweigen, S. 107-110; Kárpáti, *Műfordítói műhelylevelek*. Árgus 13 (2002) 5-6, S. 40-45; Fühmann, *Briefe an den Übersetzer Paul Kárpáti*. SuF 57 (2005) 5, S. 671-684; Kalász, *Monsieur*. Studia Caroliensia, 5 (2004) 1, S. 147-151.
[177] Fühmann, Franz: *Kleine Praxis des Übersetzens unter ungünstigen Umständen*. In: Mitteilungen der Akademie 8 (1969) 3, S. 8f.
[178] *22 Tage*. WA 3, S. 417.

Eine aus dem Jargon der DDR gern kolportierte Bezeichnung für die ‚Höhe der Weltkultur' braucht hier nicht erst genannt zu werden, um neben der direkten Anspielung auf die abgekapselten kulturellen und literarischen Verhältnisse darin auch eine mögliche zweite auf die Vorgaben des Bitterfelder Weges bzw. die Einengungen nach dem 11. Plenum zu entdecken. Die wiederholte kritische und zuweilen enthusiastische Anerkennung, die Fühmanns Arbeiten in Ungarn widerfährt, unterstützt die Einschätzung in *22 Tage*. So erfahren die Ergebnisse Fühmann'scher Nachdichtertätigkeit ausdrückliches Lob, an dem sich die ungarische Wahrnehmung erkennen lässt. László Lator bescheinigt Fühmann als wichtige Qualität seiner Radnóti-Nachdichtungen, dass sie nicht nur von einem vollkommenen Textverständnis zeugen, sondern auch, und das sei etwas Besonderes, dass er die „tiefste Natur, das Wesentliche und stilistische wie rhythmische Eigenschaften von Radnótis Lyrik"[179] verstanden habe. György Walkó betrachtet solche Nachdichtungen als Glück für die ungarische Literatur. Gemeint sein dürfte damit sowohl die sprachliche Gewandtheit des Nachdichters wie die neue Bühne, die die deutschen Übertragungen ungarischer Lyrik auf diese Weise eröffnen:

> Er (Fühmann, S.K.) verabschiedete sich vom Lyrischen, doch verließ er die Verskunst nicht gänzlich, sondern übte sich fortan als Übersetzer an ausländischen Dichtern, vor allem an ungarischen, was für unsere Literatur kein kleines Glück bedeutet.[180]

In seinem Nachruf auf Fühmann beschreibt er dessen übersetzerische Mittlerrolle noch etwas pathetischer:

> Wer das Wort ungarischer Dichter in das große Sprachgebiet mehrerer Länder hinüberbringt, wie Fühmann in das des Deutschen, der bricht die Schranken der sprachlichen Abgeschlossenheit eines kleinen Volkes auf und überbringt der Welt dessen Botschaft.[181]

---

[179] „Fühmann [...] tökéletesen megértette Radnótit. S ami nagy szó: nem csak a szöveget [...], hanem Radnóti költészetének legmélyebb természetét, lényegét, stiláris és ritmikai sajátságait." (Lator, László: *Radnóti Miklós németül.* [Miklós Radnóti auf Deutsch.] In: Nagyvilág 14 (1969) 7, S. 1085-1088, hier S. 1088. Übers. S.K.)
[180] „A lírikusnak búcsút mondott, de nem mondott a vers művészetéről le egészen, gyakorolta tovább idegen költőkön, fordítóként, főként magyarokon, nem kis szerencséjére irodalmunknak." (Walkó, *ujjászületése*. Nagyvilág 19 (1974) 1, S. 460. Übers. S.K.)
[181] „Aki magyar költők szavát több országnyi, nagy nyelvterületre menti át, mint Fühmann a németre, egy kis nép nyelvi elzártságát töri fel abroncsait, s küldi üzenetét a meszi világba." (Walkó, *világa vezérlő kalauza*. Népszabadság 42 (1984) 164 v. 14.07.1984, S. 14. Übers. S.K.) Vgl. auch: „Alle Anstrengungen Fühmann'scher Nachdichtungskunst sind dem Anliegen verpflichtet, literarische Leistungen anderer Völker für uns rezipierbar zu machen. Wenn wir von der Freude sprechen, die der Genuß von Werken der Weltliteratur bereiten kann, dann ist die Nachdichtungskunst die notwendige internationale Brücke zum Verständnis." (Meier, Gerhard: *Die Bedeutung von Franz Fühmanns Reisetagebuch „Zweiundzwanzig Tage oder Die Hälfte des Lebens" für den Selbstverständigungsprozeß des*

I.4 „Itt ülök csillámló sziklafalon." – Beginn in der Nachdichtung

Die ungarische Monatszeitschrift für Weltliteratur, *Nagyvilág*, hatte schon dem ersten deutschen Nachdichtungsband mit Gedichten von Attila József eine ausführliche Kritik gewidmet. Die Beiträge jedes einzelnen der mitwirkenden Nachdichter wurden je in einem kurzen Absatz besprochen. Fühmann ist neben einigen anderen vor allem mit seiner deutschen Version der *Óda* vertreten und erhält insbesondere für diese Arbeit das Lob des Kritikers, der ihm bescheinigt, was seine Übersetzungen beweisen: „[D]ie auf dichterischem Niveau erreichte [inhaltliche und formale] Treue zum Original ist zugleich dichterischer und genauer als ‚künstlerische Freiheit'."[182] Zu Fühmanns Genauigkeit im Zusammenhang mit seinem nachdichterischen Schaffen berichtet Gábor Hajnal aus dem Entstehungshintergrund zur *Óda*-Nachdichtung, Fühmann sei „nach Lillafüred ins Bükk-Gebirge gefahren, um an der Stelle, wo die »Ode« von József entstanden ist, sich auch selbst hinzusetzen auf die »glitzernde Felsenwand« und die »Mähnen von Hügeln« zu betrachten"[183]. Fühmann besucht den Ort des Textes, dessen Nachdichtung er vorzunehmen gedenkt. Er beschreitet so gewissermaßen jenen Weg ins Land der Dichtung, um die Landschaft des Verfassers der *Óda* zu erfahren, ja um eine vermeintliche Wahrnehmung nachzuvollziehen, an die sich das Ereignis des Originaltextes anschließen könnte. Fühmann muss die Deixis des ersten Verses der *Óda*, „Itt ülök csillámló sziklafalon"[184], dabei besonders aufgefallen sein.[185] Unabhängig von Fühmanns klar an Attila József orientiertem Zugang liegt dem in der *Óda*

Schriftstellers in der sozialistischen Gesellschaft. In: Rieck, Werner / Meier, Gerhard (Hrsg.): Internationalistische Positionen in der DDR-Literatur. Potsdam 1984, S. 65-86, hier S. 77.)
[182] „[...] a költői szinten megharcolt hűség egyszermind költőibb és pontosabb, mint a »költői szabadság«." (Garai, *József németül*. Nagyvilág 6 (1961) 3, S. 444. Übers. S.K.)
[183] Hajnal, *Freund der Ungarn. Zwischen Erzählen und Schweigen*, S. 108. – Stationen seiner Reise benennt Fühmann in einem Interview: „[...] azok a sajátos képek, a hangulatok, a couleur locale! Ezért is örülök nagyon magyarországi útomnak, amelyen József Attila nyomait követem. Jártam már múzeumban, beszélgettem költő özvegyével, Szánto Judittal, ültem én is a Szinva patak mellett, amelynek ihletésére az *Óda* született [...]." [b.[redakt. Abkürzung]]: *Berlintől – Párizson keresztül – a Szinva patakig. Beszélgetés József Attila egyik német fordítójával*. [Von Berlin – über Paris – bis zur Szinva. Gespräch mit einem deutschen Attila-József-Übersetzer.] In: Esti Hírlap 6 (1961) 290 v. 09.12.1961, S. 2. („[...] diese eigentümlichen Bilder, die Stimmungen, die couleur locale! Darum auch freue ich mich sehr über meine Ungarnreise, auf der ich Attila Józsefs Spuren folge. Ich war schon im Museum, sprach mit der Witwe des Dichters, Judit Szántó, und ich saß an der Szinva, aus deren Inspiration die *Ode* entstand [...]." Übers. S.K.)
[184] József Attila: *Óda [Ode]*. In: Ders.: Összes versei. Kritikai kiadás [Sämtliche Gedichte. Kritische Ausgabe]. Bd. 2. Hrsg. v. Béla Stoll. Budapest 2005, S. 209-213, hier S.209. „Hier auf der glitzernden Felsenwand / Sitz ich". (József Attila: Ode. In: WA 2, S. 273.)
[185] Ágnes Hellers Hinweis auf Józsefs *Zauberberg*-Lektüre als rezeptionsgeschichtlichen Hintergrund der *Ode* scheint dies zu unterstützen. Die József'sche „Transponierung (von Hans Castorps) [Bekenntnis] in die Lyrik" wird für Franz Fühmann Ende der 1950er Jahre zu einem seiner ersten „Kreuzpunkt[e]" (*22 Tage*. WA 3, S. 287) mit der Lyrik Attila Józsefs. (Heller, Ágnes: *Die „Ode" und „Der Zauberberg"*. In: Mádl, Antal / Győri, Judit (Hrsg.): Thomas Mann und Ungarn. Budapest 1977, S. 184.)

vom erhöhten Felsen aus nach innen weisenden Blick ganz offensichtlich Józsefs Rezeption von Lőrinc Szabós Gedicht *A belső végtelenben [Im innern Unendlichen]*[186] zugrunde.

Im Rahmen ihrer Interpretation der *Ode*, für die sie die Fühmann'sche Nachdichtung verwendet, geht Antonia Pezold mit ihrer Einschätzung des deutschen Textes sehr weit: „[...] Inhalt, Aussage und äußere Struktur, auch die innere Bewegung des Gedichts, Rhythmik und Metaphorik sind auf der Basis eines tiefen Verständnisses für die Poesie Józsefs feinfühlig übertragen, weshalb sich die Interpretation auch mühelos an dem deutschsprachigen Text entwickeln lässt."[187] Allerdings spricht aus ihrem Fazit kein wirkliches Problembewusstsein für den Zusammenhang von Original und Nachdichtung. Weiterhin nennt sie diese „ein dem Original weitgehend gleichwertiges lyrisches Werk"[188]. Es ließe sich fragen, inwiefern der hier behauptete Zusammenhang zwischen Originalgedicht und Nachdichtung die Interpretation beeinflusst und zu markant anderen Ergebnissen geführt hat als eine Auslegung des Textes in seiner Originalsprache. Dies bleibt als Fragestellung weniger für diese spezielle Deutung[189] relevant, denn mehr als Problematik der Übertragung bzw. Nachdichtung lyrischer Texte überhaupt. Der permanente übersetzerische und nachdichterische Zwang zur Entscheidung, und zwar auf inhaltlicher wie formaler Ebene, zeitigt zuweilen Differenzen im interpretatorischen Gefüge zu den Nachdichtungstexten, die das Original möglicherweise nicht zugelassen hätte. Sehr wohl mag es sich dabei nicht notwendig um Sinnverengungen oder gar unbegründete Festlegungen des Textsinnes handeln. Dennoch ist die Rezeption nachgedichteter Lyrik immer nur eingedenk der übersetzerischen Problematik nachhaltig sinnvoll. In inhaltlicher Abwandlung eines Fühmann-Wortes zu seiner Nacherzählung der Οδύσσεια[190] wäre hier zu sagen, dass die Nachdichtungen die Lektüre der Originale nicht ersetzen können und nicht sollen, sie wollen zu ihnen hinführen.[191] Wenn aber Pezold – auch um die

---

[186] Vgl.: Szabó Lőrinc: *A belső végtelenben.* [Im innern Unendlichen.] In: Ders.: Összes versei I. [Sämtliche Gedichte I.] Budapest 2000, S. 238f. Vgl. zu den Zusammenhängen zwischen Lőrinc' Gedicht und Józsefs *Óda* vor allem: Kulcsár Szabó Ernő: *A „szerelmi" líra vége.* „Igazságosság" és az intimitás kódolása a későmodern költészetben. [Székfoglaló előadás a Magyar Tudományos Akadémián] [*Das Ende der „Liebeslyrik".* Wahrhaftigkeit und Kodifizierung von Intimität in der spätmodernen Dichtung. [Antrittsvorlesung in der Ungarischen Akademie der Wissenschaften]]. In: Alföld 56 (2005) 2, S. 46-65, hier S. 63f. [Fn. 20].
[187] Pezold, Antonia: *Attila Józsefs „Ode".* In: WB 30 (1984) 2, S. 236-257, hier S. 245.
[188] Ebd.
[189] Pezolds Deutung der *Ode* privilegiert nur historisch-politische Zusammenhänge und ist nahezu ausschließlich bestrebt marxistisches Gedankengut in und hinter Józsefs Versen nachzuweisen.
[190] Fühmann, Franz: *Irrfahrt und Heimkehr des Odysseus.* In: Ders.: Irrfahrt und Heimkehr des Odysseus. Prometheus. Der Geliebte der Morgenröte (WA 4). Rostock 1993, S. 9-108.
[191] Vgl.: „Das Buch kann die Lektüre Homers nicht ersetzen, es will zu ihm hinführen." (*[Anmerkung].* WA 4, S. 10.)

I.4 „Itt ülök csillámló sziklafalon." – Beginn in der Nachdichtung 41

nachdichterische Meisterschaft Fühmanns zu unterstreichen – annimmt, dass der deutsche Nachdichtungstext eine Interpretation zulasse, die sich „auch mühelos"[192] an diesem wie am Original durchführen lasse, so bedeutet dies eine faktische Gleichsetzung von Original und Nachdichtung. Demgegenüber weist Paul Kárpáti auf die Relationalität des nachdichterischen Tuns überhaupt hin. Übersetzungen seien in ihrem Zustandekommen und ihrer Veröffentlichung und möglichen kritischen Beachtung und Beurteilung vor allem selbst Rezeption. Dabei ist der Hinweis auf die Zerlegung dieses Rezeptionsprozesses in seine Bestandteile zu beachten. Kárpáti unterscheidet drei Aspekte: zunächst das Leseverständnis des Nachdichters, die verstehend-auslegende Textgestaltung des Nachdichters und den Publikationszusammenhang des fremdsprachigen Komplementärtextes. An letzteres schließt sich als Möglichkeit eine Aufnahme in den sprachlichen Rezeptionskontext der fremdsprachigen Literatur an.[193] Im Hinblick darauf mag Pezolds Analyse der *Ode* als eine solche Aufnahme gelten. Das Problem der angeblich weitgehenden Gleichwertigkeit[194] von Original und Nachdichtung bleibt jedoch bestehen, was dazu führt, dass deren wechselseitige Dialogizität gänzlich verschwindet. Doch eben nur eingedenk der kommunikativen Zusammengehörigkeit beider lässt sich die zeitliche Seinsweise des Poetischen im ‚espace littéraire' der intertextuellen Vermittlung zwischen Original und Übersetzung verstehen. Vor dem bei Fühmann gerade mit Blick auf die Moderne gegenwärtigen lyrisch-kommunikativen Zusammenhang erscheint es besonders geboten, zu beachten, dass eine Übersetzung zunächst an der gemeinsamen Sinnübertragung mit dem Original teilhat.[195] Inwiefern für Fühmann diese Dialogizität gültig war und inwiefern auch seine Nach-

---

[192] Pezold, *Attila Józsefs „Ode"*. WB 30 (1984) 2, S. 245.
[193] „Műveleti szakaszokra bontva recepció: a műfordítói olvasói befogadása (megértése), ezt követően a megértve-értelmező műfordítói, vagyis idegen nyelvi szövegformálás, majd végezetül az eredeti idegen nyelvű társszövegének publikálása." [„In operative Abschnitte aufgeteilte Rezeption: lesende Aufnahme (Verstehen) des Nachdichters, danach die verstehend-auslegende übersetzerische oder auch fremdsprachige Textformung, schließlich die Publikation des fremdsprachigen Komplementärtextes des Originals."] (Kárpáti Pál: *Vörösmarty költészetének német(országi) befogadása*. [Die deutsche Rezeption von Vörösmartys Lyrik]. In: Bakonyi István / Péntek Imre (Hrsg.): Vörösmarty – mai szemmel. Válogatás a Székesfehérváron 1999. december 1-én, valamint a Kápolnásnyéken 2000. szeptember 29-én elhangzott előadásokból. [Vörösmarty in heutiger Sicht. Auswahl aus den Vorträgen vom 1. Dezember 1999 in Székesfehérvár sowie Kápolnásnyék am 29. September 2000.] Székesfehérvár 2000, S. 129-138, hier S. 130. Übers. S.K.)
[194] Vgl.: Pezold, *Attila Józsefs „Ode"*, WB 30 (1984) 2, S. 245.
[195] Diese Überlegungen folgen auch denen Ernő Kulcsár Szabós zum Problem der Nachdichtung (műfordítás). (Vgl.: Kulcsár Szabó, Ernő: *A saját idegensége. A nyelv „humanista perspektívájának" változása és a műfordítás a kései modernségben*. [Die Fremdheit des Eigenen. Die Veränderung der „humanistischen Perspektive" der Sprache und die Nachdichtung in der späten Moderne.] In: Alföld 48 (1997) 11, S. 32-44; auch in: Kabdebó, Loránt / Kulcsár Szabó, Ernő / Kulcsár-Szabó, Zoltán / Menyhért, Anna (Hrsg.): *A fordítás és intertextualitás alakzatai*. [Die Figuren von Übersetzung und Intertextualität.] Budapest 1998, S. 93-111.)

dichtertätigkeit wohl in diesen Horizont einzuordnen ist, zeigt eine Bemerkung im Trakl-Essay:

> Vielleicht kommt er (der Leser, S.K.) zu der Überlegung, daß nicht nur Trakls Werk insgesamt, sondern auch das der weltweiten Moderne ein einziges großes Gedichtganzes darstellt, die Summe unserer Epoche [...][196]

Im Lichte dieses Verständnisses wäre Nachdichtungsarbeit gewissermaßen Arbeit an und in diesem Gedichtganzen. Es wäre für die Nachdichtung ihre Bestimmung nicht als Ort zwischen zwei Texten unterschiedlicher Sprachen, sondern die Markierung ihres Ortes in einer und als eine gemeinsame Sprache, die auch zum Zustandekommen des Gedichtganzen beitrüge:

> [...] [D]ie kompromissartige Spannung zwischen zwei Texten neigt zum Produktiven, wenn deren Interaktion als ein solches wirkungsgeschichtliches Ereignis vor sich geht, infolge dessen eine einzigartige gemeinsame Sprache entsteht.[197]

Bei Franz Fühmann ist dies die Universalsprache der Poesie[198], aus der vor allem eine individuelle Übersetzung eines jeden Gedichtes (vom Leser) zu vollziehen ist. Ein dritter Teil, quasi ein dritter Ort, ist beim Nachdichtungsprozess vollständig mitzudenken und mitzubearbeiten, denn:

> [...] [D]ie Übertragung eines Gedichts ist ja nicht die Sache zweier, sie ist die Sache dreier Sprachen: der gebenden, der empfangenden und der Universalsprache der Poesie.[199]

Allerdings bleibt das poetisch Universale wohl doch unter dem Einfluss des Nachdichters, der trotz allem „in seine Worte"[200] übersetzt, allerdings weiterhin

---

[196] *Vor Feuerschlünden*. WA 7, S. 114. Auf diesen Zusammenhang verweist auch Dennis Tate vor dem Hintergrund von Fühmanns ‚undercover' Joyce-Rezeption. „The dozens of parallel references to other authors he includes to underline his view of 'die weltweite Moderne' as 'ein einziges großes Gedichtganzes [...], die Summe unserer Epoche' extend from Baudelaire and Rimbaud, via Nietzsche, Kraus, Rilke and Benn from Germany's tradition of 'decadence', to the Czech and Hungarian poets of the calibre of Nezval and József whose work he had impressively translated into German." (Vgl.: Tate, *Undercover Odyssey*: German Life and Letters 47 (1994) 3, S. 303.)

[197] „[... A] két szöveg közötti kompromisszumos feszültség akkor válik termékennyé, ha interakciójuk olyan hatástörténeti eseményként megy végbe, melynek során egyfajta közös nyelv keletkezik." (Kulcsár Szabó, *A saját idegensége*. Alföld 48 (1997) 11, S. 36. Übers. S.K.)

[198] Vgl. auch Enzensbergers sehr ähnlichen Begriff der „Weltsprache der modernen Poesie", der auch diesen Gedanken enthält (Enzensberger, *[Auf ihre Frage will ich in aller Kürze antworten.]* Arion 1, S. 57.)

[199] *22 Tage*. WA 3, S. 421. In einem Brief an Éva Metz vom 10.04.1977 gibt Fühmann dies auch als Schema wieder: „Gebende Sprache - ungarisch plus lyrisch / Zwischenstadium / Interlinearübersetzung – deutsch / Empfangende Sprache - deutsch plus lyrisch" (AdK, Berlin, FFA Nr. 1136.)

[200] *22 Tage*. WA 3, S. 317.

I.4 „Itt ülök csillámló sziklafalon." – Beginn in der Nachdichtung

in der Form des jeweiligen Gedichtes. Der Formspezialist Fühmann nutzt den Umstand, dass „die Form [...] in der Dichtung international"[201] ist und es ihm erlaubt, noch in einer unbekannten Sprache, ein poetisch-lyrisches Gebilde formal zu identifizieren:

> Ein ungarisches und ein deutsches oder albanisches Sonett stimmen eben in der Sonettform überein. Ich brauche kein Wort Ungarisch oder Albanisch zu können, aber daß es sich um ein Sonett handelt, sehe (oder besser: lese) ich, und ich kann bei einiger Übung auch schwierige Formen durchaus sicher bestimmen (mein größter Stolz: das Erkennen einer antiken, freilich variierten Form eines Radnóti-Gedichtes, das ungarische Freunde als freirhythmisch bezeichnet haben)[202]

Nach Gottfried Benn sind Gedichte demgegenüber „national verwurzelt" und damit „das Unübersetzbare".[203] Fühmann bezieht sich wohl indirekt auf Benn[204] und betont das Moment des formalen Universalen der Lyrik. Eine dialektische Beschreibung dieses Problems bei Derrida eröffnet weiterhin einen Zusammenhang mit der hier bereits berührten Frage der Übersetzbarkeit[205]:

> Selon une distinction que j'ai fait ailleurs à propos de l'histoire et au nom de Babel, ce qui reste *intraduisible* est au fond la seule chose à traduire, la seule chose traductible. L'à-traduire du traductible ne peut être que l'intraduisible.[206]

Für Fühmann bedeutet gerade formale Bestimmtheit und Bestimmbarkeit lyrischer Texte einerseits Unterstützung und andererseits Maßstab und Vorgabe bei der Nachdichtung. Er weiß sich so mit einer anderen Aussage Benns einig: „Aber die Form *ist* ja das Gedicht."[207] Bei Fühmann zeigt sich diesen Punkt betreffend eine betonte Dominanz des Medialen, die zu den Grundlagen seiner Nachdichterarbeit zählt. In *Kleine Praxis des Übersetzens unter ungünstigen Umständen* führt er dazu unter anderem aus:

> III
> Die Kenntnis des Originals mit seinem Klang und graphischem Bild ist mir unentbehrlich: Jede Sprache ist offen genug, auch dem Fremdling die Formstruktur ihrer poetischen Gebilde (Rhythmus, Reim, Alliterationen, Enjambements usw.) ablesen und abhören zu lassen. Beim Nachdichten muss ich den Bau des Originals vor Augen, seinen Ton im Ohr und seinen Wortsinn im Gedächtnis haben.

---

[201] Ebd., S. 422.
[202] Ebd., S. 423.
[203] Beide Zitate: Benn, *Probleme der Lyrik*. StA VI, S. 24.
[204] Darauf deutet das erneute Aufgreifen des Begriffs *Teilfunktion* hin. (Vgl.: *22 Tage*. WA 3, S. 423.)
[205] Bei Fühmann heißt es: „[...] es ist nichts, es ist alles übersetzbar". (Ders., *Kleine Praxis des Übersetzens*. Mitteilungen der Akademie 8 (1969) 3, S. 9.)
[206] Derrida, Jacques: *Ulysse gramophone. Deux mots pour Joyce*. Paris 1987, S. 59f. (Hervorhebung i. Orig.)
[207] Benn, *Probleme der Lyrik*. StA VI, S. 21.

> IV
> Ich strebe unter allen Umständen eine Übereinstimmung der wesentlichen Formmerkmale (Versmaß, Reim, Strophenbau) von Original und Übertragung an. [...] Die Form des Gedichts ist die Form des Gedichts; man kann sie nicht ignorieren. [...]
> VIII
> Die Nachdichtung muss ein lesbares deutsches Gedicht sein, das man guten Gewissens in einen Sammelband eigener Verse aufnehmen würde. Keine Übertragung ist besser als eine dürftige oder gar eine verzerrte.[208]

Das zuvor erwähnte Moment des Universalen, das Fühmann als dritten Anteil im Prozess der Nachdichtung ausmacht, scheint dem durch das Zeichen Dargestellten eng verwandt. In der linguistischen Form von zwei Sprachen erscheine, was in beiden mit Hilfe jeweils noch der dritten ausgesagt werde.[209] So stellen hier die Zeichen „le présent en son absence"[210] dar, und zwar für die Nachdichtung eigentlich in doppelter Abwesenheit. Denn dort ist gerade die materielle Zeichenhaftigkeit des Textes eben nicht anwesend, sondern allenfalls in einer Art Stellvertretung zu denken, die Ergebnis sprachlicher Transformation ist. Die von Blanchot eingeführte Größe des ‚silence' des Ich, der u.a. die Formwerdung eines Sprechens überhaupt erst ermöglicht, ist in diesem Zusammenhang auch anders zu betrachten. Gerade „la décision de se taire, pour qu'en ce silence prenne forme, cohérence et entente ce qui parle sans commencement ni fin"[211] ist durch den Übertragungsprozess eigentlich aufgehoben. Die Notwendigkeit „Farbe [zu] bekennen"[212], also jene Entscheidung über und für ein Textverständnis zu treffen, macht ja die grundlegende Tätigkeit des literarischen Übersetzens (mehr noch Nachdichtens) aus, so dass die Nachdichtung mehr jenen ‚silence' beredet, als ihn selbst anwesend sein zu lassen, ja ihn bereden muss, da er selbst erneut das Original wäre. Der Unterschied besteht – anders ausgedrückt – in der Verschiedenheit der Ereignisse, der Sprachgeschehen[213], deren Spuren jeweils Original und Nachdichtung sind. Die Eigenschaften des Derrida'schen Spurenbegriffes

---

[208] Fühmann, *Kleine Praxis des Übersetzens*. Mitteilungen der Akademie 8 (1969) 3, S. 8f. Zu Punkt III vgl. auch: „Unerläßlich allerdings: die Kenntnis der Betonung, der Aussprache und die Auffassung vom Reim." (*22 Tage*. WA 3, S. 423.) Eine weitere Ähnlichkeit mit einem Gedanken Schleiermachers lässt sich außerdem feststellen: „... und auch der Uebersetzer muß dann schon andere Kräfte und Geschicklichkeiten zu seiner Arbeit bringen und in einem anderen Sinne mit dessen Sprache bekannt seyn, als der Dolmetscher." (Schleiermacher, *Methoden des Übersetzens*. KGA 11, S. 69.)
[209] Vgl.: *22 Tage*. WA 3, S. 421.
[210] Derrida, Jacques: *La différance*. In: Ders.: Marges de la philosophie. Paris 1997, S. 1-29, hier S. 9.
[211] Blanchot, Maurice: *L'espace littéraire*. Paris 1988, S. 22.
[212] Gadamer, *Grundzüge Hermeneutik*. GW 1, S. 389.
[213] Vgl. zu diesen beiden Begriffen Gadamer, Hans-Georg: *Die Vielfalt der Sprachen und das Verstehen der Welt*. Ein Studium-generale-Vortrag. In: Ders.: Gesammelte Werke. Bd. 8, Ästhetik und Poetik I. Kunst als Aussage. Tübingen 1993, S. 339-347, hier S. 343.

treffen freilich auf beide zu, doch befindet sich zwischen ihnen die sprachlich transformierende Nachdichtung.

I.5 Neuland Nachdichtung – Zaubersprüche eines tauben Ali Baba

Die im zweiten Band der Werkausgabe verfügbaren Texte von tschechischen und ungarischen Lyrikern bilden nur einen Ausschnitt aus einem ebenso reichen wie heterogenen Schaffensbereich eines „magyar költők világba vezérlő kalauza", „eines Botschafters, der die ungarischen Dichter in die Welt anführt"[214], wie der ungarische Germanist György Walkó in seinem Nachruf auf Fühmann schreibt. Die Wertschätzung der Fühmann'schen Leistungen für die ungarische Literatur findet darin ebenso ihren Ausdruck, wie das dort oft gegenwärtige Problem des für Außenstehende sprachlich deutlich erschwerten Zugangs. Miklós Szabolcsi weist in seinem Aufsatz über Leben und Werk Attila Józsefs gleich zu Anfang auf diesen Aspekt in der Rezeptionsgeschichte ungarischer Literatur im Ausland hin:

> Ein altes Problem für uns Ungarn: unsere Sprache ist isoliert, mit keiner der europäischen Sprachen verwandt, in ihrer grammatischen Struktur schwer übersetzbar; und so erscheint es oft hoffnungslos, das Ausland mit der ungarischen Literatur bekannt zu machen.[215]

Diese Sätze von 1959 hatten natürlich weder den Hintergrund eines ungarischen Literaturnobelpreises für Imre Kertész (2002) noch die in Einzelbeispielen in den letzten Jahren erfolgreiche (Wieder-)Entdeckung ungarischer Literatur durch Verlage im deutschen Sprachraum.[216] Allerdings reicht dieser Verweis als Relativierung von Szabolcsi nicht hin. Denn für den deutschen Leser ist der Blick in die ungarische Literatur – und dort ganz besonders in die Lyrik – noch immer jener von Fühmann beschriebene ausschnitthaft eingeschränkte Blick auf funkelnde Schätze in einer Ali-Baba-Höhle, zu der der sprachliche Zauberspruch des Sesam-öffne-dich fehlt. Die von Stephan Hermlin oder Paul Kárpáti herausgegebenen Anthologien[217] sind in

---

[214] Walkó, *világba vezérlő kalauza*. Népszabadság 42 (1984) 164 v. 14.07.1984, S. 14. (Übers. S.K.)
[215] Szabolcsi, *Attila József*. SuF 11 (1959) 3, S. 359.
[216] Für eine ausführlichere Beschreibung und Untersuchung der ungarischen Literatur in Deutschland s. u.a. Szász, Ferenc: *Der Weg der ungarischen Literatur in die „Weltliteratur" oder ihre Aufnahme im deutschen Sprachraum*. In: Studia Caroliensia 5 (2004) 1, S. 152-170; sowie Bernáth Árpád / Bombitz Attila (Hrsg.): *Miért olvassák a németek a magyarokat. Befogadás és műfordítás.* [Warum lesen die Deutschen die Ungarn? Aufnahme und literarische Übersetzung]. Szeged 2004.
[217] Vgl. dazu folgende Bände: *Ungarische Dichtung aus fünf Jahrhunderten*. Hrsg. v. Stephan Hermlin u. György Mihály Vajda. Berlin u. Weimar 1970; *Moderne Lyrik aus Ungarn*. Hrsg. v. Paul Kárpáti. Leipzig 1982; *Ungarische Lyrik des 20.Jahrhunderts*. Hrsg. v. Verband Ungarischer Schriftsteller i. Zusammenarbeit m. Paul Kárpáti. Berlin u. Weimar 1987.

diesem Zusammenhang als Anfänge zu nennen, die „bei Ungarn wie bei Deutschen eine Schuld einlösen"[218] sollen. Mithin stellen auch diese zur Realisierung gelangten Anthologieprojekte noch immer einen Mangel aus, der sich gegenüber der englischen oder französischen Literatur in deutscher Sprache zeigt; ein Vergleich, der vor allem illustriert, worin die sprachliche Sonderstellung der ungarischen Literatur besteht.[219] Als scheinbare Binsenweisheit stellt dies einen wichtigen Aspekt der nachdichterischen Tätigkeit auch Franz Fühmanns dar. Er bekennt an verschiedenen Stellen, dass er selbst das Ungarische nicht beherrsche.[220] Zum Ausgleich dieses Mangels arbeitet er mit Interlinearübersetzungen und in engem Kontakt mit ungarischen Kollegen und Freunden. Aus den fehlenden fremdsprachlichen Kenntnissen ergibt sich für Fühmann eine ihm bewusste dauerhafte Schwierigkeit bei der Arbeit mit dem sprachlichen Rohmaterial der Interlinearübersetzungen. Dennoch ist die „Kenntnis der Weltdichtung"[221] und deren Vermittlung über Sprachgrenzen hinweg ein ungleich höherer Wert für Fühmann, der die vorhandenen Sprachbarrieren nicht mehr als solche erscheinen lässt und sich damit Stephan Hermlins Wertschätzung anschließt.

Das vor einem derartigen Hintergrund „mit großem Eifer"[222] begonnene Nachdichtungsexperiment in der „Nachdichtungstradition – siehe Herder und Goethe –"[223] bedeutete für Fühmann und seine Kollegen Schritte auf poetischem Neuland. Weiterhin ergibt sich aus dem in den vorangehenden Kapiteln Gesagten die Skizze eines Begriffes der Nachdichtung, der von Kárpáti in seiner Besonderheit kurz und prägnant beschrieben worden ist als

> […] die häufig, wiewohl oberflächlich als spezifisch DDR – oder ostdeutsch ab- oder ausgegrenzte Verfahrensweise der Übertragung von Lyrik, zumal aus dem Ungarischen, bei der eine entschiedene Differenzierung von (interlinearer, kommentierter) Übersetzung und Nachdichtung – anders gesagt ausgangssprachlicher und poetischer Kompetenz – innerhalb der Gesamtoperation der Übertragung (Translation) üblich geworden ist.[224]

Die klare Aufteilung der verschiedenen Kompetenzen fällt bei dieser Definition ins Auge. Fast paradox erscheint dabei Fühmanns Argumentation. Gerade die sprachliche Exponiertheit lyrischer Texte, die die Übertragung

---

[218] Hermlin, Stephan: *Vorwort*. In: Ungarische Dichtung, S. 4.
[219] Natürlich betrifft dies generell die Literaturen in den sogenannten „kleinen Sprachen", die nicht über das Maß an Öffentlichkeit verfügen, dessen sich etwa die deutsche, französische oder englische gewiss ist.
[220] Dies gilt weitgehend für alle anderen Sprachen, aus denen Fühmann Nachdichtungen erstellt hat, neben Ungarisch also für Bulgarisch, Dänisch, Finnisch, Litauisch, Norwegisch, Polnisch, Russisch, Schwedisch. Tschechisch las er, nach eigener Aussage, „mangelhaft". (Fühmann, *Kleine Praxis des Übersetzens*. Mitteilungen der Akademie 8 (1969) 3, S. 8.)
[221] Ebd.
[222] Hegyi, *Fühmann zu Gast*. BR 15 (1981) 48, S. 9.
[223] Ebd.
[224] Kárpáti, *Fühmanns nachdichterisches Scheitern*. Drei Raben (2003) 4-5, S. 39.

I.5 Neuland Nachdichtung – Zaubersprüche eines tauben Ali Baba

vermeintlich erschwert, stellt Fühmann als wichtiges Kriterium für die Nachdichtertätigkeit heraus. Dadurch, dass ein Gedicht an der „Universalsprache der Poesie"[225] teilhabe und nicht nur irgendein Text der Ausgangssprache sei, ergebe sich gerade die „Möglichkeit einer echten Kollektivarbeit"[226]. Diese nutzt verschiedene entscheidende Kompetenzvorteile, die Kárpáti in seiner Definition bereits erwähnt. Fühmann beschreibt die besonderen dichterischen Möglichkeiten der Zusammenarbeit zwischen Interlinearübersetzer und Nachdichter in wohl nicht zufälligem Bezug zu Walter Benjamins *Die Aufgabe des Übersetzers*, wo es heißt:

> Was aber außer der Mitteilung in einer Dichtung steht – und auch der schlechte Übersetzer gibt zu, daß es das Wesentliche ist – gilt es nicht allgemein als das Unfaßbare, Geheimnisvolle, ›Dichterische‹? Das der Übersetzer nur wiedergeben kann, indem er – auch dichtet?[227]

Fühmann gibt diesem Problem eine andere Grundlage und zeigt den Vorteil der Rohübersetzung gerade in deren rohem, also dichterisch unbearbeitetem Charakter. Die ‚Aufgabe des Übersetzers' besteht allein in der Erstellung einer wortwörtlichen Wiedergabe des Originals: „Ich arbeite nach sehr guten Interlinearübersetzungen: deshalb „sehr gut", weil der Übersetzer nicht dichtet! Ein noch so gutgemeinter Reim des Übersetzers würde mir nicht helfen, denn eine solche Übersetzung soll nicht „schön" klingen."[228] Die Wörtlichkeit der Rohübersetzung wird von Fühmann noch an gleicher Stelle zurückgenommen, was zwar einen Widerspruch innerhalb des Artikels offenbart, jedoch handelt es sich wohl um zwei verschiedene Arten von Wörtlichkeit, einmal um die, die

---

[225] *22 Tage*. WA 3, S. 421.
[226] Ebd.
[227] Benjamin, *Aufgabe des Übersetzers*. GS IV/1, S. 9.
[228] Hegyi, *Fühmann zu Gast*. BR 15 (1981) 48, S. 9. Fühmann sind diese Arbeitsteilung und die Tatsache, dass der Interlinearübersetzer keine dichterische Arbeit leistet, als Grundlage für seine Nachdichtungsarbeit außerordentlich wichtig. Er unterstreicht dies beispielsweise noch einmal sehr deutlich in einem Brief an die Redaktion des *Sonntag* (vermutlich Ende Mai 1972). Fühmann nimmt auf die Ausgabe 19 des Wochenblattes Bezug, in der ein Bericht über eine Tagung des Übersetzeraktivs von Fritz Mierau erschienen war. Fühmann stellt dort eine von Mierau im *Sonntag* falsch wiedergegebene Aussage von sich richtig und betont, dass „eine Interlinearübersetzung wertlos sei, wenn ihr Verfasser sich als Dichter verstehe und versuche, selbst dichterische Vorarbeit zu leisten". (Fühmann, *Briefe*, S.114.) Das ein Jahr später (1973) in den *Weimarer Beiträgen* veröffentlichte Protokoll der Sitzung belegt zusätzlich, die falsche Wiedergabe von Fühmanns Aussage durch Mierau. (Vgl.: *Über die Kunst des Nachdichtens*. WB 19 (1973) 8, S. 52ff.) Zudem verwechselt Mierau peinlicherweise Milan mit Ludvík Kundera. Fühmann hat mit Letzterem bei der Übertragung tschechischer Lyrik eng zusammengearbeitet. An die Redaktion des *Sonntag* schreibt er mit Blick auf die Verwechslung: „Schlimm ist die penetrante, hartnäckige und peinliche Verwechslung von Milan und Ludvík Kundera. [...] Ludvík Kundera hat mit Milan nicht das Geringste zu tun. Ludvík Kundera ist auch nicht irgendein Niemand, sondern einer der wichtigsten und wesentlichsten Mittler zwischen dem Deutschen und dem Tschechischen [...]." (Fühmann, *Briefe*, S. 115.)

durch ihren rohen Charakter jeglicher dichterischen Einwirkung ledig ist und dann um die auf das Endprodukt Nachdichtung bezogene. Die eigentliche Arbeit des Nachdichters findet nur noch in der eigenen Sprache statt. Fühmann erwähnt zwar die von ihm selbst mit dem Wörterbuch angefertigten Interlinearübersetzungen, die im Vergleich und zusammen mit der des Übersetzers die Grundlage für seine Nachdichtung bildet, doch gilt wohl das von Hermlin gesetzte Kriterium: „Der Nachdichter muß freilich ein schöpferisches, ein sicheres Verhältnis zur eigenen Sprache haben, zur Sprache, in die er übersetzt. Das ist das Entscheidende."[229]

Dies betrifft natürlich bereits die Rezeption des nachgedichteten Textes im Kontext der empfangenden Sprache und zieht für den Nachdichtungstext obendrein ein wichtiges Kriterium nach sich, nämlich dessen gute Lesbarkeit. Hermlin fordert dies für zukünftige Nachdichtungen[230] und Fühmann übernimmt dieses Kriterium in noch strengerer Form für die Textauswahl der Nachdichtungen im zweiten Band seiner Werkausgabe. Eine bemerkenswerte Strenge bestimmt in der Tat die für die qualitative Einschätzung der eigenen Arbeit gesetzten Beurteilungskriterien. „[A]ls Auswahlprinzip galt einzig das Bestehen als lyrisches Gebilde deutscher Sprache."[231] Die scheinbar bloß editorische Anmerkung enthüllt, wie ernst es Fühmann mit seiner sprachlichen Nähe zu den von ihm nachgedichteten Autoren war. Denn

> [...] nur ein solcher Übersetzer wird wahrhaft nachbilden, der die ihm durch den Text gezeigte Sache zur Sprache bringt, d.h. aber: eine Sprache findet, die nicht nur die seine, sondern auch die dem Original angemessene Sprache ist. Die Lage des Übersetzers und die Lage des Interpreten ist also im Grunde die gleiche.[232]

---

[229] Paulinyi, Zoltán: *Von Janus Pannonius bis Gyula Illyés*. Gespräch mit Stephan Hermlin über Dichter und Übersetzer. In: Mitteilungen der Akademie 8 (1969) 3, S. 6-8, hier S. 6.

[230] Hermlin (in: Paulinyi, *Gespräch Hermlin*. Mitteilungen der Akademie 8 (1969) 3, S. 7) verweist auf die ungenügende Qualität der Petőfi-Nachdichtungen aus dem 19. Jahrhundert, die sehr rezeptionshemmend gewirkt hatte. György Walkó sieht als Grund für die mangelnde Qualität der Übersetzungen vor allem Interferenzprobleme, die bei Fühmann et al. nicht aufträten. Er betont damit wie Fühmann die Aufteilung der sprachlichen Kompetenzen. (Vgl.: Walkó, *világba vezérlő kalauza*. Népszabadság 42 (1984) 164 v. 14.07.1984, S. 14.)

[231] *[Die Gedichte wurden ausnahmslos...]*. WA 2, S. 14. An anderer Stelle erwähnt Fühmann eben dieses Bestehen als Wirkung seiner Nachdichtungen beim öffentlichen Vortrag: „Damals, bei der Lesung meiner ersten Übertragungsversuche von Gedichten Józsefs und Adys hier in Budapest konnte ich an der Reaktion des Publikums an jeder Zeile ihr Gelingen- oder Mißlungensein merken, und diese – immer chevalereske – Gnadenlosigkeit hat mich, auch wenn sie anfangs verstörte genau auf die Probleme gestoßen, ohne deren Klärung ich steckengeblieben wäre." (*22 Tage*. WA 3, S. 467.) Die erneute Wiedergabe eines Schriftlichen im oralen Medium ist vor diesem Hintergrund nicht nur Bewährungsprobe für die übersetzerischen Arbeiten, sondern gerade auch jene „Phase der ständigen und unmittelbaren Rückmeldung des Erfolgs literarischer Mittel", die Blumenberg für die „Zeit der Mündlichkeit" (Blumenberg, Hans: *Arbeit am Mythos*. Frankfurt/M. 1996^5, S. 168.) ausmacht. Vgl. zu demselben Problem weiterführend auch ebd., S. 173ff., wo es um das Schicksal der Voss'schen Homer-Übertragungen im mündlichen Vortrag geht.

[232] Gadamer, *Grundzüge Hermeneutik*. GW 1, S. 390.

I.5 Neuland Nachdichtung – Zaubersprüche eines tauben Ali Baba 49

Vor allem heißt es aber dem Dichter des Originals durch eine seinem Text adäquate Nachbildung gerecht zu werden. Fühmann sah seine Ady-Nachdichtungen vor der eigenen Prüfung nicht bestehen und so taucht kein Text von Endre Ady in seiner Werkausgabe auf. Kárpátis Dokumentation[233] der Hintergründe hierzu wird ergänzt durch Fühmanns Antwort gegenüber den Redakteuren des *Magyar Nemzet*:

> Gegenüber Ady habe ich immer gemerkt, dass ich seiner Dichtung nicht gewachsen war. Ich habe zu früh begonnen Ady-Gedichte zu übersetzen und die meisten sind misslungen. [...] Ich glaube, wir erweisen Ady keinen guten Dienst, wenn wir schlechte Übersetzungen in seinem Namen veröffentlichen.[234]

Fühmann spricht so über den Nachdichter Fühmann und verrät ganz nebenbei den eigentlichen Stellenwert der Nachdichtungsarbeit. Sie ist neben ihrer Vermittlertätigkeit für das Publikum in einem anderen sprachlichen Zusammenhang gerade auch jener Dienst am gebenden Dichter und an dessen sprachlicher und kultureller Umgebung, daher das Lob in der ungarischen Kritik und von Vertretern der Herkunftssprache wie Kalász oder Hajnal[235] sowie die offiziellen Auszeichnungen für den Nachdichter.

Seine Strenge mag sich Fühmann zudem von der ungarischen Nachdichtungstradition abgeschaut haben. Er erwähnt in *22 Tage* seine Anerkennung für eine ungarische Nachdichtung von Goethes *Pandora*, für deren formale und vor allem metrische Präzision im Vergleich zum deutschen Original. Er muss daraufhin lernen, dass dies zu den ungarischen Erwartungen an eine Nachdichtung gehöre: „Die ungarische Übersetzungskultur ist, was Umfang wie Gediegenheit anlangt, bewundernswert; Nachdichtungsarbeit gehört zum selbstverständlichen Werk eines ungarischen Lyrikers".[236] Genau-

---

[233] Vgl.: Kárpáti, *Fühmanns nachdichterisches Scheitern*. Drei Raben (2003) 4-5, S. 39-44.
[234] „Vele szemben mindig éreztem hogy nem nőttem fel a költészetéhez. Túl korán kezdtem fordítani, s a legtöbb félresikerült. [...] [D]e azt hiszem Adynak sem teszünk jó szolgáltatot, ha rossz fordításokat közlünk a nevében." (Fühmann in: Józsa, *folytatás*. Magyar Nemzet 33, Nr. 267 v. 13.11.1977, S. 9. Übers. S.K.)
[235] Vgl.: „[...] einer der leidenschaftlichsten Übersetzer des deutschen Sprachgebietes". (Übers. S.K.) („[...] a német nyelvterület egyik legjobb s legszenvedélyesebb fordítója". Kalász, *Arcképvázlat*. Új írás 16 (1976) 9, S. 104.) und: „Fühmann ist neben anderen ebenso einer der bedeutendsten deutschen Übersetzer. Gedichte Vörösmartys, Petőfis, Adys, Attila Józsefs und zeitgenössischer ungarischer Dichter übersetzte er mit unübertroffener Kongenialität." (Übers. S.K.) („Fühmann ugyanis, egyebek között, a magyar költészet legkiválóbb német fordítója, Vörösmarty, Petőfi, Ady, József Attila és kortárs magyar költők verseit fordította páratlan kongenialitással." Hajnal, Gábor: *Utószó*. [Nachwort.] In: Fühmann, Franz: Tapasztalatok és ellentmondások. Válogatott esszék. [Erfahrungen und Widersprüche. Ausgewählte Essays.] Budapest: Európa, 1978, S. 223-226, hier S. 225.) und: „Im Inhalt, in der Form und in ihren Formen gleichermaßen kongeniale Übersetzungen stammen aus seiner Feder." (Übers. S.K.) („Tartalomban, formában és formájukban egyaránt kongeniális fordítások születtek az ő tollán [...]." Hajnal, *Fühmann*. Nagyvilág 29 (1984) 9, S. 1408.)
[236] *22 Tage*. WA 3, S. 418.

igkeit, welche lyrische Nachdichtungsarbeit dabei fordert, ist für Fühmann sowohl in der ungarischen Spiegelung, wie im Rahmen der eigenen Arbeit einer der wichtigen Aspekte, „eine exzellente Schule (der) Disziplin und Genauigkeit"[237]. Fühmann nennt dies späterhin aber auch die „Pizzelei"[238] seiner am Lyrischen orientierten Schaffensweise:

> „Während der Interlinear-Übersetzer beide Sprachen [...] beherrschen muß, besteht diese Pflicht für den Nachdichter in bezug auf die Zielsprache und ihre poetischen Ausdrucksmöglichkeiten. Er muß das vorgegebene sprachliche Material in eine dem Original funktional entsprechende, aber vor allem der Zielsprache gemäße poetische Form zu übertragen suchen. Dieses spezifische poetische Vermögen ist unverzichtbar."[239]

In einem der wenigen deutschsprachigen Beiträge zu Fühmanns Nachdichtertätigkeit zeigt Friedo, was auch Walkó – vielleicht mit einem Seitenblick auf die französische Tradition der *belles infidèles* – mit „hűtlen volt hű"[240] fasste und was auch mit der gewünschten oder angestrebten Ähnlichkeit bzw. Gleichheit der Wirkung der Texte im jeweiligen sprachlichen Kontext zu beschreiben wäre.[241]

Den übersetzerischen Tanz mit gefesselten Gliedern[242] hat Fühmann für sich zur Tugend umgemünzt, so dass seine mehrfache Betonung der lyrischen Form, die er in der Übertragung möglichst treu zu erhalten wünschte, in der Praxis nicht bloß achtbare Erfolge zeitigte. Die Nachdichtungen geben in ihrer Freiheit gegenüber dem Original Fühmanns Einstellung zu dieser ‚Ersatzfunktion' wieder: Sie kommt in die Nähe von jenem ‚Ecce poeta!', das Fühmann mit Bezug auf Uwe Kolbe ausgesprochen hat.[243]

---

[237] Sauter, *Interview Fühmann*. WB 17 (1971) 1, S. 52. Vgl. dazu auch Michel Tourniers Überlegung: „La traduction est certainement l'un des exercises les plus profitables auxquels puisse se soumettre un apprenti écrivain." (Tournier, Michel: *La dimension mythologique*. In: Ders.: Le vent Paraclet. Paris 2000, S. 149-210, hier S. 164.)
[238] Fühmann, *Gespräch Schoeller*. Katzenartigen, S. 376.
[239] Friedo, *Kunst des Übertragens*. Mitteilungen der Akademie 24 (1986) 5, S. 19.
[240] „Untreu war er treu". (Übers. S.K.) (Walkó, *világba vezérlő kalauza*. Népszabadság 42 (1984) 164 v. 14.07.1984, S. 14.)
[241] Vgl. dazu: Wittbrodt, Andreas: *Verfahren der Gedichtübersetzung*. Definition, Klassifikation, Charakterisierung. Frankfurt/M. u.a. 1995, S. 173f. u. 191-197.
[242] Vgl. Kosztolányis berühmte Sentenz: „Műfordítani annyi mint gúzsba kötötten táncolni." („Nachdichten heißt soviel wie mit gefesselten Gliedern tanzen." Übers. S.K.) Kosztolányi Dezső: *Ábécé a fordításról és a ferdítésről*. [ABC der Übersetzung und der Verdrehung.] In: Ders.: Nyelv és lélek. [Sprache und Seele]. Budapest 2002, S. 511-515, hier S. 512. Bornemann zitiert dies in ihrem Aufsatz lediglich anonym. Vgl.: Bornemann, Eva: *Das Übersetzen von Lyrik – eine unmögliche Aufgabe?* In: Bühler, Hildegund (Hrsg. f. Fédération Internationale des Traducteurs [FIT]): Der Übersetzer und seine Stellung in der Öffentlichkeit. Kongressakte. Wien 1985, S. 154-157, hier S. 155.)
[243] Fühmann, Franz: *Anläßlich der Gedichte Uwe Kolbes*. In: WA 6, S. 423-428, hier S. 424.

I.6 „Ihrer Dichtung verdanken wir Deutschen viel Freude."

Franz Fühmanns nachdichterisches Schaffen ist immer intensive Begegnung mit Literatur, und zwar in größter dichterischer und sprachlicher Nähe zu den Originaltexten der jeweiligen Autoren. Seine Suche nach einem Geist des Ortes, auf dass sich durch diesen der Geist des Textes ergebe, hat seine Grundlage sicherlich nicht nur in dem Goethe-Wort, das Fühmann im Trakl-Essay aufgreift, – dort freilich auch mit einem erkennbaren Hinweis auf die Unmöglichkeit für viele seiner Leser, in jenes Dichters Land zu reisen:

> Wer das Dichten will verstehen,
> muß ins Land der Dichtung gehen;
> Wer den Dichter will verstehen,
> muß in Dichters Lande gehen.[244]

Fühmann gibt nur die zweite Hälfte dieses Vierzeilers wieder und erklärt dann, dass er nicht für den Leser reisen könne und auch nicht dürfe. Goethes Verse seien in diesem speziellen Zusammenhang „ja heute zu oft Hochmut und Hohn"[245]. Den kritischen Hinweis auf die Unmöglichkeit für DDR-Bürger in den Westen zu reisen, bringt Fühmann ein, um dann gerade nicht weiter en détail von seiner Reise nach Salzburg und zu den Trakl-Stätten zu berichten.

Welchen Stellenwert aber die Umsetzung des berühmten Goethe-Wortes für Fühmann und für seine Beschäftigung mit den Texten der Schriftstellerkolleginnen und -kollegen gehabt hat, lässt sich an der fortwährenden räumlichen Annäherung ablesen, die er praktiziert. Fühmanns Spurensuche an den Orten der einzelnen Dichter nimmt immer zugleich deren Fährte und die eigene auf, die ins Verstehen der Texte anderer münden soll.[246]

In Miklós Radnótis Gedicht *Nem tudhatom... [Ich kann nicht wissen...]*, das Fühmann nachgedichtet hat, spricht ein Ich von der eigenen (heimatlichen) Landschaft und davon, was diese ihm bedeute. „Vaterland"[247] sei sie, mit dem in dem Gedicht besonders ein Verb in der ersten Person verbunden ist, ‚tudom – ich weiß'. Auch im Titel findet es sich um das Suffix ‚-hat' (das hier ‚können' bedeutet) ergänzt wieder. Fühmann mag sich, Biebl gleich, an Radnótis und anderer Dichter Orte begeben haben, die für ihn zunächst unbekannt waren, um

---

[244] Goethe, *Noten zum Verständnis des Divans*. BA 3, S. 161.
[245] *Vor Feuerschlünden*. WA 7, S. 192.
[246] Auch das Titelzitat dieses Abschnitts weist darauf. Fühmanns Äußerung erschien allerdings auf Ungarisch: „Az önök költészetének mi németek sok ilyen ujjongást köszönhetünk." Fühmann in: *„Sokat köszönhetünk a magyar költészetnek"* – *Budapesti beszélgetés Franz Fühmann-nal* [„Wir haben der ungarischen Dichtung viel zu verdanken" – Budapester Gespräch mit Franz Fühmann.] In: Élet és irodalom (ÉS) 12 (1968) 22, S. 4. Übers. S.K.
[247] Radnóti, *Ich kann nicht wissen*. Ansichtskarten, S. 61.

eben im Fremden die Nähe zu den fremd-sprachigen Texten zu erreichen. Diese „fremde Nähe"[248] stellt eine Hinwendung zu den bearbeiteten Dichtern dar: „Ich mache nur, was ich gern mache und womit ich eine vertraute Beziehung aufbauen kann; das, was ich liebe."[249] Diese Sätze zeigen, dass Fühmann durch seine Arbeit als Nachdichter nicht zu einem bloßen Vermittler hat werden wollen. Das ganz eigene literarische und poetische Interesse in den Vordergrund zu stellen, heißt dabei eine Eigenständigkeit zu bewahren, die sich durchgehend anhand der Textzeugnisse in der Nachdichtung wiederfindet. Es ist zwar sicher nicht von einer ‚Fühmannisierung' der nachgedichteten Poesie zu sprechen, doch lässt sich umgekehrt von den Texten aus bei Fühmann zeigen, dass „er sich irgendwie im Spannungsfeld der Probleme aufhielt […]"[250], die auch die Texte ‚seiner' Dichter behandeln. Viel mehr noch mag gelten, dass für Fühmann jenes beinahe leitmotivische ‚tua res agitur' des Trakl-Essays auch in der Begegnung und Auseinandersetzung mit den jeweiligen Texten z.B. der ungarischen und tschechischen Poeten den Hauptaspekt darstellt. So gelesen, wäre in Anlehnung an den Trakl-Essay zu fragen, wie denn die Erfahrung mit Józsefs, Radnótis,

---

[248] Vgl.: *Marbacher Katalog 50*, S. 14.
[249] Józsa, *folytatás*. Magyar Nemzet 33, Nr.267 v. 13.11.1977, S. 9. (Übers. S.K.) Der inhaltlich differente ungarische Originaltext des mit Sicherheit auf Deutsch geführten und dann vom Redakteur ungarisch wiedergegebenen Gesprächs lautet in *Magyar Nemzet* (*MN*): „Csak olyasmit csinálok, amit szívesen teszek, amivel bensőséges kapcsolatot tudok teremteni. Amit tehát szeretek." In der *Budapester Rundschau* (Józsa, György: „*Was ich jetzt mache, ist Weitermachen*". Gespräch mit Franz Fühmann. In: BR 11 (1977) 48, S. 10) erscheint das gleiche Gespräch auf Deutsch, allerdings im Vergleich zur ungarischen Variante in wesentlich gekürzter Fassung. Franz Fühmann wandte sich nach Erscheinen des Artikels in der *BR* an Paul Kárpáti mit der Bitte, er möge sich das ungarische Original ansehen, um zu überprüfen, ob dort die Bemerkung zu seinen Ady-Nachdichtungen ähnlich missverständlich abgedruckt sei, wie in dem deutschen Gespräch. Kárpáti zitiert Fühmanns briefliche Anfrage an ihn in seinem Artikel *Franz Fühmanns nachdichterisches Scheitern an Adys Lyrik* und schreibt, er sei in *Magyar Nemzet* nicht fündig geworden. (Fühmanns Brief ist mit entsprechenden Anmerkungen auch in Fühmann, *Briefe aus der Werkstatt des Nachdichters 1961-1984*, S. 124ff. abgedruckt.) Das fragliche Gespräch ist am 13. November 1977 in *Magyar Nemzet* erschienen. Es enthält auch in der ungarischen Fassung die von Józsa falsch wiedergegebene Aussage, dass Ady „einige ganz schlechte politische Gedichte" geschrieben habe. (Vgl.: Józsa, *Weitermachen*. BR 11 (1977) 48, S.10.) („Ady nagyszerű verseket írt, de néhány rossz politikai költeményt is." Józsa, *folytatás*. Magyar Nemzet 33, Nr. 267 v. 13.11.1977, S. 9.) Offenbar handelt es sich bei dem Abdruck in der *BR* um eine Rückübersetzung des ursprünglich auf Deutsch geführten Gesprächs aus dem Ungarischen.
Die dort zudem erwähnte Nachdichtung von Adys *Emlékezés egy nyár-éjszakára (Erinnerung an eine Sommernacht)* (vgl. auch: Kárpáti, *Fühmanns nachdichterisches Scheitern*. Drei Raben (2003) 4-5, S. 44) wollte Fühmann unter keinen Umständen dort publiziert sehen. (Vgl. Fühmanns Brief an Kárpáti v. 12.12.1976. In: Fühmann, *Briefe aus der Werkstatt des Nachdichters 1961-1984*, S. 110ff. sowie ebd., S. 112ff. Kárpátis Erläuterungen.) Daher stammt die in dem Ady-Band gedruckte Übertragung von Géza Engl; vgl.: Ady, Endre: *Erinnerung an eine Sommernacht*. In: Ders.: Gedichte. Auswahl zum 100. Geburtstag des Dichters. Hrsg. v. László Bóka. Budapest 1977, S. 143f. (ZLB, Sammlung Fühmann)
[250] Creutziger, *Dichters Lande*, S. 65.

I.6 „Ihrer Dichtung verdanken wir Deutschen viel Freude." 53

Nemes Nagys oder Halas' Gedicht aussieht. Mangels der in Umfang und Präzision *Vor Feuerschlünden* gleichwertigen Ausführungen von Fühmann zu den genannten und auch zu den hier nicht genannten Autoren, muss weiterhin auf das relativ wenige Vorhandene und auf Rezeptionszeugnisse zur Nachdichtung zurückgegriffen werden. Vor allem aber bietet eine Auswahl der nachgedichteten Texte[251] wohl eine gute Grundlage dafür, vor dem von Franz Fühmann selbst formulierten Hintergrund „gelebte[r] Interpretation"[252] Zusammenhänge aufzuzeigen:

> Dichtung wirkt ja auf den ganzen Menschen, und daß sie unvergeßlich sei, kann nur heißen, daß sie unentrinnbar stetig einwirkt, ob man ihr Dasein gewahrt oder nicht. – Man erkennt Welt dann unbewußt in Bildern der Dichtung, durch die einem Welt bewußt geworden, ja man lebt Gedichte und weiß es nicht, da man doch nichts als sein Leben wahrnimmt: ungeformte Augenblicke, deren Fügung zu Figuren (und Mythen) lange Zeit – und oft gänzlich – unüberschaubar bleibt. – Wurde einer von Dichtung überwältigt, wirkt sie in all dessen Künftigem fort, und jede Nacht, ist – falls in ihr Nacht ist – auch die Nacht dieser Dichtung, nicht *nur* ihre Nacht, doch *auch* ihre Nacht.[253]

Im diesem Licht lassen sich mögliche Bezüge herstellen zwischen den von Fühmann nachgedichteten Texten und seinen eigenen. Die intensive Beschäftigung mit den einzelnen Gedichten im Rahmen der Nachdichtung und die vielfach mühsame, kleinteilige Arbeit an ihnen, damit die Nachdichtungen „als lyrische[] Gebilde deutscher Sprache"[254] bestünden – vor Fühmann selbst –, mögen auch auf seine Poetik gewirkt haben. Von den einzelnen Dichtern und besonders von ihren Texten gehen für Fühmann Impulse und poetische Anregungen aus, was sich insgesamt als Intertextualitätsproblem beschreiben lässt. Orte der nachgedichteten Lyrik sind in diesem Verständnis auch Orte Fühmanns, die seine Bilderwelt und Poetik und sein Schreiben insgesamt beeinflussen. In einer derartigen Bezogenheit von Dichtung und Dichtungen aufeinander zeigt sich bereits die Topographie einer weltweiten Moderne, an der die Nachdichtung teilhat. Deren Tendenz zu übersetzerisch Ungefertigem und deren Sehnsucht „ins Ungebundene"[255] stellt sich als Frage danach, ob der

---

[251] Der Anspruch, hier eine Art enzyklopädischer Vollständigkeit zu liefern, hieße wie Phaeton die Zügel des Sonnenwagens in die Hände zu nehmen, und zwar insbesondere, weil Fühmann aus nachgewiesenermaßen insgesamt acht verschiedenen Sprachen Lyrik nachgedichtet hat (Bulgarisch, Finnisch, Litauisch, Polnisch, Russisch, Schwedisch, Tschechisch, Ungarisch – Eine Auswahl der entsprechenden Autoren listet Jürgen Krätzer auf: *Fühmanns Lyrik*. „Jeder hat seinen Fühmann", S. 58.) Allein der Umfang und die Anzahl der Nachdichtungen aus dem Ungarischen erfordert bereits eine Auswahl aus dieser von Fühmann am intensivsten und nachhaltigsten bearbeiteten Literatur, ganz abgesehen von der jeweiligen Bedeutung der einzelnen Dichter innerhalb der Nationalliteraturen.
[252] *Vor Feuerschlünden*. WA 7, S. 34.
[253] Ebd. (Hervorhebungen i. Orig.)
[254] *[Die Gedichte wurden ausnahmslos...]*. WA 2, S. 14.
[255] Hölderlin, *Mnemosyne [3]*. StA 2,1, S. 197, V. 13.

übersetzte Text nicht eigentlich als Fragment anzusehen ist. Diese Art der Fügung eines Unüberschaubaren gibt sich in der Übersetzung als jener wirksame Verweis auf einen „ungeformte[n] Augenblick"[256]. Er liegt als Textwahrnehmung eines Übergesetzten, das das Übersetzte ist, vor der eigentlichen Nachdichtung.[257] Diese trägt eine Art leere Fülle und volle Leere in sich, die jener Selbstwahrnehmung im Plötzlichen gleichen, von der auch Heiner Müllers Schlussverse in *Traumwald* wissen:

> Und in dem Lidschlag zwischen Stoß und Stich
> Sah mein Gesicht mich an: das Kind war ich.[258]

Wird Fühmanns Auseinandersetzung mit den einzelnen Dichtern und insbesondere mit ihren Gedichten noch in dieser Hinsicht ernst genommen, so ist unter dieser Voraussetzung folgende Selbstaussage zu bedenken: „Alle Dichter, die ich übersetzt habe, liebe ich."[259] Seine individuell bestimmte Beziehung zum literarischen Werk und zu den Orten der Dichter erhält dann einen eminenten Stellenwert, der über eine bloß komparatistische Betrachtung von Originalgedicht und Nachdichtung hinauszugehen hat. Krätzer etwa sieht Fühmanns Arbeit in der Nachdichtung in einer Randbemerkung nämlich als Problem der Komparatistik, im Rahmen derer geklärt werden könne, inwiefern Fühmann den „Poetologien dieser Dichter gerecht [...] werden"[260] konnte. Es ist indessen evident, dass sich verschiedenste Spuren der langjährigen und auch sprachlich breiten Nachdichtertätigkeit in Fühmanns Schreiben finden lassen. Dies zeigt auch den Platz Attila Józsefs, Miklós Radnótis, Ágnes Nemes Nagys oder Milán Füsts und Sándor Petőfis, die sich bei Fühmann mit ihren Texten in direkter Nachbarschaft zu Fontane, E.T.A. Hoffmann, Trakl oder Tieck bzw. jungen Autoren wie Sarah Kirsch, Uwe Kolbe oder Wolfgang Hilbig befinden, d.h. gewissermaßen in Fühmanns „Hausschatz"[261]. Der Bereich Nachdichtung ist in dieser Hinsicht integraler Bestandteil von „Fühmanns Nachdenken über Literatur"[262] und der enge poetische wie poetologische und gerade subjektive Kontakt mit und in der Literatur kennzeichnet seine Begegnungen mit dem Werk und Schreiben anderer. Oft begab er sich auf ihre Spuren, folgte z.B. im

---

[256] *Vor Feuerschlünden*. WA 7, S. 34.
[257] Zur Vorstellung von Über*setzen* und *Über*setzen vgl.: „Hier wird das Über*setzen* zum *Über*setzen an das andere Ufer, das kaum bekannt ist und jenseits eines breiten Stromes liegt." (Heidegger, Martin: *Heraklit*. In: Ders.: Gesamtausgabe. II. Abt. Vorlesungen 1923-1944. Bd. 55, Heraklit. Hrsg. v. Manfred S. Frings. Frankfurt/M. 1979, S. 45.)
[258] Müller, Heiner: *Traumwald*. In: Ders.: Werke (W). Bd. 1, Die Gedichte. Hrsg. v. Frank Hörnigk. Frankfurt/M. 1998, S. 298.
[259] Fühmann in: Józsa, *Weitermachen*. BR 11 (1977) 48, S. 10. Ebenso auf Ungarisch: „Valamennyi költőt szeretem, akinek a versét fordítottam." (Józsa, *folytatás*. Magyar Nemzet 33, Nr.267 v. 13.11.1977, S. 9.)
[260] Krätzer, *Fühmanns Lyrik*. „Jeder hat seinen Fühmann", S. 58.
[261] *22 Tage*. WA 3, S. 330.
[262] Wagner, *Nachdenken über Literatur*, S. 9.

I.6 „Ihrer Dichtung verdanken wir Deutschen viel Freude."

Neuruppiner Tagebuch Theodor Fontane durch seine – Fühmanns – Wahl- und lyrische Nicht-Heimat des Brandenburgischen, trug die einschlägigen Texte Tiecks und Hoffmanns im und ins Bergwerk und begegnete mit dem Essay *Vor Feuerschlünden* auch dem Salzburg Georg Trakls. Daneben birgt ebenso der Bereich der Nachdichtung Zeichen und Spuren von Fühmanns Suche nach seinem Ort des Dichtens und der Dichtung, den er bei und mit anderen Dichtern quasi aufsuchte. In der nachdichterischen Wiedergabe versucht Fühmann den Verlust des eignen Ortes arbeitend zu ersetzen, – im Eindringen ins Nachdichten und in seine eigene Auffassung der Literatur anderer und später in der Einfahrt in die mythischen, unterirdischen Stätten der Bergwerke.

I.6.1 „Mért legyek én tisztességes? Kiterítenek úgyis! / Mért ne legyek tisztességes! Kiterítenek ugy is. " – Attila József

Der weit reichende Ausblick vom Sitz oberhalb einer Landschaft (wohl der bei Lillafüred in Nordungarn[263]) nahm Fühmann zu allererst ein für die Poesie Attila Józsefs. [264]

In der Arbeit an der Nachdichtung zur *Óda* begegnet Fühmann jener Widerspruchsspannung des lyrischen Ichs, die in der ersten und zweiten Strophe bereits die Textgestalt wiedergibt: Dem initialen ‚hier' folgt die Lokalisierung in einem gefühlt Zeitlichen eines leichten warmen Sommerabends. Vom Oben des erhobenen Felsensitzes zeigt schließlich alles vertikal hinab, „erdwärts"[265]. Fühmanns Nachdichtung nimmt die Gestalt des Originals hier interpretativ unterstreichend auf: Hatte József mit dem Zeilensprung zwischen vorletztem und letztem Vers der ersten Strophe – „...és lecsüng / a kéz"[266] – eben die herabhängende Hand und die zusammengesunkene Haltung des ganzen Körpers des sprechenden Ichs verdeutlicht, so setzt Fühmann ‚erdwärts' als letzten Vers hinzu. Das Reimschema des Originals lässt sich so erhalten. Zudem unterstreicht die angebotene Nachdichtung den zentralen Gegensatz der Strophe zwischen ‚könnyű – leicht' und ‚nehéz – schwer'. Dies ist vielleicht Zeichen einer Erinnerungslast, die Kopfsenkung und Haltung der Gliedmaßen ausdrücken sollen. Die Haltung der Hand am Strophenschluss weist zur Erde und markiert damit erneut jene Deixis des ersten Verses. Die erste Strophe gibt sich als doppelt deiktischer Ausgangspunkt des sich anschließenden Lateralblicks. Gelesen vor dem Hintergrund des Gedichtes *Kosztolányi* erscheint die Vertikalität des Körpers mit gesenktem Kopf als Widerspruch zum Tod, auf dessen Ort Erde, als Begräbnisraum und letzte Ruhestätte, die hängende Hand

---

[263] Vgl.: Hajnal, *Freund der Ungarn. Zwischen Erzählen und Schweigen*, S. 108.
[264] Titelzitat: József, *Két hexameter*. Összes versei II, S. 371. „Warum ein redliches Leben? Man streckt mich ja sowieso hin. / Warum kein redliches Leben? Man streckt mich ja sowieso hin." (József, *Zwei Hexameter*. WA 2, S. 279.)
[265] József, *Ode*. WA 2, S. 273.
[266] József, *Óda*. Összes versei II, S. 209. („[…] und heruntergehängt / die Hand" Übers. S.K.)

weist. Fühmann hat diesen Aspekt mit ‚erdwärts' verdeutlicht. In dem erwähnten späteren Gedicht von Attila József, aus Anlass von Dezső Kosztolányis Begräbnis geschrieben, finden sich die Verse „[...] de te már aláírtad művedet. // Mint gondolatjel, vízszintes a tested."[267]. Sie korrespondieren zum Einen mit dem Schlussvers des sechsten Abschnittes, des *Nebenliedes* der *Ode* und stellen andererseits den Gegensatz zwischen aufrecht und liegend, als zwischen lebendig und tot her. Fühmanns „Überhellung"[268] durch den Zusatz eines Wortes scheint also Józsefs Sprache angemessen. Weiterhin lassen sich die Vergleiche der zweiten Strophe als Wahrnehmungen eines in die Landschaft schweifenden Blicks erkennen, in dem deren Gestalt und ein weiblicher Körper miteinander verbunden werden. Es ist ein Blick, der die „Mähnen von Hügeln"[269] streift und sich dann auf Einzelheiten der Landschaft richtet. Er mag gar dem Blick der Faszination ähneln, den Pascal Quignard als den eigentlich menschlichen beschreibt: „L'homme est un regard désirant qui cherche une autre image derrière tout ce qu'il voit."[270] Er mündet zudem als ‚fascination', d.h. als vom Angesehenen sich nicht mehr lösender Blick, in eine räumlich bestimmte Wahrnehmung des Sprachlichen: „La fascination est la perception de l'angle mort du langage. Et c'est pourquoi ce regard est toujours latéral."[271] Von dem Außen einer optischen Wahrnehmung, die sich bereits mit dem Innen einer Erinnerung bzw. eines Körperbildes verschränkt, wendet sich das lyrische Ich nunmehr zunehmend seinem Innen zu.[272] Es fließen dabei immerfort Bilder ein, die durch den Blick in die Landschaft bestimmt sind, bis sich am Ende des fünften Abschnittes erneut die vertikale Achse zeigt. Im Original ist diese Strophe zusätzlich durch Klammern von den übrigen abgehoben:

(Milyen magas a hajnali ég!
Seregek csillognak érceiben.

---

[267] Ders., *Kosztolányi*. Összes versei II, S. 365. („[...] aber du unterschriebst schon dein Werk. // Wie ein Gedankenstrich, waagerecht dein Leib." Übers. S.K.)
[268] Vgl.: „Übersetzung ist wie jede Auslegung eine Überhellung." (Gadamer, *Grundzüge Hermeneutik*. GW 1, S. 389.)
[269] József, *Ode*. WA 2, S. 273.
[270] Quignard, Pascal: *Le sexe et l'effroi*. Paris 2002, S. 10.
[271] Ebd., S. 11.
[272] Dies lässt sich zudem mit Hilfe des intertextuellen Zusammenhangs zu Szabó Lőrinc' *A belső végtelenben* stützen. Dort heißt es etwa [Strophen 1 u. 9]: „Szellemem néha a test ágyába merűl le / és elivódva, mint a por, mit bevezek, / nézi, bent, szivacsos éjszakába kerűlve, / hol a hús eleven tájai ködlenek, // [...] - be vad és érthetetlen / és új világ vagyunk, mikor egyszerre, mint / barlangi utazó, a belső végtelenben / parányi szellemünk riadtan széttekint!" – „Mein Geist taucht zuweilen in das Bett des Körpers ab / und aufgelöst, wie das Pulver, das ich einnehme, / sieht er sich um, drinnen, in schwammiger Nacht, / wo die lebendigen Landschaften des Fleisches aus dem Nebel treten // [...] – innen sind wir eine wilde und unverständliche / und neue Welt, wenn einst, wie / der Höhlenreisende, im inneren Unendlichen / unser winziger Geist erschrocken sich umblickt. (Szabó, *A belső végtelenben*. Összes versei I. S. 238 u. 239. Übers. S.K.)

I.6.1 „Mért legyek én tisztességes?" – Attila József

Bántja szemem a nagy fényesség.
El vagyok veszve, azt hiszem.
Hallom, amint fölöttem csattog,
ver a szivem.)²⁷³

Wie hoch doch der Himmel sich aufwölbt im Morgen, der dämmert!
Heere glitzern in seinem Erz.
Der Speer seines Lichts sticht mein Auge aus.
Ich bin verloren.
Über mir hämmert
Mein Herz.²⁷⁴

Wie der Anfang des fünften Abschnittes bereits sagt, ‚fallen' die Worte hier gewissermaßen. Erneut sieht sich das lyrische Ich in einem durch eine Senkrechte bestimmten Raum, in dem aus dem behaglichen Sommerabend der mit stechendem Licht sich aufspannende Morgenhimmel geworden ist. Die Nachdichtung weist hier auffällige Auslassungen gegenüber dem Original auf, die sehr deutlich das durch Fühmann übermittelte Verständnis der Verse zeigen. Gibt das lyrische Ich in Vers vier im Original seine Vermutung in ‚azt hiszem – glaube ich' wieder, drückt verstärkt die Nachdichtung diese Verlorenheit, da der Nachsatz fehlt. Auch der Beginn des fünften Verses ist um ‚hallom – ich höre' verkürzt, vermutlich, um eine sonst nötige Konstruktion mit ‚wie, dass' für ‚amint' zu umgehen. Die Entscheidung für eine inhaltliche Konzentration der Nachdichtung auf die Aspekte des Innen liefert aber insbesondere die Tatsache, dass von den zwei Verben in Vers fünf und sechs – ‚csattog', ‚ver' – nur noch eines geblieben ist. ‚Hämmert' soll die Bedeutungen der beiden Originalverben zugunsten eines denkbaren ‚hämmernden Herzens' vereinigen. Im Original aber lassen sich die Verse fünf und sechs durchaus getrennt voneinander verstehen. Dies zeigen das Komma am Ende von Vers fünf und der völlig unmarkierte Satz ‚ver a szivem' – ‚mein Herz schlägt'. Ähnliches gilt für Vers fünf, der wörtlich in etwa lautet ‚ich höre, wie es über mir flattert / klatscht / schlägt'²⁷⁵. Das Enjambement, das in den deutschen Versen auftaucht, lässt sich im Original zwar nachvollziehen, doch ist dort auch eine Lesart in zwei voneinander getrennten Sätzen möglich.

Die *Ode* endet mit den Bildern des *Nebenliedes*, die die Ruhe eines Alltäglichen zeigen, das analog zum Anfang mit einer Deixis beschlossen wird. Die zu Beginn dominante Ordnung des Vertikalen, aus dem sich ein räumlicher Blick ergibt, ist hier zur individuellen Nähe eines heimischen Platzes der Ruhe und eines Ruhenden geworden. Fühmann hat gerade das lokaldeiktische Moment gegenüber dem Original betont. Gleich dreimal wiederholt er versinitial das ‚hier', das auch den Ort des Anfangs markiert hatte. Fühmann hat sich mit

---

²⁷³ József, *Óda*. Összes versei II, S. 212.
²⁷⁴ Ders., *Ode*. WA 2, S. 276.
²⁷⁵ Es ist sicherlich mit dem für beide Verben gleichen Bedeutungselement ‚schlagen' zu begründen, dass Fühmann für zwei Verben eines setzt.

dieser Wiederholung auch an der ersten Strophe des sechsten Abschnittes orientiert, in der dreimal hintereinander Verse mit ‚talán – vielleicht' beginnen. Anstelle des dreimaligen ‚hier' der Nachdichtung lässt sich dort im Original einmal ‚íme – sieh(e)' finden (Strophe 2, Vers 2), das mit seiner hinweisenden Funktion auch im ‚hier' der Nachdichtung adäquat wiedergegeben sein dürfte. Im Schlussvers hat Fühmann die Deixis durch den Zusatz seines ‚hier' unterstrichen. Allein im vorletzten Vers dieser Strophe handelt es sich um einen Zusatz des ‚hier', der wohl unter dem Einfluss der umliegenden Verse entstanden ist.[276] Insgesamt ergibt sich dadurch in Fühmanns Nachdichtung eine verstärkte Verbindung von Anfang und Ende des Gedichtes. Das Gedicht spricht somit auch verstärkt seinen Ort aus, ganz ähnlich übrigens der Deixis der berühmten ersten Verse aus Józsefs *„Költőnk és kora"*, die sich selbstreferentiell ausstellen:

> Ime, itt a költeményem.
> Ez a második sora.[277]

Vor diesem Hintergrund geben auch die durch Paul Kárpáti veröffentlichten *Briefe aus der Werkstatt des Nachdichters* einen weiteren Einblick in die Arbeit des Meisters[278], der jedes Wort und jede Formulierung so lange umkreiste, bis die Übertragung für ihn „dem Denken des ungarischen Dichters"[279] am nächsten kam. Auf eben diese Nähe im Denken mag sich wohl auch Pezold bezogen haben, als sie für ihre Interpretation Original und Nachdichtung der *Ode* gleichsetzte. Im Gegensatz dazu weist Ernő Kulcsár Szabó jedoch darauf hin, inwiefern eine nachdichterische Entscheidung einem Text einen epochal völlig anderen Deutungszusammenhang[280] zu geben vermag: Fühmann übersetzt den Vers „[…] lelkek közt ingyen keresek / bizonyosabbat, mint a kocka" (wörtlich: zwischen Seelen suche ich umsonst / nach Sichererem als dem Würfel)[281] aus *Eszmélet* (1933/34) mit „[…] bin umsonst im Braus / sabbernder Seelen nach

---

[276] Eine wörtliche Übersetzung des Verses könnte etwa lauten: „Es brät das Fleisch, auf dass es deinen Appetit stille." (Übers. S.K.)
[277] József, *„Költőnk és kora"*. [„Unser Dichter und seine Zeit".] Összes versei II, S. 492. („Seht, hier ist meine Dichtung. / Dies ihre zweite Zeile." Übers. S.K.) Vgl. zu diesem Gedicht u.a.: Lőrinc Csongor: *Beírás és átvitel. József Attila: „Költőnk és Kora"*. [Einschreibung und Übertragung. Attila József: „Unser Dichter und seine Zeit".] In: Az esztétikai tapasztalat medialitása, S. 134-157.
[278] Vgl.: Fühmann, *Briefe aus der Werkstatt des Nachdichters*, zu József besonders S. 60-108. Dort findet sich auch der erste Abdruck von Fühmanns unvollendeter Nachdichtung des Gedichtes *Nagyon fáj – Es tut sehr weh*. Vgl. zudem eine erste Teilveröffentlichung dieser Briefe: Kárpáti, *Műfordítói műhelylevelek*. Árgus 13 (2002) 5-6, S. 40. Kárpáti spricht in diesem Artikel von Fühmann als „Mester".
[279] Hegyi, *Fühmann zu Gast*. BR 15 (1981) 48, S. 9.
[280] Das Problem der Fehldeutung, um das es bei Kulcsár Szabó allerdings nicht geht, erwähnt kurz Albrecht, Jörn: *Literarische Übersetzung. Geschichte, Theorie, kulturelle Wirkung*. Darmstadt 1998, S. 177.
[281] József, *Eszmélet*. Összes versei II, S. 238. (Übers. S.K.)

was Sichrerm / als nach dem Fall des Würfels aus"²⁸². Die Nachdichtung stelle das Gedicht durch die erwähnte Formulierung in eine Verbindung mit *Un Coup de dés* von Stéphane Mallarmé und verschiebe so auch den Kontext von *Eszmélet* um eine Epoche zurück, betont Kulcsár Szabó. Das ungarische Original nämlich weist keinen ‚Fall des Würfels' auf, sondern spricht allein vom Würfel (kocka). Die semantische Entscheidung in der Nachdichtung lässt aber Mallarmés Gedicht von 1897 als Intertext von *Eszmélet* erkennbar werden und schafft einen Bezug, den das Original so nicht besitzt. Mit Fühmann wäre hier wohl zu argumentieren, dass Józsefs Dichtung „für den ganzen Mythos Raum"²⁸³ habe, was sie für die angeführte Intertextualität genauso öffnet.²⁸⁴

Die Arbeitsmethode in der Fühmann'schen Nachdichterwerkstatt dürfte außerdem Aufschluss darüber geben, aus welchem Umgang mit den Texten sich die endgültige Gestalt der Nachdichtung ergibt. Die durch Kárpáti veröffentlichten Briefe geben einen Einblick in Fühmanns Arbeitsprozess zur Entstehung der *Eszmélet*-Nachdichtung. Dabei findet sich mehrfach ein Problem, das den Nachdichter Fühmann besonders umtrieb: die Übertragung der Reimstruktur sowie der „Geist der Grammatik, Rhythmus [...] und Versmaß und wie es in der Originalsprache klingt"²⁸⁵. Für die *Eszmélet*-Nachdichtung *Besinnung* muss er das Reimschema des Originals verlassen und kann dessen ababbaba-Struktur nur in folgender Form anbieten: Die Verse eins und drei sind Waisen, Vers zwei behält seinen Reim auf die Verse vier und fünf und dann erst wieder auf Vers acht. Vers sechs und sieben reimen miteinander und werden auch vom die Strophe durchziehenden Vierfachreim umarmt. Davon ausgenommen sind die Strophen vier, neun und zwölf, in denen das zuvor angegebene Schema nicht durchgehalten werden kann.²⁸⁶ Fühmann erklärt zu dem nicht vorhandenen Reim zwischen ‚Buschen' und ‚Blume' in Strophe vier, dass diese vermeintliche Notlösung „durch Alliteration plus Vokalgleiche plus ungewöhnliches Substantiv"²⁸⁷ eine gute Lösung ergebe; als Pointe gestalteten

---

[282] Ders., *Besinnung.* WA 2, S. 285. Anzumerken bleibt noch, dass Fühmann sich bei der Nachdichtung von František Halas' *Nikde* im Falle des tschechischen *vrhcáb* (laut Ludvík Kunderas Kommentar zur Interlinearübersetzung „ein sehr sehr altertümliches mittelalterliches Wort; Mehrzahl vrhcáby bedeutet Würfelspiel" [Kundera zitiert in: Fühmann, Franz: *Anhang: »Nikde«.* In: WA 6, S. 278-301, hier S. 284].) ausdrücklich gegen die Verwendung des Wortes *Würfel* entscheidet, wenngleich er bei der Lösung *Worfelsack* ein Moment des Zufälligen vermisst. Im *Anhang: »Nikde«* findet sich eine Passage, in der Fühmann das Problem relativ ausführlich kommentiert. Ein direkter Bezug zu Mallarmé wird von Fühmann dort nicht hergestellt.
[283] *Anhang: »Nikde«.* WA 6, S. 298.
[284] Kulcsár Szabós Beobachtung ist natürlich auch als Beleg für den bei Benjamin wie Gadamer benannten Entscheidungszwang in der Übersetzung zu verstehen. Hier geht es durchaus nicht um deren Widerlegung. Vielmehr ist anzumerken, dass gerade das Eigenleben der Nachdichtung Fühmanns Gewissheit über den Raum einer Dichtung belegt. Zum Begriff des Raumes vgl. auch: *Anhang: »Nikde«.* WA 6, S. 298.
[285] Hegyi, *Fühmann zu Gast.* BR 15 (1981) 48, S. 9.
[286] Vgl.: József, *Besinnung.* WA 2, S. 285-288.
[287] Fühmann, *Briefe an den Übersetzer Paul Kárpáti.* SuF 57 (2005) 5, S. 680.

sich gar die Kadenzen von ‚vorbei' und ‚schweig' in der Schlussstrophe zwölf, denn der Leser erwarte dort eher ‚schrei'. Der so herausgearbeitete Gegensatz zwischen durch die Reime vermeintlich gesteuerter Leseerwartung und Textgestalt gibt dem Gedicht die mediale Spannung, die im Original an dieser Stelle ähnlich gegenwärtig sein dürfte. Die vermeintliche Erwartung ‚schrei' mag hier mit dem schließlich realisierten ‚schweig' eine Art tönendes Schweigen erzeugen, das durch das eingesetzte Verb betont wird. Im ungarischen Original gibt es an dieser Stelle reimschematisch nichts Außergewöhnliches, sodass die deutsche Variante von Fühmann sich auch hier anders, wohl inhaltlich entschiedener, verhält. Daran lässt sich vielleicht das Potential des Textes ablesen, das Fühmann an anderer Stelle als dessen Raum bezeichnet. Zudem ist mit Blick auf den interpretatorischen Gehalt des in der Nachdichtung plötzlich erzeugten Schweigens die Frage nach der unangemessenen Angemessenheit seiner Übertragung aufzuwerfen. Denn: „[C'est] *l'inadéquation de la désignation* (la métaphore) qui *exprime proprement* la passion."[288] Da aber das originale ‚hallgatok' eben die deutsche Übersetzung ‚schweig' auch begründet, liefert der von Fühmann erwähnte mögliche deutsche Reim (vgl. die von Fühmann gesetzten Reime der Nachdichtung: vorbei / Reih / Einerlei / schweig) allein die Evidenz für die Plötzlichkeit des Schweigens an dieser Stelle.[289] Darauf lässt sich folgende Überlegung von Derrida als Fortführung des Gedankenganges anwenden:

---

[288] Derrida, Jacques: *De la grammatologie*. Paris 1967, S. 390. (Hervorhebungen i. Orig.)
[289] Ein Blick in *Eszmélet*-Nachdichtungen in weiteren Sprachen bietet sich hier an und mag die von Fühmann realisierte Lösung für den abschließenden Verses zusätzlich illustrieren. Die französische Version *Éveil* endet mit den Zeilen: „Or, à chaque éclair du convoi, je suis / Celui qui, là-bas, se penche et écoute…" (József, Attila: *Éveil*. In: Arion 9 (1976), S. 47) Jean Rousselot hat die zweite Bedeutung des ungarischen Verbs ‚hallgat' vorgezogen und ‚écoute' realisiert, was ihm für die französische Variante sowohl eine eher umständliche Konstruktion mit ‚se taire' erspart und auch die akustische Wahrnehmung neben der in der zwölften Strophe dominanten optischen betont. Der Text schweigt allerdings dennoch medial in den bei Rousselot gegenüber József hinzugesetzten Punkten, die dem Verb folgen. Außerdem ist das französische ‚écouter', anders als ‚entendre', eine gerichtete Tätigkeit, die ein Schweigen des Zuhörenden einschließen kann. (Vgl. zu ‚écouter': „S'appliquer à entendre, diriger son attention vers …" *Nouvelle Édition du Petit Robert de Paul Robert*. Texte remanié et amplifié sous la direction de Josette Rey-Debove et Alain Rey. Paris 1996) Die englische Variante von John Bátki lautet „and I stand in the light of each compartment, / leaning on my elbows, silent." (József, Attila: *Consciousness*. In: Arion 9 (1976), S. 50) Hier ist das Verb durch ein Adjektiv ersetzt worden, was wohl zum einen das Fehlen eines passenden englischen Verbs widerspiegelt. Für ‚hallgat' in der Bedeutung von ‚schweigen' gibt es vielleicht allenfalls die Möglichkeiten ‚to remain / be silent', die auch das verwendete Adjektiv einschließen. Das verwendete Adjektiv wäre auch durch das Substantiv ‚silence' mit derselben Silbenzahl ersetzbar gewesen. Allerdings hat Bátki zwischen letztem und vorletztem Vers einen der in seiner Nachdichtung wenig vorhandenen Reime erzeugt und so ‚silent' vorbereitet. Dennoch spricht sich in der englischen Version am Schluss wohl eine gewisse ‚silence' aus, und zwar nicht nur, weil es sich bei ‚silent' und ‚silence' um ein phonetisches Minimalpaar handelt, sondern auch, weil das Adjektiv durch das Komma von der übrigen Schlusszeile abgetrennt wurde. Die russische Adaptation weist folgende zwei Schlussverse auf: „и в свете каждого

I.6.1 „Mért legyek én tisztességes?" – Attila József

> Il faut donc revenir à l'affect subjectif, substituer l'ordre phénoménologique des passions à l'ordre objectif des désignations, l'expression à l'indication, pour comprendre le jaillissement de la métaphore et la possibilité sauvage de la translation.[290]

Was sich offenbart, ist eine tiefenstrukturelle Variante innerhalb des Textraumes, die Fühmanns subjektive nachdichterische Arbeit im Bereich der Zielsprache aufdeckt. Seine inhaltliche wie formale Begründung der Entscheidung für die Auflösung des Originalreimschemas von *Eszmélet* zeigt eine gewisse Unzufriedenheit, die sein Bemühen um das Original ausdrückt:

> [...] – wie mans macht, ists faul, weicht man einmal ab. Aber bei dem philosophischen Gehalt und bei der Konkretheit der Aussage zweimal Viererreim, ich glaube, das wird keinem gelingen.[291]

вагона / стою, облокотившись, я." (József, Attila: *Раздуме*. In: Arion 9 (1976), S. 50) Auffällig an dieser Nachdichtung ist die Betonung des ‚я' am Schluss des Gedichtes, das eine gegenüber allen bisher gesehenen Versionen gänzlich andere Variante darstellt. Es wäre zu überprüfen, inwieweit auch die anderen Strophen der russischen Nachdichtung von S. Kirsanow eine ähnliche Dominanz des Ich zeigen. In der Frage des Schweigens ist interessant, dass der letzte Vers, offenbar zugunsten des Endreimes auf ‚я', keine Entsprechung für ‚hallgatok' aufweist. Es ist anzunehmen, dass vielleicht die auffällige Wortfolge mit der Apposition ‚облокотившись' – ein Partizip, abgeleitet vom Verb ‚облокачиваться', das in erster Linie ‚sich auf die Ellenbogen stützen, lehnen (also: könyököl)' bedeutet – den Text an dieser Stelle sozusagen durch den appositionalen Einschub verlangsamt. Dennoch enthält keines der verwendeten Verben auch nur die Bedeutungskomponente ‚schweigen / zuhören'. In der italienischen Version werden die Schlussverse mit „e io sto in ogni luce di compartimento, / mi appoggio al gomito e taccio." übersetzt (József, Attila: *Conscienza*. In: Arion 9 (1976), S. 52) Die zwei Verse weisen eine eng am Original bleibende Variante auf, die im Überblick allerdings (ähnlich wie die englische) vollständig ohne Reime ist. Daniel Muths unzulänglicher neuerer Versuch einer deutschen Nachschrift von *Eszmélet*, unter dem fragwürdigen Titel *Hellsinn* (József, *Ein wilder Apfelbaum will ich werden*, S. 230-237) entfernt sich unnötig weit vom Original. So verschwindet bei Muth das im Original zweifach durch die Personalendungen anwesende Ich und wird in eine unerklärlich entpersönlichte „Figur" (Ebd., S. 237) umgedeutet. Zwar kann so ein Reim wiedergegeben werden, doch fehlt dieser entindividualisierten Version jedwede inhaltliche Vorbereitung in dieser Strophe und auch sonst im Übersetzungstext, der vor allem durch verschiedene äußerst zweifelhafte Ad-hoc-Kompositionen auffällt, die morphologisch wie lexikalisch vor allem ein starkes Befremden erzeugen, das Józsefs Text keineswegs aufweist.

[290] Derrida, *De la grammatologie*, S. 391.
[291] Fühmann, *Briefe an den Übersetzer Paul Kárpáti*. SuF 57 (2005) 5, S. 675. (Hervorhebungen i. Orig.) – Kárpátis Einschätzung der *Eszmélet*-Übertragung spricht deutlich aus einem Brief, den er an den Nachdichter richtet: „[...] gestern fand ich Ihren Brief mit Józsefs „Eszmélet" in Deutsch vor – in einer Fassung, die schon beim ersten Lesen beeindruckte, das Erlebnis des Originals wiederstehen ließ und das – nicht geringe – Gefühl vermittelte, daß der Zauber gelungen ist. Es ist ein Durchbruch an einer der am festesten gefügten Stellen bei József." (AdK, Berlin, FFA Nr. 1111.) Sehr ähnlich beurteilt Miklós Szabolcsi die Übertragung: „[Ich] halte sie für ausgezeichnet." (Miklós Szabolcsi an Franz Fühmann o. Datum (vermutlich 1975). Ebd., Nr. 606/1.)

Das distinktive Vorgehen im Prozess der Lyrikübertragung ist vor dem Hintergrund seiner eigenen Unfertigkeit einer Bewegung verwandt, die sich durch die beständig durchgehaltene Widerspruchsspannung in *Eszmélet* eingeschrieben findet. Die Bewegung ist lesbar als Paraphrase des Zentralproblems der Nachdichtung: Das Performativ-Lyrische der Texte bleibt im Bereich des Unübersetzbaren überhaupt. Die sprachliche Gegenwart der Texte ergibt sich nur noch in deren übertragener und übertragender Bezogenheit aufs Original, jedoch mangels des genuin sprachlichen Bezugs. Das Neben- und Miteinander der Nachdichtung(en) als verbindender Raum eines Textes im nicht auflösbaren Interim zwischen Übersetzung und Original wird beispielsweise deutlich anhand einer Gegenüberstellung von Übersetzungen zu *Nem én kiáltok* bzw. den bereits erwähnten zu *Eszmélet* in sechs bzw. fünf verschiedenen Sprachen.[292] Das gemeinsam Poetische der einzelnen Varianten stellt sich hier gar im mehrfachen Vermittlungsvorgang her. Das Nachdichten ist für Fühmann sicher auch in dieser Hinsicht „natürlich eine exzellente Schule, es erzieht zur Disziplin und Genauigkeit. Man muß allerdings sich wirklich um das Original in seiner konkreten Form bemühen"[293]. Diese Bemühung scheint im Übertragungsvorgang zu *Eszmélet* in der Tat – auch bei dem Hinweis von Kulcsár Szabó – zu einer geglückten Nachdichtung zu führen, deren Offenheit sich für den Nachdichtungstext selbst aus seiner deutlich merkbaren Bezogenheit auf das Original ergibt. In der Metaphorik von *Eszmélet* hält sich der in seinem Ansatz bereits vergebliche Versuch, jene „Unübersetzbarkeit dichterischer Sprache"[294] zu überwinden, als Weben am „Webstuhl des Vergangnen"[295]. So stehen auch das Fertige und das Vollendete als Abgeschlossenheit außerhalb der Zielbestimmung der Arbeit an der Nachdichtung. Fühmann öffnet den eigenen nachdichterischen Schaffensprozess als Ort der Übertragung, indem er Wörtlichkeit für die Nachdichtung ausschließt. Im Ergebnis zeigt sich als Nachdichtungsvariante der zuvor geprüften Möglichkeiten immer die notwendige Entscheidung. Dennoch schließt das bei Fühmann die große Nähe zu dem jeweiligen Dichter mit ein. In Ungarn folgte er „den Spuren von Attila József, dem proletarischen Dichter, mit dessen Lebenskonflikt und Schicksal Fühmann sich identifizieren konnte"[296], schreibt Christa Wolf. Diese Identifikation scheint sich noch in der Reflexion über das abschließende

---

[292] *Nicht ich bin es, der schreit*; vgl. die Nebeneinanderstellung der russischen, französischen, italienischen, spanischen, deutschen (Fühmann) und englischen Übersetzungen zu diesem Gedicht in Nagyvilág 20 (1975) 4, S. 590-593 sowie der deutschen (Fühmann), französischen, russischen, englischen und italienischen von *Eszmélet* in Arion 9 (1976), S. 45-52.
[293] Sauter, *Interview Fühmann*. WB 17 (1971) 1, S. 52.
[294] Engler, Jürgen: *Das ideologische Element in der Literatur*. In: NdL 32 (1984) 6, S. 150.
[295] József, *Besinnung*. WA 2, S. 287.
[296] Wolf, Christa: *Nirgends sein o Nirgends du mein Land*. In: Dies.: Hierzulande Andernorts. Erzählungen und andere Texte 1994-1998. München 1999, S. 61-68, hier S. 64). Vgl. hierzu auch Kárpáti Erwähnung dieses gemeinsamen Ungarn-Besuches von Franz Fühmann und Christa und Gerhard Wolf in: Fühmann, *Briefe aus der Werkstatt des Nachdichters 1961-1984*, S. 28f.

Verb der *Eszmélet*-Nachdichtung zu zeigen: Schweigen und Schreien sind die Seiten eines Widerspruchs, dem Fühmann bei seiner Arbeit an der Nachdichtung begegnet. „Ich glaube, es ist wirklich die Singularität von József, daß er diese Widerspruchspole zusammengespannt hat, in einem Gedicht, in einer Zeile."[297] Die komprimierte Spannung des Widersprüchlichen auf kleinstem Raum, die Fühmann hier betont, ist ja auch eine Erfahrung, die sich in dem unreinen Reim der Nachdichtung der 12. Strophe von *Besinnung* wiederfindet. Auch sein eigenes poetisches Konzept des Mythischen in der Literatur kennt als Kern den Widerspruch und die kontradiktorische Erfahrung. Diese begegnet ihm im Übrigen in der József'schen Poesie nach der schmerzlichen Abkehr von der eigenen Lyrikproduktion und damit vom den Widerspruch tilgenden Konzept der Märchen. Es ist gerade ein solcher Bezug, durch den sich Fühmann in der Nachdichtung ungarischer Lyrik einen sprachlichen Ort gewinnt.

Es ist der Ort einer Erfahrung des Zugleich, die „das Wesen des dichterischen Wortes als Einheit von Gegensätzen"[298] umfasst, die, so wurde oben bereits vorgeschlagen, den Kern von Fühmanns Erfahrung mit Attila Józsefs Dichtung ausmachen. Die im Folgenden zu *Eszmélet* vorgeschlagenen exemplarischen Züge eines Interpretationsansatzes bauen auf dem Grundgedanken des – mit Fühmanns Worten – in den Versen zusammengespannten Widerspruchs auf:

Jedes Teil des morphologisch geringfügig unterschiedlichen ungarischen Wortpaares ‚észlelés' – ‚észlelet' kann im Deutschen durch ‚Wahrnehmung' ausgedrückt werden.[299] Der vermeintliche morphologische Luxus einer scheinbaren Überdifferenzierung[300] ist freilich vielmehr eine komplementäre Relation, die sich durch Anhängen zweier unterschiedlicher Derivationssuffixe an den Verbstamm ‚észlel – wahrnehmen; beobachten' ergibt. Die kleine mit Hilfe der Suffixe erzeugte Differenz drückt jene zwischen einer Wahrnehmung als Prozess (észlelés) und einer Wahrnehmung im Sinne eines Wahrgenommenen, d.h. eines Wahrnehmungsergebnisses, aus (észlelet).[301] Außer dem offensicht-

---

[297] Fühmann, Franz / Kalász, Márton / Kárpáti, Paul: *Nachwort. Gespräch über Mihály Vörösmarty*. In: Vörösmarty, Mihály: *Wenn einst die Nacht sich erschöpft. Gedichte und dramatische Lyrik*. Nachdichtung v. Franz Fühmann. Berlin 1982, S. 79-94, hier S. 91.
[298] *Vor Feuerschlünden*. WA 7, S. 14.
[299] Vgl. dazu die entsprechenden Einträge unter den Lemmata ‚észlelés' und ‚észlelet' in: *Magyar – Német Nagyszótár* [Großwörterbuch Ungarisch – Deutsch] von Béla Kelemen. Budapest 1929 [Nachdruck Budapest 2004].
Nur angemerkt sei, dass bereits Muths Titelwahl diesen philosophischen Hintergrund von *Eszmélet* vollends tilgt. Die Wahl der irreführenden (eigentlich inexistenten) Fügung *Hellsinn* erscheint nicht nur als unpassend, sondern als sehr befremdlich, da so hier und auch an anderen Stellen im Gedicht beim ungarischen József eine Vorliebe für neologismenartige Prägungen unterstellt und vorgespielt wird, die schlicht nicht vorhanden ist. Vgl. József, *Ein wilder Apfelbaum will ich werden*, S. 230.
[300] Fühmann erwähnt die vermeintliche Überdifferenzierung des Ungarischen im Wortfeld der Verwandtschaftsbeziehungen. Vgl.: *22 Tage*. WA 3, S. 309.
[301] Vgl. die Worterklärungen im MÉSZ zu ‚észlelés': „Az a [...] folyamat, hogy vmit. észlelnek" („Der Vorgang, dass etwas wahrgenommen wird") und zu ‚észlelet': „Az észlelés eredménye". („Das Ergebnis der Wahrnehmung" Übers. S.K.)

lichen Gegensatz zwischen dem Wahrnehmungsvorgang und der Wahrnehmung als Ergebnis des Vorgangs, lässt sich daran anknüpfend ein weiteres für Józsefs Gedicht bedeutsames Gegensatzpaar ausmachen, nämlich zwischen den in verschiedener chromatischer Wandlung wiederkehrenden Sphären des Innen und des Außen. Als Beispiele für die unlösbare Verschränkung beider mögen die folgenden drei Textstellen dienen, an denen sich auch erkennen lässt, welches Problem Fühmann gemeint hat, wenn er davon sprach, den „Augenblick, in dem sich eine Ära des Außen wie Innen als Sekunde der Ewigkeit versammelt, im Nacheinander"[302] wiedergeben zu müssen, und zwar in einem Nacheinander, das sich im Prozess der übersetzenden Nachdichtung vor allem als eines der Texterereignisse an sich darstellt.

Strophe 2	Nappal hold kél bennem s ha kinn van az éj – egy nap süt idebent.[303]	Ist's draußen Tag, drin Sterne gleißen, ist's Nacht – in mir der Tag anbricht.[304]
Strophe 3	[...], nem fog a macska egyszerre kint s bent egeret.[305]	wo gäb's die Katze, die gleichzeitig fing drinn- und draußen eine Maus.[306]
Strophe 6	Im itt a szenvedés belül, ám ott kívül a magyarázat.[307]	Hier drinnen, siehst du, ist das Leiden, doch draußen das, was es erklärt.[308]

Der Wahrnehmungsraum in der Spannung zwischen Innen und Außen baut sich durch den Gedichttext von *Eszmélet* auf. Gleichsam von einem Unten her hebt die Stimme an, mit der das lyrische Ich spricht. Ihr Anheben lässt sich vielleicht auch von ‚eszméletlen – besinnungslos' her denken, sodass es sich um eine Art Wiederkehr zurück ins Bewusstsein handelte, als (Wieder-)Besinnung, die zunächst in den zwei universellen Dimensionen des Raumes und der Zeit sich orientiert, was als Wahrnehmung (észlelés) in der ersten Strophe auch an ‚eszmélés', als Zur-Besinnung-Kommen, erinnert. Dies ist dann das Erwachen der Sinne als *Be*sinnung. Bei der Annäherung an den Begriff ‚eszmélet' finden sich immer wieder die Worte ‚öntudat – Bewusstsein', auch als Kategorie der Wahrnehmung, und ‚emlékezet – Erinnerung'[309] als Kategorie des Wahrgenommenen, vielleicht als Pole, zwischen denen sich eine Lesart dieses philosophischen Zwölfstrophers bewegen könnte. „Normális lelkiállapot, amelyben az ember tud magáról"[310]; jenes „normale Über-sich-selbst-Wissen", das hier als Erklärung für die ungarische Vokabel ‚eszmélet – Besinnung' gesetzt wird, wäre zu suchen und dabei auch dessen Normalität zu hinterfragen.

---

[302] *Vor Feuerschlünden.* WA 7, S. 13.
[303] József, *Eszmélet.* Összes versei II, S. 237.
[304] Ders., *Besinnung.* WA 2, S. 285.
[305] József, *Eszmélet.* Összes versei II, S. 238.
[306] Ders., *Besinnung.* WA 2, S. 285.
[307] József, *Eszmélet.* Összes versei II, S. 241.
[308] Ders., *Besinnung.* WA 2, S. 286.
[309] Auch zu ‚emlékezet' existiert übrigens das Komplementär ‚emlékezés'. Zwischen beiden wäre analog zu differenzieren.
[310] A Magyar Nyelv Értelmező Szótára. 2 Bde. Budapest 1960.

I.6.1 „Mért legyek én tisztességes?" – Attila József

Eine Festlegung hierauf schlösse die zweite Bedeutung von ‚eszmélet' als Erinnerung beinahe aus. Besinnung aber bezieht sich hier wohl auf das Bewusstsein und auf die Erinnerung. Der Raum zwischen beiden Begriffen bildet vielleicht jenes Spannungsfeld, das Franz Fühmann als typisch für József erwähnt und innerhalb dessen sich Lesarten dieses Textes ansiedeln können.

Am Anfang von *Eszmélet* steht eine Situation des Beginns, die durch die Atmosphäre eines beginnenden Tages vermittelt wird, worauf ‚hajnal – Morgendämmerung' weist. Dies erscheint zudem wie eine Situation des allerersten Anfangens, vielleicht gar einer Geburt. In den letzten beiden Versen erst wird die Nacht erwähnt, deren Gewand wohl die sprießenden Blätter umhüllt hat und die jetzt in der Leichtigkeit des anbrechenden Tages aufgeht. Überhaupt dominiert die Leichtigkeit in den Bewegungen an jenem Morgen, an dem selbst die Feuchtigkeit der Luft zu verfliegen scheint, so dass die Lösung des Himmels von der Erde keine Trennung ist, sondern eher ein Beginn der Sinngebung der Welt.

Von der ersten Strophe her fällt der Aufschwung in die stärker bewusstseinsgeprägte Situation der zweiten auf. Denn der quasi reflexionslose Zustand der ersten Strophe wird ersetzt durch einen, der mit dem Mittel ‚emlékezet' nicht nur den halb unbewussten Bereich des Traumes, sondern auch einen der ersten Erkenntnis berührt. Hier werden aus bloßen Sinneseindrücken Farben. Ein Ich spricht von sich und gibt seinen Welteindruck wieder: ‚rend – Ordnung' sei dessen Charakteristikum.[311] Es ist eine Ordnung, die bis ins letzte Stäubchen hinein so starr ist wie eine Welt aus Eisen, im Original ‚vas világ' (eigentlich ‚Eisenwelt'). Die starken Gegensätze fallen auf, die József mit einer Metaphorik des Lichtes und der Dunkelheit gestaltet: verschwommene Bilder des Traumes etwa erscheinen als Ordnung. Sinnliche Wahrnehmung ist hier zuerst Grundlage für die Möglichkeit von Reflexion und erwachendes Bewusstsein und Erinnerung ergänzen einander. Indem das lyrische Ich spricht, kommt so eigentlich seine Individualität im Moment ihrer Entstehung zur Sprache und bildet jene widersprüchliche Einheit die ‚eszmélet' bezeichnet. Dies ist ein Ich, das zwischen ‚kint – Außen' und ‚bent – Innen' unterscheidet, um eine eigene Weltsicht zu erlangen, und zwar bis in die vor dem Hintergrund von Fühmanns Nachdichtung beinahe unerwartet erscheinende Position des Ich in der zwölften Strophe.[312] Das schweigend sich anlehnende Ich, scheinbar im Innen in sich ruhend, richtet seinen Blick auf die nach Virilio-Manier von Geschwindigkeit gekennzeichnete Welt außen. Deren Hauptmerkmal gibt der zweite Vers mit der unaufhörlichen Iteration des graphisch auffälligen ‚jön-megy' (eigentlich ‚kommt-geht') wieder, im selben Vers noch unterstützt durch ein Verb der

---

[311] Die Position des Wortes ‚rend' am Schluss des Verses dürfte die Betonung unterstützen.
[312] Deren biographisch deutbarer Schauplatz („Vasútnál lakom." – „Ich wohne an der Bahn.") verbindet sie erneut mit der fünften (József, *Eszmélet*. Összes versei II, S. 247 und ders., *Besinnung*. WA 2, S. 288.) Attila József wohnte in seiner Kindheit im Budapester Stadtteil Ferencváros unweit des dortigen großen Güterbahnhofes. Heute befindet sich in der kleinen Wohnung der József Attila-emlékhely (Erinnerungsort); Budapest IX, Gát utca 3.

‚észlelés', ‚el-elnézem' – eigentlich: ‚ich sehe-sehe'. Die Reduplikation des Präfixes erzeugt hier den iterativen Charakter. Fühmann hat dieses Problem in der Nachdichtung gelöst, indem er den deutschen Text sprachlich verschiedentlich auffällig gestaltet:

> Vasútnál lakom. Erre sok
> vonat jön-megy és el-elnézem,
> hogy' szállnak fényes ablakok[313]

> Ich wohne an der Bahn. Viel Züge
> kommen und gehn an mir vorbei,
> im wehenden Samtdunkel seh ich[314]

An Fühmanns Übersetzung fällt zunächst die ungewöhnliche Kombination von ‚viel' und dem Plural ‚Züge' im ersten Vers auf. Das Ungarische kennt weder beim Gebrauch von Zahlwörtern vor einem Substantiv[315] noch bei Indefinita an dieser Stelle für das nachfolgende Bezugswort den Plural (daher steht ‚vonat' im Singular, Plural wäre ‚vonatok'). Im Deutschen ist an dieser Stelle eigentlich eine Kongruenz zwischen Attribut und Bezugswort vorgeschrieben, die Fühmann hier aber bewusst aufhebt. So erreicht er nicht nur eine auffällige Pluralform, sondern auch einen Widerschein des ungarischen Originals; an anderer Stelle freilich nicht: Das bereits erwähnte Verb ‚jön-megy' hat Fühmann als ‚kommen und gehn' übertragen, was nicht nur doppelt so viele Silben aufweist wie das Original, sondern außerdem zwei Verben an die Stelle eines Verbkompositums setzt. Die Lösung ‚gehn' spart lediglich eine Senkung. Die oben beschriebene Pluralform scheint daher einen Teil der Bedeutung zu übernehmen, die József in das iterative Moment des Verbs gelegt hat. Fühmann gebraucht das deutsche ‚viel' hier so als stünde es als Attribut zu einem Substantiv, das etwas Nicht-Zählbares bezeichnet. Für ‚Züge' kann zweifelsohne von Zählbarkeit ausgegangen werden, so dass ‚viel Züge' aus letzteren eine Masse von Unzählbarem werden lässt, das aber dennoch pluralisch ist, da die Verbformen in Vers zwei weiterhin im Plural auftauchen (im Ungarischen übrigens im Singular). Jene unzählbare Masse von Zügen mag als Wahrnehmung von dichtem Verkehr sich immer wieder begegnender Züge etwa auf einer stark befahrenen Strecke oder auf einem größeren Bahnhof vorstellbar sein. Fühmann bringt dieses wichtige Moment der ruhelosen Wiederholung in der Außenwelt durch das auch metrisch bedingte Einsetzen von ‚viel' gut ins Deutsche herüber. Das Widersprüchlich-Gleichzeitige in der Wahrnehmung des Ichs findet sich im schweigenden Blick vom Rand der Eisenbahnstrecke auf das

---

[313] József, *Eszmélet*. Összes versei II, S. 247.
[314] Ders., *Besinnung*. WA 2, S. 288.
[315] Fühmann erwähnt dieses Phänomen in *22 Tage* und bietet dort auch einige deutsche Beispiele an, die das Ungarische nachempfinden. Vgl.: „Und warum ziehen die Zahlwörter keinen Plural nach sich? Man sagt: Zwei Brot, drei Blume, hundert Mensch" (*22 Tage*. WA 3, S. 313.)

I.6.1 „Mért legyek én tisztességes?" – Attila József

geschäftige Treiben in der Welt. Noch beim Zusehen von Außen scheint das Ich zugleich in das Innen dieser Außenwelt einzudringen.

An dieser Stelle begegnen sich eindringlich auch der Ort Nachdichtung und das Bergwerk. In letzterem zeigt Führmann den beständigen Versuch des Eindringens in die Welt der Arbeit und des Arbeiters[316], und zwar in das Innen eines vom schriftstellerischen Gesichtspunkt her außen Sich-Befindenden der anderen Welt der Arbeiter.[317] Die Erfahrung dabei bleibt die des ‚el-elnézem', des Zusehens von einem Außerhalb, das sich bei Führmann z.B. an jenem ‚B' auf dem Schutzhelm des Besuchers manifestiert, der sich freilich im Inneren der Grube befindet. Attila Józsefs lyrisches Ich geht angesichts einer ähnlichen Erfahrung in das den Text abschließende Schweigen, das auch ein Schweigen des Textes ist und sich in dem am Ende ausgesprochenen ‚hallgatok – schweig'[318] auch medial gibt. Mit dem Aussprechen des letzten Wortes wird das Sprechen des Gedichtes beendet und dem zuvor ausgesprochenen Schweigen sein Raum geöffnet.

Hier sei weiterhin darauf hingewiesen, dass gerade die Erfahrung des Zugleich von Innen und Außen, die Führmann auch in *Vor Feuerschlünden* erwähnt, sich in der zwölften Strophe von *Eszmélet* in der Weise „zusammengespannt"[319] finden lässt, wie eben die Gegenwart des Aufenthaltes im Bergwerk. Das Eindringen dort ist das in eine fremde und andersartige Welt, dem das Eindringen in fremdsprachige Dichtung als der Prozess der Nachdichtung ähnelt. Das Eindringen erschließt in beiden Fällen seinen Charakter des ‚észlelés', der Wahrnehmung als Prozess. Mit Gadamer lässt sich dieser Vorgang von seinem Ergebnis her folgendermaßen betrachten:

> Jede Übersetzung […] ist immer die Vollendung der Auslegung, die der Übersetzer dem ihm vorgegebenen Wort hat angedeihen lassen.
> Der Fall der Übersetzung macht also die Sprachlichkeit als das Medium der Verständigung dadurch bewußt, daß dieses erst durch eine ausdrückliche Vermittlung kunstvoll erzeugt werden muß.[320]

Attila József schreibt zudem: „Amikor verset fordítunk, új, saját nemzetünk ihletével adunk formát."[321] Für Führmann ist gerade die ereignishafte

---

[316] Vgl.: „Der dritte Strang (der Konzeption zum Bergwerk, S.K.) ist mein Bemühen, in die Realität des Bergwerks geistig einzudringen." (Franz Führmann an Ingrid Prignitz am 24.01.1983. AdK, Berlin, FFA Nr. 36, S. 4.)
[317] Vgl. zum Anderen der Welt der Arbeiter: „Der Arbeiter war für mich immer das Andere gewesen, schon früh, soweit ich zurückdenken kann." (*Im Berg*, S. 31.) Auch Führmanns Schwester betont dessen Faszination für die Welt der Arbeiter schon in Kindertagen. (Vgl. ihre Aussage in einem Gespräch in Karl-Heinz Munds Film *Das Bergwerk – Franz Führmann*. Deutschland, 1998.)
[318] Das Ungarische realisiert in dieser Verbform synthetisch auch das Pronomen ‚ich', und zwar hier in der Endung ‚-ok'.
[319] Vgl. Führmanns Aussage in: Führmann / Kalász / Kárpáti, *Nachwort. Wenn einst die Nacht sich erschöpft*, S. 91.
[320] Gadamer, *Grundzüge Hermeneutik*. GW 1, S. 388.

Anwesenheit des Lyrischen durch Nachdichtung schwerlich erreichbar: „Aber einen *doppelten* Vierfachreim mit einem *solchen* philosophischen Inhalt und bei einer *solchen* Anschaulichkeit kann, denke ich, kein Mensch hinbekommen."[322] Die mancherorts gewöhnliche, kriechende Fortbewegung im Bergwerk im Gefolge des Obersteigers mag sich gar als Metapher für die gewöhnlichen Schwierigkeiten der Nachdichtungsarbeit lesen lassen – freilich in beiden Fällen ohne dass der Ort eigentlich erreicht wird:

> Zuerst kroch ich auf Knien und Ellenbogen; dann, als der Druck auf die Knie ins Gefühl umschlug, die Kniescheiben sprängen, versuchte ich auf dem Bauch zu kriechen, aber da blieb ich zusehends zurück, also kroch ich wieder auf Knien und Ellenbogen, doch im sofort niederschießenden Schmerz versuchte ich nach einem Kriechen auf Ellenbogen und Zehenspitzen abwechselnd eine Art Schlängeln in der Seitenlage und einen Watschelgang in gekrümmtester Haltung, ich sah die Lichter, die mir nun entgegenschlugen; ich kroch wieder auf Knien und Ellenbogen; die Druckschmerzen wurden unerträglich; ich kroch weiter, und spätestens nach zehn Metern verwünschte ich meinen Wunsch, einzufahren, und dann kroch ich noch manche hundertmal.[323]

Noch im Aufeinandertreffen der „beiden getrennten Partheien [...] an einem mittleren Punkt"[324] zeigt sich der Weg, den sowohl der Besucher im Stollen unter Tage wie auch der Nachdichter zurücklegen. Dies gilt im Übrigen für das Bergwerk selbst, das auch bei József als Ort des immerwährenden, sich über Katastrophen hinwegsetzenden Arbeitens erscheint. Das Niederbringen des Schachtes zu den Schätzen der Erde erscheint bei József als unaufhörliches Drängen. Dies stößt allenfalls an die Grenze der Todesgefahr, unter der jedes bergmännische Handeln steht und die auch Fühmann eindrücklich erwähnt[325]:

> Ha beomlanak a bányát
> vázazó oszlopok,
> a kincset azért a tárnák
> őrzik és az lobog.
> És mindig újra nyitnák
> a bányászok az aknát,
> amíg szívük dobog.[326]

---

[321] „Wenn man ein Gedicht übersetzt, gibt man ihm eine neue mit der Inspiration des Eigenen belegte Form." (Übers. S.K.) (József Attila: *[28] [A költészet nyelvben való...]* [Die Dichtung ist in der Sprache...] In: Ders.: Tanulmányok és cikkek 1923-1930. Szövegek. [Studien und Artikel 1923-1930. Texte.] Hrsg. v. Iván Horváth et al. Budapest 1995, S. 134.)
[322] Kárpáti, *Műfordítoi műhelylevelek*. Árgus 13 (2002) 5-6, S. 44. (Hervorhebungen i. Orig.) (Übers. S.K.)
[323] *Im Berg*, S. 11f.
[324] Schleiermacher, *Methoden des Übersetzens*. KGA 11, S. 75.
[325] Vgl.: *Im Berg*, S. 22.
[326] József, *Alkalmi vers a szocializmus állásáról*. [Gelegenheitsgedicht über den Stand des Sozialismus.] Összes versei II, S. 252f. „Wenn die das Bergwerk / tragenden Pfeiler umstürzen, / den Schatz doch bewahren die Stollen / und er funkelt. / Und immer öffnen / die

I.6.1 „Mért legyek én tisztességes?" – Attila József

Das Moment des Unabschließbaren betrifft das Schürfen und das Vorantreiben des Schachtes, dem allenfalls der Tod sich als Grenze in den Weg stellt, doch auch dann nicht als jener Abschluss, der das Funkeln der Bergwerksschätze für immer begrübe. Was bleibt, ist das fortwährende sich Vorarbeiten des „dolgos test s az alkotó szellem" („der arbeitende Körper und der schaffende Geist").[327] Dies ist ein Vorarbeiten, dessen sisyphische Markierung dem Ort Bergwerk und nach József in erster Linie dem Poetischen eingeschrieben ist:

> Wir wissen bereits soviel, als die Inspiration und die Anschauung, ferner das Kunstwerk und die Geschichte in ihrer inneren wie äußeren Zeit und Wirklichkeit in umgekehrtem Verhältnis zueinander stehen, was veranschaulichend folgendermaßen klingt: *Die Geschichte ist ein derart nicht begonnenes und unvollendetes Kunstwerk, welches wir eben aus diesem Grunde in den Momenten seiner ständigen Vollendung der Nicht-Begonnenheit und seines ständigen Beginnens der Unvollendetheit wahrnehmen, – während das Kunstwerk eine derart begonnene und vollendete Geschichte ist, welche wir eben deshalb in seiner Unendlichkeit der ständigen Unvollendetheit der Begonnenheit und im ständigen Nicht-Beginnen seiner Vollendetheit wahrnehmen.*[328]

Bergleute den Schacht neu, / solange ihre Herzen schlagen." (Übers. S.K.) Laut Auskunft von Paul Kárpáti gegenüber dem Verfasser kannte Fühmann dieses Gedicht allerdings nicht.
[327] Ebd., S. 253. (Übers. S.K.)
[328] „Annyit ugyis tudunk már, hogy az ihlet és a szemlélet, továbbá a műalkotás és a történet belső és külső idejükben és valóságukban forditott arányban állanak egymással, ami szemléltetően ugy hangzik, hogy *a történet olyan meg nem kezdett és be nem fejezett műalkotás, amelyet ugyanezért éppen a meg nem kezdettség állandó befejezésének, és a be nem fejezettség állandó megkezdésének mozzanataiban észlelünk, – mig a műalkotás olyan megkezdett és befejezett történet, amelyet ugyanezért éppen a megkezdettség állandó be nem fejezésének és a befejezettség állandó meg nem kezdésének végtelenségében észleljük.*" (József, *[26]* *[... az esztétika éppen ezért nem juthat el ...]* [... die Ästhetik kann eben daher nicht dahin gelangen ...] Tanulmányok, S. 119. Hervorhebung i. Orig. Übers. S.K.)

I.6.2 „Mondd, van-e ott haza még, ahol értik e hexamétert is?" – Miklós Radnóti

Das alltäglich Besondere der dichterischen Tätigkeit von Miklós Radnóti[329] spielt in Fühmanns Wahrnehmung dieses *Dichters zwischen den Kriegen* eine vordergründige Rolle.

In seinem Nachwort zu dem Band *Ansichtskarten*[330] erwähnt Fühmann zweimal eine Aussage des Ungarn, nach der das Schreiben des Dichters so zur Welt und ihrem Lauf gehöre wie das Miauen der Katze und das Bellen des Hundes.[331] In den Raum dieses Alltäglichen gehört gleichwohl jener „seltsame[] Widerspruch"[332], den Radnótis Poesie nach Fühmann in sich trägt. Es ist der Widerspruch zwischen einer vollmundig singenden Lebensliebe und -freude und dem beständig wiederkehrenden Motiv der eigenen Vernichtung:

> [Dieser Dichter] wurde nicht müde, sein eigenes Ausgelöschtwerden, das er als nahe bevorstehend und unabwendbar ansah, mit der gnadenlos grausamen Wahrhaftigkeit eines Dichters zu schildern, dem es gegeben ist, in die Zukunft zu blicken und der um dieser Gabe willen verkünden muß, was er dort schaute.[333]

Fühmanns kurze Einschätzung zeigt einen markanten gedanklichen Hintergrund, der nicht zufällig bei Radnóti auftaucht und der ebenso bei Fühmann noch an anderer Stelle eine herausragende Position bekommt. In dem unvollendet aus dem Nachlass veröffentlichten Aufsatz *Meine Bibel. Erfahrungen*[334] findet sich in gleich dreimaliger Wiederholung: „Prophet ist, wer nicht anders kann [...]"[335] Hier spricht Fühmann von den Propheten der Bibel und von seiner Faszination für

> [...] ihr grandioses Geschichtsphilosophem vom Sinngehalt der Niederlage als Möglichkeit einer Wendung zum Andern, als radikales Neubeginnen, und zwar zuerst

---
[329] Titelzitat: Radnóti Miklós: *Hetedik ecloga*. In: Ders.: *Összegyűjtött versei és versfordításai*. [Gesammelte Gedichte und Gedichtübersetzungen.] Budapest 1999², S. 225. Deutsch: *Siebente Ekloge*. In: Radnóti, *Ansichtskarten*, S. 76. „Sag, gibt's dort noch einen Ort, wo man *den* Hexameter verstehn kann?" (Hervorhebung i. Orig.)
[330] *Der Dichter zwischen den Kriegen*. In: Radnóti, Ansichtskarten, S. 93-104 und in: WA 6, S. 17-27.
[331] Vgl.: *Dichter zwischen den Kriegen*. WA 6, S. 24 u. 25.
[332] Ebd., S. 18.
[333] Ebd.
[334] In: Fühmann, Franz: *Das Ohr des Dionysios*. Nachgelassene Erzählungen. Hrsg. v. Ingrid Prignitz. Rostock 1995, S. 106-141.
[335] Vgl.: Ebd., S. 130, 131, 132. – Das Moment einer unbewußten prophetischen Vorausschau enthält auch, was Fühmann im Gespräch mit Sauter zu seinen frühesten Gedichten aus der Kriegszeit sagt: „Es war ein seltsamer Vorgang: Ich war im Unbewußten viel weiter als im Bewußtsein. Nazideutschland stand auf der Höhe seiner Siege, aber in meinen Versen ging dauernd die Welt unter, alles verbrannte, alles verkohlte." (Sauter, *Interview Fühmann*. WB 17 (1971) 1, S. 33.)

I.6.2 „Mondd, van-e ott haza még, ahol értik e hexamétert is?" – Miklós Radnóti

mit der eignen Person, als die Chance, Lehren zu ziehen, als Selbstbesinnung auf ethische Werte, als Bruch mit verderblichen Traditionen, als beispielgebendes Menschentum.[336]

Auch bei Radnótis Prophet in der *Achten Ekloge*[337] scheint dieser Gedanke die Grundlage für dessen Zorn zu bilden. Zurückgekommen sei er aus Zorn, so antwortet er dem Dichter, seinem Dialogpartner, um Zeuge zu sein bei einem neuerlich apokalyptischen Verderben der „heidnischen menschengestalt'gen / Heerschar"[338]. Auch er könne nicht anders, wie der Prophet weiterhin erklärt, als das Wort zu verkünden, d.h. „als Zeuge zu sprechen zu spätren Geschlechtern"[339]. Denn eben vom Herrn entsandt zu sein, heißt nicht anders können. Radnótis Prophet berichtet, glühende Kohle habe ihm seine Lippen versengt. Dies ist Zeichen seiner immer beharrlichen Verkündung „eines geschichtlichen Werdens als Alternative […], ein[es] Entweder-Oder"[340], sodass er „weder Alter noch […] Ruhe"[341] hat. Radnótis Dichter hält sich neben dem mahnend ewigen Wort des Propheten für gering, denn den Dichter wetze die Zeit neben jenem „szörnyü kor[]"[342] (entsetzlichen Alter) des Propheten. Doch letzterer preist die Verwandtschaft von Propheten und Dichtern im Zorn. Der Zorn sei des Dichters Lebenserhalt, – ganz so, wie er dem Propheten Grund zur Rückkehr sei.

Fühmanns Prophet hat mit dem Radnótis Einiges gemeinsam. Darüber hinaus findet sich die gleiche Formulierung vom Nicht-Anders-Können bei Fühmann nochmals an anderer Stelle, diesmal mit einem kleinen, aber für diesen Gesichtspunkt entscheidenden Unterschied: In *Vor Feuerschlünden* bemerkt Fühmann, *Dichter* sei, wer nicht anders könne.[343] Die Übereinstimmung der Formulierungen fällt auf und stellt das Prophetische und das Dichterische auf eine Stufe, was Fühmann offenbar bereits in der Dichtung von Miklós Radnóti gefunden hatte und was sich als einer der Leitgedanken seines Radnóti-Aufsatzes *Der Dichter zwischen den Kriegen* beschreiben lässt.

Gegenüber der Prophetie in der Dichtung nimmt sich der Titel von Radnótis Gedicht *Nem tudhatom... [Ich kann nicht wissen...]*[344] unprophetisch aus. Der Negation im Titel und in den ersten Versen – „Ich kann nicht wissen, was dem anderen dies Stückchen Land / in Flammen hier bedeutet."[345] – wird aber schon im zweiten Vers eine positive Aussage des lyrischen Ichs gegenübergestellt:

---

[336] Fühmann, *Ohr*, S. 136.
[337] Vgl.: Radnóti, *Achte Ekloge*. Ansichtskarten, S. 85-87.
[338] Radnóti, *Achte Ekloge*. Ansichtskarten, S. 86.
[339] Ebd.
[340] Fühmann, *Ohr*, S.136.
[341] Radnóti, *Achte Ekloge*. Ansichtskarten, S. 87.
[342] Ders., *Nyolcadik ecloga*. Összegyűjtött versei, S. 232.
[343] Vgl.: *Vor Feuerschlünden*. WA 7, S. 175.
[344] In: Radnóti, *Összegyűjtött versei*, S. 215f. Nachdichtung von Fühmann in: Radnóti, *Ansichtskarten*, S. 61f. und WA 2, S. 305f.
[345] Radnóti, *Ich kann nicht wissen...* Ansichtskarten, S. 61.

„nekem szülőhazám"[346], was Fühmann mit „Mir ist es Vaterland"[347] überträgt. Dann wird die Darstellung dieser durch den Luftkrieg gefährdeten Heimat entwickelt und Mihály Vörösmarty[348] taucht im zwölften Vers als Bewohner des fraglichen Landes auf, wodurch sich sehr klar auf Ungarn als Schauplatz schließen lässt.

In Radnótis *Nem tudhatom...* wird zweifach der Blick auf ein Land und dessen Landschaft entworfen. Es wird dabei fein unterschieden zwischen einem Ich, das in seine Landschaft, ‚szülőhaza – Geburtsheimat', blickt und sie so gleichsam mit Erinnerung als deren Bedeutung und Existenz auflädt und dem Flieger[349] im Kriegsflugzeug am Himmel. Auch Fühmann betont ja die geographische Heimat eines Dichters als dessen eigentliche lyrische Herkunft, als Quelle seiner poetischen Bilder und so als Heimat seiner Lyrik. Die persönliche Geschichte eines Ichs wird auch bei Radnóti zu einer Frage des Wo und die Welt der Kindheit erscheint als der Mikrokosmos, in dem die Geschichtlichkeit des Einzelnen wurzelt. Den Vorgang der Benennung einer Welt zeigt das Gedicht als deren Aneignung durch ein Ich. Die Nähe des sprechenden Ich zu seinem intimen mikrokosmischen Raum kontrastiert mit dem Blick des Fliegers, der nur den streng kartographierten und in Planquadrate aufgeteilten Großraum erkennt[350], in dem Individualität nicht vorkommt und nicht vorkommen kann. Der Flieger sieht die Landschaft als attributslosen, geschichtslosen Plan. Sein Überblick nimmt keine Rücksicht auf Einzelheiten, fällt ohne Aufmerksamkeit für die Details des Lebens herab und ist darin noch den vertikal fallenden Bomben ähnlich. Es ist die technisch bestimmte Wahrnehmung Eines, der die Wege und Orte dessen nicht kennt, der sich in der Landschaft bewegt und sie als Zuhause anspricht. Die individuelle Geschichtlichkeit im Mikrokosmos einer persönlichen Landschaft wird der teilnahmslosen Unkenntnis der Flugzeugperspektive gegenübergestellt. Deren Entfernung zeigt Radnóti im Bild der Landkarte, auf der Wege, Felder und Orte zu

---

[346] Ders., *Nem tudhatom...* Összegyüjtött versei, S. 215.
[347] Ders., *Ich kann nicht wissen...* Ansichtskarten, S. 61.
[348] Mihály Vörösmarty (1800-1855) gilt neben Sándor Petőfi (1823-1849) oder Ferenc Kölcsey (1790 – 1838) als einer der ungarischen Nationaldichter des 19. Jahrhunderts. Sein *Szózat* (1836; *Mahnruf*) ist bis heute eine Art zweiter, nicht-offizieller Nationalhymne, die zusätzlich zum *Himnusz* (1823) von Kölcsey auch gesungen wird.
[349] Die Figur des Fliegers (wohl Bomberpiloten) taucht ebenso in der *Zweiten Ekloge* auf. (Vgl.: Radnóti, *Zweite Ekloge*. Ansichtskarten, S. 46f.)
[350] Trotzdem der Kontrast zwischen dem Überblick aus der Luft (Bomberpilot) und dem Blick der individuellen Nähe (lyrisches Ich) bei Radnóti viel stärker ausgeprägt ist, fällt dazu die Ähnlichkeit eines Gedankens in Fühmanns *Ruppiner Tagebuch* auf: „Es müßte möglich sein, jeden See individuell zu porträtieren, man müßte nur den geeigneten Blickpunkt haben. Es könnte vom Hubschrauber aus sein, aber dann ist es eben schon ein verfremdeter Blick. Man muß wohl doch im Lande aufgewachsen sein. Mit den Bergen um Rochlitz könnte ich es." (Ders., *Ruppiner Tagebuch*, S. 60.) Der weitere Zusammenhang dieser Stelle mit dem Thema Heimatverlust ist zudem offensichtlich. Es gleichen sich aber jeweils die Momente der Verfremdung durch den Überblick aus der Luft, den Fühmann anspricht und den auch Radnótis *Nem tudhatom...* als Ausdruck der Unkenntnis des Bomberpiloten enthält.

I.6.2 „Mondd, van-e ott haza még, ahol értik e hexamétert is?" – Miklós Radnóti

bloßen Markierungen ohne eigentliche Bedeutung werden. Durch die Geschwindigkeit des fliegenden Piloten vergrößert sich nach Virilio die Distanz zu all dem zusätzlich und die Charakteristik der Landschaft erscheint als überblickbare und in ihrer Unbeweglichkeit beherrschbare Fläche:

> Je weiter das Flugzeug sich vom Erdboden entfernt, um so langsamer zieht die überflogene Landschaft vorbei; die Welt wird statisch. Die mit sehr hoher Geschwindigkeit aufsteigende Maschine erreicht einen Punkt, an dem aus der Entfernung alles stillzustehen scheint.[351]

Auch der Nicht-Ort in der Maschine steht im Gegensatz zu der Individualität, die Radnóti in den unterschiedlichen Szenen auf der Erde zeigt. Sie sind als Erinnerung persönliche Geschichte, aufgehoben in jener beständig wiederholten Selbstversicherung des ‚tudom – ich weiß', das je im Gegensatz zum *Nem tudhatom...* des Titels steht. Die Geschichtslosigkeit und Ortlosigkeit des Bomberpiloten im Flugzeug steht im Kontrast zur dichterischen Aufmerksamkeit noch für den einzelnen Stein: „ím itt e kő, de föntről e kő se látható"[352]. Der Überblick des Fliegers, der sich mit dem Kampfflugzeug in gerader Linie über dem Land hinbewegt, befindet sich im Widerspruch zu dem individuell gewundenen Weg durch die Landschaft, auf dem sich Orte mit Bedeutungen und Erinnerungen versehen und verbinden lassen. Selbst ein Hilfsmittel könnte den Blick des Fliegenden dafür nicht schärfen. Er überfliegt das Land ohne jedes historische oder faktische oder erfahrungsmäßige Wissen und nimmt die Gegebenheiten der Landschaft nur als (militärische) Ziele wahr. Die fundamentale Wahrnehmungsdifferenz zeigt sich im individuell verschlungenen Verlauf der Wege, gegenüber denen durch die Gradlinigkeit einer Landkartenwahrnehmung das bedenkenlose Ausklinken einer tödlichen Bombenfracht möglich wird, die Unschuldige trifft. Es ist der Einklang des sprechenden Ichs mit seiner Landschaft, der im Schlussvers jegliches Pathos verhindert und der vielmehr auf den zentralen Gegensatz weist, der dieses Gedicht durchzieht. Unter den genannten Unschuldigen steht neben Arbeitern und Säuglingen der Dichter, dessen Wort auch in der Unterdrückung als das Andere zum Krieg erscheint. „Friss szóval"[353] – mit frischem (neuem; bei Fühmann hellem) Wort kämen Antworten im Frieden. An dieser Stelle hat Fühmann nachdichterisch einen Gegensatz erzeugt, den das Original allenfalls andeutet: „finstren Kellern"[354] steht bei ihm ‚hell' im vorletzten Vers gegenüber. Auf diese Weise hat Fühmann Radnótis ‚friss' aus dem im Original versinternen Gegensatz herausgenommen und in die genannte Relation gestellt. Allerdings enthalten die beiden

---

[351] Virilio, Paul: *Fahrzeug*. In: Barck, Karlheinz / Gente, Peter / Paris, Heidi / Richter, Stefan (Hrsg.): Aisthesis. Wahrnehmung heute oder Perspektiven einer anderen Ästhetik. Essais. Leipzig 2002[7], S. 49.
[352] Radnóti, *Nem tudhatom...* Összegyűjtött versei, S. 215. „Sieh, dieser Stein hier ist's, doch er oben kann ihn nicht sehn,/ […]." (Radnóti, *Ich kann nicht wissen...* Ansichtskarten, S. 61.)
[353] Radnóti, *Nem tudhatom...* Összegyűjtött versei, S. 216.
[354] Radnóti, *Ich kann nicht wissen...* Ansichtskarten, S. 62.

so in Beziehung gesetzten Verse jeweils interne Kontraste: Im viertletzten Vers stehen sich bei Radnóti ‚világít – leuchtet' und ‚sötét pincékbe – in dunkle Keller' gegenüber. Der vorletzte Vers enthält zwei Formen des Wortes ‚szó – Wort', und zwar ‚szavunkra – auf unser/e Wort/e' und ‚szóval – mit einem Wort'. Mit der Verwendung der Attribute ‚fojtott szavunkra' und ‚friss szóval' wird in diesem Vers erneut der Hauptkontrast in *Nem tudhatom...* erzeugt, der zwischen den Polen Krieg und Frieden besteht. Fühmann entscheidet sich in seiner Nachdichtung für eine Lösung, die diesen Kontrast zugunsten einer eigentlich unnötigen Verflachung der Aussage tilgt: Der erwähnte Vers „s fojtott szavunkra majdan friss szóval ők felelnek"[355] gerät in der Nachdichtung zu „und hell die neue Jugend spricht zum grabentstiegenen Volke."[356] Abgesehen von einer fühlbaren Rückkehr in die Sprache der Märchenpoetik hat dieser Vers mit dem Original nahezu nichts mehr gemein. Das erwähnte Adverb ‚hell' erinnert nur noch an das Original. Einzig einen Reim konnte Fühmann zwischen ‚Volke' und ‚Wolke' erzeugen, doch scheint dieser teuer erkauft, insbesondere mit Blick darauf, dass das Original zwischen ‚felelnek' und ‚felleg' keinen Endreim aufweist. Die pauschale Kritik von László Lator erscheint daher zumindest für die Übersetzung dieses Verses durchaus berechtigt: „Das eine oder andere Detail der Übersetzung rutscht in den Bereich der lyrischen Allgemeinplätze."[357] Allerdings zieht Lator insgesamt genauso berechtigt ein positives Fazit[358]:

> Er übersetzte exakt, was im Original steht. Er bewahrt die ungewöhnlichen Wortverbindungen, attributiven Strukturen, kühnen Wendungen [...], nicht selten gar die Wortfolge. Deshalb scheinen seine Übersetzungen lückenlos den Inhalt des Originals, dessen dichterisches Material und seine sprachlich-stilistische Form wiederzugeben.[359]

---

[355] Ders., *Nem tudhatom...* Összegyűjtött versei, S. 216.
[356] Ders., *Ich kann nicht wissen...* Ansichtskarten, S. 62.
[357] „Egy-egy részlet fordítása a lírai közhelyek felé csúszik el." (Lator, *Radnóti németül*, S. 1087. Übers. S.K.)
[358] Der vermeintliche Widerspruch zwischen Kritik und postulierter vollständiger Wiedergabe des Inhalts besteht für den betrachteten Vers, nicht aber für die Gesamtheit der Radnóti-Nachdichtungen Fühmanns und weist eine Einschränkung aus. (Vgl.: Ebd., S. 1087f.)
[359] „Pontosan azt fordítja, ami az eredetiben van. Megőrzi a szokatlan szókapcsolatokat, jelzős szerkezeteket, merész fordulatokat, [...] nem ritkán még a szórendet is, ezért érezzük úgy, hogy fordításai hiánytalanul visszaadják az eredeti tartalmát, költői anyagát, nyelvi stiláris formáit [...]." (Ebd., S. 1085. (Übers. S.K.)) Vgl. auch: „Fühmann [...] tökéletesen megértette Radnótit. S ami nagy szó: nem csak a szöveget [...], hanem Radnóti költészetének legmélyebb természetét, lényegét, stiláris és ritmikai sajátságait." (Ebd., S. 1088.) („Fühmann hat Radnóti vollkommen verstanden. Und als Lob: nicht nur die Texte hat er verstanden [...], sondern die tiefste Natur, ihr Eigentliches, ihre stilistischen und rhythmischen Eigenheiten." Übers. S.K.)
Vgl. auch Elke Erbs Bemerkungen zu Fühmanns Radnóti-Nachdichtungen: „Was ging uns Fühmanns Alter an, als von ihm übersetzt Radnoti [sic!] erschien. Er war Radnotis Medium. Wir waren Radnotis Medium. Radnoti war unser und sein Medium." (Erb, Elke: *Werde ich nach meinem Verhältnis zu Franz Fühmann gefragt*. In: Laabs, Jochen / Wolter, Manfred (Hrsg.): Lebensmitte. Geschichten von 31 Autoren. Halle/S. 1987, S. 107-116, hier S. 110.)

I.6.2 „Mondd, van-e ott haza még, ahol értik e hexamétert is?" – Miklós Radnóti

In Markus Bielers zeitlich nach der Fühmann'schen erstellter Nachdichtung von *Nem tudhatom...* fällt auf, dass der fragliche Vers dem Original zwar inhaltlich merklich näher kommt, doch dass auch Bieler den wichtigen Binnenkontrast aufgelöst hat: „dem Wort, dem dumpf erstickten in uns, Antwort erwecken."[360]

Besonders beschäftigt und beeindruckt Fühmann im Zuge seiner Arbeit nach eigener Aussage der zentrale Widerspruch bei Radnóti, denn

> [...] sein Problem –, dass man wissen muss, wie man in einer unmenschlichen Gesellschaft ein ehrlicher und charakterfester Mensch bleiben kann –, war auch unser Problem, meines und das meiner Generationsgenossen. Diese hohe Moralität bewundere und schätze ich an Radnóti. Sie ließ ihn in den dunkelsten Jahren der Erniedrigung und Unterdrückung über seine Gegner hinauswachsen.[361]

„Die Dennoch-Haltung"[362], nennt Fühmann dies in *22 Tage*. Sie lässt sich in Radnótis Gedichten als wiederholter Ausdruck von Trotz verstehen. Es ist die Überwindung der Demütigung und Erniedrigung in Krieg, Zwangsarbeit und Gefangenschaft, die sich immer neu bei Radnóti ausspricht. Fühmann betont Radnótis Hoffen auf die frischen Worte der Friedenszeit, das sich noch aus den dunkelsten und manchmal gar apokalyptischen Bildern der Verse entwickelt. Vor diesem Hintergrund steht eine der Kernfragen in Radnótis Dichtung, die auch Franz Fühmann beschäftigt, – die Frage nach der wirkenden Kraft des Dichterischen und des Wortes im Angesicht der Unterdrückung in einer inhumanen Gesellschaftsordnung (wie dem Faschismus) und vor allem im Angesicht der „brüllende[n] Fluten"[363] des Krieges.

> Mit ér a szó két háború között,
> s mit érek én, a ritka és nehéz
> szavak tudósa, hogyha ostobán

---

[360] Radnóti, Miklós: *Ich weiß nicht*. In: Ders.: Gewaltmarsch. Ausgewählte Gedichte. Nachdichtungen v. Markus Bieler. Budapest 1979, S. 91. Tibor Melczer beschäftigt sich in einer Kritik mit dem Band: *Új német nyelvű Radnóti-verseskönyv*. [Neuer deutschsprachiger Radnóti-Gedichtband.] In: Nagyvilág 25 (1980) 12, S. 1888-1890.
Angemerkt sei hier nur noch ein offensichtlicher Übertragungsfehler: *hazánkra* (drittletzter Vers) übersetzt Bieler mit *uns aufs Haus*, was auf eine Verwechslung der Wörter *ház – Haus* und *haza – Heimat, Vaterland* zurückgeht. Abgesehen von der im Deutschen etwas unglücklichen Formulierung des Verses wäre hier aufgrund gleicher Silbenzahl z.B. *Land* möglich gewesen. In Anbetracht der Bedeutung von *Heimat* für das gesamte Gedicht erscheint dies als wirklich unschöne und unnötige Verwechslung.
[361] „Az ő gondja – hogy tudniillik miként maradhat az ember tiszta és gerinces egy szörnyeteg társadalomban –, volt a mi gondunk is, az enyém és nemzedéktársaimé. Azt a magasrendű erkölcsiséget csodálom és szeretem Radnótiban amellyel ellenségei fölé nőtt a megalázás és szorongattatás legsötétebb éveiben." (Fühmann in: *„Sokat köszönhetünk..."*. ÉS 12 (1968) 22, S. 4.)
[362] *22 Tage*. WA 3, S. 378.
[363] Radnóti, *Brief an die Gattin*. Ansichtskarten, S. 78.

> bombát szorongat minden kerge kéz!³⁶⁴
>
> Was ist das Wort zwischen zwei Kriegen wert
> und was ich Kenner von seltenen, schweren
> Worten, wenn töricht jede tolle Hand
> sich strecken kann nach Bomben und
> Gewehren!³⁶⁵

Was sich hier zunächst nach Ohnmacht anhört, wendet sich jedoch am Schluss des Gedichtes in einen kraftvollen Selbstzuspruch des Ichs. Auf das reine Wort, „rein von Lüge und Furcht"³⁶⁶, wie Fühmann schreibt, gründe Radnóti so „seine poetische wie moralische Existenz"³⁶⁷, mit deren Ausruf *Őrizz és védj* endet. Der Gegensatz zwischen ‚tiszta – sauber, rein' und dem rußenden braunen Rauch trägt dort auch den zwischen dem Schaffenden der Dichtung und der Zerstörung des Krieges in sich. Das dichterische Wort erscheint bei Radnóti immer wieder als das Andere zu Krieg und Zerstörung, das aus der Alltäglichkeit seiner Mikrokosmen und aus deren Gegensatz zu Krieg und Tod, zum alliterierenden „Fölöttünk fú a förtelmes halál."³⁶⁸, zum „viehischen Heulen des Todes"³⁶⁹, wächst.

Auch die *Zweite Ekloge* gibt diesen Kontrast im Gespräch zwischen Flieger und Dichter wieder. Mit Inbrunst berichtet der Pilot von der Schlacht und erscheint gegenüber dem Flieger in *Nem tudhatom...* gar selbst als Kriegswerkzeug, als „[mechanisierter] Bombenwerfer"³⁷⁰, der Fühmann bereits an dessen Steigerung in „der Automatisierung des Genocids, [den] Schreibtischtäter am Steuerpult"³⁷¹, denken lässt.

Radnótis Figur des Bombenfliegers in *Nem tudhatom...* und in der *Második ecloga* bildet noch den Hintergrund für weitere Überlegungen zum Charakter des Krieges und zu dessen Entwicklung. Fühmann spricht dabei konkret den US-amerikanischen Krieg gegen Vietnam an:

> Aber diese Piloten und Bombenwerfer sahen wenigstens noch das Land als Meßtischblatt, während die Bombardierer Vietnams nur mehr das Meßtischblatt als Land sehen. Diese Umkehrung ist eine Mutation
>
> Wie bei der Habichtsstrafe: Trennung von Täter und Tat, von Verbrecher und Verbrechen

---

³⁶⁴ Ders., *Őrizz és védj*. Összegyűjtött versei, S. 152.
³⁶⁵ Ders., *Behüte und beschütze mich*. Ansichtskarten, S. 33.
³⁶⁶ *Dichter zwischen den Kriegen*. WA 6, S. 24.
³⁶⁷ Ebd.
³⁶⁸ Radnóti, *Razglednica (3)*. Összegyűjtött versei, S. 234. Deutsch: „und über uns der Tod heult wie ein Vieh." (Radnóti, *Ansichtskarten 3*. Ansichtskarten, S. 91.)
³⁶⁹ *Dichter zwischen den Kriegen*. WA 6, S. 26.
³⁷⁰ *22 Tage*. WA 3, S. 325.
³⁷¹ Ebd.

I.6.2 „Mondd, van-e ott haza még, ahol értik e hexamétert is?" – Miklós Radnóti

Bei Radnóti ist diese Trennung noch nicht vollzogen, darum ist sein Bombenflieger so etwas wie ein Fliegender Holländer des Luftmeers, ein technisierter Ahasver. Sein Bombenflieger schläft noch schlecht; die Mörder heute schlafen ruhig[372]

In der Tat bekennt der Flieger in der *Zweiten Ekloge*: „S a gépet is, tudom jól, túlzottan megszerettem, / igaz, de egy ütemre fájunk fönn mind a ketten [...]"[373]. In Führmanns Nachdichtung ist sein in *22 Tage* geäußerter Gedanke der Mechanisierung[374] merkbar eingeflossen. Indem er ‚megszerettem – ich habe lieb gewonnen / gewann lieb' mit ‚wuchs mir [...] ins Herz' überträgt, ergibt sich eine körperliche Einheit zwischen dem Flieger und seiner Maschine, die in der folgenden Zeile ihren Schmerz im gleichen Takt teilen. „Ein Stück Maschine nur"[375] sei er, wirft der Dichter dem Flieger vor, und könne nichts. Der Flieger aber bangt, nicht gewesen zu sein, weshalb er den Dichter bittet über ihn zu schreiben. Dessen Antwort: „Wenn ich noch leb – und jemand, es zu lesen, bleibt."[376] Für den ortlosen Flieger habe „die Welt keinen einz'gen Platz"[377] und er treibe nun „zwischen Himmel und Erde heimatlos"[378], am Nicht-Ort des Flugzeugs dahin. Der Dichter unten auf der Erde und in seiner Landschaft befindet sich wie auch in *Nem tudhatom...* in beständigem Widerspruch zu ihm. Im *Kriegstagebuch, Montagabend* taucht Radnótis dichterische Bindung an seine Landschaft explizit auf, wenn auch nur als Traum:

> In deinen Träumen taucht manchmal die Landschaft auf,
> die deinen Vers gebar, wo durch die Sommerluft
> huschte die Freiheit, und wenn du erwachst, spürst du
> zaubrisch noch ihren Duft.[379]

Was bleibt, ist eine Erinnerung, der Traum und Duft entwachsen. Immer wieder sind es bei Radnóti Landschaft und Natur, die Quellen von Inspiration, Metaphern und nicht zuletzt Trost darstellen. Es sind Bilder apokalyptischer Zerstörung wie in der *Zweiten* und *Achten Ekloge* und zarte Gefühlslandschaften des Innen und es sind insbesondere jene ungarischen Landschaften der ‚haza', der Heimat, die Radnótis lyrische Orte bilden.[380] Bereits in *Nem tudhatom...* ist

---

[372] Ebd., S. 326.
[373] Radnóti, *Második ecloga*. Összegyűjtött versei, S. 188. („auch die Maschine, es ist wahr, sie wuchs mir schon zu sehr ins Herz, / ich weiß es wohl, denn sie wie mich quält gleicherweis im Takt der Schmerz, [...]." Ders., *Zweite Ekloge*. Ansichtskarten, S. 47.)
[374] Vgl.: *22 Tage*. WA 3, S. 325.
[375] Radnóti, *Zweite Ekloge*. Ansichtskarten, S. 46.
[376] Ebd., S. 47.
[377] Ebd.
[378] Ebd.
[379] Ders., *Kriegstagebuch, Montagabend*. Ebd., S. 28. („Még álmaidban néha fölötlik a táj, / verseid hona, hol szabadság illan át / a réteken és reggel, ha ébredsz, hozod / magaddal illatát." Ders., *Háborús napló: 1. Hétfő este*. Összegyűjtött versei, S. 117.)
[380] Vgl. dazu auch die Überlegungen von: Szabolcsi Miklós: *Radnóti halálos tájai*. [Radnótis Todeslandschaften.] In: Alföld 36 (1985) 4, S. 53-59 und Tolnai, Gábor: *Die letzte Station. Leidensweg des Dichters Radnóti*. In: Acta Litteraria Academiae Scientiarum Hungaricae

Ungarn die Landschaft der Geburt, deren Erde auch den Toten bedecken soll, als Ort alles Bekannten und Vertrauten. In dieser Hinsicht ist die Landschaft auch in einem zweiten Sinne beredt, weist doch gerade *Nem tudhatom...* einen deutlichen intertextuellen Bezug zu Petőfis kanonisch zu nennendem Gedicht *Az Alföld* auf. Als Beispiel genüge hier Petőfis letzte Strophe:

> Szép vagy, alföld, legalább nekem szép!
> Itt ringatták bölcsőm, itt születtem.
> Itt boruljon rám a szemfödél, itt
> Domborodjék a sír is fölöttem.[381]

Bei Radnóti in *Nem tudhatom...* heißt es:

> Nem tudhatom, hogy másnak e tájék mit jelent,
> nekem szülőhazám itt e lángoktól ölelt
> kis ország, messzeringó gyerekkorom világa.
> Belőle nőttem én, mint fatörzsből gyenge ága
> s remélem, testem is majd e földbe süpped el.[382]

> Ich kann nicht wissen, was dem andern dies Stückchen Land
> in Flammen hier bedeutet. Mir ist es Vaterland,
> für mich ist es die Welt, drin die Kindheit weit sich wiegte,
> ich wuchs aus ihm, ein Reis, das an den Stamm sich schmiegte,
> und hoffe, daß mein Leib dereinst in dieses Erdreich sinkt.[383]

Anzumerken bleibt, dass gerade das Thema Landschaft bei Radnóti in Verbindung mit dem Bezug zu Petőfi verstärkt hervortritt. Bereits in Radnótis indirekt gestellter Eingangsfrage ‚Nem tudhatom, hogy másnak e tájék mit jelent'[384] mag er aufscheinen, da sie bereits an Petőfis erste Strophe erinnert, in der der Gegensatz zwischen den bewaldeten Bergeshöhen von Erdély (Transsilvanien) und dem Alföld (Tiefebene) aufgebaut wird. Die unterschiedliche Bedeutung der beiden Landschaften spielt bei Petőfi eine zentrale Rolle. Bei Radnóti gibt es diesen Gegensatz zwar so nicht, doch das lyrische Ich

---

Tomus 16 (1974) 1-2, S. 55-118 und Pomogats Béla: *Az otthonkereső.* [Der Heimatsucher.] In: Jelenkor 13 (1970) 4, S. 384-391.

[381] Petőfi Sándor: *Az Alföld.* [Die Tiefebene.] V. 45-48. In: Ders.: Összes művei. Kritikai kiadás. 2. kt., Összes költeményei (1844. január-augusztus) Sajtó alá rendezte Kiss József, Ratzky Rita, Szabó G. Zoltán. [Sämtliche Werke. Kritische Ausgabe. 2. Bd., Sämtliche Dichtungen (Januar-August 1844). Hrsg. v. József Kiss, Rita Ratzky, Zoltán G. Szabó]. Budapest 1983, S. 56-58, hier S. 58. „Schön bist du, Tiefebene, wenigstens für mich bist du schön! / Hier schaukelte man meine Wiege, hier bin ich geboren. / Hier falle auf mich das Leichentuch, hier / schütte man über mir auch den Grabhügel auf." (Übers. S.K.) Zum τόπος Alföld vgl. auch Józsefs *Magyar Alföld* (Összes versei II, S. 62) und Fühmanns Nachdichtung *Ungarisches Tiefland.* (József, *Gedichte,* S. 28.)

[382] Radnóti, *Nem tudhatom...* Összegyűjtött versei, S. 215.

[383] Ders., *Ich kann nicht wissen.* Ansichtskarten, S. 61.

[384] ‚Ich kann nicht wissen, was dem andern dies Stückchen Land / [...] hier bedeutet.' (Ebd.)

I.6.2 „Mondd, van-e ott haza még, ahol értik e hexamétert is?" – Miklós Radnóti

spricht eine ähnliche emotionale Bindung aus, die detailliert anhand der jeweiligen landschaftlichen Charakteristika gezeigt wird.[385]

Dagegen kann das „todumhauchte"[386] Serbien, Schauplatz in *Brief an die Gattin* und von Radnótis Gefangenschaft im Arbeitslager, nur in stummem Schweigen erscheinen. Dieses Land hat nicht nur keine der Konnotationen, die Ungarn besitzt, sondern es ist in der Entfernung von der Geliebten obendrein Ort des Leidens und der Unterdrückung. Das ungarische ‚háborúba ájult – vom Krieg ohnmächtig' im vierten Vers überträgt Fühmann mit einem auffälligen, zusammengesetzten Partizip und gibt eine Deutung dieser gleich vierfach ausgesprochenen Stille, die somit in der Nachdichtung auch einer Todesstille gleicht:

> A mélyben néma, hallgató világok,
> üvölt a csönd fülemben s felkiáltok,
> de nem felelhet senki rá a távol,
> a háborúba ájult Szerbiából
> s te messze vagy.[387]

> Schweigende stumme Welten in der Tiefe.
> Die Stille heult. Ich schreie. Doch wer riefe
> mir Antwort zu in diesem todumhauchten
> serbischen Land, des Täler blutig rauchten;
> und du bist fern.[388]

Dem Sprechenden, gar Schreienden, antwortet niemand. Die Landschaft schweigt und in der Nicht-Heimat bleibt dem Gefangenen die Stimme der Geliebten, die Tönen der Natur anverwandelt wird, nur noch im Traum. Die aber Landschaft verdeckt das Bild der Gattin Die Erinnerung an sie ist das Einzige, was dem Gefangenen bleibt:

> s kihez vakon, némán is eltalálnék,
> most bujdokolsz a tájban és szememre
> belülről lebbensz, így vetít az elme.[389]

---

[385] Zu diesen Gesichtszügen der ‚haza' gehört bei Radnóti u.a., dass sie auch Vörösmartys Heimat ist. Ob Radnóti hier vielleicht auf Antal Szerb anspielt, ist nicht zu entscheiden. Szerb zeigt Petőfi in seiner *Ungarischen Literaturgeschichte [Magyar Irodalom Története]* als den Dichter, der die Tiefebene für die Dichtung entdeckt habe. Vörösmarty sei zu ihm der eigentliche Antipode, denn er kenne gerade einmal den Staub am Rand des Weges in der Tiefebene. (Übers. S.K.) („Egy egész költőileg megváltatlan országrészt avatott költőivé, az Alfödet, melyen Vörösmarty az út sarán kívül egyebet még nem látott – nemcsak a magyar alföldet, hanem egy egész tájjelleget is, a síkságot, amelytől irtózott még a romantika." Szerb Antal: *Magyar Irodalom Története*. Budapest 2003[13], S. 337f.) Eine derartige Anspielung unterstützte die Bedeutung des Landschaftlichen in Radnótis Gedicht und brächte das Band des Textes mit der gesamten ‚szülőhaza' (Geburtsheimat) in der impliziten Intertextualität zu Petőfi und der expliziten zu Vörösmarty gleichermaßen zum Ausdruck.
[386] Radnóti, *Brief an die Gattin*. Ansichtskarten, S. 78.
[387] Ders., *Levél a hitveshez*. Összegyűjtött versei, S. 226.
[388] Ders., *Brief an die Gattin*. Ansichtskarten, S.78.

> Ach, selbst mit blinden
> Augen würd ich unfehlbar zu dir finden;
> die Landschaft birgt dich, doch von innen schwebst du
> mir vor das Aug' und unzerstörbar lebst du:[390]

An Fühmanns Nachdichtung fällt auf, dass er die Reime und das Enjambement erhält, jedoch das hier nach der ersten Strophe neuerlich auftauchende ‚néma – stumm' auslässt, das bei Radnóti in Verbindung mit ‚vak – blind' steht. Gerade der Verlust von Sehen und Sprechen scheint aber bei Radnóti eine wichtige Rolle zu spielen. Denn in der ersten Strophe von *Levél a hitveshez* dominieren Verben der akustischen, in der zweiten eher solche der optischen Wahrnehmung. Es ist die Erfahrung des sinnlichen und menschlichen Fragment-Werdens, der Zerstörung, die ‚vak – blind' und ‚néma – stumm' hier mit bedeuten. Der vom Krieg verstümmelte Mensch ist so auch in dem Flieger zu finden, der nicht mehr Mensch, nur noch Maschinenteil ist. Er lässt sich zudem im Verschwinden, Abstumpfen und Absterben der Sinne erkennen. Radnótis großer Widerspruch zwischen Krieg und Dichtung, zwischen Kampf und Schreiben spiegelt sich weiterhin in den von den Einberufenen zurückgelassenen Gedichtfragmenten in *A la recherche...*[391]. In der Proust-Allusion freilich steckt die Frage nach dem Wohin der Freunde und dem Wo der gemeinsamen Weinabende, worauf die Antwort – ohne zunächst ausgesprochen zu sein – mit den ‚behívók – Einberufungsschreiben' gegeben wird, die das Verstummen auslösen:

> S volt ahová ... mindegy. Hova tüntek a bölcs borozások?
> szálltak a gyors behívók, szaporodtak a zvestöredékek,
> és szaporodtak a ráncok a szépmosolyú fiatal nők
> ajka körül s szeme alján; elnehezedtek a tündér-
> léptü leányok a háború hallgatag évei közben.[392]

> Orte gab's, dahin ... gleichviel. Wohin sind die Gelage entschwunden?
> Ach, mit den Einberufungen mehrten sich rasch die Fragmente
> von Gedichten genauso wie Falten um Lippen und Augen
> junger schönlächelnder Frau'n, und die Feenfüße der Mädchen
> stampfen nun schweren Gangs durch die wortkargen Jahre des Krieges. [393]

Was bleibt, sind die Sorgenfalten und die Gedichtfragmente als plötzliche Zeichen des Krieges in der Ruhe des Alltäglichen sowie das stumme Schweigen aus *Brief an die Gattin*. Dies taucht hier wiederum in der Formulierung ‚wort-

---

[389] Ders., *Levél a hitveshez*. Összegyűjtött versei, S. 227.
[390] Ders., *Brief an die Gattin*. Ansichtskarten, S. 78.
[391] Der Titel des Gedichtes ist auch im Original französisch und spielt auf Marcel Prousts großen Roman *À la recherche du temps perdu* an (gemeint ist: Proust, Marcel: *À la recherche du temps perdu* [4 tomes]. Édition publiée sous la direction de Jean-Yves Tadié. Paris 1989.)
[392] Radnóti, *A la recherche...* Összegyűjtött versei, S. 229.
[393] Ders., *A la recherche...* Ansichtskarten, S. 81 u. 83.

I.6.2 „Mondd, van-e ott haza még, ahol értik e hexamétert is?" – Miklós Radnóti

karge Jahre' auf, womit Fühmann ‚hallgatag évei' treffend übertragen hat. Im *Kriegstagebuch, Müder Nachmittag* wird zuvor schon eine Frage gestellt, in der sich das Verstummen als Schweigen des Todes ankündigt:

> Miről beszélhetek? tél jön, s háború jön;
> törten heverek majd, senkise lát;
> f̲érges f̲öld f̲ek̲s̲zik s̲zájamban és s̲zememben
> s testem gyökerek verik át.[394]
>
> Wovon noch sprech ich? Winter kommt und Krieg kommt,
> gefäl̲l̲t bal̲d l̲ieg ich, niemand wird mich sehn,
> wurmige Erde wird mir Mund und Augen füllen
> und Wurzeln werden durch mich gehn.[395]

Durch die gleichmäßige Verteilung von je drei gleichen Lauten auf die Wörter des Verses (Ausnahme nur ‚és') wird das Verb ‚fekszik', das beide Laute enthält, zum hörbaren Zentrum des Verses. Diese kunstvolle Mikrostruktur im Deutschen zu reproduzieren, erscheint als Höchstschwierigkeit. Fühmanns Variante der Strophe enthält in allen Versen, ausgenommen dem zweiten, Wörter mit dem stimmhaften Frikativ [v], was Radnótis Verwendung des stimmlosen Frikativs [f] zu reflektieren scheint. Der erste Teil des zweiten Verses, der das für Radnótis dritten Vers zentrale Verb ‚liegen' in der deutschen Fassung enthält, ist zudem dominiert durch eine Häufung des Konsonanten ‚l'. Die andere Hälfte des Verses kommt gänzlich ohne diesen Laut aus (es fällt dort allenfalls die Frequenz der Nasalkonsonanten ins Auge). Mit Blick auf das durch die Schrift erzeugte Bild hat Fühmann hier realisiert, was Radnótis dritte Strophe aufweist: Dem Zeichen ‚f' entspräche bei Fühmann etwa das ‚l', das dergestalt annähernd die Schrift des ungarischen Verses nachahmt, und zwar noch im bei Radnóti und Fühmann gleichen Wechsel zu den Zeichen ‚m' und ‚n' in der zweiten Vershälfte. Erhalten geblieben ist dabei in Fühmanns zweiter Zeile auch der semantische Wechsel vom Stehen zum Liegen mit dem Verb ‚fekszik' bzw. ‚lieg'.

Die Eingangsfrage dieser Strophe aus dem dritten Abschnitt des *Kriegstagebuchs* gleicht der in *Behüte und beschütze mich*, aus der Fühmann den Titel seines Radnóti-Aufsatzes entnimmt. Was das dichterische, geschriebene Wort zwischen den Kriegen wert sei, wird dort gefragt – und auch, was es wirken könne. Dies betrifft die Möglichkeiten von Literatur und weist auf ihr Existentielles und das des Literaten. Es ist die Frage nach dem Innersten des schriftstellerischen ποιέω, dem literarischen Schaffen.

Fühmann teilt mit Radnóti diese Kernfrage nach dem dichterischen Tun und nach dessen Sinn und Zweck, sie beschäftigt Fühmann im Bergwerk unter den dortigen Bedingungen, wie sie ihn in *Vor Feuerschlünden* beschäftigt. Irmgard Wagners Fazit ist – wohingegen die Nachdichtung bei ihr nur in Anmerkungen

---

[394] Radnóti, *Háborús napló: 3. Fáradt délután*. Összegyűjtött versei, S. 118.
[395] Ders., *Kriegstagebuch, Müder Nachmittag*. Ansichtskarten, S. 30.

betrachtet wird – in dieser Hinsicht auch auf Fühmanns Arbeit an Radnóti zu beziehen:

> Künstlertum ist nicht mehr beispielhafte Existenz als Leiden, Passion; am Vorbild der alttestamentarischen Propheten definiert sich Künstlertum als beispiel*gebendes* Menschentum im tätigen Wahren und kompromißlosen Künden der Wahrheit.[396]

Bei Fühmann spricht sich ein solches ‚Künden der Wahrheit' auch in dem Satz aus: „Künstler ist, wer nicht anders kann – und dem dann nicht zu helfen ist."[397], der wiederum an den Propheten erinnert. Bei Radnóti findet sich das Nicht-anders-Können des Dichters als Alltäglichkeit neben dem Dasein von Katze, Hund und Fischlein wieder, denn der Dichter schreibe eben. Vor dem Lärm des Krieges steht das dichterische Wort noch mehr als das dazu fortwährend Andere, das nicht nur jene Erfahrung der Unmittelbarkeit des ‚tua res agitur' heraufholt. Es kommt gerade in dieser subjektiven Erfahrung mit Dichtung, Individualität als solche und Individualität gegenüber dem existentiell Bedrohlichen und gegenüber dem Stumm-Werden zur Sprache. In Miklós Radnótis Tagebuch findet sich ein Eintrag, in dem das Nicht-schreiben-Können metonymisch für den Krieg gesetzt wird, analog z.B. zu *A la recherche...*:

> 5. November (1939), Sonntag
> Habe mich die ganze Nacht schlaflos gewälzt. Seit zwei Tagen gelingt überhaupt nichts, ekle mich zutiefst vor mir, der Welt, vor allem! Seit zwei Tagen gelingt nichts? Seit zwei Wochen, seit zwei Monaten! Nur daß ich es seit zwei Tagen stark spüre! Ich habe fünf Apollinaire-Gedichte angefangen, keine erste Zeile gelingt, dabei müßte ich es machen; dichten kann ich nicht, ich finde keine Ruhe, flüchte vor mir, bin müde und unternehme nichts. Es ist Krieg![398]

Ein Moment des Antithetischen steht bei Radnóti im Zentrum, und zwar mit der antonymischen Beziehung zwischen der Dichtung und „dieser verrückten Welt"[399], über die Radnótis Hirte der *Ersten Ekloge* sagt: „Schnell eilt die Kunde von Kriegen einher, doch wer Dichter ist, schwindet / einfach so weg"[400]. Bei Fühmann lässt sich ein Gleiches – oder doch wenigstens Ähnliches – in dem Ausdruck des ‚Anderen der Dichtung' konstatieren. Die bestehende und stete

---

[396] Wagner, *Nachdenken über Literatur*, S. 167. (Hervorhebung i. Orig.)
[397] *Vor Feuerschlünden.* WA 7, S. 175.
[398] Radnóti, Miklós: *Offenen Haars fliegt der Frühling*. Tagebücher, Gedichte, Fotos, Dokumente. A. d. Ungarischen v. Hans Skirecki (Tagebücher) u. Franz Fühmann (Gedichte). Berlin 1993, S. 27. Radnóti dichtete Lyrik von Guillaume Apollinaire im Ungarischen nach. („november 5. vasárnap. Egész éjjel álmatlanul dobálom magam. Két napja semmi sem sikerül, mélységes undorom van magamtól, a világtól mindentől! Két napja nem sikerül semmi? Két hete, két hónapja! Csak két napja nagyon érzem! Öt Apollinaire-verset kezdtem, az első sor se sikerül, pedig csinálnom kellene; verset nem tudok írni, nem bírok nyugton maradni, menekülök magamtól, fáradt vagyok és nem vállalok semmit. Háború van!" Radnóti Miklós: *Ikrek hava. Napló*. Budapest 2003, S. 93f.)
[399] Ders., *Erste Ekloge*. Ansichtskarten, S. 38.
[400] Ebd.

I.6.2 „Mondd, van-e ott haza még, ahol értik e hexamétert is?" – Miklós Radnóti

Erfahrung von Literatur als dem Anderen zu Auschwitz beschreibt Fühmann in *Vor Feuerschlünden* in einem Antagonismus, der dem Radnótis vergleichbar ist:

> [...] und es war mir Ernst mit der Dichtung, in der ich jenes Andere ahnte, das den Menschen auch nach Auschwitz nicht aufgab, weil es immer das Andere zu Auschwitz ist.[401]

Die Verwunderung des Hirten über die Unbeteiligtheit der Welt am Tode García Lorcas ist unter dieser Voraussetzung Signum jenes Anderen, von dem bei Fühmann die Rede ist. Denn indem Radnótis Hirte die unerhörte Aufdringlichkeit des Krieges innerhalb der Realität benennt, neben der Dichter und Dichtung stumm verschwinden, gibt er Zeugnis von jenem hoffnungsvollen ‚Dennoch' in der Dichtung, das ihm geblieben ist und das eben das Andere zu Auschwitz ausmacht.[402]

Radnótis Dichtung ruft noch als dieses Andere den Ort der *Wurzel* auf. Die Dichtung entsteht nun mehr dort unten zwischen Gewürm, – „ott készül e költemény"[403], wie es im dritten Vers der sechsten Strophe heißt –, nachdem die Pflanze über der Erde vernichtet wurde. Der Ort von Dichtung ist hier ins Unterirdische versetzt worden. Die Stimme des Dichters erklingt nun von dort im „getreu in Ton und Maß ungarischer Volksballaden gehaltenen Trauergesang »Wurzel«"[404], als Stimme der Wurzel selbst, als ihre ‚erő – Kraft'. Die kreuzmarkierte Eiche aus der *Ersten Ekloge*[405] liegt hier gefällt, wie es im *Kriegstagebuch* geheißen hatte. Doch eben indem sich von diesem Unten her das Tau der Wurzel als Stimme erhebt, mischt sie sich ins weinende Geräusch der Säge. Im Original bedeutet Fühmanns ‚Tau' ‚kötél', worin das Verb ‚köt – binden, knüpfen' als Ableitungsbasis enthalten ist. Durch die Originalreime von ‚kötél' (II,3) und ‚él – leben' (I,2) bzw. ‚hófehér' (I,3) und ‚gyökér' (II,2) werden beide Strophen zusätzlich zum Wortsinn miteinander verknüpft. So zeigt sich ein enger Zusammenhang zwischen ober- und unterirdisch, den der erste Vers der zweiten Strophe inhaltlich und lautlich in der Hoch-tief-Opposition der Vokale von ‚fölé' und ‚alól' fasst. Fühmann hat dies in der einfachen und wirkungsvollen Symmetrie seiner Zeile „Unter dem Grund, über dem Grund"[406] erhalten, wenn er auch die erwähnte Reimverbindung zugunsten zweier Paarreime aufgelöst hat. Aus Fühmanns Text noch spricht die Stimme des Unten und erhebt sich leise auch gegenüber dem Flieger an seinem unbestimmbaren Ort im Bomber.

---

[401] *Vor Feuerschlünden*. WA 7, S. 180.
[402] Fühmanns bekannte Sätze greifen – ungenannt – Adornos Verdikt (vgl.: *Kulturkritik und Gesellschaft*. GS 10/I, S. 30) auf, insbesondere wohl ablesbar am betonten Nebensatz: „das den Menschen auch nach Auschwitz nicht aufgab [...]." (*Vor Feuerschlünden*. WA 7, S. 180.)
[403] Radnóti, *Gyökér*. Összegyűjtött versei, S. 228. (Nachdichtung Fühmanns: „dort dies Gedicht schreibe ich." Radnóti, *Wurzel*: Ansichtskarten, S. 84.)
[404] *Dichter zwischen den Kriegen*. WA 6, S. 26.
[405] Vgl.: Radnóti, *Erste Ekloge*: Ansichtskarten, S. 38.
[406] Ebd., S. 84.

Fühmann lässt diese Stimme durch seine Übertragung erahnbar werden und zeigt, dass ihm Radnótis Welt wahrlich sehr nahe steht, wie er 1968 in einem Gespräch mit der Wochenzeitung *Élet és irodalom* erklärt.[407] Wenn er dort weiter ausführt, dass er seine Sache in der Radnótis wiedererkenne, so lässt sich nachvollziehen, was Wagner auch für den Gestus von Fühmanns Trakl-Rezeption feststellt:

> Fühmanns beharrliches Bemühen [...] zeigt indessen, daß [...] nicht Selbstbestätigung der Lesersubjektivität intendiert ist, sondern Erweiterung der Subjektivität in der Begegnung mit dem Fremden, Anderen, in der Intersubjektivität der Dichtung [...].[408]

Es sei hinzugefügt, dass das Intersubjektive der Nachdichtung sich in dieser Hinsicht zudem aus dem Fremden einer unbekannten Sprache speist, die wiederum die einer anderen Subjektivität, hier der Radnótis, ist. Dies lässt nicht nur den Celan-Topos der ‚fremden Nähe' auch für Fühmanns Radnóti-Rezeption sichtbar werden, sondern ebenso die Vermittlungsfreude in der rezeptiven Begeisterung, die der Radnóti-Aufsatz widerspiegelt.[409]

---

[407] Vgl.: „Hozzám az ő világa áll a legközelebb." (Fühmann in: *„Sokat köszönhetünk..."*. ÉS 12 (1968) 22, S. 4. („Mir steht seine (Radnótis, S.K.) Welt am nächsten." Übers. S.K.)
[408] Wagner, *Nachdenken über Literatur*, S. 138.
[409] Seinen „Traum [...], einmal das Gesamtwerk von Radnóti ins Deutsche zu übertragen [...]" (Hegyi, *Fühmann zu Gast*. BR 15 (1981) 48, S. 9) konnte Fühmann leider nicht realisieren. Dies impliziert in keiner Weise eine Wertung der Radnóti-Übersetzungen, die Markus Bieler, Uwe Kolbe oder Hans Skirecki (Tagebücher) angefertigt haben. Neben Fühmanns Arbeiten sind etwa folgende Übertragungen greifbar: Radnóti, Miklós: *Monat der Zwillinge*. Prosa, Gedichte, Fotos, Dokumente. Hrsg. v. Siegfried Heinrichs. A. d. Ungarischen von Hans Skirecki, Uwe Kolbe und Franz Fühmann. Interlinearübers. v. Paul Kárpáti. Berlin 1993. Radnóti, *Offenen Haars fliegt der Frühling*. Berlin 1993. Ders.: *Gewaltmarsch*. Budapest 1979. In der Anthologie *Ungarische Lyrik des zwanzigsten Jahrhunderts*. Hrsg. v. Verband Ungarischer Schriftsteller u. Paul Kárpáti. Berlin u. Weimar 1987, finden sich auch zwei Radnóti-Nachdichtungen von Richard Pietraß.
Ganz anders stellt sich dies leider bei Attila József dar. Mit Blick auf die jüngsten, sprachlich völlig unzureichenden Übersetzungen aus seinem Werk ist an den achten Punkt aus Fühmanns *Kleiner Praxis des Übersetzens* zu erinnern: „Keine Übertragung ist besser als eine dürftige oder gar eine verzerrte. Solche Surrogate sind doppelt schädlich: Sie geben ein falsches Bild des Originals und verhindern ein Ausfüllen der durch sie nicht geschlossenen, sondern nur kaschierten Lücken." (Fühmann, *Kleine Praxis des Übersetzens*. Mitteilungen der Akademie 8 (1969) 3, S. 9.)

I.6.3 „Diese Gedichte sind [...] Kern-Substanz, Konzentrat von Granit, poetisches Urgestein." – Ágnes Nemes Nagy

In *22 Tage* erwähnt Franz Fühmann seine erste Begegnung mit einem Gedicht von Ágnes Nemes Nagy:

> Sehr schön ein Liebesgedicht von Nemes Nagy Ágnes, von der ich bisher kaum etwas kenne:»Durst«; es ist das Dürsten nach einer Rauscherfüllung durch reales Verschlingen, Vernichten des Partners, aber: »Ich liebe dich; du liebst mich ... Hoffnungslos!«
> Dies Gedicht ist in meinen Hausschatz aufgenommen. Und: eine Verneigung vor dem Nachdichter[410]

Paul Kárpáti unterstreicht als „freudigen Respekt vor der Individualität des Anderen"[411], dass Fühmann für Nemes Nagy explizit die ungarische Form der Namensnennung beibehält. Er wertet dies bereits als Zeichen einer Annäherung im dichterischen Nachvollziehen der Texte Nemes Nagys, die sich bei Fühmann gut erkennen lässt. Neben dieses Zeugnis einer ersten Rezeption von *A szomj – Durst* ist ein erneutes Aufgreifen derselben Schlusszeile zu stellen, das durch die Entstehung von Fühmanns eigener Nachdichtung eine wichtige Veränderung dokumentiert und begründet. Die Originalzeile lautet:

> Szeretsz, szeretlek, mily reménytelen.[412]

Fühmann überträgt den Vers folgendermaßen ins Deutsche:

> Du liebst mich, ich lieb dich. Wie hoffnungslos.[413]

1982 erwähnt Fühmann in einer Rundfunklesung erneut die fragliche Zeile als entscheidendes Erlebnis mit dieser Dichtung. Seine Veränderung gegenüber der in *22 Tage* erwähnten Nachdichtung besteht nicht nur darin, dass Fühmann die Wortfolge des Originals nunmehr auch im Deutschen wiedergibt, sondern insbesondere im Zusatz von ‚wie' als Übersetzung von ‚mily'. Das Ende des Gedichtes erhält dadurch den Ton des hoffnungslosen Verlangens, der dem Original eignet. Bereits in *22 Tage* fallen die Punkte auf, die Fühmann in den Vers eingefügt hat, um in der Nachdichtung des Kollegen das von ihm bemerkte Fehlen des Wortes ‚wie' zu markieren. Die vollständige Erklärung freilich folgt erst in dem erwähnten Radiovortrag:

---

[410] *22 Tage*. WA 3, S. 330.
[411] Kárpáti, Paul: *Nachbemerkung*. In: Nemes Nagy, Dennoch schauen, S. 91-94, hier S. 91.
[412] Nemes Nagy Ágnes: *A szomj*. In: Dies.: Összegyűjtött versei. Budapest 2002, S. 25.
[413] Dies., *Der Durst*. Dennoch schauen, S. 11.

> [...] In Budapest, vor mehr als zehn Jahren, ich las da die deutsche Übersetzung eines Liebesgedichts mit dem Titel ›Der Durst‹ – es war ganz wörtlich, der Durst einer Frau nach einem Mann, Durst ihn sich völlig einzuverleiben, mit Haut und Haar, ihn zu verschlingen, in sich einzutrinken, aber diesem Verlangen des Tötens wirkt etwas entgegen, die Verlangende kann es nicht realisieren, und den Grund dafür sagt die letzte Zeile, die lautet in jener Nachdichtung so: ›Ich liebe dich, du liebst mich Hoffnungslos.‹ Die Übersetzung las sich vorzüglich, ich verglich sie mit dem Original, zunächst diese letzte Zeile, und fand in der deutschen Fassung ein Wörtchen ausgespart, die Zeile lautete nämlich wörtlich: Du liebst mich, ich liebe dich. Wie hoffnungslos. Und dieses ›wie‹ nun schien mir wichtig [...].[414]

In Fühmanns Übersetzungskritik spiegelt sich das ehrliche Bemühen um das Original, von dem er gegenüber Sauter sprach[415], in diesem Falle noch deutlicher erkennbar im Spiegel der von ihm zitierten Vergleichsübersetzung.[416] Die Bedeutung der Schlusszeile mit jenem ‚wie' nun birgt in der Tat einen Schlüssel zu Nemes Nagys Gedicht. Dieses setzt ein mit einem dreifachen Aussprechen eben des Nicht-Aussprechen-Könnens, das den ersten Teil des Gedichtrahmens darstellt:

> Hogy mondjam el? A szó nem leli számat:
> kimondhatatlan szomj gyötör utánad.[417]

Fühmanns Übertragung nimmt das sprachliche Problem, das noch den zweiten Vers bestimmt, bereits für dürstendes Verlangen:

> Wie sag ichs nur? Das Wort kommt nicht zu mir:
> Mich quält ein unstillbarer Durst nach dir.[418]

Aus dem im Zusammenhang mit dem ersten Vers wichtigen ‚kimondhatatlan – unsagbar' ist bei Fühmann ‚unstillbar' geworden, dessen enge lexikalisch-kollokative Verbindung mit ‚Durst' den zweiten Vers in den Bedeutungskontext körperlichen Verlangens stellt. Im Original aber schließt sich jene Unsagbarkeit an den Doppelpunkt nach ‚számat – meinen Mund' an, und zwar verstärkt auch durch das Versende. So geht es eigentlich um einen unsagbaren Durst, das Unsagbare eines Verlangens auszusprechen. Schon bevor also das Verlangen zur Sprache kommt, wird im sich steigernden Zweifel der ersten zwei Verse dessen Unsagbarkeit betont, um dann zwischen zwei nur literat wahrnehmbaren Zeichen des Nicht-Gesagten doch gesagt zu werden. Durch Fühmanns Übertragung tritt dieser Aspekt zugunsten einer Betonung des Körperlichen in den

---

[414] Fühmann, Franz: *[Texte aus einer Rundfunklesung 1982]*. In: Dennoch schauen, S. 88-90, hier S. 88.
[415] Vgl.: Sauter, *Interview Fühmann*. WB 17 (1971) 1, S. 52.
[416] Es handelt sich um eine Nachdichtung von Günther Deicke, in: *Wie könnte ich dich nennen? Ungarische Liebesgedichte aus alter und neuer Zeit*. Hrsg. v. Géza Engl u. István Kerékgyártó. Budapest 1971, S. 119.
[417] Nemes Nagy, *A szomj*. Összegyűjtött versei, S. 25.
[418] Dies., *Der Durst*. Dennoch schauen, S. 11.

I.6.3 „Diese Gedichte sind [...] poetisches Urgestein" – Ágnes Nemes Nagy

Hintergrund. Dies gilt im Übrigen auch für die Nachdichtung des vorletzten Verses, in dem es wörtlich heißt: „Nem nyugszom sosem."[419] – ,Ich ruhe niemals', bei Fühmann: „Der Durst lässt mich nicht los."[420] Gerade das Einfügen des Wortes ‚Durst' in die Übersetzung erweist wiederum das zugrundeliegende Textverständnis, das den Aspekt des erotischen Verlangens des sprechenden Ichs privilegiert. Die zwei kurzen Fragen des vorletzten Verses freilich zeigen den Bezug zum sprachlich bestimmten Problem der ersten beiden. ‚De így? – Aber so?' bezieht sich auf ‚hogy – wie', mit dem die einleitende Frage anhebt. Die zweite fragt nach dem bisher Nicht-Gesagten und mündet in die Unruhe der trotz des voraufgegangenen Versuches bleibenden Unsagbarkeit als eine Art Hoffnungslosigkeit, die sich in den Worten des Schlussverses ausdrückt. Es ist freilich hier die doppelte Hoffnungslosigkeit, die einmal keine Hoffnung auf jenes ‚Eintrinken' gibt, wie auch darauf nicht, einen Modus der Sagbarkeit zu finden. Medial steht hierfür die Trennung der beiden Formen von ‚szeret – lieben' im letzten Vers. Fühmanns Übertragung gibt vor allem diesem Aspekt Raum. Das zu Beginn des Gedichtes formulierte poetische Problem des ‚Hogy mondjam el?' erscheint bei ihm mehr als Frage des Inhalts und weniger als poetologische, die dies im Original unbedingt auch darstellt. Vor dem Hintergrund der Entscheidung dieser Frage ist auch die Nachdichtung der eigentlichen Beschreibung des Verlangens zu sehen. Deren komprimierter Bilderreichtum befindet sich gerade im Kontrast zu einem Moment des Sprachlich-Zweiflerischen, das die ersten und letzten zwei Verse ausdrücken. Insgesamt muss hier davon ausgegangen werden, dass Fühmanns Übertragung merkliche Spuren einer Deutung übermittelt, die sich in den nachdichterischen Entscheidungen ausdrückt. Bei der Übersetzung ‚unstillbar' für ‚kimondhatatlan' wird dies z.B. deshalb deutlich, weil hier die dem Original inhaltlich nähere Möglichkeit ‚unsagbar' ohne metrische Schwierigkeiten realisierbar gewesen wäre. Zudem ist bei einem Blick ins Original zu erkennen, dass Fühmanns Übertragung anstatt des umarmenden Reims der vier letzten Verse dort einen Paarreim besitzt, was gerade die bedeutsame reimische Verbindung von ‚elégítetlen – unbefriedigt' und ‚reménytelen – hoffnungslos' auflöst. Es scheint bei der Nachdichtung dieses Textes also gerade auch ein Moment des Inhaltlichen mit eine Rolle gespielt zu haben, was sich in der Übertragung nicht nur als Auslegung gibt, sondern eben in deren Zur-Sprache-Kommen merkbar wird. Hier ist der Dichter Fühmann spürbar, dem Nemes Nagys Gedichte nach eigenen Worten „das Äußerste [abverlangen]"[421]. Gerade dies scheint auch Einschätzungen zu bestätigen, die Nemes Nagy zur Nachdichtertätigkeit – hier

---

[419] Dies., *A szomj*. Összegyűjtött versei, S. 25.
[420] Dies., *Der Durst*. Dennoch schauen, S. 11.
[421] Fühmann, *Rundfunklesung*. Dennoch schauen, S. 88.

zur ihrer eigenen – gibt: „Den Zweifel des Nachdichters – sowohl den persönlichen, wie den sachlichen gleichermaßen – kann nur die Dichtung heilen."[422]

Dass es sich aber um ein Zeichen nachdichterischen Zweifels handelt, wenn im Band *Dennoch schauen* das Gedicht *Ugyanaz – Ebendieser* mit vier Nachdichtungsfassungen erscheint, ist wohl mit Blick auf Fühmanns Idealvorstellung eines Nachdichtungsbandes in der *Kleinen Praxis des Übersetzens* klar zu verneinen. Was für *Ugyanaz* angeboten wird, ist dem Titel des Gedichtes zum Trotz gerade nicht viermal ebendieses, sondern stellt aus, in welcher Weise der Nachdichtung immer eine Entscheidung vorausgeht, die sie vom Original durch bedeutungsmäßige Bestimmtheit scheidet. Hier nun liegt in den vier Nachdichtungsfassungen ein solcher Entscheidungsprozess offen da. Es wird jedoch nicht die Entscheidungsfindung und damit deren Ergebnis demonstriert, sondern gerade, wie Nemes Nagy festlegt, dass es die Aufgabe des Nachdichters sei, „Dichtung hervorzubringen"[423]. Noch in diesem Beispiel haben alle fünf vorzufindenden Texte Anteil an jener ‚lingua poetica', von der Fühmann in *22 Tage* spricht. Weiterhin wird hier die Unabschließbarkeit des nachdichterischen Tätigseins demonstriert, die sich durch das gleichberechtigte Nebeneinander der Nachdichtungsvarianten öffnet. Hierbei geht es nicht um die Herbeiführung einer Entscheidung, sondern darum, den nachdichterischen Zwang zur Entscheidung zu verdeutlichen. Die einzelnen Möglichkeiten verweisen noch immer auf ‚ebendiesen' Text, und zwar in unabschließbarer Reihung ihrerselbst.[424] Sie erscheinen als Schichtungen, deren Gleichzeitigkeit nur das Original besitzt und besetzt, sodass die jeweils einzelne Schicht notwendig nur sich selbst als Teil einer Gesamtheit zeigen kann.

Einen ganz ähnlichen Gedanken formuliert Fühmann in dem Fragment gebliebenen Vorwort zu seinen Nachdichtungen der Nemes-Nagy-Gedichte. Wie er dort die poetische und sprachliche Festigkeit der Texte apostrophiert und als eine ihrer besonderen Qualitäten herausstellt, erinnert ein wenig an die Metaphernsprache des Bergwerkes:

> Diese Gedichte sind Steine: ungeheuer verdichtet, unter enormen Drücken zu ihrer Komprimiertheit gebracht, Kern-Substanz, Konzentrat von Granit, poetisches Urgestein. Dabei elastisch, wie Stahl und offen wie Kristalle, durch deren Gitter die Energien strömen.[425]

---

[422] Nemes Nagy Ágnes: *Fordítani*. In: Dies.: Szó és szótlanság. Budapest 1989, S. 93-96, hier S. 94. (Übers. S.K.) (Original: „A műfordító kételyét – a személyeset és a tárgyilagosat egyaránt – csak a költészet gyógyíthatja.")
[423] Ebd., S. 95. (Übers. S.K.) (Vgl. im Original: „A műfordító feladata megiscsak az, hogy költészetet hozzon létre.")
[424] Fühmann weist in einem Brief an Kárpáti darauf hin, dass sich durch Austauschen der Schlusszeile mühelos weitere Nachdichtungsvarianten herstellen lassen. (Vgl. Fühmann, *Brief aus der Werkstatt des Nachdichters 1961-1984*, S. 198f.)
[425] Fühmann, Franz: *Vorwort [Fragment]*. In: Dennoch schauen, S. 5.

I.6.3 „Diese Gedichte sind [...] poetisches Urgestein" – Ágnes Nemes Nagy

Im Sinne einer solchen Metaphernsprache gilt dies gerade für einen Text wie *A gejzír – Der Geysir*, der die Eruption einer solchen heißen Quelle sprachlich vergegenwärtigt. Die Plötzlichkeit, mit der die angesammelte Kraft aus der Erde entweicht, schreibt sich scheinbar ‚formátlan – formlos', d.h. im Nicht-Text des Spatiums nach dem Vers „már füstölögve, amig egyszer – ". Bis dorthin lässt sich die Vorbereitung des Ausbruchs in einer Reihe von geologisch motivierten Bildern verfolgen. Hier scheint es sich auch thematisch tatsächlich um eine Art Textgestein zu handeln. Denn Nemes Nagys Gedicht beschreibt vor allem die Höhle des Geysirs, die Enge des Erdloches, aus dem dieser hervorbricht. Der Moment der eigentlichen Eruption bleibt erneut das Unsagbare, das der Sprache Nicht-Zugängliche. Erst die herausgeschleuderte Fontäne scheint sprachlich wieder greifbar, als „langer vertikaler Augenblick", der sein Gegenteil in der Horizontale der Textzeilen und insbesondere in dem Gedankenstrich findet. Der Text nennt erst wieder die ‚testtelen – körperlose' Gestalt des Austritts der Fontäne und dass dieser bildlos sei. Beide Eigenschaften lassen sich im Ungarischen mit Hilfe desselben Suffixes ‚-telen/-talan' ausdrücken, was Nemes Nagy für einen der seltenen Reime des Gedichtes nutzt.[426] Der Augenblick, in dem der Geysirstrahl in das Eruptionsloch zurückfällt, wird wiederum durch ein Spatium ausgedrückt. Der Text schreibt den Moment des Spatiums, d.h. den des Ereignisses weiter. Das eigentliche Geschehen ist aber durch die Auflassungen gegeben, um die herum sich der Text gruppiert. Diese Ereignishaftigkeit ist im Original wie in der Nachdichtung sehr ähnlich nachvollziehbar:

már füstölögve, amig egyszer –	schon qualmend, bis einmal –
Akkor kivágott. S ott maradt.	Heraus da schlug er. Und blieb dort,
Egy hosszú, függőleges pillanat,	ein langer vertikaler Augenblick
gőzölgő jégmezőkbe tűzve.	in dampfende Eisfelder aufgespießt.
Maga az ugrás, testtelen,	Der Sprung an sich ganz körperlos,
víznemű izmok színezüstje,	wasserförmiger Muskeln reines Silber,
kinyulva, képtelen –	ausgestreckt, kein Bild faßt ihn. –
Aztán lehullt.[427]	Dann sank er herab.[428]

Das eigentliche Ereignis der Geysireruption spiegelt die Schriftlichkeit, sodass die Textgestalt selbst einen wichtigen Teil der Bedeutung vermittelt. Im eigentlichen Text(-ereignis) jedoch ist immer nur ein Davor bzw. Danach der jeweiligen Erfahrung vollzogen. Ausstoß und Zurückfall des Geysirstrahls kann die Sprachlichkeit nicht in ihrer Unmittelbarkeit wiedergeben, d.h. sie kann sie nicht gegenwärtig aussprechen, sodass die Anwesenheit des durch seine Plötzlichkeit gekennzeichneten Ereignisses mit Hilfe eines Anhaltens des Textes,

---

[426] Fühmanns Übertragung von ‚képtelen' liegt die alte Bedeutung dieses Wortes zugrunde, die mit ‚formlos' bzw. ‚bildlos' anzugeben wäre. ‚Képtelen' bedeutet jedoch aktuell (auch) ‚unfähig' bzw. gar ‚unsinnig'. Diese Nuance weist die Nachdichtung nicht auf.
[427] Nemes Nagy, *A gejzír. Összegyűjtött versei*, S. 82.
[428] Dies., *Der Geysir. Dennoch schauen*, S. 33.

quasi im Spatium, erzeugt wird. Das eigentlich Nicht-Sagbare und Nicht-Schreibbare der Eruption ist hier in seinem erscheinenden Verschwinden und verschwindenden Erscheinen anzutreffen, und zwar auch in der Gestalt der Nachdichtung.

Spuren der Bildlichkeit dieses Gedichts scheinen sich zudem in Fühmanns Vorwortfragment wiederzufinden. Die Rede von „ungeheuer verdichtet[en], unter enormen Drücken zu ihrer Komprimiertheit gebracht[en]"[429] Versen ruft die Metaphorik von *Geysir* auf und wendet sie auf Nemes Nagys Poetik an. Der Gedanke der Komprimiertheit und der großen Drücke, unter denen Lyrik zu entstehen vermag, ist auch kennzeichnend für die Metaphorik, die sich Fühmann mit dem Bergwerk erschließt. In dem Aufsatz *Schieferbrechen und Schreiben* zeigt er den Schriftsteller in seiner Arbeit als Verwandten des Bergmanns: „[...] und jeder Schriftsteller selbst sei eine Grube, und das Flöz, drin er haue, sei seine Erfahrung, Sediment seiner und eben *seiner* Jahre"[430]. Hier bezieht sich eine geologisch bzw. bergmännisch geprägte Metaphernsprache jeweils auf verschiedene Sachverhalte. Zwischen Fühmanns Bergwerk und Nemes Nagys Lyrik lassen sich so zwar metaphorische Berührungspunkte erkennen, doch diese setzen sie nicht in eins. Franz Fühmanns nachdichterisches Häuen stößt auf jene harten Granitschichten ihrer lyrischen Texte. Der Weg in die Stollen von Nemes Nagys Poesie stellt so auch eine Form jenes Eindringens in die Poetik und Poetologie der Texte dar. Es ist dieses Eindringen, das auch bei *Ugyanaz* die Textschichten als deren Geschichtet-Sein freilegt und das sich vom Ali-Baba-Blick auf funkelnde Höhlenschätze unterscheidet, da die Texte zwar mangels Sprachkenntnis literaturgeschichtlich und auch intertextuell zusammenhangslos genommen werden müssen, doch eben in jedem von ihnen selbst noch „poetisches Urgestein"[431] und kristallene Offenheit entdeckt.

Gerade in dem Vergleich „offen wie Kristalle"[432] scheint sich ein bei Nemes Nagy verschiedentlich wiederkehrendes Motiv des Offenen, aber auch des „Enden-Ohne"[433], zu zeigen, das Fühmann in den Gedichten bemerkt. Er sucht Nemes Nagys Sprechen des Unendlichen in Zeit und Raum durch exponierte Übertragungslösungen im Deutschen wiederzugeben. In *A formátlan – Das Formlose* gibt Nemes Nagy eben diesem eine sprachliche Form, die in der Nachdichtung durch die auffälligen Worte gut wiedergegeben scheint. Er unterstreicht gar mit dem im Original nicht vorhandenen Reim der ersten auf die

---

[429] Fühmann, *Vorwort. Dennoch schauen*, S. 5.
[430] Ders.: *Schieferbrechen und Schreiben. Der Brigade Wilmar Siebenhüner ein GLÜCKAUF! zum Tag des Bergmanns*. In: WA 3, S. 509-516, hier S. 515. (Hervorhebung i. Orig.) Dieser Text erschien erstmalig in: Sonntag 30 (1976) 27, S. 7f.
[431] Ders., *Vorwort. Dennoch schauen*, S. 5.
[432] Ebd.
[433] Fühmanns Übersetzung von *a véghetetlen* im ersten Vers des Gedichtes *A formátlan*. (Vgl.: Nemes Nagy, *Das Formlose. Dennoch schauen*, S. 43; Dies., *A formátlan. Összegyűjtött versei*, S. 101.)

I.6.3 „Diese Gedichte sind [...] poetisches Urgestein" – Ágnes Nemes Nagy

sechste Zeile einen Zusammenhang, der als zentraler Gedanke des Gedichtes gelten darf:

A formátlan	Das Formlose
A formátlan, a véghetetlen.	Das Formlose, das Enden-Ohne
Belepusztulok, míg mondatomat	Ich komme um, bis daß ich meinen Satz
a végtelenből elrekesztem.	abdämme aus dem Endenlosen.
Homokkal egy vödörnyi óceánt	Mit Sand einen Eimervoll Ozean
kerítek el a semmi ellen.	dämme ich ab gegen das Nichts.
Ez a viszonylagos öröklét	Die Proportion dieser Äone,
ép ésszel elviselhetetlen.[434]	heiler Verstand erträgt sie nicht.[435]

Das Sprachliche steht hier einem äonisch Unendlichen gegenüber, wobei Fühmann eben die Verbindung zwischen ‚Enden-Ohne' und ‚Äone' mit dem Reim betont. Im Original sind hingegen die Kadenzen des ersten und letzten Verses aufeinander bezogen, was einen Rahmen schafft, den die Nachdichtung nicht erhält, sondern wohl durch die genannte Beziehung ersetzen soll. Insgesamt liegt in der Fühmann'schen Übersetzung das inhaltliche Gewicht mehr beim Problem der Endelosigkeit. Mit Ausnahme des zweiten enden dort alle Verse mit einem Ausdruck bzw. Symbol der Unendlichkeit; im Original gilt dies nicht für die Verse drei und fünf. ‚Nichts' (V.5) und ‚nicht' (V.7) können so aufgefasst werden, denn sie schließen die auf ‚Äone' endende vorletzte Zeile ein, sodass die Ewigkeit medial quasi vom Nichts umgeben ist. Auch im dritten Vers steht ‚Endenlosen' nach dem Verb am Versschluss. Die umgekehrte Satzstellung gäbe hier nicht nur das Original vor (‚a végtelenből elrekesztem – aus dem Unendlichen dämme ich ab'), sondern auch die Regelsatzstellung mit Verbendstellung im deutschen Nebensatz. Die derartige Exponierung des endenlosen Versendes und damit des Hauptthemas Endelosigkeit als Ewigkeit geschieht somit in der Nachdichtung inhaltlich wie medial. *A formátlan* ist nur einer der Texte, in denen sich dieses Thema bei Nemes Nagy finden lässt. Die folgenden Beispiele weisen dies mit ähnlicher Deutlichkeit auf. In der Nachdichtung von *De nézni – Dennoch schauen*, dem Gedicht, das Fühmann „über alles lieb[t]"[436], und in dem es um die Unablässigkeit des historischen Tuns im Angesicht der „hereingebrochenen Katastrophe"[437] geht, bringt Fühmann durch die viermalige Wiederholung des titelgebenden Verbs „das menschliche Dennoch"[438] zum Ausdruck, das in seiner Lesart diesen Text prägt. Bei Nemes Nagy findet sich an dieser Stelle zweimal ‚tenni – tun, machen' und einmal ‚cselekszem – ich handle', und zwar ‚szüntelenül – pausenlos, unablässig'. Ebenso ununterbrochen ist das Handeln des historischen wie biologischen Sub-

---
[434] Ebd.
[435] Dies., *Das Formlose*. Dennoch schauen, S. 43.
[436] Fühmann, *Rundfunklesung*. Dennoch schauen, S. 89.
[437] Ebd.
[438] Ebd., S. 90.

jektes, verdeutlicht noch in der mehrfach und je größer wiederkehrenden runden Form:

> so unvollendbar
> die Kugelform, ich weiß gar nicht, warum ich sie so mag,
> Augapfel, Schädel, Erdkugel, derlei begrenzt Unendliches[439]

Allerdings ist hier die Form als begrenzte Unendlichkeit gemeint, nicht etwa eine endelose Existenz, denn die ist „mit dem zerschlagnen Faserhaar der Sterblichkeit / rings eingefaßt"[440]. Als Schlusssymbol aber des ‚dennoch Schauens' steht am Ende erneut der Baum[441], bleibend, wie die Bäume des gleichnamigen Gedichtes, *A fák – Die Bäume*, die „schweigend vollbringen Tag um Tag"[442], und zwar ‚kimondhatatlan tetteit – unsagbare Taten'. Wie in *Der Durst* taucht in *Die Bäume* das Motiv einer Unsagbarkeit auf, deren Sprechen allerdings in *A szomj* nur mehr das eines Verlangens, nicht das einer Tat ist, welches sich in der Unsagbarkeit, dem sprechenden Nicht-zur-Sprache-Kommen ausdrückt. Das Sagen des Unsagbaren kehrt in *Das Formlose* als Enden-Ohne wieder und seine Gegenwart ist vielleicht „in einem stetig brennenden unzwischenräumigen Jetzt"[443] zu denken, das schon auf die Unendlichkeit als den Ort verweist, an dem sich zwei parallele Gerade treffen, worauf Nemes Nagy in *Die Umgestaltung eines Bahnhofs* vielleicht anspielt:

> És a
> sínek meg a talpfák éjszaka (ezt fentről nézd, a
> hídról), ezek a derengő, mennyei lajtorják a víz-
> szintes végtelenbe.[444]

> Und die Schienen und die
> Schwellen nachts (betrachte dies von oben, von der Brücke),
> diese dämmernden Himmelsleitern ins waagerecht Unendliche.[445]

Franz Fühmanns Annäherung an die Poesie der „ungarische[n] Kollegin [...], die als Königin der ungarischen Poesie gilt"[446], geschieht mit Blick auf die Spannung innerhalb ihrer Verse, die Fühmann als Konzentrate beschreibt. Es sind in diesem Sinne gerade zur Offenheit von Kristallen strebende Figurationen

---

[439] Nemes Nagy, *Dennoch schauen*. Dennoch schauen, S. 62. („oly befejezhetetlen / a gömbformát nem is tudom én / miért szerettem / szemgolyót, koponyát, földgolyót, efféle / határolt véghetetlent". Nemes Nagy, *De nézni*. Összegyűjtött versei, S. 114.)
[440] Dies., *Dennoch schauen*. Dennoch schauen, S. 62. („kókuszdiók / csapzott rostok halandósága hajával / körbe-szegetten" (Dies., *De nézni*. Összegyűjtött versei, S. 114.))
[441] Vgl. auch: Fühmann, *Rundfunklesung*. Dennoch schauen, S. 90, wo der Baum gesondert erwähnt wird.
[442] Nemes Nagy, *Dennoch schauen*. Dennoch schauen, S. 7.
[443] Dies., *Der Anblick*. Dennoch schauen, S. 64.
[444] Dies., *Egy pályaudvar átalakítása*. Összegyűjtött versei, S. 120.
[445] Dies., *Die Umgestaltung eines Bahnhofs*. Dennoch schauen, S. 66.
[446] Fühmann, *Rundfunklesung*. Dennoch schauen, S. 88.

I.6.3 „Diese Gedichte sind [...] poetisches Urgestein" – Ágnes Nemes Nagy

von Widersprüchen, die diese Lyrik darstellt. Für *Der Durst* war es jener zwischen lebendigem Verlangen nach wohl tödlicher Einverleibung des Geliebten, was in diesem Verlangen insbesondere Ausdruck seiner Vergeblichkeit ist. Von Nemes Nagys poetischer Sprachmächtigkeit lässt sich vielleicht anhand folgender Worte aus Fühmanns Rundfunkaufsatz etwas erahnen: „[...] es sind Gedichte in stärkster Verkürzung mit Wörterzusammenstauchungen, mit wahnsinnigen Neologismen"[447]. Fühmann hatte aber gerade das sprachliche Problem der (Nicht-)Schreibbarkeit von Erfahrung, wie an *Der Durst* gezeigt, zuweilen umgangen, um es an anderer Stelle wiederum in seiner Nachdichtung zu betonen (vgl. *Das Formlose*). Das Problem der Unzulänglichkeit des sprachlichen Ausdrucks als Möglichkeit der unmittelbaren, anwesenden Wiedergabe eines zu Sagenden charakterisiert Nemes Nagys Poesie, wie auch die exemplarisch vorgeführten Verse zur Kategorie des Unendlichen zeigen. Nemes Nagys früheres Gedicht mit dem Titel *A szó* (1946) – *Das Wort*, das von Fühmann nicht in deutscher Fassung vorliegt, spricht bereits einen Sprachzweifel aus, der auch die übrige Lyrik Nemes Nagys öfter kennzeichnet.

> A szó
>
> Bizony, hazugság. Így igaz.
> Szó, dobd el szavaimat.[448]

Werden hier Titel und erster Vers als zusammengehörend gelesen[449], so ergibt sich: ‚Das Wort /, sicher, ist Lüge. So ist es wahr.' Hierin wird auch ein Widerspruch zwischen ‚signifié' und ‚signifiant' ausgesprochen. Die Folge ist der Wille zum paradoxen Verwerfen der (eigenen) Worte durch das Wort. Dieses Verwerfen wird im Verlauf des Gedichtes in weiteren Paradoxien begründet, etwa: „Sohasem tudtál testeket, / a testről testet festegetsz"[450]. D.h. bereits hier ist ein Charakter des Rätselhaften zu beobachten, dessen Eigenschaft z.B. der zitierte Vers aufweist, in den Worten Dieter Merschs: „Erscheinen eines Nichterscheinens und Nichterscheinen in dem, was erscheint."[451] Zu erinnern ist damit etwa an die Wiedergabe der Geysireruption in *A gejzír*, deren Eigentliches in das Nicht-(mehr)-Sprachliche verlegt worden ist, das als Abwesenheit wiederum die Anwesenheit eines sich Ereignenden gibt. Die exponierten

---

[447] Ebd.
[448] Nemes Nagy, *A szó*. Összegyűjtött versei, S. 299. („Sicher, Lüge. So ist es wahr. / Wort, wirf meine Worte fort." Übers. S.K.)
[449] Diese Lesart wird durch den Einsatz der zweiten Zeile unterstützt, denn diese beginnt mit einem imperativen Ansprechen des Wortes an (‚dobd' ist eine Imperativform des Verbs ‚dob – werfen').
[450] Nemes Nagy, *A szó*. Összegyűjtött versei, S. 299. („Nie kanntest du Körper, / bildest aber vom Körper her den Körper ab." Übers. S.K.)
[451] Mersch, Dieter: *Ereignis und Aura. Untersuchungen zu einer Ästhetik des Performativen*. Frankfurt/M. 2002, S. 145.

Leerstellen des *Geysir*-Textes stellen in diesem Sinne die Undarstellbarkeit des Ereignisses an sich aus[452], ja sie mögen sich fast wie eine Art „glühender Leertext"[453] verstehen lassen. Dieses Moment des ‚kimondhatatlan', das das Unsagbare bzw. das Nicht-Aussagbare ist, enthalten Nemes Nagys Gedichte häufig, und zwar explizit in der Formulierung einer ‚unsagbaren Tat' wie implizit als Zeigen einer hinkenden Materialität, die bei ihr – wie in *A szó* – als eine Art Zuviel des Künstlichen, beinahe „Überdruß am Artefakt"[454], des Wortes vorkommt. Denn das Eigentliche erscheint im Wort nur mehr als dessen Widerschein, d.h. das Sprachliche ähnelt so nur noch jenem Gefäß, das Nemes Nagy in den Versen von *Lement a nap – Die Sonne ist untergegangen* beschreibt:

> Lement a nap. De nem. Még látható.
> Csak voltaképpen ment le, még az égbolt
> tenyéröblében tartja ezt a másik,
> megtévesztésig hasonló napot,
> akár egy homokra felső
> üvegcsészéjét, melyből már kipergett
> a voltaképpeni.[455]

> Die Sonne ging schon unter. Aber nein. Sie ist noch sichtbar.
> Nur eigentlich ging sie schon unter, doch der
>   Himmel
>   hält in der Wölbung seiner Hand die andre,
>   die zum Verwechseln so ähnliche Sonne,
>   ganz wie die obre Schale einer Sanduhr,
>   der schon entronnen ist
>   das Eigentliche.[456]

In der schriftlichen Betonung des ‚eigentlich' gibt der Text dem abwesend Anwesenden Ausdruck, hier dem Sonnenlicht, d.h. einer Wahrnehmung des Sonnenlichts. Die Spatien in dem genannten Gedicht *A gejzír* geben einer Anwesenheit des Sich Ereignenden Raum, wie es gleichsam die Himmelswölbung und auch das Gefäß der Sanduhr hier tun, in der sich der Widerschein des Sonnenlichts bzw. verronnener Zeit noch hält. Die Gestalt des Gedichttextes lässt in der Abnahme der Zeilenlänge gleichsam ein Verrinnen gewahr werden. Fühmanns Nachdichtung hat dies sichtbar nachgebildet.[457] Wenn die Übertra-

---

[452] Vgl. zu dieser Überlegung auch: Ebd., S. 134.
[453] Celan, Paul: *Die Posaunenstelle.* In: Ders.: Gesammelte Werke (GW). Dritter Band, Der Sand aus den Urnen, Zeitgehöft, Verstreute Gedichte, Prosa, Reden. Hrsg. v. Beda Allemann u. Stefan Reichert. Frankfurt/M. 2000, S. 104.
[454] Vgl. vor dem Hintergrund dieses Fühmann'schen Stichwortes seine Überlegungen in: *Im Berg*, S. 106f.
[455] Nemes Nagy, *Lement a nap.* Összegyűjtött versei, S. 144. (Hervorhebung i. Orig.)
[456] Dies., *Die Sonne ist untergegangen.* Dennoch schauen, S. 74. (Hervorhebung i. Orig.)
[457] Fühmanns Nachdichtung geht offensichtlich auf einen abweichenden Originaltext zurück, da Himmel' (‚égbolt') in der vorliegenden Originalausgabe nicht abgesetzt ist.

I.6.3 „Diese Gedichte sind [...] poetisches Urgestein" – Ágnes Nemes Nagy

gung diesen textuellen Aspekt respektiert, so bleibt hierin auch eine Spur jener Originaltextur sichtbar. In der Wahrnehmung der Nachdichtung zeigt sich eine jener „*Erfahrungen von Amedialität*"[458], die erneut das Topos des ‚kimondhatatlan' aufgreift:

> Wie kein Blick, keine Wahrnehmung ihrer Mediatisierung je ganz erliegen, sucht Kunst Augenblicke des Unfüglichen und Unverfügbaren ansichtig werden zu lassen und erneut das Unzulängliche, Nichtkonstruierbare hörbar und fühlbar zu machen, das heißt, *Erfahrungen von Amedialität zu restituieren*.[459]

Anknüpfend an eine derartige durch Nemes Nagys Gedichte vermittelte Erfahrung lässt sich Ähnlichkeit mit der Urerlebniserfahrung in Franz Fühmanns Bergwerk feststellen. Die Reflexion über dessen Qualität des Einmaligen und des Epiphanischen des sich Ereignenden führt bei Fühmann bis zum „Ach –"[460], das ob seiner Exposition, nicht ob seiner Finalität, an das der Alkmene erinnert. Es ist dort der Ausspruch einer Unausdrückbarkeit, die sich an die Erfahrung des Urerlebnisses anschließt. Eben die Unmittelbarkeit von dessen Eigentlichem, das durch jene ‚kimondhatatlan tett' (unsagbare Tat) einen Durst nach dessen Wiedergabe erzeugt, bleibt im Bereich eines sprachlich Nicht-Fassbaren. Noch im Versuch des Fassens produzierte es die Erstarrung der sprachlichen Topographie jenes begrenzt Unvollendbaren, ganz ähnlich dem Schlussvers in Nemes Nagys *A szó* als Erstarrung durch den Anblick der Medusa:

> Hiányból hordott hegyeden
> ülök, se holt, se eleven,
>
> éppen, mert vágyom az egészet:
> kövülten, mint ki visszanézett.[461]

---

[458] Mersch, *Ereignis und Aura*, S. 69. (Hervorhebung i. Orig.)
[459] Ebd. (Hervorhebung i. Orig.)
[460] *Im Berg*, S. 107.
[461] Nemes Nagy, *A szó*. Összegyűjtött versei, S. 299. („Auf deinem aus Mangel zusammengetragenen Berg / sitze ich, nicht tot, nicht lebend, // eben, weil ich das Ganze ersehe: / zu Stein verwandelt, sitz ich, wie, wer zurückgeschaut." Übers. S.K.)

I.7 „Fertig zu sein, dieses Gefühl jedenfalls hat man nie." – „[D]er ewig quälende Drang, jenen Ort in der Sprache zurückzugewinnen, den ihm das Leben unwiederbringlich verlor."

> Wir sind, wenn wir so mit den Dingen sprechen, immer auch bei der Frage nach ihrem Woher und Wohin: bei einer »offenbleibenden«, »zu keinem Ende kommenden«, ins Offene und Leere und Freie weisenden Frage – wir sind weit draußen.
> Das Gedicht sucht, glaube ich, auch diesen Ort.[462]

Bei Paul Celan taucht hier auch eine Denkfigur des Offenen auf. Der Bogen zurück zur eingangs angesprochenen sisyphischen Arbeit lässt sich derart schlagen, und zwar zusätzlich mit Blick auf „diese Unendlichsprechung von lauter Sterblichkeit und Umsonst"[463], die wiederum Celan für die Dichtung postuliert. Es ist dies auch die Anwesenheit des immer Anfänglichen im Unendlichen, von der Attila József gesprochen hatte, die hier dergestalt herausscheint.

Indem Gadamer in der Übersetzung die „Vollendung der Auslegung"[464] erkennt, erscheint deren Abgeschlossenes zunächst als bestimmt. Als „einmalige punktuelle Gegenwart"[465] des „Hier und Jetzt des Gedichts"[466] nimmt die Nachdichtung in dieser Weise wohl den Status eines sich abschließenden Ergebnisses einer Textwahrnehmung ein.

Doch liegt das Moment des Unabschließbaren eben in jenem Gespräch-Werden des Gedichts, dessen Teil auch die Nachdichtung bildet. Fühmann formuliert im Zusammenhang des Trakl-Essays folgende Gedichtauffassung, die die unausschöpfbare Unendlichkeit des lyrischen Genres betont:

> Das Gedicht ist die Verschränkung von phantastisch Genauem und Unausschöpfbarem zu einzigartig neuer Gestalt, und wenn wir uns auf den Begriff des Verstehens einigen könnten, die Unendlichkeit eines Gedichts zu ahnen und zugleich ihre Bestimmtheit, die sie erst zur Person im Reich der Wortgestalten macht, wenigstens an einer jener Stellen zu fassen, wo im Teil besonders exemplarisch das Wesen ihres Ganzen erscheint (aber eigentlich wäre dies allerorten), so wollen wir alles drangeben, ein Gedicht zu verstehen.[467]

Das Gefühl der Unfertigkeit im Raum der Nachdichtungsarbeit – entfernt ähnlich jenem Unausschöpfbaren – äußert Fühmann fast nebenbei in einem Budapester Gespräch von 1981.[468] Genauigkeit und Disziplin kennzeichnen die

---

[462] Celan, Paul: *Der Meridian*. Endfassung – Entwürfe – Materialien. Hrsg. v. Bernhard Böschenstein u. Heino Schmull. [Werke. Tübinger Ausgabe.] Frankfurt/M. 1999, S. 10.
[463] Ebd., S. 11.
[464] Gadamer, *Grundzüge Hermeneutik*. GW 1, S. 388.
[465] Celan, *Der Meridian*, S. 9.
[466] Ebd.
[467] *Vor Feuerschlünden*. WA 7, S. 22.
[468] Vgl.: Hegyi, *Fühmann zu Gast*. BR 15 (1981) 48, S. 9.

I.7 „Fertig zu sein, dieses Gefühl jedenfalls hat man nie."

Nachdichtungsarbeit, sind ihr Erziehungsziel und doch stellt sich der Eindruck des Unfertigen jeweils ein, der die Nachdichtung für die Redakteurin gar als „fortwährendes Weben an einem Muster"[469] erscheinen lässt. So handelt es sich beim Ringen um die Fügung der geglückten Nachdichtung immer neu um den Schritt in einen Zwischenraum, in dem sich das Gemeinsame von Original und Übersetzung zu befinden hätte. Fühmann hat darauf den Begriff der „Universalsprache der Poesie"[470] angewandt, die als dritte an der Translation teilhabe, und zwar so, dass jene drei Sprachen „in der linguistischen Form nur zweier erscheinen"[471]. Für beide ist von einer Teilhabe an dieser ‚lingua poetica' auszugehen, die bei Fühmann zwar nicht bis ins Letzte gefasst wird, deren Merkmale er aber teilweise benennt. Das Poetische liege „jenseits der wohlgeformten Sätze"[472], bzw. in den Worten Paul Celans: „La poésie ne s'impose plus, elle s'expose"[473], und zwar als „diese eine, einmalige, punktuelle Gegenwart [, …] in dieser Unmittelbarkeit und Nähe"[474]. Damit gegenüber einer sprachlichen Norm einerseits exponiert, bleibt das Poetische zum Anderen eben an sprachlich-konkrete Realisierung gebunden. Die hierin erkennbare Denkstruktur weist auf jenen dritten Ort des Gleichnisses hin, den Fühmann im Mythos-Essay[475] entwickelt: Das Gleichnis ist dort die zum Erfahrungsvergleich erzählte Geschichte, deren je konkrete narrative Realisierung als rezeptiver Vorgang den jeweiligen Mythos zur Anwesenheit bringt. Doch ist der Mythos in seiner Universalität nie als er selbst da, sondern nur mehr wie die Derrida'sche Spur: „Elle s'efface en se présentant, s'assourdit en résonnant, comme le *a* s'écrivant, inscrivant sa pyramide dans la différance."[476]

Gottfried Benn fordert zum Versehen einer „Teilfunktion" auf, da „voluminöse Allheit […] ein archaischer Traum [ist,] mit der heutigen Stunde nicht verbunden"[477]. Das Nicht-Vollendbare erscheint auch danach als ein Zug der Ersatzhandlung[478] und der Ersatzheimat[479] Nachdichtung. Gleich in mehrfacher Hinsicht wird also die Nachdichtungsarbeit für Fühmann ein Ort der Kompensation des sprachlichen Verlustes der urpoetischen Kindheitslandschaft

---

[469] Ebd.
[470] *22 Tage*. WA 3, S. 421.
[471] Ebd.
[472] Ebd.
[473] Celan, *La poésie*. GW 3, S. 181.
[474] Ders., *Der Meridian*, S. 9.
[475] Vgl.: *Das mythische Element in der Literatur*. WA 6, S. 121.
[476] Derrida, *La différance*. Marges, S. 24. (Hervorhebung i. Orig.)
[477] Benn, *Probleme der Lyrik*. StA VI, S. 32.
[478] Vgl.: Hegyi, *Fühmann zu Gast*. BR 15 (1981) 48, S. 9.
[479] Kárpáti spricht von Ungarn als „temporäre[m] Exilland" für Fühmann. (*Fühmanns nachdichterisches Scheitern*. Drei Raben (2003) 4-5, S. 44)
Im *Pariser Gespräch über die Prosa der DDR* hingegen urteilt Prévost eher allgemein: „Ich glaube, wenn wir uns in dieses Phänomen der Standortveränderung vertiefen, werden wir finden, daß es sich nicht um eine Flucht handelt." Barbes weist im selben Zusammenhang auf Fühmanns Ungarn in *22 Tage* hin. (beide: SuF 28 (1976) 6, S. 1164-1192, hier S. 1178).

Böhmen. Dort kann sich Fühmann lyrisch betätigen, was ihm hier durch das selbst auferlegte Verbot verwehrt bleibt. Der Ort der Nachdichtung ist damit sowohl jener „mittlere[...] Punkt [...] des Übersetzers"[480] zwischen Original und Nachdichtung als auch dritter Ort einer lyrisch-sprachlichen Heimat, die dem Lyriker Franz Fühmann abhanden gekommen war. So gilt das Versorgen seiner Teilfunktion bei der Lyrikübertragung als Ausgehen von der für Original und Nachdichtung universalsprachlich gleichen Idee,

> [...] die der wahre, aber unsichtbare Vater des Werkes ist, (das) nur die endlose Serie seiner eigenen Metamorphosen [ist], und [...] auf dem Wege über seine verschiedenartigen Epiphanien dahin [tendiert] universal zu werden, mit seinem Archetypus übereinzustimmen, wie eine mathematische Serie sich dem Unendlichen nähert, ohne es jemals zu erreichen.[481]

Die Arbeit des Nachdichters erscheint bei Fühmann als eben dieser offene Prozess, dessen Wesen des unvollendbar Fertigen er auch gern editorisch sichtbar und nachlesbar gehalten wüsste:

> Ein Band Übertragungen sollte so aussehen: Links das Original, in der Mitte die Interlinearübersetzung, rechts die Endfassung. Dann hätte der Leser zum Genuß die Kontrolle, der Nachdichter den heiligen Stachel möglicher Konkurrenz und der Interlinearübersetzer die verdiente Würdigung seiner Arbeit.[482]

Fühmann beschreibt an der gleichen Stelle weiterhin die widersprüchliche Spannung zwischen Übersetzbarkeit und Unübersetzbarkeit. Die immanente Widersprüchlichkeit des Nachdichtens – der Widerspruch ist auch eines der Hauptmerkmale der Mythospoetik – lässt sich hier gut erkennen. Die Spannung des nicht aufzuhebenden Widerspruchs und die unlösbare Lösbarkeit des Übersetzungsproblems als eines ersten Ortes der Unerreichbarkeit und Unabschließbarkeit erweisen sich als zentrale poetische und poetologische Probleme Fühmanns. Dazu ist die briefliche Verhandlung über die verschiedenen Versionen Teil des eigentlichen Textes der Nachdichtung und Übersetzung. Die umfangreiche Korrespondenz z.B. zwischen Fühmann und Kárpáti[483] erlaubt dabei nicht nur zum Teil den Weg zu einer der gedruckten Gedichtfassungen nachzuvollziehen. Sie ist in ihrer Summe vielmehr die *Über*setzung und die *Übersetzung* selbst, ganz so, wie es etwa die vier nebeneinander abgedruckten Nachdichtungsvarianten des Gedichtes *Ugyanaz* von Nemes Nagy[484] zeigen. Dort wird Übersetzung in ihrem Vollzug selbst gegenwärtig. Dem Lesenden ist scheinbar die Entscheidung für eine der Versionen aufgegeben, die er für die passende, adäquate oder geglückte hält.

---

[480] Schleiermacher, *Methoden des Übersetzens*. KGA 11, S. 75.
[481] Jean Paris zitiert nach Levý, Jiří: *Die literarische Übersetzung*. Theorie einer Kunstgattung. Frankfurt/M. 1969, S. 29.
[482] Fühmann, *Kleine Praxis des Übersetzens*. Mitteilungen der Akademie 8 (1969) 3, S. 9.
[483] Vgl.: Fühmann, *Briefe aus der Werkstatt des Nachdichters 1961-1984*. Leipzig 2007.
[484] Vgl.: Nemes Nagy, *Ebendieser*. Dennoch schauen, S. 72ff.

Doch bleiben ihm bei der Entscheidung noch jene drei anderen (sowie weitere andere) bestehen, deren Stellenwert als Variante eben kein anderer ist als der der gewählten. So bleibt es hier auch dem Lesenden (für sich) aufgegeben zu sagen, wie er versteht. In dem Gesamttext aus Original und Nachdichtungen werden dessen einzelne Nachdichtungsschichten erkennbar. Anhand dieses offen daliegenden Prozesses der Nachdichtung ist die Aufgabe des Nachdichters noch dem Lesenden mit übertragen, so dass die unabschließbar das Original umkreisende Bewegung erkennbar wird, in der die Offenheit jeder Nachdichtung sich ausdrückt.

Das immer Unfertige der Lyrik übersetzenden Nachdichtung beschreibt so ein utopisches τέλος, das noch allzu deutlich nicht ein Vergebliches der Nachdichtung beschreibt, sondern einen ‚différance-artigen' Raum offen hält. Es ist bei und für Franz Fühmann in der Abkehr vom abgelegt Endgültigen der Märchenpoetik die Erfahrung des Offenen, das die Unmöglichkeit seiner Vollendung im „es ist nichts, es ist alles übersetzbar"[485] aufweist. So ist die Nachdichtung ihr eigener Intertext, da sie jene ‚silence' des Originals wortreich reproduziert und zeigt. Ihre Existenz ist noch im Angesicht des Originals nicht dessen Anwesenheit, nicht diese ‚silence', in der Form, Kohärenz und Verständigung annimmt, „ce qui parle sans commencement ni fin"[486]. So gesehen erreicht aber die künstlerische Textnachbildung eine Teilhabe am endelos Sprechenden des Originals, indem sie gerade ihre Inkongruenz mit dem Originaltext zeigt, zu dessen Textraum die Nachdichtung freilich hinzugehört. Insofern auch erscheinen Fühmanns Ortsbesichtigungen an den Schauplätzen manch eines Gedichtes im Lichte einer geradezu folgerichtig räumlichen Annäherung an den jeweiligen Text. Jenes ‚itt' der *Óda* spricht sich als Lokaldeixis von dem durch Attila József gesetzten lyrischen Ich her und setzt auch die Stelle des Textes. Dessen Nachempfindung im ‚hier' der Nachdichtung trifft gewissermaßen notwendig ein ‚hier', das sich durch Fühmanns Besuch im Bükkgebirge biographisch auffüllen und etwa durch das Konvolut eines Notizheftes[487] zudem ergänzen ließe und das gleichsam die Nachdichtung an seinen Platz stellt, den nun nicht mehr Józsefs ‚itt' bezeichnet, sondern in der Übertragung – ‚hier' – den nachdichterischen Brückenschlag erkennen lässt. Was sich dort gibt, spricht sich nunmehr aus und soll doch meinen, was sich im Sprechen und der Sprache des Originals gäbe. Dessen Gegebenes freilich soll sich als die Nachdichtung finden, die immer die Anwesenheit des Originals will. Dies illustriert Fühmanns Forderung, Nachdichtungen idealerweise immer durch Original und Interlinear-

---

[485] Fühmann, *Kleine Praxis des Übersetzens*. Mitteilungen der Akademie 8 (1969) 3, S. 9.
[486] Blanchot, *L'espace littéraire*, S. 22.
[487] Im Fühmann-Nachlass befindet sich ein Heft mit mehreren Seiten schwer entzifferbarer Notizen von des Autors zweiter Ungarnreise (1964). Es enthält u.a. eines deutsche Übersetzung eines Teils von Attila Józsefs *Curriculum vitae* sowie Aufzeichnungen zu Lillafüred und zu Attila József. (ZLB, Sammlung Fühmann [Nachlass], Nr. 106.) Ein vollständige deutsche Übertragung von *Curriculum vitae* von Géza Engl findet sich in dem erweiterten Band: József, Attila: *Gedichte*. Auswahl. Budapest 1978³, S. 5-9.

version ergänzt zu publizieren. Zudem würde damit materiell jene Unabschließbarkeit im Prozess der nachdichtenden Übersetzung festgehalten, deren Ergebnis die fertigen Nachdichtungen vorgeblich darstellen. So sind die zahlreichen Nachdichtungen immer erneute Evidenz für ihre Möglichkeit und Unmöglichkeit, vor allem aber tragen sie zum Originalgedicht die Unterstreichung von dessen Existenz bei. Letztere ist mit Blanchot dessen eigentliche Aussage: „Ce qu'elle (l'œuvre littéraire, S.K.) dit, c'est exclusivement cela: qu'elle est – et rien de plus [...]."[488] Hierbei bleibt weiterhin entscheidend, dass sich jenes ‚œuvre' in seiner Einsamkeit nicht nur der Reproduktion[489] entzieht, sondern darüber hinaus „a pour premier cadre cette absence d'exigence qui ne permet jamais de la lire achevée ni inachevée."[490] Die Nachdichtung ist somit nur als etwas Fragmentarisches zu denken, das die Anwesenheit eines Anfangs aufnimmt und zeigt, der in der Realisierung eines ‚poème', eines ‚œuvre littéraire', sich als ein dem Unbeendbaren und Unaufhörlichen Abgehorchtes gibt.[491]

---

[488] Blanchot, *L'espace littéraire*, S. 14f.
[489] Mit ‚Reproduktion' ist hier weder der Benjamin'sche Begriff der, zumal, technischen Reproduzierbarkeit (vgl.: *Das Kunstwerk im Zeitalter seiner technischen Reproduzierbarkeit. [Zweite Fassung]*. In: Ders.: Gesammelte Schriften (GS) Bd. VII/1. Frankfurt/M. 1991, S. 351-384.) noch der von Gadamer verwendete Begriff der Wiederholung (vgl.: *Grundzüge Hermeneutik*. GW 1, S. 396.) gleichzusetzen.
[490] Blanchot, *L'espace littéraire*, S. 15.
[491] Vgl. dazu: Ebd., S. 15 u. 35f.

II. „Könnte man eine Straße, ein Viertel, eine Stadt, ein Land durch die Gedanken, Träume, Erinnerungen, Gefühle beschreiben, die einem in ihrem Bannkreis kommen?" – Der τόπος Budapest und *22 Tage oder Die Hälfte des Lebens*

II.1 „Nel mezzo del cammin di nostra vita / mi ritrovai per una selva oscura, / ché la diritta via era smaritta."

Der Weg durch die sich schreibenden Orte, die Topographien in Franz Fühmanns Werk führt in großer Nähe zum Komplex Nachdichtung in die Dichtung des bedeutsamen Außen von Budapest. Die diariumartige Textspur einer Spurensuche, wo biographisch sich zunächst keine Spuren befinden, entwirft einen städtischen ‚espace littéraire', dessen deiktische Markierung einen ‚τόπος τρίτον' anweist, der vom Titel her eine temporale Markierung betont. Was aber der Text noch in der expliziten Entbehrung eines Endes ausspricht, ist der textuelle Raum eben jener elegischen Hölderlin-Frage an der *Hälfte des Lebens*, die dessen Gedicht in der zweiten Strophe vorbringt:

> Weh mir, wo nehm' ich, wenn
> Es Winter ist, die Blumen, und
> Den Sonnenschein,
> Und Schatten der Erde?[492]

Es ist bereits in dieser intertextuell vermittelten Thematisierung eines Heterochronischen die im Höhlenraum von Budapest sich vollziehende Suche angekündigt, deren Heterotopie die ungarische Hauptstadt als einen Ort „du temps qui s'accumule à l'infini"[493] darstellt.

Fühmanns Weg nach Ungarn setzt schon mit der Ortsveränderung eine Bewegung ins Andere. Als Text der *22 Tage* ist dies die Exposition jenes „eigentlichen Eintritt[es] in die Literatur"[494], dessen Signum Fühmann dem Text im zehn Jahre nachträglichen Kommentar gibt. Fühmann bemerkt dort auch, er sei anders aus diesem Buch herausgekommen als hineingegangen, was noch im Nachhinein jenen Barlach-Satz bestätigt: „Alle Wege sind recht, man muss nur zugehen." [495]

---

[492] Hölderlin, *Hälfte des Lebens*. In: StA 2,1, S. 117.
[493] Foucault, Michel: *Des espaces autres*. In: Ders.: Dits et écrits 1954-1988. Tome 1, 1954-1969. Éd. établie sous la direction de Daniel Defert et François Ewald. Paris 1994, S. 752-762, hier S. 759.
[494] Fühmann, *Gespräch Schoeller*. Katzenartigen, S. 363.
[495] Fühmann zitiert diesen Satz in: *22 Tage*. WA 3, S. 451.

II. Der τόπος Budapest und *22 Tage oder Die Hälfte des Lebens*

Einen Weg gehen und ihn sich im Gehen gangbar zu machen, d.h. mit Dante[496] auch vom Verlust eines geraden Weges ausgehend folgender Verschlingungen und Verwinkelungen eingedenk sich zu bewegen; dies entbirgt bei Fühmann die unvollendbare Offenheit seines Textes. Indem dieser Aspekt einer Wiedergabe bzw. gar einer Anwesenheit der „Prosa der Welt"[497] formal wie inhaltlich betont wird, wird die Gegenwärtigkeit Budapests erreicht, voll der Implikationen, die jene an der Hälfte des Lebens enthält.

Am Eintritt schon ist die „akustische Höhle"[498] dieses Textes der Stadt dem unterirdischen Ausgang ins Bergwerk verwandt, – als Eingang in das Artifizielle eines Textes, der damit einen Ausgang aus der Lesbarkeit eben jener weltlichen Prosa[499] markiert.

---

[496] Titelzitat dieses Abschnitts: Dante Alghieri: *Divina Commedia. Inferno, V. 1-3.* (zitierte Ausgabe: Dante Alghieri: *Divina Commedia.* Edizione integrale. Introduzione di Italo Borzi. Commento a cura di Giovanni Fallani e Silvio Zennaro. Roma 2003^4.)
[497] Hegel, Georg Wilhelm Friedrich: *Werke* [20 Bde.]. Bd. 13, Vorlesungen über die Ästhetik I. A. d. Grundl. d. Werke v. 1832-1845 neu ed. Ausg. Frankfurt/M. 1999^6, S. 199.
[498] Blumenberg, Hans: *Höhlenausgänge.* Frankfurt/M. 1996, S. 80.
[499] Zu erinnern wäre in diesem Kontext auch an Christa Wolfs Ausführungen in *Ein Tag im Jahr*, die sich freilich auf das eben zu veröffentlichende Tagebuch beziehen und vor deren Hintergrund die Lesbarkeit von *22 Tage* eine andere Funktion erhielte: „Subjektivität bleibt wichtigstes Kriterium des Tagebuchs. Dies ist ein Skandalon in einer Zeit, in der wir mit Dingen zugeschüttet und selbst verdinglicht werden sollen; auch die Flut scheinbar subjektiver schamloser Enthüllungen, mit denen die Medien uns belästigen, ist ja kühl kalkulierter Bestandteil dieser Warenwelt. Ich wüßte nicht, wie wir diesem Zwang zur Versachlichung, der bis in unsere intimsten Regungen eingeschleust wird, anders entkommen und entgegentreten sollten als durch die Entfaltung und auch die Entäußerung unserer Subjektivität, ungeachtet der Überwindung, die das kosten mag." (Wolf, Christa: *Ein Tag im Jahr. 1960 – 2000.* München 2003, S. 7f.)

II.2 Dialektik von Beginn und Ende – „Ostbahnhof, Bahnsteig A, Nord-Süd-Expreß, 23.45 –"

Mit dieser Initialzeile[500] hat Fühmann die exponierte Markierung eines Beginns in die Schrift gesetzt. Der Augenblick der Abfahrtszeit stellt den Beginn der Reise als Ort des Textanfangs aus. Gelesen werden muss dies aber zugleich als Stelle, die jenen „eigentlichen Eintritt in die Literatur"[501] anzeigt. Der Ort des Bahnhofs[502], der im Zugleich der Möglichkeiten von Abfahrt und Ankunft immer einen Topos des Anfangs wie des Endes darstellt, ist hier nicht bloße Kulisse. Vielmehr gibt das Nebeneinander dreier Himmelsrichtungen auch noch dessen geographische Bestimmung als „Kreuzpunkt"[503] frei. In der Angabe des Zeitpunktes freilich überwiegt zunächst die Bedeutungskomponente eines Beginnenden durch deren Anordnung als sichtbaren Teil des Textbeginns. Für sich genommen lässt sich anhand dieser ersten Zeile nicht klar entscheiden, ob die Uhrzeit einen Beginn oder ein Ende bezeichnet. Allenfalls noch ließe sich der hernach gesetzte Gedankenstrich als schriftlicher Ausdruck für ein mit der Zeitangabe Beginnendes nehmen. Inhaltlich wird hier ein Zeitpunkt gezeigt. Eben dieser befindet sich zudem in erkennbarer zeitlicher Nähe zu einem Ende, nämlich dem Tagesende des als Teilüberschrift gegebenen 14.10. Die erzählte Zeit des Folgenden umfasst fünfzehn Minuten, die als eine Art Tagesrest die Eröffnungsszenen des ersten der *22 Tage* ausmachen. Indem das Aufhören des ersten Tages hier noch dokumentiert wird, zeigt sich ein gleichzeitiges Anfangen eben von Text und Reise. Es ist dies so bereits Signum von Kontinuität und Wandlung – zentrale Themen des Textes – d.h. von Vorgängen, bei denen am Wendepunkt punktuelle Gleichzeitigkeit von Ende und Beginn sich zeigt, und zwar dem Ende eines jenseits des Wendepunktes liegenden Bereiches, von dem aus sich die Wandlung (kontinuierlich) in einen diesseitig beginnenden anderen vollzieht. Der eigentliche Moment, d.h. Ort bzw. Punkt der Wandlung ist als solcher nicht darstellerisch greifbar und immer nur in seinem Danach annähernd begreifbar.[504] Die Ortlosigkeit innerhalb einer Entwicklung

---

[500] *22 Tage*. WA 3, S. 283.
[501] Ders., *Gespräch Schoeller*. Katzenartigen, S. 363.
[502] Später taucht in *22 Tage* nochmals eine Eisenbahnmetapher auf, die auf die Offenheit der Richtungen zu beziehen ist: „Diese offenen Punkte könntest du doch mit einer Drehscheibe auf dem Bahnhof vergleichen: Der Lokomotive, die drauf steht, sind alle Gleise offen." (*22 Tage*. WA 3, S. 385) Beim Bild der Drehscheibe bliebe zu überlegen, inwiefern sich darin die Rezeption von Nemes Nagys Gedicht *Die Umgestaltung eines Bahnhofs* wiederfinden lässt. (Vgl.: Nemes Nagy, *Egy pályaudvar átalakítása*. Összegyűjtött versei, S. 118-120; dies., *Die Umgestaltung eines Bahnhofs*. Dennoch schauen, S. 65-67.)
[503] *22 Tage*. WA 3, S. 287.
[504] Vgl. zu diesem Problem auch die Überlegungen im Trakl-Essay: „[...] Wandlung. Die Gegenwart wird dann phantastisch jäh zum Offensein nach überallhin, also auch in die Vergangenheit. Es ist der Augenblick des Sprungs, den man nicht anders schildern kann als

charakterisiert ihn. Er ähnelt darin jenem Moment des eigentlich unaussprechlichen Umschlagens, das Proust in das Aussprechen des ‚Je m'endors' zu Beginn der *Recherche* gefasst hat. Der Anfangssatz wirkt in der Präzision der in und mit ihm gemachten Angaben dazu wie ein Halten jenes Zeitpunktes in der Schrift bzw. wie jenes Anschreiben gegen das unaufhaltsame Entwischen von Leben und Gelebtem.[505] Die Setzung eines Zeitpunktes, dieses Zeitpunktes, mag auch einen Zusammenhang mit dem Aufruf Maxim Gorkijs besitzen, auf dessen Erneuerung Christa Wolfs *Ein Tag im Jahr* zurückgeht. Nicht die genaue und genauste Deskription eines solchen 27. Septembers als eigentlich vergebliches Halten Wollen[506], sondern die Exposition eines Wendepunktes drückt Fühmanns Beginn aus. Im Auszeichnen dieses Eintritts soll vollzogen werden, was Joyce als Stelle eines ‚here' zeigt, deren temporale Marke ein unaufhaltsames Dem-Vergangenen-Anheimfallen ist, das im ebenso unerfassbaren Moment der Hälfte des Lebens steht wie Joyce' appellatives „Hold the now, the here, through which all future plunges to the past."[507] Fühmanns Reflexion des anfänglich aufgerufenen Zeitproblems schließt sich unter dem 15.10. an und nimmt die Fragestellung vor dem Hintergrund des Übergangs von einem zum andern Tag in der Mitternacht[508] auf. Als „Mitte zwischen zwei Grenzen" erscheint dieser „dauerlose Zeitpunkt" als liminale Situation, die den Vorfall des Präsens enthält. Fühmanns Überlegung, ob „es Sprachen gibt, die solche Verben haben, also nur mit Zukunft und Vergangenheit"[509], lässt bereits das Darstellungsproblem gewahren, welches nach dem Aussprechen eines Gegenwartslosen fragt. Als Anwesenheit von eben diesem erscheint ja bereits der ‚plunge' der Initialzeile.

Die textliche Gegenwart eines Zeitlichen aber wird noch mit der pünktlichen Ankündigung des Tagesendes in den Vollzug der Lektüre gestellt: „Ein Blick auf die Uhr bestätigt: Die Zeit geht auf die Sekunde genau!"[510] Auf die Sekunde genau spricht sich hier der Inhalt im zeitlichen Nacheinander des Satzes aus. Dies freilich erscheint im Nebeneinander einer Gleichzeitigkeit von schriftlicher Anwesenheit. Das Moment des sich sagenden Nacheinander gibt sich hier durch

---

durch das genaueste Vorher und Nachher, und dazwischen die Summe der Möglichkeiten, ohne die man kein Nachher begreift." (*Vor Feuerschlünden*. WA 7, S. 32.)
[505] Vgl.: Wolf, *Ein Tag im Jahr*, S. 5.
[506] Vgl. auch: „Vergeblichkeit und Vergänglichkeit als Zwillingsschwestern des Vergessens. Immer wieder wurde (und werde) ich mit dieser unheimlichen Erscheinung konfrontiert." (Wolf, *Ein Tag im Jahr*, S. 6.)
[507] Joyce, James: *Ulysses*. London 2000, S. 238. Anmerkung: ‚suddenly' stellt eine wichtige Bedeutungskomponente des Verbs ‚to plunge' dar, so dass Joyce' Satz eine merkliche Betonung des Plötzlichen enthält.
[508] Diese Frage wird anhand des Zeitpunktes Mitternacht auch in *Vor Feuerschlünden* ausführlicher aufgegriffen. Es fällt dabei die Verbindung des Begriffes ‚Zeitpunkt' mit dessen Verständnis „als Zeit- wie auch als Ortsbegriff" auf, wenn ‚Mitternacht' „als Wort mit der Mehrzahl «Worte» [...] die Bestimmung einer auch örtlich sich manifestierenden Letzt-Zeit" ist. (Alle Zitate: *Vor Feuerschlünden*. WA 7, S. 29.)
[509] Alle Zitate: *22 Tage*. WA 3, S. 286.
[510] Ebd., S. 285.

II.2 Dialektik von Beginn und Ende

den Text und dessen Anordnung gleichermaßen. Auf die Ankündigung der Mitternachtsstunde folgt noch jener Satz, der das Vergehen der sekundengenauen Zeit ist, ganz wie Christa Wolf in den einleitenden Zeilen über ihren siebenundzwanzigsten September für sich erläutert: „Während ich diesen Satz schreibe, vergeht Zeit; gleichzeitig entsteht – und vergeht – ein winziges Stück meines Lebens."[511] Weiterhin ähnelt dem jenes Beispiel, mit dem Stephen Daedalus im *Ulysses* die Unterscheidung gerade zwischen nach- und nebeneinander vorführt, indem er die temporale Abfolge seiner Schritte und der dadurch erzeugten Geräusche beobachtend kommentiert: „A very short space of time through very short times of space. Five, six: the *nacheinander*. Exactly: and that is the ineluctable modality of the audible."[512] Als sprachliche Simulation eines zu denkenden Blicks auf das Zifferblatt steht Fühmanns Satz, zu dem Joyce' sich als eine Art Kommentar lesen lässt.

Der Trost, den die Bewegung des Bahnhofsuhrzeigers vermittelt, unterstreicht das zweifach wiederholte „wackre heile Welt"[513], deren ausgesprochene Gegenwart diese ersten Seiten sind. Die Metonymien dieser Welt sind Abschiedsszenen, die den Ort Bahnhof angemessen ausgestalten und als deren mythischer Typus – in der Rolle des Bahnhofsvorstehers – Epimetheus eher denn Prometheus bestimmt wird. Dass hier beide Titanenbrüder nebeneinander erscheinen, erinnert freilich an deren bereits in ihren Namen festgeschriebene gegensätzliche intellektuelle Wahrnehmungsfähigkeiten. Diese disponieren sie wohl auch entsprechend zur Ausübung der Funktion des Zugabfertigers bzw. im Falle von Prometheus gerade nicht dazu. Fühmann zeigt diese beiden ja in *Prometheus. Die Titanenschlacht* mit den Gaben des (begrenzten) Voraussehens bzw. der träumenden bildhaften Erinnerung, die sie jeweils deutlich charakterisieren: Prometheus erhält von Gaia im ersten Kapitel die Kraft, „in die Zukunft (zu) schauen, und [...] dort (zu) sehen, was der Welt und (ihm) bevorsteht"[514]. Prometheus möchte seinen Bruder Epimetheus der gleichen Fähigkeit teilhaftig werden lassen, doch muss er „überrascht und enttäuscht zugleich" feststellen, dass Epimetheus zwar „besser als je zuvor"[515] sieht – doch eben das Vergangene.[516] In mythischem „Interieur mit echten Wolken"[517] zeigen sich diese beiden Figuren demnach als Allegorien des Vergangenen und der Zukunft. Ihr kurzer Auftritt ist in das Jetzt am Beginn der *22 Tage* gestellt. Die Titanenbrüder vertreten jeweils temporal bestimmte Wahrnehmungsweisen, Epimetheus eine mit geöffneten Augen zurückblickende und Prometheus eine wissensdurstig vorwärts gewandte.

---

[511] Wolf, *Ein Tag im Jahr*, S. 5.
[512] Joyce, *Ulysses*, S. 45. (Hervorhebung i. Orig.)
[513] *22 Tage*. WA 3, S. 283 u. 285.
[514] Ders.: *Prometheus. Die Titanenschlacht*. In: WA 4, S. 109-327, hier S. 120.
[515] Ebd., S. 149.
[516] Die Erwähnung beider Figuren ist in *22 Tage* noch ein Vorgriff, da der erste Teil des auf fünf Bände angelegten Prometheus-Romans 1974 erscheint.
[517] *22 Tage*. WA 3, S. 284.

Als auffällig erscheint hier das Anschlagen einer ganzen Reihe von Motiven[518], Fragen und Intertextualitäten[519], die die *22 Tage* bestimmen. In dieser Ouvertüre zum Text steht das genannte Mythenmaterial z.b. neben einer Theoretisierung des Zeitlichen, die das Thema Wandlung vorbereitet. Der Weg nach Ungarn, gegangen wie nach dem Rat Barlachs, ruft jenen zur Hälfte beschrittenen Lebensweg bei Dante[520] auf. Mit dem Titel bereits angesprochen, stellt ein erstes Bild auch die Verknüpfung mit einer Szene der *Divina Commedia* her, an die drei von Fühmanns Paradiesbewohnern direkt erinnern. Die Reihenfolge ihres Auftretens ist im Vergleich zu Dante umgekehrt und bei Fühmann wird aus dem Panther ein Leopard. Die drei Raubtiere sind Inventar eines Bahnhofsparadieses, in dem sie in friedlicher Eintracht mit den sonst Gejagten „ganz ohne Arg"[521] liegen. Allerdings ist dieses Paradies ein gänzlich märchenhaftes, in dem es keine Schlange gibt und das sich durch die utopische Eintracht auszeichnet, die sonst nur das gute Märchenende hervorbringt. Es ist eine utopische, heile Welt, die sich aus der fahrplanmäßigen Regelmäßigkeit eisenbahnerischer Arbeit und des Bahnhofsgeschehens ableiten ließe. Der Hinweis auf Dante erscheint hier folgerichtig umgekehrt: Denn in der *Divina Commedia* verstellen Panther, Löwe und Wölfin zunächst den Weg zur *inferno*, Hölle, eher einem Ort des Endes, wohingegen das Paradies als deren Gegenort auch einer des biblischen Beginns ist, ein mythischer erster Ort des Menschen (bei Dante ist das *paradiso* freilich der dritte). Die friedlich-utopische Atmosphäre dieses Paradieses in *22 Tage* aber belegt Fühmann mit einer nachgeschobenen ironischen Bemerkung: „Man sollte vielleicht noch Palmen einbaun"[522]. Das seltsame Bild eines Paradieses mit eisenbahnerischer Geregeltheit unter Palmen wird hier gezeichnet als Ausdruck einer trivial ironisierten Sehnsucht nach einem südlichen Paradies unter Palmen und zugleich jener heilen Welt, die sich durch Überschaubarkeit und Widerspruchslosigkeit so sehr auszeichnet, dass sie durch ein Moment des Ironischen

---

[518] Darin wäre eine Verbindung zum Bergwerk zu sehen, wo im Materialabschnitt unter *Kupfer* die „Fahrt zum Nordfeld" eine „Ouvertüre" darstellt, in der „alle Motive an[ge]schlagen" werden sollen. (alle Zitate: *Im Berg*, S. 140.)
[519] Zum Begriff der Intertextualität vgl. auch dessen Horizont zwischen den Problematisierungen und Definitionen etwa bei Genette, Gérard: *Palimpsestes. La littérature au second degré*. Paris 1992, besonders S. 7-16; Lachmann, Renate: *Ebenen des Intertextualitätsbegriffs*. In: Stierle, Karlheinz / Warning, Rainer (Hrsg.): Das Gespräch. München 1984, S. 133-138; Lachmann, Renate: *Zur Semantik metonymischer Intertextualität*. Das Gespräch, S. 517-523; Stierle; Karlheinz: *Werk und Intertextualität*. Das Gespräch, S. 139-150; Zima, Peter V.: *Formen und Funktionen der Intertextualität in Moderne und Postmoderne*. In: Csáky, Moritz / Reichensperger, Richard (Hrsg.): Literatur als Text der Kultur. Wien 1999, S. 41-54.
[520] Einen Hinweis auf diese Verbindung zu Dante gibt auch György Nemes in seiner Kritik zur ungarischen Ausgabe der *22 Tage*. (*Eine aufwühlende Reise*. In: BR 10 (1976) 39, S. 10.) Er stellt dort außerdem einen Zusammenhang zu Goethes Italienreise her.
[521] *22 Tage*. WA 3, S. 283.
[522] Ebd.

II.2 Dialektik von Beginn und Ende

aufzulösen bleibt. Gar noch als Geräusch der Waggons findet sich ein „Eisenschnurren der Räder wie von Katzen"[523] als kurze Reminiszenz an die Paradiesszene wieder. In diesem Sinne und per se ist der Ort Bahnhof zugleich Ausgang und Eingang. Er ist darin schon dem Minospalast des Lukácsbades verwandt, wo der Eintritt ins Dampfbad durch eine Tür mit der Aufschrift ‚Ausgang' erfolgt. Die Rückkehr von dort in den Schwimmbereich freilich passiert durch den ‚Eingang', das Dampfbad ist also ein Außen. Das Entstehen einer Welt, d.h. den Eintritt in den Text stellt hier zunächst aber die Paradiesszene dar, die im direkten Anschluss an die vorgegebene Realität des Textanfangs gesetzt ist. Ihr Reales findet sich dort als außerzeitliche Setzung wieder, die die scheinbare Konkretheit des Anfangszeitpunktes sogleich als mythische Fiktion darbietet: „Eine Welt entstehen zu lassen, wird zum Prozeß des Eintritts in sie, gleich bedeutend mit dem Heraustreten aus dem, was sie nicht oder noch nicht ist."[524] Gerade dies geschieht durch die Anfangssequenz der *22 Tage*. Denn bereits im markierten Moment des tagebuchartigen Beginns wird ein Blick gegeben, der den Bahnhof als paradiesischen Ort nimmt und somit den Eintritt in den Text gleichsam als Hinaustreten zeigt.

Die sich wiederholende auffällige Dialektik von Beginnendem und Endendem stellt sich als Problem der Gegenwärtigkeit bzw. des Gegenwärtigen dar. Momente, Augenblicke des Abschiedes fängt Fühmann ein und gestaltet so das Interieur dieses Beginns, der in dem bereits erwähnten Versuch gipfelt, eine Kongruenz zwischen erlebter Zeit und im Text nacherlebbarer Zeit zu schaffen. Dies bereitet eine kurze Reflexion des Zeitproblems vor, in der die Frage nach dem Präsens als Zeitpunkt aufgeworfen wird. Die Überlegungen zum Zeitpunkt als „dimensionslose Zeit"[525] bleiben zwar knapp, doch führen sie direkt zur Frage nach der Darstellbarkeit, die sich als Problem des Jetzt zeigt. ‚Jetzt' sei die Versprachlichung eines Gegenwartslosen, eben jener Mitte zwischen Vergangenem und Kommendem, deren Komplementär „»da« für das Raumlose"[526] sei. Nicht zu vergessen ist hierbei, dass eben diese Überlegungen aus der Perspektive eines sich bewegenden Reisenden gegeben werden. Die Reflexion über das Gegenwartslose als Verwandten des Raumlosen findet gerade am Nicht-Ort des rollenden Eisenbahnzuges statt. Das örtlich Gegenwärtige ist dort nie gegeben, sondern eben mit einer Art Vergehen im Räumlichen geschlagen, das sonst nur dem Zeitlichen eignet. Der Versuch schriftlicher Fixierung eines zeitlich Vergehenden lässt sich als Metapher für die eigentliche Aufgabe des Textes verstehen. Die Übersetzung des Erfahrenen, auch der Erfahrung des Vergehenden, begegnet in der Selbstentfremdung des Schriftlichen.[527] Die Initialmarkierung der vergehenden Zeit der Anfangssituation ähnelt dem Beginn der *Recherche*. Dies gilt umso mehr mit Blick auf

---

[523] Ebd., S. 285.
[524] Blumenberg, *Höhlenausgänge*, S. 13.
[525] *22 Tage*. WA 3, S. 286.
[526] Ebd.
[527] Vgl.: Gadamer, *Grundzüge Hermeneutik*. GW 1, S. 394.

die aufschlussreichen Überlegungen Hans Blumenbergs, der bemerkt, im ‚Je m'endors' des als Ich erzählenden Protagonisten bei Proust zeige sich „verbal ‚verlorene', weil als unmittelbar gegenwärtig nie ‚besessene' Zeit"[528]. Den Zeitbesitz eines Schriftlichen führt Fühmann als Zeitnahme vor, die sich als Rekonstruktion eines Nu geben soll und eben im lesenden Aussprechen als verbal sich verlierende erscheint. Die Tagebuchform der *22 Tage* hat ja bereits jenen Gestus des Gehaltenen in sich, dessen Problematisierung Fühmann hier gleich zu Beginn vornimmt. Noch das „Einschlafen im fahrenden Zug" holt dann „Erinnerung aus frühesten Tagen"[529] herauf, die – zunächst nicht weiter präzisiert – doch erneut sich auf Proust berufen könnte, dessen τόπος der verlorenen Zeit bei Fühmann jedoch nur indirekt auftaucht. Das Teuflische des Zeitverlustes wird später in einer betont narrativen Passage aufgehoben, in der die Beschriebenheit der Budapester Straßen, Plätze und Orte als Erzählung des Freundes Ferenc wiedergegeben wird. Die Passage vom Anfang und die des Schlussteils ähneln sich in ihrer Offenheit auf ein Anderes, Unbekanntes, hin:

> Einschlafen im fahrenden Zug. Erinnerung aus frühesten Tagen, vielleicht aus frühesten Zeiten der Wanderschaft: gedämpftes Stampfen von vielhundert Füßen, Rhythmen, Geborgenheit, huschendes Dunkel und sanftestes Schaukeln, Geraun fremder und doch vertrauter Laute, und dazu diese seltsam körperlosen und doch so bestimmt dich an Schultern und Hüfte fassen- und führenden Schübe und Züge der Fliehkraft in den Kurven ins Unbekannte[530]

Am Schluss, am Tag vor der Abfahrt in Budapest, ist die geschobene und gezogene Bewegung ins Unbekannte zur bewussten Dimensionsänderung ins Andere geworden, die von einer (märchengemäßen) Leere her als (mythische) Narration eröffnet wird:

> [...] verlorene, unwiederbringlich verlorene Zeit. Vom Märchen weg heißt die Richtung ändern, aber habe ich noch die Kraft dazu? Die Dimension ändern heißt weder vorwärts noch zurück, es heißt, was es heißt: ins Andere ... Die Wand ist leer, der Schatten verschwunden; Sonne; Kinder; Maronen; Rosen; Ferenc erzählt von der Pester Altstadt [...][531]

Aus dem Schema des Vorwärts-Rückwärts heraus wird das Andere als Offenes gegeben. Das Narrative eines Alltäglichen ist denn auch dessen erster feiner Reflex im Gewand einer Reisebeschreibung, die sich nochmals ihrer Orte versichert. An diesem Hier, wo das eigene Schreiben eingedenk dessen der

---

[528] Blumenberg, *Höhlenausgänge*, S. 18.
[529] Beide Zitate: *22 Tage*. WA 3, S. 287.
[530] Ebd.
[531] Ebd., S. 501. Der für diesen Abschnitt zudem wichtige intertextuelle Bezug zu Voland, einer der Hauptfiguren in Bulgakows *Der Meister und Margarita*, wird in Kapitel II.4 eingehender betrachtet.

II.2 Dialektik von Beginn und Ende

Anderen geschieht, kennzeichnet sich das Nu der Lebenshälfte lapidar als „und weiter ist gar nichts"[532].

Ins Räumliche transponiert findet sich auch die Darstellung zweier scheinbar gegenläufiger linearer Bewegungen bereits zu Beginn: Der Bewegung des Zuges im Raum läuft deren Abbildung im Spiegel des Toilettenschränkchens entgegen. Beide ineinander laufenden Bewegungen lösen sich auf „in der Fuge von Spiegel und Fenster"[533]. Vorwärts und Rückwärts sind als Bewegungen durch einander aufgehoben: „Aber diese Bewegung erzeugt auch Schwindel, man kann seinen Platz nicht mehr bestimmen"[534]. Es ist die Aufhebung des Raumes in der nicht zu greifenden Mitte zwischen Spiegel und Zugfenster, aus der schließlich jenes „ins Andere"[535] erwächst. Eine „Mitte zwischen zwei Grenzen"[536] also entzieht sich dem Erreichbaren, dem Betretbaren und taucht nur ironisch im verspäteten Zug zwischen zwei Landesgrenzen[537] auf.

Gleichsam eine Mitte zwischen Alternativen ist der viel zitierte Schluss der *22 Tage*.[538] Der einzige durch ein Satzzeichen abgeschlossene Abschnitt des Buches ist aber vor allem Aussage und Anwesenheit von dessen Offenheit.[539] Die Markierung des Beginns findet sich darin als Markierung des Textendes wieder. Die zu Beginn und am Schluss zu findende Dialektik von Anfang und Ende stellt mit dieser Schlusszeile einen thematischen Rahmen der Hälfte des Lebens dar. Letztere befindet sich am Ort zwischen Anfang und Aufhören. Als Rückkehrer in den Bereich des Bekannten hat das Ich dieses Textes auch Züge von Odysseus, jenem Heimkehrer, der zwar seine Meerfahrt am Gestade von Ithaka beenden kann, sich aber in einem „offene[n] Undsoweiter der Schwierigkeiten"[540] wiederfindet. Das elementar Zyklische der *Οδύσσεια* findet sich

---

[532] *22 Tage*. WA 3, S. 502.
[533] Ebd., S. 288.
[534] Ebd.
[535] Ebd., S. 501.
[536] Ebd., S. 289.
[537] Vgl.: Ebd.
[538] „Anfangen? Oder: Aufhören?" (Ebd., S. 506.) Die Deutung dieser Zeile bei Kim greift sie als echte Frage auf und nimmt sogar ihre sehr fragwürdige Beantwortung vor, die aber schon die Reihenfolge der Fragen schlicht übersieht. (Vgl.: Kim, *Dichter des „Lebens"*, S. 149f.) Der Griff zu solcher Interpretation mag wohl in Kims Methode begründet liegen, die sich im Laufe der Untersuchung im Wesentlichen selbst bestätigen will und soll. (Vgl. etwa den deklarativ-pathetischen Schlussabsatz der Untersuchung: Ebd., S. 272.) Fühmanns Texte sind dort allenfalls Mittel am Rande der Bestätigungsrhetorik. Bereits Sigrid Damm hatte die Verbindung zwischen Fühmanns poetischer Wandlung (dort noch als Aufgabe) und dem Schluss von *22 Tage* angemerkt. Sie deutet den Schlusssatz entsprechend als Bekenntnis des Autors: „Die Aufgabe ist formuliert. Der Weg dahin liegt im Dunklen. „Anfangen? Oder: Aufhören?", so lautet der letzte Satz seines Tagebuchs." (Damm, Sigrid: „.... *nicht in der Schuld der Gesellschaft bleiben"*. In: NdL 24 (1976) 6, S. 147-163, hier S. 149.)
[539] Vgl. auch Fühmanns eigenen Hinweis auf die Verbindung von Anfang und Ende der *22 Tage* in: *Ein Roman ist die Krönung für jeden Schriftsteller. Karl Corino interviewte Franz Fühmann*. In: Deutschland-Archiv 8 (1975) 3, S. 291-294, hier S. 294.
[540] Blumenberg, *Höhlenausgänge*, S. 14.

ähnlich in Fühmanns Budapester Wegen wieder, deren Ausgangspunkt die Abschiedssituationen am Berliner Ostbahnhof sind, wohin der Reisende auch zurückfindet. In Budapest selbst folgen die Spazierwege des Erzählenden zudem verschiedentlich der durch drei Ringstraßen gekennzeichneten Stadtanlage. Ausgangs- und Endpunkt ist hier jeweils das Hotel Astoria.[541] Abfahrt und Ankunft geschehen auch in Berlin am selben Ort und letztere bedeutet dennoch das Aufwerfen der finalen Frage, die eine neuerliche Ausfahrt als Weiter enthält. Die Frage freilich steckt bereits im Beginn, der an anderer Stelle nur als geplanter auftaucht: „Und ich hatte doch diesen (unbequemen) Zug gewählt, um mit einer Schilderung Esztergoms über der Abenddonau mein geplantes Reisebüchlein zu beginnen".[542]

Allein die Schilderung selbst gibt es im Text nicht. Bereits Esztergom stellt jedoch einen eminent ungarischen Ort des Anfangs dar. Es ist der Geburtsort des ungarischen Staatsgründers Szent István.[543]

Die zyklische Bewegung des Reisenden führt am Schluss zurück in das Altbekannte, ja „Eintönig[e]"[544] der Mark Brandenburg, das der Österreicher Fühmann[545] mit „daheim"[546] bezeichnet. Aus dem Anderen Ungarns kehrt der Reisende zurück an den Ort, der ihm nicht Heimat ist und den er bewusst mit

---

[541] Das Gründerzeit-Hotel befindet sich noch heute an der Kreuzung von Rákoczi út und Múzeum körút (kürzeste, innere Ringstraße Budapests).
[542] *22 Tage.* WA 3, S. 289.
[543] König Stephan der Heilige. In Esztergom befindet sich zudem der Sitz des ungarischen Kardinal-Erzbischofs. Vgl. weiterführend zur ungarischen Geschichte: Dalos, György: *Ungarn in der Nussschale.* Geschichte meines Landes. München 2004; Tóth István Gy. (Hrsg.): *Milleniumi Magyar Történet. Magyarország története a honfoglalástól napjainkig.* [*Tausend Jahre ungarische Geschichte.* Geschichte Ungarns von der Landnahme bis in unsere Tage.] Budapest 2002; Fischer, Holger: *Eine kleine Geschichte Ungarns.* Frankfurt/M. 1999; Molnár, Miklós: *Geschichte Ungarns von den Anfängen bis zur Gegenwart.* A. d. Frz. v. Bálint Balla. Hamburg 1999; v. Bogyay, Thomas: *Grundzüge der Geschichte Ungarns.* Darmstadt 1990[4]; Benda, Kálmán / Fügedi, Erik: *Tausend Jahre Stephanskrone.* [A. d. Ungar. übers.] Budapest 1988; Hanák, Péter (Hrsg.): *Die Geschichte Ungarns von den Anfängen bis zur Gegenwart.* Budapest 1988 sowie: Bart, István: *Ungarn – Land und Leute.* Ein kleines Konversationslexikon der ungarischen Alltagskultur. Übers. v. Éva Zádor. Budapest 2000 und *Ungarn. Tausend Jahre Zeitgeschehen im Überblick.* Red. Éva Molnár. [Übers.] Budapest 1999. Fühmanns Arbeitsbibliothek enthält folgende Werke zur ungarischen Geschichte: Door, Rochus: *Neueste Geschichte Ungarns.* Von 1917 bis zur Gegenwart. Berlin 1981; Székely, András: *Illustrierte Kulturgeschichte Ungarns.* Leipzig u.a. 1979; Markos, György: *Ungarn. Land, Volk, Wirtschaft in Stichworten.* Wien 1971; Pamlényi, Ervin / Barta, István [Hrsg.]: *Die Geschichte Ungarns.* A. d. Ungar. übers. Budapest 1971; Szinnyei, Josef: *Die Herkunft der Ungarn, ihre Sprache und Kultur.* Berlin u. Leipzig 1923[2]; Schneller, D.J.F.: *Die Geschichte Ungarns.* Dresden 1829. (ZLB, Sammlung Fühmann)
[544] *22 Tage.* WA 3, S. 506.
[545] Vgl.: „Österreich […], dem sich (Fühmann) als Böhme mehr als Deutschland zugehörig fühlte." (Förster, *Franz Fühmann zu Ehren.* Es bleibt nichts anderes als das Werk, S. 5.)
[546] *22 Tage.* WA 3, S. 506. Zu ‚daheim' vermerkt der *Duden – Deutsches Universalwörterbuch* (Hrsg. v. wiss. Rat der Dudenredaktion. Mannheim 2003[5]) eine Markierung als „südd[eutsch], österr[eichisch], schweizer[isch]".

II.2 Dialektik von Beginn und Ende

einer Vokabel seiner Sprache belegt, die sich vom gebräuchlichen Äquivalent ‚zu Hause' explizit unterscheiden soll. Rückkehr ist hier also nicht eigentlich Heimkehr, worin sich eine Differenz zur erwähnten *Οδύσσεια* erweist. Um so mehr steht darin und damit die Öffnung des Textes, der in der bleibenden Frage verklingt bzw. sich weiterschreibt.[547]

Gerade das Wort, in dem sich das Textende auszusprechen scheint, enthält aber jene Komponente des „Weitermachen[s]"[548], die die erwähnte Offenheit der *22 Tage* ausweist: ‚aufhören'. Mit den Überlegungen Reinhart Herzogs wäre eben das Aufhören eine Denkform des Endes, in der sich weniger eine Abgeschlossenheit im Sinne von „τέλος, finis, Ende"[549] manifestiert, denn mehr die Kontingenz von Fühmanns Schlussvers, der das betonte Weitermachen als direkte Antwort darauf benennt. Fühmann antwortet im Gespräch mit Józsa[550] auf die von dem Journalisten an ihn gestellte Schlussfrage der *22 Tage*: „Nein, nein, keines von beiden. ‚Weitermachen'. Alles, was ich jetzt mache, ist Weitermachen."[551] Indem Fühmann die Frage nicht entscheidet, sondern einen dritten Weg wählt, gelingt gerade die Betonung des Fortsetzens, das im Aufhören enthalten ist. Zudem findet sich dies ähnlich in Herzogs Gedanken wieder:

> Wenn das Leben zwischen Kontingenz und Telos-Hermeneutik so buchstäblich sein eigenes Überleben ist, ist sein Telos, während man es lebt, Teloslosigkeit: das Aufhören.[552]

---

[547] Die Offenheit der *22 Tage*, auch im Hinblick auf folgende Texte Fühmanns, wird von Schoeller thematisiert: „[...] mit Sätzen[,] die, ohne abschließende Satzzeichen, lose Enden haben, wird ein offener Text kreiert, der schon Kontingenz mit der Zukunft des Schreibers hat: fast alle nachher ausgearbeiteten Texte sind bereits in Frage oder Umriß, im Konjunktiv und im Irrealis enthalten bis hin zum Projekt der unterirdischen Welt, in dem die Wandlung ihres Autors abbrach." (Schoeller, Wilfried F.: *Wandlung als Konzept. Franz Fühmann im monologischen Gespräch*. In: „Jeder hat seinen Fühmann", S. 25-40, hier S. 31.) Ähnlich äußert sich auch Richter in seiner Fühmann-Biografie: „Die [...] Eintragungen [...] bleiben durchweg ohne ein abschließendes Satzzeichen und locken den Leser gleichsam in offene Räume; dies bleibt durchgehendes Prinzip." (Richter, *Dichterleben*, S. 271.) Auch Irmgard Wagner beschreibt die Reise der *22 Tage* als „eine Ausfahrt ins Offene". (Wagner, *Nachdenken über Literatur*, S. 27.) Zur Offenheit des Textes vgl. außerdem die Betrachtung der intertextuellen Zusammenhänge mit Joyce' *Ulysses* in Kapitel II.4.
[548] Fühmann in: Józsa, *Weitermachen*. BR 11 (1977) 48, S. 10.
[549] Herzog, Reinhart: *Vom Aufhören. Darstellungsformen menschlicher Dauer im Ende*. In: Stierle, Karlheinz / Warning, Rainer (Hrsg.): *Das Ende. Figuren einer Denkform*. München 1996, S. 283-329, hier S. 327.
[550] Auf die unterschiedlich ausführliche bzw. korrekte Wiedergabe der ungarischen und deutschen Versionen dieses Gespräches wurde unter Kapitel I.6 hingewiesen. Diesen Fall betreffen die Unterschiede jedoch nicht.
[551] Fühmann in: Józsa, *Weitermachen*. BR 11 (1977) 48, S. 10.
[552] Herzog, *Vom Aufhören*. Das Ende, S. 327. Mit der Frage der Teleologie des menschlichen Seins beschäftigt sich Fühmann auch im Mythos-Essay. (Vgl.: *Das mythische Element in der Literatur*. WA 6, S. 125f.)

Etymologisch reflektiert ergibt sich der Zusammenhang mit ‚aufhorchen‘, was eine Umlenkung von Aufmerksamkeit meint, die dem Weitermachen ähnelt. Es ist das Ablassen von etwas, das sich in der Schlussgeste der *22 Tage* findet und das Herzog allgemein im Aufhören identifiziert:

> Denn mit etwas aufzuhören, so die Brüder Grimm, ist nur möglich, wenn wir gehorchen, auf eine Stimme hören. Wir hören also auf alle Instrumente der τέλη. Nur indem wir ihnen folgen [...], wie der kafkasche Sancho seinem Ritter, können wir wirklich die Hände von etwas lassen, besonders von uns selbst. Nur so hören wir auf.[553]

Das Ende der *22 Tage* zeigt das aufhörende die-Hände-von-einer-Subjektivität-Lassen als Weiter. Es ist dies noch immer auch die dialektische Bezeichnungsübung, die sich bei Fühmann hier erkennen lässt. Auffällig ist dabei nicht nur die bereits angedeutete Variante der Rückkehr, sondern vor allem die Markierung der Textgrenze in der bekannten Zeile, für die Gerd Irrlitz' Feststellung gilt: „[E]ine Grenze bezeichnen heißt sie überschreiten. Wie Ende neuen Anfang, so schließt darum Endlichkeit das Unendliche ein."[554] So gesehen erscheint Fühmanns *22-Tage*-Schluss gar als eine Art Spiel mit der bereits im Beginnen gegebenen materiellen Endlichkeit des Textes, die den Raum in ein Danach öffnet, das jene Teloslosigkeit wäre, und τέλος bedeutet unter anderem Vollendung.

Eben das Problem dieser aber hatte sich bereits zuvor gestellt. Mit „nichts kannst du fassen"[555] schloss dort der Versuch darstellerischer Totalität.[556] Dies mag sich weniger als Scheitern eines literarischen Versuchs in *22 Tage* lesen lassen, denn mehr als Ausdruck des erwähnten Aufhörens, das sich als Gehorchen zeigt. Der Versuch, ein Totum zu schaffen, erweist sich so bereits als unabschließbar. Die folgende Freifläche drückt gar medial diese Unabschließbarkeit aus. Zwischen literarischem und poetologischem Tun befindet sich ihre Stelle quasi „tief im glühenden / Leertext"[557]. Die Nicht-Fassbarkeit als Unabschließbarkeit liefert so die als Gegenwärtigkeit unmögliche Fassung einer Präsenz. In der Schriftlichkeit zu diesem Augenblick liegt das Problem seiner Abwesenheit und damit der Abwesenheit dessen, was der Text hatte fassen sollen. Die detaillierte Bedachtheit auf Präzision schiebt sich noch zwischen Wahrnehmung und Text der Nicht-Fassbarkeit, denn:

---

[553] Herzog, *Vom Aufhören. Das Ende*, S. 327.
[554] Irrlitz, Gerd: *Die wesentliche Täuschung vom Ende*. In: Das Ende, S. 330-358, hier S. 341.
[555] *22 Tage*. WA 3, S. 498.
[556] Vgl.: Ebd., S. 495-498. Es sei angemerkt, dass Fühmann das Totalitätsproblem schon in seinem Brief an den Kulturminister der DDR, Hans Bentzien, aufgreift: „Immer noch wird vom einzelnen Werk gefordert, was nur die Totalität unserer Literatur geben kann, nämlich die Totalität des Lebens." (Fühmann an Hans Bentzien am 1. März 1964. In: Fühmann, Briefe, S. 38.)
[557] Vgl. die Zeilen in Paul Celans Gedicht *Die Posaunenstelle*: Die Posaunenstelle / tief im glühenden / Leertext, / in Fackelhöhe, / im Zeitloch: // hör dich ein / mit dem Mund. (Celan, GW 3, S. 104.)

II.2 Dialektik von Beginn und Ende

> Je präziser, das heißt in der Abbildung genauer und in der Messung exakter, desto abwesender der Augenblick: Keiner lässt sich zerlegen oder durch eine noch so ausgefeilte Technik ansichtig machen.[558]

Was Fühmann vorführt, ist in dem vergeblich totalen Darstellungsversuch jene Undarstellbarkeit eines Gleichzeitigen demgegenüber die τέχνη des Literarischen eine Unzulänglichkeit aufweist, die auch in jenes ‚Anfangen? Oder: Aufhören?' mündet. „[N]ichts kannst du fassen"[559] deutet auf das Problem des erstens Technischen der τέχνη, in dem die Passage als Nicht-Fassbarkeit zurückbleibt. Die Dysfunktion der Totalitätspassage liegt nicht im expliziten Nachholen, sondern in dem eigentlichen Fehlen des Ereignens, des „glückliche[n] Augenblick[s]"[560]. Dies ist allerdings nicht etwa ein kompositorischer Fehler, sondern Lösung von der Forderung nach Totalität des Lebens in der Literatur.[561] Fühmann führt hier deren poetische Impraktikabilität und literarische Inadäquatheit vor, indem er sein Schreiben des Wirklichen gerade als Problem eines subjektiven Nicht-Fassen-Könnens zeigt. Dies steht eben Lukács' „Hauptforderung an alle nicht auf abstrakten Formprinzipien basierenden, also mehr als bloß dekorativen Künste"[562] entgegen. Diesem Prinzipium gemäß

> ist das Schaffen einer »Welt«, ein solches Fixieren der widergespiegelten Wirklichkeit, daß die das Werk aufbauenden, vollendenden Bestimmungen zu einem abgeschlossenen und abgerundeten konkreten und sinnfälligen Abbild der Totalität der objektiven Bestimmungen der Wirklichkeit werden.[563]

---

[558] Mersch, *Ereignis und Aura*, S. 73.
[559] *22 Tage*. WA 3, S. 498.
[560] Bohrer, Karl Heinz: *Abschied. Eine Reflexionsfigur des je schon Gewesenen*. In: Das Ende, S. 59-79, hier S. 78.
[561] Wagner erwähnt die fragliche Passage als „parodierender Versuch der Totalisierung", dessen „Aufzählungskaskade [...] mit der abschließenden Erkenntnis: »nichts kannst du fassen«" endet. (Beide Zitate: Wagner, *Nachdenken über Literatur*, S. 33.)
[562] Lukács, Georg: *Ästhetik in vier Teilen*. Zweiter Teil. Darmstadt u. Neuwied 1972, S. 247.
[563] Ebd. – Zum Begriff und Problem der Totalität bei Lukács vgl. weiterhin: „Aber auch in anderer Hinsicht kann das Objekt der ästhetischen Widerspiegelung kein allgemeines sein: die ästhetische Verallgemeinerung ist die Erhöhung der Einzelheit ins Typische, nicht, wie in der wissenschaftlichen, die Aufdeckung des Zusammenhangs zwischen Einzelfall und allgemeiner Gesetzlichkeit. Das bedeutet für unser gegenwärtiges Problem, daß im Kunstwerk die extensive Totalität seines letzthinnigen Objekts nie direkt erscheinen kann; es wird nur durch Vermittlung in seiner intensiven Totalität zum Ausdruck kommen." (Ders.: *Werke*. Bd. 11, Die Eigenart des Ästhetischen, 1. Halbbd. Neuwied u.a. 1963, S. 238. ZLB, Sammlung Fühmann) Vgl. dazu weiterhin: „The work of art is 'total' through another characteristic. It is not a direct expression or copy of an external event, its truth cannot be tested against some particular happening. It is an imitation, an artefact; it is a totality in that it is complete in itself; it is self-enclosed." (Pascal, Roy: *Georg Lukács: the Concept of Totality*. In: Parkinson, G.H.R. (Hrsg.): Georg Lukács. The man, his work and his ideas. London 1970, S. 147-171, hier S. 149; vgl. weiterhin die Übersicht ebd., S. 161.) Ergänzend hinzuzufügen bleibt folgende Feststellung von Silvie Rücker: „Als Darstellung des Typischen und der intensiven

Was Fühmann aber als Erfahrung eines Nicht-Fassens zeigt, ist hier vielmehr schon das Moment eines demgegenüber Unabschließbaren, mit Mersch einer „Fragmentierung im Unvollendeten"[564]. Diese Tendenz setzt sich dann explizit in der Formulierung des Textendes fort, das als „aktives Endenkönnen"[565] erneut auf ein Anfangen deutet, sodass dieses Aufhören kein Abrunden sein will. „Die Endlichkeit (des) Werkes enthüllt sich an dessen Ende"[566] gerade als das Subjektive einer Unvollendetheit und Unabgeschlossenheit.

Fühmanns *22 Tage* ist die unabschließbare Lektüre insbesondere des Ortes Budapest, deren Zusammenstellung auch an eine Sammlung erinnert. Der Einblick in das Arrangement der Exponate einer solchen Sammlung figuriert in den Grenzen des Textes, die aber nicht Grenzen des Sammelgebietes sind und nicht sein können. Als Nicht-Fassbares eines Textes der Stadt präsentiert sich in *22 Tage* eine Lesbarkeit, die als solche durch erkennbare Setzung der Nicht-Identität von Bedeutung und Bedeutetem gehalten bleibt.[567] Indem die Totalitätsforderung eigentlich als Problem der Lesbarkeit aufgegriffen wird, wenn auch im Ansatz parodistisch –, wird gerade ein Moment des Lesbar-Haltens betont. Das Zeigen des Apoetischen der Totale bedeutet eine Realisierung des Poetischen im Unabschließbaren. Dies unterstreicht den produktiven Eingriff der τέχνη als Gestaltung, die besonders auch Auswahl und Wertung und eben nicht vergebliche Totale zu sein hat. Den potentiell in der Kritik stehenden Abbildungsbegriff zeigt Fühmann als apoetische Liste einer „Datensumme"[568], die sich in einer Reihung erschöpft, ohne jedoch Anwesenheit zu schaffen.

Insgesamt gesehen lässt sich in *22 Tage* der Entwurf einer Ästhetik der betont unvollständigen Vielheit erkennen, die eine Art Ereignislandschaft Budapest[569] kreiert. Der von Fühmann selbst dort im Hinblick auf den Mythos gebrauchte Begriff der Vieldimensionalität[570] ist gleichfalls auf diesen Text anzuwenden und dafür wohl doch nicht hinreichend. Das Anschlagen von Motiven lässt die

Totalität ist Kunst für Lukács immer schon über alle Veränderung hinaus, ohne – da sie ja Widerspiegelung der Wirklichkeit ist – utopisch zu sein." (Rücker, Silvie: *Totalität bei Georg Lukács und in nachfolgenden Diskussionen.* Münster/Westf. 1975, S. 132.) Zu Lukács' Ästhetik vgl. zudem: Paetzold, Heinz: *Die Ästhetik des späten Georg Lukács.* In: Gvozden, Flego / Schmied-Kowarzik, Wolfdietrich (Hrsg.): Georg Lukács – ersehnte Totalität. Bochum 1986, S. 187-195.
[564] Mersch, *Ereignis und Aura*, S. 180.
[565] Irrlitz, *Täuschung vom Ende. Das Ende,* S. 336.
[566] Ebd.
[567] Vgl.: „Es gibt nichts mehr zu lesen, wenn Bedeutung und Bedeutetes identisch werden." (Blumenberg, Hans: *Die Lesbarkeit der Welt.* Frankfurt/M. 2000⁵, S. 35.)
[568] Ebd., S. 137.
[569] Einen kritischen Gebrauch sowie eine kritische Reflexion des Begriffes der Ereignislandschaft bietet: Virilio, Paul: *Avis de passage.* In: Ders.: Un paysage d'événements. Paris 1996, S. 9-13. Deutsch: Virilio, Paul: *Zeitenwende.* In: Ders.: Ereignislandschaft. A. d. Frz. v. Bernd Wilczek. München 1998, S. 9-12.
[570] Fühmann spricht vom Mythos als „vieldimensional" gegenüber dem zweidimensionalen Märchen. (*22 Tage.* WA 3, S. 487.)

II.2 Dialektik von Beginn und Ende

„Punkte[], von denen aus alles nach allen Richtungen hin offen ist"[571] entstehen. Auch anhand der Metapher einer Drehscheibe auf dem Bahnhof[572] entwickelt Fühmann dies in *22 Tage*, womit sich eine direkte auch metaphorische Verbindung zum ähnlich richtungsoffenen Textanfang ergibt. Denn dort scheinen alle Wege offen, wie für die Lokomotive auf der Drehscheibe „alle Gleise offen"[573] sind. Es ist dies zugleich eine Wirklichkeitsübersetzung, die zu Beginn die Offenheit der Kategorien Anfang und Ende dialektisch vorführt und mit der Schlussfrage ein Dazwischen markiert, dessen begriffliche Ortlosigkeit den „Wendepunkt" meint, der „nicht anders als mit diesem Adverb", d.h. Fühmanns „Leitwort »plötzlich, jählings« [gekennzeichnet werden kann]".[574] Die Kennzeichnung eines solchen Wendepunktes schließt dessen Charakterisierung als Ort einer Brechung und eines Nicht-mehr-Entsprechenden ein, wofür nach Bohrer das Plötzliche[575] steht. Es ist das Nu einer plötzlichen Wendung bzw. Wandlung in der erwähnten Mitte des ‚Anfangen? Oder: Aufhören?', die sich als Hälfte des Lebens bestimmen lässt. Für diesen nicht erreichbaren Ort des Wendepunktes steht – dem im Mythos-Essay benannten dritten Ort[576] bereits verwandt – der Text der *22 Tage*. Sein Aussprechen weiß von jener Kennzeichnung als Anwesenheit des jählings Plötzlichen.

---

[571] Fühmann an Werner Neubert am 24.12.1973. In: Fühmann, *Briefe*, S. 129.
[572] Die Metapher erinnert auch an ein Nemes-Nagy-Gedicht, *Egy pályaudvar átalakítása – Der Umbau eines Bahnhofs*. (Vgl.: Nemes Nagy, *Egy pályaudvar átalakítása*. Összegyüjtött versei, S. 120; dies., *Die Umgestaltung eines Bahnhofs* (Deutsch v. Paul Kárpáti). Dennoch schauen, S. 66.)
[573] *22 Tage*. WA 3, S. 385.
[574] Alle drei Zitate aus: Fühmann an Kurt Batt am 22.08.1971. In: Fühmann, *Briefe*, S. 102.
[575] Vgl.: Bohrer, Karl Heinz: *Plötzlichkeit*. Zum Augenblick des ästhetischen Scheins. Frankfurt/M. 1998³, S. 7.
[576] Vgl.: *Das mythische Element in der Literatur*. WA 6, S. 121.

II.3 „Verblüffte Funken" – Aspekte des Plötzlichen im Budapest der *22 Tage*

Die Budapester Donaubrücken stehen bei Fühmann sehr bald als Metonymie der Gestalt von Ungarns Hauptstadt.[577] Er apostrophiert sie nacheinander in süd-nördlicher Reihenfolge ihrer Lage in der Stadt, zuerst auf Ungarisch dann auf Deutsch, als wolle er sie – Goethes erster *Römischer Elegie* ähnlich – zur Zwiesprache auffordern: „Immer habe ich ein Bild, euch zu fassen, gesucht, und auch diesmal werde ich keines finden können."[578] Die zwei Stadtteile Buda und Pest werden als Gestalt eines sich darin spannenden Widerspruchs entwickelt. Statt der Ausführung einer Metapher aber stellt sich wie plötzlich das Erkennen der Realität von Widersprüchlichkeit ein:

BUDA + PEST = BUDAPEST[579]

Wiederzugeben nur in einer auffälligen fast mathematischen Gleichung, die die konkrete Poesie folgender Kapitel vorausdeutet, zeigt sich daran das Moment eines offensichtlich Undarstellbaren. Die Überlegung endet mit der Sentenz: „Und die Abbildung? Sie löscht den Widerspruch aus"[580]. Es bleibt eine Aura zurück, die sich spannt wie die Budapester Brücken über die Donau und die übersetzerische Brücke zwischen ihren ungarischen und deutschen Namen. Gerade dies erinnert an ein Unlösbares, das bereits als Problem der Nachdichtung sich hielt: Es „reißt genau an der Stelle (eines) Mangels auf und leitet zu einem anderen über: Dem Unendlichen in Gestalt des unfaßlichen Augenblicks, der unverfügbaren Präsenz, der Undarstellbarkeit."[581] Die Kontingenz der poetischen Metapher wird hier durch das allein Funktionale einer Gleichung realisiert. Als Darstellung einer Addition verweist diese auf die Gleichzeitigkeit einer unfasslichen Präsenz, bei der Goethe in Rom sich von der Apostrophe in die Nachdenklichkeit eines „nur mir schweiget noch alles so still"[582] wandte. In Fühmanns Andeutungen ist freilich noch die in den offen gelassenen Benennungen sich gebende Stadt wiederzufinden, deren Fragmentcharakter sich als „das Erscheinen des »Plötzlichen« in der Prosa"[583] gibt. Hierfür wäre zuallererst davon zu sprechen, dass der aisthetische Versuch das Präsens der Budapester Brücken in der Anwesenheit des Textes wiederzugeben

---

[577] Vgl. auch Fühmanns Bemerkung dazu in: Kiss, *Ich versuche Petőfi zu übersetzen.* BR 6 (1972) 50, S. 6.
[578] *22 Tage.* WA 3, S. 300.
[579] Ebd.
[580] Ebd.
[581] Mersch, *Ereignis und Aura,* S. 180.
[582] Goethe, *[Römische Elegien].* In: HA 1, Gedichte und Epen I, S. 157-173, hier S. 157.
[583] Bohrer, *Plötzlichkeit,* S. 21.

II.3 Aspekte des Plötzlichen im Budapest der *22 Tage*

als eine Art ‚Textereignis'[584] steht. Gerade die Tatsache, dass Fühmann metaphorische Unfasslichkeit vorführt, erzeugt den Vorfall, der in die graphische Auffälligkeit der Zusammenzählung der zwei Stadtnamen zu einem mündet, d.h. sich darin zurückzieht. Die Einheit des Widerspruchs auf beiden Seiten der Gleichung darzustellen, verbleibt in der Abstraktion und zeitigt einen formallogischen Hinweis auf Hegel.[585]

Schon zuvor aber hatten die Überlegungen zur genau die Sache treffenden Formulierung für „eine unausrottbare Kompensation, die Habsburg seinem ehemaligen Machtbereich hinterlassen hat"[586], bis in äußerst harsche τέχνη-Kritik geführt: „Scheißhandwerk"[587], heißt es da im Anschluss an die Überlegungen zur angemessenen Bezeichnung für jenen ehemaligen habsburgischen Machtbereich, zu dem auch Ungarn gehört und für den Fühmann bestimmte alltagskulturelle Gewohnheiten und Sitten ausmacht. Der Umweg über verschiedene, sogleich verworfene Attribute (‚kakanisch', ‚österreichisch', ‚südosteuropäisch'[588]) führt gewissermaßen zyklisch zurück zum Ausgangspunkt. Es bleibt aber die drastische Unzufriedenheit über die Unzulänglichkeit der eigenen Ausdrucksmittel, die zudem gnadenloser (eine von Fühmanns bevorzugten Vokabeln) (Selbst-)Kritik ausgesetzt werden. Ähnlichkeiten hierzu weist das Problem der Brückenmetapher auf und dennoch wird damit vielmehr das Problem eines Defizits in der Darstellung der Gleichzeitigkeit einer realen Erfahrung thematisiert. Fühmann deutet mit der Übersetzung der ungarischen Brückennamen die Schwierigkeit einer als unzureichend empfundenen Inkongruenz an. Er wirft in seinen Metaphorisierungsversuchen die mit Blumenberg zu stellende Frage nach dem Schritt vom Vielbefahrenen zum Erfahrenen[589] auf. Im Bergwerk wird Fühmann für diese Arbeit am Erfahrungsgehalt eines Sedimentes die Metapher des „Flöz[es], drin (der Schriftsteller) haue"[590], finden. Hier weiß noch die logische Abstraktion von der schriftlichen Nicht-Nachvollziehbarkeit einer Erfahrung, die das metaphorisch Unentdeckte enthält, das hier als Augenblickshaftigkeit steht:

---

[584] Dies besitzt eine Affinität zum „Choc[,] zur Grundform der unmittelbar-sinnlichen Erfahrung der Großstadt […]." (Müller, Lothar: *Die Großstadt als Ort der Moderne. Über Georg Simmel*. In: Scherpe, Klaus R. (Hrsg.): Die Unwirklichkeit der Städte. Großstadtdarstellungen zwischen Moderne und Postmoderne. Reinbek b. Hamburg 1988, S. 14-36, hier S. 16.)
[585] Vgl.: *22 Tage*. WA 3, S. 300. In der *Wissenschaft der Logik* heißt es bei Hegel: „Dieses Übergehen beider ineinander ist ihre unmittelbare Identität als Grundlage; aber es ist auch ihre vermittelte Identität; nämlich jedes ist eben durch sein Anderes, was es an sich ist, die Totalität des Verhältnisses." (Hegel, Georg Wilhelm Friedrich: *Werke*. Bd. 6, Wissenschaft der Logik II. Frankfurt/M. 1999⁵, S. 185.)
[586] *22 Tage*. WA 3, S. 296.
[587] Ebd., S. 298.
[588] Vgl.: Ebd.
[589] Vgl.: Blumenberg, *Lesbarkeit*, S. III.
[590] *Schieferbrechen und Schreiben*. WA 3, S. 515.

> Der Strom vereint, und sein Strömen trennt das von ihm Vereinte; die Brücken klammern zusammen und schieben gleichzeitig die beiden Stadthälften wieder voneinander[591]

In dieser Darstellung wird Gleichzeitigkeit in ihrer Gegenwärtigkeit erzeugt. Vor allem die diesbezügliche Unzulänglichkeit ihrer Medien der Lesbarkeit zeigt sich hier wiederum. Sie weist dem Leser explizit seine Leserrolle an. Die metaphorischen Versuche verweisen ihn im Ausdruck der vergeblich gesuchten Metapher noch um so mehr an diese Stelle. Der Zuschauer auf dem Gellértberg oberhalb der Donau[592] ist mit der Metapher bemüht, die textliche Vermittlung zwischen seinen nur vermutbaren Eindruck und den Leser zu stellen. In dieser ausgesprochenen und ergebnislosen Suche nach der Metapher gibt sich jener ‚spectateur'[593] zu erkennen. Er ist noch Leser seines eigenen Eindrucks und stellt insofern Lesbarkeit bereit, die sich ausdrücklich als solche identifiziert. Gerade daran offenbart sich die Qualität der Plötzlichkeit bzw. des Ereignishaften in diesem Abschnitt. Deren Widersetzen gegen eine literale Festsetzung kommt beispielsweise anhand der Auslassungen[594] und durch die (graphisch) auffallende Vertextung des in der örtlichen Anordnung erkannten Widerspruchs zum Ausdruck: „*Das Offene selbst »gibt sich«, »zeigt sich« als Ereignis.*"[595]

Indem sich in diesem metaphorischen Sinnieren und Probieren in *22 Tage* ein sprachlich Nicht-Verfügbares zeigt, wird in der Metaphernsuche dort expressis verbis Unzulänglichkeit vorgeführt. Es kann in dieser Fragmentierung viel mehr ein Unfügliches zur Anwesenheit kommen, als es durch eine Exaktheit heischende und doch verfehlende sprachliche Setzung erreicht würde. Der tentative Griff nach dem passenden Bild als Versuch, etwas zu fassen, enthält dabei jenen Zweifel an der Wirkungsmöglichkeit der genauen und genausten Wiedergabe. Deren Beispiel fast am Ende der *22 Tage*[596] wird somit notwendig eher als Wider-Gabe eines Anwesenden gezeigt. Das, was letztlich in der Schriftlichkeit sich gibt, verweist daher auf ein Problem der Genauigkeit: „Je

---

[591] *22 Tage*. WA 3, S. 300. Hintergrund dieses Gedankens ist ferner Józsefs Gedicht *A Dunánál.* Összes versei II, S. 334-338; Deutsch v. Stephan Hermlin: József, *An der Donau. Gedichte* (3. Aufl.), S. 136-138.

[592] Zwei Seiten zuvor wird ein Stadtrundgang durch Budapest beschrieben. Er führt als großer Rundweg durch beide Stadthälften und auch auf den Gellértberg. (*22 Tage*. WA 3, S. 298.) Später formuliert Fühmann einzelne Bilder für die Budapester Donaubrücken. Anhand der vorhergehenden Abschnitte und anhand der Bemerkung, dass die Árpádbrücke „von hier aus nicht [zu] sehen" (S. 320) sei, ist der Panoramablick von der Festung auf dem Gellértberg eindeutig zu identifizieren.

[593] Die Rollen von Leser und Zuschauer unterscheidet Quignard aphoristisch deutlich: „Le lecteur ne sera jamais un spectateur. Le spectateur ne sera jamais un lecteur." (Quignard, Pascal: *Petits traités I*. Paris 1997, S. 135.) Bei Fühmann hingegen überschneiden und überschreiben sich der Blick des Lesers und der des Zusehenden.

[594] An zwei Stellen in dem fraglichen Absatz sind drei Punkte als Textlücken zu finden. (*22 Tage*. WA 3, S. 300.)

[595] Mersch, *Ereignis und Aura*, S. 227. (Hervorhebung i. Orig.)

[596] Vgl.: *22 Tage*. WA 3, S. 495-498.

II.3 Aspekte des Plötzlichen im Budapest der *22 Tage*

präziser, das heißt in der Abbildung genauer und in der Messung exakter, desto abwesender der Augenblick"[597], lautet auch hier etwa die Schwierigkeit, die bei Fühmann zur nur scheinbaren Präzision der hervorgehobenen Gleichung führt. Dort gaukelt die mathematisch erscheinende Zusammenzählung zweier sprachlicher Zeichen jene Passgenauigkeit zwischen erlebter Realität und sprachlicher (Um-)Setzung vor, die ohnehin zuvor als sprachlich nicht erreichbar[598] demonstriert wurde und die, wäre sie machbar, ausschließlich Abwesenheit produzierte: „Übergenauigkeit der Kontur kann den Gegenstand bis zur Unkenntlichkeit verfremden: Reduzierung auf eine Dimension"[599]. Die Tendenz eines Verschwindens durch Überzeichnung taucht hier wieder auf. Das Problem des Nicht-Fassbaren scheint sich erneut als sprachliches Zentralproblem anzudeuten. Zunächst ist dies verwandt mit der bereits diskutierten Forderung nach Totalität, die einen Genauigkeitsanspruch mit einschlösse, der auch zu Nicht-Fassbarkeit führte. Fühmann greift dieses Problem hier indirekt auf, und zwar betont vor dem Hintergrund des eher einfachen Phänomens schärfster Umrisse[600], deren Wirkung aber gerade keine letztendliche Wirklichkeitsnähe erreichen kann.

Der in diesem Sinne offene Text der *22 Tage* zeichnet sich durch sein Sprachgeschehen, seinen Ereignischarakter aus, dessen Reflexion zu Beginn mit den Überlegungen zum Zeitpunkt, bzw. zum Nu, des mitternächtlichen Umschlags vom einen zum anderen Tag einsetzt. Darin liegt eine Betonung des Hier und Jetzt, wobei das Hier des Ortes Budapest den τόπος des Jetzt bietet. Die erwähnte Kategorie des Plötzlichen ließe sich dabei schon anhand der aphoristischen und z.T. sehr stark lyrischen Prägung des Textes wiederfinden. Gerade im Aphoristischen lässt sich dabei das Zusammengehen von Unabgeschlossenheit und Augenblickshaftem beobachten, das zudem ein zentrales Merkmal des Aphorismus[601] darstellt. Für altgriechisch ‚ἀφ-ρίζω' finden sich u.a. die deutschen Übersetzungen ‚abgrenzen'; ‚aussondern'; ‚bestimmen', von denen semantisch im Wesentlichen die Aspekte des Urteilhaften und des zuweilen Pointierten der Form geblieben sind. Dabei stellt der Aphorismus hauptsächlich – gerade als ‚incident' oder Vorfall – ein Moment des offen Unabgeschlossenen aus, das eher als Anfang denn als Ende eines Nachdenkens oder Überlegens zu nehmen wäre, und zwar ganz im Sinne von jenem ‚Anfangen? Oder: Aufhören?', das pointiert am Ende des Textes platziert ist. Dass sich neben der tagebuchartigen Bindung der Einzelereignisse eine Reihe inhaltlicher Zusammenhänge zwischen den einzelnen Tagen und vor allem zwischen den aphoristischen Einzelabschnitten auffinden lassen, weist Füh-

---

[597] Mersch, *Ereignis und Aura*, S. 73.
[598] Aus einem anderen Blickwinkel greift Fühmann das verwandte Problem des wissenschaftlich Richtigen bzw. Unrichtigen in seinem Mythos-Essay auf. (Vgl.: *Das mythische Element in der Literatur*. WA 6, S. 140.)
[599] *22 Tage*. WA 3, S. 446.
[600] Vgl.: Ebd.
[601] Vgl. den Eintrag in: v. Wilpert, Gero: *Sachwörterbuch der Literatur*. Stuttgart 2001[8].

manns produktiven Umgang mit der Form aus. Plötzlichkeit, die im „antizipatorische[n] »Augenblick« das Wissen, daß jedes Intensitätserlebnis immer schon Erleben der eigenen Intensität ist"[602], beinhaltet, tritt zusätzlich als Moment der Neugier, des Unbekannten, auch des Schreckens hinzu.

Das Anfallende und sich abrupt Gebende, das den beinahe strophischen Abschnitten in *22 Tage* anhaftet, wäre ein Eindruck dieses aphoristisch geprägten Stils. Er ist beispielsweise im Geschehen im Zusammenhang mit der von Fühmann so genannten „Ankunft des Meisters"[603] Voland identifizierbar. Das derart beschriftete Auto, das Fühmann mit Bulgakows Romanfigur in Verbindung bringt, gehört zum Gütertaxibetrieb *Volán*. Das vom französischen ‚volant' abgeleitete Wort bedeutet auch im Ungarischen ‚Steuer', ‚Lenkrad' und noch heute nennt sich das ungarische Überlandbusunternehmen *Volánbusz*. Die kleine Veränderung von ‚Volán' zu ‚Voland' spiegelt beispielhaft Fühmanns Versuche, Bedeutsamkeit im Alltäglichen zu erzeugen. An diese Bedeutsamkeit knüpft sich hier sogleich eine Kette von in kurzem Abstand aufeinander folgenden Ereignissen. Auslöser ist dabei Bulgakows Satansfigur, die Fühmann aus Moskau nach Budapest herübergeholt hat.

An diese Ereignisse fügt sich kurz darauf ebenso „plötzlich ein wüstes Bild im Hirn, das lang nicht mehr weicht und daraus die Idee einer Doppelerzählung"[604]. Was hier Ausdruck findet, ist zunächst „das allgemeine Daß"[605] einer inspirativen Stimmung, die gar schon Titelideen[606] hervorbringt. Vor allem jedoch offenbart sich dem Leser ebenso plötzlich ein Zusammenhang, wie er von den einzelnen Abschnitten gegeben wird. Die unerwartete Idee ist in der Reihenfolge nicht direkt an die inhaltlich durch das Voland-Thema verbundenen Abschnitte geknüpft. Zwei Absätze zum Thema Moral und Literatur sind noch eingeschoben, bevor jene zwei literarischen Einfälle dargeboten werden. Die vorangegangenen Geschehnisse erscheinen hier gar als jene schillerähnliche musikalische Stimmung, die die künstlerische Idee vorbereitet. In ihrem deutlichen literarischen Bezug ähnliche Fälle des im plötzlichen Ausdruck Anfallenden lassen sich auch an anderer Stelle in *22 Tage* finden. Dies gilt z.B. für die fast groteske Verbindung zweier Einfälle, in der sich ein Motiv des Fallens wiederholt, das noch Mallarmés *Un Coup de Dés jamais n'abolira le Hasard* [607] anklingen lässt:

---

[602] Bohrer, *Plötzlichkeit*, S. 79.
[603] *22 Tage*. WA 3, S. 349.
[604] Ebd., S. 350. Noch das nicht weichende ‚wüste Bild' erinnert hier an die Verstörung der Menschen, die es in *Der Meister und Margarita* mit Voland und seinem Gefolge zu tun bekommen.
[605] Bohrer, *Plötzlichkeit*, S. 79.
[606] Vgl.: „»Der schmutzige Heilige«, und: »In einer gänzlich sauberen Welt«". (*22 Tage*. WA 3, S. 350.)
[607] Namentlich taucht Mallarmé erst wenige Seiten später auf. Vgl.: Ebd., S. 449. Vgl. auch die Überlegungen zu den intertextuellen Beziehungen zwischen *22 Tage* und *Un Coup de Dés* in Kapitel II.4. Für Mallarmés Text vgl.: Mallarmé, Stéphane: *Un coup de Dés jamais n'abolira pas le Hasard*. In: Ders.: Œuvres complètes I. Édition présentée, établie et annotée

II.3 Aspekte des Plötzlichen im Budapest der *22 Tage*

> Plötzlich ein guter Einfall für ein literarisches Würfelspiel, und einen Moment der ernsthafte Wunsch, in die Donau zu springen[608]

In der Wiedergabe eines einfachen Wahrnehmungsexperimentes findet sich weiterhin der sprunghafte Übergang von einem Farbeindruck zum anderen: Indem der Blickwinkel leicht – „indem man zwei Schritte vor- oder zurücktritt"[609] – verändert wird, wechselt die durch die Wasseroberfläche der Donau gespiegelte Farbe von Grau zu Blau. Die Frage, ob „denn der Sprung von Grau in Blau und umgekehrt *keine* Wandlung"[610] sei, führt letztlich zur Betrachtung der Horizontlinie: „Dies Dazwischen zwischen Donau und Himmel ist unbeschreibbar, wie einer dieser Übergänge ins Nichts, die Mallarmé in Worte zu fassen versucht hat"[611]. Diese direkte Anspielung ruft die Anfangsverse aus Mallarmés Gedicht *Salut* auf:

> Rien, cette écume, vierge vers
> A ne désigner que la coupe;[612]

Zudem betrifft die dann gestellte Frage des Übergangs im Dazwischen eines ‚coupe' ebenso das große Poem *Un Coup de Dés*, für das Mallarmé die Bedeutsamkeit der „»blancs«"[613] betont. Den Charakter des Plötzlichen halten mit Blick auf die erwähnte Anspielung eben Fühmanns Überlegungen wie Mallarmés Text bereit. Das nur im sprunghaften Übergang sich zeigende Dazwischen als Interim der zwei Wasserfarben wie als „fadendünne[r] weiße[r]

---

par Bertrand Marchal. Paris 1998, S. 365-407. Vgl. auch die großformatige Faksimile-Ausgabe des Manuskripts sowie des Erstdruckes, die die besondere optische Wirkung des Textes sehr gut wiedergibt: Mallarmé, Stéphane: *Un coup de Dés jamais n'abolira le Hasard*. Manuscrit et épreuves. Édition et Observations de Françoise Morel. Paris 2007.
[608] *22 Tage*. WA 3, S. 440.
[609] Ebd., S. 448.
[610] Ebd. (Hervorhebung i. Orig.)
[611] Ebd., S. 449. – Im *Ruppiner Tagebuch* findet sich eine teilweise ähnliche Beschreibung des Übergangs zwischen Wasserfläche und Himmel. Es handelt sich dort gar um die (farbliche) Einheit zwischen Himmel und See: „Nichts ist als dieser See, der im Himmel endet und damit Himmel ist und nichts ist als der Himmel, der über mir wie unter mir liegt, und das Rund des Buchenwaldes hinter mir, das ebenfalls in sich geschlossen ist, und das der Himmel deutlich abschließt. / Alles ist Grenze und Nebel zugleich." (Ders., *Ruppiner Tagebuch*, S. 114.)
[612] Mallarmé, Stéphane: *Salut*. In: Ders.: Œuvres complètes I, S. 4.
[613] Ders.: *Ière Édition préoriginale*, «Cosmopolis», 1897. Observation relatives au poème Un Coup de Dés jamais n'abolira le Hasard. In: Ders.: Œuvres complètes I, S. 391f., hier S. 391. Vgl. dazu auch Genettes Rekurs auf Mallarmés *Un coup de dés*: „Depuis Mallarmé, nous avons appris à reconnaître (à re-connaître) les ressources dites visuelles de la graphie [...] et ce changement de perspective nous a rendus plus attentifs à la spatialité de l'écriture, à la disposition atemporelle et réversible des signes, des mots, des phrases, du discours dans la simultanéité de ce qu'on nomme un texte." (Genette, Gérard: *La littérature et l'espace*. In: Ders.: Figures II. Paris 1969, S. 43-48, hier S. 45.)

Saum"[614] erinnert an Mallarmés „»blancs« [...] (qui) frappent d'abord"[615] und daran, wie „La fiction affleurera et se dissipera, vite, d'après la mobilité de l'écrit [...]"[616], d.h. an den Vorgang, der sich etwa als ein verschwindendes Erscheinen und erscheinendes Verschwinden – jeweils der Übergänge – beschreiben ließe. Der bei Fühmann in Auslassungszeichen unvollendet belassene allusive Gedankengang geht gerade über eine Textlücke hinweg zur Frage sprachlicher Ausdrucksmöglichkeiten über. In den sich anschließenden reflexiven Passagen kann der Einsatz von „»blancs«"[617] in *22 Tage* beobachtet werden, die die Brücke zwischen den sich ableitenden Einzelüberlegungen darstellen.[618]

Im schriftlich absichtsvoll nicht Gehaltenen eines „plötzlichen Erinnern[s]"[619] begegnet der sich unmittelbar aus diesem Ereignis ableitende Entschluss, jenes kleine Erlebnis an der Donau nicht „in Papier [zu] verwandeln"[620]. Entscheidend ist dabei der als „mechanisch"[621] beschriebene Griff nach dem Notizbuch. Schon in der Bewegung liegt hier die Entfernung, ja Auflösung „in Tinte"[622], die die schriftliche Fixierung zeitigt. Nicht-Schreiben ist hier eigentliches Halten des plötzlich Anfallenden. Quasi eingedenk des Gadamer-Diktums „Schriftlichkeit ist Selbstentfremdung."[623], wird hier ein individuelles In-sich-Halten betont, das einer Entfernung vom Eigentlichen im Ablegen in der Schrift begegnet. Es ist in der Bewahrung einer wenn auch individuellen Oralität als Erinnerungsinstanz ein Augenblick eigentlicher Tätigkeit wie auch Lösung von möglichen „Ängste[n] um den Bestand der Welt"[624]. Der Wunsch auf diese Weise ein echtes Stück Leben zu haben, ist bereits Zeichen eines „Überdruß am Artefakt"[625], der im Bergwerk wieder begegnet. Es entsteht daraus jene „gemeine, hinterhältige Freude"[626] etwas Fertiges ins Formlose abgleiten zu sehen. Diese enthält von der Ungebundenheit eines

---

[614] *22 Tage*. WA 3, S. 449.
[615] Mallarmé, *Observations*. Œuvres complètes I, S. 391.
[616] Ebd.
[617] Ebd.
[618] Dass der in weiten Teilen lyrisch geprägte Bau der *22 Tage* damit das Werk eines Symbolisten würde, möge in das Aufzeigen dieser intertextuellen Relationen nicht hineingelesen werden. Es geht hier um den Hinweis auf die Rezeptionswege Franz Fühmanns.
[619] *22 Tage*. WA 3, S. 452.
[620] Ebd. – Vgl. auch die mehrfache Erwähnung dieses Problems im *Ruppiner Tagebuch*, etwa: „– und was hab ich? Einen Haufen Papier! Aber wo ist drin Neuruppin?" (Ders., *Ruppiner Tagebuch*, S. 135.)
[621] *22 Tage*. WA 3, S. 452.
[622] Ebd.
[623] Gadamer, *Grundzüge Hermeneutik*. GW 1, S. 394.
[624] Blumenberg, *Arbeit am Mythos*, S. 168. Vgl. dort auch: „Es muß schon ein Augenblick der Ermüdung [...] gewesen sein, als sich Homer [...] hinsetzte [...], um das ihm vielleicht doch bedroht erscheinende Spätgut der [...] weitergetragenen Geschichten und Gedichte niederzuschreiben und damit endgültig zu machen."
[625] *Im Berg*, S. 106.
[626] *22 Tage*. WA 3, S. 453.

II.3 Aspekte des Plötzlichen im Budapest der 22 Tage

Nicht-Benennen-Müssens als Substanz dieser Freude. Fühmann formuliert dazu die Parallele zwischen Blumen- und Baumbezeichnungen und vor allem eine Dankbarkeit, gerade wohl die Schönheit der Blumen ohne das Muss der Benennung auskosten zu können:

> So viele Blumen, und immer ist man dankbar, daß man ihren Namen nicht weiß ... Nicht so bei den Bäumen, die muß man kennen; dieser Unterschied hat was mit dem zwischen Prosa und Lyrik zu tun[627]

Form ist bei Fühmann in dem genannten Zusammenhang besonders also schriftliche Form, der er das Formlose gegenüberstellt. Das Erlebnis der eigenen Inspiration, des kreativen Augenblicks spielt er in der Beschreibung der ‚gemeinen hinterhältigen Freude' gegen das Öffentliche des Schreibens aus, eines Ins-Werk-Setzens, worin das Abdämmen von Sätzen „aus dem Endenlosen"[628] anklingt. Es ist das Festgelegte, Unverrückbare des Schriftlichen, das hier einem Versinken Lassen ins nur sich ereignend Unhaltbare und nicht zu Haltende vorsätzlich nicht entspricht. Die Überführung eines kreativen Augenblicks in die Schriftlichkeit erscheint so als Herstellung einer Distanz, die einem Entlassen ins Schriftliche gleichkommt, wohingegen ein Zurückfallen Lassen ins Formlose[629] noch von jenem nicht ertragbaren „Enden-Ohne"[630] hat, das Ágnes Nemes Nagys Gedicht *A formátlan – Das Formlose* bestimmt. Es ist die Betonung der Amedialität einer individuellen ästhetischen bzw. Ästhetisierungserfahrung, deren Medialisierungsentzug eigentlich als Betonung des in ihr „Unfüglichen und Unverfügbaren"[631] zu verstehen ist.

Exempel für dieses Moment des Plötzlichen finden sich in *22 Tage* wie bereits gezeigt mehrfach. Neben dem Augenblick des Umschlagens von Krankheit in Gesundheit, der als unerwartetes Bemerken der Genesung anhand verschiedener Phänomene illustriert wird[632], findet sich etwa eine Reihung von Wirklichkeitsmomenten[633], die an das plötzliche Einbrechen einer ‚mémoire involontaire' erinnern. Mit Blick auf Fühmanns sich entwickelnde poetische Mythoskonzeption ist gerade die wiederholte Betonung der Kategorie Wirklichkeit dabei wichtig, handelt es sich doch insbesondere um die Unterstreichung einer Wirksamkeit, d.h. der Frage des Wirkens an sich. Denn wenn an der erwähnten Stelle verschiedene erinnerte Wirklichkeitsvorfälle aufgeführt werden, so ist das Entscheidende dabei, dass diese eben „noch heute"[634] als solche

---

[627] Ebd., S. 454.
[628] Nemes Nagy, *Das Formlose*. Dennoch schauen, S. 43.
[629] Vgl.: *22 Tage*. WA 3, S. 453.
[630] Nemes Nagy, *Das Formlose*. Dennoch schauen, S. 43. (Im Original *véghetetlen*)
[631] Mersch, *Ereignis und Aura*, S. 69.
[632] Vgl.: „Plötzlich merken, daß man genesen ist". (*22 Tage*. WA 3, S. 366.)
[633] Vgl. die Aufzählung von sechs verschiedenen Augenblickserfahrungen in der Wirklichkeit: Ebd., S. 427f.
[634] Vgl.: „[…] *ich sehe noch heute* durch eine aufgeschnittene Wange […]." (Ebd., S. 427. Hervorhebung S.K.)

wirksam sind. In den ersten Definitionsversuchen des Mythos-Essays formuliert Fühmann entsprechend: „Das, was in diesen drei Texten auf Sie wirkte, ist eben das, was ich als das mythische Element in der Literatur bezeichnen möchte."[635] Dass eben dieses Element des Wirksamen – und mit Blumenberg Bedeutsamen[636] – in seiner Entstehung vermutlich auch auf einen durch die Qualität des Plötzlichen gekennzeichneten Moment zurückgeht, wird anhand eines zudem kulturpolitisch deutbaren Missverständnisses vorgeführt. „Plötzlich Grelles"[637], heißt es da, bevor Fühmann die „Genesis einer Mythe"[638] im fehlschlagenden Dialog mit einem Kind zeigt. Das Missverständnis baut auf der graphischen Ähnlichkeit zwischen dem Wort ‚lyukas' [ˈjukɒʃ] und dem Namen ‚Lukács' [lukaːtʃ] auf[639]. Der kleine Junge in der Anekdote bezeichnet seine Puppe als ‚lyukas', was fälschlich als ‚Lukács', d.h. als Eigenname aufgefasst wird. Die Erklärung deckt das Missverständnis[640] auf, in dem Fühmann den Keim der Entstehung einer Mythe entdeckt. Allerdings ist eben dieser Keim nur im Erzählen der kurzen Episode anwesend und nicht als solcher greifbar. Der Augenblick des Missverständnisses mag dabei jenes plötzlich Grelle sein, das dem Abschnitt vorangegangen war. Fühmann erzählt das Ereignis zudem, ohne es von vornherein als Missverständnis zu kennzeichnen, sondern er lässt den auditiv-phonetischen Fehler geschehen, wobei dieser eben insbesondere durch die graphische und weniger durch eine lautliche Ähnlichkeit[641] der verwechselten Wörter bedingt ist. Aber gerade diese phonetische Ungenauigkeit ist ja nicht das eigentlich Entscheidende an der Anekdote. Die entstehende mögliche Bedeutungszuschreibung, die auf den Hörfehler zurückgeht, fragt ja nicht nach dem phonetischen, also wissenschaftlichen Problem, sondern nach der Bedeutsamkeit des Zusammenhangs in sich selbst. Eben jene wird hier als Ereignis gezeigt, das als solches undarstellbar bleibt. Dies wird gerade auch anhand der Hilfskonstruktion im Graphischen deutlich. Die Gleichzeitigkeit eines Geschehenden, dieses Sich Ergebenden, gibt sich nicht und wird erst durch Fühmanns erläuternden Kommentar wiedergegeben: „Genesis einer Mythe"[642].

---

[635] *Das mythische Element in der Literatur.* WA 6, S. 90.
[636] Vgl. zu diesem Terminus auch: Blumenberg, *Arbeit am Mythos*, S. 165.
[637] *22 Tage.* WA 3, S. 455.
[638] Ebd., S. 456.
[639] Beide unterscheiden sich auch im a-Laut, der im Falle von ‚lyukas' deutlich geschlossener ist, als in ‚Lukács'. Zudem ist hier wohl ein starker Einfluss der ähnlichen Schriftbilder spürbar, da bei dem Adjektiv ‚lyukas' im Anlaut [ˈj] und nicht [lu] realisiert wird.
[640] Der Name Lukács ist gerade in Budapest natürlich nicht ohne den Hintergrund György Lukács zu denken, dessen Name hier mit dem Adjektiv ‚löchrig' in Verbindung gebracht wird. An anderer Stelle in *22 Tage* bedauert der Erzähler bei früheren Besuchen „am Belgrader Kai entlanggepilgert" zu sein und „auf ein Fenster geschaut" zu haben, ohne jedoch die Courage zu einem Besuch aufgebracht zu haben. Fühmann spielt hier auf den langjährigen Wohnort György Lukács' an, der 1971 verstorben war. (Beide Zitate: Ebd., S. 429.)
[641] Letztlich haben beide Wörter lautlich nur [uk] gemeinsam.
[642] *22 Tage.* WA 3, S. 456.

II.3 Aspekte des Plötzlichen im Budapest der *22 Tage*

Das Problem der Gleichzeitigkeit ist bereits in einer der ersten Sequenzen der *22 Tage* anzutreffen[643], wenn vom sekundengenauen Vergehen der Zeit die Rede ist. Eine ausführlichere Reflexion findet sich kurz vor der Passage, in der es um Wirklichkeitsabbildung geht. Gleichzeitigkeit, bzw. die Unmöglichkeit diese mit den Mitteln des sprachlichen Nacheinander umzusetzen, diskutiert Fühmann erneut am Beispiel der Wiedergabe von gleichzeitigem alltäglichen Geschehen. Die Momente der Koinzidenz und der parallelen Gegenwart beschäftigen ihn als Probleme[644] des sprachlichen Ausdrucks: „Wie kann eine Sprache, die doch ein Nacheinander ist, Gleichzeitigkeit ausdrücken?"[645] Über das Ausprobieren einiger Varianten gelangt er zu der nicht unerheblichen Feststellung, dass, „da Gleichzeitigkeit auch nur annähernd erreicht ist, das Wort »gleichzeitig« überflüssig wird, ja stört"[646]. Da ja auch dieses Adverb sich in das sprachliche Nacheinander zu fügen hat, vermehrt seine Anwesenheit nur den medialen Zeitverbrauch. Das Ereignis einer Gleichzeitigkeit selbst jedoch entbehrt sehr gut einer eigentlichen Benennung, denn seine Ereignishaftigkeit liegt außerhalb des Werkes. Genauso wie Zeit ein an und für sich Ungestaltbares bleibt, muss dies für Parallelität in ihr gesagt werden. „Reine »Ereignung«"[647], die Gleichzeitigkeit auch ist, bleibt als „temporalisation d'un *vécu*"[648] undarstellbar.

Das so angegangene Problem des sprachlich Ausdrückbaren nimmt sich Fühmann an anderer Stelle ausdrücklich vor. Seine Überlegungen zielen dabei auf einen Grenzbereich der sprachlichen Ausdrucksmöglichkeiten, in den er in *22 Tage* verschiedentlich gerät.[649] Der Bereich der Nachdichtung ist hier zusätzlich zu erwähnen. Die Überschreitung einer sprachlichen Grenze ist dort freilich deren Markierung im Text der Übertragung, der nur eine Ahnung, eine Spur der Ausdrucksmöglichkeiten des Originals hält, sodass in der Nachdichtung sich genauso der Versuch einer fremdsprachlichen Darstellung eines

---

[643] Fühmann greift es außerdem in *Vor Feuerschlünden* zweimal kurz auf, als zugleich inhaltlich und medial wirkendes Moment der Passion Christi in Trakls *Menschheit* (aus dem auch der Titel des Essays stammt): „Die lyrische Gleichzeitigkeit dreier Passionsstationen sagt nicht nur die Gegenwart aller Geschichte zur Zeit jedes Lesers, sie schmilzt auch die beiden fünfzeiligen Hälften dieses zehnzeiligen Gedichts zu jener Einheit von Gegensätzen zusammen [...]." (*Vor Feuerschlünden*. WA 7, S. 39) – und als Reflex einer Wandlung, die als „Werden auch ein Zugleich ist: Du verlierst nichts von dem, was du einmal warst, und bist gewesen, was du erst wirst." (Ebd., S. 194.)
[644] Im Trakl-Essay wird am Rande ein „Mißbehagen an der Art linearen Referierens" erwähnt, das auch dort das Problem des sprachlichen Nacheinander thematisiert. (*Vor Feuerschlünden*. WA 7, S. 14.)
[645] *22 Tage*. WA 3, S. 494.
[646] Ebd., S. 495.
[647] Mersch, *Ereignis und Aura*, S. 228.
[648] Derrida, *De la grammatologie*, S. 95. (Hervorhebung i. Orig.)
[649] Vgl. hier etwa erneut das Problem einer totalen Wiedergabe der Wirklichkeit, das wohl im Zusammenhang mit Lukács' Begrifflichkeit steht. Außerdem gehört hierher ebenso die Frage der Darstellbarkeit bzw. Undarstellbarkeit eines Zeitpunktes, dessen Gestaltbarkeit Fühmann schon eingangs der *22 Tage* problematisiert.

dort aufgrund der Originalsprache Undarstellbaren zeigt. Das Problem der Unvollendbarkeit, die in der Nachdichtung begegnete, ist als Frage des sprachlich Ausdrückbaren in *22 Tage* wiederum aufgeworfen. Dabei fällt auf, dass die Beispiele jeweils das Moment eines in ihrer Äußerung und ihrer Realität zeitlich Punktuellen beinhalten.

Die Gefühlsäußerungen eines Säuglings und ähnlich der dazwischengeworfene[650] Ausdruck von Empfindungen, den die Interjektion enthält, stehen auch als Exempel für das Material eines Augenblickshaften, nach dessen gefühlsmäßig und kognitiv Vorangegangenem Fühmann fragt. Der Fall bzw. der Einwurf solcher sprachlichen Partikel ist als Markierung verschiedener, sich plötzlich einstellender Empfindungen oder Wahrnehmungen im wesentlichen funktional bestimmbar und häufig durch ein Moment des Affektiven gekennzeichnet. In dieser Hinsicht ähneln sich wohl auch das Säuglingsbeispiel und das der Interjektionen. Die Existenz und Möglichkeit einer Äußerung wie etwa ‚aua' beschäftigt Fühmann dabei als Frage nach deren Hintergrund: „Kann man sagen, was man nicht denken kann? Was zum Beispiel denkt man, wenn man »aua« sagt?"[651] Dies führt schließlich zurück zur Beschreibung eines Bereiches des Unausgedrückten, des auch Unausdrückbaren, für den Fühmann an einem eindrücklichen Beispiel gerade die Bedeutsamkeit eines Nicht-mehr-aussprechen-Könnens herausstellt:

> Meine Mutter, wenn sie manchmal verzweifelt sich müht, einen Zusammenhang, von dem sie ahnt, daß er wichtig sei, sprachlich auszudrücken: Dies Keuchen mit weit offenem zahnlosem Mund und das Schnappen der gespreizten zitternden Hand wie das der kaum mehr sichtbaren Lippen und dann der Zusammenbruch, das röchelnde selbstanklägerische Wimmern: »Wenn ich's nur sagen könnt', wenn ich's nur sagen könnt', es wär' die Offenbarung für dich[652]

Die Grenze zwischen Verbalem und Nonverbalem wird in diesem Abschnitt erneut als Problem einer Grenze zwischen Ausdrückbarem und Unausdrückbarem gezeigt. Noch das Bekenntnis der Mutter, dass sie mit ihren sprachlichen Mitteln an eine Grenze gelangt sei, hat von der Übermittlung eines im Unausgesagten Offenen, dessen Medium die beschriebenen nonverbalen Zeichen sind. In dem Nicht-Sagbaren wird bereits ein Problem offenbar, dem Fühmann sich im Bergwerk ob der Fülle, Intensität und Unbedingtheit der dortigen Eindrücke neuerlich gegenübersehen wird. Das Verschwinden der sprachlichen Äußerung in der nicht artikulierten und in der nonverbalen Geste weist bereits auf ein sprachlich Fragmentarisches hin, das sich im Augenblick des ‚Zusammenbruchs' zeigt und dessen Unsagbarkeit als seine Botschaft übrig bleibt. Fühmanns knapp eine Seite langer Ausflug in die höhere Mathematik, der

---

[650] Vgl. die grammatische Deskription von ‚au!' ‚ooij!' u.ä. als Interjektionen (abgeleitet von lat. interiectio - Dazwischengeworfenes) in Glück, Helmut (Hrsg.): *Metzler Lexikon Sprache*. Stuttgart 2000², S. 310.
[651] *22 Tage*. WA 3, S. 373.
[652] Ebd., S. 374.

II.3 Aspekte des Plötzlichen im Budapest der *22 Tage*

sich an die Episode über die Mutter anschließt, liefert als Verweis auf die formale Logik und den „Goedelsche[n] Satz"[653] einen theoretischen Hintergrund, der neben dem Bezug zum Unvollständigkeitsproblem gerade auch die breiten Universalkenntnisse des Autors erkennen lässt.

Dass hier Unabschließbarkeit aufscheint, und zwar nicht nur im vorläufigen Beschluss von Fühmanns Überlegungen, sondern als jener „Zusammenbruch" im Mangel einer Art Mersch'scher „Ökonomie des Begehrens"[654], bezeichnet den im Abschnitt über die Mutter gezeigten Augenblick als den einer für sie „unverfügbare[n] Präsenz"[655]. Noch beispielsweise Schillers *tabula votiva Sprache* steht hier konzeptionell im Hintergrund, wenngleich Fühmann diesen Kontext nicht explizit herstellt:

> Warum kann der lebendige Geist dem Geist nicht erscheinen!
> *Spricht* die Seele, so spricht, ach! schon die *Seele* nicht mehr.[656]

---

[653] Ebd.
[654] Mersch, *Ereignis und Aura*, S. 180.
[655] Vgl.: Ebd.
[656] Schiller, *Sprache*. WN 2,I, S. 322. (Hervorhebungen i. Orig.)

II.4 „Ein einziges großes Gedichtganzes [der weltweiten Moderne]" – Budapests Texte bei Fühmann

Als Empfehlung einer Reiselektüre für die Ungarnfahrt wird zu Beginn von *22 Tage* Jean Pauls *Des Feldpredigers Attila Schmelzle Reise nach Flätz* genannt. Die Wahl und Nennung dieses kleinen Textes stellt eine Leseempfehlung[657] sowie zugleich die Problematisierung des Zusammenhangs zwischen Reiseziel, Lektüre und Leser dar. Laut Fühmanns Vorschlag sei die Reiselektüre als zum Ziel der Reise „Andersartiges"[658] zu wählen. Diese „bewährte[] Praxis"[659] enthält von der als Auflösung des Räumlichen wahrgenommenen Reise mit der Eisenbahn, die Fühmann wenige Zeilen darunter anhand des Verschwindens der Landschaft in der Grenzfuge zwischen Fenster und Spiegel[660] vorführt. In der Weise wie sich durch den Zusammenfall von Spiegelung und Ausblick in die Landschaft deren Verschwinden vollzieht, ist ein ähnlicher Vorgang für den Zusammenhang zwischen Fortbewegung und Lektüre festzustellen, der sich auch in Fühmanns Überlegungen zur für Ungarn passenden Reiselektüre wiederfindet. Der Vorgriff auf das zu erreichende Reiseziel stellt ein gedankliches Überspringen der zurückzulegenden räumlichen Entfernung dar. Für diese geistige Überwindung einer Distanz schlägt Fühmann nun – eingedenk einer später zitierten hegelianischen Formel[661] – vor, das dem Reiseziel Eigene im Anderen der Lektüre neu zu entdecken. Dem folgend solle man beispielsweise auf eine Krim-Reise, die Beschreibung einer Polarexpedition mitnehmen. Im Zusammenhang mit dem Panoramablick aus dem Zugfenster, dessen Rahmen fortwährend eine Begrenzung der dahinterliegenden Landschaft vornimmt, kann die Lektüre während der Reise gar als Substitution des draußen befindlichen Wirklichen verstanden werden:

> Die Lektüre während der Reise wird zum Signum des Eisenbahnreisens. Die Verflüchtigung der Wirklichkeit und ihre Wiederauferstehung als Panorama erweisen sich als die Voraussetzung dafür, daß der Blick sich vollends von der durchreisten Landschaft emanzipiert und in eine imaginäre Ersatzlandschaft, die Literatur, begibt.[662]

---

[657] Fühmann weist später etwas versteckt auf die geringe Bekanntheit Jean Pauls „in deutschen Landen" hin. Vgl.: „»In Ungarn ist Jean Paul noch unbekannter als in deutschen Landen, wo er von allen unbekannten Genies das unbekannteste ist". (*22 Tage*. WA 3, S. 364) Aus diesem Blickwinkel lässt sich die exponierte Jean-Paul-Rezeption – als Teil von Fühmanns eben so herausgehobener Romantikrezeption – in *22 Tage* wohl auch als Empfehlung an ein Publikum verstehen.
[658] *22 Tage*. WA 3, S. 287.
[659] Ebd.
[660] Vgl.: Ebd., S. 287f.
[661] Vgl.: „Wenn p in q übergeht, dann geht auch q in p über". (Ebd., S. 300.)
[662] Schivelbusch, Wolfgang: *Geschichte der Eisenbahnreise. Zur Industrialisierung von Raum und Zeit im 19. Jahrhundert*. Frankfurt/M. 2000, S. 62.

II.4 „Ein einziges großes Gedichtganzes [der weltweiten Moderne]"

Die Bewusstheit der angegebenen Lektürewahl weist bei Fühmann allerdings darauf hin, dass die geistige Loslösung von der in der Landschaft zurückgelegten Strecke bei ihm gewissermaßen als deren erneuter Aufbau in der Erfahrung eines Anderen[663] passiert. Die mögliche geistige Emanzipation des Lesenden erhält dann gerade die Funktion der Annäherung[664] an das Reiseziel. Dies gilt besonders unter Beachtung der bei Jean Paul bestimmten Funktion der Reise, die sein Held Attila Schmelzle unternimmt: „Eigentlich ist selber die Reise nur dazu bestimmt seine vom Gerüchte angefochtene Herzhaftigkeit durch lauter Tatsachen zu bewähren, die er darin erzählt."[665]

Das Tatsächliche, sowohl im *Schmelzle* als auch in Fühmanns *22 Tage*, wird unterbrochen durch den Einfluss eines Nicht-Tatsächlichen, das sich beispielsweise in den beiden vorhandenen Traumerzählungen findet. Darüber hinaus sind in *22 Tage* mehrfach die oben beschriebenen Aspekte des Plötzlichen zu konstatieren, das ebenso vom Tatsächlichen abzugrenzen ist. Jean Paul lässt seinen Schmelzle das Tatsächliche zudem als Narration geben, was durch einen interpretativen Hinweis an ‚Kunstkenner' und ‚Kunstrichter'[666] zusätzlich abgesichert wird:

> Übrigens bitte ich die Kunstkenner, so wie ihren Nachtrab, die Kunstrichter, diese Reise, für deren Kunstgehalt ich als Herausgeber verantwortlich werde, bloß für ein Porträt (im französischen Sinne), für ein Charakterstück zu halten. Es ist ein will- oder unwillkürliches Luststück, bei dem ich so oft gelacht, daß ich mir für die Zukunft ähnliche Charakter-Gemälde zu machen vorgesetzt.[667]

---

[663] Vgl.: „Des Feldpredigers Attila Schmelzle Reise nach Flätz – ich glaube, das müsste trotz des Namens zu Ungarn ein Anderes sein". (*22 Tage*. WA 3, S. 287.)

[664] Die Überlegungen zum Zusammenhang von Reiseziel und passender Lektüre erweisen bei Fühmann allerdings auch die bereits gute Kenntnis beider, des Reiseziels Ungarn und des empfohlenen Textes.

[665] Jean Paul: *Des Feldpredigers Schmelzle Reise nach Flätz mit fortgehenden Noten nebst einer Beichte des Teufels bei einem Staatsmanne*. In: Ders.: Sämtliche Werke. Historisch-kritische Ausgabe (HKA). 1. Abt., 13. Bd., Des Feldpredigers Schmelzle Reise nach Flätz. Dr. Katzenbergers Baderreise. Leben Fibels. Hrsg. v. Eduard Berend. Weimar 1935, S. 3-68, hier S. 3.

[666] Erwähnenswert ist in diesem Zusammenhang die bei Jean Paul und Fühmann durchaus vergleichbare Kritik der Kritik. Jean Paul fasst sie sehr deutlich in einer der Fußnoten im *Schmelzle*: „Denn indes der Gelehrte, der Philosoph und der Dichter das neue Buch nur aus neuem Stoff und Zuwachs schaffen, legt der Rezensent bloß sein altes Maß von Einsicht und Geschmack an tausend neue Werke an, und sein altes Licht bricht sich an der vorbeiziehenden, stets verschieden geschliffenen Gläser-Welt, die er *beleuchtet*, in neue Farben." (Jean Paul, *Schmelzle*. HKA 1,13, S. 31, Fn. 144. Hervorhebung i. Orig.) Fühmann weist auf das Fehlen echter Kritik, „die uns zum Äußersten […] zwingt", an einer Stelle in *22 Tage* hin. (Vgl.: *22 Tage*. WA 3, S. 467f.) Außerdem findet sich bereits 1964 in dem längeren Brief an den Kulturminister der DDR, Hans Bentzien, die auf die Art der Kritik gemünzte prägnante Formulierung: „Einer grünen Bank wird vorgeworfen, daß sie kein blauer Tisch sei." (Fühmann an Hans Bentzien am 1. März 1964. In: Fühmann, Briefe, S. 38.)

[667] Jean Paul, *Schmelzle*. HKA 1,13, S. 3.

Davon ausgehend, dass die ausdrückliche Erwähnung von Jean Pauls *Schmelzle* noch bedeutend mehr als eine gut gemeinte Lektüreempfehlung darstellt, muss auf die Spuren dieses Charaktergemäldes im Text der *22 Tage* hingewiesen werden. Als fiktiv gehaltenes Tagebuch von Fühmanns Ungarnreise(n), das einem DDR-Publikum unmissverständlich auch die beobachteten Unterschiede zwischen dem kulturellen Leben Ungarns und der DDR vor Augen führt[668], beantwortet der Text auch die Frage nach dem Warum einer solchen Reise. Jean Pauls Ausflug zu einem antiken Gewährsmann, enthält auch von einer bei Fühmann gegenwärtigen Motivation:

> Epiktet rät an, zu reisen, weil die alten Bekanntschaften uns durch Scham und Einfluß vom Übergange zu hoher Tugend abhalten – so wie man etwa seine Provinzialmundart schamhaft lieber außer Lands ablegt und dann völlig geläutert zu seinen Landsleuten zurückkommt; noch jetzt befolgen Leute von Stand und Tugend diesen Rat, obwohl umgekehrt, und reisen, weil die alten Bekanntschaften sie durch Scham zu sehr von neuen Sünden abschrecken.[669]

Der bei Jean Paul offensichtliche Anspruch eines Erfahrungs- und wohl auch Bildungszuwachses durch das Reisen findet sich bei Fühmann in der begeisterten Anerkennung des ungarischen Selbstverständnisses, das gar als Lehre begriffen und entsprechend hervorgehoben wird: „Ein altes Problem für […] (die) Ungarn", nämlich dass ihre „Sprache […] isoliert, mit keiner der europäischen Sprachen verwandt"[670] ist, zeitigt im „Sich-selbst-Erheben auf die Höhe der Weltkultur"[671] die jenem schamhaften Verstecken einer vermeintlichen „Provinzialmundart" entgegengesetzte „Verbindung von Wahrheit und Würde; Weltoffenheit als Selbstverständnis eines kleinen Volkes"[672]. Fühmann betont dieses ungarische Selbstverständnis und entwirft es auch als Lehre für eine vielfach als unzulänglich empfundene Praxis im eigenen Land.[673]

Die exponierte Rezeption des kleinen Jean-Paul-Textes ist vor diesem Hintergrund bereits die Überführung der erlebten Weltoffenheit in die gedachte

---

[668] Zu denken wäre hier etwa an die bereits erwähnte ungarische Kritikfähigkeit und -lust, die Fühmann benennt (vgl. u.a.: *22 Tage*. WA 3, S. 467.) und natürlich an die „[angenehme] Atmosphäre […] im geistigen Ungarn" (S. 420), die sich an verschiedenen Stellen in *22 Tage* widerspiegelt. (Vgl. hierzu beispielsweise folgende Stellen: *22 Tage*. WA 3, S. 306 u. S. 420f.)

[669] Jean Paul, *Schmelzle*. HKA 1,13, S. 16, Fn. 39.

[670] Beide Zitate: Szabolcsi, *Attila József*, S. 359.

[671] *22 Tage*. WA 3, S. 417.

[672] Ebd.

[673] Vgl. weiterführend und als Ausweis der Breite des Fühmann'schen Horizontes folgende Briefstelle, die bekannte Unzulänglichkeiten der DDR-Kultur- und Literaturpolitik zeigt und den daraus resultierenden Durst nach Weltoffenheit als Anderes zu ‚alten Bekanntschaften' in sich trägt: „[…] bei *uns* ist *keine Zeile* von (Hugo) Friedrich bekannt, das ist ja der Jammer, bei uns gibt es *nichts* von: Nietzsche, Freud, Jung, Adorno, Marcuse, Foucault, Horkheimer, Weber, Tel Quel und tutti quanti, und von Benjamin das Wichtige nicht, und von allen andern das Wichtige nicht, nur da ein Bröckchen und da ein Stückchen […]." (Fühmann an Margarete Hannsmann, 1978. In: Fühmann, *Briefe*, S. 283. Hervorhebungen i. Orig.)

II.4 „Ein einziges großes Gedichtganzes [der weltweiten Moderne]" 131

Rezeptionspraxis. Diese bedeutet bei Fühmann sogleich die produktive Verknüpfung des *Schmelzle* mit einigen seiner literaturgeschichtlichen Nachfolger. Über Büchners Woyzeck und Heinrich Manns Untertan, Diederich Heßling, reicht die Kette weit in die Moderne bis zu Kafkas Josef K. und wieder zurück zu Jean Pauls Attila Schmelzle. Über dessen Vornamen gelingt Fühmann nun eine erneute, vordergründig assoziative Verbindung in die ungarische Moderne zu Attila József – dem „Dichter des Solidaritätsliedes"[674]. Thematisch aber verbinden sich für Fühmann alle genannten Texte durch das Motiv „jene[r] Angst vor dem Außen *und* vor dem Innen"[675]. Er benennt dieses Thema nicht nur als Gemeinsamkeit der aufgeführten Texte, sondern führt gar kurze Textauszüge von Jean Paul auf. Es zeigt sich, dass die anfängliche Erwähnung des *Schmelzle* mithin nicht bloß die Funktion „schrecklich lustig[er]"[676] Reiselektüre erfüllt, sondern dass deren Thema vielmehr in der Assoziationskette und gerade in Budapest und in der Beschäftigung mit der Dichtung Attila Józsefs wieder begegnet. Es ist ein plötzliches Sich-Einstellen des Ichs, das sich in überfallartiger Angst ausdrückt, deren Existenz freilich außer Frage steht. Fühmann nimmt zur Illustration zwei Stellen aus dem *Schmelzle* her. Er zitiert ein Moment des aus dem Außen Angehenden, das im menschlichen Innen jenes Grausen produziert, das Schmelzle als „wie furchtbar war nicht meine Phantasie schon in der Kindheit"[677] bezeichnet. Fühmann verweist dazu mit Jean Paul auf „den unstillbaren Drang […], zum Prediger hinaufzubrüllen: »Ich bin auch da, Herr Pfarrer...«"[678] und auf eine zweite Szene aus dem *Schmelzle*:

> An fremden Orten schau' ich schon ungern – und aus Vorsicht – an irgendein Kerkergitter lange empor, weil ein schlechter Kerl dahinter sitzen kann, der eilig herunterschreiet aus bloßer Bosheit: »Drunten steht mein Spießkamerad, der Schmelzle!« – oder auch weil ein vernagelter Scherge sich denken kann, ich suchte meinen Konföderierten oben zu entsetzen.[679]

Diese Szene führt Fühmann im folgenden kurzen Abschnitt zu Attila Józsefs Gedicht[680] *Kiáltozás – Geschrei*, woraus ein am Ende aller drei Gedichtstrophen wiederkehrender Vers zitiert wird:

> félek a büntetéstől[681]

---

[674] *22 Tage*. WA 3, S. 347.
[675] Ebd., S. 346. (Hervorhebung i. Orig.)
[676] Ebd. – Diese in sich widersprüchliche Formulierung deutet den Inhalt der folgenden Abschnitte bereits voraus.
[677] Jean Paul, *Schmelzle*. HKA 1,13, S. 6.
[678] *22 Tage*. WA 3, S. 346. Fühmann zitiert hier einen Satz aus dem *Schmelzle*. (Vgl.: Jean Paul, *Schmelzle*. HKA 1,13, S. 6.)
[679] Ebd., S. 18. Vgl. dazu: *22 Tage*. WA 3, S. 347; dort zitiert Fühmann anstelle von ‚steht' allerdings ‚geht'.
[680] Fühmann nennt an derselben Stelle Józsefs sog. *Solidaritätslied*, Originaltitel „*Lebukott*". (József, *Összes versei II*, S. 116f.) Die Nachdichtung stammt von Stephan Hermlin und findet sich in: József, *Gedichte*, S. 40f. sowie in: ders., *Poesiealbum 90*, S. 11f.

Ich werd meiner Straf nicht entgehn.[682]

Die Nachdichtung dieses Verses scheint sich vom Original zunächst weit zu entfernen, denn dessen wörtliche Übersetzung müsste etwa ‚ich fürchte mich vor der Strafe' lauten. Fühmann hat für diesen zentralen Vers aber interpretativ anders entschieden. Der in *22 Tage* vorzufindende Zusammenhang, in den Fühmann Józsefs Vers bringt, erklärt die Entscheidung des Nachdichters, ja nimmt durch eine derartige Übersetzung nicht nur eine Auslegung von *Kiáltozás* vor, sondern kontextualisiert das Gedicht mit Jean Paul im Sinne des bereits andernorts erwähnten Gedankens aus Fühmanns Trakl-Essay: „Alle Dichtung wirkt als *ein* großes Gedicht."[683] Wie daraus bei József die Stimme eines Innen sich außen vernehmen lässt, reflektiert das Thema der Furcht, bei dem Fühmann nochmals Jean Paul aufruft. An die nur einen Satz lange Bewertung des *Wuz*[684] schließt sich ein Blick in den *Siebenkäs* an, woraus Fühmann ein Stückchen der *Rede des Toten Christus*[685] zitiert. Dies sei die „düsterste Grabrede auf die Heile Welt, die ich kenne"[686]. Fühmann bezieht sich auf den im *Ersten Blumenstück* erzählten apokalyptischen Traum, aus dem auch sein Zitat stammt. Mit der Einordnung als ‚Grabrede auf die Heile Welt' ergibt sich ein Rückbezug zum

---

[681] Ders., *Kiáltozás*. Összes versei II, S. 396.
[682] Ders.: *Geschrei*. Gedichte (3. Aufl.), S. 144 und in: Szabolcsi, Miklós (Hrsg.): József Attila – Leben und Schaffen in Gedichten, Bekenntnissen, Briefen und zeitgenössischen Dokumenten. Budapest 1978, S. 241f.
[683] *Vor Feuerschlünden*. WA 7, S. 179. (Hervorhebung i. Orig.)
[684] Gemeint ist Jean Paul: *Leben des vergnügten Schulmeisterlein Maria Wutz in Auenthal*. In: HKA 1,2, Die unsichtbare Loge. Hrsg. v. Eduard Berend. Weimar 1927, S. 408-446. Im Zusammenhang mit den Überlegungen zum Genre des Porträts benennt Fühmann diesen Text ein weiteres Mal. (Vgl.: *Im Berg*, S. 96.)
[685] Vgl.: *22 Tage*. WA 3, S. 347. Vgl. bei Jean Paul: *Erstes Blumenstück. Rede des todten Christus vom Weltgebäude herab [Siebenkäs]*. In: HKA 1,6, Blumen-, Frucht- und Dornenstücke (Siebenkäs). Hrsg. v. Kurt Schreinert. Weimar 1928, S. 247-252. *22 Tage* enthält insgesamt Rezeptionsspuren folgender Texte Jean Pauls: *Des Feldpredigers Schmelzle Reise nach Flätz; Leben des vergnügten Schulmeisterlein Maria Wutz in Auenthal; Der Komet; Siebenkäs*. Bei Jean Paul findet sich auch die Finsternis der Bergwerkstiefe als starker Gegensatz zur Helligkeit des Sonnenlichts: „[...] und oben am Gipfel der unermeßlichen Natur stand Christus und schauete in das mit tausend Sonnen durchbrochne Weltgebäude herab, gleichsam in das in die ewige Nacht gewühlte Bergwerk, in dem die Sonnen wie Grubenlichter und die Milchstraßen wie Silberadern gehen." (Ebd., S. 250.) Vgl. auch die Vorstellung, die der Höhleneinsiedler in Novalis' *Ofterdingen* gegenüber seinen Besuchern formuliert: „Ihr seid beinah verkehrte Astrologen, sagte der Einsiedler. Wenn diese den Himmel unverwandt betrachten und seine unermeßlichen Räume durchirren: so wendet ihr euren Blick auf den Erdboden, und erforscht seinen Bau. Jene studieren die Kräfte und Einflüsse der Gestirne, und ihr untersucht die Kräfte der Felsen und Berge, und die mannigfaltigen Wirkungen der Erd- und Steinschichten. Jenen ist der Himmel das Buch der Zukunft, während euch die Erde Denkmale der Urwelt zeigt." (Novalis: *Heinrich von Ofterdingen*. In: Ders.: Schriften. Bd. 1, Das dichterische Werk. Hrsg. v. Paul Kluckhohn u. Richard Samuel. Stuttgart 1977³, S. 183-334, hier S. 260.)
[686] *22 Tage*. WA 3, S. 347.

II.4 „Ein einziges großes Gedichtganzes [der weltweiten Moderne]" 133

Anfang der *22 Tage*. Dort wurde die Ordnung und Geregeltheit der Bahnhofswelt und des Eisenbahnverkehrs als „wackre heile Welt"[687] bezeichnet. Den Gegensatz dazu bilden hier dann die Erwähnung der „trostlosen Vision eines Weltuntergangs"[688] aus dem *Siebenkäs* und jenes „vor Leid stumm[e] Untergehn"[689] bei Attila József, die Fühmann als „jene Angst"[690] fasst.

Es geht bei der vorgeführten Verknüpfung um einen wichtigen Aspekt der in *22 Tage* in Budapest gegenwärtigen Topographie der Moderne. Auf dem beschriebenen Weg dorthin ist Jean Pauls Literatur geradezu selbstverständlich mit einbegriffen. Dies deckt sich beispielsweise auch mit der „Einsicht in die Art und Weise, wie romantisches Dichten (in apokrypher Form) in postmoderne Darstellungsmuster einwirkt"[691], die Neumann mit Blick auf Jean Paul formuliert. Bohrer betont den „Zusammenfall von Entdeckung des Unbekannten und Verbotenen als eine Struktur der Moderne" sowie „die Furcht davor"[692]. Fühmanns auslegende, intertextuelle Verknüpfung der Texte Jean Pauls und Attila Józsefs in Budapest befördert dabei den Gedanken, dass „natürlich alle Dichtung [...] Bezogenheit aufeinander"[693] ist. So ist das literarische Eindringen in die Stadt Budapest als Schritt in deren „sinnbeladene[s] – das heißt auch beziehungsvolle[s]"[694] Geflecht Eingang in die Topographie eines Außen, das sich durch die ausgestellten Intertextualitäten mit der Moderne als deren Innen offenbart. Die Stränge wenigstens dieser beiden verwebt Fühmann im Aphorismengewirk der *22 Tage*.

---

[687] Vgl.: Ebd., S. 283 u. 285.
[688] Neumann, Gerhard: *Der Anfang vom Ende*. Jean Pauls Poetologie der letzten Dinge im *Siebenkäs*. In: Das Ende, S. 476-494, hier S. 479.
[689] József, *Geschrei*. Gedichte (3. Aufl.), S. 144 und in: József Attila – Leben und Schaffen, S. 242.
[690] *22 Tage*. WA 3, S. 346.
Der Moment eines solchen Angsteinbruchs mag zusätzlich mit folgender Passage aus dem *Siebenkäs* illustriert werden, die an das Zugleich von Beginn und Ende rührt: „Es gibt schauerliche Dämmeraugenblicke in uns, wo uns ist, als schieden sich Tag und Nacht – als würden wir gerade geschaffen oder gerade vernichtet – das Theater des Lebens und die Zuschauer fliehen zurück, unsre Rolle ist vorbei, wir stehen weit im Finstern allein, aber wir tragen noch die Theaterkleidung, und wir sehen uns darin an und fragen uns: »was bist du jetzo, Ich?« – Wenn wir so fragen: so gibt es außer uns nichts Großes oder Festes für uns mehr – alles wird eine unendliche nächtliche Wolke, in der es zuweilen schimmert, die sich aber immer tiefer und tropfenschwerer senkt – und nur hoch über der Wolke gibt es einen Glanz, und der ist Gott, und tief unter ihr ist ein lichter Punkt, und der ist ein Menschen-Ich.-" (Jean Paul: *Erstes Fruchtstück*. Brief des Dr. Viktor an Kato den ältern über die Verwandlung des Ich ins Du, Er, Ihr und Sie – oder das Fest der Sanftmuth am 20ten März. In: HKA 1,6, S. 386-408, hier S. 406.)
[691] Neumann, *Anfang vom Ende*. Das Ende, S. 492.
[692] Bohrer formuliert dies mit Blick auf Kleists *Über die allmähliche Verfertigung der Gedanken beim Reden* (Bohrer, *Plötzlichkeit*, S. 81).
[693] *Vor Feuerschlünden*. WA 7, S. 57.
[694] Ebd.

Dieses Eindringen in den und am Ort Budapest geschieht als Text der *22 Tage*, vor allem jedoch durch Texte und mit Texten. Die Buntheit und Vielfalt von deren Schreibung ist dabei Metonymie dieses Ortes und dieser Stadt. Als eine ebensolche Trope wirkt aber bereits der Eindruck einer fast babylonischen Sprachenvielfalt, die Fühmann als Aufzählung wiedergibt. Das graphische Nacheinander der Enumeration drückt dabei das Vorbeitreiben der Sprecher in der Menge der Passanten beinah zeitgenau aus. Jede niedergeschriebene Sprachbezeichnung steht dort auch als die Zeitspanne, für die jede Sprache im Dahintreiben der Passanten zu hören ist.[695] An dem durch die Reihung der Sprachen gegebenen Wirklichkeitsausschnitt lassen sich insbesondere dessen Grenzen gut bemerken. Die Frage „Was treibt vorbei?"[696], leitet die Aufzählung ein. Es handelt sich hier gewissermaßen um eine umgekehrte ‚flânerie', die als Strom der vorbeitreibenden Sprachen gezeigt wird. Der an dem Zuhörer vorbei sich bewegende Fluss eines „noise of many languages"[697] ist Signum einer Polyglossie und Vielstimmigkeit der Stadt. Budapest erscheint in diesem Sinne als eine der modernen „polyglot cities, the cities which [...] had aquired high activity and great reputation as centres of intellectual and cultural exchange"[698], und zwar verstärkt durch die in der Reihung sich gebende Kette eben dieses Austausches, den Fühmann in Budapest über Sprachbarrieren und Grenzen hinweg[699] passieren sieht und lässt: Aus dem Sprachenstrom lösen sich schließlich zwei Bekannte des Erzählers. So findet aus diesem Hintergrund heraus sogleich eine trilinguale und trinationale[700] Begegnung statt, die mit ungarischer Literatur, hier Miklós Radnóti, zu tun hat. Budapest wirkt multilingual somit als jener „Kreuzpunkt aller nur denkbaren historischen und geistigen Linien."[701]

Als Topographie solcher Linien, d.h. als Schreibung von deren Örtlichkeiten wird in *22 Tage* eine Beschreibung dieser Örtlichkeiten unternommen, die diese im Sinne einer Literarisierung beschriftet. Fühmann hat Ähnliches in *Vor Feuerschlünden* explizit für seine Begegnung mit Trakls Salzburg gesagt: „ich sah die Verse dieser Stadt, die Verse aus Trakls Dichtung waren".[702] Denn am

---

[695] Vgl. die Aufzählung in: *22 Tage*. WA 3, S. 324.
[696] Ebd.
[697] Bradbury, Malcolm: *The Cities of Modernism*. In: Ders. / McFarlane, James (Hrsg.): Modernism. A Guide to European Literature 1890 – 1930. London 1991, S. 96-104, hier S. 97.
[698] Ebd., S. 96.
[699] Im Gespräch mit Hans-Georg Soldat erklärt Fühmann: „Ich glaube, daß das, was ich mache, über diese Grenzen hinausgeht, als über diese Grenzen hinaus von Bedeutung empfunden wird [...]." (Soldat, *Gespräch Fühmann*. SuF 50 (1998) 6, S. 853.) Fühmann bezieht sich hier auf die Grenzen seines Landes, deren literarische Überschreitung die kleine Szene in *22 Tage* im Übrigen auch andeuten mag.
[700] Das deutschsprachige Ich des Textes trifft seinen ungarischen Freund György und einen Professor M. aus Strasbourg (Vgl.: *22 Tage*. WA 3, S. 324).
[701] Ebd., S. 287.
[702] *Vor Feuerschlünden*. WA 7, S. 192.

authentischen Ort will „Trakls Gedicht [...] in Trakls Landschaft treten, nicht in ein anderes – und soviel ärmeres – Wort."[703]

Bei Budapest nun liegt die Sache mit Blick auf die in *22 Tage* zahlreich auftretenden ungarischen Schriftsteller ähnlich. Beispielsweise für den Prosaautor Iván Mándy oder für den Lyriker Attila József ist ja Budapest die Landschaft, aus der Metaphern und Bilder kommen.[704] Allerdings ist Budapest bei Franz Fühmann darüber hinaus im Sinne der weltweiten Moderne das ‚Land der Dichtung'. *22 Tage* hat somit Teil an jenem „einzige[n] große[n] Gedichtganze[n]"[705], ja schreibt sich in dieses hinein, und zwar insbesondere in der Auf- und Entdeckung Budapests auch als eine Art Bibliothek der europäischen Moderne. Als Zeichen gelesenen und lesbaren Sammelns stellt der Tagebuchtext so bereits einen Ort dar, der einer „hétérotopie du temps qui s'accumule"[706] vergleichbar ist und an dem intertextuelle Zuschreibungen die Gewinnung von „Küsten [...] hinab in die Zeit"[707] werden. Deren Schichtung ist das Aufschreiben einer Schichtung von Texten, die sich am Ort Budapest ansammeln und mit und in denen gleichsam dieser Ort gelesen wird.[708]

Die vielfältige Rezeption literarischer Texte ist in *22 Tage* integraler Bestandteil einer aphoristisch geprägten Narration Budapests, das darin gleichsam selbst als Ort der Moderne erzählt und zur Anwesenheit gebracht wird: „Modern ist, so scheint es, der Gedanke, daß die Erzählung über die Stadt zurücktritt hinter der Stadt, die sich selbst erzählt [...]."[709] Budapest ist bei Fühmann in erster Linie genauso „inherently the most poetic of all material"[710] und stellt in dieser Hinsicht ein ‚espacement de la lecture' bereit, das sich einer Breite an intertextuellen Zusammenhängen bedient, die neben der oben besprochenen Jean-Paul-Rezeption exemplarisch als zusätzliches Inventar von *22 Tage* dargestellt werden können.

An wenigstens sieben Stellen in *22 Tage* taucht die Beschreibung des Blicks auf ein Fenster auf, das sich in einem Haus auf der anderen Straßenseite gegenüber dem Hotelzimmer des Betrachters befindet. Episodisch hat Fühmann

---

[703] Ebd.
[704] Vgl.: *Miteinander reden.* WA 6, S. 452f., wo sich Fühmann über die Landschaft seiner eigenen Lyrik sehr ähnlich äußert. – Fühmann zitiert Mándy als Dichter des achten Budapester Bezirkes und spricht von „Mándys Josephstadt" (*22 Tage.* WA 3, S. 328 u. 347).
[705] *Vor Feuerschlünden.* WA 7, S. 114.
[706] Foucault, *Des espaces autres.* Dits et écrits 1, S. 759.
[707] *Im Berg*, S. 23.
[708] Vgl. auch Scherpes Überlegung zur Bedeutung des Foucault'schen Heterotopie-Begriffes für die „Erzählbarkeit der Stadt": „Die Impulse des Topographischen und des Imaginären stehen [...] nicht unbedingt gegeneinander." (Scherpe, Klaus R.: *Nonstop nach Nowhere City?* Wandlungen der Symbolisierung, Wahrnehmung und Semiotik der Stadt in der Literatur der Moderne. In: Ders., Unwirklichkeit, S. 129-152, hier S. 131.)
[709] Ebd., S. 135.
[710] Hyde, George M.: *The Poetry of the City.* In: Bradbury / McFarlane, Modernism, S. 337-348, hier S. 338.

dieses Detail meist am Ende eines Tages[711] in das Tagebuch eingeflochten. Die Möglichkeit des Einblicks in eine Sphäre des Privaten zeigt sich in diesen meist nur einen Satz langen Abschnitten. Die Reihe von Eindrücken wird in *22 Tage* als Fortsetzung einer bereits begonnenen gegeben. Die Rolläden der Fenster gegenüber sind „noch immer wie voriges Jahr halbaufgezogen und schräg"[712]. Der Defekt ermöglicht nur eine Wahrnehmung in Teilen „vor mattem Licht menschliche Mittelstücke in Pullover und Hose"[713]. Der eigentliche Einblick als optisches Eindringen in ein Innen ist hier vor allem die Wahrnehmung der Abschirmung des Innen vom Außen und vom von außen her einfallenden Blick.[714] Dies zeigt sich auch daran, dass Fühmann eben die Abschirmung und Abgrenzung und deren Veränderung beschreibt. Die Jalousie steht als Trennendes zwischen Außen und Innen; die Veränderung ihrer Lage und Stellung bedingt die Wahrnehmung eines möglichen Dahinter, d.h. eines Innen. Dass es schon hier um die Möglichkeiten eines wenn auch zuerst optischen Eindringens geht, belegt der Schluss des 21.10.: Fühmann hatte dort vor allem anhand einer intertextuellen Verknüpfung von Jean Paul und Attila József die anfallende Angst vor Außen und Innen erwähnt. Die Frage „Wo bin ich"[715] leitet sich aus der schon kindheitlichen Hingezogenheit zur anderen Welt der Arbeiter her, die als „Welt meiner Sehnsucht"[716] sich in einem Kofferträger bei der Ankunft in Budapest verkörperte. Dort „vollkommen drinnen, in vollkommener, glücklicher Übereinstimmung"[717] gewesen zu sein, sei zweimal „an der Peripherie" der Fall gewesen: „hinter Stacheldraht auf der Antifaschule und damals auf der Warnowwerft"[718]. Der 21.10. schließt mit einer „phantastische[n] Veränderung"[719] am Fenster im gegenüberliegenden Haus: „Im Nachbarhaus sind die sonst immer halboffenen schrägen Rolläden plötzlich geschlossen"[720]

Die Problematisierung der Sphären des Innen und des Außen spielt Fühmann in den Rolladenepisoden optisch durch. Dazu kommen die Fragen nach einem Drinnen und Draußen an unterschiedlichen gesellschaftlichen Orten, zu denen

---

[711] Eine Ausnahme bildet die Erwähnung am *22.10.* (Vgl.: *22 Tage.* WA 3, S. 349.)
[712] *22 Tage.* WA 3, S. 304.
[713] Ebd.
[714] Die von Baudelaire in *Les fenêtres* gezeigte größere Aufmerksamkeit für das Geheimnisvolle des Innen hinter einem geschlossenen Fenster steckt hier bereits in dem beschriebenen Blick. Auch in Fühmanns episodischem Einblick ist so Baudelaires Feststellung spürbar: „Dans ce trou noir ou lumineux vit la vie, rêve la vie, souffre la vie." (Baudelaire, Charles: *Les fenêtres*. In: Ders.: Œuvres complètes I. Texte établi, présenté et annoté par Claude Pichois. Paris 1975, S. 339.)
[715] *22 Tage.* WA 3, S. 348.
[716] Ebd.
[717] Ebd.
[718] Beide Zitate: Ebd. Mit „damals auf der Warnow-Werft" (ebd.) wird an dieser Stelle ein Bezug zu *Kabelkran und Blauer Peter* hergestellt.
[719] Ebd.
[720] Ebd.

II.4 „Ein einziges großes Gedichtganzes [der weltweiten Moderne]" 137

der Bereich der Arbeiter gegenüber einem eher als bürgerlich, nicht-proletarisch zu beschreibenden gehört. Schließlich ist dazu genauso der bei József z.B. in *Eszmélet* vorhandene Antagonismus jenes „Im itt a szenvedés belül, / ám ott kívül a magyarázat."[721] aufzuführen, den Fühmann im Mythos-Essay als „Menschheitsaußen *und* Menschheitsinnen"[722] aufgreift und deren Wissen, »was Sache ist«[723], sich beim Mythos als ein Zugleich gibt.

Die folgende dritte Erwähnung der Jalousie stellt bereits einen Bezug her, dessen intertextuelle Konkretisierung jedoch erst die vorletzte der Rollladen-episoden enthält. „Wie ein Fächer"[724] hängt die Jalousie vor dem Fenster. Dieser Fächer wird in der sechsten Episode zu „Mallarmés Fächer"[725]. Der Bezug zu besonders einem von Mallarmés drei *Éventail*-Gedichten eröffnet den Einbau, ja das Einschreiben der Poesie eines der wichtigen Vertreter der französischen Moderne durch Fühmann in Budapest. Die Rollläden verdecken auch bei Fühmann einen „logis très précieux"[726], und zwar vor dem Blick des Betrachters. Wie in Mallarmés *Éventail de Madame Mallarmé* stellt die Jalousie jedoch gleichzeitig die Instanz einer Vermittlung dar, die sowohl etwas ver- als auch entbirgt[727]:

> Avec comme pour langage
> Rien qu'un battement aux cieux
> Le futur vers se dégage
> Du logis très précieux
>
> Aile tout bas la courrière
> Cet éventail si c'est lui
> Le même par qui derrière
> Toi quelque mirroir a lui
>
> Limpide (où va redescendre
> Pourchassée en chaque grain
> Un peu d'invisible cendre
> Seule à me rendre chagrin)
>
> Toujours tel il apparaisse
> Entre tes mains sans paresse.[728]

---

[721] József, *Eszmélet*. Összes versei II, S. 241. („Hier drinnen, siehst du, ist das Leiden, / doch draußen das, was es erklärt." WA 2, S. 286.)
[722] *Das mythische Element in der Literatur*. WA 6, S. 124. (Hervorhebung i. Orig.)
[723] Ebd., S. 98. (Hervorhebung i. Orig.)
[724] *22 Tage*. WA 3, S. 349.
[725] Ebd., S. 479.
[726] Mallarmé, *Éventail de Madame Mallarmé*. Œuvres complètes I, S. 30.
[727] Der Zusammenhang zwischen dem Rollladen und dem dahinter Befindlichen kommt dabei einem „Erscheinen eines Nichterscheinens und Nichterscheinen, in dem, was erscheint" (Mersch, *Ereignis und Aura*, S. 145) sehr nahe.
[728] Mallarmé, *Éventail de Madame Mallarmé*. Œuvres complètes I, S. 30. – Fühmann verfügte über verschiedene, ausschließlich zweisprachige Gedichtbände von Mallarmé: Ders.:

Dieses Gedicht ist damit zugleich der Fächer selbst und dessen ‚langage', aus der heraus jener ‚futur vers' sich zeigt. Die Bewegung des „battement aux cieux"[729] setzt somit den beschrifteten Papierfächer zwischen das sich verbergende Gesicht der angesprochenen Madame und das sprechende Ich. Dies ist allerdings nur eine seiner Funktionen, denn indem der ‚éventail' auch ‚aile', Flügel, ist, bekommt er obendrein die eines Übertragungsmediums, ‚la courrière', und zwar durchaus im eigentlichen Sinne des eine Botschaft tragenden Mediums, hat Mallarmé seine *Éventail*s doch auf Fächer geschrieben.[730] Fühmann nun projiziert Mallarmés Text gleichsam als dessen Beschreibung auf den Rollladen. Dessen Text bei Fühmann empfindet das ‚battement' des Fächers nach, das bei der Jalousie das etappenweise Heraufziehen und Herablassen ist. Gestreckt über mehrere Tage lässt sich im Vergleich zu Mallarmé in Fühmanns intertextueller Verwendung eine Verlangsamung der Bewegung erkennen, wobei die einzelnen Zustandsveränderungen wiederum durch ein Moment des plötzlich Ereignishaften gekennzeichnet sind. So wird bei der vierten Gelegenheit der Rollladen vollends hochgezogen, so dass sich ein Blick in das andere Zimmer eröffnet. Dies geschieht nur „für einen Augenblick"[731], allerdings ist der Akteur hierbei die durch Molnárs Drama quasi klassische Figur des Budapester „Tunichtgut"[732] Liliom. Der kurze Moment lässt ein reiches Intérieur erkennen, das wohl allenfalls die Traumwelt des dramatischen Helden erfüllt haben könnte, denn jener wird bei Molnár als ein rechter Taugenichts und Frauenheld vorgeführt, der seine schwangere Frau schlägt und gar vor dem Jüngsten Gericht noch trotzig mitleidlos bleibt. Die Hauptperson des Molnár'schen Erfolgsstückes *Liliom* von 1909 gehört hier in Fühmanns Budapester Panoptikum als literarische Darstellung eines Charakters aus jener Welt des Anderen, die eine Variante der Arbeiterwelt zeigt. Fühmann hat sie geschickt in den Guckkasten gegenüber dem Hotelfenster montiert. Der Zuschauer meldet sich sodann angesichts geschlossener Jalousien beinahe enttäuscht: „black box; wo ist der input"[733]. Mit dem Auftritt des obendrein genuin Budapester Dramenakteurs Liliom kommt hinter dem hochgezogenen

---

Gedichte. Französisch-Deutsch. Dt. v. Fritz Usinger. Jena 1948[2]; Mallarmé, Stéphane: *Dichtungen.* Deutsch-französische Ausgabe. I. Ausw. übers. u. hrsg. v. Kurt Reidemeister. Krefeld 1948; Mallarmé, Stéphane: *Sämtliche Gedichte.* Französisch-Deutsch. Übertr. v. Carl Fischer. Heidelberg 1974[3]; Mallarmé, Stéphane: *Eines Faunen Nachmittag.* Dt. Nachdichtung u. Nachw. v. Edwin Maria Landau. Frankfurt/M. 1979. (ZLB, Sammlung Fühmann)

[729] Mallarmé, *Éventail de Madame Mallarmé.* Œuvres complètes I, S. 30.

[730] Dies gilt auch für die beiden anderen éventail-Gedichte. Vgl. dazu die entsprechenden textgeschichtlichen Hinweise in: Mallarmé, *Œuvres complètes I*, S. 1178.

[731] *22 Tage.* WA 3, S. 378.

[732] Beer, Otto F.: *Nachwort.* In: Molnar, Franz: Liliom. Deutsch v. Alfred Polgár. Stuttgart 1979, S. 114-120, hier S. 114. In *22 Tage* findet sich konsequent die durch den langen Vokal inkorrekte Schreibung L*í*liom.

[733] *22 Tage.* WA 3, S. 466.

II.4 „Ein einziges großes Gedichtganzes [der weltweiten Moderne]" 139

Fächer-Rollladen jenes Großstadttheater[734] zum Vorschein, das Fühmanns Text augenblickshaft in Szene setzt. Das Haus gegenüber freilich bleibt unerreichbar und der Ort einer illusionären Welt des Anderen, ja des Theaters. Die schmale Gasse trennt noch im am stärksten dramatischen der sieben Auftritte[735] zwei Welten, die auch schon Mallarmés Fächer und dessen verbindende Permeabilität scheiden: Diese sechste Szene[736] vereint die Figur des Rabauken Liliom mit zwei Frauen, die sirenenhaften Hexen gleichen. Aus der Welt von Bulgakows *Der Meister und Margarita* dürften so die sprühenden Augen der beiden lockenden blonden Damen stammen, hinter denen alsbald Liliom seiner Rolle treu casanovahaft auftritt. An all diesen Vorgängen hat eine weitere Person von unterhalb des Berichtenden lauthals rufend und schreiend teilgenommen. Die theatralische Szene endet mit allen Signa eines Theaterschlusses:

> am gelben Mond fliegt Margarita vorbei, und da gehen im Lachen noch die Vorhänge zu; die Gesichter verschwinden, die Lichter verlöschen; Líliom [sic!] läßt die Rolläden nieder und einer hakt und bleibt schräg zum Fensterbrett stehen, Mallarmés Fächer, gedämpftes Licht dahinter, und Stille, und einmal huscht Blau vorbei und dann ist nichts mehr[737]

Dieser Schluss erfährt eine Kontextualisierung durch das Aufrufen von Intertexten. Neben dem Drama *Liliom* ist dies hier Mallarmé, zu dessen *Éventail* ein direkter Bezug hergestellt wird, der auch den vorangehenden der sogenannten dritten Szene entsprechend zuordnet. Zusätzlich aber stehen in dieser sechsten Szene jene Attribute des Teuflischen, deren Herkunft aus Bulgakows Roman durch die augenblickliche Einblendung der fliegenden Margarita[738] belegbar wird. Dass dieser Schluss im Übrigen für die gesamte Reihe dieser episodischen Szenen gilt, erweist die siebte und letzte Erwähnung, in der „Gegenüber alle Rolläden geschlossen"[739] sind. Der Zuschauer, jener ‚spectateur', der auf dem Gellértberg an einer Metapher für die Donaubrücken Budapests meißelte, gibt sich hier nun als Leser, der den Text zur Montage von Verweisen nutzt. Die komplexe Koppelung von Intertextualitäten in dieser Topographie der Moderne zeigt ein Zuschauen, das dessen Darstellung durch

---

[734] Vgl. auch: „Die Großstadt ist ein Theater, das vielerlei Theater in sich birgt." (Fisher, Philip: *City Matters: City Minds*. Die Poetik der Großstadt in der modernen Literatur. In: Scherpe, Unwirklichkeit, S. 106-128, hier S. 121.)
[735] Auch Molnárs Drama besteht im Übrigen aus sieben Bildern.
[736] Vgl.: *22 Tage*. WA 3, S. 478f.
[737] Ebd.
[738] Margarita verwandelt sich dort im 20. Kapitel in eine Hexe, die auf einem Besen fliegt. Das Mondmotiv ist während ihres ersten Fluges verschiedentlich anzutreffen, viel stärker noch bei dem langen Abschlussflug im 32. Kapitel. Dort erhält das in unterschiedlichen Farben vorkommende Mondlicht für Voland und sein Gefolge verwandelnde Kraft. (Vgl.: Bulgakow, Michail: Gesammelte Werke (GW). Bd. 3, *Der Meister und Margarita*. Roman. Deutsch v. Thomas Reschke. Berlin 1994, S. 288-294 u. 469-476.)
[739] *22 Tage*. WA 3, S. 492.

einschlägige Texte schreibt⁷⁴⁰ und so eigentlich eine Beschreibung der Orte vornimmt.

Fühmann fügt sein Buch des Ortes Budapest gewissermaßen aus einer Auswahl von Lektüren, deren Attribuierungen weniger als Beigaben der Stadt funktionieren, denn mehr als ihr Sich-Geben in Budapest. Die literarischen Figuren und die zu ihnen gehörenden Texte sind somit nicht implantiert oder in Palimpsesten über die dem Ort eigene Schrift gedeckt. Der Tagebuchbericht gibt Begegnungen, Vorfälle und Ereignisse nebeneinander in einer Art, die auch von jener Überlegung weiß, die Homer Odysseus am Beginn seines Berichtes gegenüber Alkinoos in den Mund legt: „Aber was soll ich zuerst, was soll ich zuletzt dir erzählen?"⁷⁴¹

Aus dem 22-tägigen Gewirk heraus gibt sich so die Erzählung der Stadt Budapest mit deren Erzählbarkeit⁷⁴² als Fühmanns Textur der Moderne. In dieser greift er nicht allein mit der direkten Benennung je verschiedene intertextuelle Relationen auf, vielmehr lässt sich zuweilen genauso eine formale Bezugnahme erkennen. So hat Fühmann unabhängig von seinen Versuchen in konkreter Poesie⁷⁴³ ferner ja das Übergangsproblem bei Mallarmé angesprochen. Jene ‚blancs', die weißen Textzwischenräume in *Un Coup de Dés*, von denen Mallarmé sagt, dass sie „assument l'importance"⁷⁴⁴, scheinen in *22 Tage* eine durchaus ähnliche Funktion zu erhalten.⁷⁴⁵ Oben war bereits davon die Rede, wie sich ein Moment des Unfasslichen der realen Gesamtheit gerade durch und in der graphischen Leere vor der Zeile „nichts kannst du fassen"⁷⁴⁶ manifestiert. Eine inhaltliche Verbindung der vorangehenden Passage mit dieser Zeile lässt sich anhand von deren initialer Kleinschreibung feststellen.⁷⁴⁷ Im Moment des Übergangs zur Konstatierung lag dabei die Unvollendbarkeit des Totalitätsabschnitts, wie auch der Übertritt vom Versuch zu dessen Reflexion.

---

⁷⁴⁰ Vgl. dazu: „[D]er erzwungene Modus des Zuschauens [kann] die gleiche Komplexität erreichen [...] wie der Modus des Darstellens." (Fisher, *City Matters*. Scherpe, Unwirklichkeit, S. 121.)
⁷⁴¹ Homer: *Odyssee* IX, 14. (Ausgabe: Homers Werke. Zweiter Band. Odyssee. A. d. Griechischen v. Johann Heinrich Voss. Hrsg. v. Peter Von der Mühll. Zürich 1980.)
⁷⁴² Vgl. zur Diskussion des Problems der Erzählbarkeit auch: Scherpe, *Nonstop*. Ders., Unwirklichkeit, S. 130f.
⁷⁴³ Vgl.: *22 Tage*. WA 3, S. 357-359.
⁷⁴⁴ Mallarmé, *Observations*. Œuvres complètes I, S. 391.
⁷⁴⁵ Diese Überlegung setzt natürlich voraus, den Einfluss des Lyrischen auf diesen Text als größer anzusetzen, als er augenfällig in der konkreten Poesie sowie in dem Gedicht der Kuchenkarte hervortritt. (Vgl.: *22 Tage*. WA 3, S. 391-393.) So ließen sich vielleicht auch die von hoher gedanklicher Verdichtung gekennzeichneten poetologischen Passagen als Strophen verstehen. Diese beinhalten den poetischen Übergang vom Märchen zum Mythos im letzten Drittel des Buches. Ihre enge inhaltliche Verknüpfung stützte dann diesen Eindruck eines an vielen Stellen gebundenen Sprechens.
⁷⁴⁶ Ebd., S. 498.
⁷⁴⁷ Sie weicht damit orthographisch von der Mehrzahl der übrigen Abschnitte ab, was für eine Anbindung an den vorangehenden Abschnitt spricht.

II.4 „Ein einziges großes Gedichtganzes [der weltweiten Moderne]" 141

Als „silence alentour"[748] gibt sich der Einschnitt der Leerzeile, der zum Ausdruck der Nicht-Fassbarkeit wird und für den jenes „on évite le récit"[749] gültig bleibt.

Eine vergleichbare Sprache der Auslassung verdeutlicht das ‚mouvement' der abschließenden Passagen über die Heimreise nach Berlin. Die inhaltlich sich vollziehende Bewegung im Raum mit der deutschen Abfahrtszene[750], der Einfahrt nach Brandenburg und schließlich in den Berliner Ostbahnhof[751] erzeugt durch die optische Aufteilung der einzelnen Zeilen quasi ein Mallarmé'sches „espacement de la lecture"[752]. Die nach der Abfahrtszene gänzlich verblose Abfolge von fast ausnahmslos subtantivisch wiedergegebenen Eindrücken erinnert an eine fahrende Bewegung von einer zur nächsten Augenblickswahrnehmung aus dem Zugfenster, vor dem der Text gleichsam streiflichtartig vorüberzieht. Es ist dabei allerdings gerade die Reihenfolge entscheidend, aus der sich ihre Verbindung zu einer Abfolge von Wahrnehmungen entlang der Strecke Dresden Hauptbahnhof – Berlin Ostbahnhof ergibt. Entgegen der Reiseszene zu Beginn der *22 Tage*, in der sich mit der fahrenden Bewegung des Zuges der durchmessene Raum geradezu klassisch auflöste[753], ist hier also eine Anwesenheit des Räumlichen und der Bewegung durch dieses hindurch bis hinein in die Gestalt des Textes zu erkennen. Die Schlusszeile des Buches freilich löst dasselbe mit einer pointenhaft-plötzlichen Rückbindung zum Anfang in die Offenheit eines Aufhörens auf. Fühmann selbst hatte mit Blick auf die Entstehung von *22 Tage* ja gerade auf diesen Zusammenhang zwischen dessen Anfang und Schluss hingewiesen:

> [...] der Schluß z.B. war anders als der Anfang. Der Anfang stammte aus der alten Konzeption eines lockeren, unbeschwerten Reiseberichtes, es gab irgendwo einen Bruch; und wir haben versucht, ihn zu heilen, die Sache organisch zu machen, indem wir sie von hinten her – die Schlange beißt sich in den Schwanz, das ist ihr gutes Recht, warum soll sie es nicht – aufgerollt haben.[754]

Die eigentliche Ankunft wird somit auch in dieser Hinsicht zur Weiterfahrt in ein Unabschließbares.

---

[748] Mallarmé, *Observations*. Œuvres complètes I, S. 391.
[749] Ebd.
[750] Sehr wahrscheinlich war der Originalschauplatz zu dieser Szene der Dresdener Hauptbahnhof. Dresden war nach dem deutlich kleineren Bad Schandau im Zuglauf der Budapester Züge der erste größere Halt auf dem Boden der DDR. Zudem folgt unmittelbar nach der Abfahrt „Die Elbe" die zwischen Hauptbahnhof und Neustadt auf der Marienbrücke überquert wird. (Vgl.: *22 Tage*. WA 3, S. 506.)
[751] Darauf weist eindeutig der Streckenverlauf „Rummelsburg; Ostkreuz; Warschauer Straße; Einfahrt; daheim". (Ebd.)
[752] Mallarmé, *Observations*. Œuvres complètes I, S. 391.
[753] Vgl.: *22 Tage*. WA 3, S. 287f.
[754] Corino, *Gespräch Fühmann*. Deutschland-Archiv 8 (1975) 3, S. 294. Vgl. auch Wagners knappe Einschätzung dieses Problems, Wagner, *Nachdenken über Literatur*, S. 39f.

Eine durchaus ähnliche Form einer Unabschließbarkeit schreibt sich aus Fühmanns nachweislicher Rezeption[755] des Werkes von James Joyce her, deren Spuren sich auch in *22 Tage* finden. Joyce' Held Leopold Bloom taucht dort im Lukácsbad auf, an einem Ort, den Fühmann als kretisches Labyrinth erscheinen lässt, durch das sich der Badbesucher, wie der Leser bewegen.[756]

Der „waterlover"[757] Bloom wird von Fühmann in verschiedentlich auf Joyce' großen Roman *Ulysses* bezogenen Kontexten gezeigt.[758] Das Auftreten des Helden selbst geschieht im Zusammenhang mit Blooms bevorzugtem Element Wasser. In den Warm- und Heißwasserbecken des Bades sitzen in dieser Szene mehrere Männer im Kreis:

> Dreizehn Leopold Blooms: welche Metamorphose[759]

Fühmann schiebt die Bloom-Zeile hier in die sonst Absatz für Absatz fortgesetzte Lukácsbad-Episode ein.[760] Der intertextuelle Verweis stellt sich gleichsam als unerwarteter Einfall ein und ist durch seine verblose Struktur zudem von den eher erzählenden Abschnitten der Lukácsbad-Geschichte abgehoben. In der fraglichen Episode in Joyce' Roman befindet Bloom sich auf der Beerdigung von Paddy Dignam:

> Bloom stood far back, his hat in his hand, counting the bared heads. Twelve. I'm thirteen No. The chap in the mackintosh is thirteen. Death's number. Where the deuce

---

[755] Vgl.: „Perhaps the most sustained influence on his prose-writing is, however, a non-German one, the most unlikely of them all in terms of the conventional image of GDR literature: James Joyce." Eine sehr gute Chronologie dieser *Undercover Odyssey* gibt Dennis Tates gleichnamiger Essay: *Undercover Odyssey*. German Life and Letters 47 (1994) 3, S. 302-312; deutsch (überarbeitet) unter dem Titel *Fühmanns heimliche Odyssee*. „Jeder hat seinen Fühmann", S. 185-196.
[756] Vgl. hierzu die weiteren Ausführungen zu diesen Passagen der *22 Tage* in Kapitel II.5.
[757] Joyce, *Ulysses*, S. 783.
[758] Auch bei der plötzlichen Erkenntnis, „wer Odysseus war", nennt Fühmann neben einer Weide „stummes, schattenhaftes Wasser" (*22 Tage*. WA 3, S. 365). Es handelt sich dabei vermutlich um eine Anspielung auf Kirkes Beschreibung des Landes Kimmerien am Hadeseingang, das „voll unfruchtbarer Weiden und hoher Erlen und Pappeln" sei. (Homer, *Odyssee* X, 510)
[759] *22 Tage*. WA 3, S. 340. – Vgl. auch Heukenkamps Analyse dieser Zeile im Hinblick auf ein Fühmann'sches Zahlenspiel. (Heukenkamp, Ursula: *Die große Erzählung von der befreiten Arbeit. Ein Richtungswechsel des Erzählers Franz Fühmann*. In: Dichter sein heißt aufs Ganze aus sein. S. 15-35, hier S. 29f.)
[760] Eine weitere Ausnahme bildet noch der ungarische Vers „»Valóban nagy tudós vagy, idegen...«" (*22 Tage*. WA 3, S. 338. – „Du bist wahrlich ein großer Gelehrter, Fremdling ..."; Übers. S.K.), der aus der Phalanstèreszene (12. Szene, V. 145) in Madáchs *Die Tragödie des Menschen* stammt. Fühmann kommentiert diese Szene an anderer Stelle in *22 Tage* ausführlich. (Vgl.: *22 Tage*. WA 3, S. 472ff.) Für den Originalvers vgl.: Madách Imre: *Az ember tragédiája*. Drámai költemény. Szinoptikus kritikai kiadás. Sajtó alá rendezte és a jegyzeteket írta Kerényi Ferenc. [*Die Tragödie des Menschen*. Dramatische Dichtung. Synoptische kritische Ausgabe. Hrsg. u. m. Fußnoten versehen v. Ferenc Kerényi.] Budapest 2005, S. 489.)

II.4 „Ein einziges großes Gedichtganzes [der weltweiten Moderne]"   143

did he pop out of? He wasn't in the chapel, that I'll swear. Silly superstition that about thirteen.[761]

Die Zahl dreizehn bei Fühmann, im *Ulysses* ‚death's number', ist vor diesem Hintergrund als Relation zur erwähnten Begräbnisszene zu verstehen, die bei Joyce in das sogenannte Hades-Kapitel eingefügt ist.[762] Joyce lässt seinen Bloom dort eine Überlegung anstellen, die überdies das Auftauchen des Begriffs Metamorphose bei Fühmann erklären kann und gar die Grundlage für dessen Joyce-Bezug schaffen mag. Noch während der Bestattung überlegt Bloom:

If we were all suddenly somebody else.[763]

Das in *22 Tage* und im *Ulysses* sehr ähnlich zu finden Moment der plötzlichen Veränderung, der augenblicklichen Metamorphose wird hier thematisiert, wobei im Falle Fühmanns noch die intensivere Behandlung des Komplexes Wandlung[764] hinzukommt, die in *22 Tage* an unterschiedlichen Stellen gegenwärtig ist. In der Lukácsbad-Episode erscheint das Thema Wandlung quasi ‚bloomesk' im Zusammenhang mit dem Wasser, an dem Bloom insbesondere seine strömende Bewegung und derartige Wandlungsfähigkeit gefällt.[765]

Bei den Badenden im Lukácsbad sehen nur noch deren Köpfe aus dem Wasser. In der Begräbnisszene auf *Dignam's funeral* zählt Bloom die Köpfe vor sich. Bei Fühmann erscheinen zudem Lotosblüten in den Wasserbecken. Dies würde die Verbindung mit der erwähnten *Ulysses*-Szene aus dem sogenannten Hades-Kapitel stützen.[766] Diesem geht das Lotophagen-Kapitel voran, in dem Leopold Bloom auf seinem Weg durch Dublin zum Friedhof verschiedene

---

[761] Joyce, *Ulysses*, S. 139.
[762] Noch den gewundenen Weg, den Bloom zum Hadesort Friedhof zurücklegt, scheint Fühmann in seinem Badlabyrinth zu reflektieren.
[763] Joyce, *Ulysses*, S. 139.
[764] Dieses geradezu klassische Fühmann-Thema wird in der Fachliteratur immer wieder behandelt. Vgl. dazu etwa: Wagner, *Nachdenken über Literatur*, vor allem Kapitel 1-3, 4, 8; Kim, *Dichter des „Lebens"*, Frankfurt/M. 1996; Richter, *Dichterleben*, Berlin 1992; Schoeller, *Wandlung als Konzept*. „Jeder hat seinen Fühmann", S. 25-40; insbesondere zur poetischen Wandlung: Lohr, Horst: *Vom Märchen zum Mythos*. Zum Werk von Franz Fühmann. In: WB 28 (1982) 1, S. 62-81; Schönewerk, Klaus-Dieter: *Sein Werk spiegelt historische Wandlung. Zum Gedenken an Franz Fühmann*. In: ND v. 09.07.1984; v. Bülow, Ulrich: *Von der Geschichtsphilosophie zur Anthropologie. Fühmanns ästhetische Wende in seinem Essay „Das mythische Element"*. „Jeder hat seinen Fühmann", S. 59-78 und ders., *Die Poetik Franz Fühmanns*, Neuried 2000.
[765] Blooms Bewunderung für die Wandelbarkeit des Wassers erwähnt auch Eckel, Winfried: *Odysseus im Labyrinth. Zum Konzept der unendlichen Irrfahrt in James Joyce' Ulysses*. In: Röttgers, Kurt / Schmitz-Emans, Monika (Hrsg.): Labyrinthe. Philosophische und literarische Modelle. Essen 2000, S. 74-91, hier S. 84, Fn. 15.
[766] Vgl.: „Bei dem L[otos] der Lotophagen (Hom. Od. 9, 83-104) ist an Seerosengewächse […] zu denken." (Der Neue Pauly. Enzyklopädie der Antike. Hrsg. v. Hubert Cancik u. Helmuth Schneider. Bd. 7. Stuttgart 1999.)

exotische Eindrücke sammelt. Das Auftauchen der Lotosblüten mitten im Budapester Lukácsbad ist zunächst nicht minder exotisch. Fühmanns Erwähnung des Lotos an dieser Stelle könnte also einen Bezug zu Blooms labyrinthischem Weg durch Dublin enthalten.[767] Bei Joyce fehlt zwar eine explizite Nennung des Lotos, doch ist die Pflanze bei ihm in Form der zuweilen betörenden Düfte und durch Blumen gegenwärtig, die an die Welt der Lotophageninsel aus der Οδύσσεια erinnern und so wohl den homerischen Hintergrund des *Ulysses*-Kapitels bilden:

> The far east. Lovely spot it must be: the garden of the world. Big lazy leaves to float about on, cactuses, flowery meads snaky lianas they call them. Wonder is it like that. Those Cinghalese lobbing around in the sun, in *dolce far niente*. Not doing a hand's turn all day. Sleep six months out of twelve. Too hot to quarrel. Influence of the climate. Lethargy. Flowers of idleness. The air feeds most. Azotes. Hothouse in Botanic gardens. Sensitive plants. Waterlilies. Petals too tired to. Sleeping sickness in the air. Walk on roseleaves.[768]

Das Motiv der körperlichen Erholung und fernöstlicher Ausgeglichenheit aus *Ulysses* mag sich in den „Lätze[n] gleich Lotosblüten"[769] als Andeutung wiederfinden, die Fühmann bei den Männern im Warmwasserbecken zeigt. Die exotische Lotosblüte ist an dieser Stelle aber möglicherweise nicht nur ein intertextueller Hinweis auf Joyce' Roman, sondern zeigt genauso eine Besonderheit der Budapester Thermalbäderlandschaft, auf die sich die vorliegenden Abschnitte der *22 Tage* ja beziehen. So weist der Eintrag zu ‚Lotos' im *Lexikon der Antike* ausdrücklich auf „den merkwürdigen Standort des weißen L[otos] in den warmen Quellen des Bischofsbades von Großwardein und des Kaiserbades bei Ofen in Ungarn"[770] hin. Der Taxifahrer in *22 Tage* hatte gerade dieses

---

[767] Auch der Weg hinab ins Zentrum der Schraube kann als ein Intertext zu Joyce verstanden werden, da eben das sogenannte Hades-Kapitel auf die antike Unterwelt bezogen worden ist. Der Erzähler in *22 Tage* steigt hinab in die Hölle (vgl.: *22 Tage*. WA 3, S. 338), in eine Unterweltlandschaft, in der durch den Minotaurus weiße Laken wie Leichentücher verteilt werden (S. 340). Dieser Unterweltort findet sich übrigens analog im *Prometheus*, als Prometheus Gaia überredet, ihn zu den Hundertarmigen zu bringen, sowie als zitierter Schauplatz bzw. als weitere zentrale Erwähnung des Hades in *Die Schatten*. Den Ort Bergwerk schließlich beschreibt Fühmann als Hadeslandschaft (vgl. auch Kap. IV.6). Die mythischen Relationen liegen somit auf der Hand.
[768] Joyce, *Ulysses*, S. 87. Bis zum Ende des Kapitels taucht zudem mehrfach das von Bloom bewunderte Element Wasser auf: zunächst intertextuell als Bezug zu Ophelias Freitod im Fluss (S. 93), dann als Getränk, als „lovely cool water out of the well stonecold" (S. 97); weiterhin geht es um heiliges Wasser, um „waters of oblivion" in Lourdes (S. 99) und obendrein um die in Klammern eingeschobene Frage, ob die beim Abendmahl ausgeteilten Oblaten im Wasser lägen. (S. 99.)
[769] *22 Tage*. WA 3, S. 340.
[770] Paulys Real-Encyclopädie der classischen Alterumswissenschaften. Neue Bearb. beg. v. Georg Wissowa. Hrsg. v. Wilhelm Kroll. Bd. 13, 26. Hbd. [1927]. Stuttgart 1894-1978. (Großwardein = Oradea; Ofen = Buda).

II.4 „Ein einziges großes Gedichtganzes [der weltweiten Moderne]"   145

Budapester Bad – das Császárbad – sehr offensiv empfohlen, wohingegen Fühmanns Erzähler an diesem vorbei ins Lukácsbad geht.[771]

Ausgehend von „Nice smell these soaps have."[772], denkt Bloom im *Ulysses* daran, sogleich ein Bad zu nehmen: „Time to get a bath round the corner. Hammam. Turkish. Massage."[773] Am Ende des Kapitels führt er diesen Gedanken weiter aus, indem er vom „stream of life"[774] zum intensiveren Wunsch nach einem Bad übergeht:

> Heatwave. Won't last. Always passing, the stream of life, which in the stream of life we trace is dearer than them all.
> Enjoy a bath now: clean trough of water, cool enamel, the gentle tepid stream. This is my body.
> He foresaw his pale body reclined in it at all, naked, in a womb of warmth, oiled by scented melting soap, softly laved. He saw his trunk and limbs riprippled over and sustained, buoyed lightly upward, lemonyellow: his navel bud of flesh: and saw the dark tangled curls of his bush floating, floating hair of the stream around the limp father of thousands, a languid floating flower.[775]

Die Betonung der Körperlichkeit im Kontakt mit Wasser in dieser Passage findet ihren Widerhall in Fühmanns Beobachtungen zum „[ganz naiven] Verhältnis der Ungarn zum Wasser" und mehr noch in der Erinnerung an das orgiastische Suhlen „im blutwarmen Modder" in Hévíz.[776] In der Lukácsbad-Episode wird ein Moment des Körperlichen relevant, das durch den Kontakt mit dem Wasser motiviert ist. Blooms Zuneigung zum Wasser und dessen Bedeutung in *22 Tage* weisen dabei durchaus eine Reihe von Ähnlichkeiten auf. So beschreibt Fühmann einen etwa sechzigjährigen Mann, der langsam in einem der Schwimmbecken im Freien ins Wasser geht, was durch das Moment des Genusses durchaus der Hydrophilie eines Leopold Bloom ähnelt. Von dieser hat vielleicht auch das Genießertum des Fahrers, von dem erzählt wird, mit welcher Akribie er Wasser von den Quellen in der Balatongegend gesammelt und mitgenommen habe.

Indem hier außerdem durch den Begriff der Metamorphose der der Veränderung und Wandlung im Zusammenhang mit Bloom und Wasser benannt wird, lässt sich eben jene zusätzliche Beziehung zwischen *Ulysses* und *22 Tage* zeigen, die erklären hilft, dass Fühmann Joyce' Helden gerade hier auftreten lässt. Zur breiten Palette an Vorzügen, die bei Blooms Vorliebe für das Wasser wichtig sind, gehören unter anderen „its healing virtues"[777], die sich im

---

[771] Vgl.: *22 Tage*. WA 3, S. 333.
[772] Joyce, *Ulysses*, S. 105.
[773] Ebd.
[774] Ebd., S. 107.
[775] Ebd.
[776] Beide Zitate: *22 Tage*. WA 3, S. 335. Hévíz, Ort nah am Südwestzipfel des Balaton. Es gibt dort einen See mit warmem, schwarzem und schwefelhaltigem Wasser sowie die entsprechenden Einrichtungen eines Heilbades.
[777] Joyce, *Ulysses*, S. 784.

‚gyógyfürdő'[778] des Lukácsbades erleben lassen. In *22 Tage* spielt dies spätestens dann eine Rolle, wenn berichtet wird, dass angesichts des zu Beginn des 21.10. erwähnten Unwohlseins eine Badekur in verschiedenen Becken mit jeweils höherer Wassertemperatur angebracher sei, als ein Bad im kalten Wasser. Bei Joyce erscheint außerdem die metamorphotische Qualität des Wassers: „its metamorphoses as vapour, mist, cloud, rain, sleet, snow, hail"[779], die neben Blooms Überlegung auf dem Begräbnis noch eine intertextuelle Grundlage dafür darstellt, dass Fühmann von ‚Metamorphose' spricht. Der wellenartige ‚stream of life'[780] den Leopold Bloom benennt, ist ein Topos in seinen Vorstellungen von den Wandlungen des Lebens und der diesen ähnlichen unaufhörlichen Bewegungen des Wassers. In die explizite Reflexion des Begriffes Wandlung und die Überlegungen zu deren Darstellbarkeit in *22 Tage* ist die Zeile „Metamorphose – Königin der Mythologeme"[781] eingeschoben, womit dieser Begriff im entsprechenden Rahmen schließlich aufgegriffen und noch darüber hinaus als formale Kategorie im Horizont der entstehenden Mythospoetik verortet wird.

Außerdem weist das Auftreten von Joyce' Held Leopold Bloom in Budapest direkt in die Mitte des *Ulysses*. Bloom stammt von dem jüdisch-ungarischen Exilanten ‚Virag Lipoti' [sic!], seinem Großvater, und Rudolph Virag, Blooms Vater, aus Szombathely[782] ab. Der Name des Großvaters ist übrigens eine genaue ungarische Kopie von Leopold Bloom (‚virág – Blume').[783] Die Hydrophilie, die Fühmann bei den Ungarn bemerkt, stellt zudem eine Analogie zu Bloom dar, die aus diesem Blickwinkel quasi auch dessen ungarische Wurzeln erkennen lässt. Somit wären die alten Ungarn, jene „Helden der Landnahme, die sieben Getreuen des Álmos"[784], die im Dampfbad im „Rachen der Hölle"[785]

---

[778] Ungarisch: *Heilbad*
[779] Joyce, *Ulysses*, S. 784.
[780] Vgl. die Textstellen im *Ulysses* im Kontext mit water: „[...] which in the stream of life we trace is dearer than them all. [...] clean trough of water [...] the gentle tepid stream [...]" (S. 107); „How can you own water really? It's always flowing in a stream, never the same, which in a stream of life we trace. Because life is a stream." (S. 193); „Its universality: its democratic equality and its constancy to its nature in seeking its own level." (S. 783); „its variety of forms in loughs and bays and gulfs and bights and guts and lagoons and atolls and archipelagos and sounds and fjords and minches and tidal estuaries and arms of sea". (S. 785.)
[781] *22 Tage*. WA 3, S. 371.
[782] Vgl.: Joyce, *Ulysses*, S. 628. Die ungarisch korrekte Schreibung des Namens müsste dabei Virág Lipot lauten. Vgl. die Erwähnung dieses Zusammenhangs bei Tate: „Leopold Bloom emerges unexpectedly – or perhaps not so unexpectedly, as the fictional son of an Hungarian father – in the text of Fühmann's Budapest Diary". (Tate, *Undercover Odyssey*. German Life and Letters 47 (1994) 3, S. 310.)
[783] Die bei Joyce im Zyklopen-Kapitel erwähnte Namensänderung des Vaters ist somit eine schlichte Übersetzung vom Ungarischen ins Englische. (Vgl.: Joyce, *Ulysses*, S. 438; vgl auch Blooms Durchsicht der Dokumente, durch die die Namensänderung und Virágs Herkunft „formerly of Szombathely" belegt wird. S. 852.)
[784] *22 Tage*. WA 3, S. 338.
[785] Ebd.

II.4 „Ein einziges großes Gedichtganzes [der weltweiten Moderne]" 147

begegnen, auch Vorfahren des Dubliners. Auf ihren Auftritt hat so fast erwartbar der Leopold Blooms zu folgen. In den labyrinthischen Textpassagen zum Lukácsbad treten die „braunhäutige[n] magyarische[n] Recken"[786] im alltäglichen Raum des Bades auf, wie Joyce seine Helden in die Alltäglichkeit des Dublin vom 16. Juni 1904 bringt. Das viel diskutierte Verhältnis von durch den Titel erzeugtem mythischem Hintergrund und dessen Gegenwart in der Narration des *Ulysses* scheint sich in ähnlicher Weise in den hier angesprochenen Abschnitten der *22 Tage* zu finden: „Heroisches scheint [...] überall zu Alltäglichem depotenziert, das Alltägliche seinerseits zu mehr Archetypischem stilisiert."[787], stellt Eckel über *Ulysses* fest. Zu erkennen war eine derartige Tendenz in *22 Tage* z.B. auch schon in den Abfahrtszenen auf dem Berliner Ostbahnhof, wo neben anderen etwa Poseidon, Prometheus oder Epimetheus auf ihre Bahnhofsvorsteherqualitäten hin befragt wurden. Hier nun zeigt Fühmann die Wasserprüfer aus der Epoche des ‚honfoglalás'[788], aus deren Legende er soeben auch zitiert hatte[789], im Dampfbad sitzend. Als finde mitten in Budapest die große Wanderung der Ungarn weiterhin statt, schwimmt ein Sechzigjähriger im Schwimmbecken draußen „durchs Asowsche Meer zum mäotischen Urland"[790].

Fühmanns Joyce-Rezeption im Rahmen von *22 Tage* kann als zusätzlich konstitutives Moment der Topographie der Moderne betrachtet werden, die das Budapest der *22 Tage* darstellt. In dem Budapester Horizont ist der Auftritt Blooms somit die neuerliche Markierung dieses Ortes durch den Text, anwesend in der Hauptfigur aus Joyce' *Ulysses*. Die Gegenwart Blooms im Lukácsbad wird zur Anwesenheit des großen Joyce-Romans in der Schreibung Budapests. Den Weg schon durch die „Kauen Gaupen Kojen Gaden Koben Gänge Kanäle Gatter Kabinen"[791] des Dampfbades gab Fühmann als Textlabyrinth, das zunächst das Labyrinth des Bades als Text nachbildet. Es weist intertextuell über sich hinaus, indem eine Station auf diesem Wege jene Narration des Labyrinthischen ist, als die *Ulysses* auch gesehen wird.[792] Die Marke des Offenen, die die Ausfahrt der *22 Tage* charakterisiert, lässt sich durchaus mit der Bewegung und den verschlungenen Pfaden des Joyce'schen Helden in Dublin in Korrespondenz bringen. Unter dem Signum eines unvollendet offenen „Undsoweiter"[793] ließ Blumenberg Homers Odysseus an Ithakas Küste zurückkehren. Bloom führt „eine Bewegung ins Offene und Unbestimmte"[794]

---

[786] Ebd.
[787] Eckel, *Odysseus im Labyrinth*. Labyrinthe, S. 78.
[788] Ungarisch: *Landnahme*
[789] Vgl.: *22 Tage*. WA 3, S. 335f.
[790] Vgl.: Ebd., S. 335. Gemeint ist hier *őshaza* oder *Magna Hungaria*, die Urheimat der Ungarn, die sich noch weiter östlich am westlichen Rand des Urals befunden haben soll.
[791] *22 Tage*. WA 3, S. 338.
[792] Vgl. dazu den Aufsatz von Eckel, *Odysseus im Labyrinth*. Labyrinthe, S. 74-91.
[793] Blumenberg, *Höhlenausgänge*, S. 14.
[794] Eckel, *Odysseus im Labyrinth*. Labyrinthe, S. 78.

aus, die vielleicht mehr an der Odysseus-Auffassung Dantes orientiert ist und noch in der Rückkehr zu Molly die Fortsetzung des Auszugs meint.[795] Fühmanns *22 Tage* setzen mit dem Streifzug von Berlin über Budapest nach Berlin eine Landschaft der Moderne, deren Schrift sich im Schluss der Wiederkehr nicht erschöpfen kann. Jene „restlessness"[796], die Bloom am Wasser wie beim ‚stream of life' entdeckt und die ihn fasziniert, machen den Fortgang des Weiter aus, den Fühmanns anfangendes Aufhören und aufhörendes Anfangen enthält. Gerade das Erratische der Schritte in Budapest (und in Dublin) betont dabei eine Orientierung, die das Labyrinth als Durchgangsraum zwischen jenem Ausgang und Eingang versteht, mit denen der Weg durchs Dampfbad abgetrennt wird.[797]

Fühmann setzt Joyce' Text in sein Budapest hinüber, sodass die Einschreibung des *Ulysses* dort gleichermaßen am Text Joyce' wie Budapests mitschreibt. Darin ähneln sich im Übrigen die Nachdichtungsarbeit sowie die Intertextualitäten der *22 Tage*. War dort der Übertragungsvorgang der poetische Ort des Originalgedichts so wäre nunmehr das Eintragen von Intertextualitäten die Beschreibung der Budapester Landschaft als ein ‚τόπον γράφω'.

In den „Reiche[n] Gogols und Hoffmanns"[798], die Fühmann in Budapest sieht, apostrophiert er – so deutlich allerdings erst im großen Hoffmann-Aufsatz – „das Schaurige und Unheimliche und Gespenstische und auch Wunderbare des Alltags"[799]. In *22 Tage* tauchen Hoffmann und Gogol nur wenig mehr als namentlich auf. Ihren Bereich des Schauerlichen, ja eines jenseitig Obskuren lässt Fühmann durch einen anderen russischen Schriftsteller vertreten. Ohne Nennung seines Namens wird Michail Bulgakows *Мастер и Маргарита* durch den Auftritt einiger Romanfiguren in den Straßen von Budapest aufgerufen.[800] Wie oben erwähnt, fährt jener Lieferwagen mit der Aufschrift ‚Volán' durch die Stadt, aus dem sich bei Fühmann durch geringfügige Veränderung dann der Name des Bulgakow'schen Satans Voland aus *Мастер и Маргарита* ergibt:

> und der Teufel zieht in Budapest ein: Durch die Magyar utca fährt langsam ein schwefelfarbener geschlossener Wagen mit der pechschwarzen Aufschrift VOLAND[801]

---

[795] Vgl.: Ebd., S. 76.
[796] Joyce, *Ulysses*, S. 785.
[797] Vgl.: *22 Tage*. WA 3, S. 336 u. 341. Vgl. auch die Betrachtung der Labyrinthepisode in Kapitel II.5 dieser Arbeit.
[798] *22 Tage*. WA 3, S. 343. Vgl. auch die vorhergehende Erwähnung von Hoffmann und Gogol in der Schornsteinfegerszene. (S. 288.)
[799] Fühmann, *Fräulein Veronika Paulmann aus der Pirnaer Vorstadt oder Etwas über das Schauerliche bei E.T.A. Hoffmann*. In: WA 6, S. 328-377, hier S. 374.
[800] Zum auch von Bulgakow selbst benannten Zusammenhang zwischen ihm und E.T.A. Hoffmanns Literatur vgl. z.B. die *Literaturgeschichtliche[n] Anmerkungen* von Ralf Schröder in Bulgakow, *Der Meister und Margarita*, S. 495-514, hier S. 507f.
[801] *22 Tage*. WA 3, S. 349.

II.4 „Ein einziges großes Gedichtganzes [der weltweiten Moderne]" 149

Anders als mit Joyce oder Mallarmé lässt Fühmann es bei Bulgakow nicht mit einer bloßen Anspielung bewenden, sondern empfindet Szenen des Romangeschehens im Budapester Alltag nach. Dazu werden zunächst drei der Hauptfiguren genannt, wobei Budapest bei Fühmann so schnell wie Moskau bei Bulgakow zur Ortschaft des Teufels und der Hexen wird:

> Was sucht der Meister in Budapest, woher kommt er, wo wohnt Margarita? Der Kater ist ja schon überall

> Voland fährt zur Donau hinunter: natürlich zur Margareteninsel, und da fällt mir auch ein, daß der Gellértberg früher Blocksberg hieß[802]

Der Meister ist hier natürlich Voland, der bei Bulgakow von seinen Gefolgsleuten Korowjew, Asasello und Behemoth, dem Kater, oft als ‚Messere' angeredet wird.

Fühmanns intertextuelle Zuschreibung von Bedeutungen an verschiedene Örtlichkeiten in Budapest baut die Kulisse für die Szene auf, die alle Attribute des bei Bulgakow vom Satan besuchten Moskau trägt. Im Hotelgang erscheint ein Zimmermädchen, das an Margaritas Hausmädchen Natascha bei Bulgakow erinnert. Ihre Darstellung und die Erwähnung einer zweiten Frau schreibt beiden Züge des Hexenhaften zu, die sich in *Der Meister und Margarita* eben im Zuge der Verwandlung in Hexen auch an Margarita und Natascha beobachten lassen.[803] Für den Kellner des Hotelrestaurants gilt Ähnliches. Der gelbe Glanz in seinem Blick entspricht der Farbe des Schwefels, die auch das eingangs genannte Auto aufweist. Auch er gehört dadurch und durch sein angedeutetes Verhalten wohl zur Satansclique des Voland. Möglicherweise bezieht sich diese Szene gar auf die Streiche Behemoths und Korowjews, bei denen unter anderem das Restaurant des Schriftstellerhauses Gribojedow in Flammen aufgeht[804]:

> Im Gang das grinsende Stubenmädchen: Weiß sie schon von der Ankunft des Meisters? Sogar die dicke Alte im Bügelraum trällert kokett […]

> Der Ober hat den Schnurrbart gezwirbelt; er geht geschäftig auf und ab und reibt sich die Hände, und in seinem Blick ist ein gelber Glanz, da er die ahnungslos Essenden mustert[805]

Darauf folgt das Ereignis, das bei Bulgakow zu allererst quasi als unerhörte Begebenheit den Roman eröffnet. Die Pressemeldung bei Fühmann teilt den Tod eines Wissenschaftlers mit, der wie der Massolit-Chefredakteur Michail Alexandrowitsch Berlioz in *Der Meister und Margarita* von der Straßenbahn

---

[802] Ebd.
[803] Vgl. dazu insbesondere die Kapitel 21-23 in: Bulgakow, *Der Meister und Margarita*, S. 295-345, wo sich zunächst Margarita durch eine besondere Körpercreme in eine Hexe verwandelt und zum Fenster hinausfliegt. Natascha folgt ihr kurz darauf.
[804] Vgl. für diese Szene: Bulgakow, *Der Meister und Margarita*, S. 431-446 [Kapitel 28].
[805] *22 Tage*. WA 3, S. 349.

überrollt wurde.[806] Bei Bulgakow ist dies die erste Tat des Satans, der dem Opfer seinen Tod mit allen Details obendrein noch voraussagt. Bei Fühmann wie auch bei Bulgakow erscheint dies in der Zeitung, was den Wirklichkeitsgehalt des Geschehens unterstreichen soll[807]: „Zeitungsnotiz: Wissenschaftler von der Straßenbahn überfahren"[808] Der Vorfall ist der Auslöser eines Geschehens, das sich in der kurzen plötzlichen Abfolge einer Reihe von Ereignisse gibt. Dies lässt eine Atmosphäre der Verwirrung, z.B. durch die boshaften Streiche der Satansgefolgschaft, entstehen, die Bulgakows Roman kenn- und auszeichnet. Was Fühmann in der Folge passieren lässt, leitet sich aus Volands Auftauchen her und stellt eine Kette von Vorfällen dar. Der Budapester Text der *22 Tage* wird hier sodann in den Vorgängen von *Der Meister und Margarita* geschrieben. Es handelt sich dabei um die motivische Übernahme eines Inventars von Indizes, die Bulgakow indirekt zitieren, denn sein Name wird von Fühmann genauso wenig genannt wie zuvor der Joyce'. So ziehen Voland und seine Gefolgschaft durch Budapest, das Fühmann durch die Rekonstruktion der zentralen Motive zum Schauplatz des Bulgakow'schen Geschehens macht. Dass dabei die Abfolge der Geschehnisse leicht abgeändert wird, offenbart gerade den Prozess eines gestalterischen Umgangs mit dem russischen Roman, dessen Stimmung Fühmann in Budapest spukhaft erscheinen lässt:

> In der Hotelhalle plötzlich Gebrüll und Gekreisch
>
> Das rote Telefon läutet Sturm
>
> Aus der Küche dringt Qualm
>
> Der Himmel wird milchschwarz, trächtige Wolken ziehen auf, Schwärme von Fliegen, Mücken, Läusen und Schaben fallen herunter und lösen sich über den Dächern auf
>
> Zwei dicke rothaarige Mädchen hasten untergehakt zur Donau hinab
>
> und ein junger Mann schreit aufgeregt: Da, da oben! und schlenkert den Finger dorthin ins Leere, und alle starren hinauf und die Augen sprühn[809]

Der Aufruhr im Hotel erinnert hier wiederum an die Taten von Volands Gehilfen, die sich in Moskau in Bulgakows Roman mit einer Reihe teuflischer Streiche die Zeit vertreiben. Das Telefon spielt dort eine besondere Rolle, als plötzlich der Varietédirektor Lichodejew nach Jalta entführt wird und die dortige Polizei seine Kollegen Rimski und Warenucha zunächst per Telefon und dann

---

[806] Vgl.: Bulgakow, *Der Meister und Margarita*, S. 60f. [Kapitel 3].
[807] Die Institution Presse mag hier als Ausweis für die Echtheit des Geschehens gelten. Fühmann betont zudem an anderer Stelle: „Wirklichkeit auch der Einzug Volands: Die Nachricht von dem straßenbahngeköpften Gelehrten ist wahr". (*22 Tage*. WA 3, S. 428.)
[808] Ebd., S. 349.
[809] Ebd., S. 349f. (Hervorhebung i. Orig.)

durch Telegramme über Lichodejews Verbleib informiert.[810] Noch die unerwartete Veränderung des Wetters schließlich ist ein Motiv aus *Der Meister und Margarita*, das den Einfluss der teuflischen Macht auf die gesamte Umgebung anzeigt.[811] Die zwei rothaarigen Frauen zitieren das Aussehen von Volands Dienerin Gella und auch eines Passanten sprühender Blick nach oben kündet von der Anwesenheit des Satans, dessen Gefolge sich gewöhnlich durch die Luft fortzubewegen pflegt.

Hier nun fügt Fühmann eine Verbindung zu Endre Ady ein, indem er auf dessen poetisch-lyrische Hinwendung zum Göttlichen anspielt, die seine Lyrik insbesondere in der zweiten Hälfte seines Schaffens markiert. Göttliche und teuflische Macht begegnen sich unter dem 22.10. so im stofflichen Unterschied zwischen Bulgakows Roman und dem Hinweis auf Adys Lyrik. Dass in diesem Hinweis zudem wiederum jene Lebenshälfte mitspielt, an der Dantes *Divina Commedia* beginnt, lässt sich mit Hilfe von Antal Szerbs Literaturgeschichte zeigen. Mit Blick auf Adys Lebenshälfte, „nel mezzo, pályája közepén"[812], stellt er fest, dass dieser nunmehr „a halál félelmében görnyedve, riadtan menekül Istenhez, aki talán mégis van"[813]. Dieses Moment der Hinwendung zu Gott ist bei Fühmann gar als zum Himmel weisende Geste in dem ungelenken Zeigen eines jungen Mannes anwesend. Im Kontext mit Bulgakows Roman gelesen mag der nicht näher beschriebene Mann auf eine fliegende Hexe oder einen der Teufelsgehilfen am Himmel zeigen. Die Funktion dieser Geste ist aber im Lichte des darauf folgenden Absatzes zugleich deiktisch auf den Sitz der göttlichen Instanz, deren Widersacher der Teufel und sein Anhang darstellen. Der Blick des Mannes scheint zwar durchaus noch Spuren des Teuflischen zu enthalten, die alliterative Verbindung der beiden Absätze legt jedoch einen Zusammenhang nahe, der sich durchaus im Gegensatz von Gott und Teufel fassen ließe. Im dann folgenden Absatz wird Ady namentlich erwähnt und noch mit der Wiederholung der allgemein gehaltenen Prophezeiung „Seltsame Dinge werden geschehen, seltsame Dinge werden geschehen"[814] zeigt sich eine als prophetisch zu beschreibende Attitüde in diesem Ady-Text. Dass gerade diese Sätze sich natürlich ebenso auf die außergewöhnlichen Geschehnisse beziehen, die durch die Anwesenheit des Satans zu erwarten sind, wurde vorher bereits im Text durchgespielt. Mit der offenen Allusion auf Ady vollzieht Fühmann eine Gegenbewegung gegenüber der mit Bulgakow erzeugten Aura eines auch in Budapest anwesenden Teuflischen. Die Erwähnung Adys reicht Fühmann hier aus, um zwei nicht nur moralische Instanzen, jeweils vertreten durch Gott bzw. Teufel, im klaren Gegensatz zueinander zu benennen. Bulgakows Parodie einer

---

[810] Vgl. hierzu: Bulgakow, *Der Meister und Margarita*, S. 129-143 [Kapitel 10].
[811] Dies spielt z.B. im selben Kapitel eine Rolle. Vgl.: Ebd., S. 140-143.
[812] Szerb, *Magyar Irodalom Történet*, S. 449. („an der Hälfte, in der Mitte seines Weges" Übers.S.K.)
[813] Ebd. („[...] von Angst vor dem Tod gebeugt, flüchtet er erschrocken zu Gott, den es vielleicht doch gibt". Übers. S.K.)
[814] *22 Tage*. WA 3, S. 350.

moralisch verkommenen Gesellschaft, in der der Satan sich wohl fühlt, führt somit auch zur Frage des Moralischen in der Literatur. Fühmann schiebt dazu zwei kurze Absätze ein, in denen sich fast nebenbei vielleicht ein schriftstellerisches Selbstverständnis erkennen lässt, das in dem Bekenntnis gipfelt, wohl Moralist zu sein. Erneut aus dem Zusammenhang mit Bulgakows Roman wird ein Augenblick plötzlicher künstlerischer Inspiration aufgeführt, aus dem die Idee für die „Doppelerzählung »Der schmutzige Heilige« und »In einer gänzlich sauberen Welt«"[815] hervorgeht. Es bleibt bei diesem plötzlichen Einfall, der durch die zuvor vollzogenen Überlegungen motiviert zu sein scheint. Der Abschluss der Szenenfolge mit engem Bezug zu Bulgakows *Der Meister und Margarita* erfolgt durch die fast lapidare Auflösung, ein Gütertaxibetrieb in Budapest heiße Volán(d).

Das Schauerliche und Teuflische stecken hier in der Alltäglichkeit eines Schriftzuges an einem Auto. Dahinter öffnet sich eine Szenerie, in der gewöhnliche Alltagserscheinungen, Zeichen einer durch den Satan beeinflussten oder gar gelenkten Wirklichkeit werden. Fühmanns Hinweis auf die „Reiche Hoffmanns und Gogols"[816] im Alltag der Stadt kehrt hier noch deutlicher in der Gegenwart des Bulgakow'schen Geschehens im Text wieder. In diesem intertextuellen Zusammenhang führt Fühmann ein Phänomen vor, mit dem sich später sein großer Aufsatz über das Schauerliche bei E.T.A. Hoffmann beschäftigen wird. Hier schon hat Fühmann aber praktiziert, was er dort anhand der Hoffmann'schen Figuren zeigt: „Das Schauerliche, so kennt man es aus Hoffmann, das ist der Mensch des alltäglichen Alltags, von dem keiner weiß, was er eigentlich ist [...]."[817] Dies klingt noch im Einflechten einer Schlüsselszene aus Joseph Roths *Radetzkymarsch* an, die vor der Auflösung zur Voland-Szenerie steht. Fühmann bezieht sich auf „die berühmte Beschreibung des österreichischen Sonntagsessens"[818] in Roths Roman. Durch die zeremonielle Fassade des traditionellen Essens im Hause von Trotta und Sipolje zeigen sich dort Andeutungen gerade auch moralisch bedingter Untiefen, die sich in der Alltäglichkeit bestimmter Details erahnen lassen. Fühmanns Erwähnung der Szene scheint zunächst nur daraus motiviert, dass das in *22 Tage* aufgeführte Mittagessen in einem „österreichische[n] Beisl" – „Leberknödelsuppe und Tafelspitz"[819] – dem in Roths Roman stark ähnelt. Der Kontext in

---

[815] Ebd. – Fühmann spricht von „ein[em] wüste[n] Bild im Hirn" (ebd.), aus dem die folgenden Ideen stammen. Auch hier noch ähnelt der Zustand der Verwirrung, aus der die Inspiration kommt, der Verfassung, in der sich die Figuren auch bei Bulgakow befinden, nachdem sie mit dem Teufel und seinen Helfern Kontakt hatten.
[816] *22 Tage.* WA 3, S. 343.
[817] Ders., *Fräulein Veronika Paulmann*, S. 357. Vgl. auch die bereits oben erwähnte Schornsteinfegerszene, in der es an entscheidender Stelle mit nahezu gleichem Wortlaut heißt: „Nicht der exotische Fremde ist uns unheimlich, sondern der, von dem wir nicht wissen, was er tut und eigentlich tut – Hoffmanns Hofräte zum Beispiel, oder, im Passiv, Gogols Aktenkopisten" (*22 Tage*. WA 3, S. 288).
[818] Ebd., S. 351.
[819] Ebd.

II.4 „Ein einziges großes Gedichtganzes [der weltweiten Moderne]" 153

22 Tage dürfte allerdings nahelegen, dass es sich darüber hinaus um eine Anspielung handelt, die sich eben auf den Konnex zwischen einem Alltäglichen und einem hinter ihm Verborgenen bezieht. Roths berühmte Szene enthält dies als Anzeichen für den inneren und äußeren Verfall und den Untergang der Familie von Trotta wie der Donaumonarchie[820]. Selbst dieser kleine Verweis auf Roth bleibt keine Fingerübung oder wäre zur bloßen Illustration gedacht. Vielmehr wird die Kette der Verbindungen sogleich weitergeknüpft, indem erneut Attila József und sein Gedicht *Lázadó Krisztus – Rebellierender Christus* Erwähnung finden. Józsefs Christus lehnt sich darin wortgewandt gegen den allmächtigen ‚Uramisten', gegen Gott auf, spricht ihn an und beschwert sich mit einem Gestus, der an den Ton jenes *Prometheus* des Jahres 1774 erinnert.

Die Einbindung des anhand von Bulgakows Roman erschlossenen literarischen Themenbereiches in Zusammenhänge der ungarischen Literatur geschieht über Attila Józsefs Gedicht und schließlich zusätzlich über Imre Madáchs *Az ember tragédiája – Die Tragödie des Menschen* (1859/60). Beide Texte werden ebenso kurz erwähnt, wie zuvor Joseph Roths *Radetzkymarsch*. In der Weise, wie Fühmann diese Texte benennt, drückt sich deren intime Kenntnis aus und daraus resultierend der interpretatorische und zugleich produktive Umgang mit ihnen. Sie sind Teile einer Landschaft und werden in ihr aufgerufen und so in *22 Tage* verortet. Budapest wird somit gleichsam als Bibliothek gezeigt, in die sich neben dem Zugriff auf vorhandene, bereits verortete Texte ebenso andere einstellen bzw. einschreiben lassen.

Die höchst komprimierten Überlegungen werden von Bulgakow bis *Az ember tragédiája* von der Figur des Teufels bestimmt, deren Vorkommen und Ausprägung Fühmann unter Einbezug eines beträchtlichen Textinventars diskutiert. In gerade einem kurzen Absatz baut er dabei den Textkosmos eines Stoffes auf, der von Shakespeares *King Lear* und *Hamlet* über Goethes *Faust* und das biblische Buch Hiob bis zu Madáchs Drama reicht.[821] Die Frage, ob

---

[820] Hingewiesen sei diesbezüglich auf folgende Details in der Beschreibung des Sonntagsessens im ersten Teil von *Radetzkymarsch*: Die Hintergrundmusik „ließ keins der peinlichen, kurzen und harten Gespräche aufkommen, die der Vater so oft anzubrechen liebte". (Roth, Joseph: *Radetzkymarsch*. In: Ders.: Werke. Fünfter Band, Romane und Erzählungen 1930-1936. Hrsg. v. Fritz Hackert. Köln 1990, S. 137-455, hier S. 160.)
Jacques Handschuhe „[schienen] ihn völlig zu verändern" (S. 161), denn „sie übertrafen ja auch an Helligkeit wohl alles, was in dieser Welt hell genannt werden konnte." (S. 161) Beim Essen war es, als „vernichtete [Herr von Trotta und Sipolje] mit geräuschloser, adeliger und flinker Gehässigkeit einen Gang um den andern, er machte ihnen den Garaus. [...] Carl Joseph schluckte furchtsam und hastig heiße Löffelladungen und mächtige Bissen." (S. 161)
Von Trottas Sprache wird als „zärtlich und boshaft zugleich" charakterisiert. (S. 163) Schließlich ahnt Carl Joseph bei Kapellmeister Nechwal „auf dem Grunde seiner Seele viele Geheimnisse aus der großen nächtlichen Halbwelt". (S. 164) Dass diese Ahnung sich auf ihn selbst wohl ähnlich beziehen lässt, zeigt die folgende Szene, in der er Frau Slama als sonntäglicher Liebhaber besucht. (S. 165-168)
[821] Für eine Sicht auf Zusammenhänge zwischen Madáchs Drama und dem Goethe'schen *Faust* vgl. u.a.: Mádl, Antal: *Imre Madách – Die Tragödie des Menschen und ihr Verhältnis zu Goethes Faust*. In: Jahrbuch der ungarischen Germanistik 1 (1992), S. 3-66.

Madáchs Tragödie durch Optimismus oder Pessimismus dominiert sei, wird aufgeworfen und reflektiert. An dieser Stelle erscheint die Frage noch als unentschieden. Nach Abschluss der Madách-Lektüre aber zeigt sich eine klare Einschätzung der Botschaft:

> Madách zu Ende, und ich muß hell auflachen, da ich den letzten Vers dieser als pessimistisch verdächtigten Menschheitsdichtung lese: „Hör meinen Spruch, Mensch, und kämpf voll Vertrauen!"[822]

Fühmann thematisiert für *Die Tragödie des Menschen* diesen grundlegenden Gegensatz als zentrales Moment seiner interpretatorischen Überlegungen zu Madáchs *Az ember tragédiája*. Unter dem 22.10. geht er dazu von Attila József aus, in dessen Dichtung er diesen Widerspruch nach seiner Kenntnis als ähnlich zentral beschreibt. Noch in dem der Vörösmarty-Auswahl beigegebenen Gespräch mit Kalász und Kárpáti heißt es in Bezug auf József:

> *Kalász:* Ich glaube, man ist nicht einfach so Optimist oder Pessimist.
> *Kárpáti:* Bis er zusammenbrach[823], war Attila József fähig beides zu sein.
> *Fühmann:* Ja, bei József würd ich's auch zusammensehen. Ich glaube, es ist wirklich die Singularität von József, daß er diese Widerspruchspole zusammengespannt hat, in einem Gedicht, in einer Zeile.[824]

Bei Madách werden diese Pole jeweils durch Gott und Teufel vertreten. Da Luzifer bei Madách als Begleiter und „echter Partner"[825] des Menschen erscheint und da beim symbolischen Durchgang durch die unterschiedlichen historisch-politischen Schauplätze und Gesellschaftsentwürfe jeweils deren problematische Gegenwart vorgeführt wird, mag der Pessimismusverdacht zunächst nachvollziehbar erscheinen. Fühmann argumentiert aber, dass, da „Gott von vornherein der Überlegene ist"[826], eher übermäßiger Optimismus der zentrale Kritikpunkt sein müsste. In der Zusammenschau mit dem pointiert herausgegriffenen, göttlichen Schlusswort ergibt sich für diese Sicht durchaus eine Grundlage. Größeren Raum widmet Fühmann allerdings der zusammenfassenden Wiedergabe der 12. Szene, der Phalanstère-Szene. In ihr findet sich das negative Exempel einer rein utilitaristischen Vorstellung der menschlichen Existenz wieder, die aus einer bewahrend-pragmatischen Grundeinstellung heraus den Menschen zum bloßen Werkzeug degradiert, dessen Geschicke das pure Effektivitätsdenken einer wissenschaftlichen Elite bestimmt. Den Verlust und das Verbot kreativer geistiger Aktivität identifiziert Fühmann in der Gestalt

---

[822] *22 Tage.* WA 3, S. 505. Fühmann zitiert die deutsche Übersetzung des in der 15. Szene durch Gott gesprochenen Schlussverses (V. 202): „Mondottam ember: küzdj' és bízva bizzál!" (Madách, *Az ember tragédiája.* S. 599.)
[823] Gemeint sind Attila Józsefs tiefe Krise und sein vermuteter Selbstmord in Balatonszárszó.
[824] Fühmann / Kalász / Kárpáti, *Nachwort. Wenn einst die Nacht sich erschöpft,* S. 91.
[825] *22 Tage.* WA 3, S. 351.
[826] Ebd.

II.4 „Ein einziges großes Gedichtganzes [der weltweiten Moderne]" 155

von „Bösartigkeit" und „Beschränktheit"[827] zugespitzt als bourgeoise Vorstufe zu Faschismus und Nationalsozialismus: „Ihre Endform ist das KZ"[828].

Fühmanns Madách-Rezeption bildet somit einen der Ausgangspunkte für die Auseinandersetzung mit der nationalsozialistischen Vergangenheit und der Verantwortung für den Zweiten Weltkrieg und den Holocaust. Was sich beispielsweise bereits am poetischen Lob der Budapester Brücken als Reflex eines Kriegserlebnisses zeigte, wird hier nun im Anschluss an Madáchs Menschheitstragödie noch ausführlicher und intensiver bedacht. Die Auseinandersetzung mit diesem bedeutenden ungarischen Drama des 19. Jahrhunderts bildet den direkt aus der Budapester Landschaft stammenden Auslöser für jene vielfach diskutierte Selbstbefragung Fühmanns. Er zitiert die Phalanstère-Szene aus der *Tragödie des Menschen*, indem er einen signifikanten Aspekt heraushebt. Dessen poetische Relevanz und Virulenz setzt sich bis in die Bergwerkarbeit hinein fort: Das Maß des Nutzens, das Fühmann im Bergwerk als wahrhafte und absolut unumgängliche Fragestellung für die schriftstellerische Tätigkeit erfährt, begegnet in anderer Form auch schon bei Madách. Fühmann beschreibt die Gesellschaft, die Madáchs 12. Szene zeigt, als stagnierend, da sie „in ihrer Borniertheit den mindesten statt den möglichsten Nutzen aus ihren Mitgliedern zieht"[829]. Er identifiziert diese vielfach auf utopische Gesellschaftsentwürfe bezogene Szene nicht nur als Vorgänger einer Ordnung, die zu Auschwitz führt, sondern zeigt gleichsam die notwendige Teilhabe und damit auch Teilfunktion des Kreativen in einem Prozess gesellschaftlicher Weiterentwicklung. Madáchs Phalanstère ist hierzu der durchaus pessimistisch gezeichnete Gegenort, an dem gezeigt wird, wie Luther, Platon und Michelangelo eintönige Reproduktionsarbeit verrichten und an dem selbst Partnerschaft bloßer materialistischer Reproduktion der Art dient. Madách lässt an dieser Stelle allerdings die Liebe in der Begegnung von Adam und Eva als optimistisches Gegenkonzept erstehen. Die Verknüpfung von künstlerischer Kreativität und Arbeitsprozess bei Madách weist insbesondere in der Person des Michelangelo auf jene utilitaristische Frage, die im Bergwerk „jäh verlegen"[830] macht und „existentiell"[831] trifft. In Luther, Platon oder Michelangelo, die bei Madách unter der sinnentleerten Monotonie ihrer (erzwungenen) Tätigkeit leiden, ist dort die Verkehrung dessen wiederzufinden, der als Besucher unter Tage sich plötzlich mit dem Problem des „gesellschaftliche[n] Nutzen[s]"[832] des eigenen Tuns konfrontiert sieht. An Madáchs Personen wird vorgeführt, was in der Reduktion ihres kreativen Potentials auf bloßen Nutzen gerade zum Verlust von Nützlichkeit beiträgt. Fühmann leitet daraus allgemein ab, dass „die

---

[827] Beide ebd., S. 473.
[828] Ebd.
[829] Ebd., S. 472.
[830] *Im Berg*, S. 28.
[831] Ebd., S. 30.
[832] Ebd., S. 29.

maximale Entfeßlung [sic!] der Phantasie, der Sprung in ein radikal Anderes"[833] für eine gesellschaftliche Weiterentwicklung nötig wären. Arbeit, so heißt es zudem an anderer Stelle, lasse sich nur mit der Kunst ertragen und eben dieselbe lasse sich nur durch Arbeit ertragen.[834] Hierin drückt sich wiederum die tiefe Fühmann'sche Faszination für die Welt der Arbeit und der Arbeitenden aus. Vor dem Hintergrund dieser Reziprozität gelesen, ist der ausführliche Einbau der Madách-Szene gerade auch intertextuell gebundene poetologische und selbstkritische Reflexion, die zugleich einer Literaturauffassung eine Absage erteilt, mit der nur allzu oft „Literatur als Transportmittel für anderes"[835] verstanden wird.

Die Behandlung von Madáchs *Az ember tragédiája* in *22 Tage*[836] bindet jenen Text ganz nach der Feststellung Fühmanns[837] in grenzüberschreitende literarische und geistesgeschichtliche Zusammenhänge ein, deren Ort hier Budapest quasi als „Wunschbibliothek"[838] ergibt. In der insbesondere mit Blick auf den Abschnitt unter dem 22.10. gezeigten thematisch-intertextuellen Verdichtung spielt dies für die Gestaltung des Ortes als Gewebe von Inter- und Kontexten nunmehr eine Rolle, die explizit Verbindungen zur ungarischen Literatur herstellt. Neben die Auswahl an Dichtern der Moderne, wie Ady, József oder Radnóti, deren Texten Fühmann in der Nachdichtungsarbeit intensiv begegnet, stellt er seine Rezeption der „letzten großen Station des nationalen [ungarischen] Klassizimus"[839]. Im Unterschied zur Nachdichtung handelt es sich hierbei um eine in Deutungsansätzen gegenwärtige Begegnung des Lesers Fühmann mit dem wichtigen ungarischen Drama aus der zweiten Hälfte des neunzehnten Jahrhunderts.

Die Begegnung mit Texten und literarischen Figuren in *22 Tage* wird in einem Fall auch zum Treffen mit dem Literaten selbst. Iván Mándy ist jener

---

[833] *22 Tage*. WA 3, S. 473.
[834] Ebd., S. 332.
[835] Lange, Marianne: *Deutschlehrer auf „verlorenem Posten"?* In: Deutschunterricht (DU) 44 (1991) 6, S. 430-444, hier S. 430.
[836] Der fast beiläufig erwähnte Wunsch, eine deutsche Neuübersetzung von Madáchs Drama, „wenigstens ein paar Szenen", anzufertigen, gehört dabei zusätzlich in die Reihe der Spuren von Fühmanns intensiver Beschäftigung mit der *Tragödie des Menschen*. Fühmann kritisiert die Übertragung von Jenő Mohácsi als „unzureichend", da „die unzulängliche Form den Inhalt der deutschen Fassung verändert haben muß" (*22 Tage*. WA 3, S. 473). In seiner Bibliothek befinden sich insgesamt drei Ausgaben dieser Übertragung: Madách, Imre: *Die Tragödie des Menschen. Ein dramatisches Gedicht*. Dt. Übertragung v. Jenő Mohácsi u. Bearb. v. Géza Engl. Vorw. v. Marcell Benedek. Budapest 1977; 1970^5; 1959^2; sowie als Sekundärtitel: Margendorff, Wolfgang: *Imre Madách – Die Tragödie des Menschen*. Würzburg 1944^3. (ZLB, Sammlung Fühmann)
[837] Vgl. Fühmanns Bemerkung zur „Weltoffenheit [der Ungarn] als Selbstverständnis eines kleinen Volkes" (*22 Tage*. WA 3, S. 417).
[838] Ebd., S. 463.
[839] Szerb, *Magyar irodalom történet*, S. 379. („a nemzeti klasszicizmus utolsó nagy állomása". Übers. S.K.)

II.4 „Ein einziges großes Gedichtganzes [der weltweiten Moderne]" 157

„Mythos im nachtblauen Sakko"[840], dessen Texte gewissermaßen aus der Mitte Budapests kommen. Bei Fühmann wird der Literat Mándy mit dem Aufrufen seiner Person und seiner Texte selbst zur literarischen Figur, die Budapest verkörpert. Im Unterschied etwa zu Liliom, den Bezügen zu Madách oder zur nachdichterischen Rezeption, erscheinen im Falle Iván Mándys der Autor als Figur und dessen Texte. Fühmann erwähnt ein „Büchlein von fünf Geschichten"[841], das den Zugang zur erzählerischen Welt des Iván Mándy darstellt. Dieser Ausschnitt nimmt sich zwar vielleicht eher klein aus, doch ist für den Zusammenhang zu Fühmann vor allem dessen Betonung der Verwandtschaft von Interessensgebieten und Themen wichtig. Fühmanns Einblick in diese Bereiche zeitigt denn auch eine Reihe von Rezeptionsspuren in *22 Tage*. Eine erste Begegnung mit Mándy findet an einem Ort statt, den Fühmann als Treffpunkt der Budapester Literaten und Schriftsteller beschreibt. Doch ist jenes bekannte Café Gerbeaud[842] als erstes Haus am Platze und als Café der ungarischen Königin wohl eher eine Umgebung, in der sich keiner der Mándy-Helden aus dem achten Budapester Bezirk finden ließe. Der Hinweis darauf, dass Mándy „auch über alte Kinos"[843] schreibe, mag zu der eher feinen Gerbeaud-Kulisse einen Gegensatz aufbauen, der durch eine Bemerkung Mándys noch verstärkt wird: „»Natürlich, worüber sollte man sonst denn

---

[840] *22 Tage*. WA 3, S. 390.
[841] Ebd., S. 344. Gemeint sein dürfte der Band Mándy, Iván: *Erzählungen*. Übers. v. Elemér Schag. Frankfurt/M. 1966, der sieben Erzählungen enthält. Ein Exemplar befindet sich auch in Fühmanns Bibliothek. Der Band *Kino alter Zeiten*, der Fühmann wegen der Kinogeschichten interessiert haben dürfte, kommt erst nach Erscheinen von *22 Tage* in der DDR heraus. (Mándy, Iván: *Kino alter Zeiten*. Erzählungen. Übers. v. Hans Skirecki. Berlin 1975.) (ZLB, Sammlung Fühmann)
[842] Fühmann baut die Kuchenauswahl des Cafés als konkrete Poesie ein: „Welche Phantasie konkreter Poesie könnte diese Kuchenkarte übertreffen" (*22 Tage*. WA 3, S. 391-393). In den beiden Kantinenszenen im Bergwerk-Text (vgl.: *Im Berg*, S. 40f. u. 114) wird auch jeweils die Speisenauswahl aufgeführt. Dies mag einen ungenannten Kontrast zur Anwesenheit des Ungarisch-Kulinarischen in *22 Tage* darstellen. Erinnert sei nur an die Erwähnung der ‚Halászlé' (Fischsuppe), des Hotelfrühstücks, der „paprikáskrumpli" (Ung.: Paprika-kartoffeln; *22 Tage*. WA 3, S. 342) bei Elga und vor allem des „phantastischen Salamizuges" in Szeged. (Meier, *Die Bedeutung von Franz Fühmanns Reisetagebuch*. Internationalistische Positionen, S. 72.) Der fabrikartig automatisierte Kantinenbetrieb im Bergwerk-Text stellt dabei einen zusätzlichen Kontrast zum Genussraum Budapest dar. In der Bergwerkskantine „sahen die Zureichmädchen wie ausgelaugt aus, bleiche, gekochte Gemüsegesichter, von den gestreiften Häubchen zusammengehalten" (*Im Berg*, S. 40), in einer Vorfassung bricht gar ein science-fiction-artiges Moment in die Szene: „Die Zureichrinnen [sic!] bewegten maschinenhaft ihre in Kellen auslaufenden Arme". (AdK, Berlin, FFA Nr. 34/3(3).) Hierzu passt die Abwesenheit jeglichen Genussverhaltens, „man begann sofort nach dem Niedersetzen zu essen, das Essen wurde hinabgeschlungen". (Ebd.) Eine Ausnahme bildet nur der Kulturobmann Asmus, der „sorgfältig" isst, während der BGL-Vorsitzende aus Zeitgründen „das Kompott [verschlang]" (Beide Stellen: *Im Berg*, S. 41.) Am Ende des elften Unterkapitels erscheint die Kantinenmahlzeit gar wie eine Henkersmahlzeit, spielt doch dazu die Betriebskapelle *Morgenrot, Morgenrot, leuchtest mir zum frühen Tod* (Vgl.: Ebd., S. 114).
[843] *22 Tage*. WA 3, S. 328.

schreiben"[844], zitiert ihn Fühmann, – so als sei gerade zu betonen, dass die königlich-exquisite Umgebung des Elisabethzimmers im Gerbeaud zwar als Treffpunkt tauge, aber nicht als literarischer Stoff oder als Ort, an dem sich etwa eine Erzählung ansiedeln ließe. „Alles schmeckt nach Chinin und eingeschlafenen Füßen"[845], heißt es daher. Gemeint sind die zuvor erwähnte Krankheit und die daher eingenommenen Medikamente, aber wohl auch der Geschmack der Umgebung, die einen rechten Kontrast zur Welt und zu den Themen Iván Mándys darstellt. In dieser Szene treffen ein Abglanz des Bourgeoisen im Café Gerbeaud und die dem entgegengesetzte geistige und reale Welt eines Mándy aufeinander. In der folgenden Aufzählung von Mándy-Themen werden ausschließlich solche genannt, die dieser „mit einem Finger-kreisen die Zusammenfassung zusammenfassend […]: »Alles achter Bezirk, alles nur achter Bezirk"[846] nennt. Durch die Betonung der Umgebung und der städtischen Landschaft werden Mándys Texte in der stark proletarisch geprägten Josephstadt, jenem 8. Bezirk, verortet. Die Entdeckung Budapests, zumindest dieses Stadtteils, beschreibt Fühmann denn auch als eine Entdeckung und Erschließung von Texten: „Ich kenne diesen südöstlich hinter dem Großen Ring gelegnen Bezirk nur aus Mándys Geschichten".[847]

Die Lektüre der Mándy-Erzählungen wird hier an die Stelle unmittelbarer Erfahrung in der Josephstadt gesetzt. Deren Fehlen scheint dabei zunächst schlicht darin begründet zu sein, dass „der Fremde […] dorthin ebensowenig [kommt] wie etwa ein Fremder in Berlin in die Ackerstraße"[848]. Dass Mándys achter Bezirk jedoch nur über dessen Texte erreichbar bleibt, ist hingegen erneut Signum der Trennung zwischen einem Bereich des Bürgertums und jener anderen Welt, deren Reiz Fühmann immer wieder erwähnt. Mándys Erzählungen nun zeigen „genau jene Welt, zu der ich in meiner Jugendzeit flüchten wollte und die mir versperrt blieb, so gierig ich auch einen Schlüssel suchte"[849]. Der Budapester Westbahnhof befindet sich zwar mitnichten im achten Stadtbezirk, doch liefert die Ansicht seiner architektonischen Anlage[850] eine weitere Manifestation der erwähnten Trennung. Der Blick durch die hohe Glasfassade in die Bahnhofshalle fällt auf ein ebenso geschäftiges wie stummes Treiben, das in einer mächtigen Vitrine vor sich zu gehen scheint. Der

---

[844] Ebd. (schließende Anführungszeichen fehlen auch i. Orig.)
[845] Ebd.
[846] Ebd. (schließende Anführungszeichen fehlen auch i. Orig.)
[847] Ebd., S. 343.
[848] Ebd. – Die Ackerstraße befindet sich unweit des Stettiner Bahnhofs im nördlichen Teil des Bezirks Berlin Mitte, einem zu Fühmanns Zeit eher proletarisch geprägten Mietskasernen-viertel.
[849] Ebd.
[850] Budapest Nyugati pályaudvar, erbaut 1874-1877, geplant von Auguste de Serres (gehörte zum Architekturbüro Gustave Eiffels). Vgl. dazu auch: Dercsényi Balázs: *Budapest Nyugati pályaudvar.* [Budapest Westbahnhof.] Budapest 1991, S. 6; Fonágy Zoltán: *A vasúti építészet legértekesebb műemléke.* [Das wertvollste Denkmal der Eisenbahnarchitektur.] In: Népszabadság 60 (2002) v. 28.10.2002, S. 32.

II.4 „Ein einziges großes Gedichtganzes [der weltweiten Moderne]"

Betrachter steht wie vor einer Bühne auf der ihm „Pantomime des Lärms" und „Lokomotivenalltag"[851] dargeboten werden, freilich als Alltag, der bei aller Beschaulichkeit schon die Todesgefahr des Unfalls in sich birgt.[852] Ohne in diese Welt eindringen zu können, bleibt der Betrachter bemerkenswert außerhalb, vor der riesenhaften „Schaufensterauslage"[853].

Die Budapester Józsefváros des Iván Mándy gleicht jedoch auch der „Welt am äußersten Rande des Bürgertums, wo die Reiche Hoffmanns und Gogols beginnen"[854]. Fühmann entdeckt diese in Mándys einfach wirkenden Geschichten über eben jene Randwelt wieder, die dort gerade keine Marginalie ist. Die zwei in *22 Tage* zitierten Satzbeispiele[855], die einen Eindruck von Mándys Erzählweise vermitteln sollen, sind für Fühmann als Auszüge ungenügend, aus Mándy lasse sich nichts zitieren. Die beiden Sätze sollen wohl illustrieren, dass gerade Mándys Erzählungen oft im Alltäglich-Realen jenes Moment enthalten, welches Fühmann im direkten Anschluss an die Zitate als „[...] schauerlich wirklich[e Groteske]"[856] beschreibt. Mándys Helden sind die Figuren aus einer Arbeitswelt, die jenes Andere verkörpert, im Angesicht dessen im Bergwerk die einfache Frage nach dem Schreiben sich als essentielle Gewissensfrage für den Schreibenden stellt. Diese Sphäre zu erkunden und sie aus der Nähe zu beobachten, gehört zum Kern verschiedener literarischer Vorhaben Fühmanns im Bereich der Arbeitswelt. Die Besichtigung, Begehung und Erfahrung dieses „Andere[n] innerhalb [s]einer Welt"[857] sind für Fühmann auch ständig wiederkehrende Themen bei den ausgedehnten LPG-Besuchen im *Ruppiner Tagebuch*. Es sind auch Kernpunkte des Interesses am und beim *Beginn auf der Werft*.[858] Vor allem jedoch ist später das Bergwerk Ort eines gründlichen Erkundens und Eindringens in die andere und echte Welt der nicht entfremdeten Arbeit und des Arbeiters. In den Figuren Mándys finden sich viele der Gestalten wieder, denen Fühmann im Unterschied zum Gefühl der Scham für die dünkelhafte bürgerliche Existenz mit Faszination begegnet. Die vielen detaillierten und höchst alltäglichen Szenen in den Erzählungen Iván Mándys – das Erscheinungsbild des Herrn Barna oder die Körperhaltung der Tochter in

---

[851] Beide Zitate: *22 Tage*. WA 3, S. 410.
[852] Vgl. Fühmanns Hinweis auf eine Lok, die ungebremst über den Prellbock hinaus durch die Scheibe fuhr. (Ebd.)
[853] Ebd. – Ähnlich weist die große Budapester Markthalle an der Szabadsághíd (Freiheitsbrücke) als „Vetter des Westbahnhofs" (S. 352) ein vor allem vielfarbiges und geschäftiges Treiben auf. (Vgl.: Ebd., S. 352-356.)
[854] Ebd., S. 343.
[855] Fühmann zitiert je einen Satz aus den Erzählungen *Ügynök a kórházban – Der Handlungsreisende im Krankenhaus* (vgl.: *22 Tage*. WA 3, S. 344f.) und *Dinnyeevők – Melonenesser*. (*22 Tage*. WA 3, S. 345.) Die deutschen Übersetzungen beider Texte finden sich in: Mándy, *Erzählungen*, S. 42-50 (*Melonenesser*) u. 97-133 (*Der Handlungsreisende im Krankenhaus*).
[856] *22 Tage*. WA 3, S. 345.
[857] Ebd.
[858] So der Untertitel zu *Kabelkran und Blauer Peter*. WA 3, S. 173-280.

den zwei Beispielen – enthalten dabei von eben jener Poetik der kleinteiligen Tiefe, die auch Fühmanns Budapest-Text kennzeichnet. Als Versuch, diesen schließlich ausgehend von der anfänglichen Lektüreerfahrung in Mándy-Manier selbst zu schreiben, darf die kurze Geschichte über den Dackel Tóni und seine Besitzer gelten.[859] Sie spielt im „Mándybezirk"[860], der nicht nur den Schauplatz abgibt, sondern gleichsam als Hinweis auf einen intertextuellen Zusammenhang zu nehmen ist. Spätestens sobald Mándy von der Geschichte erfährt, ist an dessen Reaktion zu erkennen, dass die „nach allen Richtungen"[861] offene Geschichte eigentlich für ihn Material darbot:

> Im Gerbeaud Mándy; ich erzähle ihm die Geschichte; er hört gespannt zu, wird zusehends erregt, fragt hastig nach dem genauen Ort, dem Aussehen der beiden, dem Namen des Dackels, ruft: »Jaj, istenem!« und springt ohne seinen Schwarzen abzuwarten, auf und rennt in die U-Bahn[862]

Zwar hatte der Erzähler für die Dackel-Episode deren grundsätzliche Offenheit aller Möglichkeiten der Wandlung betont, doch findet sich dort nur wenig später schon das Bekenntnis, dass dies, „wiewohl sich ein Mythologem darin entfaltet, eine Geschichte für Mándy, nicht für mich"[863] war. Offen, d.h. in Bezug auf ihre Personnages und ihre Beziehungen zu Mándy unerklärt und in keine Richtung zu Ende gebracht, bleibt die Dackel-Geschichte allerdings nach ihrer Übergabe genauso. Denn ihr Überbringer bleibt mit einer Unabgeschlossenheit zurück, zu der eben noch einige Fragen nach den vermeintlichen Zusammenhängen hinzukommen. Bei Fühmann aber findet sich durchaus mehr als nur die schlichte Dokumentation eines Treffens zweier Schriftsteller. Die verschiedenen Abschnitte, in denen Iván Mándy oder seine Texte genannt werden, stellen selbst eine Geschichte dar, deren Klimax in jenem Moment eines möglichen Ereignisses erreicht ist. Das Sprechen über Mándy und die mehrfache Erwähnung und Beschreibung seines achten Bezirkes schlägt um im Moment der Weitergabe der Dackel-Geschichte an Mándy. Sein kurzer Auftritt endet mit einem geschwinden Abgang von der Bühne des Geschehens. Was bleibt, ist eine poetologische Einordnung, die gewissermaßen die einzelnen Mándy-Episoden zusammenfasst: „Mándy – ein Mythos im nachtblauen Sakko"[864]

In Iván Mándy wird eine Figur vorgestellt, die als Schreibender zugleich Autor ihres Ortes, ihrer Stadt geworden ist. Das als real gegebene Geschehnis, das Fühmann aus der Josephstadt berichtet, wird als Teil eines ge- und erlebten persönlichen Raumes zugleich der eines darin entstehenden Textes. Fühmann zeigt beide noch zusätzlich aus einer Art Metaperspektive, die neuerlich den Stadtgänger als Besucher kennzeichnet. Denn die Josephstadt ist eben der

---

[859] Vgl.: *22 Tage*. WA 3, S. 381-383.
[860] Ebd., S. 381.
[861] Ebd., S. 383.
[862] Ebd., S. 390.
[863] Ebd., S. 389.
[864] Ebd., S. 390.

II.4 „Ein einziges großes Gedichtganzes [der weltweiten Moderne]" 161

Mándybezirk, den der Besucher zunächst nur als Textraum betritt. Die explizite Verquickung des Ortes mit dem Fiktiven des literarischen Textes ist dabei für deren gemeinsame Schrift kennzeichnend:

> Là, espaces humains et littérature sont indissociables; imaginaire et réalité sont imbriqués; le référent n'est plus forcément celui que l'on croit.[865]

In der Zusammenführung eines konkreten Ortes außen und des imaginativen Moments eines Innen ergibt sich somit das Kompositum für jenen Budapester Stadtteil, der bei Fühmann mittels Iván Mándy *zur Sprache* kommt.

Die Untrennbarkeit einer solchen engen Verknüpfung mag auch die Einschätzung von Mándys Erzählungen bestimmt haben, die Fühmann auf der Grundlage seines Eindrucks abgibt. Das Urteil[866] in *22 Tage* hebt daran eine poetische Eigenschaft hervor, die in der Reihe der Attribute durch semantische wie graphische Exposition auffällt. Noch vor den zwei Mándy-Zitaten heißt es:

> Bei Mándy (was heißt: »bei Mándy«; ich kenne ja nur dieses Büchlein von fünf Geschichten) ist kein Gran Sentimentalität. Diese Erzählungen sind Kristalle: hart, scharfkantig, klar, genau; unergründlich[867]

Unergründlich, d.h. markiert durch eine unauslotbare Tiefe, steckt Fühmann zufolge in Mándys Erzählungen jene Wirklichkeit der Josephstadt. Es ist dies der Bereich, in dem sich „hart, scharfkantig, klar [und] genau"[868] die Gegenwärtigkeit eines trotz und mit dieser Präzision Nicht-Fassbaren gibt. Eben dies bleibt, wie Fühmann weiterhin zeigt, unzitierbar und „nach allen Seiten offen"[869].

Die betrachtete Auswahl der intertextuellen Bezüge und Beziehungen entwirft in *22 Tage oder Die Hälfte des Lebens* jenen bereits erwähnten ‚espace humain', der zugleich ein ‚espace littéraire' ist. Fühmann bevölkert die Straßen, Plätze und Bäder Budapests nicht nur mit als typisch erkennbaren Budapester Figuren, Passanten, Roma-Kindern, Besuchern oder dem Paar mit dem Dackel Tóni, sondern er entwirft die Stadt als den Ort, an dem jene beiden Räumlichkeiten, ‚espaces', ineinander gehen. Indem etwa der Kofferträger vor dem Nyugati pályaudvar, die drei bettelnden Mädchen vor der Kirche und Bloom oder Voland wie selbstverständliche Figuren der und in der Stadt auftreten, erreicht Fühmann die produktive Verknüpfung beider Bereiche, des alltäglichen,

---

[865] Westphal, Bertrand: *Pour une approche géocritique des textes*. Esquisse. In: Ders. (Hrsg.): La géocritique mode d'emploi. Limoges 2000, S. 9-39, hier S. 22.
[866] Trotz dessen auch von Fühmann zugegebener, vergleichsweise kleiner Grundlage hält sich seine Bewertung noch bis in den Klappentext des zweiten deutschsprachigen Mándy-Bandes *Kino alter Zeiten*. (Übers. v. Hans Skirecki. Berlin 1975.)
[867] *22 Tage*. WA 3, S. 344.
[868] Ebd.
[869] Ebd., S. 383.

auch realen, und des literarisch-intertextuellen zu einem Text. Dieser nun besteht in weiten Teilen aus der Vielheit der in ihm gebundenen und mit ihm aufgerufenen Intertexte, die nicht das scheinbar allgemeingültige Budapest eines zur Reise gedachten Büchleins konstituieren, sondern die faszinierende Breite verschiedener Lektüren und Leseerfahrungen ganz subjektiv als textuelle Heterotopie vorführen. Die Veränderlichkeit und Variabilität dieser Topographie zeigen sich in deren Schreibung und Beschreibung – diese verstanden sowohl als Aufbringen von Schrift wie als Deskription – als heterographisches System, – im wörtlichen Sinne. Dies besteht im Falle der Rezeption Jean Pauls, dessen Texte Fühmann in Benennungen und Zitaten parallel laufen lässt, aus deren expliziter Verwendung, im Falle des *Schmelzle* gar als ausdrücklich Anderes zu Ungarn.

Der Gebrauch von Mallarmé-Anspielungen lässt sich an zwei Stellen zeigen, wo diese Allusionen als Metonymien funktionieren, die sich nicht in bloßer Namengebung erschöpfen. Denn was Fühmann an der Oberfläche seines Textes gibt, birgt in sich eine darunter liegende intertextuelle Tiefendimension von *22 Tage* sowie eine interpretatorische Fortschreibung des Mallarmé'schen Intertextes selbst.

Im Falle der personae dramatis Liliom werden dessen Charakteristika einer Figur anverwandelt, die Fühmann inklusive Vorhang theatergerecht auftreten lässt. Die Herkunft der Figur aus dem dramatischen Genre bleibt noch in der durchaus epischen Inszenierung der Fensterszenen erhalten, wenngleich auch hier der metonymische Einsatz des Molnár'schen Charakters festzustellen ist.

Die Romanfiguren aus James Joyce' *Ulysses* und Michail Bulgakows *Мастер и Маргарита* treten im Unterschied dazu ohne Explizierung ihrer literarischen Herkunft auf. Sie gehören somit eigentlich unmittelbar zur Umgebung und sind nicht durch die Verdeutlichung des Intertextes von ihr abgehoben. Die Implikation der an diesen Stellen im Hintergrund befindlichen Romane ist, wie gezeigt, noch deutlich an der Erzeugung von Joyce'scher bzw. Bulgakow'scher Stimmung und Aura nachzuvollziehen. Als Differenz zwischen den beiden genannten bleibt natürlich der Umfang der intertextuellen Zusammenhänge zu nennen. So gut sich der nachhaltige stilistische und kompositorische Einfluss einer Joyce-Rezeption auf *22 Tage* zeigen ließe, so sehr bleibt er auf das Aufzeigen von derartigen Ähnlichkeiten beschränkt. Der vierfache Bezug auf Bulgakow bleibt demgegenüber auf ausschließlich inhaltliche Merkmale begrenzt. Nach der ausgedehnteren Szenerie unter dem 22.10. treten Voland noch zweimal und Margarita noch einmal kurz auf, wobei sie jeweils als Vertreter des Teuflischen bzw. Hexenhaften fungieren. Die Implizität der Joyce- und Bulgakow-Rezeption mag möglicherweise auch mit dem kulturpolitisch-offiziellen Status der zwei Texte zusammenhängen. Fühmanns Zitierweise

II.4 „Ein einziges großes Gedichtganzes [der weltweiten Moderne]" 163

wäre dann für beide als vorsichtig zu beschreiben. Allerdings ist dies anhand der Fundstellen im Text selbst nicht eindeutig nachzuweisen.[870]

Madáchs Drama von der Geschichte der Menschheit ist durch das darin tief verankerte Thema des Gegensatzes zwischen Gott und Teufel in Budapest geradezu notwendiger Bestandteil des Teufelskapitels unter dem 22.10. Fühmanns Umgang mit diesem bedeutenden ungarischen Drama des 19. Jahrhunderts zeigt in *22 Tage* zunächst das Bemühen um kritische Reflexion der durch eine pessimistische Lesart geprägten allgemeinen Rezeption.[871] Die Deutung der Phalanstère-Szene schließlich bildet einen der Ausgangspunkte für die Auseinandersetzung mit individueller Verantwortung für Auschwitz und den Holocaust. Fühmann versteht die dort vorgeführte, ausschließlich utilitär ausgerichtete Gesellschaftsform als: „die bürgerliche Gesellschaft ist zu Ende gedacht, noch ehe sie begonnen"[872]. Den Endzustand identifiziert er im Konzentrationslager, woran sich sogleich die eigene Verantwortung bindet: „Du kannst tun, was du willst, du kommst von Auschwitz nicht mehr los"[873]. Der intertextuelle Einbezug Madáchs trägt demnach erneut explizit interpretatorische Züge eines „Nachdenken[s] über die Möglichkeiten des Literarischen, über die Möglichkeit von Literatur überhaupt."[874]

Neben dem Dichter Attila József, auf dessen Spuren sich Fühmann nachdichterisch bewegte und dessen Lebensstationen er bereiste[875], steht in Budapest das „große[] Kind mit großen Augen"[876], Iván Mándy, als bedeutsame literarische Figur und als Literatenfigur. Fühmann baut die, wenn auch aufgrund

---

[870] Fühmanns Kenntnis eines derartigen Problems findet sich z.B. mit Bezug auf Joyce in einer Aussage gegenüber Schoeller wieder: „Da (im *Judenauto*, S.K.) fürchtete mein Lektor einen – selbstverständlich völlig unangemessenen – Vergleich mit dem ›Ulysses‹ von James Joyce; das sei innerer Monolog und im sozialistischen Realismus nicht denkbar, außerdem seien solche Passagen unlesbar, vom Leser nicht nachzuvollziehen. Er machte mir den Vorschlag einer Bearbeitung. Danach waren es lauter schöne, saubere ordentliche Sätze; bloß ihre Aura, die ich eben gewollt hatte, war weg. Ich hatte damals das dumpfe Gefühl: da geht was verloren […]." (Fühmann, *Gespräch Schoeller. Katzenartigen*, S. 368.) Dass so etwas nie wieder geschehen werde, bemerkt Fühmann dort außerdem. Inwiefern aber diese Lehre in *22 Tage* mit indirektem Bezug auf die öffentliche Tabuisierung von Joyce angewendet wurde, muss offen bleiben. Darüber hinaus übersteigt der Stellenwert der poetischen Funktion der genannten Intertextualitäten deren mögliche kulturpolitische bei der hier vorgenommenen Betrachtung von *22 Tage*. Für die Bulgakow-Rezeption gilt Ähnliches, mehr noch, da sich außer der bekannten Textgeschichte von *Der Meister und Margarita* hier keine Äußerungen Fühmanns auffühlen lassen.

[871] Fühmann bemerkt, ‚man' habe Madách historischen Pessimismus vorgeworfen, nennt dazu jedoch keine direkten Bezüge. (Vgl.: *22 Tage*. WA 3, S. 351.)

[872] Ebd., S. 473.

[873] Ebd.

[874] Wagner, *Nachdenken über Literatur*, S. 9.

[875] Vgl. dazu die Angaben in der biographischen Übersicht in Heinze, *Biographie*, S. 97f. und Christa Wolfs Erwähnung eines gemeinsamen Ungarnaufenthaltes in *Nirgends sein o Nirgends du mein Land. Hierzulande Andernorts*, S. 64 sowie Kárpáti Hinweis darauf in Fühmann, *Briefe aus der Werkstatt des Nachdichters 1961-1984*, S. 28f.

[876] *22 Tage*. WA 3, S. 328.

der Übersetzungssituation eingeschränkten, Mándy-Lektüren als Lektüren einer Welt des Anderen auf. Mándys Erzählungen werden somit als ein Bereich gezeigt, dessen Vertreter z.B. in Fühmanns Erzählung *Der Jongleur im Kino* eng mit Ängsten des kindlichen Erzählers verbunden sind. In Budapest – aber nicht nur dort – überwiegt diesbezüglich ein Moment der Faszination, die beispielsweise von jenem achten Bezirk ausgeht. Deren literarische Umsetzung bleibt allerdings ausdrücklich Mándy überlassen, wie die Übergabe der Dackel-Episode stellvertretend zeigt. Mándy wird mit seinen Themen und Figuren in unmittelbare Nähe zu Hoffmann und Gogol gebracht. Im Unterschied zur Mehrzahl der übrigen intertextuellen Bezüge kann Fühmann aber ebenso Mándy selbst auftreten lassen. Der angereiste Besucher und Stadtgänger findet und zeigt in Mándy somit jenen Literaten, der gänzlich in den Ort und Bereich seiner Stoffe eingedrungen ist, sodass noch der hinweisend zitierende Gestus der Mándy-Lektüre eben als Deixis auf ein eigentlich unerreichbares Anderes erscheinen muss.

Bei Fühmann gestaltet sich das Sehenswerte und Sagenswerte Budapests insbesondere als Lektüre bzw. zuweilen als Auffinden der in die Stadt eingeschriebenen und einzuschreibenden Texte. Die Entdeckungen und Ausführungen des Stadtgängers gleichen dabei oft denen eines Bibliotheksbesuchers, der immer wieder einen thematischen Faden aufnimmt und ihn in die gewundenen Gänge eines zuweilen explizit labyrinthischen und intertextuell-urbanen Budapest verfolgt.

Fühmanns Budapest-Text entbehrt zudem auffällig jener inhaltlichen Elemente, die ein durchschnittlich informierter Reisender zunächst mit dieser Stadt verbinden mag: Die Donaubrücken, der Gellértberg und die Pester Donaupromenade tauchen unter anderen im Text auf. Das Parlament am Pester Donauufer aber findet ebensowenig Erwähnung, wie das weltbekannte Ensemble aus Fischerbastei und Matthiaskirche auf dem Budaer Burgberg.

22 Tage ist in diesem Sinne explizit kein Reisebüchlein, wie noch zu Beginn während der Hinfahrt angedeutet wird. Fühmann zeigt Ungarn und vor allem Budapest vielmehr, indem er in seine Landschaft Intertexte auch als eine Art von Ideogrammen[877] einfügt. Die so entstehende ‚Topo-graphie‘, eben als Schreibung des Ortes, entbehrt dann nicht mehr jener klassischen Details und erwartbaren Merkmale, die sich allgemein mit Budapest verbinden lassen. Im Text entsteht Budapest viel eher als der literarische Raum, in den eine subjektiv bestimmte Auswahl von Texten eingeschrieben wird und der mit diesen Texten be- und erschrieben, ja aufgeschrieben wird. Erst so lassen sich denn individuelle Lesbarkeiten erkennen, die Stadt und Text, Literatur und Ort jeweils einander anverwandeln. Insbesondere vor diesem Hintergrund erhebt sich neuerlich eine zutiefst offene Bedeutung der Schlusssentenz, aus der heraus *22*

---

[877] Die Verwendung dieses Begriffes in diesem Zusammenhang geht auf Roland Barthes zurück. Vgl.: Barthes, Roland: *L'Empire des signes*. In: Ders.: Œuvres complètes III. Livres, textes, entretiens 1968-1971. Éd. par Éric Marty. Paris 2002, S. 347-444, hier S. 418.

II.5 Zwischen AUSGANG und EINGANG – ein labyrinthischer τόπος in Budapest

Tage als ein Anfang zu nehmen wäre, dessen Moment des Unabgeschlossenen sich vor allem durch die intertextuell bestimmte Arbeit am Ort ergibt.

„Mythen [sind] Bewegungen im Raum"[878], schreibt Fühmann unter dem 2.11., wo er in einer Vielzahl von kontrastiv gestalteten, axiomatischen Sätzen Märchen und Mythos strukturell wie poetologisch unterscheidet. Die Reihe von Konstatierungen markiert bereits das grundlegende poetische Veränderungswissen, das im Essay *Das mythische Element in der Literatur* (1975) sich ausdrücken wird. Unter den Feststellungen in *22 Tage* sind noch weitere, die die Differenz zwischen Märchen und Mythos räumlich beschreiben. Zunächst wird dort das Mythische als dreidimensional gesehen, schließlich gar als „vieldimensional"[879]. Weiterhin sei der Mythos abgründig, während das Märchen auf Abgründe weise. Noch das Wort von der Richtungsänderung zwischen der Zweidimensionalität des Märchens und der Dreidimensionalität des Mythos privilegiert eine Vorstellung, die jenes als Fläche und diesen als Raum auffasst.

Die Bewegung im Stadtraum Budapests ließe sich vor diesem Hintergrund gar als Bewegung zu einem und an einem mythisch aufgeladenen Ort beschreiben. Letzterer erhält diese Qualität vor allem als ‚espace littéraire', in dem sich die Deutung und Schreibung von Texten ereignet, die sich als deren zuweilen disseminative Fortschreibung erweist. Die in *22 Tage* eingestreuten Textspuren erstellen so einen Ort, dessen aphoristisch vielfältige und thematisch nicht einzugrenzende Gestalt zunächst einer diesbezüglichen Klimax oder eines greifbaren Kerns entbehrt.

Im Rückgriff ließe sich der oben behandelte Anfang von *22 Tage* nicht nur als ‚Eingang' in den Text beschreiben, sondern gleichsam als das reisende Hinausgehen, das Kennzeichen der „Ausfahrt ins Offene"[880] ist. Der fünfzehnminütige Tagesrest, der den 14.10. umfasst, wäre so der ‚Eingang' in den Text als ‚Ausgang' aus dem ersten Tag und als Abfahrt von Berlin. Diese Ambivalenz wiederholt sich umgekehrt in der Schlusssequenz, die die ‚Einfahrt' nach Berlin als ‚Textausgang' enthält.

Der Besuch im Dampfbad des Budapester Lukácsbades nun weist ein analoges Phänomen auf. Dort führt der Weg ins Dampfbad „durch eine Tür mit der Aufschrift AUSGANG"[881]. Das Übertreten einer Türschwelle in einen außergewöhnlichen Innenraum geschieht hier zudem als Eintreten in ein

---

[878] *22 Tage*. WA 3, S. 487.
[879] Ebd.
[880] Wagner, *Nachdenken über Literatur*, S. 27.
[881] *22 Tage*. WA 3, S. 336. (Hervorhebung i. Orig.)

Gebäude aus dem Freien.[882] Das Erreichen eines räumlichen Innen wird als Hinaustreten aus einem Außen gezeigt, in das der Eingang am Ende der Episode in der Funktion eines Ausgangs wieder zurückführt. Die Übertrittsstellen werden im Text jeweils durch die graphische Hervorhebung der Wörter ‚Ausgang' und ‚Eingang' in Majuskeln markiert. Durch sie wird die labyrinthische Dampfbadepisode vom übrigen Text als ‚anderer Raum' abgeteilt. Die Vertauschung von Ein- und Ausgang zum Dampfbad legt dabei ebenso eine Verkehrung von dessen Innen und Außen nahe. Der Ausgang ins Dampfbad bleibt der Eintritt in einen räumlich anderen Ort, der als Innen doch Außerhalb bedeutet, so wie die Ausfahrt von Berlin nach Budapest zugleich ein Heraustreten aus jenem und ein Hineingehen in dieses darstellt.

Mit der Dialektik von Ein- und Ausgang sind die Orte Bergwerk und Dampfbad zudem Verwandte. Dies betrifft nicht nur das Hinabsteigen in ein Unten als Hineinkommen und umgekehrt ein Hinaufsteigen zu einem Oben als Hinausgelangen. Fühmann zeigt den Schacht, der seiger in die Grube führt, als gleichzeitigen Ein- und Ausgang der Grube, die damit nicht nur durch ihre labyrinthische Anlage, sondern genauso durch den Zugang zu ihr und die Entfernung von ihr wohl ein Geschwister des Dampfbades darstellt[883]:

> Durch den Schacht vollzieht sich der Stoffwechsel der Grube: Was immer sie aufnimmt und ausstößt, muß den Schacht passieren, ihr Mund unten ist gleichzeitig der After des Oben, und der After des Unten des Oben Mund.[884]

Der jeweilige Durchgang durch Einlass wie Auslass bedeutet somit das Passieren eines Dazwischen. Dessen Existenz bleibt je nur in der Funktion der Passage auffindbar, die für das Bad, wie für das Bergwerk obendrein einen sprachlichen Übergang[885] repräsentiert. Im Lukácsbad führt der ‚AUSGANG' gleichermaßen an einen Ort, dessen Gegenwärtigkeit sich von dem ihn umgebenden Text deutlich unterscheidet, sodass es sich bei der Dampfbadepisode auch um einen sprachlichen Ausgang aus dem Innenraum des *22-Tage*-Textes handelt.

---

[882] In Fühmanns Beschreibung der Badanlage heißt es: „Sonne und Stille, mich friert an der Luft". (Ebd., S. 334.) Im Innenraum des Gebäudes befinden sich die Anlagen des Heilbades mit Thermalwasserbecken und Dampfbad. (Vgl. auch die Beschreibung in: Meskó, Csaba: *Heilbäder*. Übers. v. Veronika Stöckigt u. Dagmar Fischer. Budapest 2001², S. 42-47.)

[883] Dampfbad und Bergwerk gleichen sich zudem als ‚τόποι θανάτου' mit ihrer labyrinthisch gewundenen Struktur. Dies unterstützt eine Darstellung Kerényis, in der es heißt, „daß das Labyrinth »mit seinen Windungen und Irrwegen, wo niemand den Ausweg findet«, nur ein Bild des Totenreichs selbst sein kann." (Kerényi, Karl: *Humanistische Seelenforschung*. München u. Wien 1966, S. 227. (Hervorhebung i. Orig.) (ZLB, Sammlung Fühmann)

[884] *Im Berg*, S. 15.

[885] Gemeint sind hier die sprachlichen Besonderheiten der Lukácsbadepisode und die vor allem lexikalisch gekennzeichnete Varietät der Bergleute (vgl. z.B. das Gespräch mit dem Obersteiger: Ebd., S. 9-11), die jeweils für die durch Aus- und Eingang abgetrennten Bereiche Anwendung findet.

II.5 Zwischen AUSGANG und EINGANG

Ein Wärter kontrolliert beim Einlass ins Bad die Eintrittskarte und ein weiterer verteilt die nötigen Textilien. Der Eintritt zum Ort des Dampfbades ist auf diese Weise gleich zweifach durch ein Zugangsritual gekennzeichnet und dementsprechend inhaltlich vom anderen, äußeren Badebereich abgehoben.[886] Durch eine größere Zahl von Eintrittsritualen wird der Zutritt zum Bergwerk bezeichnet, bei dem vor dem Hinabfahren im Korb zudem ein Aufstieg über „hundertzwanzig Stufen"[887] steht. Wie auch nacheinander bei den zwei Wärtern im Budapester Lukácsbad findet in der Kaue das Tauschen bzw. Abgeben von verschiedenen Marken statt, die im Bergwerk vor allem auch der Sicherheit dienen, sollen durch das Abgeben bzw. Sammeln an verschiedenen Kontrollpunkten doch die Wege der einzelnen Bergleute unter Tage nachvollziehbar bleiben. Beim Ritual im Dampfbad handelt es sich um eine Abfolge von Tauschhandlungen, bei der zuerst für die Eintrittskarte eine hölzerne Marke und beim zweiten Wärter wiederum für diese die im Bad notwendige Bekleidung eingetauscht werden. Trotz der Unterschiede bei den einzelnen Abläufen ist jedoch für beide entscheidend, dass sie nicht ausgelassen werden können und dürfen. Sie gehören obligatorisch zum Zutritt zu dem jeweiligen Ort.

Der Eingang ins Bad ist in Budapest der Eingang in den „Minospalast"[888] und das Eintreten in den so bereits namentlich aufgerufenen kretischen Mythos. Damit ist dies, nach Fühmann, gleichsam ein Hinaustreten aus dem Bereich der Wirklichkeit. Im Mythos-Essay heißt es:

> Der Mythos ist offensichtlich das, was die Wirklichkeit *nicht* ist, und erfahrbares Dasein mit seinen Gesetzen fängt dort an, wo der Mythos aufhört [...].[889]

Der gleichzeitige Aus- und Eingang zum Dampfbad bezeichnet also eine Grenze, deren offensichtlich dialektische Eigenschaft in der Passage liegt, die jeweils im Hinaus zugleich ein Hinein und im Nach-Drinnen gleichfalls ein Nach-Draußen enthält. Innerhalb des Textes der *22 Tage* wird dort demnach ein Aus-ihm-Heraustreten suggeriert, das gleichsam als dessen sprachliche Spielart innerhalb des Textes abläuft. Die Textgestalt der folgenden etwa vier Seiten zeigt denn sowohl inhaltlich wie auch sprachlich-formal die Präsenz eines Ortes an, der durch seine mythische Konnotation ein Außen darstellt. Dessen Koppelung an die ungarischen und Budapester Gegebenheiten bleibt dabei jedoch wenigstens inhaltlich genauso gegenwärtig. Fühmann führt mit seinem Labyrinthtext des Dampfbades die Literalisierung dieses Ortes und seiner Gestalt vor. Der Text empfindet in der fraglichen Passage die Raumgestaltung und die Anlage des Dampfbades nach, sodass die lesende Bewegung durch den und

---

[886] Es sei noch angemerkt, dass sich der Eingang zum Lukácsbad „dort, wo nichts mehr ist", befindet. (*22 Tage*. WA 3, S. 333.)
[887] *Im Berg*, S. 18.
[888] *22 Tage*. WA 3, S. 336.
[889] *Das mythische Element in der Literatur*. WA 6, S. 91. Noch hier fällt die in Orten zu denkende Aufteilung der Bereiche von Dasein, also An-einem-Ort-Sein, und Mythos auf.

mit dem Text eben einer Bewegung durch eine Örtlichkeit folgt, die nicht im Text erscheint, sondern deren Anwesenheit der Text als Nachempfindung einer aisthetischen Erfahrung produziert.[890] Dazu gehört bereits ein präparatives und ritualisiertes Moment des Eintritts in das Dampfbadlabyrinth. Foucault setzt eben dieses Moment gar als eines der definitorischen Merkmale für seinen Begriff der Heterotopie:

> Les hétérotopies supposent toujours un système d'ouverture et de fermeture qui, à la fois, les isole et les rend pénétrables. En général, on n'accède pas à un emplacement hétérotopique comme dans un moulin. Ou bien on y est contraint [...] ou bien il faut se soumettre à des rites et à des purifications. On ne peut y entrer qu'avec une certaine permission et une fois qu'on a accompli un certain nombre de gestes. Il y a même d'ailleurs des hétérotopies qui sont entièrement consacrées à ces activités de purification, purification mi-religieuse, mi-hygiénique comme dans les hammams des musulmans, ou bien purification en apparence purement hygiénique comme dans les saunas scandinaves.[891]

Der Weg ins Dampfbad verlangt bei Fühmann gleich zweimal ein Einlassritual zu durchlaufen, und zwar jeweils bei einem der aufeinander folgenden „knebelbärtigen"[892] Wärter. Der zuvor passierte Ausgang trägt hier somit – bis zum Umkleiden – die Markierungen eines Eintrittes. Die Genauigkeit bei der Überprüfung der Zugangsberechtigung und beim doppelten Tauschritual, Billet gegen Holzmarke und Holzmarke gegen Leinensäckchen, Blechmarke, Schlüssel und Handbewegung, steht jedoch in nahezu groteskem Gegensatz zur sich anschließenden „Irrfahrt"[893] durch das Labyrinth des Umkleidebereiches. Ohne ein Absetzen reihen sich im Text nun hypotaktisch Satzteile, Aufzählungen, Wiederholungen und immer wieder Einschübe aneinander. Der Eintritt ins Dampfbadlabyrinth und der gewundene Weg durch es hindurch werden durch die Medialität des Textabschnittes als ästhetische Erfahrung wiedergegeben. Der Text selbst beschreibt das Labyrinth nicht nur, sondern schafft eine Lektüreerfahrung, die sich labyrinthisch gibt, ja schreibt das Labyrinth selbst. Die Gewundenheit der Wege und die Undurchsichtigkeit der Richtung der eigenen Fortbewegung erscheinen in jenem Nichterscheinen, das im Text erscheint.[894]

Typologisch[895] hat Fühmann hier zwei Formen des Labyrinthes miteinander verschränkt. Das Motiv des Verirrens und des suchenden Umherirrens gehört

---

[890] „Lire, c'est suivre des yeux la présence invisible.", stellt Quignard fest. (Quignard, *Le sexe et l'effroi*, S. 271.) So lässt sich auch die Labyrintherfahrung des Bades durch ein Begehen des Textes mit den Augen verfolgen.
[891] Foucault, *Des espaces autres*. Dits et écrits 1, S. 760.
[892] *22 Tage*. WA 3, S. 336.
[893] Ebd., S. 341.
[894] Vgl. zu diesem Problem: Mersch, *Ereignis und Aura*, S. 145.
[895] Vgl. dazu die Typologisierung und Kategorisierung in: Schmitz-Emans, Monika: *Labyrinthe. Zur Einführung*. In: Röttgers, Schmitz-Emans, *Labyrinthe*, S. 7-32, hier S. 14ff. u.

II.5 Zwischen AUSGANG und EINGANG

dabei zum modernen Typus, in dem die Welt als ein Labyrinth begriffen wird, in dem sich kein vorgegebener gangbarer Weg abzeichnet.[896] Dem steht die Ausrichtung der Lektüre auf die tiefer gelegenen Örtlichkeiten des eigentlichen Dampfbades gegenüber, die als ein am Ende des Irrweges zu erreichendes Ziel erscheinen. Dort „im Herzen der Schraube"[897] und damit an seinem Platz der „Opfergrube"[898] begegnet der Erzähler dem Minotaurus. Der Weg führt also nicht, wie in der anfänglichen Verirrung annehmbar, irgendwohin, sondern dem Gang des Theseus durchaus verwandt zu dem mythischen Labyrinthbewohner. Diese zweite Variante des Labyrinthes setzt bei Fühmann mit einer Verengung ein, denn „das Labyrinth verengt sich zum Gang, und der Gang schraubt sich, in unendlicher Krümmung sich verengend, hinunter in den Rachen der Hölle"[899]. Dieser Teil entspricht eher den klassischen bzw. antiken Labyrinthen, die als gewundener und verschlungener aber gerichteter Weg auf ein bestimmtes Ziel zuführen. Vor dem Erreichen des erwähnten Mittelpunktes der Schraube ergibt sich noch ein als zufällig gezeigter Blick in eine der Saunen. Fühmann lässt die sieben Fürsten der ungarischen Stämme, die Hetumoger[900], namentlich erscheinen. Sie werden in ihrer Versammlung um Álmos, ihren Ältesten, gezeigt. Hier stellt Fühmann auch einen Zusammenhang zu Madách her, indem er einen Vers aus Phalanstère-Szene aus der *Tragödie des Menschen* zitiert: „»Valóban nagy tudós vagy, idegen...«"[901]. Der Vers ist bei Madách die Antwort des Gelehrten auf den Besichtigungsdrang des Besuchers Adam, der im Drama zusammen mit Luzifer verschiedene Orte der Menschheitsgeschichte bereist. Es ist auch in *22 Tage* ein Eindringen, das Ähnlichkeit mit dem des Adam besitzt. Er verlangt im Dialog mit dem ‚tudós', dem Gelehrten, in der Phalanstère-Szene mehr und mehr zu sehen und zu erfahren. In *22 Tage* fällt der

---

25ff.); Kern, Hermann: *Labyrinthe. Erscheinungsformen und Deutungen. 5000 Jahre Gegenwart eines Urbilds.* München 1999⁴, S. 13-42.

[896] Der labyrinthisch gestaltete Weg auch eines Erkenntnisprozesses mag hinter dieser Bewegung stehen. Noch der Heimweg des homerischen Irrfahrers erweist sich ja als ein Umweg, der gleichsam zurück und zu (einer) Erkenntnis führt. In diesem Sinne „wird Erfahrung zum weiträumigen Prozeß, der durchlaufen sein will und Verkürzungen nicht verträgt". (Blumenberg, *Lesbarkeit*, S. 108.) Noch die Deutung als *Mythos der Aufklärung* stellt bekanntlich einen Zugewinn an Erkenntnis in den Mittelpunkt einer dort funktional entsprechend eingebundenen Deutung für den Haupthelden der *Οδύσσεια*. (Vgl.: Adorno, Theodor W. / Horkheimer, Max: *Dialektik der Aufklärung*. In: Horkheimer, Max: *Gesammelte Schriften*. Bd. 5, Dialektik der Aufklärung und Schriften 1940-1950. Frankfurt/M. 1987, S. 13-290, hier S. 67-103.)

[897] *22 Tage*. WA 3, S. 340.

[898] Ebd.

[899] Ebd., S. 338.

[900] Fühmann benutzt dieses Wort (ebd.), das von Ungarisch ‚Hétmagyar' (wörtlich: ‚Sieben-Ungarn') abgeleitet ist. Gemeint sind die ‚hét vezér', die sieben ungarischen Fürsten, die sich nach mittelalterlicher Überlieferung zur Landnahme im Karpatenbecken verbündeten.

[901] Ebd. – Fühmann zitiert einen Vers des Gelehrten aus der 12. Szene des Dramas. Deutsch: „Dein Wissen, Fremdling, ist erstaunlich." (Madách, *Die Tragödie des Menschen,* Budapest 1983⁷, S. 202.)

erzählende Blick eines Fremden neugierig auf die phalanstèreske Versammlung der Stammesfürsten in der Sauna. Die Szene ist zudem verwandt mit Gegebenheit und Ort, an denen Fühmann später jenes nackte Männertrio zeigt. In beiden Fällen handelt es sich um nach außen hin abgeschlossene Gruppen, die die Exklusion des ‚idegen', des Fremden, praktizieren. [902]

Die Legende um die Landnahme der Ungarn, die Fühmann noch vor dem Betreten des Dampfbades in den Text einfließen lässt, wird hier in einer Art Inszenierung wieder aufgenommen. Wurde zuvor aus dem entsprechenden Narrativ zitiert, so wird dessen Stoff nun in einer eigenen Erzählung, als Forterzählung aufgenommen. Diese poetische Vorgehensweise lässt schon die Qualität einer durch die Mythospoetik beeinflussten Rezeption des Stoffes erkennen. Der Ausgang aus dem Bereich „erfahrbaren Daseins"[903], in dem das Zitat als solches gekennzeichnet blieb, führte somit in den Raum jenes Anderen, da die Helden der Legende auftauchen und quasi vor dem erzählenden Ich erscheinen. Fühmann lässt die „magyarische[n] Recken"[904] nun selbst auftreten und benennt sie gar mit ihren Namen und Genealogien. Sie stehen für eine Art der stofflichen Tradierung, die sowohl die Figuren der einzelnen Helden mit den Reihen ihrer Nachkommen als auch das immer schon Rezeptive des Mythos vertreten. Am Ort eines Mythischen zeigt Fühmann seine Erzählung der zuvor

---

[902] Fühmanns Erzählung *Drei nackte Männer* führt eine Dreierclique beim ritualisierten Saunabesuch vor. Die kalte Hermetik der Gruppe steht dort im direkten Gegensatz zur Hitze der Sauna. Die detaillierte und sehr intime Darstellung des Verhaltens der drei, geschieht aus einer unüberwindlichen erzählerischen Distanz. Ein Gesprächskontakt zwischen dem erzählenden Ich und den Männern bleibt vollends ausgeschlossen, ja wird durch das Verhalten der Männer ausgeschlossen. Vgl. etwa die Beschreibung des Blickes, mit dem der Kürzere auf den nur angedeuteten Versuch einer Kontaktaufnahme reagiert: „Es war einer der Blicke, die durch jede Arglosigkeit unter die Haut dringen." (*Drei nackte Männer*. WA 1, S. 509-522, hier S. 515f.) Auch in der Budapester Sauna wird der (zufällige) Eintritt eines „Fremdling[s]" (*22 Tage*. WA 3, S. 340) gezeigt, der gar durch sein Verhalten auffällt (das Abnehmen des Lendenschurzes in der Sauna). Beide Saunen ähneln sich stark durch die beschriebene Konsistenz der Luft. In *22 Tage* sitzen die Stammesfürsten „in kochender trockener Luft" (S. 338), die den Gegensatz zur eher feuchten Dampfbadatmosphäre bildet, wo „Dampf wallt, Schweiß dünstet, Dunst dampft" (ebd.) und „der Boden [...] glitschig [ist], die Stufen [...] schlüpfrig [sind]". (Ebd.) Ein durchaus vergleichbarer Kontrast findet sich in *Drei nackte Männer*, wo das Dampfbad ein für den gescheiterten Witz besser geeigneter Ort ist: „[...] hätte er diesen Witz im Dampfbad erzählt, in den wallenden Schwaden, wo auch die Phantasie und das Wohlwollen wallen, in den treibenden, ineinander sich wälzenden Wolken, aus denen Gesichter tauchen und Bäuche und Hände und Worte und Gutmütigkeiten, Vages im zischenden Nebel zersprühende lindernde Kühle". (*Drei nackte Männer*. WA 1, S. 519.) Die Trockensauna bildet dazu den Gegensatz, der schon in *22 Tage* relevant ist. In *Drei nackte Männer* wird die Atmosphäre nach dem Witz wie folgt gezeigt: „Gnadenlos alles: gnadenlos die Luft, gnadenlos die Hitze, gnadenlos die Trockenheit". (Ebd.) Vgl. auch den Auftritt der drei nackten Männer als Rezeption des Hauptmotivs von Fühmanns Erzählung in Ingo Schulzes Text *In Estland, auf dem Lande*. (In: Schulze, Ingo: Handy. Dreizehn Geschichten in alter Manier. Berlin 2007[2], S. 108-128.)
[903] *Das mythische Element in der Literatur*. WA 6, S. 91.
[904] *22 Tage*. WA 3, S. 338.

II.5 Zwischen AUSGANG und EINGANG

erwähnten Legende. Deren Präsenz bleibt jeweils die eines Rezeptionsvorgangs, in dem sich gerade jene doppelte Qualität des mythischen Materials erweist, die die Arbeit am Mythos hier als die an den Landnahmelegenden ermöglicht. In Führmanns Schreibung des Minotaurus-Mythos bzw. der Labyrinth-Legende, wie im Auftreten der Hetumoger findet sich die Festigkeit einer Schrift wieder, die deren Einschreibung in den Ort Budapest eigentlich erst zulässt.

Führmanns derartiger Zugriff ist die Bewegung durch einen Raum. Sein Badlabyrinth hat als Text mit der Marke eines Außerhalb doch im Text statt, dem seine Lektürewirkung gleichsam eingeschrieben zu sein scheint. Das „Ghettowirrsal"[905] des Bades ist mit und in dessen Text zu durchirren. Lesend gilt es, „verfitzt- und verfilzten"[906] Wegverschlingungen in unaufhörlicher Hypotaxe zu folgen, ohne dass der Auswegslosigkeit der ghettohaften Wirrnis von Gängen zu entrinnen wäre. Das Vorwärtsströmen des Textes und das Treiben im Strom[907] erreichen erst im Moment der Erstarrung[908] an der Saunatür ein kurzes Innehalten. Die erwähnte Verengung des Labyrinthganges wird dabei von einer Tendenz zur Verdichtung des sprachlichen Materials[909] unterstützt, die die Verschmälerung des Weges medialisiert. Weist der Text am Anfang des Labyrinthbesuchs vor allem Attribuierungsreihen und Aufzählungen von Substantiven auf, so wird die mediale Kohärenz z.B. durch den zunehmenden Einsatz von Stabreimen verstärkt. Noch zu Beginn heißt es mit einfacher Attribuierung: „[...] in einem von Laken durchwandelten, alptraumhaft aus der Nacht einer Schraubendrehung zu einer Eisenleiter hochführenden Kachelgang [...]"[910]; nach dem Passieren der beiden Pförtner aber:

> [...] der aus Latten, Leisten, Stäben, Rosten, Lamellen, Ritzen, Fugen, Löchern und Luft gebildeten, heillos durcheinandernumerierten, käfighaft zwischen Käfigen über

---

[905] Ebd., S. 337.
[906] Ebd.
[907] Vgl.: „[...] der Strom erfaßt dich und spült dich ins Unbekannte" und „treibst du im Strom". (Beide Zitate: Ebd., S. 338.) Zudem wäre hier ein erneut auf Joyce weisender Zusammenhang mit dem „stream of life" zu erwähnen, mit dem Bloom strömendes Wasser vergleicht. („[...] which in the stream of life we trace is dearer than them all. [...] clean trough of water [...] the gentle tepid stream [...]". Joyce, *Ulysses*, S. 107.)
[908] Graphisch wird dies durch einen Doppelpunkt ausgedrückt. Die im Abschnitt vorhergehende dreimalige Benutzung dieses Zeichens zieht keine Großschreibung nach sich, sodass die gesetzten Doppelpunkte keinen Abschluss des 2½ Seiten langen Satzes markieren. Eine vorübergehende Bewegungsruhe stellt sich erst an der Tür zur Trockensauna ein.
[909] Dieses sprachliche Mittel findet sich auch im Aufsatz *Schieferbrechen und Schreiben* (WA 3, S. 509-516) für die Darstellung des untertägigen Ortes. Im Unterschied zur Dampfbadepisode dominiert dort über nahezu eine Seite die Reihung von partizipial bestimmten Phrasen (vor allem mit Partizip Präsens). Der Beginn des vordergründig als Beschreibung eingeordneten Abschnittes wird mit „Nur dies:" (S. 511) markiert und so der sich anschließende Textabschnitt zusätzlich herausgehoben.
[910] *22 Tage*. WA 3, S. 336.

> Käfige in den einen, rundum offen nach allen Seiten durchschau- und eben darum unergründbaren Käfig dieses Labyrinths [...]{911}

Die gesuchte Kabine wird gefunden und bedeutet doch noch nicht das Ende des Labyrinths. Es geht über eine alliterierende Reihung der labyrinthischen Klimax näher, zunächst von kürzesten Sätzen übergehend in eine Reihe von auf ‚l‘ stabreimenden Substantiven:

> [...] und aufatmend trittst du ein, ziehst dich aus, stehst nackt, schaust dich um, lugst hinaus und schaust hinter Latten und Leisten und Luken zwischen Leisten und Luken und Latten nur Lakenumhüllte und Lendenbeschürzte [...]{912}

Dies nun steigert Fühmann zur vollständigen Verschränkung der sprachlichen Einzelteile in einem weiterhin durch Alliteration gekennzeichneten und auffällig langen Kompositum. Eine erneute Aufzählung schließt sich an, deren Kennzeichen nicht nur das Auslassen der zuvor gesetzten Kommata ist, sondern vor allem ihre phonologische Mikrostruktur. Diese weist ein Zungenbrechern entlehntes Phänomen auf, bei dem hier die Okklusive [k] und [g] jeweils als Initiallaute der Wörter aufeinander treffen. Phonetisch unterscheiden sich beide nur durch das Merkmal stimmlos bzw. stimmhaft:

> [...] um eines lumpigen Leistenschurzes willen zurück ins verfitzt- und verfilzte Leistenlattenlamellenlöcherlukenluftlabyrinth käfighafter Kauen Gaupen Kojen Gaden Koben Gänge Kanäle Gatter Kabinen [...]{913}

Nach dem Umziehen führt der Weg weiter hinab. Denn das Zentrum des Labyrinthes liegt weiter unten. Die Bewegung am mythischen Ort ist nicht nur ein in seinen Windungen unendlich empfundener Irrgang, sondern zugleich ‚Höllenfahrt' „ins Unbekannte" eines Hinab.[914] Die unendlich geschraubte Windung des Ganges erzeugt einen solchen Eindruck. Der Labyrinthbesuch selbst aber bleibt vor allem Durchgang, ein Vorbei, dessen Ziel das Durchlaufen darstellt. Der Besuch ist ein Ausflug vom Ausgang her zurück zum Eingang, der als Ausgang aus dem Labyrinth am Schluss des gewundenen Textweges und Wegtextes steht. Unten am hadeshaften Ort, wo nicht homerische Helden als Schatten heulen, sondern sich die alten Magyaren der Vereinigung der sieben Stämme zum Rat versammeln, taucht der Joyce'sche Labyrinthgänger auf. Bloom erscheint gleich dreizehnfach, was sich als Anspielung auf Blooms Besuch bei ‚Dignam's funeral' im sogenannten ‚Hades-Kapitel' des *Ulysses* lesen lässt. Die Lotosblüten sind gar als Bezug zu Budapests besonderer Bäderlandschaft und zu Joyce zu verstehen.

---

[911] Ebd., S. 337.
[912] Ebd.
[913] Ebd., S. 338.
[914] Ebd. – Im Hinab der Bewegung in die „Opfergrube" (Ebd., S. 340), den „Rachen der Hölle" (S. 338) lässt sich das Badlabyrinth gar als Intertext zu Thomas Manns ‚Strandspaziergang' lesen, in dem ja die Unauffindbarkeit eines Abschlusses zum Ausdruck kommt.

II.5 Zwischen AUSGANG und EINGANG

Der Mittelpunkt des labyrinthischen Weges ist wiederum eine durch Ritual markierte Übergangsstelle. Sie bildet nicht nur das Zentrum des Labyrinthgebildes, sondern ist zugleich der Ort, an dem sich in der vollständigen Entblößung und der sofortigen Verhüllung von Nacktheit ein Moment von Körperlichkeit beobachten lässt. Zunächst steht dort der mythische Labyrinthbewohner Minotaurus, den Führmann als schönen jungen Mann auftreten lässt. Seine tierische Körperhälfte ist hier die bekleidete: „Ein Jüngling, schön und schwarz wie nur ein Pasiphaïde steht er bis zum Gürtel nackt in der Mitte der Grube"[915]

Dem Minotaurus muss jeder Badende den Schurz übergeben und sich so einen Augenblick lang vollends entblößen, um dann mit einem Laken um den Körper weiterzugehen. Im folgenden Saal liegen „reglos und bleich und schauerlich ächzend vierzig vermummte Leiber"[916]. Der Eindruck einer Leichenhalle lässt den Kleidertausch durch die Hand des Minotaurus – „[...] die Schurze fallen, nackt stehen die Opfer, und lächelnd verschmäht er und reicht jedem mitleidig ein Laken, die ganze Blöße zu verhüllen" [917] – als ein Austeilen von Leichentüchern und die vermummt Liegenden beinahe wie Mumien erscheinen.

Der Rückweg „durch den der Nacht sich entschraubenden Kachelgang"[918] zur Umkleidekabine hinauf und zum schließlich hinausführenden ‚EINGANG' gestaltet sich nicht nur einfacher, sondern in der Narration ebenso kürzer. Der zuvor bis zum „Herzen der Schraube"[919] zurückgelegte Weg setzte Erzählzeit und erzählte Zeit in der aufgezeigten Weise medial nahezu gleich. Die Stationen des zuvor abwärts führenden Weges kommen in umgekehrter Reihenfolge und auch nur noch in kurzer Nennung vor. Gyula, einer der sieben für die ungarischen Fürsten Genommenen, verhindert durch seine Hilfe einen erneut retardierenden Irrweg durch die „Landschaft der Latten und Leisten"[920]. Die labyrinthische Komplexität flackert hier in der Alliteration der drei Wörter nur mehr auf. Der Bereich erfahrbaren Daseins stellt sich noch vor der Türschwelle wieder ein und sein zuvor mythisches Antlitz verschwindet gleichsam, indem der Mann nach Günter Kunert fragt.

Eine – wohl erschöpfende – „Irrfahrt"[921] sei der Gang durchs Labyrinth gewesen, aus dem der Besucher nun offenbar gealtert hinaufsteigt. Die im Vergleich zum Abstieg erhöhte Geschwindigkeit des Aufstiegs erinnert vor dem Hintergrund der odysseeischen Irrfahrt gar an Odysseus' Hadesbesuch.[922]

---

[915] Ebd., S. 340.
[916] Ebd., S. 341.
[917] Ebd., S. 340.
[918] Ebd., S. 341.
[919] Ebd., S. 340.
[920] Ebd., S. 341.
[921] Ebd., S. 342.
[922] Odysseus beendet seinen Hadesbesuch abrupt und flieht am Ende des elften Gesangs der Ὀδύσσεια vom Eingang der Unterwelt. (V. 636-640; Fühmanns Homeradaption berichtet treulich Gleiches. Vgl.: *Irrfahrt und Heimkehr des Odysseus*. WA 4, S. 55.)

Gleich nach dem Hinaustreten über die Eingangsschwelle entgleitet denn beinahe die abermals erreichte Sphäre erfahrbaren Daseins in ein Unwohlsein. Außerdem stellt sich sogleich – gewissermaßen als Folge – das Problem der Schreibbarkeit von Erfahrung ein. In der Antwort auf die mit „schneidend skeptischer Ironie"[923] gestellte Nachfrage eines Begleiters, ob ein Buch über Budapest im Entstehen sei, manifestiert sich eine poetologische Selbstreferentialität des Textes:

> Keine Sorge, Ference, keine Sorge, ich fühle mich ja nicht befugt, auch nur einen Aufsatz über eine der Brücken zu schreiben, ich führe mein Tagebuch weiter, das ist schon alles, und spiegeln sich auch Splitter von Budapest drin, so nicht Budapest[924]

Gerade im Anschluss an die sprachlich hervorgehobene Labyrinthepisode fällt diese Aussage besonders auf. Sie wird wohl inmitten des beziehungsreichen Budapesttextes der *22 Tage* erst im Zusammenhang mit der später fortgesetzten Reflexion plausibel. Die Verbindung zwischen Ort und Individualität, die noch Goethes Rede von Dichters Land aufgreift, scheint hier eher gemeint, denn eine Negation eben dessen, was der Text noch mit entfernt anmutenden Intertextualitäten zur Anwesenheit bringt. Denn es entsteht kein „topographisches Abbild"[925], sondern eher wird eine Art Geist des Ortes reflektiert. Auch hier ist nicht so sehr die Orientierung an einer Vorgabe für den Text entscheidend, sondern neuerlich die Wirkung, die etwa die literarische Praxis einer Labyrinthepisode erzeugt. Sie schon wäre zumindest der praktische Versuch einer Antwort auf im Text erst deutlich später aufgeworfene poetologische Fragen:

> Könnte man eine Straße, ein Viertel, eine Stadt, ein Land durch die Gedanken, Träume, Erinnerungen, Gefühle beschreiben, die einem in ihrem Bannkreis kommen? Sähe ein Zweiter aus solchen Aufzeichnungen jene Stätten, erkennte er sie wieder, oder könnte er sich ein Bild von ihnen machen?[926]

Diese Überlegung rührt nicht an das eigentliche Erreichen des Ortes, das sich an dessen Reproduktion verheben müsste. Es geht vielmehr um die Darbietung einer geistigen Topographie, die als Textlandschaft vom Konzept einer Abbildung zu unterscheiden ist. Denn die labyrinthische Leseerfahrung der Lukácsbad-Episode ist nicht das Labyrinth selbst, sondern als lesender Gang durch die Windungen des Textes jenes „suivre la présence invisible"[927]. Letzteres findet sich um das mediale Gewand des Textgegenstandes erweitert, jedoch bleibt es in den Fühmann'schen „Bewegungen im Raum"[928] die Erscheinung eines „Nichterscheinens in dem, was erscheint"[929].

---

[923] *22 Tage*. WA 3, S. 342.
[924] Ebd.
[925] Ebd., S. 363.
[926] Ebd.
[927] Quignard, *Le sexe et l'effroi*, S. 271.
[928] *22 Tage*. WA 3, S. 487.
[929] Mersch, *Ereignis und Aura*, S. 145.

II.6 „Blick nachts auf Buda – Bergwerk der Träume"

Jener Ort *An der Donau*, den bereits Attila József als Platz einnahm, kaum hörend, „hogy fecseg a felszin, hallgat a mély"[930], wäre bei Fühmann am Donauufer „ein guter Ort Bilanz zu ziehen"[931]. Lesbar wird dieser Ort nicht als plaudernde Oberfläche eines deskriptiven Reisebuches, sondern in der ko- und kontextuellen Nicht-Abgrenzbarkeit einer „unvollendete[n] Wandlung"[932]. Deren intertextuell geprägter Ort ist in *22 Tage* und in Budapest die Erfahrung mit Literatur. Es sind im wesentlichen also Texte, die diesen Ort der Veränderung schreiben und beschreiben[933], indem sie als in die Budapester Landschaft eingeschrieben gezeigt werden: „Solche Fragen können einem nur in Budapest kommen"[934], heißt es dort auch mit Bezug auf das Ansprechen und Auflösen von Tabus. Das Moment einer beredten Bibliothek gehört damit zur Gegenwart Budapests wie zur Anwesenheit in dessen Wirklichkeit. Das Eindringen in die Budapester Wirklichkeit gelingt dem Stadtwanderer als ein wiederholt tiefes Eingehen in die Stadt. Noch indem der Text der *22 Tage* die Stadt sich so einschreibt, sagt er doch sich und stellt seine Performanz als Präsenz aus. Eben diese Präsenz aber stellt sich als Präsens einer Lektüre dar, die nicht als bloße Parallelrezeption von Ort und Text bzw. der Texte am Ort daherkommt. Vielmehr gibt sich die Lesbarkeit des Ortes Budapest als dessen Anwesenheit im Text. Es ist darin bereits die Auffassung einer Gegenwärtigkeit von Erfahrung, die eines der Prinzipien des mythischen Elementes ausmachen wird. Die breite Eröffnung eines weltliterarischen Panoramas birgt und entdeckt

---

[930] József, *A Dunánál*. Összes versei II, S. 334. („Der Tiefe Schweigen und der Fläche Stimmen." (Ders., *An der Donau*. Gedichte (3. Aufl.), S. 136.) In Hermlins Übersetzung ist die Reihenfolge der Halbverse (vor und nach dem ‚und') im Vergleich zum Original vertauscht. Das ‚und' steht anstelle des Kommas im Original.)

[931] *22 Tage*. WA 3, S. 356. – Ursula Heukenkamps Hinweis auf die DDR-Rezeption von *22 Tage* illustriert dies: „Es [das Tagebuch, S.K.] hatte zwar große Resonanz in der DDR-Öffentlichkeit, wurde aber nicht als poetologische Konfession, sondern als Wiederentdeckung von Innerlichkeit verstanden. Die Absage an das geltende Literaturverständnis wurde in den Lesarten von Publikum und Kritik beschwichtigt." (Heukenkamp, *Die große Erzählung von der befreiten Arbeit*. Dichter sein heißt aufs Ganze aus sein, S. 17.) – Titelzitat zu diesem Kapitel: *22 Tage*. WA 3, S. 322. (typograph. Hervorhebung i. Orig.)

[932] Ebd., S. 442.

[933] Als produktive Fortschreibungen von Fühmanns *22 Tage* sind hier auch Volker Brauns *21./22. August 1984* (in: Braun, Volker: Verheerende Folgen mangelnden Anscheins innerbetrieblicher Demokratie. Schriften. Leipzig 1988, S. 123-133) und Uwe Kolbes *Die Reise als Differenzierung. Chromatisches Tagebuch an Franz Fühmann* (in: Kolbe, Uwe: Renegatentermine. 30 Versuche, die eigene Erfahrung zu behaupten. Frankfurt/M. 1998, S. 85-97) aufzuführen.

[934] *22 Tage*. WA 3, S. 443.

die ästhetische Erfahrung Budapests dabei aisthetisch, d.h. als „kreatives Geschehen"[935] einer fortgesetzten Wahrnehmung:

> Die Wahrnehmung nimmt von der Sache, den bestehenden Tatsachen der Außenwelt ihren Ausgang, und zwar so, daß sie zunächst ein »Nehmen« bedeutet, das im Vollzug des Wahrnehmens gewendet wird, um es als Wahrgenommenes allererst hervorzubringen.[936]

In diesem Verständnis lässt sich gerade *22 Tage* als großräumige Hervorbringung von Wahrgenommenem verstehen, dessen innerer Beziehungsreichtum sich gleichsam darbietet. Fühmann zeigt diesen Vorgang in der Terminologie des mythischen Elementes mit gleichnishafter Potentialität, die in ihrer Rückhaltlosigkeit ebenso einer festliegenden Intentionalität entbehren kann, die Literatur als Zweck oder gar als Fetisch[937] begreift:

> Der sein Gleichnis formt, um *sein* Leid zu bewältigen, stellt es zum Gebrauch für seine Brüder und Schwestern bereit, die der Gabe solchen Artikulierens nicht teilhaftig sind und er hilft ihnen in ebendem Maße, in dem er rückhaltlos sagt, »was ist«.[938]

Der Vorfall selbst steht so als Textereignis, d.h. nicht als ein dort Hineintragen der Intertexte von der wahrnehmenden Instanz her, sondern als ein Sich Geben, das der Text spiegelt. Beim und durch das Eindringen in die Budapester Wirklichkeit kommt diese den – mehrfach zirkulär[939] – im Sehen, Hören und Schreiben flanierenden Stadtbesucher der *22 Tage* an, der eben im Angesicht des Ortes nicht dessen literarisches Erreichen anstrebt, sondern Erfahrenes zu artikulieren versucht. Dies zeitigt die hier angesprochene Deixis auf das ‚was ist'. Letzteres ist – ähnlich dem Signifikat des Wortes ‚gleichzeitig'[940] – jeweils am wenigsten anwesend, sofern der Versuch unternommen wird, Vollendetheit zu geben, die durch Fühmanns Text als Chimäre um ihrerselbst Willen entlarvt wird. Was er stattdessen setzt, ist der Geist des Ortes, gezeigt durch literarische ‚τόποι τρίτοι', mit deren Betreten „im Prozeß des Schreibens Klarheit"[941] entsteht. Diese Art der Beschreibung lässt sich als Beschriftung und so auch als Inbesitznahme auffassen.

In diesem Verständnis enthält Fühmanns Schreiben selbst noch das Moment des Unabschließbaren. Das real sich Gebende bleibt so in der Vermittlung je als

---

[935] Mersch, *Ereignis und Aura*, S. 36.
[936] Ebd.
[937] Vgl. auch Fühmanns an Marx anschließende Überlegung zu diesem Begriff in *Das mythische Element in der Literatur*. WA 6, S. 122.
[938] *Das mythische Element in der Literatur*. WA 6, S. 121f. (Hervorhebungen i. Orig.)
[939] Die im Text vollzogenen Bewegungen lassen sich in wenigstens drei Fällen als zirkulär beschreiben. Dies gilt für die Ungarnreise an sich sowie für den Besuch im Dampfbad des Lukácsbades und schließlich für den angegebenen Weg der Stadtwanderung. (Vgl.: *22 Tage*. WA 3, S. 298.)
[940] Vgl. dazu Fühmanns Überlegungen: Ebd., S. 495.
[941] Ders., *Gespräch Schoeller*. Katzenartigen, S. 364.

II.6 „Blick nachts auf Buda – Bergwerk der Träume"

sein Nachhall anwesend. Nach einem Wort Blanchots liegt dies notwendig in der Verbindung zwischen Literatur und Welt, zu der sich das Schreiben wie eine Art Echo verhält: „Écrire, c'est se faire l'écho de ce qui ne peut cesser de parler,– et, à cause de cela, pour en devenir l'écho, je dois d'une certaine manière lui imposer silence."[942]

Der Jargon des Beginnens in *22 Tage* demonstriert dieses Hervorkommen des Ortes in der Anwesenheit des Textes, der die Abwesenheit des τόπος ist und der bei Fühmann gar nur „Splitter von Budapest"[943] darbietet. Schon hier führen die „Impulse des Topographischen"[944] unbedingt in ein Aufhören des Textes, das von der Unerreichbarkeit des Mythosursprungs wie -endes weiß und das dem Besucher des Unter Tage vielleicht gerade wegen seiner örtlichen Nähe als Fragment gelingen muss.[945] Die Budapester Topographie der Moderne bei Fühmann nähme so noch Döblins Frage nach der Sichtbarkeit der modernen Stadt auf:

> Sollten vielleicht sämtliche modernen Städte eigentlich unsichtbar sein – und was sichtbar an ihnen ist, ist bloß die Nachlaßgarderobe? Das wäre eine tolle Sache. Aber es wäre ein gutes Symbol für alles Geistige von heute.[946]

Die Annäherung an den Ort in *22 Tage* bleibt auch so gesehen etwa jener Strandwanderung bei Thomas Mann vergleichbar, die für sich vor allem die Gegenwart eines Offenen und nicht die Sichtbarkeit eines Totums erlangt. Es ist die Eröffnung eines Blickwinkels, der durch die Annäherung eines An-den-Ort-Kommens gleichsam den „anderen Augenwinkel [sic!]"[947] ausmacht, von dem Franz Fühmann mit Blick auf *22 Tage* berichtet. Anhand des Textes wird erkennbar, dass die Budapester Stadtlandschaft[948] der Moderne eine „Atmosphäre schöpferischen Geistes"[949] besitzt, und zwar gerade weil sich in ihr die ‚breite Wirksamkeit der Moderne'[950] zeigt. In diesem dergestalt endenoffenen τόπος

---

[942] Blanchot, *L'espace littéraire*, S. 21.
[943] *22 Tage*. WA 3, S. 342.
[944] Scherpe, *Nonstop*. Unwirklichkeit, S. 131.
[945] Vgl. zu dieser Überlegung auch: „Cities get less real as they get closer: or as one gets closer to them." (Hyde, *Poetry of the City*. Modernism, S. 337.)
[946] Döblin, Alfred: *[Berlin] (1928)*. In: Ders.: Ausgew. Werke i. Einzelbdn. Begr. v. Walter Muschg. I. Verbindung m. d. Söhnen d. Dichters hrsg. v. Anthony W. Riley. Bd. 15, Kleine Schriften 3. Zürich u.a. 1999, S. 153-159, hier S. 154. Auch Fühmanns parechetisches Wortspiel mit ‚mod*e*rn' und ‚m*o*dern' scheint den Gedanken der Einheit von Widersprüchen zu enthalten. (Vgl.: *22 Tage*. WA 3, S. 448.)
[947] Fühmann in: Kiss, *Ich versuche Petőfi zu übersetzen*. BR 6 (1972) 50, S. 6.
[948] Vgl. Fühmanns Bemerkungen zum Begriff der Landschaft in: *Miteinander reden*. WA 6, S. 452f., zu Arten von geistigen Landschaften in: *22 Tage*. WA 3, S. 463 und zur Konzeption Dichter und Landschaft auf „DDR-Gelände" in einem Brief an Dr. Kurt Batt vom 22. Juli 1973, in: Briefe, S. 122f.
[949] Ebd.
[950] Vgl. Dennis Tates Darstellung, die mit Blick auf Fühmanns Trakl-Essay von „the broad impact of modernism on his creative development" spricht. (Tate, *Undercover Odyssey*.

„unter den Jugendstil-Häusern"[951] der *22 Tage* findet sich somit nicht nur der nach überallhin offene Ort einer poetischen Wandlung. In der Höhle der Stadt[952] als „inherently most poetic of all material"[953] ist dies vielmehr ebenso die Einfahrt in eine Unabschließbarkeit, deren poetisches und literarisches Medium der Mythos – etwa im „Gleichnis vom Grubenausheben"[954] – und deren Ort die Strecken unter Tage sein werden.

German Life and Letters 47 (1994) 3, S. 303.) Vgl. außerdem Tates Einschätzung vor dem Hintergrund von Fühmanns Joyce-Rezeption: „Allein die Tatsache, daß Fühmanns Joyce-Rezeption schon Mitte der fünfziger Jahre ansetzte, ist ein weiteres Indiz für die zentrale Funktion, die die europäische Moderne im Prozeß der ästhetischen Emanzipation der DDR-Literatur gespielt hat, und nicht zuletzt für Fühmanns wichtige Vorreiterrolle innerhalb dieses Prozesses." (Ders., *Fühmanns heimliche Odyssee*. „Jeder hat seinen Fühmann", S. 196.)
[951] Fühmann in: Kiss, *Ich versuche Petőfi zu übersetzen*. BR 6 (1972) 50, S. 6.
[952] Vgl. zu diesem Begriff bei Blumenberg: „Die Stadt ist die Wiederholung der Höhle mit anderen Mitteln. […] Sie [ist] der Inbegriff von Künstlichkeit." (Blumenberg, *Höhlenausgänge*, S. 76.)
[953] Hyde, *Poetry of the City*. Modernism, S. 338.
[954] *22 Tage*. WA 3, S. 502.

III. „μία δ' οἴη μῦθον ἄκουσεν." – Mythos und Wissen, »was Sache ist«

III.1 Poetik des Unvollendbaren und unvollendbare Poetik

Auf Einladung des Instituts für Germanistik der Berliner Humboldt-Universität hält Franz Fühmann dort 1974 einen Vortrag über *Das mythische Element in der Literatur*.[955] Daraus entsteht ein etwa 70 Seiten starker Essay mit demselben Titel. 1975 erscheint der Band *Erfahrungen und Widersprüche: Versuche über Literatur*[956] bei Hinstorff, worin sich auch der Essay *Das mythische Element in der Literatur*, eingeteilt in zwölf Abschnitte, erstmals abgedruckt findet.

Dieser Vortragsessay präzisiert die bereits in *22 Tage* begonnene Reflexion zum Mythos als Poetologie und als poetische Form selbst.[957] Dort in Budapest muss die in ihrer Iteration wort- und versreiche Dimensionsänderung dem Autor besonders als jener selbstreflexive Schritt gegolten haben, von dem er eingangs des Essays spricht; es seien „Selbstverständigungsversuche eines Schriftstellers über sein seltsames Treiben"[958]. Schon in der Art der Vermittlung der *22 Tage* freilich medialisiert sich das Sprechen von und über den μῦθος als Ereignis eben in dem Oralitätsraum, auf den der Schritt vom Märchen zum Mythos zusteuert. Im Angesicht jener am Pester Donauufer befindlichen, nunmehr unbewohnten

---

[955] Titelzitate zu diesem Kapitel: Homer, *Odyssee* II, 412. (Der griechische Wortlaut des Homer-Zitats folgt den Ausgaben: Homer: *Ὀδυσσείας / Odyssee. Griechisch und deutsch.* Übertr. v. Anton Weiher. M. Urtext, Anhang u. Registern. München / Zürich 1990⁶; Homeri: *Opera*. Tomus III, Odysseae libros I-XII continens. Oxford 1917² [fotomechan. Nachdruck 2002] und: *Das mythische Element in der Literatur*. WA 6, S. 98.

[956] Einschlägige Kritiken zu diesem Band erschienen von Damm, „... *nicht in der Schuld der Gesellschaft bleiben"*. NdL 24 (1976) 6, S. 147-163 und Plavius, Heinz: *Um Schwimmen zu lernen, muss man ins Wasser gehen*. In: SuF 28 (1976) 4, S. 889-895. Der Band erschien unter demselben Titel bereits 1976 auch bei Suhrkamp in der BRD. Die ungarische Übersetzung des Bandes erfuhr eine knappe Würdigung in Bata, Imre: Könyvszemle [Bücherrundschau]. In: Népszabadság 38 v. 5.11.1980, S. 7.

[957] Vgl. auch das generelle Urteil bei v. Bülow: „In der deutschsprachigen Essayistik nach 1945 wurde das Poetische kaum jemals grundsätzlicher analysiert und verteidigt als in Franz Fühmanns Essay *Das mythische Element in der Literatur.*" (v. Bülow, *Die Poetik Franz Fühmanns*, S. 223) sowie Blanchets Sicht: „On l'a vu, une des caractéristiques principales de cette esthétique, outre son exigence d'un réalisme radical qui refuse tout didactisme, toute politisation et toute fonction d'édification, consiste dans son ancrage délibéré dans la réalité, prise au sens large de contexte à la fois humain, politique, économique et social: c'est le sens profond de la notion d'expérience qui chez Fühmann fonctionne à la fois comme ouverture et réaction du monde." (Blanchet, *Le mythe dans l'œuvre de Franz Fühmann*, S. 238.)

[958] *Das mythische Element in der Literatur*. WA 6, S. 83.

Wohnung⁹⁵⁹ vollzieht sich diese poetische Veränderung, im Zuge derer eine Konzeption des literarischen Schreibens sich mit einer Wirklichkeitsauffassung entwickelt, die explizit deren Offenheit privilegiert. Die wesensmäßige Fähigkeit des Mythischen, Widersprüche in sich zu tragen und diese als bestehend zum Ausdruck zu bringen, gilt für Fühmann dabei als Unterschied zwischen Märchen und Mythos, wobei sich letzterer in Übereinstimmung mit dem Leben befindet. Die im Märchen eindeutig geklärte moralische Verteilung der Rollen und damit der sich gegenüberstehenden Widerspruchspole, muss im Mythos bei ähnlicher Aufteilung unlösbar bleiben, denn „[d]er Mythos gibt den Widerspruch wieder, das Märchen aber schafft ihn weg"⁹⁶⁰. Die nicht auf jeweils moralische Eindeutigkeit zu bringende und in sich kontradiktorische Beschaffenheit des mythischen Personals und Geschehens hält den Bezug dieser Erzählstruktur in der Nähe einer Wirklichkeit, deren Widersprüchlichkeit das Märchen im Vergleich zum Mythos nicht wiederzugeben fähig ist. Der Mythos stimme „in einem Zug also, den wir wohl als wesentlich anerkennen müssen, [...] mit dem Leben überein."⁹⁶¹ Das Märchen zeigt eine Wirklichkeit, in der die Lösung eines Konfliktes bereits durch die jeweils unstrittig zugewiesenen moralischen Rollen vorgezeichnet bleibt und zudem strukturell in jedem Falle und unbedingt herbeigeführt wird. Das immer gute Ende mit dem Sieg der positiven Märchenhelden ist dieser Erzählstruktur eingeschrieben. Fühmann greift diesen Aspekt pointiert auf: „Mythen sind Prozesse, Märchen Resultate"⁹⁶². Die hierin bezeichnete Differenz nimmt einen zentralen Platz in Fühmanns Poetik und Poetologie ein.⁹⁶³ Er betont das ästhetische und mediale Ereignis der mythischen Narration selbst. Der Mythos ist dabei gewissermaßen Medium des narrativen und prozessualen Momentes, das an sich die ästhetische Grundvoraussetzung für (literarische) Wirkung bildet: „Mythen gehen im Rationalen sowenig ganz auf wie ein Kunstwerk, doch sie ereignen sich ununterbrochen, und wer sie erzählen kann, ist ein Dichter."⁹⁶⁴ Fühmann betont damit nicht nur das Geschehen des sich ereignenden Erzählens und dessen je neues Vorgehen im Mythos, sondern er hebt ein Moment heraus, für das Blumenberg den Begriff der „Bedeutsamkeit"⁹⁶⁵ verwendet hat.

---

⁹⁵⁹ Vgl. in *22 Tage* (WA 3, S. 429) den Hinweis auf Lukács' Wohnung am Belgrád rakpart in Budapest.
⁹⁶⁰ *Das mythische Element in der Literatur*. WA 6, S. 95.
⁹⁶¹ Ebd.
⁹⁶² *22 Tage*. WA 3, S. 488.
⁹⁶³ Vgl. zu diesem Gedankengang auch die Einschätzung v. Bülows: „Die beiden Poetiken unterscheiden sich auch hinsichtlich der Funktionsbestimmung von Literatur: »Märchenhafte« Literatur legitimiert Herrschaft, die sich auf den Gang der Geschichte beruft; »mythischer« Literatur weist Fühmann die Aufgabe zu, die Subjektivität des einzelnen, vor allem dessen ambivalente und leidvolle Erfahrungen, auszudrücken." (v. Bülow, *Die Poetik Franz Fühmanns*, S. 11.)
⁹⁶⁴ *22 Tage*. WA 3, S. 490.
⁹⁶⁵ Vgl. dazu: „Das griechische *mython mytheistai* besagt, eine nicht datierte und nicht datierbare, also in keiner Chronik zu lokalisierende, zum Ausgleich dieses Mangels aber in

III.1 Poetik des Unvollendbaren und unvollendbare Poetik

Während Lukács „die künstlerisch produktive Tätigkeit"[966] eher noch in Bezug auf deren teleologisches Profil ohne Unterschied von jeder anderen Arbeit sieht, „denn jede Arbeit ist ihrem Wesen nach in unaufhebbarer Weise teleologischen Charakters"[967], bestimmt Fühmann den möglichen künstlerischen Gehalt des Mythos gerade nicht in Abhängigkeit von einer wie auch immer gearteten Teleologie, da die „Natur nicht auf einen Endzweck angelegt [ist], und da der Mensch ein Stück Natur ist, ist es seine Existenz als Ich wie als Gattung ebenfalls nicht"[968]. Die dennoch gestellte menschliche Frage nach dem eigenen τέλος sei aber vor dem Hintergrund des gesellschaftlichen Seins zu sehen, sodass sich an ihr bzw. daran, dass sie gestellt werde, eben der „Grundwiderspruch des Menschen als Natur- und Gesellschaftswesen"[969] erweise. Schon in *22 Tage* liegt daher das Gewicht der pointiert aphoristischen Beschreibung auf dem Vorgehen und dem gleichnishaften Erfahrungsgehalt, den die stark durch Oralität geprägte mythische Form[970] aufweist. In diesem Sinne stellt Fühmann Märchen und Mythos einander gegenüber: „Das Märchen lehrt träumen; der Mythos lehrt leben. Das Märchen gibt Trost; der Mythos Erfahrung"[971]. Verbunden mit der vorhergehenden Bestimmung des Mythos als Prozess ist ebenso anhand dieser Beschreibungen das prozessuale Element hervorzuheben, das die mythische Form grundlegend von der des Märchens unterscheidet. Das im Märchen eindeutig polarisierte System einer Gerechtigkeit von Gut gegenüber Böse liefert dabei beispielsweise jenen Trost, den dieses als Resultat enthalten und den dessen moralische Zweidimensionalität erst ermöglichen mag. Gerade der Fundus an Menschheitserfahrung aber, den der Mythos aufweist, „leistet hier etwas Anderes und unvergleichlich Anderes"[972]. Er stellt das unerschöpfliche Potential eines erfahrungsmäßigen „Menschheitskonzentrat[s]"[973] bereit, das ihn mit „unzerstörbare[r] Kraft"[974] ausstattet und „als

---

sich selbst bedeutsame Geschichte zu erzählen." (Blumenberg, *Arbeit am Mythos*, S. 165.) Vgl. auch die zentrale Verwendung des Begriffs in: Ders.: *Wirklichkeitsbegriff und Wirkungspotential des Mythos*. In: Fuhrmann, Manfred (Hrsg.): Terror und Spiel. Probleme der Mythenrezeption. München 1971, S. 11-66, hier S. 66: „Bedeutsamkeit, von der schon zu sprechen war, ist ein Resultat, kein angelegter Vorrat: Mythen bedeuten nicht ‚immer schon', als was sie ausgelegt und wozu sie verarbeitet werden, sondern reichern dies an aus den Konfigurationen, in die sie eingehen oder in die sie einbezogen werden. Vieldeutigkeit ist ein Rückschluß aus ihrer Rezeptionsgeschichte auf ihren Grundbestand."
[966] Lukács, *Ästhetik IV*, S. 216.
[967] Ebd.
[968] *Das mythische Element in der Literatur*. WA 6, S. 125f.
[969] Ebd., S. 125.
[970] Das Problem des Verhältnisses von Oralität und Literalität benennt auch Christoph Jamme in: »*Gott an hat ein Gewand*«. Grenzen und Perspektiven philosophischer Mythos-Theorien der Gegenwart. Frankfurt/M. 1999, leider jedoch, ohne es eingehender zu thematisieren oder zu problematisieren.
[971] *22 Tage*. WA 3, S. 487.
[972] *Das mythische Element in der Literatur*. WA 6, S. 96.
[973] Ebd., S. 125.
[974] Ebd., S. 128.

Kunst [...] so unvergänglich" zeigt, „wie es alle Kunst ihrem Wesen nach ist"[975].

Fühmann setzt mit und in seinen Überlegungen zunächst Kontraste innerhalb der eigenen Poetik und Poetologie[976], deren jeweiligen Wandel von Bülow als großen konzeptuellen „Perspektivwechsel von der Geschichtsphilosophie zur Anthropologie"[977] beschrieben hat. Dessen wirkungsreichstes Zeichen und zugleich Dokument stellt der Mythos-Essay dar. Die in Selbstäußerungen Fühmanns und auch in der Fachliteratur wiederholt breit angestellten Überlegungen[978] zu eben dieser Entwicklung der „Umorientierung"[979] und der poetischen wie poetologischen Wandlung, zum „Schritt vom Märchen zum Mythos"[980] und damit zum „Vollzug" einer „»Richtungsänderung«"[981] gehen dabei zumeist von einer durchaus vorhandenen Gegensätzlichkeit der zwei Konzeptionen aus. Allerdings deutet von Bülow gerade auch die poetikinterne Dialektik an, die den Zusammenhang von Märchen und Mythos bei Fühmann ausmacht. Im Zusammenhang mit dem Begriff des „falschen Mythos"[982], den Fühmann im elften Abschnitt seines Essays entwickelt, merkt von Bülow explizit an, dass sich Fühmanns „Modelle mit gängigen ideologischen Begriffen nicht fassen [lassen]"[983].

Gerade ausgehend von einem derartigen Postulat über Fühmanns Poetik lässt sich weiterführend eines ihrer essentiellen Merkmale herausstellen, das als Spur bereits in den Aphorismen in *22 Tage* enthalten ist. Offensichtlich erarbeitet sich

---

[975] Beide Zitate: Ebd., S. 126.
[976] Vgl. auch: Soldat, *Gespräch Fühmann*. SuF 50 (1998) 6, S. 844f., wo Fühmann von „einem sehr langen, qualvollen, widerspruchsvollen Weg" spricht, den er vom Märchen zum Mythos beschreite bzw. beschritten habe.
[977] v. Bülow, *Die Poetik Franz Fühmanns*, S. 225. – Vgl. zu diesem Problem auch: Ders., *Von der Geschichtsphilosophie zur Anthropologie. „Jeder hat seinen Fühmann"*, S. 59-78 und Lohr, *Vom Märchen zum Mythos*. WB 28 (1982) 1, S. 62-82; Scharenberg, Marianne: *Franz Fühmanns Hinwendung zum Mythos*. In: Német Filológiai Tanulmányok XIII / Arbeiten zur deutschen Philologie XIII. Debrecen 1979, S. 325-340.
[978] Vgl. weiterhin: Kim, *Dichter des „Lebens"*, Kap. 4 u. 6; Krätzer, Jürgen: *Nachwort*. In: Fühmann, Franz: Marsyas. Mythos und Traum. Hrsg. v. Jürgen Krätzer. Leipzig 1993, S. 461-478; Elsner, Ursula: *Wandlung und Erfahrung im Erbeverständnis Franz Fühmanns dargestellt am Beispiel seiner Homer-Rezeption*. In: Germanistisches Jahrbuch DDR-Republik Ungarn 9 (1990), S. 86-109; Krätzer: *Versuch: Essay als Medium der Selbstfindung. Ein Beitrag zur Untersuchung der Poetologie Franz Fühmanns*. In: WB 35 (1989) 10, S. 1619-1639; Pischel, Joseph: *Über den produktiven Umgang mit Mythen*. In: NdL 35 (1987) 7, S. 147-154; Scharenberg, Marianne: *Franz Fühmanns „Hera und Zeus" oder Möglichkeiten des mythologischen Stoffes heute*. In: Germanistisches Jahrbuch der VR Bulgarien 1987/88, S. 36-43; Dies.: *Franz Fühmanns „Der Geliebte der Morgenröte": Zu Fühmanns Arbeit mit dem Mythos*. WB 33 (1987) 1, S. 18-39.
[979] Soldat in: Soldat, *Gespräch Fühmann*. SuF 50 (1998) 6, S. 844f.
[980] Fühmann in: Ebd., S. 845.
[981] Damm, *„... nicht in der Schuld der Gesellschaft bleiben"*. In: NdL 24 (1976) 6, S. 161.
[982] *Das mythische Element in der Literatur*. WA 6, S. 130.
[983] v. Bülow, *Die Poetik Franz Fühmanns*, S. 134.

Fühmann mit den „Modellen von Menschheitserfahrung"[984], die er in den Mythen identifiziert, eine poetische Form der Wirklichkeitsaneignung und vor allem der Wirklichkeitswiedergabe, die nicht nur durch keine der üblichen polaren Begrifflichkeiten beschreibbar ist, sondern die zudem keine abschließenden Formen von Fassbarkeit für ihren erfahrungsmäßigen Gehalt bereitstellt. Gerade dieser Zug erweist sich durch die oral geprägte, narrative und poetische Struktur selbst nicht als zu kompensierender, vermeintlicher Mangel, sondern als qualitatives Hauptmerkmal. Somit wäre gerade eine deskriptive Annäherung unter der Ägide eines ideologisch motivierten Einordnungsversuchs nicht nur in der bei von Bülow zu Recht benannten Weise inadäquat, sondern ließe zudem die künstlerische wie kunsttheoretische Universalität des Fühmann'schen Ansatzes außer Acht.[985] Die kontrastive Beschreibungsmethode, mit der in *22 Tage* zwischen Märchen und Mythos unterschieden und mit der die eine Struktur mit Hilfe und aus der anderen entwickelt wird, lässt in dem produktiven Widerspruch[986] die Herausbildung einer konzeptionellen Offenheit des Mythischen erkennen. Letztere entdeckt sich anhand je unterschiedlicher Eigenschaften des Mythischen, die Fühmann im Zusammenhang des am Ende offen bzw. geöffneten Text von *22 Tage* benannt hat. Mit Bezug auf *22 Tage* bemerkt Fühmann gegenüber Schoeller: „In allen vorausgegangenen Büchern habe ich etwas geschrieben, was ich fertig im Kopf hatte. Ich habe in der Frage von Erkenntnis und Bewußtsein nur das gegeben, was vordisponiert war […]. Bei den *22 Tagen*, die ursprünglich etwas ganz anderes werden sollten, habe ich zum erstenmal gemerkt, daß der Stoff sich durchsetzte."[987] Dies ist eine Aussage über die Entstehung der *22 Tage*, die Fühmann dann im Rahmen des Mythos-Essays mit Blick auf seinen *Prometheus* wiederholt. Es scheint zudem, dass Fühmanns Aussage im Gespräch mit Schoeller sich etwa durch Kleists *Über die allmähliche Verfertigung der Gedanken beim Reden* bekräftigen lässt:

> Ein solches Reden (das des Fuchses in Lafontaines *Les animaux malades de la peste*, S.K.) ist ein wahrhaft lautes Denken. Die Reihen der Vorstellungen und ihrer Bezeichnungen gehen nebeneinander fort, und die Gemütsakten für eins und das andere,

---

[984] *Das mythische Element in der Literatur*. WA 6, S. 96.
[985] Dies gilt z.B. für die spürbare Tendenz, die „Poetologie Franz Fühmanns" auf bestimmte Konstatierungen festzulegen, die Krätzers Aufsatz *Versuch: Essay als Medium der Selbstfindung* insbesondere in seinem abschließenden Absatz aufweist. (Vgl.: WB 35 (1989) 10, S. 1637f.) Krätzer versucht sich zwar an der Erklärung von Fühmanns poetischen Vorstellungen, doch übersieht er mit der Reihe von Feststellungen und deren Unbedingtheitsimpetus den Prozesscharakter des dichterischen Selbstverständigungsversuchs, den Fühmann mit *Das mythische Element in der Literatur* ganz bewusst andeutend und fragmentarisch unternimmt (vgl. die Bemerkung zu Beginn des Essays: WA 6, S. 83).
[986] Vgl.: Goethe zu Eckermann am 28. März 1827: „Das Gleiche läßt uns in Ruhe; aber der Widerspruch ist es, der uns produktiv macht." (Eckermann, Johann Peter: *Gespräche mit Goethe in den letzten Jahren seines Lebens*. M. e. Einf. hrsg. v. Ernst Beutler. München 1999, S. 601.)
[987] Fühmann, *Gespräch Schoeller. Katzenartigen*, S. 363.

kongruieren. Die Sprache ist alsdann keine Fessel, etwa wie ein Hemmschuh an dem Rade des Geistes, sondern wie ein zweites, mit ihm parallel fortlaufendes, Rad an einer Achse. Etwas ganz anderes ist es wenn der Geist schon, vor aller Rede, mit dem Gedanken fertig ist. Denn dann muß er bei einer bloßen Ausdrückung zurückbleiben, und dies Geschäft, weit entfernt ihn zu erregen, hat vielmehr keine andere Wirkung, als ihn von seiner Erregung abzuspannen.[988]

Einen durchaus ähnlichen Vorgang beschreibt auch Fühmann mit Blick auf *22 Tage* in Gegenüberstellung mit Texten, die dem Budapest-Buch vorangehen. Das offene Moment in der literarischen Arbeit erst vermag die Produktivität des Stofflichen zum Ausdruck zu bringen, die im Vorgehen dieser Verfertigung selbst liegt. Eben diese dem Stoff eigene Durchsetzungskraft findet sich auch als eines der Hauptcharakteristika des Mythos gegenüber dem Märchen wieder. Anhand der pointierten Postulate im Schlussteil von *22 Tage* lässt sich dies bereits gut nachvollziehen: „Der Mythos ist vieldimensional"[989], heißt es dort. Gegenüber dem Märchen erhält der Mythos außerdem bereits das Merkmal einer Unbeschränkbarkeit, das sein narratives Potential prozessualer Unerschöpflichkeit gegenüber dem immer resultativen Charakter des Märchens zeigt: „Mythen sind Prozesse, Märchen Resultate."[990] Im Mythos-Essay stellt Fühmann diesen Unterschied zwischen Abgeschlossenheit im Märchen und dem im beständig rezeptiven Vorgehen begriffenen Mythos nochmals heraus:

> Ich glaube, ohne mich auf einen Abkunftsstreit einlassen zu wollen, daß *ihrem Wesen nach* Märchen gesunkene Mythen sind, Endfassungen von Mythenstories, aber in einer Qualität, die schon nicht mehr Mythos ist.[991]

Da die märchenhafte Endfassung eines Mythos schon nicht mehr für denselben genommen werden kann, liegt es nahe, das prozessorientierte und widerspruchsbestimmte Gefüge des Mythos als strukturelle Unabschließbarkeit zu verstehen. Die mythische Struktur trüge damit als eines ihrer wesentlichen Merkmale den charakteristischen Zug der Unabgeschlossenheit und Unabschließbarkeit, der sowohl etwa als konstitutive strukturinterne Widerspruchsspannung, wie als Unauffindbarkeit eines historisch-konzeptuellen oder kulturellen Anfangs zu beschreiben ist. In diesem Sinne dürfte der Abschluss eines Mythos für einen „archaische[n] Traum" von „voluminöse[r] Allheit"[992] gelten. Seinem Sujet derart auch methodisch gemäß bemerkt Fühmann schon zu Beginn seiner Ausführungen im Mythos-Essay:

---

[988] v. Kleist, Heinrich: *Über die allmähliche Verfertigung der Gedanken beim Reden*. In: Ders.: Sämtliche Werke (SW). Hrsg. v. Klaus Müller-Salget. Bd. 3, Erzählungen. Anekdoten. Gedichte. Schriften. Frankfurt/M. 1990, S. 534-540, hier S. 538.
[989] *22 Tage*. WA 3, S. 487.
[990] Ebd., S. 488.
[991] *Das mythische Element in der Literatur*. WA 6, S. 91. (Hervorhebung i. Orig.)
[992] Vgl.: Benn, *Probleme der Lyrik*. StA VI, S. 32

III.1 Poetik des Unvollendbaren und unvollendbare Poetik

> Ich bin weder Philosoph noch Literaturhistoriker noch Mythologe; ich versuche nur, mir nach Art redlicher Handwerker bestimmte Phänomene und Merkwürdigkeiten der eigenen Arbeit und deren Wirkung klarzumachen, und einige der Arbeitshypothesen teile ich Ihnen in der Absicht mit, von Ihrer Gegenmeinung selbst wieder zu profitieren. Sie hören also keine Vorlesung, als deren Ergebnis Sie dann schwarz auf weiß und frohgemut nach Hause tragen könnten: das mythische Element in der Literatur ist erstens, zweitens und drittens und so, und Sie wüßten's dann – hier bitte ich eventuelle Erwartungen drastisch herabzuschrauben. Ich bin mit den meisten Fragen durchaus *nicht* fertig.[993]

Diese im Voraus benannte Unfertigkeit der Vorstellungen ist dabei schwerlich ironisches Kokettieren mit der Größe und dem Umfang der Aufgabe.[994] Der dort spricht, kann bereits auf eine mehrjährige und erfolgreiche praktisch-poetische Arbeit mit mythischen Stoffen und Strukturen – etwa den Homer-Nacherzählungen zur Ἰλιας und zur Οδύσσεια – zurückblicken. Schon im Anlaut also enthält der Mythos-Essay ein explizites Moment des inhaltlich Fragmentarischen, mit dem Fühmann eben nicht mehr, aber auch nicht weniger als präsumtive Überlegungen zu seinen poetischen und poetologischen Kernproblemen anbietet. Ähnlich wie in *22 Tage* mag der Charakter der Selbstverständigung hier Einblick in eine Werkstatt geben, in der eine ‚allmähliche Verfertigung' von Gedanken sich im Gange befindet und in deren Entwicklung Fühmann ein zwar komponiertes, doch eben durch die offene Form des Essays in der Nähe von Oralität gehaltenes „l'idée vient en parlant"[995] seiner Arbeitshypothesen vorträgt. Fühmann stellt von Beginn an die Unabgeschlossenheit seiner Überlegungen klar. Seine Reflexionen und die Art und Weise ihrer Darbietung genügen damit dem essayistischen Anspruch, der *Das mythische Element in der Literatur* kennzeichnet. Die Formmerkmale des mündlichen Vortrags, die der Text an verschiedenen Stellen – am deutlichsten in der Anrede der Zuhörer – (noch) enthält, vertragen sich dabei sehr gut mit den Eigenschaften des Essays, der nach Adornos Feststellung „[...] gerade in der Autonomie der Darstellung, durch die er von wissenschaftlicher Mitteilung sich unterscheidet, Spuren des Kommunikativen [bewahrt,] deren jene enträt."[996]

---

[993] *Das mythische Element in der Literatur.* WA 6, S. 83. (Hervorhebung i. Orig.)
[994] Irmgard Wagner und, unter Bezug darauf, auch Ulrich v. Bülow lesen diese einführende Passage als rhetorische Figur der ‚captatio benevolentiae', die zudem den Zweck der Absicherung gegen grundsätzliche Einwände von fachlicher bzw. wissenschaftlicher (oder gar ideologischer) Seite erfülle. (Vgl.: Wagner, *Nachdenken über Literatur*, S. 45; v. Bülow, *Die Poetik Franz Fühmanns*, S. 68f.) Von Bülow geht gar noch etwas weiter und findet im Mythos-Essay stilistische Elemente, die zunächst „Absicherung gegenüber ideologischen Einwänden" (S. 72) sein sollen. Leider wird nicht recht geklärt, wie sich diese vermeintlichen Momente der Absicherung mit dem ironischen Ton des Textes vertragen oder ob sie diesen etwa bedingen.
[995] Kleist, *Über die allmähliche Verfertigung der Gedanken beim Reden.* SW 3, S. 535.
[996] Adorno, Theodor W.: *Der Essay als Form.* In: GS. Bd. 11, Noten zu Literatur. S. 9-33, hier S. 30.

Führmanns Hinweis auf das Fragmentarische seiner Ausführungen bringt jedoch bei aller Lockerheit des Mündlich-Rhetorischen gerade eine ‚attitude de l'inachevé' zur Sprache, die den Essay formal ausmacht. Es ist dabei zudem der Unterschied zwischen Dichtung und Wissenschaft, der gerade für die Frage der Begrifflichkeiten bei Führmann eine Hauptrolle spielt. Auch in der Rede über E.T.A. Hoffmann findet sich der Hinweis auf diese klare Differenzierung:

> Doch das Leben ist nicht die Literatur, und seine Essenz als Wissenschaft – und das ist zugleich die in der Alltagspraxis übliche und stillschweigend als ausschließlich üblich und gültig angesehene Bewältigungsweise des Daseins –, seine Essenz als Wissenschaft also, die sich selbst noch als Fachsimpelei durchsetzt, ist nicht identisch mit der als Kunst, trotz des irreführenden Namensgleichklangs der Gegenstände, die sie erfassen und deren Benennung im künstlerischen Bewältigen schon Ingrediens der Methode selbst ist.[997]

Seine Attitüde der poetischen und poetologischen Autoreflexion bestimmt hierfür einen Ausgangspunkt, von dem aus mit der „Muße des Kindlichen"[998] eine keinesfalls begrifflich definitionslose Landschaft beschritten wird. Allerdings ist bei Führmann gerade der definitorische Gestus wohl Marke jenes spielerischen Momentes, das wiederum Adorno als konstitutiv für den Essay ausmacht. Führmanns definitorischer Anspruch ist weit davon entfernt, von „der Vorstellung des Begriffs als tabula rasa"[999] auszugehen, die eine Definition wissenschaftlich als notwendig erscheinen lässt. Vielmehr sind ihm die im Essay vorgenommenen und angewandten Beschreibungen jene „Stütze an den Begriffen selber"[1000], die Führmann als Instrumente in der Darstellung seiner Reflexionen verwendet. Exempel sind dabei keine eigentlichen Definitionen, noch weniger, da Führmann etwa das Beispiel des Insektenstichs im Konjunktiv präsentiert und gleichsam darauf hinweist, dass es sich um die Demonstration der Art und Weise wissenschaftlichen Beobachtens und Beschreibens handelt:

> In all diesen Fällen bin ich nicht mehr das, was man objektiv nennt, und ich bin es schon gar nicht in bezug auf mein Selbst, wiewohl ich dies, und in kleinen Fällen wohl annähernd versuchen kann. Eine Biene hat mich in die Zehe gestochen, und nun könnte ich mit wissenschaftlicher Hingabe beobachten [...]. Aber ganz wird mir diese Sachlichkeit nicht gelingen: Ich erfahre nicht nur einen Bienenstich als objektiven Vorgang.[1001]

Weiterhin konjunktivisch führt Führmann im Anschluss daran beispielhaft die naturwissenschaftlich nüchterne und genaue Deskription der durch den Stich verursachten Abläufe im menschlichen Körper an. Doch verbleibt er bei dem

---

[997] Führmann, *Ernst Theodor Amadeus Hoffmann*. Rede in der Akademie der Künste der DDR. WA 6, S. 216-238, hier S. 223.
[998] Adorno, *Der Essay als Form*. GS 11, S. 9.
[999] Ebd., S. 20.
[1000] Ebd.
[1001] *Das mythische Element in der Literatur*. WA 6, S. 112.

Beispiel, das seine Argumentation unterstützen soll. Fühmanns diesbezügliches Vorgehen im Mythos-Essay lässt sich somit erneut mit einem Seitenblick auf Adorno beschreiben:

> In Wahrheit sind alle Begriffe implizit schon konkretisiert durch die Sprache in der sie stehen. Mit solchen Bedeutungen hebt der Essay an und treibt sie, selbst wesentlich Sprache, weiter; er möchte dieser im Verhältnis zu den Begriffen helfen, sie reflektierend so zu nehmen, wie sie bewußtlos in der Sprache schon genannt sind.[1002]

Das In-Sprache-Setzen und Zur-Sprache-Bringen einer Reflexion nimmt sich Fühmann zu Beginn des Essays zur Aufgabe. Er stellt seinen Zuhörern bzw. Lesern ein sprachliches und geistiges Weitertreiben von Fragestellungen vor, als „Einladung, bestimmte literarische Probleme unter einem für Sie vielleicht neuen Aspekt anzusehen"[1003]. Schon hier will Fühmann im Wesentlichen in einen Prozess Einblick geben, in dessen Abwägen sich bereits jener Ratschlag zeigt, den Kleist – und analog dazu Adorno – formuliert:

> Wenn du etwas wissen willst und es durch Meditation nicht finden kannst, so rate ich dir, mein lieber, sinnreicher Freund: mit dem nächsten Bekannten, der dir aufstößt, darüber zu sprechen.[1004]

Diesen von Kleist dem Freunde angeratenen Modus einer Selbstverständigung trägt Fühmann mit seinen Betrachtungen über das Mythische weiter und enthüllt jenes wesentlich Sprachliche, das Adorno am und im Begrifflichen ausmacht. Substanziell geht es damit nicht um den Gestus eines Definitorischen, sondern um den Vorgang des Zur-Sprache-Bringens selbst:

> Essayistisch schreibt, wer experimentierend verfaßt, wer also seinen Gegenstand hin und her wälzt, befragt, betastet, prüft, durchreflektiert, wer von verschiedenen Seiten auf ihn losgeht und in seinem Geistesblick sammelt, was er sieht, und verwortet, was der Gegenstand unter den im Schreiben geschaffenen Bedingungen sehen läßt.[1005]

Fühmanns mehrfach neues Ansetzen in den einzelnen Abschnitten, das er selbst auch als „Schachtelsatzdenken"[1006] bezeichnet, macht dabei ein beständig sich änderndes Herangehen an das Thema ‚mythisches Element in der Literatur' aus.

In diesem je neuerlichen Durchdenken ist neben dem Kennzeichen des Essayistischen, deutlich auch die Struktur des Mythischen selbst zu erkennen: Der kommunikative Anspruch des Essays und auch seiner Form gründet zu einem erheblichen Teil in Zügen von Oralität, die ihm anhaften. Bei Strafe des

---

[1002] Adorno, *Der Essay als Form.* GS 11, S. 20.
[1003] *Das mythische Element in der Literatur.* WA 6, S. 83.
[1004] Kleist, *Über die allmähliche Verfertigung der Gedanken beim Reden.* SW 3, S. 535.
[1005] Bense, Max: *Über den Essay und seine Prosa.* In: Merkur 1 u. 2 (1947/48) 3, S. 414-424, hier S. 418.
[1006] *Das mythische Element in der Literatur.* WA 6, S. 97.

Vorwurfs der Unwissenschaftlichkeit aber bleibt er so auch wissenschaftlicher Zwänge, wie etwa dem des notwendig Definitorischen und dem zur Wiedergabe von Gesamtheit enthoben. Beim Mythos bleibt das Maß an narrativer und auch struktureller Iteration bestimmend, das ebenso den Essay kennzeichnet. „Entflammt [sich]" letzterer „an dem, was andere schon getan haben"[1007], ist parallel dazu die Existenzform des Mythos je nur die der Rezeption, in der sich eine bereits vorhandene Fabel konkrete Gestalt gibt.[1008] Das gleichsam essayistische Aussprechen des „vielleicht neuen Aspekt[es]"[1009] besteht im doppelten Sinne in Unvollendbarkeit, und zwar des Sujets selbst, wie gleichermaßen der gewählten Form des Textes, der „so sich fügen [muß], als ob er immer und stets abbrechen könnte"[1010]. Denn, schreibt Adorno weiter, „[d]er Essay muß an einem ausgewählten oder getroffenen partiellen Zug die Totalität aufleuchten lassen, ohne daß diese als gegenwärtig behauptet würde."[1011] Diese Art des Überblickshaften gelingt Fühmann etwa auch mit dem Einbeziehen populärkultureller Beispiele[1012], in denen er das mythische Element genauso nachweist, wie in den ausgewählten literarischen Texten oder im Zusammenhang mit den Überlegungen zu den verschiedenen Versionen des Prometheus-Mythos. Das zutiefst Fragmentarische des und im Essayistischen zeigt sich schließlich nochmals anhand von Fühmanns Schlussformel, in die die Endelosigkeit des Diskurses über den μύθος sowie des mythischen Diskurses eingearbeitet ist. Am Textende findet sich dessen Markierung als Teil des Textes wie als Reflexion des Endes selbst. In die Lockerheit der abschließenden Worte geht dabei neuerlich die zu Beginn vermerkte Unfertigkeit mit den aufgeworfenen und diskutierten Fragen ein. Fühmann betont für seinen „öffentlich vorgenommenen Selbstverständigungsversuch"[1013] damit auffällig dessen Unabgeschlossenheit. Der Einblick in die poetische Werkstatt wird zum Ausblick auf ein Weiter, dessen andernorts zu sagendes „viel mehr"[1014] erneut auf

---

[1007] Adorno, *Der Essay als Form*. GS 11, S. 9.
[1008] Vgl. dazu: *Das mythische Element in der Literatur*. WA 6, S. 105f.; Blumenberg, *Arbeit am Mythos* (insbesondere Kap. 2.I, S. 165ff.); ders., *Wirklichkeitsbegriff*. Terror und Spiel, S. 11-66 sowie den entsprechenden Abschnitt der Diskussion in *Terror und Spiel*, S. 527-548.
[1009] *Das mythische Element in der Literatur*. WA 6, S. 83.
[1010] Adorno, *Der Essay als Form*. GS 11, S. 24.
[1011] Ebd., S. 25.
[1012] Vgl. die Reihe von Beispielen in: *Das mythische Element in der Literatur*. WA 6, S. 138f. Außerdem bietet sich für Fühmann die Gelegenheit, klar formuliert auf kulturpolitische Schwierigkeiten im eigenen Land hinzuweisen. Vergeblichkeit und den Dilettantismus als zentrale Schwierigkeit zu zeigen, die sich nicht durch antiimperialistische Schelte beheben lassen, ist ihm dabei ein Anliegen, mit dem er sich übrigens eindeutig positioniert: „[D]ie kommerzialisierte Unterhaltungswelt des Imperialismus bietet Surrogat, das zugleich Gift ist, aber wenn auch nur ein Splitterchen des Mythischen darin aufglänzt, dann übt dieser Glanz eine Faszination aus, vor der wir mit angestrengter Ideologie und dem besten Willen zum Besten immer wieder verdattert stehn und schimpfen, statt es recht zu machen." (S. 139)
[1013] Ebd., S. 83.
[1014] Ebd., S. 140.

III.1 Poetik des Unvollendbaren und unvollendbare Poetik 189

die Sprachlichkeit des Essays zurückverweist, sodass zudem „[s]eine Offenheit […] konturiert [wird] durch seinen Gehalt"[1015].

Bohrer hat gerade gegen diese Auffassung des Fragmentarischen von Adorno polemisiert[1016] und ihm seine Art der Berufung auf die romantische Tradition als „einebnende Konfliktscheu"[1017] vorgeworfen, um gegenüber einem vermeintlich Adorno'schen Formalismus geltend zu machen, dass „dieses Fragmentarische […] das Erscheinen des »Plötzlichen« in der Prosa" [1018] sei. Mit Bezug auf Franz Fühmanns Essay zum Mythos ist weniger dieser Auseinandersetzung zu folgen[1019], denn mehr der Hinweis auf die Kategorie des Plötzlichen zu beachten. Bohrer bezieht sich auf Musils *Mann ohne Eigenschaften*, um ein Dazwischen zu bezeichnen, das er für die literarische Praxis „Finden einer erkenntnisrelevanten Sprache und dennoch die Distanzierung von Kulturnorm und ihren Begriffen, die Verknüpfung von nicht einzuschläfernder Bewußtheit und ausbrechender Spontaneität"[1020] nennt, wo die „jähe Unmittelbarkeit einer subjektiven Erfahrung"[1021] nicht ausgeschlossen bleibt. Bohrers und Fühmanns Überlegungen weisen in dieser Hinsicht durchaus Gemeinsamkeiten auf, wenngleich Bohrer nicht explizit das Mythische[1022] thematisiert. Fühmann leitet seine Differenzierung zwischen subjektiver und objektiver Erfahrung wesentlich aus der anfänglich fast naiv und mehrfach gestellten Frage ab, „wodurch also, zum Teufel […] so ein Text"[1023] wirke. Das mythische Element sei für die Wirkungsmacht der Texte verantwortlich, lautet daraufhin die vorab gegebene Antwort. In den dann folgenden Ausführungen leitet Fühmann dieses Element des Mythos her, das in seiner jeweiligen konkreten Ausprägung und in seiner als Gleichnis geformten Wiedergabe gleichsam objektive und subjektive Erfahrung zueinander führe[1024]:

> Der sein Gleichnis formt, um *sein* Leid zu bewältigen, stellt es zugleich zum Gebrauch für seine Brüder und Schwestern bereit, die der Gabe solchen Artikulierens nicht

---

[1015] Adorno, *Der Essay als Form*. GS 11, S. 26.
[1016] Vgl.: Bohrer, *Plötzlichkeit*, S. 18-28.
[1017] Ebd., S. 21.
[1018] Ebd. (Hervorhebung i. Orig.) – Vgl. auch den oben in Kapitel II.3 hergestellten Zusammenhang zwischen Plötzlichkeit, Fragmentcharakter und dem Text von *22 Tage*.
[1019] Diese arbeitet sich im Wesentlichen an dem Vorwurf ab, dass die Adorno'sche Verteidigung der essayistischen Form sich – beinahe als Selbstzweck – vor allem auf einen „reaktionäre[n] Adressat[en]" beziehe. (Bohrer, *Plötzlichkeit*, S. 22.)
[1020] Ebd., S. 24.
[1021] Ebd.
[1022] Lediglich in einem Satz erwähnt er Adornos Postulat vom „Verhältnis von Natur und Kultur" (Adorno, *Der Essay als Form*. GS 11, S. 28.) als Hauptthema des Essays. (Vgl.: Bohrer, *Plötzlichkeit*, S. 22.)
[1023] *Das mythische Element in der Literatur*. WA 6, S. 90.
[1024] Vgl. v. Bülows treffende Darstellung und Erläuterung von Fühmanns Begriffen der subjektiven und der objektiven Erfahrung und deren philosophischen wie anthropologischen Hintergründen: v. Bülow, *Die Poetik Franz Fühmanns*, S. 86-96 u. 97-107.

teilhaftig sind, und er hilft ihnen in dem Maße, in dem er rückhaltlos sagt, »was ist«.[1025]

Das Gleichnis stellt mit seiner Artikulation, d.h. durch Aussprechen einen Zusammenhang[1026] der Intersubjektivität her, die durch dessen „Vermittelnde[s] (und Vermittelte[s])"[1027] zustande kommt.[1028] Als fundamental durch seine Verankerung in der Oralität bestimmte Form zeigt sich durch Präsenz das mythische Gleichnis, welches letztlich im Präsens eines Aussprechens entsteht.

Beinahe nebenbei scheint Fühmann dieses performative Moment des Mythischen im Essay abzuhandeln. Am Schluss des dritten Abschnittes formuliert er in Abgrenzung zur Leistung des Märchens die unvergleichlich andere des Mythos, der „Modelle von Menschheitserfahrung"[1029] bereitstelle. Diese Leistung des mythischen Gleichnisses bestehe dabei nicht darin, ihnen eine etwaige Belehrung zu entnehmen, die getrost befolgt werden könne. Dies sei vielmehr das Terrain des Märchens, das eine „Lebenswahrheit"[1030] zu übermitteln suche. Beim Mythos – und hier schließt Fühmanns dritter Absatz mit einem Schlüsselwort – gehe es um ein sich Messen am Exemplum. Hier ist demnach der Vorgang selbst die entscheidende Leistung und nicht etwa das schlüssig erreichte Ergebnis. Gerade dieses Moment ist es, das anzeigt, wie der Mythos durch Oralität bestimmt ist. Denn der mögliche Erfolg des Mythischen besteht in der Erzählung der Geschichte(n) selbst, nicht darin, sie auf eine vermeintliche Pointe hin zu erzählen. Dieser Aspekt taucht auch bei Blumenberg auf, der „die Phase der ständigen und unmittelbaren Rückmeldung des Erfolgs literarischer Mittel"[1031] als Phänomen der Mündlichkeit beschreibt. Fühmanns Hervorhebung der ganz offensichtlich durch die Oralität bestimmten Leistung

---

[1025] *Das mythische Element in der Literatur.* WA 6, S. 121f. (Hervorhebungen i. Orig.) – Einen ähnlichen Gedanken hatte sich Fühmann etwa auch in Childe, V. Gordon: *Gesellschaft und Erkenntnis.* Weltperspektiven. Berlin u.a. 1974, S. 45, angestrichen: „Sie konnten […] die eigenen Erfahrungen mit anderen teilen und von deren Erfahrungen profitieren, weil eben die erfahrenen Gegenstände […] ihnen gemeinsam waren." (ZLB, Sammlung Fühmann)

[1026] Vgl.: „Das mythische Gleichnis stiftet eine Kommunikationsgemeinschaft, die mit der aktuellen Gesellschaft nicht identisch sein muß." (v. Bülow, *Die Poetik Franz Fühmanns*, S. 113.)

[1027] *Das mythische Element in der Literatur.* WA 6, S. 120.

[1028] Dieser Gedanke bei Fühmann ähnelt einer Auffassung in Lukács' Ästhetik, die allerdings den Begriff des Mythos entbehrt: „[A]us der unendlichen Anzahl der […] möglichen (und sogar typischen) Charaktere, Züge, Taten, Kollisionen etc. werden solche ausgewählt und kompositionell angeordnet, daß ihr Ensemble etwas sinnfällig macht, was im Gedächtnis der Menschheit weiterzuleben wert ist und was die Menschen in zeitlich und räumlich weiten Entfernungen, unter historisch völlig veränderten Umständen mit dem Gefühlsakzent: nostra causa agitur, erleben können." (Lukács, *Ästhetik II*, S. 147.)

[1029] *Das mythische Element in der Literatur.* WA 6, S. 96.

[1030] Ebd.

[1031] Blumenberg, *Arbeit am Mythos*, S. 168.

III.1 Poetik des Unvollendbaren und unvollendbare Poetik

des Mythos bildet dazu ein Analogon.[1032] Die schon in *22 Tage* formulierte, wesentliche Prozesshaftigkeit der mythischen Narrativen kehrt hier als eine der zentralen Aussagen des Essays wieder.

Diese bleibt zu ergänzen um einen poetisch ebenso wesentlichen weiteren Aspekt, der sich an einen weiteren ebenso wesentlichen knüpft: Es sind Unerfindbarkeit und Unabschließbarkeit des Mythos, die derart ineinander verschränkt auftreten. Fühmanns Mythosauffassung berührt diese beiden Begriffe und bindet sie als wesentliche Charakteristika in seine Überlegungen ein. Somit gibt nicht nur die essayistische Annäherung dem Thema eine Aura des Fragmentarischen, sondern es ist insbesondere die an sich in Unabschließbarkeit liegende Offenheit des Mythos, die Fühmann nunmehr im Anschluss an die Poetiken der Nachdichtung und der *22 Tage* konzeptionalisiert. Mit der Hinwendung „zum vollen Leben, zum ganzen Menschen, zur dialektischen Realität"[1033] erschließt und erarbeitet sich Fühmann einen Jargon bedeutsamer Unabschließbarkeit, die das Erzählen selbst als Produktion dieser Bedeutsamkeit ausdrücklich über die Notwendigkeit eines Gelingens im Sinne eines alleinigen Seins zur Vollendung stellt. Die Arbeit des Nachdichters gleicht darin der des Mythenerzählers, der nach Fühmann gerade durch seine Gabe des Erzählens ein Dichter sei. Einen durchaus verwandten Gedanken äußert Tournier, bei dem nicht nur diese Gabe den Dichter ausmacht. Für ihn geht es vielmehr um den Erhalt der mythischen Lebendigkeit, die auch Fühmanns Widerspruch trägt: „Un mythe mort, cela s'appelle une allégorie. La fonction de l'écrivain est d'empêcher les mythes de devenir des allégories."[1034] Tournier postuliert hier die Ausrichtung dichterischen Schaffens auf eine Offenheit hin. Ein Beenden wäre in diesem Zusammenhang der eigentliche Verlust der Aufgabe. Unabschließbarkeit ist damit gerade nicht Vergeblichkeit, sondern die Fortführung eines zu Erzählenden, dessen Erfolg nicht mit seiner Beendigung zu beschreiben wäre.

Vielmehr kehrt das Grundgefühl des Unfertigen, das Fühmann mit Blick auf die nachdichterische Tätigkeit ausdrückt, noch wieder in der mythisch be-

---

[1032] Fühmann zeigt anhand des ‚falschen Mythos' gerade die Möglichkeiten des Missbrauchs auf, die auf der endgültigen Ausnutzung der Performativität der Form und eigentlich der Festschreibung einer letztgültigen Bedeutung des Mythischen beruhen. (Vgl. dazu den XI. Abschnitt in: *Das mythische Element in der Literatur.* WA 6, S. 129-131.)
[1033] *22 Tage.* WA 3, S. 491.
[1034] Tournier, *La dimension mythologique. Paraclet,* S. 193. – Zum Verhältnis von Mythos und Allegorie vgl. auch: Taubes, Jacob: *Der dogmatische Mythos der Gnosis.* Terror und Spiel, S. 145-156, hier S. 145: „[D]ie allegorische Deutung erschöpft sich nicht in der Exegese des Mythos, sondern sie wird zum Vehikel eines neuen, vom archaischen Mythos sich unterscheidenden Verständnisses von Wirklichkeit. Die Allegorie ist eine Form der Übersetzung. Sie übersetzt mythische Gehalte, Namen und Schicksale der mythischen Erzählung, in Begriffe."; vgl. außerdem Fuhrmanns Diskussionsbeitrag in: *Zweite Diskussion – Griechische Mythen: Deutung und Wiederholung.* Terror und Spiel, S. 549-578, hier S. 555: „Es ist sozusagen die Haut des Textes da, und es steckt irgendein Fleisch dahinter, ein Verhältnis, das sich mit dem Wort ›allegorisch‹ nur mühsam umschreiben läßt."

stimmten Übersetzung von subjektiver Erfahrung ins Gleichnis. Die Produktivität eines in fortgesetzter Rezeption befindlichen Wirkens erweist sich dabei gerade als bedingt durch eine Erzählung, die mit ihrem Beginn nicht formal auch schon das Ende setzt. Dies wäre die deterministische Form des Märchens, das auf ein von vornherein feststehendes Ergebnis zuläuft. Indem der Mythos aber den Widerspruch klaffen lässt, d.h. Widersprüchlichkeit eigentlich darstellt, anstatt sie in Pole aufzulösen, hat er nicht nur darin als verwandt mit dem Leben zu gelten, sondern auch in der Offenheit nach allen Richtungen hin, die Fühmann in *22 Tage* etwa im Bild einer Lokomotive auf der Drehscheibe[1035] fasst. Eben anhand des Kontrastes zwischen Märchen und Mythos gelingt es Fühmann, dies zu verdeutlichen:

> Das Märchen geht in der Erklärung vollkommen auf, aber man kann es nicht nachvollziehen, es sei denn im Tagtraum. Mythen gehen im Rationalen so wenig ganz auf wie ein Kunstwerk, doch sie ereignen sich ununterbrochen, und wer sie sieht und erzählen kann, ist ein Dichter[1036]

Sein Nicht-Aufgehen beschreibt Fühmann als performative Qualität des Mythos. Demgegenüber richtet sich die Fabel des Märchens an dessen erzählerischer Endlichkeit aus, die in der Form enthalten ist und die die Möglichkeit ausschließt, dass etwa Hänsels und Gretels Selbstbefreiung kein gänzlich positives Ende zeitige und für die im Blick darüber hinaus folgende Periode auch nur mehr jene Glättung aller Verhältnisse in märchenhafter Zweipoligkeit vorhält, die die im Märchen erzählte Wirklichkeit ausmacht. D.h. indem das Märchen noch in seinen Endformeln ein ausschließlich positives Schicksal seiner Helden präfiguriert, weist es über seinen Schluss hinaus und führt doch nur den Status quo eines Gewordenen fort, „das nie geschehn ist"[1037]. Das Potential des Geschehenden im Mythos, das für Fühmann „Dialektik als Prozeß"[1038] ist, definiert sich nicht aus dem und durch den Bezug auf die Vollendung einer Geschehenskette. Der Mythos ruft die Schichtungen seiner eigenen Forterzählung im ‚mython mytheisthai' je mit auf, indem sich die jeweilige Variante als ähnliches und zugleich notwendig unähnliches Geschwister aller Versionen zeigt. Wenn Fühmann dies in die dialektische Sentenz fasst, „[d]ie Treue zum Mythos erfordert Untreue gegenüber allen seinen vorhandenen Fassungen"[1039], so weist er zum einen auf das Problem der Ursprünglichkeit hin und zum anderen darauf, dass der Mythos immer schon

---

[1035] Vgl.: *22 Tage*. WA 3, S. 385.
[1036] Ebd., S. 489f. Vgl. dazu auch Jauß' Bemerkung: „Der Mythos ist weder etwas Anfängliches, Unbedingtes, noch etwas Primitives, Vorläufiges, sondern eine eigene Erkenntnisform, die einen vorgegebenen Erfahrungsinhalt im Medium der Reflexion totalisierend deutet und dann vom Dichter einer poetischen Projektion dienstbar gemacht werden kann." (*Zweite Diskussion*. Terror und Spiel, S. 549.)
[1037] *22 Tage*. WA 3, S. 490.
[1038] Ebd.
[1039] *Das mythische Element in der Literatur*. WA 6, S. 105.

III.1 Poetik des Unvollendbaren und unvollendbare Poetik

Erzählung *und* Rezeption ist, die „zur Darstellung der Funktionsweise selbst geworden"[1040] ist. Fühmanns Überlegungen zum Prometheus-Mythos und dessen Ursprüngen lassen bei ihm – etwa anhand der aufgeführten Beispiele und der Unentscheidbarkeit einer vermeintlich sich stellenden Frage nach dem Ursprung – eben jenen Rezeptionsvorgang erkennen, in dessen Verlauf sich die Frage nach dem ersten oder echten Mythos immer weniger stellt. Vielmehr lässt sich feststellen, dass gerade mit der beispielhaften Erweiterung des Kreises von rezipierten Einzeltexten die Offenheit des Mythos in seiner rezeptiven Bearbeitung bzw. das Prozesshafte jener Arbeit am Mythos als eines seiner grundlegenden Charakteristika zu nehmen ist:

> Daß die Rezeption nicht zum Mythos dazukommt und ihn anreichert, sondern Mythos uns in gar keiner anderen Verfassung als der stets schon im Rezeptionsverfahren befindlich zu sein, überliefert und bekannt ist, beruht trotz der ikonischen Konstanz auf der Verformbarkeit seiner Elemente, darauf, daß er nicht – um noch einmal mit Bernays zu sprechen – aus *granitenen Gestalten* besteht, an denen jeder Zugriff zum Sich-Vergreifen werden muß.[1041]

Die Fühmann'sche Korrelation von Treue zum Mythos und Untreue zu seinen auffindbaren Ausgestaltungen trägt dabei nicht nur den Existenzmodus des Rezeptiven des Mythos, d.h. seines Immer-schon-in-Rezeption-Befindlichen, sondern zeigt diese Art der tradierenden Forterzählung einer Geschichte als eine Art „fond de l'abîme entr'ouvert sous ses pas"[1042]. Die Höllenfahrt einem Grund zu, die Fühmann nach dem berühmten Strandspaziergang[1043] aus Thomas Manns *Joseph und seine Brüder* erwähnt, ist eben als Bewegung in die unerschöpfliche Grundlosigkeit eines ‚άβυσσος' hinein das Bild eines Schaffens am Unabschließbaren. Dies zu betonen, bedeutet jedoch gerade einen Aspekt hervorzuheben, der der Seinsweise des Mythischen und des mythischen Materials immanent ist. Dass die Anstrengung des Zu-Ende-Führens alle Gewissheit von dessen Unmöglichkeit hervorbringt, muss als Grundvoraussetzung dafür gesehen werden, dass Mythen zwar erzählbar und darstellbar sind und dennoch (und eben auch daher) der Mythos *an sich* nicht zu erzählen sein wird. „Die harte Antwort lautet: Niemals."[1044], formuliert Fühmann im IV. Abschnitt das Ergebnis seiner Überlegungen zum Erreichen eines Urmythos. Mit Hilfe von Überlegungen Herders, Goethes und Kerényis kann er aber aus dieser Feststellung eine „rettende Einsicht"[1045] ableiten:

[1040] Blumenberg, *Arbeit am Mythos*, S. 133.
[1041] Ebd., S. 240f. (Hervorhebung i. Orig.) An anderer Stelle hatte Blumenberg dies so formuliert: „Das Ursprüngliche bleibt Hypothese, deren einzige Verifikationsbasis die Rezeption ist." (Ders., *Wirklichkeitsbegriff*. Terror und Spiel, S. 28.)
[1042] Racine, Jean: *Athalie* III,5. (Zitierte Ausgabe: Racine, Jean: *Œuvres complètes*. Présentation, notes et commentaires par Raymond Picard. Paris 1950, S. 931.)
[1043] Vgl.: *Das mythische Element in der Literatur*. WA 6, S. 101f.; vgl. auch: Mann, *Joseph und seine Brüder*, S. 7.
[1044] *Das mythische Element in der Literatur*. WA 6, S. 101.
[1045] Ebd., S. 103.

> Das, was man die Urform eines Mythos nennen möchte, das ist weder zu entdecken noch zu rekonstruieren, man kann nur aus verschiedenen Fassungen die übereinstimmenden Elemente herauspräparieren, die aber dann in ihrer Gesamtheit nicht mehr als eine formlose Bereitstellung bestimmter Gestalten, bestimmter Handlungen und bestimmter Attribute sind, eine Bündelung, die durchaus verschiedene Ausdeutungen zuläßt, die erst durch die konkrete Gestaltung werthaltig werden.[1046]

Dass Fühmann sich damit in großer Nähe zum wissenschaftlichen bzw. mythosphilosophischen Diskurs der Zeit befindet, lässt sich durch einen Blick auf Stierles und Blumenbergs Beiträge in der Arbeitsgruppe Poetik und Hermeneutik gut erkennen. Stierle gewichtet etwas anders als Blumenberg und zeigt, dass das Schürfen nach der Urversion gar bloß eine Frage der Auffassung der Materialien sei und dass eigentlich zunächst ein anderes methodisches Herangehen gebraucht werde,

> dessen Voraussetzung es ist, *jeden Mythos durch die Gesamtheit seiner Fassungen zu definieren* und so *eines der Haupthindernisse der mythologischen Forschungen* auszuräumen, *nämlich die Suche nach einer authentischen oder ursprünglichen Version.*[1047]

Fühmanns poetische Erschließung des Prometheus reflektiert das gleiche methodische Problem und kommt zu einem sehr ähnlichen Ergebnis, ja spitzt es gar insoweit zu, als „[e]in neuer »Prometheus«, der nichts als einen Abklatsch der Aischylos-Fassung böte, [...] nicht bewundernswert treu, sondern absolut unnütz [wäre]."[1048] Das Nicht-Ursprüngliche ist also mehr als eine vermeintlich dialektische Ausflucht in ein Parlieren von einer Wiederholung des je Gleichen. Es ist vielmehr das Vertrauen in die Wirkung und die Wirklichkeit des Erzählens und des sich Erzählenden selbst. Dies unterstützen Blumenbergs Überlegungen:

> Die mythologische Tradition scheint auf Variation und auf die dadurch manifestierbare Unerschöpflichkeit ihres Ausgangsbestands angelegt zu sein, wie das Thema musikalischer Variationen darauf, bis an die Grenze der Unkenntlichkeit abgewandelt werden zu können. Noch in der Variation durchgehalten zu werden, erkennbar zu bleiben, ohne auf der Unantastbarkeit der Formel zu bestehen, erweist sich als spezifischer Modus von Gültigkeit.[1049]

Was bei dieser Gegenüberstellung zwischen Stierle, Blumenberg und Fühmann natürlich auffällt, ist die Differenz des Blickwinkels. Während bei Fühmann im Rahmen handwerklicher Überlegungen klar das praktische

---

[1046] Ebd.
[1047] Stierle, Karlheinz: *Mythos als ›bricolage‹ und zwei Endstufen des Prometheus-Mythos*. Terror und Spiel, S. 455-472, hier S. 455. (Hervorhebungen i. Orig.)
[1048] *Das mythische Element in der Literatur.* WA 6, S. 105.
[1049] Blumenberg, *Wirklichkeitsbegriff.* Terror und Spiel, S. 21. Der durchaus problematische Vergleich des Mythos mit der Variation musikalischer Themen ist auch Gegenstand der in *Terror und Spiel* wiedergegebenen Diskussion. (Vgl.: S. 527-548.)

III.1 Poetik des Unvollendbaren und unvollendbare Poetik

Interesse am poetischen Potential des Mythos besteht, lässt sich bei Stierle und Blumenberg eine Betonung des Deskriptiven beobachten. Trotz einer derartigen Differenz – die auch die für Fühmann zentrale zwischen Poesie und Wissenschaft reflektiert – bleibt die große Ähnlichkeit der Ergebnisse festzuhalten. Anhand der Beschreibungen des Prozesscharakters beim Mythischen lassen sich die Überlegungen zum Anfangs- bzw. Ursprungsproblem[1050] nachvollziehen, das darin in beiden Fällen eine entscheidende Position einnimmt. Fühmann betont mit Blick auf die euhemeristische Mythenforschung nebenbei auch den wichtigen Unterschied zwischen wissenschaftlich-historischem Interesse an Mythen und einem eher hermeneutisch geprägten, das letztlich auch den Gedanken der notwendigen Endelosigkeit[1051] enthält: „[D]och so legitim diese [sogenannten euhemeristischen] Recherchen für die Geschichtswissenschaft sind, so wenig fördern sie das Verständnis für ein Mythologem."[1052] Fühmann unterstreicht den (vor allem poetischen) Stellenwert der mythischen Fabel selbst, deren Eigentliches sich nicht aus dem – ohnehin nicht zu leistenden – Auffinden eines eindeutig Ersten speist. Er spitzt das Ursprungsproblem gar noch zu, indem er in demselben Zusammenhang die Frage aufwirft, „was hätten wir [...] für das Verständnis des Mythos gewonnen"[1053], wenn ein Erstes aufgefunden würde. Selbst wenn sich also ein historischer Zusammenhang eruieren ließe, der zudem vorerst als Grundlage des Mythos zu identifizieren wäre, so bliebe die Annahme eines derart angetroffenen Ursprungs eine Illusion. Denn die Kette von wiederum älteren und damit dann des Ursprungs verdächtigen Nachweisen zeigte vielmehr ein Zurückgehen „ins Urdunkel der Menschheit"[1054] an, doch unbedingt nicht das Allererste einer Gefühlsregung oder einer Erfahrung. Der Wunsch also, die eben hierin liegende Aura der Gleichzeitigkeit des Mythos in eine absolute Chronologie zu entkleiden, überginge jene zentrale Qualität der Unabschließbarkeit, die den Mythos charakterisiert.

Die Probleme Nicht-Abschließbarkeit des Mythos und Nicht-Erreichbarkeit seines Ersten, seines Ursprungs, hängen trotz bzw. eben wegen ihrer unter-

---

[1050] Im Rahmen der Diskussion zu Blumenbergs *Terror-und-Spiel*-Beitrag lässt sich in diesem Zusammenhang ein allgemeines Missverständnis ausmachen, das erst durch eine Bemerkung Karlheinz Stierles aufgeklärt wird: „In der Konsequenz der Blumenberg'schen Überlegungen scheint mir aber zunächst nur zu liegen, daß er den Ursprung des Mythos nicht auch schon den Mythos des Ursprungs ausgrenzt." (Ebd., S. 537f.)
[1051] Karl Kerényi benennt im Vorwort seiner Anthologie mythostheoretischer Texte mit Bezug auf die dort vorliegende Auswahl auch deren endlose Reihe interpretatorischer Anstrengungen: „Ein Ende für die Hermeneutik in dem Sinne, daß die hermeneia, der deutende Text, als gleichwertig an die Stelle des Urtextes, ein Werk der phänomenologisch und historisch bemühten Wissenschaft und sprachlichen Kunst an die Stelle des Urphänomens treten könnte, kann nicht gedacht werden." (Kerényi, Karl: Vorwort. In: Ders. (Hrsg.): Die Eröffnung des Zugangs zum Mythos. Darmstadt 1996⁵, S. IX-XVI, hier S. XVI.)
[1052] *Das mythische Element in der Literatur.* WA 6, S. 99.
[1053] Ebd., S. 100.
[1054] Ebd.

schiedlichen Bezugsgrößen zusammen. Denn in dem Versuch, den Ursprung eines Mythos historisch, historiographisch oder kunst- bzw. motivgeschichtlich zu eruieren, steckt a priori die Gewissheit oder wenigstens der Wille schließlich den Fuß auf einen eben abschließenden Grund zu setzen, den der mythische ‚ἄβυσσος' jedoch nicht bietet. Ein jedes Spüren und Schürfen nach dem Ersten einer mythischen narratio übergeht damit nicht nur die Tatsache, dass dieses Wollen des Ersten nicht das gewünschte Ziel erreichen kann, sondern verstellt im Rausch vermeintlicher Faktizität gar den Zugang zum eigentlichen Gehalt des Mythos, der in seiner Bedeutsamkeit besteht. Die ‚Höllenfahrt' hin auf das Anfängliche lässt zudem unberücksichtigt, dass etwa eine historisch schlüssige Bedeutungszuordnung für den Mythos nicht zu schaffen ist und dass gerade das proklamative Ausmachen eines einzig Ersten das genaue Gegenteil der Aussage produziert und die mythische Form gar auf ein narrativ an sich bedeutungsloses Faktum reduziert. Blumenberg ist hier unbedingt recht zu geben: „Absolute Anfänge machen uns sprachlos im genauen Sinne des Wortes."[1055]

Dieser Ansatz liefert ein Argument dafür, dass der Mythos je nur als Rezeption vorkommen kann, sodass immer „Produkte der Arbeit am Mythos"[1056] vorliegen. Darüber hinaus liegt in der Unkenntlichkeit wie der Nicht-Erkennbarkeit seines Ursprungs jenes poetische Potential, das als sprachliche Beredtheit des Mythischen dessen Ausbreitung sichert. Wenn der als Signum einer Ermüdung bzw. gar der Angst vor dem Verschwinden eines Bestehenden genommene Übergang von der Oralität zur Literalität an „die Stelle von Wiederholung [...] Variation"[1057] treten lässt, so handelt es sich doch noch immer um Modulationen, die ein ‚ikonisch konstantes' Inventar iterativ transportieren, kolportieren und letztlich eben genauso wieder-holen[1058] wie die Mündlichkeit antiker Rhapsoden. Fühmanns Augenmerk liegt ja auf der Erzählung des in und mit Menschheitserfahrung gebundenen Gleichnisses, was beim Bestehen der eigenen d.h. subjektiven Erfahrung einen helfenden Beitrag leistet. Somit ist zwar die Variante entscheidend als Gleichniserzählung des jeweils Einzelnen, doch gewährleistet deren Erfolg vor allem der Fundus des „erratischen Einschluß[es]"[1059], an den das mythische Gleichnis gekoppelt ist.

Entscheidend bleibt für die Frage des Endes noch ein weiterer Punkt. So wenig der materiale Textschluss den Schluss des Mythentextes bildet, so wenig handelt es sich dabei poetisch oder poetologisch um die Denunziation des Endes an ein heillos zerfleddertes Ausfransen. Auch die jeweilige Variante des Mythos gibt ihre Narration zwar sehr wohl als eine Anstrengung aus, den Mythos zu

---

[1055] Blumenberg, *Wirklichkeitsbegriff*. Terror und Spiel, S. 28.
[1056] Ders., *Arbeit am Mythos*, S. 133.
[1057] Jamme, »*Gott hat an ein Gewand*«, S. IV.
[1058] Zum Problem der Wiederholung vgl. auch Kapitel IV.7 dieser Arbeit.
[1059] Blumenberg, *Arbeit am Mythos*, S. 165.

III.1 Poetik des Unvollendbaren und unvollendbare Poetik

einem, also ihrem, Ende zu bringen[1060], doch bleibt dabei die Gestalt dieses Bemühens von Bedeutung und nicht die Privilegierung welcher Fassung auch immer.

Wenn Fühmann seine Erschließung des Prometheus-Komplexes beispielhaft anführt und in einen Zusammenhang mit dem Strandspaziergang bringt, mit dem Thomas Mann seinen unergründlichen Vergangenheitsbrunnen[1061] metaphorisch verbindet, so stellt er gerade das Moment der – in der Metapher – beständig fortschreitenden Erweiterung des Horizontes und dessen Unerreichbarkeit heraus. Deutlich bleibt die Betonung und die Bedeutung des Prozesshaften im Mythos erkennbar, das Fühmann ausdrücklich mit dessen Sein im Sprachlichen verbindet:

> Es ist, zum Unterschied vom Rätsel, das mit seiner Auflösung abgetan ist, jener Rest, der im intellektuellen Begreifen nicht aufgehen will, jenes Gleichnishafte, in dem wir Außen und Innen zu einem SO IST ES verschmelzen fühlen, ohne daß wir genau sagen könnten, *was* denn eigentlich so ist, es sei denn, man spräche das soeben Gehörte wortwörtlich noch einmal aus.[1062]

Dass dem Mythischen das Auf- wie Einlösende eines Schlusspunktes fehlt, der einen Abschluss markierte, weist wiederum den Vorgangscharakter des Mythischen aus, dessen eigentliche Existenz sich hier im Bereich der Oralität, im Moment der Artikulation befindet. Stierle hat dies beispielsweise auch in Gides *Prométhée mal enchaîné*[1063] in der „adversative[n] Partikel *mais*" als Signum mythischer Unvollendbarkeit ausgemacht: „Dieses ‚aber', in allen seinen Bedeutungsschattierungen durchgespielt, bezeichnet die Denkform des Vorbehalts, der endlosen Fortführbarkeit."[1064] Eben diese ist nur in einem Geschehenden gegenwärtig, das weder auf eine endgültige Lösung noch auf einen Abschluss hin gegeben wird. Insofern als der Mythos weder in seiner unauffindbaren Ursprünglichkeit noch in seiner nicht leistbaren Vollendbarkeit zu greifen sein wird, gilt die Beschreibung als „Struktur der offenen Situation"[1065]. Somit ist seine Erzählbarkeit als beständige Forterzählbarkeit gleichermaßen Bedingung der Existenz und der Gegenwärtigkeit des Mythos:

[1060] Vgl. dazu: Blumenberg, *Wirklichkeitsbegriff*. Terror und Spiel, S. 31 und besonders S. 58: „Dieses Zuendebringen bleibt eine Kategorie der Rezeption des Mythos: erst wenn er alles hergegeben hätte, wären die Mächte seiner Herkunft überlebt."
[1061] Vgl.: Mann, *Joseph und seine Brüder*, S. 7.
[1062] *Das mythische Element in der Literatur*. WA 6, S. 132. (Hervorhebungen i. Orig.)
[1063] Gide, André: *Le Prométhée mal enchaîné*. In: Ders.: Œuvres complètes. Tome 3. Paris 1933, S. 97-160.
[1064] Beide Zitate: Stierle, *Mythos als ›bricolage‹*. Terror und Spiel, S. 472. (Hervorhebungen i. Orig.)
[1065] Iser, *Zweite Diskussion*. Terror und Spiel, S. 541. Vgl. auch: „Weil der Mythos das Vergessen seiner ‚Urbedeutung' als ‚Technik' seiner Konstitution besitzt, ist die offene Situation vieler Variationen fähig." (Ebd.)

> Ein Mythos, das ist der Keim und *all* seine Entfaltung; gerade das Werden in stets neuer Gestaltung ist sein Leben; das Erstarren zu einem von nun ab als einzig gültig Bestimmten wäre sein Tod.[1066]

Es ist die augenscheinliche Qualität des Mythischen, dass es „über e i n e m Anfang d e n Anfang vergessen macht"[1067]. Dieser Aspekt betrifft die „erklärende Gewalt", die der Mythos besitzt, wiewohl er „nie zur Erklärung geschaffen"[1068] ist. Dieses Paradoxon öffnet den Raum für seine eigentliche Entfaltung, bei der „nicht erklärt und nicht nach Erklärung verlangt"[1069], sondern erzählt wird:

> So schließt sich der Kreis von Unerklärlichem zu Unerklärlichem, in dem die Sage die Funktion hat, nicht etwa das Unerklärliche zu erklären, sondern es in immer neuen Aspekten zur Darstellung zu bringen. Die Antwort, die die Sage gibt, könnte man sagen, ist nichts anderes als eine Metapher der Frage.[1070]

Die Gestalt des Mythos wäre so ein stetiger Wandel, in dessen Verlauf sich der Ausdruck einer Sache, d.h. jenes „Wissen, was Sache ist"[1071] gibt. Fühmann hat hierfür das graphisch hervorgehobene „SO IST ES"[1072] verwendet, dessen Eigentliches als solches nicht zu fassen ist, sondern nur in jener Wortwörtlichkeit des mythischen Erzählens, d.h. als Rede[1073] da ist. In dem Vorgang seiner Erzählung schafft der Mythos somit die Gegenwärtigkeit eines Erfahrungshorizontes, bei dem der nicht auffindbare Ursprung dieses „erratischen Einschluß[es]"[1074] selbst nicht gegeben werden kann. Das Potential der Mündlichkeit des Mythischen gewährleistet jedoch trotz bzw. gerade durch das „harte [...] Niemals"[1075] eine Gegenwärtigkeit, die das mythische Zeichen in ihrer Abwesenheit darstellt.[1076] Bemerkenswert ist an Fühmanns Herausstellen

---

[1066] *Das mythische Element in der Literatur.* WA 6, S. 105. (Hervorhebung i. Orig.) Vgl. dazu auch Isers Beschreibung: „Der Mythos hält etwas parat, das man die Struktur der offenen Situation nennen könnte." (*Zweite Diskussion.* Terror und Spiel, S. 541.)
[1067] Blumenberg, *Wirklichkeitsbegriff.* Terror und Spiel, S. 44. (Hervorhebungen i. Orig.)
[1068] Beide Zitate: *Das mythische Element in der Literatur.* WA 6, S. 124.
[1069] Blumenberg, *Arbeit am Mythos*, S. 143.
[1070] Stierle, *Mythos als ›bricolage‹.* Terror und Spiel, S. 466.
[1071] *Das mythische Element in der Literatur.* WA 6, S. 98.
[1072] Ebd., S. 132. (Hervorhebung i. Orig.)
[1073] ‚Rede' ist eine der möglichen Übersetzungen für ‚μύθος'. (Vgl.: *Langenscheidts Taschenwörterbuch Altgriechisch.* Begr. v. Hermann Menge. Neubearb. v. Karl-Heinz Schäfer u. Bernhard Zimmermann. Berlin u.a. 2000^8.) Ulrich Gaier bemerkt zudem mit Blick auf die Übersetzungsvarianten für den Begriff ‚μύθος': „Aus diesen Konnotationen wird deutlich, daß der Begriff weniger die jeweilige Sache ausspricht als die sprachliche und insbesondere gefällig sprachliche Form, in der die Sache erscheint." (Gaier, Ulrich: *Hölderlin und der Mythos.* Terror und Spiel, S. 295-340, hier S. 295.)
[1074] Blumenberg, *Arbeit am Mythos*, S. 165.
[1075] *Das mythische Element in der Literatur.* WA 6, S. 101.
[1076] Vgl. dazu den von Derrida übernommenen Gedanken: „Le signe représente le présent en son absence." (Derrida, *La différance.* Marges, S. 9.)

III.1 Poetik des Unvollendbaren und unvollendbare Poetik

des Wortwörtlichen nicht nur das schon eingangs des Mythos-Essays erwähnte Problem der Wirkungsmächtigkeit, sondern gerade die implizit angesprochene Frage des Medialen. Denn letztlich ist der Erfahrungsgehalt des mythischen Gleichnisses in seiner Mündlichkeit vorhanden, wohingegen „die Schriftlichkeit zwar die Konstanz [begünstigt]; aber […] nicht hervorgebracht hat, was ihr zu erhalten anheimgefallen ist."[1077] Bezogen auf die enthaltene und vorgehaltene objektive Erfahrung ist jede konkrete Variante mit einem Goethe-Wort „die Sache, ohne die Sache zu sein, und doch die Sache"[1078]. Ohne direkten Reflex darauf veranschaulicht auch Sartre diesen Sachverhalt in *Qu'est-ce que la littérature?* Der folgende Auszug daraus lässt sich im Zusammenhang mit Fühmanns Insektenstich-Beispiel sehen: „Un cri de douleur est signe de la douleur qui le provoque. Mais un chant est à la fois la douleur elle-même et autre chose que la douleur."[1079]

In Fühmanns poetischem und poetologischem Entwurf, den er zum ‚mythischen Element in der Literatur' vorlegt, steht an fast marginaler Stelle der Hinweis auf Thomas Manns *Joseph*-Roman. Fühmann bezieht sich auf das berühmte ‚Vorspiel', in dem bereits zu Beginn die Unabschließbarkeit der zu erzählenden Geschichte in der Brunnenmetapher offenbart wird. Mann exponiert das Problem des Anfangs als Anfang und erklärt gleichermaßen, dass eigentlich ein Anfang dessen, was im Folgenden erzählt werde, wohl nicht oder wenn, dann nur als Höllenfahrt zu leisten sei: „Es geht hinab und tief hinab unter Tag mit uns Erbleichenden, hinab in den nie erloteten Brunnenschlund der Vergangenheit."[1080]

Die Metapher der Höllenfahrt hat Fühmann sich bei Mann geliehen, um das in zuweilen emphatischem Ton gegebene Plädoyer des *Joseph*-Vorspiels für das „Fest der Erzählung"[1081] durch seine poetische Selbstverständigung zu unterstreichen. Dies hat zum einen mit jenem Moment der Offenheit zu tun, die im genuin Prozesshaften des Mythos liegt. Zum anderen nimmt Fühmann – wie etwa auch anhand der Auswahl seiner Prosabeispiele (und an deren Erläuterungen) im Essay erkennbar – Partei für ein Erzählen, das zunächst sich selbst verpflichtet ist, sodass dafür erst recht gilt, dass „man […] Dichtung nicht *so* befragen [darf], als ob sie eine wissenschaftliche Aussage sei."[1082] Für Fühmann findet mit der Bereitstellung des mythischen Gleichnisses im Erzählen jenes Fest statt, das wesentlich durch sein Vorgehen, d.h. ein Sich Ereignen

---

[1077] Blumenberg, *Arbeit am Mythos*, S. 168.
[1078] Goethe, *Nachträgliches zu Philostrats Gemälde*. In: BA 20, Kunsttheoretische Schriften und Übersetzungen, Schriften zur bildenden Kunst II, Aufsätze zur bildenden Kunst (1812-1832). Berlin 1974, S. 244-250, hier S. 248.
[1079] Sartre, Jean-Paul: *Qu'est-ce que la littérature?* Paris 2002, S. 16. Fühmanns Arbeitsbibliothek enthält die deutsche Ausgabe dieses Buches. Er hatte sich u.a. die hier zitierte Stelle markiert. (Sartre, Jean-Paul: *Was ist Literatur?* Ein Essay. Reinbek b. Hamburg 1967, S. 9. ZLB, Sammlung Fühmann)
[1080] Mann, *Joseph und seine Brüder*, S. 38.
[1081] Ebd., S. 40.
[1082] *Das mythische Element in der Literatur*. WA 6, S. 137. (Hervorhebung i. Orig.)

bestimmt bleibt. Die Statik eines bloßen Zeigens ist dabei nicht zu wollen. Fühmann privilegiert mit seiner Mythos-Poetik ein Erzählen, das nicht mehr nur Ausgleich des Mangels an Ursprünglichkeit sein will, sondern das den Reichtum des Dichterischen gegenüber ohnehin nicht zu leistender Vollständigkeit oder Abgeschlossenheit heraushebt. Auf einer Veranstaltung der Akademie der Künste der DDR erklärt er, dass Kafka ihm „sehr viel [bedeutet]"[1083], um sogleich hinzuzusetzen: „Er ist halt so ein grandioser Erzähler, und liebe Leute, laßt uns doch einmal auch wirklich ein bißchen Freude an etwas haben, das eben halt einfach grandios erzählt ist." Dieses offene Eintreten für Kafka und sein „hinreißend[es]"[1084] Erzählen stützt Fühmann hier mit einem Argument, das noch in seiner zweimaligen Wiederholung beinahe zu einfach erscheint. Doch steckt darin der Kern, der die am und mit dem Mythos entwickelte Poetologie kennzeichnet. Fühmann führt anhand zweier Kafka-Texte vor, wie die dort enthaltene Erfahrung „mit dem Leben überein[stimmt]"[1085], was dennoch keine Gleichsetzung von Literatur und Leben nach sich zieht. In seinem Akademievortrag über E.T.A. Hoffmann stellt er an dem Romantiker dessen literarisches „Fassen simpelsten Alltags" heraus, das dreiteilig sei, „wahrnehmen, durchdenken und gestalten"[1086] und das Hoffmanns Liebe und Hass gegenüber dem Alltagsleben als „schmerzliche[] Sehnsucht nach Menschenheimat"[1087] zeige.

[1083] Fühmann im 2. Kafka-Gespräch am 22.11.1983. [Mitschrift, Typoskript]. Stiftung Archiv der Akademie der Künste. AdK-O, ZAA 2577, S. 19.
[1084] Beide Zitate: Ebd.
[1085] *Das mythische Element in der Literatur.* WA 6, S. 95. In der Akademie-Rede über E.T.A. Hoffmann gibt Fühmann einen Überblick über seinen Literaturbegriff und thematisiert diesen Zusammenhang von Kunst und Leben: „Kunst, vor allem Literatur, liefert Modelle wesenhafter Erfahrung, die es dem einzelnen gestatten, sich im phantastischen Selbsterlebnis in seiner Umwelt wiederzufinden und sich mit den Mitmenschen zu vergleichen." (*Ernst Theodor Amadeus Hoffmann.* WA 6, S. 221.) Fühmann nennt im 2. Kafka-Gespräch beispielhaft Übereinstimmungen zwischen einer Verleumdungserfahrung Erich Arendts in den 1950er Jahren, die er mit *Der Prozeß* in Zusammenhang bringt. (Vgl.: Fühmann im 2. Kafka-Gespräch, AdK-O, ZAA 2577, S. 18.) Außerdem sei die Erfahrung in *Die Verwandlung* eine, die „jeder verstümmelte Arbeiter erlebt" (ebd., S. 19) und der Text könne „einfach als eine erzählerische, künstlerische, dichterische Leistung" (ebd.) mitreißen.
[1086] Beide Zitate: *Ernst Theodor Amadeus Hoffmann.* WA 6, S. 233. Im Zusammenhang mit Fühmanns Joyce-Rezeption zitiert auch Dennis Tate diese Stelle in seinem Aufsatz. (Vgl.: Tate, *Undercover Odyssey.* German Life and Letters 47 (1994) 3, S. 311.)
[1087] *Ernst Theodor Amadeus Hoffmann.* WA 6, S. 232. Mit der Einschätzung, dass Hoffmann, „der einzige unter den Romantikern [war], der das Alltagsleben liebte" (*Ernst Theodor Amadeus Hoffmann.* WA 6, S. 232) zitiert Fühmann Ricarda Huch. Bei ihr (Huch, Ricarda: *Ausbreitung und Verfall der Romantik.* Leipzig 1902, S. 215) heißt es: „Er (E.T.A. Hoffmann, S.K.) war der einzige unter den Romantikern, der das Alltagsleben liebte, das unter seinem Fenster auf dem Markte wimmelte, dessen starkes Auge gerade da Wunder und Räthsel wahrnimmt, wo ein oberflächlicher poetischer Sinn nur uninteressante Prosa vermutet." Auch in seinem Exemplar der Untersuchung von Dahmen, Hans: *E.T.A. Hoffmanns Weltanschauung.* Marburg 1929, S. 7, hatte er sich dieses Zitat angestrichen. (ZLB, Sammlung Fühmann) Allerdings zitiert Wittkop-Ménardeau einen gegenteiligen Tagebucheintrag

III.1 Poetik des Unvollendbaren und unvollendbare Poetik

Die in der Erzählung anzutreffende Gegenwärtigkeit eines Erfahrungsgehaltes und dessen durch Literatur erzeugbare Wirkungsmacht spielen für Fühmann demnach eine zentrale Rolle. Seine Bemühungen, diese Auffassung nicht nur nachzuweisen und ihre literarischen Leistungen hervorzuheben, sondern auch explizit im Kontrast zu unwahrhaftigem Umgang mit Literatur zu entwickeln, sollten jedoch nicht in einer Bestimmung ex negativo nur auf diese Kontrastierung bezogen bleiben. Vielmehr liegt Fühmanns Leistung dort in der von ihm vorgeführten Rezeptionspraxis, die er in ihrem poetischen und poetologischen Stellenwert betont. Der mythische Raum dafür ist ihm dabei die Gegenwärtigkeit eines sich Ereignenden, das nicht nur nicht in Ideologie aufgeht, sondern noch deutlich über den literaturgeschichtlichen Kontext hinausweist, in dem sein Autor stand. Gerade weil er sich unter Zuhilfenahme einer auch geistigen Unabgrenzbarkeit so selbstverständlich an Thomas Manns Diktum schulte –

> Fest der Erzählung, du bist des Lebensgeheimnisses Feierkleid, denn du stellst Zeitlosigkeit her für des Volkes Sinne und beschwörst den Mythos, daß er sich abspiele in genauer Gegenwart![1088],

– wie im selben Text an Claudius, Hegel, Lenin, Seghers, Joyce, Jean Paul und gar noch am populären Schlager der Zeit, gerade deshalb schon steht *Das mythische Element in der Literatur* für den Schritt „zum vollen Leben"[1089], mit dem es Fühmann so sehr um einen Beitrag zur Beschreibung der „unzerstörbare[n] Kraft"[1090] des Mythos geht, wie auch darum, „unsre Anstrengungen einer gemeinsamen Sache zu widmen, einer Sache, die das Nichtigste und das Wichtigste dieser Welt ist, der Dichtung."[1091]

Hoffmanns von 1806: „*Das Alltagsleben ekelt mir [sic!] mit jedem Tag mehr an!*" (Wittkop-Ménardeau, Gabrielle: *E.T.A. Hoffmann*. Reinbek b. Hamburg 1997[14], S. 48.) In Fühmanns Zettelkasten finden sich beide Textstellen (Huch und Hoffmanns Eintrag) nacheinander verzeichnet (ZLB, Sammlung Fühmann, Nr. 129).

[1088] Mann, *Joseph und seine Brüder*, S. 40.
[1089] *22 Tage*. WA 3, S. 491.
[1090] *Das mythische Element in der Literatur*. WA 6, S. 128.
[1091] Ebd., S. 140.

III.2 *„Je suis un mensonge qui dit toujours la vérité."*

> [W]ir [leben] in einer Epoche [...], »in welcher, wie nie zuvor in der Geschichte, der Berg des erfahrungsfreien Wissens mit ... atemberaubender Geschwindigkeit zum Himmel wächst.« Hiermit sind zwei wesentliche Parameter unserer zunehmend risikoreichen Null-Fehler-Kultur angedeutet: einerseits die rasante und inzwischen digital gestützte Beschleunigung aller Lebensbereiche und andererseits die nach Guggenberger damit verbundene »Enteignung der Sinne«. Mit der durch die Dominanz der Ratio bedingten »Enteignung der Sinne« aber wächst gleichzeitig die Gefahr, daß die sich vor allem auf Erfahrung stützende Vorstellungskraft zunehmend entmachtet wird.[1092]

Gegenüber der hier von Manfred Osten diagnostizierten Fehlerlosigkeitskultur des vermeintlich Perfekten nimmt sich das fortgesetzte Erzählen „untheoretisierte[r] Erfahrung"[1093] im Mythos gerade als Vertrauen in Sinnlichkeit – wie auch Sinnhaftigkeit – aus. Die jeweilige Anreicherung einer Gleichnisstruktur mit subjektiver Erfahrung setzt dabei auf eine andere Rationalität, als jene auf Technik und materielle Verwertbarkeitskriterien – zuweilen verhängnisvoll – reduzierte, deren Vorherrschaft Osten (auch) beschreibt. Sowohl deren Abhängigkeit von chimärischer Fehlerlosigkeit wie auch die der Makellosigkeitsideologie implizite Annahme eines in sich geschlossenen und abgeschlossenen Systems sind Kennzeichen jener Entmachtung der Vorstellungskraft, von der Osten spricht. Demgegenüber kommt die mythische „Zelebration des Sinnlosen als Sinn"[1094] einer Privilegierung des Geschehens und des Geschehenden gleich, das nicht notwendig durch die in sich abgeschlossene Erklärbarkeit seiner Phänomene bestimmt ist. Fühmann spricht von einem „Rest, der im intellektuellen Begreifen nicht aufgehen will"[1095]. Die bei Osten zitierte Vorstellung von Fehlerlosigkeit

---

[1092] Osten, Manfred: *Die Kunst, Fehler zu machen.* Frankfurt/M. 2006, S. 26f. (Zitate i. Text a. Guggenberger, Bernd: *Das Menschenrecht auf Irrtum.* München: 1987, folgen Osten.) – Titelzitat zu diesem Unterkapitel entnommen aus: Cocteau, Jean: *Opéra, Le paquet rouge.* In: Ders.: Œuvres poétiques complètes. Éd. publiée sous la dir. de Michel Décaudin. Paris 1999, S. 540. (Hervorhebung i. Orig.)

[1093] *Das mythische Element in der Literatur.* WA 6, S. 124.

[1094] Vgl. die kritische Beschreibung bei Adorno: „Mythisch ist die Zelebration des Sinnlosen als Sinn; die rituale Wiederholung von Naturzusammenhängen in symbolischen Einzelhandlungen, als wären sie dadurch Übernatur. Kategorien wie die Angst, von denen zumindest nicht zu stipulieren ist, sie müßten für immer währen, werden durch ihre Transfiguration Konstituentien von Sein als solchem, ein jener Existenz Vorgeordnetes, ihr Apriori. Sie installieren sich als eben der ‚Sinn', welcher im gegenwärtigen geschichtlichen Stande positiv, unmittelbar nicht sich nennen läßt. Sinnloses wird mit Sinn belehnt, indem der Sinn von Sein gerade an seinem Widerspiel, der bloßen Existenz, als deren Form aufgehen soll." (Adorno, Theodor W.: *Negative Dialektik.* Jargon der Eigentlichkeit: Erster Teil: Verhältnis zur Ontologie. GS 6, S. 125.)

[1095] *Das mythische Element in der Literatur.* WA 6, S. 132.

III.2 „*Je suis un mensonge qui dit toujours la vérité.*" 203

geht jedoch gerade von einem vollständigen Aufgehen in Stimmigkeit aus. Der Mythos hat in diesem Verständnis nicht als etwas schlechthin Fehlerhaftes zu gelten, sondern als ein gerade nicht zu kalkulierendes Geschehen, denn „Mythen gehen im Rationalen sowenig auf wie ein Kunstwerk, doch sie ereignen sich ununterbrochen"[1096]. Als Gegenteil dazu zeigt Fühmann das wissenschaftliche Erklärungssystem, das auf rationale Bestimmung der betrachteten Phänomene und auf das Umfassende dieser Bestimmungen ausgerichtet ist. Literatur vor dem Hintergrund dieser Differenzierungen als solche wissenschaftlich, aber „nicht *so* [zu] befragen, als ob sie eine wissenschaftliche Aussage sei"[1097], bildet den Unterschied, den Fühmann unterstreicht. Diese Verschiedenheit hat Fühmann auch in seine kurze Vorbemerkung zum *Saiäns-fiktschen*-Zyklus und in diesen selbst eingearbeitet, indem er bemerkt, „daß Denken eben eine andre Stringenz und auch eine andere Objektivität hat als das Fürchten oder Schaudern oder Ahnen oder Bedrängtsein."[1098] Es ist erneut der „Rest, der im intellektuellen Begreifen nicht aufgehen will"[1099], der hier den Unterschied ausmacht, wenngleich Fühmann mit Blick auf die *Saiäns-fiktschen*-Geschichten „insgesamt" von „Schlußpunkte[n], im Bereich gestockter Widersprüche, wo Stagnation als Triebkraft auftritt" und „Entwicklung als Entwicklungslosigkeit"[1100] spricht. Noch was hier zu Ende geführt und Resultat ist, bleibt „prozeßhaft" und „das Stocken des Widerspruchs treibt Monstren heraus"[1101]. Durch diese Feststellungen scheint das Vokabular der Mythospoetik hindurch, in der die Widersprüche zentral für Wirkungsmacht und Offenheit verantwortlich sind. Bereits in der ersten der sieben Erzählungen begegnen sich Janno und ein Gast. Während letzterer immer neu ansetzt, um die in seiner Überzeugung vorhandene Freiheit des Willens und damit die der Handlungen nachzuweisen, steht ihm der ‚Diplomkausalitätler' Janno mit einer Attitüde der Verabsolutierung von Definierbarkeit und Kategorisierbarkeit gegenüber, die in diesem Einordnen letztlich ein Zeichen durch Wissenschaft und teilweise Pedanterie bestimmter Systematik darstellt. All das zeigt Fühmann, jedoch ohne die Terminologie oder Geschlossenheit des Science-fiction-Genres und erwähnt sogar eine Leserkritik, in der ihm Unkenntnis des Genres vorgehalten worden sei. Inhaltlich weisen die Erzählungen in der Tat auf Schlusspunkte, jedoch ohne Anspruch einer Abgeschlossenheit im Sinne eines Systems, das etwa ein „Utopiesystem"[1102] heißen könnte. Mit der Figur des Janno führt Fühmann die zuweilen fast überhebliche Haltung eines überzeugten Vertreters wissenschaftlicher Erkenntnis vor. Der Gast und Proband hingegen zweifelt nicht nur erheblich am notwendigen Eintreten des vorgetragenen Versuchsablaufs,

---

[1096] *22 Tage.* WA 3, S. 490.
[1097] *Das mythische Element in der Literatur.* WA 6, S. 137.
[1098] Ders.: *[Vorbemerkung].* In: Ders.: Saiäns-fiktschen. Erzählungen. Leipzig 1990², S. 5.
[1099] *Das mythische Element in der Literatur.* WA 6, S. 132.
[1100] Ders., *[Vorbemerkung].* Saiäns-fiktschen, S. 6.
[1101] Ebd.
[1102] Ebd., S. 6.

sondern damit gleichermaßen auch an der Absolutheit, mit der Janno alle vermeintlichen Selbstverständlichkeiten berichtet. Der gelinde Zweifel an den Aussagen wird als Glaube an das menschlich Mögliche einem Denksystem gegenübergestellt, das bereits all seine Definitionen vorgenommen hat, sodass es in der Erzählung als allumfassend sich erweist, als ebenso allumfassend und allgegenwärtig wie die geistige, gefühlsmäßige und vor allem ideologisch-emotionale Kontrolle im alltäglichen Leben von Uniterr, dem einen der beiden Staaten, die die bipolare Welt in *Saiäns-fiktschen* ausmachen. Die Aufgabe der Wissenschaft und der Wissenschaftler ist dort nur noch die Erfindung von bereits Erfundenem und in der Philosophie bzw. in der Geschichtswissenschaft geht es nur um die stetig wiederholte Bestätigung eines bereits – als eine Art Ideologie – vorhandenen Geschichtsbildes. Der in *Die Ohnmacht* entwickelte Begriff der „Anti-Kausalität"[1103] ist die wohl leicht ironisierte Beschreibung, die Fühmann für die Art umgekehrter Teleologie findet, die die Wissenschaft, vor allem aber wissenschaftliche Erkenntnis und damit deren Wahrheit bestimmt. Die buchstäbliche Ohnmacht des Gastes in der Erzählung, das Geschehen in der geschauten Zukunft willentlich zu beeinflussen bzw. gar zu verändern, taucht in Gestalt unbedingt verbindlicher Vorgaben für die Wahrheit wissenschaftlichen Erkennens als zentrales Problem in den Erzählungen *Der Haufen*, *Das Duell* und *Bewußtseinserhebung* wiederum auf. So wird Jannos objektiver Willen zur Wahrheit – „Ich will die echte Lösung."[1104] – von seinem Freund Jirro quasi notwendig als Bewusstseinsschwäche ausgelegt und nicht als Wahrhaftigkeit, ja von dem später auftretenden Kontrolltrupp wird Janno aufgrund dieses Ansinnens schließlich als „Kranker"[1105] abgeführt. Die vermeintliche ‚Krankheit' des Helden innerhalb der Erzählung ist dabei eigentlich jenes Wahrheitswollen, von dem Fühmann sagt, es gehöre elementar zur Wahrhaftigkeit. Der Wahrheitsbegriff, der sich hier bei Janno findet, weist einen engen Zusammenhang mit Fühmanns Vorstellungen auf, die er auch gegenüber Jacqueline Benker-Grenz sehr klar erläutert. Wahrheit sei demnach „Übereinstimmung von Bewußtsein mit objektiver Realität, im sozialen Bereich also mit Erfahrung."[1106] Der – auch für die in Uniterr aussichtslose Haltung des Janno – entscheidende Teil der Begriffsklärung jedoch enthält das Merkmal nicht leistbarer Vollendung, d.h. der Unabgeschlossenheit:

> Natürlich gibt es auch absolute und relative Wahrheit, die Wahrheit als einen Prozeß der Annäherung, einer ständigen, nie abgeschlossenen Annäherung, weil die objektive Realität unendlich viele Seiten hat, unendlich viele Aspekte, die alle zur Wahrheit gehören. Der Prozeß dieser Annäherung ist der Prozeß der Wahrheitsfindung.[1107]

[1103] Ders., *Die Ohnmacht*. Saiäns-fiktschen, S. 7-32, hier S. 18.
[1104] Ders., *Der Haufen*. In: Saiäns-fiktschen, S. 32-57, hier S. 44.
[1105] Ebd., S. 54.
[1106] *Gespräch Benker-Grenz*. WA 6, S. 415.
[1107] Ebd.

III.2 „Je suis un mensonge qui dit toujours la vérité."

Die Endzustände und Markierungen von Abgeschlossenem, die Fühmann in *Saiäns-fiktschen* unter der Ägide eines „Etwas-zu-Ende-Denken[s]"[1108] zeigt, sind dabei wesentlich durch vorgegebene und starre Wahrheitszustände bestimmt, im Angesicht derer Wahrhaftigkeit (für die Mächtigen in der Erzählung) ein störendes Element darstellt, sodass diese Zustände ihren eigentlichen Wert als Wahrheiten an eine pervertierte Teleologie eingebüßt haben. Das Erschrecken über dieses Moment einer prozesshaft gewollten Paralyse hat Fühmann in die hochfrequenten plötzlichen Wendungen innerhalb der Fabeln gegossen. D.h., was mit dem Mythos und mit dessen Mitteln als unentwegtes Sich-Ereignen erzählt werden kann, zeigt Fühmann in der Stagnation dieser Erzählungen nur mehr als Erstarrung des Lebens in Widerspruchslosigkeit. Die letzte der sieben Erzählungen, *Pavlos Papierbuch*, zeigt dennoch latent die Hoffnung auf eine „Sache, die das Nichtigste und Wichtigste dieser Welt ist, [die] Dichtung"[1109]. Dort erliegt Pavlo der Wirkung – und dies ist im *Saiäns-fiktschen*-Zusammenhang eben die Besonderheit der vorgeführten Lektüren – von auf Papier gedruckter Literatur. Fühmann zeigt hier ausführlich, was er auch im zweiten Gedankenexperiment im Mythos-Essay[1110] nahelegt, nämlich die durch Jahrtausende ungebrochene Wirkungsmacht des Literarischen und mit Fühmann wohl des mythischen Elementes, die seinen Helden trotz dessen interpretatorischer Verwunderung bannen kann. Zugleich aber verweisen die aufgeführten Texte[1111], die Pavlo liest, zurück auf eine Relation, die sich bereits in Fühmanns Lektüre der Phalanstère-Szene aus Madáchs *Az ember tragédiája [Die Tragödie des Menschen]* findet. Die bei Madách gezeigte Gesellschaft ist nach Fühmann „zu Ende gedacht" und „[i]hre Endform ist das KZ"[1112]. Fühmanns Diagnose stützt sich in *22 Tage* auf die in dem Drama gezeigte bewusste Reduktion gesellschaftlicher Tätigkeit auf bloßen Nutzen. Die umfassend kontrollierte Existenz der Bewohner Uniterrs und der des weniger detailliert beschriebenen Libroterr[1113] ist Madáchs Negativutopie mit Vieh hütenden Philosophen durchaus vergleichbar. Das alltägliche Leben ist in der Zukunftsgesellschaft des *Saiäns-fiktschen* auf Minimalbedürfnisse reduziert, im Rahmen derer gar der Besitz sogenannter ‚Papierbücher' einer besonderen Genehmigung bedarf. Warum dies in der autoritären Gesellschaft Uniterrs so ist, lässt sich anhand der gesteigerten Wirkung nachvollziehen, die die Lektüre des ‚Papierbuchs' auf Pavlo ausübt. Seine Leseerfahrung entzieht sich ganz

---

[1108] Fühmann, *[Vorbemerkung]*. Saiäns-fiktschen, S. 5.
[1109] *Das mythische Element in der Literatur*. WA 6, S. 140.
[1110] Vgl.: Ebd., S. 100.
[1111] In *Pavlos Papierbuch* liest Pavlo zunächst Kafkas *In der Strafkolonie*, dann *Die Marter der Hoffnung* (*La Torture de l'espérance*) von Villiers de l'Isle-Adam (In: Ders.: Œuvres complètes. Tome 2. Edition établie par Alan Raitt et Pierre Georges Castex. Paris 1986, S. 361-366) und schließlich *Der Nasenstüber* von einem anonymen Autor.
[1112] *22 Tage*. WA 3, S. 472.
[1113] Die mögliche Zuordnung der beiden fiktiven Staaten zu den einstigen zwei deutschen ist hier selbstverständlich denkbar, wird an dieser Stelle interpretatorisch jedoch nicht ausgeführt.

offensichtlich der Kontrollierbarkeit der Leserreaktionen, die den Mächtigen sonst durch die ‚Leserollen' möglich ist. Offensichtlich stellt die – von Fühmann im Mythos-Essay hervorgehobene –subjektive (Lese-)Erfahrung, die sich jeder Kontrolle entzieht, in den Augen der Macht das Problem dar. Pavlos Verständnis von Kafkas *Strafkolonie* war noch von der Befremdung über eine vermeintliche moralische Uneindeutigkeit geprägt[1114], die sich nicht mit den in Uniterr gängigen Vorstellungen klarer Einteilung etwa in gut und schlecht vereinbaren ließ. Nach der zweiten Erzählung liegt Pavlo dann in zunehmender körperlicher Bedrängung „an die Mauer gepreßt"[1115], um sich noch vor der eigentlichen Lektüre der dritten Erzählung selbst körperlichen Schmerz zuzufügen, indem er den Nasenstüber ausprobiert. Nach der Lektüre der Erzählung schließlich erreicht das Unbehagen des Lesenden seinen Höhepunkt, da es ihm nun geistig und körperlich erlebbar wird:

> Und dann stand da: ENDE; Pavlo las „Ende", und langsam, wie nach einem Schlag in die Magengrube, ein dumpfes Durchdringen von Leib und Seele, begann Pavlo zu begreifen, und er sagte: „Unsern täglichen Schlag –[1116]

Die Endform, die sich für Pavlo in *Der Nasenstüber* zeigt, ist das KZ[1117], das Fühmann auch als Endform von Madáchs Phalanstère benannt hatte. Pavlo scheint den Charakter und die Wahrheit des Schauerlichen hier in der Alltäglichkeit des regelmäßig wiederholten Schlages und an der eigenen Betroffenheit zu erkennen. Was er erfährt, ist eben die Wirkung des mythischen Elementes, sodass er „noch im Krassest- und Gräßlichsten jene tapfre Wahrhaftigkeit [spürt], die uns die eigne Erfahrung bestätigt und am Beispiel ihres Gestaltetwerdens die Möglichkeit ihrer Bewältigung zeigt."[1118] Indem Pavlo schließlich eine Paraphrase des *Vater unser* vor sich hin spricht, ohne zu wissen, „was er da sagte"[1119], stellt sich etwas ein, das wohl als Schwinden einer

---

[1114] Vgl. die Fragen, die sich Pavlo im Anschluss an seine Lektüre stellt: Ders., *Pavlos Papierbuch*. Saiäns-fiktschen, S. 139-157, hier S. 147f.
[1115] Ebd., S. 152.
[1116] Ebd., S. 157.
[1117] Für den inhaltlichen Zusammenhang zwischen den drei in *Pavlos Papierbuch* benannten Erzählungen mag eine Bemerkung Fühmanns im Rahmen des 2. Kafka-Gesprächs aufschlussreich sein. Er weist dort darauf hin, dass Kafkas Erzählung für ihn gewissermaßen eine Negativvision darstellt: „Man entdeckte plötzlich, als man heraustaumelte aus den unfaßbaren fürchterlichen Barbareien des Zweiten Weltkriegs – Barbareien seitens des Nationalsozialismus, der Faschismen der verschiedenen Prägung – entdeckte man plötzlich ungeheuer betroffen und erschüttert: Das ist ja alles schon beschrieben worden. Das hat ja schon einer vorausgesehen, und das hat einer ganz nüchtern und sachlich und fast protokollhaft niedergeschrieben: Also die Strafkolonie war eben schon, bevor sie massenhaft produziert wurde, in der Sicht dieses einen Schriftstellers da, und mit einem Schlag war das eine Weltbetroffenheit, die diesen Namen plötzlich in aller Munde legte." (Fühmann im 2. Kafka-Gespräch, S. 7f.)
[1118] *Das mythische Element in der Literatur.* WA 6, S. 122.
[1119] Ders., *Pavlos Papierbuch*. Saiäns-fiktschen, S. 157.

III.2 „*Je suis un mensonge qui dit toujours la vérité.*" 207

Illusion bezeichnet werden kann, die sich bei Pavlo noch nach der Kafka-Lektüre ansatzweise als Befremden fand.

Die eigentliche Leistung der dichterischen Mythoserzählung beschreibt Fühmann als „Möglichkeit [der] Bewältigung"[1120] eigener Erfahrung in ihrer gesamten qualitativen Bandbreite, die im Gleichnis mithin zum Erfahrungsmodell für alle Menschenbrüder und -schwestern[1121] wird. Bedingung der Bewältigung – schon als Möglichkeit – ist ein uneingeschränkter Wille zur Wahrheit, den Fühmann andernorts auch als Wahrhaftigkeit[1122] – „subjektive[n] Glaube[n] daran, daß das, was ich sage, auch wahr ist"[1123] – gefasst hat. Seiner Definition gegenüber Benker-Grenz zufolge gilt für die Wahrheit der Status des nie Abgeschlossenen, sodass das Wahrheitswollen sich gleichsam in unaufhörlicher Annäherung befindet.

In enger Verbindung mit der Frage nach dem Wahrheitsgehalt des Mythos steht sein bereits erwähntes Potential, Erläuterung zu stiften, obschon der Mythos doch nichts eigentlich erklärt. Fühmann spricht davon, dass „der Mythos […] nie zur Erklärung geschaffen"[1124] ist, was grundlegend für die deutlich ausgesprochene Trennung von wissenschaftlicher Erklärungsweise und jener erklärenden Gewalt des Mythos ist:

> Deshalb ist er keine primitive Vorstufe der Wissenschaft, gebastelt von Leuten, die es halt nicht besser gewußt haben, und er ist weder ätiologischer noch allegorischer Art. Er ist untheoretisierte Erfahrung und Bestätigung meines Erfahrens, doch dieses

---

[1120] *Das mythische Element in der Literatur.* WA 6, S. 122. Den Zusammenhang von plötzlichem Schrecken und mythischer Furcht thematisiert ebenso Odo Marquard, indem er die mythische Forterzählung als Strategie von Bewältigung zeigt: „[J]eder Mythos ist ein Sieg über die angstvolle, sprachlose Verstrickung in die Zwänge überwältigender Wirklichkeit. Mythen sind geglückte Versuche, aus Zwangslagen sich herauszureden: aus dem Schrecken in Geschichten über den Schrecken auszuweichen, der dabei seinen Schrecken langsam – aber nie völlig – verliert." (Marquard, Odo in: *Erste Diskussion – Mythos und Dogma.* In: Terror und Spiel, S. 528.)
[1121] Vgl. für diese Begriffe: *Das mythische Element in der Literatur.* WA 6, S. 122.
[1122] Vgl. die entsprechende Antwort Fühmanns in: *Gespräch Benker-Grenz.* WA 6, S. 415f. Weiterhin taucht der Gegenbegriff der Unwahrhaftigkeit an zentraler Stelle in Fühmanns Beitrag auf der Berliner Begegnung zur Friedensförderung 1981 auf. Mit seiner eindeutigen Verurteilung von Unwahrhaftigkeit und Lüge beruft er sich auf Immanuel Kant und stellt klar: „Unwahrhaftigkeit kann niemals ein Mittel für einen noch so guten Zweck sein; sie zersetzt diesen Zweck und diskreditiert ihn. Sie baut letztlich nur Vertrauen ab, dessen Vorräte erschöpfbar sind, übrigens in allen Bereichen und in jeder Beziehung. Geschwundenes oder zersetztes Vertrauen ist, wie abgestorbene Flüsse, nur schwer regenerierbar. / Ich halte es mit Immanuel Kant, nach dem »die Lüge ... der eigentliche faule Fleck in der menschlichen Natur« ist. Wie der Krieg sollte die Lüge geächtet sein, sie sprießen beide aus einer Wurzel und führen beide zur Zerstörung." (*Rede bei der Berliner Begegnung zur Friedensförderung.* WA 6, S. 510-513, hier S. 513.)
[1123] *Gespräch Benker-Grenz*, WA 6, S. 415.
[1124] *Das mythische Element in der Literatur.* WA 6, S. 124.

III. „μία δ' οίη μῦθον ἄκουσεν." - Mythos und Wissen, »was Sache ist«

Bestätigen hat übergreifend auch erklärende Gewalt, wenngleich in einem besonderen Sinn: Es erklärt Dinge, die wissenschaftlich unerklärbar sind.[1125]

Diese Differenzierung geht auf Kerényi zurück, von dem Fühmann zunächst übernimmt, dass der Mythos „die Eigenschaft hat, erklärend zu sein"[1126]. Allerdings entlehnt Fühmann vor allem die – leicht veränderte – Formulierung. Kerényi schreibt in *Was ist Mythologie?*:

> Die Mythologie erklärt sich selbst und alles in der Welt. Nicht weil sie zur „Erklärung" erfunden, sondern weil sie auch diese Eigenschaft besitzt, erklärend zu sein. Wie auch die Poesie oder die Musik manchmal die Welt selbst für den Geist viel durchsichtiger macht als eine wissenschaftliche Erklärung.[1127]

Fühmanns Nähe zu Kerényi und der poetisch wie poetologisch bestimmte Schritt über ihn hinaus lassen sich anhand dieser Passage gut ausmachen. Fühmann hebt hervor, wie das mythische Gleichnis die „individuelle Erfahrung, mit der man ja wiederum allein wäre"[1128], bestätigt. Bei ihm ist die mythische Gleichniserzählung ja die dichterische Kapazität schlechthin[1129], sodass er das „gesellschaftliche[] Dasein[]"[1130] der Kunst aus dieser Fähigkeit ableiten kann. Hierbei geht es weiterhin um die Betonung dieser gesellschaftlichen Funktion, gleichsam der Kunst wie des Mythos und nicht trotz, sondern gerade wegen der fundamental differenten Wahrheitsbegriffe des Wissenschaftlichen, d.h. auch wissenschaftlicher Erkenntnis, und des Mythos. Die Zielsetzungen beider unterscheiden sich dabei in essentieller Weise. Während es im Bereich der wissenschaftlichen Wahrheit(en) zunächst um objektive Richtigkeit geht[1131], steht im Mythos vor allem die subjektive Wahrheit einer Erzählung als Erzählung im Vordergrund. Fühmann hat dies vor dem Hintergrund eines Fehlers bezogen auf den anatomischen Bau eines Schilfhalms in einer Erzählung von Anna Seghers zugespitzt mit einer Anleihe bei Goethe formuliert:

> Das botanisch Richtige ist etwas ganz Anderes – und das kann man in jedem Lehrbuch finden, und in diesem Zusammenhang darf an das Wort Goethes zur Literatur erinnert

---

[1125] Ebd.
[1126] Ebd.
[1127] Kerényi, Karl: *Was ist Mythologie?* In: Die Eröffnung des Zugangs zum Mythos, S. 212-233, hier S. 230.
[1128] *Das mythische Element in der Literatur.* WA 6, S. 96.
[1129] Vgl.: 22 Tage. WA 3, S. 489f. und *Das mythische Element in der Literatur.* WA 6, S. 122.
[1130] Ebd., S. 121.
[1131] Es ist durchaus als problematisch anzusehen, dies hier so zu konstatieren, da gerade im Zusammenhang mit der sogenannten Marktfähigkeit und der damit verbundenen Nützlichkeit und Ausnutzung wissenschaftlicher Erkenntnis und damit Richtigkeit, dem objektiven Urteil Anerkennung und damit Durchsetzung abhanden kommen können, sofern beispielsweise dessen Status vordergründig durch Markt- und Mehrwertinteressen bestimmt wird. An dieser Stelle ist die Verwendung der Begriffe jedoch losgelöst von diesem (etwa in politischen oder ökonomischen Zusammenhängen wichtigen) Hintergrund zu sehen. Hier geht es um die Identifizierung von differenten Erfahrungs- und Erkenntnisstrukturen.

werden: »Das Richtige ist nicht sechs Pfennige wert, wenn es weiter nichts zu bringen hat!«[1132]

Mit diesem vermeintlichen Plädoyer für offensichtliche und zudem erlaubte bzw. zu erlaubende Fehlerhaftigkeit redet Fühmann jedoch nicht einer wissenschaftlichen Ungenauigkeit das Wort. Selbst seine Einschätzung des „für die Dichtung hier gänzlich gleichgültigen botanisch Richtigen"[1133] als langweilig gehört nicht in die Sparte antiwissenschaftlicher Polemik, sondern gilt vielmehr einer abschließenden Hervorhebung jenes Potentials des Literarischen im Speziellen und der Kunst im Allgemeinen, das Kerényi als ein „die Welt [...] viel durchsichtiger"[1134] Machen beschrieben hatte. Es ist hier jenes Dass in der Gegenwärtigkeit des Erzählens, das Fühmann als Qualität des Mythischen zu akzentuieren sucht. Gerade diese Gewichtung zeigt den Mythos nicht als „»primitives Erklären«" oder „»so zusammengesponnenes Zeug«"[1135], wie Fühmann einige Definitionsversuche zitiert, sondern als immer unabgeschlossenes, weil endelos fortführbares und mithin in sich unabschließbares Erzählen, dessen eigentliches Anliegen eben die Narration und nicht die abschlussgetränkte Erklärung ist.[1136] Bei Blumenberg findet sich entsprechend folgender Gedanke:

> Wenn alles aus allem hergeleitet werden kann, dann eben wird nicht erklärt und nicht nach Erklärung verlangt. Es wird eben nur erzählt. Ein spätes Vorurteil will, dies leiste nichts Befriedigendes. Geschichten brauchen nicht ans letzte vorzustoßen. Sie stehen nur unter der einen Anforderung: sie dürfen nicht ausgehen.[1137]

Der Prozess der immer wieder aufgenommenen Umwendung, Behandlung und Rezeption in und als Forterzählung eines an sich nicht veränderten und substantiell nicht zu verändernden Basisinventars besticht gerade durch seinen Abstand zu einer als endgültig vernehmlichen und so vom Erzählenden dem Mythos wie dem Zuhörer oder dem Leser angesonnenen Wahrheit, die „frohgemut nach Hause [ge]tragen"[1138] werden könnte. Im Unabgeschlossenen liegt dabei aber gerade der pointierte Realismus der Darstellungen, die eben nicht

---

[1132] *Das mythische Element in der Literatur.* WA 6, S. 140.
[1133] Ebd.
[1134] Kerényi, *Was ist Mythologie?* Die Eröffnung des Zugangs zum Mythos, S. 230.
[1135] *Das mythische Element in der Literatur.* WA 6, S. 90.
[1136] Diese Relation zwischen narrativer Offenheit und erklärender Gewalt des Mythischen ist mit der gleichen Schwerpunktsetzung auch von Stierle beschrieben worden, der die mythisch-gleichnishafte Ver- und Aufarbeitung von Erfahrung letztlich als metaphorisch-hermeneutisches Spiel beschreibt: „So schließt sich der Kreis von Unerklärlichem zu Unerklärlichem, in dem die Sage die Funktion hat, nicht etwa das Unerklärliche zu erklären, sondern es in immer neuen Aspekten zur Darstellung zu bringen. Die Antwort, die die Sage gibt, könnte man sagen, ist nichts anderes als eine Metapher der Frage." (Stierle, *Mythos als ›bricolage‹.* Terror und Spiel, S. 466.)
[1137] Blumenberg, *Arbeit am Mythos*, S. 143.
[1138] *Das mythische Element in der Literatur.* WA 6, S. 83.

durch Umklammerung eines bloß Richtigen (und dadurch letztlich Entblößten) wirken, sondern durch „die Gültigkeit des ›eigentlich Seienden‹"[1139], das die Erzählung selbst gibt. Fühmann identifiziert den Widerspruch zwischen dem „fortwährend Irrealen"[1140] der mythischen Erzählung und deren engem Realitätsbezug.[1141] Dieser Antagonismus zwischen dem wissenschaftlich Richtigen, das in der Realität etwa durch Gesetzmäßigkeiten Geltung haben mag, und der Wahrheit des mythischen Gleichnisses bleibt notwendig unlösbar. Denn eine Anverwandlung des Mythos an welche Wirklichkeit auch immer bedeutet gerade die Aufhebung eben jener kathartischen Wirkung und Wirkungsmächtigkeit, die die mythischen Strukturen in ihrer „ikonischen Konstanz"[1142] bewahren. Sisyphos' Stein bliebe dann gewissermaßen auf dem Berg liegen und was als Mythos durch Unabgeschlossenheit als fortwährend produktive Erzählung existiert, verlöre jegliches Potential seiner Gegenwärtigkeit.[1143]

Die strukturelle Offenheit der mythischen Form ist damit nicht deren Makel, sondern Garant für deren Dauerhaftigkeit:

> When one reads these strange pages of one long gone one feels that one is at one with one who once ...[1144]

[1139] Blumenberg, *Wirklichkeitsbegriff. Terror und Spiel*, S. 36.
[1140] *Das mythische Element in der Literatur*. WA 6, S. 99.
[1141] Vgl. auch das ‚Schilfhalmexempel': Ebd., S. 140.
[1142] Blumenberg, *Arbeit am Mythos*, S. 165.
[1143] Vgl. dazu auch: „Mythos ist eine fundierende Geschichte, eine Geschichte, die erzählt wird, um eine Gegenwart vom Ursprung her zu erhellen." (Assmann, Jan: *Das kulturelle Gedächtnis*. München 1999², S. 52.)
[1144] Joyce, *Ulysses*, S. 50.

III.3 τόπος τρίτον

„[D]as Gleichnis ist der dritte Ort"[1145] heißt es in Franz Fühmanns Mythos-Essay. Der Mythos sei dieser „dritte Ort, wo sich meine und seine (die des anderen, S.K.) Erfahrung als gemeinsame treffen"[1146].

Als Ort in der Mitte zwischen den je individuell unterschiedlichen und zu unterscheidenden Erfahrungen jedes Einzelnen steht mit dem Mythos jene Instanz der „Modelle[] von Menschheitserfahrung"[1147], die mit der Erzählung des Mythos aufgerufen wird. Das Gleichnis könnte dabei gleichermaßen als ‚ου-τόπος' wie als ‚ευ-τόπος', als ‚Nicht-Ort' wie als ‚guter Ort' gelten, was im englischen [juːtˈəʊpiə][1148] anhand der Aussprache gar ununterschieden bleibt (für [juːtˈəʊpiə] kann sowohl die Schreibung ‚utopia' wie auch ‚eutopia' stehen).

Die bei Fühmann örtlich charakterisierte Schreibung des Mythos schafft dabei explizit keine Unterscheidung zwischen den zwei orthographischen Möglichkeiten. Der Mythos als gemeinsamer Ort menschlicher Erfahrung und menschlichen Erfahrens schafft keine Distinktion oder Definition, wie sie das Märchen noch vorgehalten hatte. Der Mythos erlaubt nur, beides in Einem als offen aufgespannten Widerspruch zu denken. Es lässt sich sagen, dass die mythisch-symbolische Extraposition des Mythos als notwendiger dritter Ort der Verbindung zwischen Individualerfahrungen die Funktion von deren Juxtaposition am dritten Ort erhält. Indem Fühmann mehrfach die Besonderheit der mythischen Wirklichkeit – „Der Mythos verweist nachdrücklich auf die Realität und berichtet doch fortwährend Irreales."[1149] – betont, erfasst er eben diese besondere mediale Position des Mythos, der in seiner jeweiligen

---

[1145] *Das mythische Element in der Literatur.* WA 6, S. 121.

[1146] Ebd. – Außerdem findet sich in Schleiermachers Aufsatz die Formulierung einer durchaus verwandten Vorstellung von der Übersetzung: „Die beiden getrennten Partheien (der gebenden und der nehmenden Sprache, S.K.) müssen […] an einem mittleren Punkt zusammentreffen, und das wird der des Uebersetzers sein". (Schleiermacher, *Methoden des Übersetzens.* KGA 11, S. 75.)

[1147] *Das mythische Element in der Literatur.* WA 6, S. 96. – Vgl. dazu auch: „Fühmann versteht den Mythos nicht als historisches Phänomen. Unter dem Titel des Mythischen stellt er vielmehr ein poetologisches Modell und Kunstideal vor, dem er eine Wahrheitsästhetik zugrunde legt." (v. Bülow, *Die Poetik Franz Fühmanns,* S. 146.)

[1148] Vgl. hierzu: Abrams, Meyer Howard: *A Glossary of Literary Terms.* New York u.a. 1971³, S. 177f. sowie auch Wolfgang Biesterfeld in *Die literarische Utopie.* Stuttgart 1974, S. 1. Dort findet sich folgender Hinweis: „Auch das griechische Wort u-topia = Nichtland oder Nirgendland, das sich in der klassischen Sprache nicht belegt findet, ist eine humanistische Neubildung." (Ebd.) Fühmann hat sich in seinem Exemplar den entsprechenden Satz angestrichen. (ZLB, Sammlung Fühmann)

[1149] *Das mythische Element in der Literatur.* WA 6, S. 99. Blumenberg spitzt dies zu in der Sentenz „Der Ausdruck ‚unwahr' ist ambivalent, denn Mythen sind immer unwahr." (Blumenberg, *Höhlenausgänge,* S. 109.)

Mitteilung sich selbst erzählt und zudem die Funktion einer Art ‚φορεύς' besitzt.[1150] Der Mythos als Medium trägt Menschheitserfahrung. Seine Medialität wird zudem spürbar, da sein Potential nicht im historischen Bericht oder gar der Explikation steckt, sondern in der Gabe des Erzählens selbst. Mit Blick auf die so erzeugte und zu erzeugende Offenheit des zu Erzählenden gilt umso mehr Blumenbergs Feststellung, Geschichten bräuchten nicht bis ans letzte vorzustoßen, sondern stünden nur unter der einen Anforderung, nicht ausgehen zu dürfen.

Fühmanns poetologischer Schritt vom Märchen zum Mythos ist der Abschied von einem utopistischen Denken, das die Märchenkonzeption als im Abschluss einzig und notwendig gut zeigte – denn im Märchen wären ‚ευ-τόπος' und ‚ου-τόπος' je ohne weiteres bestimmbar und festlegbar gewesen. Aus dem Veränderungswissen des reichhaltigen Ungarn-Tagebuches musste erst *Das mythische Element in der Literatur* werden, damit der Schritt „ins Andere"[1151] vollzogen war. Das mythische Element ist somit „die Absage an einen ungerechtfertigten und einseitigen Umgang mit Literatur als Transportmittel für anderes."[1152] Ein wiederum Anderes wird zur eigentlichen Substanz des Schreibens – als „Dichtung, in der ich jenes Andere ahnte, das den Menschen auch nach Auschwitz nicht aufgab, weil es immer das Andere zu Auschwitz ist."[1153] Da Fühmann die Berührung von menschlicher Erfahrung und Literatur als einen Kern der Sinnkonstitution zeigt, kann er die Dialektik der Wirklichkeit mit dem mythischen Element produktiv nehmen. Subjektivität und Objektivität von Erfahrung sind dabei nicht gegensätzliche Kategorien, sondern in der Begegnung mit dem mythisch Objektiven von Dichtung kann die Subjektivität des Individuums das So-ist-es aussprechen. Auf diese Art geschieht die Konfirmation der im „erratischen Einschluß"[1154] des Gleichnisses aufgehobenen und auffindbaren Erfahrung, was – im Anschluss an Lenin[1155] – die Wiedererkennung des Einzelnen als Allgemeines[1156] erlaubt. Poetologisch ist dabei „das

---

[1150] Michel Tournier entwickelt unter dem Begriff der ‚phorie' in *Le Roi des Aulnes* Metaphern und Symbole des Tragens und der Trägerfunktion. Vgl. insbesondere die Kapitel V und VI in: Tournier, Michel: *Le Roi des Aulnes*. Paris 1996. Hier geht es eher um die Funktion der mythischen Erzählung bzw. Erzählstruktur als Erfahrungsträger.
[1151] *22 Tage*. WA 3, S. 501.
[1152] Lange, *Deutschlehrer auf „verlorenem Posten"?* DU 44 (1991) 6, S. 430.
[1153] *Vor Feuerschlünden*. WA 7, S. 180.
[1154] Blumenberg, *Arbeit am Mythos*, S. 165.
[1155] Vgl.: Lenin, Wladimir Ilitsch: *Zur Frage der Dialektik*. In: Ders.: Werke (W). Bd. 38. Berlin 1973, S. 338-344.
[1156] Dies ist gleichermaßen einem Goethe'schen Gedanken verwandt: „Es ist ein großer Unterschied, ob der Dichter zum Allgemeinen das Besondere sucht oder im Besondern das Allgemeine schaut. Aus jener Art entsteht Allegorie, wo das Besondere nur als Beispiel, als Exempel des Allgemeinen gilt; die letztere aber ist eigentlich die Natur der Poesie, sie spricht ein Besonderes aus, ohne ans Allgemeine zu denken oder darauf hinzuweisen. Wer nun dieses Besondere lebendig faßt, erhält zugleich das Allgemeine mit, ohne es gewahr zu werden, oder erst spät." (Goethe, Johann Wolfgang: *Kunst und Künstler [Maximen und Reflexionen Nr. 751]*. In: HA 12, Schriften zur Kunst und Literatur. Maximen und Reflexionen. S. 471.)

III.3 τόπος τρίτον

Subjektive des Dichters" eben nicht „das Objektive seiner Dichtung" [1157], was zugleich die eigentliche Leistung des Mythos-Essays zusammenfasst. Fühmann findet dafür wiederum eine Formulierung, die, wenn auch nicht eine nur topographisch bestimmte, so doch räumliche Vorstellung aufweist: „[E]s geht nicht um das Subjektive des Dichters, es geht um das Objektive seiner Dichtung und die hat für den ganzen Mythos Raum."[1158]

Die Betonung der sinngemäßen Offenheit von Dichtung stellt Fühmann gegen einen märchenhaften Positivismus. Eine derartige Befragbarkeit von Dichtung will Wissenschaft nicht diskreditieren, sondern dem Kurzschluss einer undynamischen Zweipoligkeit entsagen und auf das Andere hinweisen, das Dichtung als ‚Raum für den vollen Mythos' enthält, und zwar insbesondere als Anderes zu Auschwitz, was Auschwitz letztlich mit einbegreift.[1159]

Fühmanns Mythos kann auch in diesem Sinne ‚ευ-τόπος' und ‚ου-τόπος' darstellen. Er ist aber vor allem der „dritte Ort"[1160], an dem beide in einem dialektisch zusammentreffen. Das Bergwerk hätte dieser Ort sein können, gar sein sollen – und konnte es so wenig werden, wie die Urform des Mythos jemals zu finden ist.

František Halas' Gedicht *Nikde [Nirgends]*, das Franz Fühmann nachgedichtet hat, besingt jenen ‚τόπον τρίτον' der nur in der Negation – zuweilen wohl auch des Ortes selbst – eben als ein Nirgends vorhanden ist. Ähnlich dem dritten Ort des Mythos bleibt dieser selbst unerreichbar und unauffindbar:

> Nirgends sein o Nirgends du mein Land
> nachtverwachsen unter allen ungekannt
> Nirgends böse Mitgift Nirgends Bangenstor
> Nirgends sternbestickt kein Laut bricht draus hervor
> Nirgends Nirgends Tiefe singt
> allerorten Nirgends grausam wild
> Heimat ist im Nirgends nur
> Nirgends im All flüchtge Spur[1161]

[1157] Beide Zitate: *Anhang: »Nikde«*. WA 6, S. 298.
[1158] Ebd.
[1159] Vgl. dazu auch bei Ágnes Heller: „Normalerweise denkt man über Dinge und Geschehnisse nach, um sie zu begreifen, das Nachdenken über den Holocaust jedoch fördert stets nur seine Sinnlosigkeit zutage.[…] Der Mensch, sagt Nietzsche, ist an sich fähig, Leiden zu ertragen, nur sinnloses Leiden ist ihm unerträglich. Dennoch muß man sich an den Holocaust, bis zur Unerträglichkeit, erinnern. Je unerträglicher die Erinnerung, desto authentischer ist sie. Dem Holocaust aber nachträglich einen Sinn geben wollen, heißt nicht verstehen, daß er nicht zu verstehen ist." (Heller, Ágnes: *Vergessen und Erinnern*. In: SuF 53 (2001) 2, S. 149-160, hier S. 149.)
[1160] *Das mythische Element in der Literatur*. WA 6, S. 121.
[1161] Halas, František: *Nirgends*. In: WA 6, S. 288-290, hier S. 288. Vgl. für das Originalgedicht: Halas, František: *Časy*. Dílo Františka Halase Bd. 2. Praha 1981, S. 68-70.

Schon dieser Gedichtauszug mag auf den dritten Ort weisen und doch belässt der Text ein Erreichen im Bereich des Unmöglichen, ja Unnötigen. Im Bergwerk wird dies das Fragment eben des Ortes Nirgends – kein Schließen einer Einheit und noch weniger ein Zusammenschließen: Denn auch das Mythische als Epiphanie ist dort mehr Prozess als festgesetztes Resultat. Das Bergwerk zeigt sich als Zeugnis einer Offenheit, die als Mythos im Fragment erzählt und vernommen werden will.

Es ist Fühmanns Leistung in Mythos und Bergwerk das „allerorten Nirgends"[1162] der Kunst als Leben und des Lebens als Kunst gezeigt zu haben. Der Mythos bleibt dafür im und mit dem Bergwerk offen und er muss es bei und für Fühmann bleiben. Gerade dieses *Nikde-Nirgends* der Halas-Dichtung hat Fühmann als Ort und Nicht-Ort wohl besonders beschäftigt, sodass er die tschechischen Originale von 1936 und 1946 mit der Interlinearfassung und seinem eigenen „Nachvollziehungsversuch"[1163] mit Erläuterungen in voller Länge in die Werkausgabe aufnahm.

Seine Überlegungen, die Fühmann zur Übertragung des Titels und damit des Gedichtthemas wiedergibt, stehen in enger Beziehung zur Frage nach seinem Ort. War zunächst der Gang in die Nachdichtung ein erster Schritt auf der Suche nach seinem „Ort in der Sprache"[1164] und die Budapester Landschaft der Moderne eine städtische Topographie, deren Gegenwärtigkeit er in Sprache zu übersetzen suchte, so ist auch die mythische Topo-Graphie des dritten Ortes eine, die wohl noch an den verlorenen Ort in der Sprache rührt.[1165]

Bestimmt durch seine in der Oralität verankerte Form zeigt sich das mythische Gleichnis dort durch ein Präsens, das letztlich die Präsenz eines Aussprechens produziert, sodass sich in diesem Ereignishaften Subjektives finden kann, und zwar sowohl produktiv wie rezeptiv verstanden. Der Nicht-Ort, und damit die eigentliche Nicht-Fassbarkeit dieser Präsenz, wäre fraglos jener „dritte Ort"[1166] des Mythos, der so unerreichbar bleibt, wie die Vollendung eines Bergwerkes, das, in bergmännischer Fachterminologie, nach der Erschöpfung der Erzvorräte ‚offen gelassen' wird.

Franz Fühmanns offene Mythospoetik schafft mit dem Aufruf des dritten Ortes und der essayistischen Annäherung an ihn die Grundlage für ein Bergwerk, das so unabschließbar bleiben muss, wie es sich Fühmann von den Budapester Jugendstilfassaden bis in den Mythos-Essay hinein erarbeitet hat.

[1162] Halas, *Nirgends*. WA 6, S. 288.
[1163] *Anhang: »Nikde«*. WA 6, S. 278.
[1164] *Im Berg*, S. 104.
[1165] Vgl. aber den Hinweis v. Bülows, dass „der gesamte Essay auch als Versuch gelesen werden [könnte], eine neue *lyrische* Konzeption zu gewinnen." (v. Bülow, *Die Poetik Franz Fühmanns*, S. 171. Hervorhebung i. Orig.)
[1166] *Das mythische Element in der Literatur*. WA 6, S. 121.

IV. Bergwerk – τόπος χϑόνιος

IV.1 Weißkaue

In die weitläufige Landschaft von Franz Fühmanns Literatur schreibt sich das Bergwerk-Projekt als jenes Labyrinth unterirdischer Verzweigungen und Verästelungen ein, das nunmehr mit dem poetischen und poetologischen Erfahrungswissen der Strecken zurückliegender Texte befahren wird.

Ein topographischer Überblick, etwa in einer das Relief betreffenden kartographischen Absicht, verzeichnet zuvörderst den Ort der Einfahrt in die Grube, den Förderturm und die erhöht befindliche Hängebank, sowie vor allem die Kegel der Halden. Sie zeichnen rings eine Landschaft, in die der Bergbau sich derart tief eingeschrieben hat und die den Kundigen bei genauerem Hinsehen noch zusätzlich manche mittelalterliche Pinge im Gelände erkennen lässt. In einer durch geologische Methoden und Darstellungsweisen relativ exakt beschreibbaren physischen Formation einer vielleicht mitteldeutschen Landschaft mit bewaldetem, mittelgebirgischem Höhenzug, einem kleineren Fluss und umliegenden Ortschaften, ja einer Kleinstadt, sind an der Oberfläche Spuren einer fortdauernden bergmännischen Aktivität sichtbar, deren Eigentliches sich jedoch den Möglichkeiten der superfiziellen Topographie entzieht. Denn die bergbaulichen Hauptaktivitäten und damit tatsächlich in die Landschaft gegrabenen Einschreibungen finden ja für den topographischen Überblick nicht sichtbar, d.h. gewissermaßen unter einer Oberfläche statt, deren Beschreibung der kartographische Überblick zunächst ins Auge fasst. Die Variationen von Wahrnehmbarem und Sichtbarem sind mit dieser Auffassung Divergenzen eines sich Zeigenden, die noch die Erscheinung des vom Helmlicht erleuchteten Strebraumes eigentlich bestimmen. Die Überblicksbeschreibung ist sogleich auch Zuschreibung und im Sinne der kartographischen Praxis Beschriftung und in dieser Gestalt materiale Namengebung, in der sich also die schriftliche Nachzeichnung einer Landschaft vollzieht. Der topographischen Annäherung an die ‚campagne' ist damit eine mediale Entfernung implizit, die durch ihre Literalität die eigentliche Schrift des so Beschriebenen wenigstens partiell entfernt.

Heiner Müller hat dieses Problem für seinen Text *Bildbeschreibung* durchaus analog benannt, wenngleich in seiner Sicht stärker noch die Problematik des Palimpsests eine Rolle spielt, sodass dies bei Müller eher als Überschreibung zu denken ist: „Ein Bild beschreiben heißt auch, es mit Schrift übermalen. Die Beschreibung übersetzt es in ein anderes Medium."[1167]

[1167] Müller, Heiner: *Krieg ohne Schlacht. Leben in zwei Diktaturen. Eine Autobiographie.* In: Ders.: W 9, Eine Autobiographie. Hrsg. v. Frank Hörnigk. Frankfurt/M. 2005, S. 269. Vgl.

Die Topographie, ein ‚τόπον γράφω', beträfe das Auftragen von Schrift auf eine bereits vorhandene Oberfläche jedoch nur in einer Auffassung, sodass es mit Blick auf Örtlichkeiten und Ortsstrukturen der Texte eben mehr noch um die eigentliche Schreibung von τόποι zu gehen hat.

Für die bis hierher vorgenommene Vermessung dreier ausgewählter zentraler Ortschaften innerhalb des Fühmann'schen Schreibens gilt deren je eigenes Eingeschriebensein in die Strecken des Bergwerkes. Doch Letzteres ist eben nicht bloße Verknüpfung vergeblich offen liegender Stränge, die durch ihre Zusammenführung im Bergwerk aufgegangen wären. Vielmehr sind die abgeschrittenen und zuvor befahrenen Ortschaften ins Bergwerk eingemessen worden. Die im Bergwerk-Text in verschiedenen Modi verwendete Schichtungs- und Schichtenmetapher[1168] ist damit wesentliches Charakteristikum des Bergwerk-Projektes an sich. Sie ist zugleich greifbare und gegebene Literarisierung von Fühmanns ganz eigenem poetischen Mühen mit Schreibmaschine, Leimtöpfen und farbigem Papier. Indem der Autor sich also betont hinter die in und mit aller Teufe niedergebrachte Metapher begibt, weist er auf das Aufbringen der folgenden Schicht auf die bereits unter ihr zum Liegen gekommene. Die schreibend auf- und übereinander gelegten Papierschichten der bekannten Klebetyposkripte wären demnach materiale Textablagerungen eines schriftlich und im Schreiben sich bildenden bzw. entstandenen Massivs, dessen Geologie und dessen Bergdruck der steinernen Anlage des Kupferschieferbergwerkes sich anverwandeln. In der Logik der Metapher bestimmt somit die Grubenanlage die Anlegung des Textes und manifestiert sich gar in der Gegenständlichkeit der Typoskriptseiten des Bergwerkkonvolutes, zu dem in größerer Zahl auch mehrfarbige geologische Karten und schematische Schnittdarstellungen der Mansfelder Region gehören.[1169] Hier also überschreitet die vermeintliche

auch die analoge Bemerkung auf S. 285: „[...] die Beschreibung ist auch eine Übermalung [...]".

[1168] Die Metapher erinnert auch an „Freuds leidenschaftliches Interesse an der Schichtungsstruktur antiker Städte". (Blumenberg, *Höhlenausgänge*, S. 691.) Fühmann lässt seinen Dr. Schmid die bekannte Rom-Metapher des Psychoanalytikers aus *Das Unbehagen in der Kultur* erwähnen. (Vgl.: *Im Berg*, S. 79.) Schmid wird als „orthodoxer Freudianer" beschrieben. (Ebd., S. 66.) Fühmann gibt zudem von unten her gesehen einen Überblick über die geologische Lagerung des Hangenden (bergmännisch für einzelne Schichten oberhalb des (Kupfer-) Flözes). Seine Beschreibung verweist auch auf die feinere Schichtung innerhalb des Flözes selbst. (Vgl.: Ebd., S. 14f.) Eine nahezu identische Aufzählung der Schichten (allerdings im Gegensatz zu Fühmann von der Erdoberfläche her beginnend!) enthält auch Hermlins Reportage. (Vgl.: Hermlin, Stephan: *Es geht um Kupfer*. In: Ders.: Aufsätze, Reportagen, Reden, Interviews. Hrsg. v. Ulla Hahn. München 1980, S. 258-269, hier S. 260f.)
[1169] Unter den umfangreichen Materialien im FFA befinden sich mehrere solche Karten und Darstellungen (etwa unter Nr. 33, 35/1, 35/3 (Übersichtszeichnung von Fühmanns Hand), 38/4 (Filzstiftzeichnungen: Plan von Tillroda, Plan der Grube, Erdgeschichtliche Schnittzeichnung), 34/9$_{(1)}$, 38/6, 38/8, 38 (großformatige Karten und Pläne, darunter eine Karte des Mansfelder Reviers im 1536 (Nachdruck v. 1935) und eine weitere Karte der Bezirke Magdeburg und Halle/S., in die Fühmann Gruben und Schächte farbig eingezeichnet hat)). Zudem enthält Fühmanns Arbeitsbibliothek eine breite Sammlung bergbaulicher und

Kartographierung bereits eine nur überblicksartige Darstellung einer Oberfläche, indem die Betrachtung der Landschaft von den in sie eingeschriebenen Markierungen ausgehend nach Tiefendimensionen fragt. Allerdings ist die Konsequenz aus der Anschauung der Tiefe und in der Tiefe mithin nicht die ohnehin so illusorische wie unmögliche und vor allem unnötige Überprüfung einer jeden Schicht auf der Suche nach einem festschreibbaren Wahrheitsgehalt, sondern sie kann sich allenfalls an den bergmännischen Vortrieb anlehnen, der sich am Flözverlauf zu orientieren hat. Ein Bergwerk ist kein unterirdischer Hallenraum, in dem die Kontemplation eines wie auch immer zu verstehenden Echos vorgeht.

Die Ansicht einer dergestalt vielleicht ‚textgeologisch' aufzufassenden Darstellung von Schaffensverläufen geschieht hier als Einmessung in das Bergwerk, das Franz Fühmann gleichsam als seinen *Ulysses*[1170] projektierte sowie vortrieb und betrieb. Eine etwa schichtweise vorstellbare Freilegung der Sedimente, in die dieses Bergwerk hineingeschlagen wurde, träte als nicht praktikable wie zugleich von vornherein ergebnislose Illusion zutage, in der sich der Glaube an einen äußersten Textsinn verfangen hätte, den auch jene immer schon als Kenntnisbesitz vortrugen und absolut setzten, die nur zu oft über Literatur entschieden und richteten, ohne sie im Grunde zu wollen.[1171] Die Erstellung einer ebenso vielfarbigen wie Mehrschichtigkeit zeigenden Schnittdarstellung, wie sie Franz Fühmann für sein Schreiben am Bergwerk benutzt hat, lässt sich unter Einbindung bedeutsamer Zulaufstrecken hier als Anschauung dieser Topographien des Unvollendbaren zur Sprache bringen.

Die Erkundungsgänge an den drei zuvor gezeigten Orten stellten je die diesen eignenden Charakteristika heraus, die in der Summe jeweils sich zu Hauptaspekten bündeln lassen und die exemplarisch die Landschaft von Fühmanns Gesamtwerk beschreiben können. Indem dabei jeweils spezielle Zuschreibungen zu den Topographiekomplexen identifiziert wurden, ließen sich

---

geologischer Fachliteratur, die derartige Schnittdarstellungen enthalten und detailliert erläutern.

[1170] Vgl.: „Ich hab jetzt die Konzeption, in ein paar Riesenschüben hat sie sich eingestellt, und ich hab mal so einen Überschlag gemacht, natürlich wieder so ein Siebener-Zyklus, also wenns nach dem gehen würde, würden es 7x3x4x12 Seiten werden, nämlich sieben Hauptstücke, jedes geteilt in drei Großkapitel, jedes zu vier Unterkapitel und jedes etwa im Schnitt 12 Seiten, das wären an die 1000 Seiten, dazu sollen noch zwischen den Hauptstücken 6 Erzählungen kommen […], wären also nochmal 120-150 Seiten; kurzum, in der Nähe von Ulysses, und wenn ich, verwegen gerechnet, ½ Seite als Tagesleistung ansehe […], kommen sieben Jahre Arbeit raus." (Franz Fühmann an Ingrid Prignitz am 24.01.1983. In: Fühmann, *Briefe*, S. 454.)

[1171] Vgl. dazu Fühmanns Bezugnahme auf den Marx'schen Fetischbegriff im Mythos-Essay: „Wer in der Kunst nur seine Illusion bestätigt finden will, der will im Grunde genommen Kunst gar nicht, auch wenn er beteuert, sie sei ihm heilig. […] Man betet das Heiligtum an, daß es Regen bringe, und kommt dann keiner, verprügelt man es. Diese Art des Heiligen nennt man Fetisch, und Marx hat das Fetisch-Denken der kapitalistischen Gesellschaft im Raum der Ökonomie gezeigt. Es gibt auch ein Fetisch-Denken im Raum der Kunst." (*Das mythische Element in der Literatur*. WA 6, S. 122.)

die Voraussetzungen dafür schaffen, das Bergwerk nicht mehr nur als voller Vergeblichkeit befahrene Grube aus verbrochenen Strecken und Streben und unzugänglichen Schächten zu betrachten, sondern es durch seine Eingebundenheit in breitere poetologische Zusammenhänge gewinnbringend erneut zu *erschließen*, anstatt es durch den Abraum sich vermeintlich klar einstellender Faktizität eigentlich zu *verschließen*.

In die polyvalenten und ambivalenten Dimensionierungen der Bergwerksteufe(n) wurden die poetologischen Voraussetzungen mit eingebracht, die wie das geologische und geomechanische Grundwissen des Bergmannes gleichsam die Arbeit unter Tage sichern und wie tragende Stempel die Firste der Strecken und Strebe stützen und zum Halt der Arbeitsstrecken des Bergwerkes entscheidend beitragen. In allen betrachteten Schaffensbereichen Franz Fühmanns ließ sich dabei eine Phänomenologie der unvollendbaren Offenheit erkennen, auf deren jeweils vorgefundene Rhetorik die Untersuchungen anhand von sprachlichen, strukturellen und intertextuellen Belegen hinweisen.

Zum bisher mangels sprachlicher Kompetenzen nur völlig unzureichend bearbeiteten Bereich der Nachdichtung konnte ein breiterer Zugang mit einer Konzentration auf die ungarische Lyrik geschaffen werden. Dieser Schaffensort stellt den vielfältigen Brechungen der eigenen, verlorenen Lyrik im Rahmen der dann kontinuierlich besorgten Nachdichtungstätigkeit jenes Lyrisch-Fragmentarische gegenüber, das für Fühmann sich in der wesensmäßigen Unfertigkeit des Nachdichtens und der Nachdichtung bildet und von dem Ágnes Nemes Nagy als einer Ästhetik des Torsos spricht:

> A vers sokszor sérült, hiányosnak látszó, csonka-bonka. Mintegy sebeit mutatja fel értékként. Lássátok, tapintsátok. De hát vajon nem a sérülések a vers testén, nem a hiányok, a félig megnevezések, a felrobbant kísérletek szilánkjai, a torzó esztétikája – vajon nem ez-e a végső mondanivalónk? Nem, nem azért, mert becézzük a torzót, hanem mert a torzó, a hiány is egy teljesebb világról ad hírt, életünk nem tudott vagy nem eléggé átélt szélességéről.[1172]

Weiterhin ist der Verlust der eigenen lyrischen Sprache in der Nachdichtung nicht aufgehoben, sondern stellt eher eine zum Verlustbereich komplementäre Landschaft dar, für die noch immer Dezső Kosztolányi einen der wohl prägnantesten Vergleiche gefunden hat:

[1172] „Ein Gedicht ist oftmals verletztes, als unvollständig erscheinendes Stückwerk. Es zeigt seine Wunden vor, als ob sie Werte seien. Seht, berührt. Doch sind denn nicht die Verletzungen am Gedichtkörper, die Mängel, die halben Benennungen, die Splitter abgebrochener Versuche, die Ästhetik des Torsos – sind denn nicht dies unsere endgültigen Aussagen? Nein, nicht deshalb, weil wir den Torso verniedlichen, sondern weil der Torso, der Mangel etwas über eine vollständigere Welt aussagen, über die möglicherweise nicht oder nicht genug ausgelebte Breite unseres Lebens." (Nemes Nagy Ágnes: *Tudjuk-e, hogy mit csinálunk?* [*Wissen wir denn, was wir tun?*] In: Dies.: Az élők mértana I. Prózai írások. [Die Geometrie der Lebenden I. Prosa.] Budapest 2004, S. 23-35, hier S. 35. Übers. S.K.)

IV.1 Weißkaue

Műfordítani annyi mint gúzsba kötötten táncolni.[1173]

Trotz dieser Gebundenheit stellt der Bereich Nachdichtung bei Fühmann zuerst die fortgesetzte Arbeit daran dar, den – wie es dann im Bergwerk-Text heißt – „Ort in der Sprache zurückzugewinnen, den ihm das Leben unwiederbringlich verlor"[1174]. Der Ort der Nachdichtung bleibt trotz bzw. gerade wegen solchen Suchens nur als eine Art Bibliothek des Fragmentarischen denkbar, das die Anwesenheit eines übertragenden Anfangens bestätigt und in der Realisierung eines Nachgedichteten als ein einem Unabschließbaren Abgehorchtes und Abzuhorchendes erscheint. Eben darin trägt die Nachdichtung bereits das Bergwerk als großen und bedeutungsvollen Kreuzungsort, in dessen Schichtungen sich jene Strecken wiederfinden lassen und das in diese Schichten[1175] hinein niedergebracht ist.

Der Ort der Nachdichtung ist aus dem Blickwinkel des Bergwerks die bei jedem Wort, ja jeder Lautkombination neu gestellte Frage nach deren Übersetzung(en) und damit ebenfalls nach deren Übersetzbarkeit, die im Bergwerk etwa auch die vorbildgetreue Übersetzung der bergmännischen Sprache war.[1176] Die vielfache Rücksprache des Nachdichters mit dem Interlinearübersetzer zu Fragen von Bedeutungsrahmen und Varianten und Versionen zeigt den wiederholten Versuch in der jeweiligen Nachdichtung nicht die Übersetzung eines Gedichtes, sondern ein Gedicht in Übersetzung lesbar zu machen. Dass bei dieser Arbeit sich eine Erfahrung des Unfertigen einstellt, weist auf ein Problem, das sich auch dem Bergwerksgänger weiterhin drängend mit dem „Überdruß am Artefakt"[1177] stellt. Die Übersetzungsarbeit in der Nachdichtung bekennt ihre Nachempfindung des Originals im Wort von der Unfertigkeit der Nachdichtung und unterstreicht zugleich das Problem des Unübersetzbar-Übersetzbaren, das Benjamins ‚Aufgabe' einbegreift. Im Bergwerk stellt sich diese ‚Aufgabe' gerade im Hinblick auf die Frage nach deren (un-)vollendeter Machbarkeit sehr ähnlich. Es ist dabei erneut ein Hinweis Heiner Müllers, dass „Schreiben in der Geschwindigkeit des Denkens […] ein Autorentraum [bleibt]."[1178] Dessen Unerfüllbarkeit liegt im Raum der Nachdichtung in der Unübersetzbarkeit gerade von Erfahrung bzw. Erfahrenem selbst. Dieses zentrale Problem der Schreibbarkeit von Erfahrung erhält im Rahmen der Nachdichtung bei Fühmann einen ersten Reflex. Es stellt sich – nach Budapest und mit dem Mythos – als eines der poetischen Hauptprobleme im Bergwerk erneut und ist, als Übersetzungsproblem behandelt, bereits durch

---

[1173] „Nachdichten heißt soviel wie mit gefesselten Gliedern tanzen." (Kosztolányi, *A fordításról és a ferdítésről*. Nyelv és lélek, S. 512. Übers. S.K.)
[1174] *Im Berg*, S. 104.
[1175] Noch die temporale Schichtung des Erzählens zeigt sich im Text, z.B.: „[…] wußte es heute (dem Damals-Heute, nicht dem Heute des Niederschreibens)". (Ebd., S. 43.)
[1176] Vgl. das Gespräch mit dem Obersteiger: Ebd., S. 9-11.
[1177] Ebd., S. 106.
[1178] Müller, *Krieg ohne Schlacht*. W 9, S. 287.

die Nachdichtung relevant. Durch die Marke des Nicht-Fertigen, des Unabgeschlossenen und Unvollendeten, an dem sich die ästhetische Eigenart der Nachdichtertätigkeit zeigt, ist dies bereits einer der Stränge, die poetisch und konzeptionell tief in die Schichten des Bergwerks führen.

Die Topographie der Fühmann'schen Nachdichtung kann unter Verwendung der Genette'schen Beschreibung der Übersetzung als Form des Palimpsests auch selbst als eine textuelle Schicht innerhalb einer vertikal zu denkenden Textualität verstanden werden. Dies meint vor allem die Deskription einer Zusammenhangsstruktur von Texten, in diesem Falle unter Hervorhebung der Relationen zwischen Original, Interlinearübersetzung und Nachdichtung.[1179] Mit Blick auf Fühmann hat zudem seine nachdichterische Präsenz innerhalb derartiger Verknüpfungen durch die Nachdichtungsarbeit als exponiertes Greifen nach jenem „Ort in der Sprache"[1180] zu gelten, dessen Abwesenheit und Unauffindbarkeit dort in poetischer Kompensation ruht. Zugleich aber lässt sich hier das Schaffen an einem – im doppelten Sinne – Am-Ende-Offenen erkennen, dessen derartige Bedeutsamkeit das Bergwerk in seiner ureigenen Fragmentarizität bestätigt.[1181]

In welcher Weise sich der Eintrag von Sprachlichkeit als poetischer Ertrag anhand der Signifikanz einer literarischen Topographie zu erweisen vermag, lässt sich – was hier mithin eine Variante zur Übersetzung ist – anhand der Umsetzung Budapests in den Text von *22 Tage* vermerken. *22 Tage* jedoch allein als Nachbau Budapests in Text und Schrift zu verstehen, ließe außer Acht, in welchem Maße bereits hier der Eintrag von Bedeutsamkeit einer unbedingt Fühmann'schen Schreibung dieses Ortes zuträglich ist. Denn so sehr die Budapester Topographie all die Einschreibungen enthalten mag, die Fühmann für sie mit *22 Tage* vornimmt, so wenig verschleiert der Text diese Beschreibungen als genuine Inhalte dessen, was er zur Sprache bringt. Die Anfahrt vor Ort, die in *22 Tage* zu Beginn gezeigt wird, bekennt zwar ein Wohin, doch bleibt eine Herkunft in sich offen, ja wird am Textanfang eher als dessen präziser Zeitpunkt vorgegeben. Der Schluss wendet einen Abschluss wiederum in die rhetorische Offenheit einer sich andeutenden Fortschreibung. Das τέλος gilt hier nicht einem Endpunkt, sondern beschreibt und betreibt die Überschreitung des materialen Textendes als Fortführung der Aussage(n). Die Budapester Reise ist in diesem Verständnis eine ‚excursio', also ein Streifzug,

---

[1179] Verschiedene Nachdichtungsversionen bzw. auch die drei hier genannten Varianten wären vor dem Hintergrund der Universalsprache der Poesie eben verschiedene Schichten eines Textes, in den der Nachdichter beim Nachdichtungsprozess eindringt, wobei er (eine) bestimmte Schicht(en) eines Textes als Lesart sichtbar macht. Eingedenk dessen ist auch die Vorstellung der idealen Nachdichtungsedition, in der nach Fühmann wenigstens drei Textschichten erscheinen sollen, Original, Interlinearübersetzung und Nachdichtung. (Für diese Vorstellung vgl.: Fühmann, *Kleine Praxis des Übersetzens*. Mitteilungen der Akademie 8 (1969) 3, S. 9.) Vgl. hierzu auch Kap. I.7 dieser Arbeit.
[1180] *Im Berg*, S. 104.
[1181] Dies ist durchaus im zweifachen Sinne des Satzes, also reziprok zu denken.

dessen Vorgabe nicht das Erreichen eines Endpunktes ist, sondern die ‚balade' selbst. Die Stadt gleicht dem Bergwerk dabei in ihrer Eigenschaft, Folie zu sein und tatsächlich doch als Ort selbst Bedeutsamkeit zu erlangen. Wenn Fühmann im urbanen Kosmos der freien geistigen Budapester Atmosphäre einen Streifzug durch eine Vielzahl von weltliterarischen Stationen unternimmt, so ist der Text der *22 Tage* nicht schlicht dessen schriftliches Tagebuchzeugnis. *22 Tage* gibt vielmehr den Blick auf eine bibliotheksartig gezeigte und gezeichnete Topographie frei, die nicht aus dem Entdeckergeist einer Expedition heraus beschritten wird. Es geht weniger um den staunenden oder gar voyeuristischen Blick der touristischen Stadtbewanderung und damit die vermeintlich wissende Erklärung des Fremden wie des Bekannten, denn mehr um Einschreibung von andernorts zuhandenen Texten in die vorhandene Budapester Topographie. Diese Beschreibung ist dabei sowohl Überschreibung wie Beschriftung. Das Literarische der Budapester Ortschaften entsteht somit aus und mit dem Anschluss der Texte an sie und weiterhin, indem literarische Namengebung sich hier unter Einsatz der Intertexte vollzieht, sodass mit *22 Tage* also eine Kontextualisierung vorgenommen wird, die aufgrund der aufgerufenen Texte weit über die vermeintlich bloß konkretisierbaren Zusammenhänge hinausweist.

Ein beständiges Hervorkommen des Ortes aus dem Text spricht sich in einem nicht ad totum zur Ausdeutung bereiteten Jargon des Beginnens der *22 Tage* aus. „Splitter von Budapest"[1182] erstellen eine ästhetische Anwesenheit, die eher die Abwesenheit des konkreten τόπος geben. Hier eben formt das dargebotene Aufhören des Textes einen Modus von örtlicher Unerreichbarkeit, die freilich mit und in der Schreibung des Ortes entsteht. Dem späteren Besucher des so gesehen nicht minder unerreichbaren Unter Tage gelingt damit eine topographische Nähe, die sich gerade im Fragment selbst genügt, ohne dass eine Phantasie von Erreichbarkeit dies als Scheitern auszuweisen sich nötigte.

Als ‚dritten Ort' beschreibt Fühmann den Mythos, der bei ihm jene poetische Kategorie ausmacht, die durch ihren Gehalt an Menschheitserfahrung dazu angetan ist, für subjektive Einzelerfahrung am Ort des Gleichnisses als Modell zu wirken. Wie für Mythosursprung und -ende gilt für den Mythos selbst, dass er in seiner ureigenen Erzählung immer ungreifbar und dass seine Erzählbarkeit nur im je neuerlichen Erzählen einer seiner Varianten gegeben bleibt. Einen Mythos durch Rückführung auf sein Erstes, d.h. seine Urform, zu Ende bringen zu wollen, ist poetisch weder intendiert noch ist dies wirklich machbar.[1183] Die hier gültige Unerreichbarkeit des Mythos selbst liegt in dem Erfahrungskonzentrat, das durch dessen in der Struktur vorgehaltene Sedimentation seine mythisch-typische[1184] Prägung erfährt. Doch gerade eine mögliche Rückver-

---

[1182] *22 Tage*. WA 3, S. 342.
[1183] Vgl. diesbezüglich auch Blumenbergs Sentenz: „Von Anfängen zu reden, ist immer des Ursprünglichkeitswahns verdächtig." (Blumenberg, *Arbeit am Mythos*, S. 28.)
[1184] Vgl. Thomas Manns Beschreibung des Mythisch-Typischen in dem Essay *Joseph und seine Brüder*. In: Mann, Thomas: Deutschland und die Deutschen. Essays 1938-1945. Hrsg. v. Hermann Kurzke u. Stephan Stachorski. Frankfurt/M. 1996, S. 185-200, hier S. 187f.

folgung solcher Ablagerungsprozesse kann nicht zum sicheren Auffinden eines Beginns gelangen. Das im Mythos selbst Gewordene lässt sich derart im Bergwerk wiederfinden, wenngleich Fühmann beim Mythos nicht explizit vom mythisch gebundenen Sediment von Menschheitserfahrung spricht, sondern die Beständigkeit dieser narrativen Struktur aus der milliardenfachen Wiederholung erklärt, die logische Gestalt erhält und die sich freilich sehr wohl auch als eine Art Erfahrungssediment vorstellen ließe.

Bei der poetologisch höchst relevanten Differenzierung von Märchen und Mythos nun verwendet Fühmann eine Bildlichkeit, deren Substanz bereits aus dem Bergwerk zu stammen scheint: „Aber oft sind die Märchen Juwelen, die Mythen nur Rohdiamanten"[1185]. Fühmann geht es hier ganz offensichtlich zunächst darum, abgeschlossene (kunsthandwerkliche) Geformtheit und schlicht unbearbeitetes Material einander gegenüberzustellen, wobei unter dem rohdiamantischen Mythos hier jene als solche nicht fassbare narrative Struktur zu verstehen ist, die je nur in Rezeption vorfindbar bleibt. Die materiale Härte, die der Diamant in beiden Fällen symbolisiert, zeigt sich gleichermaßen als „temporale Stabilität"[1186], die Blumenberg für den Mythos mit jener nur indirekt ausgesprochenen Bernsteinmetapher[1187] versehen hatte. Zwar unterscheiden sich die für die Metaphern gewählten Stoffe[1188] grundsätzlich, insbesondere in ihren geologischen Entstehungszusammenhängen, doch lässt sich eine Ähnlichkeit im metaphorischen Ausdruck für strukturelle Festigkeit und Beständigkeit feststellen.[1189] Bei der Entstehung von Diamanten hängt diese ursächlich von der Druckgewalt der darüber und darunter befindlichen Schichten ab, im Falle von Bernstein handelt es sich um fossilisiertes Baumharz. Die Widerstandsfähigkeit der mythischen Form wird metaphorisch also durch die Betonung von Eigenschaften des Materials ausgedrückt, an die die im Bergwerk gefundenen Materialien von ihrer Haltbarkeit her nicht heranreichen. Gesteins- und Fossilfunde, Flözbrocken zerfallen dort in der Hosentasche des Finders zu Pulver.[1190] Die Hoffnung auf „schöne Gesteine […], Drusen, Kristalle, Kupferblüten"[1191] kann unter Tage nicht erfüllt werden. Statt der erhofften Schätze finden sich „grauschwarze Brocken, brüchig, amorph, des Bückens

---

[1185] *22 Tage.* WA 3, S. 492.
[1186] Blumenberg, *Arbeit am Mythos*, S. 177.
[1187] Blumenberg spricht von der „hochgradigen Haltbarkeit" des „erratischen Einschluß[es]", den die mythische Struktur darstellt. (Vgl.: Ebd., S. 165.)
[1188] Dies gilt auch für ihren Härtegrad: Diamant besitzt eine Mohs-Härte von 10, Bernstein von 2-2,5. (Quelle: *Brockhaus.* Enzyklopädie in 30 Bdn. Leipzig u.a. 2006²¹.)
[1189] Eine wiederum durchaus ähnliche Metaphorik findet sich weiterhin in Fühmanns Fragment gebliebenem Vorwort zu den Nachdichtungen von Gedichten Ágnes Nemes Nagys. Vgl.: „Diese Gedichte sind Steine: ungeheuer verdichtet, unter enormen Drücken zu ihrer Komprimiertheit gebracht, Kern-Substanz, Konzentrat von Granit, poetisches Urgestein." (Fühmann, *Vorwort.* Dennoch schauen, S. 5.)
[1190] Vgl.: „Ich steckte das Stück [Erz, S.K.] in die Hosentasche (wo es sich zu Pulver zerrieb)". *Im Berg*, S. 21.
[1191] Ebd.

nicht wert."[1192] Die Härte des rohdiamantischen Mythos fehlt dem Kupferschiefer, und doch weisen diese unterschiedlichen Materialmetaphern auf ein zentrales poetisches Problem, das Fühmann beim Mythos bereits thematisiert. Mit dem Zerrinnen des Kupferschieferpulvers ist aus neuer Perspektive angegangen, was für den Problemkreis des Mythos dessen unbeschreibbare Dauerhaftigkeit darstellt, die nur als in beständiger Rezeption befindliche Forterzählung erscheinen kann. Dieses zur Gänze Nicht-Greifbare begegnet im Bergwerk erneut. Dort lässt sich das Unten nicht als Souvenir oder Fundstück einstecken und in seiner festen Form von dort entnehmen. Es ist so wenig möglich, das Bergwerk zu haben, wie der Griff nach der Urform eines Mythos bzw. nach seiner eigentlichen Erzählung zu erreichen oder gar zu haben wäre. Sowohl Mythos als auch Bergwerk erscheinen existentiell dauernd und in eben diesem Dauern nicht vollendbar. Der erzählerische Zugriff kann sich daher nicht unter der Attitüde jener Fixierung vollziehen, die eine Verschriftlichung als gegeben erscheinen lässt. Solches Ein- bzw. Aufbrechen von Erzählbarkeit nährt sich am Lichte eines Epiphanischen, das bei Fühmann die Grubenlampe künstlich-kunstvoll erzeugt: „Im Schein meiner Lampe der aufgebrochene Berg."[1193] Hier wird der Anbruch vor Ort, an der Stelle der bergmännischen Arbeit beleuchtet. Am vorläufigen Ende der Fahrt durch zahlreiche Strecken erscheint nunmehr der durchs Schieferbrechen zuallererst berührte Berg, sodass die Beleuchtung, der Einfall des künstlichen Lichtstrahls auf den Aufbruch im Gestein gleichsam einen erdgeschichtlichen Entstehungsvorgang in dessen eigener Umkehrung heraufruft. Die im Zechsteinmeer abgelagerten und durchs Sonnenlicht getrockneten Schichten legt der Bergmann bei seiner Arbeit wie selbstverständlich frei und bricht sie als Gesteinsbrocken aus. Der Lichteinfall ermöglicht hier den Abbauprozess, ganz so wie, umgekehrt, das Sonnenlicht einst die Eintrocknung der urzeitlichen Gewässer befördert hatte. Beleuchtung ist hier zudem Belichtung. Der zitierte Satz ist auch der Versuch, dieses Moment in der Schrift festzuhalten, und zwar indem das verbale syntaktische Element, an dem ja Zeit ausgedrückt wird, explizit fehlt. Hierzu bliebe schon an dieser Stelle eine der eminent wichtigen Feststellungen aufzurufen, die späterhin das poetologische Zentrum des Bergwerk-Textes bildet und die Poetik des Mythos eng mit dem Bergwerk verschränkt:

> Das Mythische aber kann man nicht wollen; es überfällt, es ist Epiphanie.[1194]

Die Fähigkeit, Erfahrung zur Sprache zu bringen, verfasst im Mythos als genuin Gleichnishaftem jenen Ort, dessen Topographie je die mythische (Fort-)Erzählung schreibt. Jedoch entschlägt das sprachliche Medium dabei dem Bergwerk nie jenen Brocken, mit dem der Abschluss sich setzen ließe. Vom ersten Einschlag an bringt die Arbeit vor Ort daher zuerst und insbesondere ihr

---

[1192] Ebd.
[1193] Ebd.
[1194] Ebd., S. 102.

eigenes Vorgehen, das eben zugleich ein Vergehen ist, zur Sprache, die den Mythos so wenig zu halten vermag, wie mit ihr die Strecken des Bergwerks auskleidbar wären. Gerade Letzteres aber legen ja die signifikant unbegründeten Worte des Steigers nahe, wenn dieser im Außer-Acht-Lassen der bergmännischen Terminologie eine Lüge erkennt.[1195]

Auf einen weiteren Ort, mit dem die Strecken des Bergwerks in Zusammenhang stehen, weist im vorhandenen Text an einer Stelle ein epigraphisches Zitat.[1196] Der darin angesprochene ‚Bitterfelder Weg' wird in die unterirdischen Strecken im Nappian-Neucke-Schacht im Mansfelder Revier verlegt. Der Bergwerk-Text zitiert die kulturpolitischen Ideen und Vorgaben der sechziger Jahre nur noch. Doch diese können jenen nicht mehr herbeizitieren. Die fast heroisch aufragenden Kräne der Werftanlagen sind den dunklen, immer feuchten und unwegsam harten Förderstrecken der Kupfergrube gewichen. Der Schweisserpass dort wird ersetzt durch das betonte ‚B' des Besuchers hier. Doch erscheinen die Mansfelder Strecken und Strebe nicht als Alternative zum ‚Bitterfelder Weg'. Vielmehr sind sie dessen subterran-subtile Umschrift in einen Kontext, in dem eine Notiz zwar noch auf Bitterfeld hinweist, doch wo nunmehr der Erzgang als Erfahrungssediment die Richtung des Vortriebs bestimmt. Das Bergwerk ließe sich vor diesem Hintergrund vielleicht als ein – von dort topographisch nur rund 100km entfernter – Reflex der Bitterfelder Konferenzsäle auffassen.

Der Bergwerk-Text erscheint weiterhin als vereinigender Zusammenlauf einer Vielzahl von Schichten-, Flöz- und Aderläufen, die sich in einer Art exemplarischer geologischer Schnittzeichnung von Franz Fühmanns gesamtem Schaffen darstellen ließen. Nur bewirkte eben die dort notwendig festzulegende jeweilige Zugehörigkeit weitaus weniger das Zustandekommen einer – in geologischer Terminologie – Aufschlusszeichnung[1197], als der konzeptionelle Enthusiasmus bei einem solchen Unternehmen versprechen mag. Wo bei der archivalischen Arbeit jene typisch Fühmann'sche Schichtung der Klebetyposkripte begegnet, ist das Gewordensein des jeweiligen Textes gegenwärtig, ohne dass sich jedoch das Präsens des jeweiligen Werdens darin erkennen ließe. Die Formungen geben in ihrer reliefartigen Erstarrung der geleimten Papierstreifen gleicherweise die Gestalt und die Gestaltung eines Textes wieder. Noch die Masse des zusammengetragenen Materials passt sich in diesem Verständnis in die große Bergwerkmetapher ein. In den Notizen zum Bergwerk heißt es auf einer Pappe:

Bergwerk
Ausgehen:

[1195] Vgl. die kurze Wiedergabe des fraglichen Gesprächs: Ebd., S. 10f.
[1196] Vgl. ebd., S. 40.
[1197] ‚Aufschluss' in geologischem Verständnis: „Stelle im Gelände, die Einblick in die Lagerung der Gesteine u.Ä. zulässt: Felswände sind natürliche, Steinbrüche künstliche Aufschlüsse." (*Duden. Deutsches Universalwörterbuch.* Mannheim 2006⁶.)

IV.1 Weißkaue

> Mein Schreibtisch –
> der Berg Papiere –
> ich grabe mich da durch –:
> Bilder steigen auf –[1198]

In dem (wieder) lesenden und schreibenden Graben im Bergwerk der angesammelten Papiere wird zudem ein Ort bezeichnet und beschritten, der wie das bergmännische Vor Ort jenem Nirgends sich vergleichen lässt, das František Halas' *Nikde* beschreibt. Im bergmännischen Verständnis ist mit ‚Vor Ort' „die Querfläche am Ende einer Strecke, der anstehende Arbeitsstoß im Pfeiler oder Streb, überhaupt das Ende eines Grubenbaues"[1199] gemeint. Fühmann gebraucht eine derartige Formulierung gleich zu Beginn des ersten Kapitels. Die Bezeichnung Ort meint hier eben gerade einen an sich nicht erfassbaren Platz im Unter Tage, an dem sich die bergmännische Arbeit als Vortrieb in den aufgebrochenen Berg vollzieht. Vor Ort zu kommen, heißt demnach nicht, sich an einer immer klar zu bezeichnenden Stelle zu befinden, sondern mitten im Prozess des Erzbrechens selbst. Der Ort als unverrückbarer Platz bliebe somit im Bergwerk absolut unerreichbar, da sich dieser je gerade durch den Fortgang der Arbeit definiert. Hierzu passt Fühmanns Darstellung dieses Platzes, der trotz wahrgenommener Details etwas Lückenhaftes besitzt und eigentlich keine Ankunft ermöglicht:

> Der Ort etwa, an dem ich hockte, war nicht der mythische Ort der Ankunft; er war die Stelle im Winkel zwischen Anfahrt und Kopfstreb, eine Lücke zwischen Versatz und Stempel […].[1200]

Es ist hier auch die Erfahrung eines immer nur in der Annäherung und nie im Erreichen Gegebenen, die sich schon in die zentrale Metapher eingeschrieben findet. Das im sich Gebenden und Gegebenen sich gleichsam Entziehende weist in der Bergwerkmetapher somit auch auf ein Problem der Medialität der ästhetischen Erfahrung, mit dem sich Fühmann im Bergwerk konfrontiert sieht und in dem sich letztlich die poetischen Fragestellungen der Nachdichtung als Übersetzung, der Rhetorik der Budapester Aphorismen und (Ein-)Schreibungen sowie des mythischen Elementes konstitutiv wiederfinden lassen. Das Problem des Offenen, einer im Widerspruch gehaltenen Offenheit, verfasst dabei nachhaltig der dritte Ort des mythischen Gleichnisses, der vielleicht in jenem englischen [juːtˈəʊpiə] zur (Aus-)Sprache käme. In diesem Sinne ist Fühmanns Mythos wie erwähnt zugleich ‚ευ-τόπος' und ‚ου-τόπος'. Er ist aber vor allem der „dritte Ort"[1201], der beide gleichermaßen und zugleich bezeichnet. Das

---

[1198] AdK, Berlin, FFA Nr. 34/10. Vgl. auch: „Bergwerk der Notizen". (*Im Berg*, S. 137.)
[1199] Drißen, Alfred: *Die deutsche Bergmannssprache*. Bochum 1939², S. 85. In einer Bibliographie im Nachlass hat Fühmann neben anderen auch diesen Titel aufgeführt (AdK, Berlin, FFA Nr. 38/4). In seiner Arbeitsbibliothek steht er allerdings nicht.
[1200] *Im Berg*, S. 102.
[1201] *Das mythische Element in der Literatur*. WA 6, S. 121.

Bergwerk sollte konkret dieser Ort sein – und konnte es so wenig werden, wie eine mythische Urform je sich auffinden und erzählen ließe.

Das Bergwerk dergestalt als offenen ‚souterrain' zu verstehen, heißt nicht nur die Einspeisungen vorher erschlossener Schaffensstrecken insbesondere der Nachdichtung, der *22 Tage* und der Entwicklung der Mythospoetik beziehungsreich mit aufzunehmen, sondern es bedeutet gerade auch die stoffliche, materiale und metaphorische Offenheit dieses Textes als produktive Unvollendetheit zu betonen. In diesem Sinne kann es nicht einfach um eine archäologistische Freilegung von Schichten gehen, deren Funktion und Bedeutung ohnehin nur innerhalb der Schichtung sich erschließt. Die Bergwerksfahrten bei Fühmann lassen sich umso mehr als unablässig neues Einnehmen von Perspektiven auf eine Welt verstehen, deren Topographie allenfalls vordergründig dem Report einer Grubenbesichtigung im Sozialismus ähnelt, denn: „In die Tiefe der Höhle steigt man nicht als bloßer Zuschauer."[1202] Insofern verlässt der Text ausdrücklich und nachdrücklich jenen in Bitterfeld abgesteckten Pfad, dessen kulturpolitischen Wegmarken Fühmann in die Warnow-Werft oder in märkische LPGs eben als ‚spectateur' gefolgt war. Fühmanns Anlegung des Bergwerk-Textes liegt die Idee eines Eindringens zugrunde, sodass sich die Einfahrt in den Berg gerade nicht mehr als ‚Auf-jenem-Weg-Sein' verstehen lässt. Der Ortswechsel etwa von der Werft in die Grube ist ein Übertritt in die Sphäre der Arbeit selbst. Diese Anlegung der Bergwerksanlage begreift zahlreiche stoffliche Einschreibungen, thematische Verknüpfungen, Beschreibungen und intertextuelle Verweisstrukturen mit ein, deren Reichhaltigkeit intendiert, die angelegten und eingelagerten Zusammenhänge aufzuzeigen und auszuleuchten. Insofern als Fühmann die Symbolmächtigkeit und symbolische Mächtigkeit der Topographie unter Tage als umfassend beschreibt, wird die Dimensionierung dieses literarischen Vorhabens hörbar, etwa auch in dem Gespräch mit Wilfried F. Schoeller: „Das Wahnsinnige am Bergwerk ist, daß alles Symbolcharakter hat, aber gleichzeitig absolut real ist. Auch das Symbol ist Realität."[1203] Dass für das Bergwerk zudem die weitgehende Verflechtung von zuvor erarbeiteten Schreibweisen vorgesehen ist, die dort in produktiver Verbindung miteinander einen poetisch besonderen Textcharakter erzeugen sollen, lässt sich weiterhin aus einer Interviewbemerkung ableiten: „Dieses Neue, was ich da plane, wird sicher mit surrealistischen und phantastischen Geschichten durchtränkt sein, eine Art Bericht an einen imaginären Leser."[1204]

Schon hier erhält das Bergwerkvorhaben den topographischen Doppelcharakter, dessen einer Aspekt etwa ein gleichzeitiges Vorhandensein eines real bestimmten und eines phantastisch geprägten Bereiches darstellt. Die Vokabel ‚Bericht' bekommt in diesem Zusammenhang eine spezielle Bedeutung, gilt für den Bericht doch gemeinhin die betont sachliche und realitätsgetreue Wie-

---

[1202] Blumenberg, *Höhlenausgänge*, S. 625.
[1203] Fühmann, *Gespräch Schoeller*. Katzenartigen, S. 376.
[1204] Hegyi, *Fühmann zu Gast*. BR 15 (1981) 48, S. 9.

dergabe von Geschehenem als Vor- und Aufgabe. Als „kurze, sachlich-nüchterne, folgerichtige Darstellung e[ines] Handlungsablaufs ohne ausschmückende Abschweifungen und deutende Reflexionen"[1205] hätte der denkbare Bericht als formale Kategorie demnach seinen Platz vor einer Welt des Phantastischen einzunehmen, die wiederum hier in an die Romantik angelehnter Manier gleichsam hinter der berichteten zu denken ist. Die Eröffnung jenes dahinter liegenden Bereiches gilt Fühmann dabei als: „Bewegung der Romantiker: Aufdecken von etwas, das dahinter ist"[1206]. Die räumliche Einteilung des τόπος Bergwerk bliebe denn nicht mehr nur in der Vertikalen vorzunehmen, sondern ist als Topographie zweier Reiche[1207] zu denken, die durch die Grenze zwischen Realem und Phantastischem voneinander geschieden und ebenso miteinander verbunden sind. Denn unter Tage, im Bergwerk befindet sich der Übergang vom einen zum anderen Reich, den Fühmann an die Stelle eines unterirdischen Überganges zwischen Kupfer und Kali legt.

Indem er sein Bergwerk von einer berichteten Realität her kommend in das Reich der Phantastik fortschreibt, betreibt er genau die Entfernung von der Alltäglichkeit einer historischen Realität, die diese um einen Komplex des historiographisch nicht Erfassbaren und nicht zu Erfassenden ergänzt. Damit enthebt Fühmann seinen Ort poetisch vollends der Gefahr einer Festlegung auf konkrete gesellschaftliche Konstellationen und Zusammenhänge, die er, wie er selbst unterstreicht, gar nicht meine.[1208] Dennoch steht gerade eine solche Wendung ins Phantastische nicht als Verfremdungskonstruktion der Realistik etwa berichtenden Schreibens gegenüber. Es lässt sich eher eine Erweiterung der realistischen Bezirke erkennen, sodass Fühmanns Bergwerkswelt mit Streb und Fahrkorb im Schacht durch das auch in der Region der Kupfer- bzw. Kaligrube angesiedelte Reich der Kupferkönigin vor allem eine narrative Extension erfährt, wie dies für die phantastische Literatur beschrieben wurde:

> Die phantastische Literatur stellt unser landläufiges Realitätsprinzip in Frage, indem sie deutlich macht, wie einengend dieses Prinzip eigentlich ist. Das Erwecken von (fruchtbaren) Zweifeln scheint eine der Hauptaufgaben dieser Art von Literatur zu sein, die keineswegs als Gegensatz zur realistischen Literatur gesehen werden muss, sondern als ihre mit logischer Konsequenz durchgeführte Verlängerung.[1209]

Dass Fühmann gerade in dem per se durch räumliche Enge gekennzeichneten Unter Tage des Bergwerkes diese zwei Regionen ansiedelt, dürfte direkt mit dem derart benannten Zusammenhang zwischen gängiger und phantastisch

---

[1205] v. Wilpert, *Sachwörterbuch der Literatur*. [Lemma ‚Bericht']
[1206] AdK, Berlin, FFA Nr. 35/2$_{(2)}$, S. G3/5.
[1207] Fühmann spricht etwa vom „Reich der Kupferkönigin". Vgl. u.a.: AdK, Berlin, FFA Nr. 34/2, S. 31.
[1208] Vgl. etwa die Briefe an Horst Schwarzkopf vom 22.01. bzw. 26.06.1983. (AdK, Berlin, FFA Nr. 1160.)
[1209] Zondergeld, Rein A.: *Eine notwendige Korrektur. Ueber die Funktion der phantastischen Literatur*. In: Neue Zürcher Zeitung (NZZ) 197 (1976) 119 v. 22./23.05.1976, S. 61.

erweiterter (literarischer) Wirklichkeit zu verbinden sein. Die Darstellung der Verhältnisse unter Tage weist dementsprechend Reflexe drangvoller räumlicher Enge auf, die die Massivität und Mächtigkeit der unterirdischen Welt ausdrücken. Über eine solche steinerne Realität hinaus vollzieht sich die Ausdehnung etwa in den Bezirk des Phantastischen als Aufdeckung von Verborgenem und als Hervorkehrung der Verfügbarkeit eines Unfüglichen, dessen sprachliche Erdstöße sich derart eignen, „Vorstellungen zu bilden oder hervorzurufen"[1210].

Die auch auf diesem Wege dem Bergwerk-Text eingeschriebene Fragmentarizität äußert sich als offene Erweiterung, deren Spielraum nicht durch die Abrundungen eines Abschlusses zu (be)schreiben sein konnte. Die Öffnung am materialen Ende des Textes zeigt allein den Abbruch einer Schrift, aus der sich das Relief eines Massivs differentester heterotopischer Formationen abhebt.

[1210] Ebd.

IV.2 Einfahrt – Seilfahrt

Das Vor-Ort-Kommen, das Hinabgehen und der unbändige Wunsch nach dem Gang nach unten ins Innere der Erde, ins Labyrinthische[1211] eines Bergwerkes ist die Bewegung zu einer Örtlichkeit, deren Herausgehobenheit für Franz Fühmann gerade im Unterirdischen liegt.

Fühmanns unvollendetes Bergwerk-Buch eröffnet die Topographie einer vielfach geschichteten Landschaft im Unter Tage (und auch Über Tage) im eigentlichen Sinn des ‚τόπον γράφω'. Denn in dem Sinne, wie Topographie sich als Beschreibung eines Ortes bzw. von Orten verstehen lässt, ist sie auch deren Schreibung sowie Beschriftung und höchst problematische Verschriftung. In der Ortsbegehung dieser literarischen Praxis findet sich eine Lokaldeixis, deren Bedeutsamkeit einerseits und deren Medialität andererseits die wiederholten Fahrten zu einem symbolbeladenen Ort, gewissermaßen einem ‚locus amoenus sub terra'[1212], als Erfahrungen nachvollziehbar halten will. Die Anwesenheit am Ort und die Gegenwärtigkeit des Ortes ergeben zunächst die Basis einer Materialsammlung, die wohl weder am Rückfall auf sich selbst noch an der Unwegsamkeit des Geländes zerspellt. Im Bergwerk geht es über und unter unterschiedlichen anderen Schichten vielmehr um die Dimension und daraus folgend um die Dimensionierung bzw. Schreibbarkeit von Erfahrungen, die sich auf ein „Tun und Lassen" gründen, das unweigerlich und unausweichlich „im Wirkungsfeld des Todes"[1213] steht.

In der Abwärtsbewegung der Seilfahrt steckt das Verlassen einer Oberfläche wie auch der Blick auf das Erreichen einer unterirdischen Sohle. Es sind darin das Entkommen vom Oben wie das Hinkommen zum Unten, deren dialektische Verbindung sich erst in der Ausfahrt aus der Grube umkehrt. Für den Zugang zur Seilfahrt hinab in den Schacht müssen zudem zunächst 120 Stufen hinauf auf die Hängebank gegangen werden, d.h. um nach unten einzufahren, gilt es zunächst, nach oben zu steigen, um gewissermaßen die Schwelle eines Zugangs

---

[1211] Eine Geschichte zum Labyrinth ist im Bergwerksplan vorgesehen, blieb jedoch unausgeführt. Vgl. die Planung in AdK, Berlin, FFA Nr. 33/(2): „2. Geschichte Labyrinth". Inwiefern Fühmann hier an eine Anlehnung dieses Textes an die bereits in *22 Tage* ausgeführte Labyrinthgeschichte dachte, lässt sich nicht eruieren. Die Bedeutung des Labyrinths für das Bergwerk erwähnt Fühmann auch im Gespräch mit Schoeller: „[…] das Labyrinth wird im ›Bergwerk‹ […] eine Riesenrolle spielen." (Fühmann, *Gespräch Schoeller*. Katzenartigen, S. 373. Hervorhebungen i. Orig.) Vgl. hierzu auch die Überlegung von Fries: „Diese unterirdische Welt muß für Fühmann paradoxerweise sehr viel weniger labyrinthisch gewesen sein als die Oberwelt, die wir uns mit Wegschildern, Gebots- und Verbotstafeln vollgestellt haben." (Fries, Fritz-Rudolf: *Die Bergwerke zu Falun*. In: Zwischen Erzählen und Schweigen, S. 73-78, hier S. 75.)
[1212] Weiterführend zum Begriff des locus amoenus vgl.: Garber, Klaus: *Der locus amoenus und der locus terribilis*. Köln 1974 (besonders 2. und 3. Teil).
[1213] Beide Zitate: *Im Berg*, S. 22.

zur Grube zu überwinden. Indem die Seilfahrten nur mehr bergmännischer Alltag zu sein scheinen und es dem Besucher letztlich auch werden, haftet diesen Vorgängen doch noch etwas an, das in der unaufhaltsamen und nicht aufgehaltenen Fahrt nach unten etwa an die Weltflucht von Wagners tief erschrockenen Nornen im Vorspiel der *Götterdämmerung* erinnert:

> Es riss! –
> Zu End' ewiges Wissen!
> Der Welt melden
> Weise nichts mehr: –
> hinab zur Mutter, hinab![1214]

Freilich hat die Heimkehr hinab, die Wagners Nornen beinah fluchtartig vollziehen, in sich jene zuvor ausgesprochene Ahnung des bevorstehenden Welten- und Weltendes, dessen protokollierendes Weben am nun gerissenen Schicksalsseil die drei Erdatöchter letztlich nicht mehr fortführen, nicht mehr fortführen können. Ihr Eingang ins Mutterreich in der Erde, ins Unterirdische, ist als Weltabkehr Einkehr ins Sichere des unterirdisch umschlossenen Raumes. Dennoch strebt ihr Hinabgang nicht eigentlich nach dem Unten, auf dessen Sohle der Entdeckende den Fuß zu setzen sich vornimmt.[1215]

Die durchgehend zentrale Bedeutung der Abwärtsbewegung in die Schichten und zu den Sohlen unterirdischer Gelände, in den Berg und vor Ort geschieht in Fühmanns Bergwerk im Unterschied zur *Götterdämmerung* nicht als dramatisch gerichtetes Ereignis, sondern ist die Einfahrt in den Berg, der am Schichtende

---

[1214] Wagner, Richard: *Götterdämmerung, I. Vorspiel*. In: Ders.: Der Ring des Nibelungen. Vollst. Text m. Notentafeln d. Leitmotive. Hrsg. v. Julius Burghold. Mainz 1997⁷, S. 270.
[1215] Ein Zusammenhang zwischen Richard Wagners *Ring*-Tetralogie und Franz Fühmanns unterirdisch-chthonischem Ort liegt nicht nur nahe, weil die Wagner'sche Kosmologie im *Ring* durch eine vergleichbare Dialektik von Oben und Unten gekennzeichnet ist (vgl. dazu z.B. die Beschreibungen in der sogenannten Wissenswette zwischen Mime und dem Wanderer; *Siegfried* I,2) und weil etwa Götz Friedrich und Peter Sykora mit ihrer tunnelartigen Verräumlichung des Bühnenraumes auch die Assoziation unterirdischer Bergwerksstrecken erlauben (Alberichs Nibelungen treten in dieser Inszenierung an der Deutschen Oper Berlin (1984 / 1985, Regie: Götz Friedrich) als Bergleute mit Helmlichtern auf; *Rheingold* 3 u.4; *Siegfried* II,3), sondern weil Fühmann selbst auf derartige Relationen hinweist: „Nun mag ich ja Wagner, von wegen Krach & Mythos, bloß die *Walküre* mochte ich nie.- Am liebsten hab ich das Nibelungen & Schmiedemotiv, das wird übrigens auch im Bergwerk auftönen: Tamtatam, tamtatatammtamtamm tamtatatammtamtamm tammtatata –; übrigens find ich diese Inszenierung wirklich gut. […] Hohotoho, leb wohl, Du kühnes herrliches Kind, und: Herauf, wabernde Lohe, denn heut verbrenn ich noch 100 To alte Zeitungen." (Franz Fühmann an Ingrid Prignitz am 05.02.1983. AdK, Berlin, FFA Nr. 36, S. 6. Hervorhebung S.K.) Das Zitat stammt aus Fühmanns Antwort an Prignitz, die in ihrem Brief vom 02.02.1983 (AdK, Berlin, FFA Nr. 36.) eine Radioübertragung der von Patrice Chéreau inszenierten *Walküre* erwähnt. Fühmann zitiert hier onomatopoetisch die Hammerschläge Siegfrieds aus dem ersten Akt des *Siegfried*. Die Schlusssätze seines Briefes bestehen z.T. aus Zitaten Wotans aus der Abschiedsszene zwischen Wotan und Brünnhilde im dritten Akt der *Walküre* (III, 3).

IV.2 Einfahrt – Seilfahrt

eine Ausfahrt gegenübersteht. In dieser Hinsicht ist die Abwärtsfahrt natürlich ebenso Übergang wie bei Wagner, jedoch als Anfang der Schicht, die den Eintritt in den Berg erfordert. Die Ausfahrt nach oben dann – ganz eigentlich ja aus dem Bergwerk zurück – ist das Ans-Tageslicht-Kommen, die Rückkehr aus der ewigen Dunkelheit des Unten ans Licht des Oben. Noch in dieser Rückkehr aber bleibt ihr die Verwandtschaft zu jenem Austritt in Platons berühmtem Gleichnis im siebenten Buch der Πολιτεία, wo der Schritt aus der Höhle ans Tageslicht ja eigentlich erst die Voraussetzung dafür schafft, das Unten der Höhle als ein solches zu verstehen.[1216] Der Zusammenhang zwischen dem Oben über Tage und dem Unten der Grube unter Tage – und im bergmännischen Verständnis begreift der Terminus Grube beides, d.h. das Unten und das Oben der gesamten Bergwerksanlagen mit ein – hält in sich jene Widerspruchsstruktur, die Fühmann bereits in anderen Zusammenhängen gezeigt hatte. So beschreibt er die Realität des nicht aufhebbaren Widerspruchs in der Stadtanlage Budapests mit Blick auf die verknüpfende und zugleich trennende Funktion der berühmten Budapester Brücken, die Buda und Pest über die Donau hinweg aneinander binden und zugleich auseinander schieben.[1217] Der Widerspruch von Bindung und gleichzeitiger Trennung zwischen den beiden Budapester Stadthälften bietet dort ebenso den Anstoß für Überlegungen zum Verhältnis von Oberfläche und Tiefe. Die Oberfläche weise für den genau Beobachtenden je auf darunterliegende Tiefen. Das der Anschauung Dargebotene und sich Darbietende hat in seiner Präsenz somit vom unter ihm Befindlichen, das die Oberfläche verdeckt und auf das sie gleichzeitig hinweist. So sehr also Buda in Pest und das Oben und das Unten der Bergwerksanlage sich jeweils im Anderen wiederfinden lassen, so sehr gilt die Differenz zwischen beiden je als Gegenpol zum Anderen und als ihre untrennbare Verbundenheit miteinander. Das Oben ist dabei nicht gleich dem Unten und auch die Stadthälften Budapests bleiben voneinander entfernt, jedoch tragen sie

---

[1216] Fühmann stellt im Text eine direkte Verbindung zu Platons Gleichnis in der Πολιτεία her: „Woher hatte Platon das Bild der Höhle für sein berühmtes Gleichnis gewonnen, aus einem Kerker? aus einer Schwefelgrube? Und in seiner Höhle, was hören die, die, angekettet, nur Schatten sehen, Schatten der ewigen Ideen?" (*Im Berg*, S. 113.) Vgl. dazu auch Blumenbergs Hinweis auf Jakob Burckhardt, dessen *Griechische Kulturgeschichte* Fühmann auch besaß (3 Bde. Stuttgart 1939-1941; Exemplar ohne Anstreichungen. ZLB, Sammlung Fühmann): „Eine unmittelbare Beziehung zwischen der platonischen Höhle und dem Bergwerkswesen hat bei Behandlung der antiken Sklaverei in der »Griechischen Kulturgeschichte« wohl nur Jakob Burckhardt hergestellt und nur er herstellen können. Es ist zumal die Fesselung der platonischen Höhleninsassen, die ihm die Assoziation zu den Bergwerksarbeitern nahelegte, die als *allerunglücklichste Klasse* das Maß abgegeben hatten für das, was man sich überhaupt gegen menschliche Wesen erlauben dürfe, die nur am Leben und bei Kräften zu erhalten waren und deren Fesselung *außer der Arbeitszeit eine permanente gewesen* sei." (Blumenberg, *Höhlenausgänge*, S. 294, Fn. 84. Hervorhebung d. Burckhardt-Zitate wie ebd.) Für einen Kommentar zum platonischen Höhlengleichnis vgl. weiterhin: Blumenberg, *Höhlenausgänge*, zu diesem Aspekt besonders S. 83-95 (Einführung z. zweiten Teil) und etwa: „Die Problematik der Höhlenausgänge liegt darin, daß man in einer Höhle nicht darstellen kann, was eine Höhle ist." (S. 89.)

[1217] Vgl.: *22 Tage*. WA 3, S. 299-301 sowie die Ausführungen in Kap. II.3 dieser Arbeit.

das jeweils Andere als Erkenntnismöglichkeit im Gegenüber in sich. Die Anlage des Ortes Bergwerk trägt somit eine ähnliche dialektische Struktur, die Fühmann in seiner Sicht Budapests als „Sich-Erkennen im Gegenpol"[1218] gezeigt hatte. Die örtlich-räumliche Anordnung beider freilich unterscheidet sich, da jeweils die Pole in horizontaler bzw. vertikaler Lage zu denken sind und da auch die Bergwerksanlage um die auf zweierlei Weise temporale Vorstellung ihres Vortriebs erweitert wird. Die unterirdische Landschaft des Bergwerkes bei Franz Fühmann schließt sich demnach zwar an die Budapester Moderne-Landschaft der Stadt an, die Dimensionierungen ändern sich jedoch im Bergwerk grundlegend. In dieser Landschaft geht es nicht mehr allein um den entdeckenden und oft staunenden Blick des interessierten Besuchers, der Fühmann selbst im Bergwerk mit dem ‚B' auf dem Schutzhelm allerdings geblieben war; hier nun ist die Komponente eines eigenen Arbeitsortes und Ortes der Arbeit zu den vielfältigen Umrissen und Wahrnehmungsspuren der Budapester Landschaft der Moderne hinzugetreten. Die sprachliche Experimentierlust dort hat sich hier zur ernsten Frage nach den Möglichkeiten des sprachlichen Mediums gewandelt, die sich hier nicht mehr als poetische Alternativen zeigen, nicht mehr als solche zeigen können. Es geht nunmehr umfassend um die Schreibbarkeit von Erfahrung als genuin poetisches wie sprachliches Problem.

Das Nicht-Greifbare eines als erfahren Gewussten in dessen Ursprünglichem und Eigentlichem lässt sich von Beginn an in Franz Fühmanns *Im Berg* verfolgen. Die Unmöglichkeit, ein einzig Erstes der Erfahrung, das Fühmann Urerlebnis nennt, ins Wort zu übertragen, erscheint schon in dem eine explizite Wiederholung[1219] ausdrückenden Beginn des Bergwerk-Textes: „Wir fahren auch diese Woche wieder ins Nordfeld. – Es ist in unsrer Grube die weiteste Anfahrt, um vor Ort zu kommen [...]."[1220]

Nicht das späterhin vielfach betrachtete Urerlebnis der Bergwerkswelt bildet den Eingang in den Text, sondern gewissermaßen der Ausdruck eines sich in Routine beständig und fortgesetzt wiederholenden Vorgangs. Es ist der der Anfahrt vor Ort, d.h. hier zum eigentlichen Platz der bergmännischen Arbeit, an dem das Kupferschiefererz gebrochen wird. Es geht „auch diese Woche wieder"[1221] in ein entferntes, nach der Formulierung aber schon bekanntes Abbaufeld. Der Anfang des Bergwerk-Textes erzählt somit selbst keinen eigentlichen Beginn, sondern hat vielmehr als ein Einsetzen eines zuvor schon Begonnenen zu gelten. Dies trägt zunächst die Marke des bereits mehrfach Vollzogenen, dessen Erstes lange zurückliegt und das noch im Ausspruch der Wiederholung doch seinen in Dunkelheit liegenden Anfang benennt. Der berichtend

---

[1218] *22 Tage*. WA 3, S. 300.
[1219] Vgl. hierzu auch Tates Hinweis auf die deutlich gegenüber dem eigentlichen (biographisch vorfindbaren) Erlebnis verzögerte (Auf-)Schreibsituation, die auch eine Wiederholung darstellt: Tate, *Franz Fühmann. Innovation and Authenticity*, S. 214f.
[1220] *Im Berg*, S. 6.
[1221] Ebd. – Vgl. dazu auch die Deutung dieser Passage bei Köhn, *Franz Fühmanns Fragment Im Berg. La mine dans la civilisation et la littérature allemandes*, S. 83.

IV.2 Einfahrt – Seilfahrt 233

präsentische Ton soll dabei jene Unmittelbarkeit schaffen, die einem sich Ereignenden beizugeben wäre. Doch recht eigentlich ereignet sich nichts. Vielmehr kommt zur Erwähnung der mehrfach und routiniert unternommenen Anfahrt noch jene detaillierte Beschreibung der technischen Kompliziertheit des Einsteigens in die Waggons der Grubenbahn hinzu. Dem Eingang ins Bergwerk und dem Vor-Ort-Kommen wird hier eine Deskription vorangestellt, deren Charakter einer betrieblichen Anleitung oder gar Anweisung nahe kommt. Die Enge des Raumes schreibt die Reihenfolge und Art des Einstiegs und der Sitzhaltung im Waggon vor: „Ein Zickzackband der Schenkel, reißverschlußähnlich"[1222]. Die Formulierung legt eine Perspektive des Überblicks von oben nahe. Das Bild lässt sich in der Draufsicht denken, quasi von der Waggondecke herab. Die Erweiterung der räumlichen Enge, die hier dargestellt wird, erfolgt gleichsam durch deren Darstellung, d.h. durch die eingearbeitete Perspektive. Die Situation der Anfahrt mit der Grubenbahn zeigt damit jedoch schon zu Beginn die räumliche Beschränktheit an, in der sich die Arbeit und alles Handeln unter Tage vollziehen. Die Öffnung der konkreten Enge der Räumlichkeiten unter Tage, hier zunächst am Beispiel der Grubenbahn, erfolgt in der möglichst genauen Beschreibung[1223], die damit zugleich zweierlei zulässt: sowohl den lesenden Nachvollzug des Einstiegsvorgangs in die Grubenbahnwaggons, der eher an einen ausgeklügelten Packvorgang, eben an ein Einsortieren[1224] erinnert, als auch die über die Deskription hinausgehende Kennzeichnung des Vorgangs durch dessen Metaphorisierung. Was dabei in den Straßen Budapests beinahe noch als Fingerübung des schreibenden und beschreibenden Subjektes funktionierte, erhält im Bergwerk schon zu Beginn fast die Funktion einer Erfassung und geistiger Erweiterung. Der sich dem betrachtenden Besucher hier erstlich zeigende Ort Bergwerk erscheint somit in seiner charakteristischen, räumlichen Enge und Begrenzung, jedoch geradezu notwendig mit jenem Schritt hinaus über die bloß beschreibende Wiedergabe. Die späterhin bevorstehende bäuchlings kriechende Fortbewegung wird hier bereits durch die Besonderheit des Einstiegs – in den Waggon wie in den Text – vorbereitet.

Indem das Unbequeme der Sitzposition im Waggon und der eher komplizierte Vorgang des Einsteigens den – wenn auch als inhaltliche Wiederholung gegebenen – Eingang in den Text und in dessen Ort Bergwerk bestimmen, wird auch der Kompliziertheit und zuweilen Komplexität des Zugangs zu dem gesamten Stoffkomplex des Bergwerks Ausdruck verliehen. Dadurch, dass

---

[1222] *Im Berg*, S. 7.
[1223] In Hermlins Reportage *Es geht um Kupfer* (in: Aufsätze, Reportagen, Reden, Interviews, S. 258-269) taucht die Szene beiläufig als Marke des Eingangs in den Berg auf. Fühmann geht darüber darstellerisch deutlich hinaus.
[1224] Vgl.: *Im Berg*, S. 6. Mit Blick auf eine Auffassung der Eisenbahnreisenden im 19. Jahrhundert ergibt sich hier eine interessante Parallele: Wolfgang Schivelbusch erwähnt in seiner lesenswerten *Geschichte der Eisenbahnreise* mit Bezug zum Aufkommen des Abteils, dass „bürgerliche[] Reisende[] sich nicht mehr als Reisende fühlen, sondern als menschliche Pakete", was „ihre Reiseerfahrung als subjektiv […] industriell" erscheinen lässt (S. 69).

Fühmann hier den Beginn als eine alltägliche Wiederholung von Routiniertem und Routinemäßigem wie Routinegemäßem erzählt, unterstreicht er die genannten Vorgänge und Abläufe in ihrem Geschehen selbst.

Das ‚wir' der ersten Sätze über die Anfahrt unter Tage, weicht für die Beschreibung des Einstiegs in die Waggons einer personell unmarkierten und durchgehaltenen Sachlichkeit. Dann findet sich einmal ein verallgemeinerndes ‚man', bevor erneut die Erzählung in der ersten Person Plural fortgesetzt wird. Das ‚wir' scheint zu allererst wohl die Gruppe des Erzählers und der fahrenden Bergleute zu meinen, deren ‚wir' ebenfalls die Zugehörigkeit zu einer durch eine gemeinsame und gemeinschaftliche Ehre bestimmten Gruppe definiert.[1225] Es ist eine Gruppe, die sich durch den im Text erst später zitierten hohen Anspruch der Bergleute vereinigt: „ICH BIN EIN BERGMANN, WER IST MEHR!"[1226] Allerdings müsste gerade ihnen wohl weder der Einstieg in die Grubenbahn erklärt werden, noch bräuchten sie jene leichte Ermutigung, diese „Art zu viert Platz zu finden" erlerne „man [...] recht schnell"[1227], die sich als an ein Textaußen gerichteter Kommentar lesen lässt. Die Benutzung des ‚wir' bezeichnet die feste Gemeinschaft der Bergleute, zu der hinzuzugehören für einen Außenstehenden sehr schwierig ist. Der Leser mag sich in sie so wenig einschließen wie einer, der sich unter Tage mit einem Besucher-Helm bewegt. Dem in den Text Einsteigenden und so zuerst in den Berg Einfahrenden fehlt jene erfahrungsmäßige Basis, auf die sich die gegebene Wiederholung gründet. Die deskriptiv so exakte Wiedergabe des Einsteigevorgangs lässt sich gut als eine an den Lesenden gerichtete Anleitung verstehen, mit der ihm implizit der diffizile Einstieg in Stoff und Text erläutert wird. Gleichermaßen ist er als eine darin vorgehaltene poetologische Reflexion über die Problematik des Einstiegs in die Bergwerkswelt und über deren (Be-)Schreibbarkeit lesbar.[1228]

[1225] Fühmann hatte sich in seinem Exemplar von Stötzel, Heinrich: *Die deutsche Bergmannssage*. Essen 1936 (ZLB, Sammlung Fühmann) die folgende Passage farbig markiert: „Wenn der Bergmann in der Grube arbeitet, so ist er fast nie allein. Er erlebt alles mit anderen zusammen, gemeinsam retten sie sich aus der Gefahr. [...] Sie bilden ein „Wir". [...] Das Erlebnis der Zusammengehörigkeit ist ein Erlebnis der Werte, das die Gemeinschaft begründet." (S. 1) Nur wenige Zeilen darauf betont Stötzel die Position der Bergleute in der „Volksgemeinschaft", was den Einfluss faschistischer Ideologie auf den Autor eindeutig werden lässt. Die demagogische Funktion dieses ‚faschistischen Wir' wird bei Fühmann höchstens indirekt und von einer erzählerischen Position des Außen her thematisiert, als vom Arbeiter als dem Anderen die Rede ist, das seine besondere Anziehungskraft ausgeübt habe, und zwar gerade auch in dem Wort „Arbeiterpartei" (*Im Berg*, S. 31). Hierin zeigt sich bereits die kritische und den Vorgaben des ‚Bitterfelder Weges' explizit nicht mehr gemäße Darstellung des Arbeiters bei Fühmann. Klingt eine mögliche faschistische Vergangenheit an solchen Stellen bei Fühmann allenfalls sehr entfernt an, so wird sie in Werner Bräunigs *Rummelplatz* (Hrsg. v. Angela Drescher. Berlin 2007[2]) bei verschiedenen Figuren oft explizit zur Sprache gebracht.
[1226] *Im Berg*, S. 23. (Hervorhebung i. Orig.)
[1227] Beide Zitate: Ebd., S. 7.
[1228] Die in einer Bühnenfassung von Teilen des Bergwerk-Textes (Maxim-Gorki-Theater Berlin (Studio), Reihe „40 Jahre DDR in Texten"; vom Verfasser besucht am 05. Februar 2005) gegebene Deutung als skurriler Familienausflug erscheint eher abwegig, da sie recht

Fühmanns Umgang mit der Künstlichkeit eines Anfangs lässt sich hier erneut am Beginn des Bergwerkstextes beobachten. In *22 Tage* hatte die Einspielung von Sequenzen, die sich als Schlüsse vorausgehender Abschnitte erwiesen, am Anfang eines Textes gestanden, der wiederum an seinem Ende, sein eigenes Enden als Fortgang inszenierte.[1229] Jene Dialektik von Anfang und Ende und von Eintritt und Austritt etwa in der Episode im Budapester Lukácsbad[1230] findet sich auch im Bergwerk, bei dem das Schachtmundloch je nach Blickrichtung Eingang bzw. Ausgang[1231] der Grube sein kann. Analog lässt sich zudem folgende Beschreibung verstehen, die sich auf die Stelle vor Streb bezieht: „Hier endet das Gleis, oder auch: hier beginnt es, sein Ende wäre dann das Füllort vorm Schacht."[1232]

Weiterhin galt die im Mythos-Essay noch reflektierte Suche nach dem Anfang, d.h. nach der ersten Fassung eines Mythos dem nachdrücklichen Hinweis auf ein ähnliches Problem. Anfänge werden in beiden Fällen als suggestive Setzungen verstanden, und zwar in Bezug auf ihre Stelle am nur als Textstelle zu nehmenden Anfang eines Textes und in Bezug auf ihre Stellung als Initium eines so einsetzenden Erzählens, Darstellens, Beschreibens oder Wiedergebens. Der Ort dieser anfänglichen Grenze markiert dabei den Beginn eines Ausschnittes, dessen Anfang sich jedoch noch immer auch als Versatz verstehen ließe, der als etwas Eingeschobenes erscheint: „Jeder Anfang ist ein Artefakt, das die Kontingenz seiner Auszeichnung, gerade dieser zu sein, ohne Verlegenheit präsentiert, ja zu seinem ästhetischen Reiz selbst macht."[1233] Fühmann scheint mit seinem Bergwerkanfang gar den Anfang des Bergwerkes selbst zu bestreiten. Die initiale Betonung eines sich schon zu Beginn Wiederholenden steht hier als Zeichen des Anfangs und sagt zugleich jenes Weiter, das mitten im alltäglichen Arbeitsbeginn der Ein- und Anfahrt unter Tage sich vollzieht.[1234]

Einen beliebigen Schichtbeginn zeigend, führt Fühmann an diesem Punkt noch den denkbaren, jedoch nicht konkret benennbaren Zeitpunkt eines Beginns auf, der indes in der insgesamt gegebenen Wiederholung sich aufgrund seiner alltäglichen Wiederholbarkeit nicht als jener inhaltliche Anbeginn eignet, den die Kapitelmarkierungen des ersten Kapitels des ersten Hauptstückes vorgeben.

---

einseitig ein mit dem Textzusammenhang wohl wenig belegbares Element des bloß Komischen dieser Szene betont. Zur Aufführung im Maxim-Gorki-Theater vgl. auch: Schmidt, Jochen: *Den Kopf einziehen*. In seiner DDR-Literatur-Rückschau präsentierte das Maxim Gorki Theater Franz Fühmanns Bergbau-Fragment. In: die tageszeitung 27 (2005) 7584 v. 07.02.2005, S. 23.
[1229] Vgl. dazu Kapitel II.1 dieser Arbeit.
[1230] Vgl. dazu die Ausführungen in Kapitel II.5 dieser Arbeit.
[1231] Vgl.: „[…] ihr Mund unten ist gleichzeitig der After des Oben, und der After des Unten des Oben Mund." (*Im Berg*, S. 15.)
[1232] Ebd.
[1233] Blumenberg, *Höhlenausgänge*, S. 13.
[1234] Fühmann spricht von einem Anfangen „irgendwo mittendrin". (Franz Fühmann an Horst Schwarzkopf am 29.05.1981. AdK, Berlin, FFA Nr. 36.)

Weiterhin, beim Betrachten der folgenden Kapitel, tut sich ein mehrfaches Neuansetzen auf, das zumindest die ersten drei Kapitel dergestalt miteinander verbindet, dass jeweils aufs Neue Teilabschnitte der Einfahrt in den Berg gegeben werden. Das Bemerkenswerte besteht hier im Fehlen einer Chronologie, die etwa bei einer ersten Einfahrt begänne und an die sich weitere anschlössen. Doch Fühmann beginnt nicht mit einem ersten Eindruck vom Bergwerk und der ersten Einfahrt, sondern setzt mitten im Alltag des Geschehens im Bergwerk ein. Selbst eine Bemerkung zur Seilfahrt, die ja vor der Fahrt in der Grubenbahn steht, findet sich im Text erst nach der Schilderung des umständlichen Einstiegs in den Grubenbahnwaggon. In sich tragen die Kapitel eine Kontinuität des Erzählens, die im Gesamtblick auf die auch iterativ bestimmten jeweiligen Neuansätze in den Einzelkapiteln das wiedergegebene Geschehen indessen eher diskontinuierlich erscheinen lassen. Das erzählte Bergwerk, dessen Ort der Text ist, wäre vor diesem Hintergrund daher vielmehr in einem Jargon der Gleichzeitigkeit verschiedener Gefilde anwesend. Darüber hinaus lässt sich hinter dieser explizit nicht linearen Erzählstruktur bereits ein Merkmal phantastischen Erzählens erkennen, in dem die „Linearität des Geschehen, Geschichte eines sortierten Lexikonwissens [...] ihre Verbindlichkeit"[1235] nicht mehr erhält.

Chronologisches Erzählen würde sich den einzelnen thematischen und stofflichen Bereichen vermutlich eher im Sinne einer Prägung durch Historizität oder historiographische Muster nähern, innerhalb von deren Vorgaben jedoch nicht jene Schichtung erkennbar werden könnte, die Fühmanns Metapher so entscheidend konstituiert.

Geschichten und auch Geschichte sind im Bergwerk(-Text) das Geschichtete einer je gegenwärtigen Gleichzeitigkeit.[1236]

Die Gliederung des Gesamtvorhabens in Hauptstücke, Kapitel und Unterkapitel und die Einfügung von einzelnen Erzählungen zwischen den Hauptstücken lässt eben diese dem Bergwerk ähnliche, vertikale Schichtung des Textes bzw. des Romanprojektes erkennbar werden. Diese Schichtung auch im und am Buch optisch sichtbar werden zu lassen und ihr somit auch material Ausdruck zu verleihen, gehörte zudem zu Fühmanns Ideen zu Beginn der 1980er-Jahre. Im Nachlass findet sich dazu ein Brief von Ingrid Prignitz an Fühmann, in dem auch auf diesbezügliche Pläne des Dichters Bezug genommen wird:

> Vom Bergwerk-Beginn habe ich dem VL (Verlagsleiter, S.K.) berichtet, auch von Deinen Vorstellungen, die verschiedenen Ebenen durch andersfarbige Papiere auch optisch zu Schichten werden zu lassen.[1237]

Derartige Überlegungen erweisen gleichsam den bedeutsamen Einbezug von nicht an das Medium des Schriftlichen und auch nicht die Sprache gebundenen Darstellungsformen, die Fühmann im Bergwerk-Projekt zusätzlich zu nutzen

---

[1235] Vgl.: *Phantastisches und Erlebtes*. In: NZZ Nr. 119 v. 22./23.05.1976, S. 61.
[1236] Vgl. zu diesem Begriff auch Fühmann, *Gespräch Schoeller*. Katzenartigen, S. 378.
[1237] Brief v. Ingrid Prignitz an Franz Fühmann v. 30. Juni 1981. AdK, Berlin, FFA Nr. 1143.

IV.2 Einfahrt – Seilfahrt

suchte.[1238] Das Einsetzen des Textes mit einer Marke der Diskontinuität thematisiert dabei implizit auch die Unüberwindlichkeit des Nacheinander im sprachlichen Medium, in dem der Ausdruck einer Gleichzeitigkeit, wie sie die Anlage des Bergwerkes enthalten soll, nicht angelegt ist. Fühmanns Versuch, im Bergwerk-Text eine als Schichtung verstandene Wirklichkeit des Gleichzeitigen zu erzeugen, lässt sich anhand der ersten Kapitel bereits gut erkennen. Hier wird ein Ort vorgestellt, dessen Ausdehnung sich in bemerkenswerter Weise als ein Vordringen „hinab in die Zeit" vollzieht. So sehr denn auch die Scheidung des Küstengewinns in jenen „westwärts" und diesen „hinab in die Zeit"[1239] eine an Kriterien des Räumlichen orientierte Zeitauffassung nahe legt, die im Nachgang etwa zu jener oft schon als ‚spatial turn'[1240] bezeichneten, historiographischen Orientierung zu stehen hätte, so wenig betreibt Fühmann im Bergwerk Geschichtsschreibung. Die fast eigentümliche Selbstverständlichkeit, mit der die Aussprache des unter Tage befindlichen Hier schon am Anfang des Bergwerk-Textes impliziert wird, bringt die Grube mit den ersten Worten des Textes in beständige Anwesenheit. Fern einer schlichten Neuverbindung von Örtlichkeitsstruktur und z.B. historischem Ereignis werden hier vor allem der Ort selbst, seine Beschaffenheit und Auskleidung und seine Bedeutung zur zentralen Thematik. Als Signifikant wird er nicht einfach nur in das Signifikat eines historisch zu lesenden Zusammenhangsnetzes eingespannt, wo die Aufladung von Örtlichkeit und Raum nur durch die Zuordnung von Historizität welcher Art auch immer geschieht. Im Bergwerk Franz Fühmanns findet sich vielmehr eine Schichtung von Signifikationslagen, aus denen dieser Ort sich im Text erst eigentlich zusammensetzen lässt.

Die Einstiegssequenzen sind somit zwar sehr wohl die erste Einfahrt des Lesenden in den im Buch vorliegenden Berg, d.h. die Grube, gegeben jedoch als jene n-te eines sich Wiederholenden, das nur in der individuellen Erfahrung des Urerlebnisses selbst einst ein Erstes gewesen und dessen Erzählbarkeit sich zwar aus dem Urerlebnishaften speist, jedoch dieses nie selbst zur Sprache bringen wird.

Die Einführung in die Grube und den Alltag des Bergwerks und der bergmännischen Tätigkeit enthält neben der Markierung eines sich Wiederholenden und damit Wieder-Geholten, die notwendige Regelhaftigkeit, unter deren Bestimmung die Einfahrt in den Berg und die Bewegungen unter Tage stehen.

[1238] Zudem spielten im Rahmen seiner ausgedehnten Studien im Umfeld des Bergwerk-Projektes eine große Zahl von bildlichen Darstellungen, Grafiken und Plänen der Bergwerksarbeit und eine Reihe eigener Skizzen eine entscheidende Rolle. Vermutlich dienten sie Fühmann zur Vergegenwärtigung der befahrenen Örtlichkeiten und zum Entwurf der eigenen Anlage.
[1239] Alle Zitate: *Im Berg*, S. 23.
[1240] Vgl. dazu auch Karl Schlögels zusammenfassende Diskussion dieser Problematik in Schlögel, Karl: *Im Raume lesen wir die Zeit. Über Zivilisationsgeschichte und Geopolitik.* Frankfurt/M. 2006, S. 9-15.

Die Erzählung des Bergwerks beginnt bei Fühmann explizit nicht als Darstellung einer romantischen Schatzgräberstätte, sondern mit einer unbequemen und langwierigen Fahrt vor Ort, während der nur dösendes Sitzen möglich ist. Die Fahrt selbst ist gar Gestaltung und Gestalt eines anarrativen Momentes, denn

> das Rumpeln (des Grubenbahnzuges, S.K.) zerrüttet jede Fabel, und so hielt ich mich schließlich mit irgendeinem Stumpfsinne wach, mit dem ich auch früher Zeit überwunden, dem stummen Wiederkäuen eines Marschtaktes, eines Landsknechtliedes, eines Schlagerfetzens.[1241]

Indem hier das wiederholt Technische der Anfahrt im Vordergrund steht und im Text zunächst ein Bergwerk erscheint, dessen Strecken gerade nicht jene anziehende Welt aus Kristallen und Erzflözläufen bereithalten, wird eine Umgebung aufgebaut, die angesichts ihrer eher wenig anregenden Eintönigkeit, ja manchmal gar Stumpfsinnigkeit unerwartet betont erscheint. In dem „Fassen simpelsten Alltags"[1242], welches Fühmann hier unternimmt, lässt sich allerdings (noch) nicht jene Qualität des Phantastischen erkennen, die er bei Hoffmann identifiziert: „Der braucht den Alltag nicht ins Phantastische zu erheben, weil er ihn durchweg als phantastisch sieht."[1243]

In Fühmanns Einleitung ins Bergwerk taucht ein Bezug zur Bergwerkliteratur der Romantik und dem dort fraglos auffindbaren Phantastischen einstweilen als Nennung auf. Die romantische Erzählung des Bergwerkes soll bei Fühmann im Bergwerk selbst geschehen, und zwar als mündlicher Vortrag während der ermüdend monotonen Fahrt in der Grubenbahn. Der Eintrag des Literarischen ins Bergwerk ist damit für den einförmigsten und wohl unbeliebtesten Abschnitt des Bergwerksalltags vorgesehen. Denn der Bergmann zieht der dösenden Fahrt in der Grubenbahn das körperlich anstrengende Häuen noch unbedingt vor.[1244] Die Idee des Fahrterzählers, der durch seine Lesung von Bergwerksgeschichten die Fahrzeit in der Grubenbahn verkürzen und dadurch leichter erträglich machen soll, verweist die zu lesenden Texte an ihren stofflichen Ausgangspunkt zurück, an dem sie sich in ihrer Aufführung zu bewähren hätten. Denn „[n]ichts ist schonungsloser für einen Text als der mündliche Vortrag"[1245], hier zudem vor einem Publikum, das in fachlich-stofflicher Hinsicht aller Kritik fähig sein dürfte. Der später verschiedentlich referierte Wahrheitsdiskurs deutet sich hierin an, wenngleich die eigentliche Lesung doch unterbleibt.[1246] Die Überlegungen zum Fahrterzähler bauen allerdings auf die Gewissheit, hier nicht mit verklärenden

---

[1241] *Im Berg*, S. 13.
[1242] *Ernst Theodor Amadeus Hoffmann*. WA 6, S. 233. Eine erste Spur dieses Gedankens findet sich in einem Brief an Kurt Batt v. 22.07.1973: Fühmann, *Briefe*, S. 122.
[1243] *Ernst Theodor Amadeus Hoffmann*. WA 6, S. 233.
[1244] Vgl.: „[D]och wir würden lieber die volle Schicht häuen". (*Im Berg*, S. 6.)
[1245] Blumenberg, *Arbeit am Mythos*, S. 168.
[1246] Die genannte technische Apparatur verdeutlicht hier auch die problematische Distanz zwischen Schriftsteller und Arbeiter.

Erläuterungen des Unter Tage aufzuwarten, sondern eben den Ort in Narration zu übersetzen. Somit ginge es ja gerade nicht um ein aperformatives Erklären, sondern um das Erzählen von Geschichten, die „nicht bis ans Letzte vorzustoßen [brauchen]. Sie stehen nur unter der einen Anforderung: sie dürfen nicht ausgehen."[1247] Die angedachte Schonungslosigkeit der Vorführung gründet demnach auf dem arglosen Vertrauen in die Wirksamkeit der narrativen Medien. Deren denkbarer Widerhall am Ort unter Tage schickte sich gewissermaßen an, die Erzählung in die örtlichen Zusammenhänge ihrer Entstehung zurückzubringen und das Bergwerk als ihren Klangraum zu gestalten. Dies geschieht technisch zudem als ein Sprechen aus räumlicher Entfernung, denn die gelesenen Texte sollen für die Zuhörer über die „– selbstverständlich abschaltbaren – Lautsprecher"[1248] eines Zugfunks hörbar gemacht werden. Die technische Überbrückung der Distanz zwischen Vorlesendem und Zuhörern ließe sich gleichsam als Überwindung der literarhistorischen Entfernung der Bergwerkliteratur der Romantik vom aktuellen Moment ihres Vortrages verstehen. Als anthropomorphe Extension der menschlichen Stimme hat diese Überbrückung in Gestalt der technischen Installationen der Lautsprecheranlage prothesenartigen Charakter. D.h. der Eintrag der Bergwerkliteratur in das Unterirdische der Grube würde sich nach der hier referierten Vorstellung zwar mündlich, jedoch als eine Art Radiosendung vollziehen. Im Moment des mündlichen Vortrages bliebe durch das einzusetzende Medium demnach weiterhin jene Distanz bestehen, die sich historisch zwischen den Texten und dem bergmännischen Publikum befindet. Allerdings ersetzte diese fernmündliche Form der Übermittlung „ohne räumliche und symbolische Anstößigkeit"[1249] gleichsam ein zu Lesendes, ja sie trüge zum Verschwinden der Abstände bzw. materieller „Zeichen als Teil der Distanz"[1250] merklich bei.

Ziel der Grubenbahnfahrten ist jeweils der Ort des aktuellsten Abbaus, an dem der bergmännische Vortrieb sich eigentlich ereignet. Der Zug der Grubenbahn bewegt sich dorthin vorwärts in der Chronologie der Entstehung der Strecken, während mit den vom Fahrterzähler möglicherweise dargebotenen Geschichten gerade eine – dann literarhistorisch – entgegengesetzte Richtung eingeschlagen wird. Der vermeintliche Anachronismus der romantischen Texte aber wird durch den Vortrag in den Modus einer Gleichzeitigkeit gewandelt, die die Texte einer sie blockierenden bloßen Zeitzeugenschaft enthebt. Indem Fühmann die romantische Lesbarkeit des Bergwerks auch nur in deren gedanklichem Aufrufen demonstriert, schafft er sowohl für diese Texte, wie für den eigenen die metonymische Gegenwärtigkeit eines Kontextes.

Dieses Aufrufen der Epoche und weiterhin namentlich einzelner Bergwerk-Texte der Romantik steht gleichermaßen einer Rhetorik des literarischen Anfangens nahe. Die zu Beginn benannten Romantiktexte stehen als textuelle Orte des

---

[1247] Blumenberg, *Arbeit am Mythos*, S. 143.
[1248] *Im Berg*, S. 8.
[1249] Demuth, Volker: *Topische Ästhetik*. Würzburg 2002, S. 30.
[1250] Ebd.

Eingangs, als Eingänge ins und Zugänge zum Bergwerk. Außerdem freilich markiert Fühmann mit Hilfe Hoffmanns, Hebels, Tiecks und Novalis' das Auftauchen des Bergmannes in der romantischen Literatur, wo der „Bergmann [...] eine Schlüsselgestalt"[1251] gewesen sei. Das Einsetzen der Bergwerkerzählung in der Romantik und damit die Gegenwart der Bergmannfigur in der Literatur binden dabei jedoch keinen Anfang als solchen. Das Einbringen der Texte verschafft dem Ort Bergwerk nicht nur die Tradition einer Textualität, sondern sichert die Verlässlichkeit des τόπος zusätzlich ohne notwendige Berufung auf eine zeitliche Abfolge. Die Gegenwärtigkeit der Fassungen erbringt in der Darbietung der gedanklichen Rezeption jene Gleichzeitigkeit, die auch dem Mythischen eignet. Zudem bleibt der Blick anstatt auf Historisierung auf die Rhetorik einer Gültigkeit gerichtet, die sich in den vorzutragenden Texten aussprechen ließe. Sich auf sie berufen zu können, weist eben ihre Verlässlichkeit aus, die so wenig wie das Mythische zur Erklärung geschaffen ist.

Auch in der Rhetorik der Anfänge ist der Verweis auf Ursprünglichkeit nicht die Bezeichnung oder Auszeichnung eines Ursprunges selbst. Das glückliche Auffinden von Flözausbissen und Erzadern trägt in den sagenhaften Erzählungen der Bergmanns- und Bergbaulegenden[1252] Merkmale, die dem Mythischen ähnlich sind. Die mythische Erklärungsgewalt könnte jedoch auch auf einen Anfang nur hinweisen, ohne ihn selbst auszuweisen. Die Zuverlässigkeit der sagenhaften Grundlegungen liegt selbstverständlich auch in ihrer Dauerhaftigkeit und temporalen Haltbarkeit.

Die Spuren vom Anfang des Bergbaus und den ersten bergmännischen Aktivitäten übernimmt Fühmann durch die Erwähnung der Mansfelder Sage von der Böhmer Ursel, die „unter einem vom Sturm gefällten Baum ein wundersames Funkeln gesehen, goldene Fünkchen im schwarzen Schiefer – das austretende Kupferflöz."[1253] Solche Anfänge des schürfenden Eindringens in den Berg werden in der Sage zumeist durch den oft von Unwissenden gemachten und selbst unwissenden Fund eines sich reizvoll Ankündigenden narrativ markiert. Als Fundstellen bleiben die in reichlicher Variation vorhandenen Anfangserzählungen zurück, da dem Flözaustritt selbst alsbald sein metallisches Geheimnis entnommen war, sodass über kleinere Tagebaue und Pingen hinweg Minen und Bergwerke entstanden. Fühmann erwähnt noch eine zweite Sagenvariante, in der der Hinweis auf den Erzfund in deutlicher Vermittlung erst

---

[1251] *Im Berg*, S. 8.
[1252] In der Arbeitsbibliothek Franz Fühmanns befindet sich eine bemerkenswerte Sammlung derartiger Literatur. Diese umfangreiche Sammlung macht neben dem Nachlasskonvolut und der Collage gerade auch einen bedeutenden Teil jenes Text-Bergwerkes aus, das Fühmann zu seinem Roman angelegt hat. Eine Auswahl aus den in der Sammlung vorhandenen Titeln soll die Breite von Fühmanns Erkenntnisinteresse und seiner möglichen bergbaulich-fachlichen Kenntnisse verdeutlichen, s. dazu das Verzeichnis im Bibliographischen Anhang dieser Arbeit.
[1253] *Im Berg*, S. 55.

IV.2 Einfahrt – Seilfahrt

durch eine Walengestalt, einen Venediger, gegeben werden muss.[1254] Die indexikalische Deixis der Sagen hält in ihren Erzählungen jenen Moment des glücklichen Umschlages fest, von dem an auf der Grundlage der gefundenen Bodenschätze eine Gegend zu prosperieren begann. Somit kann hier nur mit Blick auf früheste bergbauliche Aktivitäten von einer gleichwohl mythischen Marke des Anfangs gesprochen werden, deren Datierbarkeit sich erübrigt, da auch hier „die mythische Denkform [...] auf Sinnfälligkeit der Zeitgliederung hin[arbeitet]. [...] Ihr sind außer Anfang und Ende noch Gleichzeitigkeit und Präfiguration, Nachvollzug und Wiederkehr des Gleichen frei verfügbar."[1255] Die Erzählung des Anfangs bringt den Nachvollzug eines Ereignisses, das jedoch auch hier nicht imstande ist, einen speziellen Beginn zu bezeichnen, sondern die Erzählungen an die Stelle solcher Erklärungen setzt. Die Aussage ist daher auch hier keine, die Fragen nach einer Chronologie zur Beantwortung führte. Die Varianten warten mit dem Wachhalten eines wiederkehrenden, gleichen Geschehens auf: „So oder so, oder ein scharrendes Pferd, es war auch hier wie allerorten: Man entdeckte das Kupferflöz da, wo es ausbiß –"[1256]. Die Textstelle selbst bezeichnet den Ausbiss der erdgeschichtlichen Entstehung des Kupferflözes im Text. Der nicht historisch, sondern nur in der Erzählung nennbare wichtige Moment der Entdeckung des Erzvorkommens wird so um die geologischen Bedingungen seiner Möglichkeit erweitert. Dabei lässt sich der Anschluss von Wissenschaft an die sagenhafte Ätiologie des Bergbaus beobachten, der Führmann außerdem den weiterhin wissenschaftlichen Beleg dafür entgegenhält, dass die Erzählung hier unbedingt kein Erstes auszusagen imstande ist. Vor der Faktizität naturwissenschaftlicher Belege verblassen das durch Quellen belegbare erste Schürfen und noch der sagenhafte Anfang. Letzterem jedoch bleibt seine Erzählbarkeit, die den glücklichen Moment mnemotechnisch bewahrt und selbstgenügsam den eigenen Wahrheitsbeleg mit ausspricht.[1257] Führmann verbindet hier zwei Arten von Diskursen, die je es ermöglichen durch ihre Mittel eine Sichtbarkeit bzw. Narration der Anfänge zu erzeugen.

Die Verquickung von geologischen Fakten mit dem Narrativ des Flözfundes zielt in diesem sechsten Unterkapitel des ersten Teils andererseits gerade auch

---

[1254] Führmann erwähnt etwa den Walen, der einen Hütejungen ermahnt, der nach einer Kuh geworfene Stein „[sei] wertvoller [...] als dieses Vieh". (Ebd.) In Simrocks *Handbuch der Deutschen Mythologie* findet sich diese Sage verzeichnet. (Vgl.: Simrock, Karl: *Handbuch der deutschen Mythologie mit Einschluß der nordischen*. Bonn 1864², S. 454.) Das Bergwerk-Konvolut enthält zudem eine bibliographische Notiz Führmanns, die auf diesen Titel verweist (AdK, Berlin, FFA Nr. 38/3). Vgl. auch bei Agricola die unterschiedlichen Varianten von Gangfunden: Agricola, Georg: *De Re Metallica Libri XII*. Zwölf Bücher vom Berg- und Hüttenwesen. [Unveränderter Nachdruck der Erstausgabe v. 1928.] Wiesbaden 2006, S. 29f.
[1255] Blumenberg, *Arbeit am Mythos*, S. 113f.
[1256] *Im Berg*, S. 56.
[1257] Vgl. : „Was sehr weit zurückliegt, aber inzwischen nicht dementiert oder verdrängt worden ist, hat die Annahme der Zuverlässigkeit für sich." (Blumenberg, *Arbeit am Mythos*, S. 142.)

auf die explizit thematisierten Probleme „der Eroberung eines literarischen Stoffes"[1258]. Die erzählte Geschichte des anfangenden Bergbaus und vom glücklichen Fund des Flözaustrittes gerät fast unversehens zur Beschreibung eines durch literarisches Interesse verursachten Hineingelangens in das Massiv eines Stoffes. Das Bergwerk nimmt Fühmann zunächst als „ein gutes Modell für jeden Prozeß eines Eindringens in unbekannte Bezirke"[1259], wobei hier anfangs noch nicht ausdrücklich von einem Modell des literarischen Schürfens die Rede ist. Der Reiz eines sich geheimnisvoll und enigmatisch wohl als pur Stoffliches Zeigenden steht an dieser Stelle im Vordergrund: „Man dringt da ein, wo etwas lockt, aber Lockendes muß sich ja zuerst zeigen."[1260] Das stofflich Anziehende gibt sich, indem es sich vorhandener Aufmerksamkeit anzeigt. Fühmann betont hier nicht das Auffinden eines Stoffkomplexes, sondern dessen eigenes Hervortreten als vorerst auch ungeformtes Material, das zum Abbau sich anbietet und dem an sich das Potential einer gewissen stofflichen Performativität innewohnt: „Es braucht dies nicht in einer Gestalt zu geschehen, die sich sofort als nutzbringend dartut; es genügt, wenn ein Geheimnis lockt"[1261]. Das sich Zeigende aber erscheint vordergründig nur als Oberfläche bzw. als Äußeres, die den Charakter eines Anfänglichen dadurch bekommen, dass es als lockendes Potential „das Rätsel des Dahinter [...] und das Rätsel des Darin"[1262] enthält. Fühmann kleidet in diesen Abschnitt zudem den Verweis auf sein Vorhaben zu dem Filmszenarium *Das öde Haus* nach E.T.A. Hoffmanns gleichnamigem Nachtstück. Das Motiv der „seltsam öden und doch stets blanken Fenster"[1263] des Hauses deutet dort zuerst auf ein hinter diesen Fenstern Verborgenes, das durch seine Verlockung das unbändige Interesse Theodors weckt, wobei seine Neugier sich bei jedem Besuch weiter verstärkt.[1264] Er bemerkt das Haus, weil dessen

---

[1258] *Im Berg*, S. 57.
[1259] Ebd., S. 55.
[1260] Ebd.
[1261] Ebd. (direkt folgender Satz)
[1262] Ebd.
[1263] Ebd.
[1264] Hoffmann hat Reflexe des Zusammenhangs zwischen sich lockend Zeigendem und einem daran gebundenen Rätselhaften u.a. seinen Figuren in den Mund gelegt, vgl. etwa: „– Man war darüber einig, daß die wirklichen Erscheinungen im Leben oft viel wunderbarer sich gestalteten, als alles, was die regste Phantasie zu erfinden trachte." (Hoffmann, E.T.A.: *Das öde Haus*. In: Ders. Sämtliche Werke. Historisch-kritische Ausgabe (HKA). [Hrsg. v. Carl Georg Maassen.] 3. Bd. Nachtstücke. München u. Leipzig 1909, S. 159-195, hier S.159.); sowie: „Noch manches sprachen die Freunde über Theodors Abenteuer und gaben ihm recht, daß sich darin das Wunderliche mit dem Wunderbaren auf seltsame grauliche Weise mische." (Hoffmann, *Das öde Haus*. HKA 3, S. 195.) Das Lockende scheint weiterhin aus dem Objekte selbst heraus den Betrachter anzugehen, ja ihn anzusehen. Diese Art eines sich Gebenden taucht in Fühmanns Filmmanuskript als Warnung an Theodor in den Worten des Professor Koreff auf: „Du glaubst das öde Haus zu beobachten – aber vielleicht beobachtet es dich!" (Fühmann, Franz: *Das öde Haus*. Ein Nachtstück von E.T.A. Hoffmann für den Film als Szenarium gesetzt von Franz Fühmann. In: Ders.: Simplicius Simplicissimus. Der Nibelunge Not und andere Arbeiten für den Film. WA 8, S. 438.) Darüber hinaus könnte hier die

IV.2 Einfahrt – Seilfahrt

Erscheinung nicht in die umliegende Gegend passt: „Was ist denn das? / Ein ödes Haus in *dieser* Straße!"[1265] Das in seinem Umfeld Auffällige des Hauses weckt Interesse und bindet Aufmerksamkeit durch seine kontextuell unfügliche Erscheinung, die auf etwas hinter ihr selbst Befindliches weist, das der Entdeckung für wert zu befinden wäre. Der Fund von Bodenschätzen habe sich sehr ähnlich durch „die verheißungsvolle Gestalt"[1266] ereignet, auf die der Zufall hingeführt habe. Der begonnene Diskurs des Anfänglichen wird hier ein erstes Mal spezifiziert, indem es um Erzählungen vom Beginn geht. Die kurze Wiedergabe zweier Sagenvarianten mündet in die Darstellung geologischer Vorgänge, die als Voraussetzungen des Kupferbergbaus letztlich eine chronologisch nochmals den Sagenerzählungen vorausgehende Stufe des Beginnens bezeichnen. Die Herausbildung der Gesteinsschichtung im Laufe der Erdgeschichte wird als unterirdisch verborgene Bedingung dafür gegeben, dass das glückliche Auffinden jenes „Erz[es] oder pure[n] Metall[s], zutag getreten im Lächeln eines Gottes"[1267] überhaupt möglich wird. Die Beschreibung des an der Fundstelle beginnenden Bergbaus fasst kurz den Vorgang des anfänglich problemlosen, gar bloß sammelnden Abbaus zusammen, dessen baldiges Ausgreifen in tiefere Lagen des Fundortes und damit infrastrukturell gleichsam in die den Fundort umgebende Landschaft die Differenzierung, Präzisierung und fortschreitende Problematisierung des Arbeitens in sich trägt. Die Komplizierung des Erzabbaus nach anfänglichem „fast nur raffende[m] Gewinnen" wird alsbald in einem Vergleich mit „der Eroberung eines literarischen Stoffes"[1268] gezeigt, bei der sich dem Eindringenden anfangs auch keine Schwierigkeiten in den Weg stellen, die sich aber mit fortschreitender Tiefe im Stoff sehr wohl ergeben.

Darstellung des geheimnisvoll blickenden Hauses in Edgar Allan Poes *The Fall of the House of Usher* Pate gestanden haben. „[T]he vacant eye-like windows", die Poe zu Beginn gleich zweifach erwähnt (Poe, Edgar Allan: *The Fall of the House of Usher*. In: Ders.: Complete Works. Edited by James A. Harrison. Volume III, Tales Volume II. New York 1965, S. 273-297, hier S. 273 u. 274), besitzt wohl auch das Berliner Haus im Filmszenarium. Zudem schien Fühmann der Gedanke zu interessieren, dass das Haus bei Poe auch einen Charakter widerspiegeln kann. In einem Aufsatz von Wilson hatte sich Fühmann beispielsweise folgende Passage markiert: „The Fall of the House of Usher ist nicht nur eine gewöhnliche Gespenstergeschichte: das Haus – man denke nur an den ersten Absatz – ist gleichzeitig das Abbild einer menschlichen Persönlichkeit, und sein Schicksal – man denke an den klaffenden Riß in der Wand – ist das Schicksal eines gestörten Verstandes." (Wilson, Edmund: *Eine Abhandlung über Horrorgeschichten*. In: Phaïcon 1. Almanach der phantastischen Literatur. Hrsg. v. Rein A. Zondergeld. Frankfurt/M. 1974, S. 123-134, hier S. 128. ZLB Sammlung Fühmann)

[1265] *Das öde Haus*. WA 8, S. 420. (Hervorhebung i. Orig.)
[1266] *Im Berg*, S. 55.
[1267] Ebd., S. 57.
[1268] Beide Zitate: Ebd.

> [F]ür eine größere Arbeit muß man tiefer hinein, und da beginnen die Probleme. – Man wird es hier sehen. – Wie ein Fund sich im ersten Zugriff erschöpft hat, erfährt man beim Wiederholen jener ersten, so überwältigend gewesenen Begegnung.[1269]

Der poetologische Diskurs, der in diesem Abschnitt metaphorisch und vor allem vergleichend berührt wird, ist mit Blick auf den fast unmerklich eingeschobenen Satz gleichsam auf die akut im Rahmen des Bergwerk-Textes anstehenden poetischen Probleme gerichtet. Indem das bergmännische Vordringen mit zunehmender Tiefe sich verkompliziert und sich auch immer größeren Gefahren zu stellen hat, sieht sich auch der literarische Vortrieb mit der Frage konfrontiert, ob

> man wirklich dahin [gelangt.] Störfaktoren können wirken, Verwerfungen, Faltungen, Teufelswerk alles, Umtriebe schwer berechenbarer Geister; und so, analog, bei jedem Eindringen in ein unbekanntes Reich.[1270]

Der Stolleneinschlag im Bergbau wird hier metaphorisch zum Erschließen des Zugangs zu einem literarischen Stoff. „Man wird […] hier sehen"[1271], wie jener Zugang sich gestaltet, den das Einsetzen des Textbeginns (noch) nicht gezeigt hatte. Der Poetikdiskurs wird hier mit einem kommentierenden, geradezu metaleptischen Einschub fortgeführt[1272], der gleichsam im Ausgehen vom dargestellten Problemkomplex auf eine narrative Problematik verweist, die sich letztlich erst aus der Lektüre des vorhandenen Gesamttextes erschließt. Da jedoch schon diese Bezeichnung bei Fühmanns Bergwerk sich mit Blick auf dessen fragmentarischen Charakter als höchst problematisch erweist, lässt sich gleicherweise ein Verständnis dieses Einschubs privilegieren, das ihn im Zusammenhang eben mit der Fragmentarizität des Bergwerk-Textes als Verweis genau auf diese Textgestalt lesbar macht. In Korrespondenz mit dem 1983 eingefügten Untertitel wird genau dieser oft und gemeinhin in apodiktischer Manier vorgetragene Beleg für das angebliche Scheitern allerdings nicht mehr als solcher gelten können. An diese Marke eines Anfangs, die vom Beginn des Textes an ein Ende, d.h. ein Vollenden in den Bereich des nicht zu Erwartenden stellt, schließt Fühmann ja das bereits erwähnte Einsetzen des Geschehenden. Dieser unmittelbare Einstieg hat somit als eigentliche Betonung eines Vorgehenden, Ablaufenden, eben des Erzählvorgangs selbst zu gelten. Es wäre auch vielmehr die Frage aufzuwerfen, inwiefern denn gerade das in dem Untertitel und in dem erwähnten Einschub enthaltene Vorausbewusstsein der Unmöglichkeit eines Vollendens vorgehalten ist. Je im Rahmen eines Anfangsdiskurses bzw. als Anfang platziert erscheinen diese Markierungen gerade vor dem Hintergrund der im sechsten Unterkapitel thematisierten poetischen Überlegungen vielmehr ex-

---

[1269] Ebd.
[1270] Ebd.
[1271] Ebd.
[1272] Ausführlich zum Begriff der Metalepse vgl. etwa: Genette, Gérard: *Métalepse. De la figure à la fiction.* Paris 2004.

IV.2 Einfahrt – Seilfahrt

plizit. Schon im Anfangen der gewählten Zentralmetapher nämlich findet die Skizzierung der poetischen Problemlagen statt, deren Vertiefung sich auch späterhin beobachten lässt.

Das, wie es scheint, eigentlich zu Berichtende der Wanderung zu den Orten des bergbaulichen Beginnens, jenen Merunger Pingen, betrifft weiterhin die bereits angesprochenen Modi des Beginnens. Mit der Beschreibung der Wanderung zu den Spuren ersten bergmännischen Schürfens soll eine Topographie des historischen Bergbaus über Tage fixiert werden. Der Anfang der bereits unter Tage besichtigten Welt muss über Tage erst relativ mühsam gefunden werden, denn trotz laiengerechter Hinweise sind auch über Tage die Marken des Anfänglichen so undeutlich und so wenig lesbar, wie es noch die sagenhaften Beschreibungen zuvor für den Fund des Flözausbisses gesehen hatten. Die Beschreibung dieser „neolithischen Schürfstätten"[1273] wird jedoch nicht als Darstellung eines erreichten Ortes gegeben. Vielmehr muss den Formulierungen ein Charakter des Geplanten entnommen werden, wobei zudem das Auffinden der Pingen vom Text her offen bleibt. Hier wird eher die einem Reiseführer entnommene sachliche Information referiert und keine Besichtigung gegeben. Beim Aufbruch zu den Anfängen bergbaulicher Aktivität geht es hier weniger um die Laienarchäologie einer schnell abgehandelten Beschreibung der „historischen Halden"[1274] des Bergbaus. Die Episode dokumentiert hingegen eine Nebelwanderung, mit der freilich die eigentliche Unauffindbarkeit der Anfänge gezeigt wird.[1275] Der Aufbruch zu dieser Wanderung weitet sich zu einem odysseeartigen Wandeln durch unbekannte Gefilde, das sich im Textverlauf an die referierten Sachinformationen anschließt. Im Ergebnis findet sich – nahezu erwartbar – nicht das Erreichen des vorgesehenen Ziels:

> Die steinzeitlichen Schürfspuren fand ich nicht, wohl aber einige mittelalterliche Pingen und Halden, eine jede von einem Wochenendhäuschen besetzt, mit Zäunen und Gärtchen und seltsamen Steigen; gnädige Schwaden verdeckten es rasch.[1276]

Die gefundenen Stätten, bergbauhistorisch weit entfernt von einem nicht vorgefundenen und nicht vorzufindenden Beginn, sind zudem von der Kulturschicht überdeckt, mit der auch möglicherweise auffindbare Spuren gleichsam überschrieben worden sind. Es liegt somit nicht an einer vordergründigen Verirrung im Nebel, dass die Suche erfolglos bleibt, sondern das Ziel der Suche

---

[1273] *Im Berg*, S. 59.
[1274] Ebd., S. 64.
[1275] Vgl. auch das sehr ähnliche Motiv, das bereits im *Ruppiner Tagebuch* auftaucht: „Alles ist Grenze und Nebel zugleich. [...] Dies ist ein gutes Bild für bestimmte Erkenntnisprozesse." (Ders., *Ruppiner Tagebuch*, S. 114f.) Fühmann benutzt das Nebelmotiv darüber hinaus auch in der Budapester Dampfbadszene (*22 Tage*. WA 3, S. 336ff.) und in *Drei nackte Männer*. (*Drei nackte Männer*. WA 1, S. 519.) Außerdem ist auf das Gedicht *Zuspruch an mich selbst* von Gábor Hajnal hinzuweisen, das sich unter den von Fühmann nachgedichteten Texten dieses Autors findet. Die Nebelmetaphorik erhält dort zentrale Bedeutung.
[1276] *Im Berg*, S. 65.

selbst befindet sich außerhalb des Auffindbaren. Die Nebelepisode ist hier symbolisch an die Stelle einer aufzuzeigenden Unauffindbarkeit der Anfänge getreten, die sich bereits anhand der vorausgehenden Abschnitte andeutete.

Über die im Rahmen der Wanderung entdeckten oder nicht zu findenden frühesten Spuren bergbaulicher Aktivität hinaus, findet sich eine weitere Variante des Sprechens von den montangeschichtlichen Anfängen des Kupferschieferbergbaus. Fühmann präsentiert die je ferner zurückliegenden Abschnitte als sehr kurzen Überblick über eine Art bergbauhistorische Stufenleiter. Auffällig ist die zugleich anaphorische und epiphorische Binnengestaltung des Satzes, in dem die größtmögliche Annäherung an einen Beginn des Kupferbergbaus wie in einem Zeitraffer gezeigt wird. Gerade die von Fühmann verwendeten rhetorischen Figuren der Iteration legen dabei erneut die Unerreichbarkeit des einen Anfanges nahe und rücken gleichsam jenen lockenden (Roh-)Stoff wirksam in den Vordergrund. Ein Sprechen vom Beginn erscheint im Übrigen erneut nur in derartigen Wiederholungsstrukturen als angemessen: „Seit tausend Jahren grub Mansfeld hier Kupfer, seit viertausend Jahren gruben Bergleute hier Kupfer, seit neuntausend Jahren grub die Menschheit Kupfer [...]."[1277]

Der zweite Teil des Satzes setzt diesem bergmännischen Graben in einer zeitlich nochmals weniger vorstellbaren Dimension das geologische Entstehen der Erdkruste entgegen, in der eben jenes Graben sich vollzieht:

> [...] und über mir tausend Meter Gestein, das waren zweiundzwanzig Jahrzehntmillionen eines beharrlichen Mühens der Erde sich aus Magma und Meer zu heben.[1278]

Schiefer zu brechen bedeutet als bergbauliche Arbeit die gefahrenreich-würdevolle Teilhabe an einer Tradition von derartigem zeitlichen Umfang, worin sich jener Stolz des Bergmannsstandes begründet, dessen Ausspruch noch im Text in Majuskeln hervorgehoben wird: „ICH BIN EIN BERGMANN, WER IST MEHR!"[1279] In diesem Anspruch, der „aus der Geschichte herauf[wuchs]"[1280], mag die Gestalt des Bergmannes mit seinem unverwechselbaren Stolz eine Aura treffen, die ihn gleichsam selbst als bedingt mythische Figur erscheinen lässt; und zwar nicht nur insofern, als Fühmann die unter Tage arbeitenden Bergleute verschiedentlich im Kontext eines konkreten Mythos darstellt[1281], sondern ebenso, da er das so selbstbewusst formulierte Selbstverständnis der Bergleute als enge Bindung an die Tradition ihrer Arbeit zeigt, die aus einem historisch Unergründlichen kommt und bei der einst wie jetzt „ein jedes Tun und Lassen im Wirkungsfeld des Todes stand [...]."[1282]

[1277] Ebd., S. 23.
[1278] Ebd.
[1279] Ebd. (Hervorhebung i. Orig.)
[1280] Ebd.
[1281] Vgl. z.B. die Atlas-Szene: Ebd., S. 22.
[1282] Ebd. – Vgl. dazu auch die deutende Beschreibung des Umschlagfotos von *Im Berg* bei Damm, „*Am liebsten tät ich auf die Straße gehen und brüllen*". Es bleibt nichts anderes als das Werk, S. 13.

IV.2 Einfahrt – Seilfahrt

In dem von sicherer Überlegenheit zeugenden Satz drückt sich neben der Gewissheit eines Anspruchs eben auch die Unerreichbarkeit eines in der erwähnten Chronologie verfügbaren, jedoch ohnehin unergründlichen Ursprungs aus. Dessen eigentliche Wiedergabe ist je das von jedem „Häuer auf seiner Stirn"[1283] getragene Selbstverständnis, das mit der Aufreihung der Jahrtausendschritte als den Möglichkeiten von Historizität entwachsen gezeigt wird. Offen liegt hierbei jenes Potential, „eine in sich selbst bedeutsame Geschichte zu erzählen"[1284], das Blumenberg zudem „Ausgleich" nennt. Für die Formulierung und Gültigkeit der erwähnten Bergmannsehre geht es nämlich gerade nicht um die historische Datierbarkeit eines vermeintlichen Anfangs, sondern um die in dem Ehrenspruch geronnene und gerinnende Erfahrung von Jahrtausenden.

Im Gegensatz dazu steht jedoch das Präsens der Erfahrung eines Ersten unter Hinzunahme einer erdgeschichtlichen Dimension. Mit diesem Hintergrund hebt Fühmann die Erstmaligkeit der Berührung mit dem Material hervor:

> [A]uf dem Grund, darauf ich hockte und den einst die Sonne gesprenkelt, waren die ersten Reptile getrottet, schwerschädlige, gepanzerte Lurche, dann war kein Fuß mehr auf ihn getreten, zweihundertzwanzig Millionen Jahre, und das Flözstück vor mir, das ich zögernd berührte, hatte nie zuvor eine Hand angefaßt.[1285]

Dieses Präsens einer ersten Berührung lässt in der Wahrnehmung des Gesteinsbrockens die Gegenwärtigkeit einer erdgeschichtlichen Dimension aufscheinen, deren eigentliche Unermesslichkeit sich umso mehr in dem alltäglich-simplen, haptischen Kontakt ausdrückt. „[Z]weiundzwanzig Jahrzehntmillionen eines beharrlichen Mühens der Erde, sich aus Magma und Meer zu heben"[1286] scheinen in dieser Szene geradezu greifbar gemacht zu werden. Die temporale Winzigkeit dieser ersten Berührung wird in der verbalen Variation versprachlicht, der Moment selbst jedoch nochmals durch eine in Gedankenstriche eingeschlossene Parenthese zur Sprache gebracht:

> – Jungfräulicher Ort; jedes Streb war Pionierland; hier unten wurden neue Küsten gewonnen, nicht westwärts, sondern hinab in die Zeit. –[1287]

Während der eingeschobenen Reflexion scheint der wiedergegebene Ablauf stillzustehen, sodass quasi noch in der Materialität des Textes die Begegnung zwischen einem nicht greifbaren, Jahrmillionen zurückliegenden Damals und einem auch nicht erfassbaren Jetzt als der Augenblick der Berührung präsent ist. Der haptischen Wahrnehmung eines unermesslichen Zeitlichen folgt als akustische noch ein „Herzschlag lang Stille, nur das verworrene Schweigen des

---

[1283] *Im Berg*, S. 23.
[1284] Blumenberg, *Arbeit am Mythos*, S. 165.
[1285] *Im Berg*, S. 23.
[1286] Ebd.
[1287] Ebd.

Berges, ein Knacken im Fels, das Gepink eines Steinchens [...]"[1288]. Als perzeptiv Drittes zeigt sich der Ort Bergwerk schließlich noch als optische und weiterhin akustische Wahrnehmung eines durch Licht und Schall fragmentarisch hergestellten Raumes:

> [...] und dann, sich im niedrigen Streb überrollend, das Hallen der Schläge, mit denen der Häuer den Holzstempel unter die Zechsteinlast zwang. Seine Lampe strahlte ins Ende des Strebs und machte dort ein Gewölbe ahnen, das sich in Nacht und Rauschen verlor, im versickernden Licht schien ein Gang aufzudämmern; die Finsternis funkelte; aus der Tiefe ein Knirschen; der Häuer rüttelte prüfend den Stempel, ein letzter Schlag; und wieder das Rattern; der Häuer kroch zu uns, ich sah ihm entgegen, im Kreuzschnitt der Lichter zerstäubende Erdnacht, wie sie unter den Tagen wandert, und ich wußte jählings: Das war mein Ort.[1289]

Sich wahrnehmbar Zeigendes erscheint hier im Moment der Anfahrt[1290] schon ausgestattet mit den erkennbaren Merkmalen des späterhin erwähnten Lockenden. Einer jener „jähen und jäh innehaltenden Schübe"[1291] wird an dieser Stelle in seinen aisthetischen Effekten vorgeführt. Deren offen bleibende Enden künden dennoch mitnichten von einer ästhetischen Ankunft am Ort.

[1288] Ebd.
[1289] Ebd., S. 23f.
[1290] Vgl.: „Anfahren – hat zweifache Bedeutung: 1. Sich zur Arbeit begeben oder allgemein in Arbeit stehen und 2. Erreichen einer Lagerstätte durch Ortsbetrieb, z.B. das Flöz anfahren." (Ziegler, Thilo: *Der Röhrigschacht. Eine Führung durch das Bergbaumuseum und Schaubergwerk.*Wettelrode 2001, S. 57.) Vgl. außerdem: „Anfahren, gehen oder steigen hinein oder hinab in die Grube als Arbeiter oder Beamter, angreifen oder erreichen von Lagerstätten oder Flötzen bauwürdiger Mineralien [...]."(Dannenberg, Julius / Frank, Werner Adolf (Hrsg.): *Bergmännisches Wörterbuch.* Leipzig 1882.)
[1291] *Im Berg*, S. 55.

IV.3 „[…] da wie dort unbegreiflich vor Ort"

Zum unterirdischen Vor Ort im Streb des Bergwerkes führt die Wegbeschreibung – gleichsam Wegbeschrei*t*ung – durch die Landschaft und die Vororte Franz Fühmanns. Nimmt diese Fahrt den Begriff Topographie in seinem ursprünglichen Wortsinn, gefügt aus ‚τόπος' für ‚Ort' und ‚γράφω' für ‚schreiben', so ist hierfür das je Schriftliche der Orte im und als Text allem voran.

Im Bergwerk wird so der Text des Bergwerkes als dessen individuelle Skizze entworfen. Die dort vorfindbaren Ortsangaben und -anlagen sind dabei letztlich nicht mehr durch ihre Ausrichtung auf ein Textaußen charakterisiert, sondern befinden sich als topographische Merkmale mitten im Text. Dieser Stoffkomplex, dessen eigentliche Schrift der Text darstellt, ist demnach vor allem selbst ein Bergwerk, dessen Einschläge, Abteufungen und Ausrichtungen es wiederum konstruktiv strukturieren.

Franz Fühmann setzt mit seinem Text Örtlichkeiten, die diesen mit konstituieren und er entwirft eine Ortschaft, ganz wie eine Landschaft, deren Anlage sich vollends als Anlegung zeigt. Der Entwurf bestimmt hier Gliederung und Zusammenhänge des Ortsplans.

„Das war mein Ort."[1292], lautet im Text eine frühe Feststellung, in der sich neben der Nähe einer angestrebten Anwesenheit ebenso eine verbale Eroberung ausdrückt, die hier jedoch insbesondere die Stofflichkeit des Ortes meint. ‚*Mein Ort*' als Hinweis auf den des Franz Fühmann zu verstehen und damit dort im Text nach jener Kupfer- und Kaligrube zu suchen, in der der Dichter einst tatsächlich angefahren – horribile dictu –, ginge als Floskelwerk einer biographisch reduzierenden Lesart denn am τόπος endgültig und unweigerlich vorbei. ‚Mein Ort' ist hier im Text unbedingt nicht eines der Bergwerke, wo Fühmann seit 1974 gewesen, sondern die Bedeutung des Possessivpronomens ist ebenso unbedingt zu übersetzen mit ‚der Ort, den sich ein Ich in seiner Eroberung gemacht hat'. Mit diesem poetischen Ort – und ‚ποιέω' heißt in seiner Hauptbedeutung ‚tun, machen und schaffen, hervorbringen'[1293] – ist also kein konkreter Ort und es sind weniger noch konkrete Personen dort gemeint. Dies erläutert Fühmann beispielsweise gegenüber Horst Schwarzkopf:

> Ich möchte noch hinzufügen, daß ich konkrete Namensbezeichnungen vermeide […], der einzige konkrete Name wird Kyffhäuser sein.
> […] [I]ch meine keinen konkreten Ort.[1294]

und freilich auch der Lektorin Ingrid Prignitz: „Also eine Phantasiestadt, irgendwo am Kyffhäuser, irgendwo nahe der Grenze, und Kupfer- wie Kali-

---

[1292] Ebd., S. 24.
[1293] Vgl. den entsprechenden Eintrag in: *Langenscheidts Taschenwörterbuch Altgriechisch*.
[1294] Franz Fühmann an Horst Schwarzkopf am 29.05.1981. AdK, Berlin, FFA Nr. 36, S. 2.

grube."[1295] Demnach ist die Anlage Bergwerk (mit der zugehörigen Phantasiekleinstadt[1296]) genuin fiktiv[1297], gewissermaßen ein poetisches Gebäude. Die Konstruktion, d.h. die Anlage der Grube darf und kann sich nicht nach Kriterien echter Orientierungen richten. Die weitläufigen fachlichen Erklärungen des Bergmannes Schwarzkopf[1298], seine Korrekturen, gerade die Beschreibungen der Anlage, der Lage, und damit die Örtlichkeiten betreffend, zeigen neben der, aber auch durch die Inkongruenz zwischen der faktischen Auffassung vom Text und der Textwirklichkeit, dass Fühmann den Ort literarisch bzw. fiktiv meint.

[1295] Franz Fühmann an Ingrid Prignitz am 24.01.1983. AdK, Berlin, FFA Nr. 36, S. 1.

[1296] Hierfür findet sich im Nachlass eine kleine Liste von Ortsnamen, die aus Versatzstücken authentischer Ortsnamen der Ostharzgegend gebildet wurden: „Sangersaue / Auenrode / Mansstetten / Auerode / Mannsrode / Sonderhausen" (AdK Berlin, FFA Nr. 34/6$_{(2)}$.) Die Bildung der Namen funktioniert übrigens ähnlich wie die paarige Vertauschung von Sprichworthälften in *22 Tage*. (Vgl.: WA 3, S. 502.) Weiterhin bemerkt Fühmann in einem Brief an Ingrid Prignitz: „Irgendso ein »Kaisersaschern«, quäl mich schon mit dem Namen, find nichts Rechtes." (Franz Fühmann an Ingrid Prignitz am 05.02.1983. AdK, Berlin, FFA Nr. 36, S. 4.) Die aus dem Nachlass herausgegebene Fassung des Bergwerk-Textes verwendet ‚Tullroda' als Ortsnamen, was aus dem in anderen Typoskriptfassungen zu findenden ‚Tillroda' abgeleitet sein dürfte. Vermutlich intendierte der Austausch des ‚i' gegen das ‚u' eine vor dem skizzierten Hintergrund nachvollziehbare und noch deutlichere Entfernung von authentischen Namen im Mansfeldischen bzw. in der Goldenen Aue, wie etwa Tilleda am Fuße des Kyffhäuser.

[1297] Vgl. dazu auch Fühmanns Bemerkung in dem Brief an Ingrid Prignitz vom 24.01.1983: „[...] überhaupt nirgendwo Ehrgeiz, Reportagehaftes anzubringen". (AdK, Berlin, FFA Nr. 36, S. 1.) An Konrad Reich schreibt Fühmann noch etwas deutlicher: „Ich habe mich von der Illusion [sic!] [...] losgesagt, irgendetwas machen zu können, was mit irgendeinem konkreten Betrieb (Institution usw.) hier zu tun hat. Ich kann das Ding also machen, wie ich es gedacht habe. Was ich zu meiner geliebten Umwelt zu sagen habe, muß ich schon allein verantworten, da kann ich keinen Zweiten drin brauchen, und das wäre bei einem konkreten Bezug unvermeidlich, man hätte da nur die Wahl zwischen unanständig oder unmöglich." (Franz Fühmann an Konrad Reich am 15.05.1976, *Briefe*, S. 183.) Im Nachlass schließlich findet sich zum Erzählverhalten Folgendes: „Soll ich [...] ein drittes Mal [...] versichern, ich schriebe keine Autobiographie, sondern mische Dichtung und Wahrheit" und dann weiter in der Er-Form (für den Erzähler): „er will Erfahrung und Entwicklung schildern und nicht die Fakten einer Begebenheit, und wie anders soll das geschehen, wenn nicht durch eine Phantasiegestalt. – Ich habe keinen Hang zum Exhibitionismus." (AdK, Berlin, FFA Nr. 34/2.) An Manfred Steingans schreibt Fühmann am 25.03.1978: „Ich habe nun rigoros alles andere Kramzeug weggelegt [...] und fange jetzt das Bergwerk an. Es wird nun wieder ganz anders werden, als ich es mir ursprünglich vorgestellt habe, es wird nun sehr sehr viel von Literatur handeln und wenig vom konkreten Alltag in der Grube, aber da kann man nichts machen, es entwickelt sich halt so." (Ebd., Nr. 36, S. 6.) Vgl. auch den Zusammenhang mit dem erzählerischen Nein zum Bergarbeiterroman. (Vgl.: *Im Berg*, S. 40; vgl. dazu auch die abweichenden Deutungen bei: Müller, *Schichtende*. Literaturwissenschaft und politische Kultur, S. 84f. und Köhn, *Franz Fühmanns Fragment* Im Berg. La mine dans la civilisation et la littérature allemandes, S. 77f.)

[1298] Gemeint ist hier der Briefwechsel zwischen Fühmann und Horst Schwarzkopf, in dem Fühmann den ehemaligen Bergmannskollegen um fachliche Hilfe bei der genauen Wiedergabe technischer Einzelheiten bittet. Vgl. die entsprechenden Briefe ab 17.06.1981: AdK, Berlin, FFA Nr. 36 u. Nr. 1160.

Die Topographie selbst findet sich so recht eigentlich in dem wiederholten Hinweis auf ‚*meinen* Ort'. Während der Bergmann mit redlichen Korrekturen und Anmerkungen versucht, Fühmanns Bergwerk einer empirischen Realität maximal anzugleichen, geht es dort nicht um diese Realität der Anlage, sondern um deren Charakter des Angelegt-Seins als solchen. Insofern zeigen die insbesondere mit Blick auf die unterirdische Situierung und eine Reihe anderer, z.T. technischer Punkte vorgenommenen Anmerkungen spiegelbildartig den Modus eines Gelingens, das sich nur im Bereich des Literarischen und dadurch nicht im Sektor des Dokumentarischen vollzieht. Die Liste der Korrekturen belegt die Differenz zwischen Literatur und Realität, die notwendig anzutreffen bleibt. Hierzu zählen unbedingt nicht die Bereiche des Realen, die etwa durch Fachsprache oder detailgenaue Beschreibung von Arbeitsvorgängen markiert in den Text eingearbeitet sind. Dies betrifft vielmehr die örtlich-räumlichen Konstellationen, jene Wahrscheinlichkeit des Ortes und der Orte. Die Detailgenauigkeit, die Fühmann dabei auf die örtlichen Zusammenhänge und Gegebenheiten verwendet, zeigt eine deutliche Intention, hier nicht jene Realität erscheinen zu lassen, deren Erscheinen ohnehin nicht zu bewerkstelligen wäre. Gerade in seiner fiktiven Anlegung und durch sie bleibt das von vornherein Fragmentarische der Darstellung gegeben, das den Kurzgriff der schnellen Gleichung zwischen Realität und Literatur vermeiden hilft. Es geht nicht um reportagehaften Wiedererkennungswert, sondern um Signifikanz, die gerade durch die bewusste Aussperrung eines real Wiedererkennbaren erreicht wird.

Fühmanns Bergwerk ist daher nicht jene Sangerhäuser oder Sondershäuser oder Mansfelder Grube, deren Besucher er gewesen, sie ist der Ort des Textes im Text. Fühmanns Bergwerk-Text ruft dergestalt aus der unterirdischen Landschaft den Ort auf, der in einer ersten Benennung als rohes Material erscheint. Die im Text wiedergegebene erste Anschauung weist dabei zunächst noch kein Auffallen oder Einfallen auf. „[U]nbestimmbar gestaltlose Schwärze"[1299] biete sich dem Blick aus der fahrenden Grubenbahn.[1300] „[D]iese Unterwelt"[1301] des Bergwerks fällt nicht an. Vom Amorphen her kann hier nichts wahrgenommen werden, denn: „Wahrnehmen heißt nicht Erkennen, Unterscheiden, Bezeichnen oder Verstehen, sondern in erster Linie Antworten."[1302] Die Präsenz des Ortes erstellt sich im Präsens eines wenn auch nahezu verworfenen Anblicks[1303], der schon hier – ohne ins Artifizielle vorzustoßen – seine aperzep-

---

[1299] *Im Berg*, S. 7.
[1300] Schivelbusch beschreibt den Blick aus dem fahrenden Zug als Zuschauerblick bei einer Theatervorstellung. (Vgl.: Schivelbusch, *Eisenbahnreise*, S. 40.) Im Bergwerk aber kann eine solche mögliche Erwartung – etwa die nach einer „Höhle Aladins" (*Im Berg*, S. 19) – nicht erfüllt werden. Dem Ausfall der Vorstellung folgt die Abwendung und dann die Ersetzung durch die Fiktion.
[1301] Ebd., S. 7.
[1302] Mersch, *Ereignis und Aura*, S. 46.
[1303] Vgl. zum ‚Anblick', worin Anschauen und Angeschautwerden eingeschlossen sind: Waldenfels, Bernhard: *Sinnesschwellen*. Studien zur Phänomenologie des Fremden 3. Frankfurt/M. 1999, S. 131; und: Mersch, *Ereignis und Aura*, S. 49.

tive Magerheit aufweist. Der Überdruss am Material des Ortes scheint gleich zu Anfang des Textes wiedergegeben zu werden. Mithin enthält dieser selbst die gegebene und zu gebende Antwort, zunächst in der Deskription und in der betonten Abwendung. Denn „[s]elbst das Wegsehen und Übersehen ist eine Form des Antwortens."[1304] Bei Fühmann könnte dem Folgendes entsprechen: „Allein wir schaun sowieso nicht aus dem Fenster."[1305] Der Hinweis auf die Gestaltlosigkeit der Stöße, des Materials und damit wohl der erwähnten Umgebung insgesamt zeigt dabei dann jedoch weniger Indizien des Fehlschlagens. Eher wird er als Ausweis „der Andersheit eines Anblicks" genommen werden müssen, „der sich der Verwandlung in ein bloßes Aussehen widersetzt."[1306] Die konsequente Abwendung von der Landschaft unter Tage könnte weiterhin Voraussetzung für einen möglichen Eintritt „in eine imaginäre Ersatzlandschaft, die Literatur"[1307] sein, die durch den Fahrterzähler an die Stelle des ohnehin fehlenden Ausblickes gesetzt werden würde. Der vom Außen nicht gegebene Ort entstünde so durch die Bergmannserzählungen im Innen als Vorstellung und hülfe erst recht, Orientierung und fehlenden Ausblick zu entbehren, da an ihrer Stelle ja die poetischen Fabeln sich mit ihrer eigenen rezeptiven Orientierungsvorgabe setzten.

Das Unten der Grube erscheint am Beginn des Textes als sehr unwirtlicher Ort, wo in Formlosigkeit das „[F]ahlschwarzgrau"[1308] eines wenig reizvollen Anblicks vorherrscht und der zuerst durch die lange und unbequeme Fahrt in der Grubenbahn bestimmt wird. Orientierung bietet der dunkle Ort kaum, das Bedürfnis einer Lokalisierung in der Frage nach einem Wo bedingt immer die Frage nach einer Relation zum Oben.[1309] Die Ortsbestimmung im Unterirdischen grenzt in der Frage nach dem Wo an ein Nirgends[1310], dessen „Lagebestimmung über Tage"[1311] allenfalls einer Abschätzung gleichkommt. Für eine

---

[1304] Waldenfels, *Sinnesschwellen*, S. 131.
[1305] *Im Berg*, S. 7.
[1306] Beide Zitate: Waldenfels, *Sinnesschwellen*, S. 137.
[1307] Schivelbusch, *Eisenbahnreise*, S. 62.
[1308] *Im Berg*, S. 7.
[1309] Eine Lokalisierung in ständiger Relation zum Oben ist außerdem schon deshalb nötig, weil gerade die bergmännische Bezeichnung ‚Ort' (mit dem Plural ‚Örter') die sich kontinuierlich in den Berg hineinbewegende und nie bleibende Stelle meint, an der vor Streb das Schieferbrechen statthat.
[1310] Vgl. hierzu auch die Problematik der Fremdorte, die Waldenfels in *Topographie des Fremden. Studien zur Phänomenologie des Fremden* 1. Frankfurt/M. 1997, S. 184-207 (Kap. 9) ausführt. Zu denken wäre hier auch an folgende Beschreibung bei Waldenfels: „Der Ort des Fremden erweist sich zudem als Ort besonderer Art. Er läßt sich nicht in ein Ortsnetz einzeichnen, in dem wir uns frei bewegen, da er nur über eine Schwelle hinweg, also im vollen Sinne gar nicht zu erreichen ist." (S. 24)
[1311] *Im Berg*, S. 8. – In einer ähnlichen Situation verrät einer der begleitenden Bergleute dem Erzähler, „an welchem Ort der Grube [sie] staken". Die Ortsbestimmung funktioniert auch hier nur in Bezug zum Oben: „Ich hatte nur eine Dimension, die der Höhe, hinauf zum Tageslicht: Wir gruben in neunhundert Meter Tiefe, und August verriet mir, wo wir uns befanden: direkt unterm Ambulatorium!" (Beide Zitate: Ebd., S. 107.)

IV.3 „[...] da wie dort unbegreiflich vor Ort" 253

Entfernungs- und Ortsbestimmung bleibt mangels verfügbaren Kartenmaterials nur eine Rückrechnung anhand der vergangenen Fahrzeit[1312], sodass sich hier schon die Grundlage einer späteren Feststellung erkennen lässt, in der ein Vortrieb sich nicht im Raum, sondern in der Zeit vollzieht.[1313] Am strikten Fahrplan der Grubenbahn wird dies zusätzlich deutlich. Die feste und exakte Reglementierung ist dabei nicht allein durch den Schichtdienst der Bergleute bedingt, sondern unterstreicht die Tatsache, dass die Bewegung unter Tage vor allem immer eine Bewegung in zeitlichen Dimensionen ist. Dies gilt im Übrigen in mehrfacher Hinsicht, denn nicht nur die zurückgelegte Entfernung wird zeitlich dargestellt, auch die bergmännische Fahrt in den unterirdischen Strecken ist die Bewegung innerhalb eines über lange Zeit gewordenen Raumgebildes, das etwa in einem „Stollenmundloch aus der Zeit Wallensteins" [1314] über Tage endet. In geologischem Verständnis befinden sich die Örter unter Tage zudem in einer Gesteinsschicht, deren Alter zuvor mit 220 Millionen Jahren angegeben wurde, sodass sich in dieser vertikal von der Erdoberfläche vollzogenen Ortsbestimmung eine weitere temporale Dimension ergibt. Entsprechend lautet eine Lokalisierung innerhalb der geologischen Schichtungen: „[...] über mir tausend Meter Gestein", – die sogleich in eine zeitliche Dimension quasi umgerechnet werden – „[...] das waren zweiundzwanzig Jahrzehntmillionen"[1315]. Der Ort Bergwerk funktioniert räumlich demnach in fester Abhängigkeit von einer mehrfachen zeitlichen Dimensionierung[1316], ja gleicht einer Art gedächtnishafter Schichtung. Mersch hat die problematische Gedächtnisform in modernen digitalen Speichermedien pointiert dieser Art von Gedächtnis gegenübergestellt:

> Digitale Speichermedien tilgen die Erinnerung, die sie vorgeben zu stützen. Der Indifferenz der Aufzeichnung wie ihrer formalen Prozessierung ist Vergessen immanent: Als Technik bringt sie Geschichte an un so rücksichtsloser zum Verschwinden, wie sie das Erinnerbare, das sich an Bedeutungen knüpft, in eine Vielzahl gleichgültiger Speicherspuren zersplittert, die nichts »erzählen«, sondern allein »abrufbar« sind. [...] Gedächtnis verbindet Entlegenes, bereist ein ebenso diffuses wie weit

---

[1312] Heines Diktum „Durch die Eisenbahnen wird der Raum getötet, und es bleibt uns nur noch die Zeit übrig." bildet eine Folie dieser an die Dimension Zeit geknüpften Wahrnehmungsweise. (Vgl.: Heine, Heinrich: *Lutezia*. In: Ders.: Werke in vier Bänden (W). Dritter Band. Schriften über Frankreich. Hrsg. v. Eberhard Galley. Frankfurt/M. 1968, S. 304-601, hier S. 510.) Die Tätigkeit des zusätzlich erdachten Fahrterzählers würde zudem wohl ein Verschwinden der Größe Raum befördern. (Vgl. dazu die Ausführungen in: Schivelbusch, *Eisenbahnreise*, S. 62.)
[1313] Vgl.: „Küsten [...] hinab in die Zeit [...]." (*Im Berg*, S. 23.)
[1314] Vgl. auch das Gespräch mit den Apothekerinnen: Ebd., S.79.
[1315] Beide Zitate: Ebd., S. 23.
[1316] Vergleichbare Vorstellungen finden sich auch in Novalis' *Heinrich von Ofterdingen*: „Die mächtigen Geschichten / Der längst verfloßnen Zeit, / Ist sie ihm zu berichten / Mit Freundlichkeit bereit. // Der Vorwelt heilge Lüfte / Umwehn sein Angesicht, / Und in die Nacht der Klüfte / Strahlt ihm ein ewges Licht." (Novalis, *Ofterdingen*. Schriften 1, S. 247.) Vgl. dazu außerdem das Gespräch zwischen dem Einsiedler in der Höhle und dem alten Bergmann: Ebd., S. 255ff.

gestreutes Gebiet, zieht seine Pfade kreuz und quer, schichtet und überlagert verschiedene Räume und Zeiten und verdichtet die Ereignisse zu Inhalten, die nicht selten Sprünge und Ungereimtheiten enthalten.[1317]

In der Zeitraumtiefe[1318] von Fühmanns Bergwerk und seinem Schichtenmassiv bleiben die Einschreibungen als erinnerbar vorgehalten. Sie zeigen sich im Präsens des Gewordenseins, das im Übrigen Bergwerk wie Literatur gleichermaßen auszeichnet.

Es scheint sich hier auch eine gewisse Nähe des Derrida'schen Begriffes der ‚Verräumlichung' anzuzeigen. Allerdings muss die Frage der Übertragung eines spatialen Nacheinander und eines Nebeneinander in den Bergwerk-Text dann jene nach dem Erscheinen des Ortes Bergwerk im Text aufwerfen. Mit Derridas „devenir-espace du temps et [...] devenir-temps de l'espace", das immer „le non-perçu, le non-présent et le non-conscient" [1319] ist, gilt es dann die Frage nach jenem Spatium aufzuwerfen, in das der Text gestellt ist und das er zugleich produziert. Fühmanns Bergwerk-Text wäre dann sowohl unvollendbare Überschrei*b*ung und Überschrei*t*ung des Zwischenraumes zwischen dem Individuum am Ort und dem Ort wie ebenfalls Produktion dieses Zwischenraumes. Die Auskleidung mit Schrift des als gerade gestaltlos angetroffenen Bergwerkes, entwirft den Ort in medialer Präsenz, während – und dies berührt ein poetisches Kernproblem Fühmanns an zentraler Stelle – dieses Erscheinen weiterhin nur ein Nicht-Erscheinen, in dem, was erscheint[1320], vor(ent)hält. So verdeutlicht auch das im Nebel fast mit Erschrecken als formlos erfahrene Erscheinen der viel stärker akustisch als optisch gegenwärtigen Dampflok das Heraustreten oder sich Herausschälen einer Form[1321] bzw. ihr Angehen. Die unterirdische Welt im Bergwerk aber fällt nicht an, denn ihr Unten verhält sich zum Oben im Grunde

---

[1317] Mersch, *Ereignis und Aura*, S. 81.
[1318] Vgl. zu diesem Begriff: Blumenberg, *Höhlenausgänge*, S. 25.
[1319] Beide Zitate: Derrida, *De la grammatologie*, S. 98.
[1320] Vgl. zu dieser Überlegung auch: Mersch, *Ereignis und Aura*, S. 145. Vgl. weiterhin: „Le système des signatures renverse le rapport du visible à l'invisible. La ressemblance était la forme invisible de ce qui du fond du monde, rendait les choses visibles; mais pour que cette forme à son tour vienne jusqu'à la lumière, il faut une figure visible qui la tire de sa profonde invisibilité. C'est pourquoi le visage du monde est couvert de blasons, de caractères, de chiffres, de mots obscurs, – de «hiéroglyphes», disait Turner." (Foucault, Michel: *Les mots et les choses*. Une archéologie des sciences humaines. Paris 2002, S. 41f.) Fühmann benutzte die deutsche Suhrkamp-Ausgabe der *Ordnung der Dinge* (Frankfurt/M.: 1978^2. Diese Ausgabe befindet sich in der Nachlassbibliothek; ZLB, Sammlung Fühmann), wo er sich diesen Gedanken anstrich. (S. 57.) Blanchot fasst dies als Problem sprachlicher Medialität, sodass seine Feststellung „Les mots [...] ont le pouvoir de faire disparaître les choses, de les faire apparaître en tant que disparues, apparence qui n'est que celle d'une disparition [...]" Foucaults Beschreibung eigentlich dialektisch konsequent fortführt. (Blanchot, *L'espace littéraire*, S. 45.)
[1321] Bereits im *Ruppiner Tagebuch* taucht ein Zusammenhang auf, in dem der Nebel nicht nur deskriptiv behandelt und nicht nur als Naturphänomen aufgefasst wird. Vgl.: „In welche Nebel löst sich eigentlich das Gebilde auf, das man Psyche, Seele usw. nennt?" (Fühmann, *Ruppiner Tagebuch*, S. 157.)

IV.3 „[...] da wie dort unbegreiflich vor Ort"

wie Wagners Schwarzalbe Alberich zum Lichtalben Wotan. In ihrer unvereinbaren räumlichen Geschiedenheit voneinander stehen Unter Tage und Über Tage in ihrer weitreichenden Ähnlichkeit in engster – semantischer – Verbindung. Eben diese eigentliche Selbstverständlichkeit nun schafft Verwunderung beim Besucher:

> Das ist es ja, was den Neuling so verblüfft: daß unter Tage zunächst alles so ist wie an einem vergleichbaren Industrieort über Tage, nur eben unter statt über Tage, das heißt von Natur aus in einer Nacht, die über Tage nie Natur ist – in absoluter Finsternis.[1322]

Die Differenz liegt demnach nämlich nicht in eigentlich disparaten Realitäten, sondern in der jeweiligen Eigentümlichkeit der Beleuchtung und wohl auch der Belichtung. Indem die Stärke des künstlichen Lichtes im Bergwerk die Anschauung der Örtlichkeiten überhaupt erst ermöglicht, könnte deren Übersetzung ins Schriftliche des Textes als Vorgang einer formenden Beleuchtung und in der Fixierung dann auch als Belichtung verstanden werden. Ein weiterer Aspekt ist hierbei natürlich die Offenheit und Geschlossenheit der jeweiligen Raumkuppeln. Über Tage fällt unweigerlich die weite Unendlichkeit des sich über die Grubenanlagen spannenden Himmels ganz besonders im Gegensatz zum höhlengewölbten und gar sich unter Bergdruck senkenden First der Strecken ins Auge:

> [...] und dann oben, auf der Hängebank, nach dem Stolpern aus dem Gittergehäuse, das unermeßliche Blau des Himmels, das hinter den Fenstern des Treppenturmes beim Niederschreiten unendlich heraufstieg und, Licht des Tages, uns überwölbte, und unter den Füßen die Tiefe der Nacht.[1323]

[1322] *Im Berg*, S. 9. – Daran schließt sich im Text jedoch eine zentrale Differenz in der Sprache an, denn in der Grube sind gerade die Begriffe der räumlichen Ordnung und Orientierung eben in der Bergmannssprache zu gebrauchen, in der beispielsweise Stoß, Sohle und First jeweils für (oberirdisch) Wand, Boden und Decke stehen.
[1323] Ebd., S. 27. – Der hier aufgemachte Gegensatz erinnert entfernt an die bereits bei Fühmann erwähnte Bergszene in Novalis' *Heinrich von Ofterdingen*. Es ist der Höhleneinsiedler, der im Gespräch mit seinen Besuchern den folgenden Zusammenhang herstellt: „Ihr seyd beynah verkehrte Astrologen, sagte der Einsiedler. Wenn diese den Himmel unverwandt betrachten und seine unermeßlichen Räume durchirren: so wendet ihr euren Blick auf den Erdboden, und erforscht seinen Bau. Jene studieren die Kräfte und Einflüsse der Gestirne, und ihr untersucht die Kräfte der Felsen und Berge, und die mannigfaltigen Wirkungen der Erd- und Steinschichten. Jenen ist der Himmel das Buch der Zukunft, während euch die Erde Denkmale der Urwelt zeigt." (Novalis, *Ofterdingen*. Schriften 1, S. 260.) Hierzu vgl. außerdem Blumenbergs Verweis in *Höhlenausgänge* auf einen ähnlichen Zusammenhang von oben und unten, der sich auf die bei Fühmann beschriebene Szene beziehen lässt: „In den antiken Imaginationen der Höhle war es der Gegenpol des Himmelsanblicks jenseits des Ausgangs gewesen, was dem Höhlendasein die Überbietbarkeit, wenn nicht Überwundenheit attestierte, gleichgültig, welche Folgerung sich aus der Betroffenheit davon ergeben sollte. Der himmellosen Unterwelt hatte gerade dieses ›Muster‹ eines alles andere diskriminierenden Mehr-Seienden gefehlt." (Blumenberg, *Höhlenausgänge*, S. 419.) Die kurze Szene steht zudem in Korrespondenz mit dem Moment des Ausgangs aus den unterirdischen Gefilden der Hölle in Dantes *Divina Commedia*. Am Schluss des 34. Gesanges

Zwischen jener nächtlichen Tiefe des Bergwerks und der Tageshelligkeit des sonnenbeschienenen Oben entsteht natürlich einer der essentiellen Gegensätze, die im Aufbau des Bergwerks bzw. des Bergwerk-Textes von Fühmann zusammengespannt[1324] wurden. Es ist hier der zwischen einem Bereich des Dunklen und wesensmäßig Lichtlosen und dem Oben des Über Tage, das zwar Dunkelheit kennt, jedoch nie jene „absolute Finsternis"[1325], die das Unten charakterisiert. So sehr dieser fast banalen Gegensätzlichkeit das Reizvolle zunächst abgehen mag, ja sich gar ein Moment des Enttäuschenden einstellt, sooft finden sich doch Darstellungsmodi der Bergwerktiefen, die sich zum Einen aus der erwähnten auch geheimnisvollen Bilderwelt der Romantik speisen und zum Andern jene fast naiven Imaginationen des Unter Tage aufrufen, die sich vielleicht als typische allgemeine Vorstellungen dieser Bereiche beschreiben ließen. Allein das Eintreffen vor Ort im unterirdischen Gewölbe ist im Angesicht des Erzes vor allem auch Korrektur bzw. Klärung. So steht der Vorstellung von einer „Art Paternosterverkehr in eine Sesamhöhle [...], darin eine tosende Schatzgräberei umging"[1326] die vorschriftsmäßige Untersuchung beim Grubenarzt und eine Reihe trockener bürokratischer Vorgänge und Erledigungen gegenüber. Weder jene „Höhle Aladins"[1327], die als Höhle des Ali Baba ähnlich schon in *22 Tage* für das geheimnisvoll Lockende und doch – sprachlich – nahezu Unerschließbare der ungarischen Literatur gestanden hatte, noch der betont negative Vergleich zwischen einem Bergwerk und einer Schokoladen-

heißt es dort in der Übersetzung von Philalethes: „Dort unten ist ein Ort, so weit entlegen / Von Beelzebub, als seine Gruft sich ausdehnt, / Und nicht dem Auge, nur dem Ohr bezeichnet / Ein Bächlein ihn, das hier niederrinnet / Durch eine Felsspalt, den's gewundnen Laufes / Und mit geringem Fall sich ausgewaschen. / In den geheimen Pfad trat mit dem Führer / Ich ein, zur lichten Welt zurückzukehren, / Und ohne irgend mehr der Ruh' zu pflegen, / Ging's aufwärts, er voran und ich ihm folgend, / Bis ich vom schönen Schmuck des Himmels etwas / Wahrnahm durch eine runde Kluft, zu der wir / heraus dann tretend, wiedersahn die Sterne." (34/127-139) – In Fühmanns Arbeitsbibliothek finden sich neben einer großformatigen illustrierten Schmuckausgabe der *Divina Commedia* in Italienisch (*La Divina Commedia di Dante Alighieri*. Illustrata di Gustavo Doré dichiarata con note tratte dai migliori commenti per cura di Eugenio Camerini. Milano 1894.) vier deutsche Übersetzungen von Dantes Text: Dante Alighieri: *Die Göttliche Komödie*. Deutsch v. Karl Vossler. Gütersloh [1960]; Dante: *Göttliche Komödie*. Übers. v. Philalethes. Berlin [um 1935]; Dante Alighieri: *Die Göttliche Komödie*. Übers. v. Herrmann Gmelin. Stuttgart 1955; Dante Alighieri: *Göttliche Komödie*. Übers. v. Karl Witte. Leipzig 1965 und eine weitere großformatige deutsche Ausgabe: *Dante's Göttliche Komödie in 125 Bildern* nebst erläuterndem Texte von Bernhard Schuler [Nacherzählung m. Versen a. d. Übersetzungen v. Philalethes u. Witte]. München 1892. (ZLB, Sammlung Fühmann)
[1324] Vgl. auch Fühmanns Gebrauch dieser Vokabel im Gespräch über Mihály Vörösmarty mit Paul Kárpáti und Márton Kalász (Fühmann / Kalász / Kárpáti, *Nachwort. Wenn einst die Nacht sich erschöpft*, S. 91.)
[1325] *Im Berg*, S. 9.
[1326] Ebd., S. 17.
[1327] Ebd., S. 19.

IV.3 „[...] da wie dort unbegreiflich vor Ort" 257

fabrik[1328] taugen hier. War die Schatzkammer der ungarischen Literatur in *22 Tage* nur in kleinsten Ausschnitten und ohne innere Zusammenhänge wahrnehmbar gewesen, so erscheint nun das Bergwerk zwar in der gesamten Breite mit allen Eindrücken und bleibt einer Übersetzung dennoch so verschlossen, wie dies bereits bei den Blicken durch die „Fensterchen in den Sesamberg"[1329] der Fall gewesen war. Das Zauberwort, durch welches die Schatzhöhle der ungarischen Literatur anhöbe zu singen, wäre natürlich das Erlernen und Verwenden der ungarischen Sprache. Dies scheint im Bergwerk auf den ersten Blick anders zu sein. Der Ort bietet sich zuerst nicht als sprachliches Problem dar, sondern wird zu einem solchen, sobald es an die (Be-) Schreibung der Örtlichkeit geht. Die Erfassung des unterirdischen Raumes ließe sich dann wahrhaftig nur mit der Benutzung der bergmännischen Fach- bzw. Gruppensprache erreichen. Zwar fehlt hierbei die Hürde der Fremdsprache, doch erscheint die bergmännische Ausdrucksweise sehr wohl als fremde Sprache, sodass sich bereits hierin eigentlich eine sprachliche „Strategie[...] der symbolischen Regionalisierung und Territorialisierung"[1330] erkennen lässt. Der unterirdische Ort zeigt sich denn durch diesen Aspekt und mehr noch im erneuten Aufkommen der sehr ähnlichen und konstitutiven Höhlensymbolik, die das starke Moment des reizvoll Lokkenden in sich trägt und zudem zur Entdeckung herausfordert, und zwar als komplexe Weiterentwicklung der in *22 Tage* begonnenen Ortsbeschreibungen.

Als poetisch geprägte Heterotopie verstanden, enthält Fühmanns Bergwerk in mehrfacher und differenter Art und Weise jene charakteristische Denkstruktur des Widersprüchlichen, die sich für den Foucault'schen Begriff wie auch für Fühmanns Ortschaft als konstitutiv und determinativ zeigt. Allein das Fühmann'sche Bergwerk als heterotopische Ordnung zu deuten, die im Sinne ihrer poetischen gar in weiten Teilen betont fiktiven Erzeugtheit vielmehr eine Anordnung darstellt, führt vor dem Hintergrund der so angewendeten Begrifflichkeit zur Frage nach der heterotopischen Gestaltung und mehr noch nach der Gestaltung und Gestaltbarkeit des Heterotopischen im und am Bergwerk. Denn bei einer vollständigen Applikation des Heterotopiebegriffes auf die Kupfer- und Kaligrubenlandschaft, die Fühmann in seinem Text erscheinen lässt, wird erkennbar, dass diese von Foucaults begrifflicher und konzeptueller Vorstellung deutlich divergieren, und zwar schon deshalb, weil die Foucault'sche Beschreibung zuallererst die Erfassung konkreter Orte betrifft. Doch bleibt die Fühmann'sche Kali- oder Kupfergrube unabhängig von einer historischen oder letztendlichen geographischen Konkretisierbarkeit noch im ersten Anschlagen aller Motive[1331] eine Bergwerkslandschaft, deren Erzählung der Text als seinen ei-

---

[1328] Dieser Vergleich stammt vom begleitenden Obersteiger: „Ein Bergwerk ist keine Schokoladenfabrik!" (Ebd., S. 25.)
[1329] *22 Tage*. WA 3, S. 316.
[1330] Diers, Michael / Kudielka, Robert / Lammert, Angela / Mattenklott, Gert: *Topos RAUM – Einführung.* In: Diesn. (Hrsg.): Topos RAUM. Die Aktualität des Raumes in den Künsten der Gegenwart. Akademie der Künste Berlin. Nürnberg 2005, S. 9-15, hier S. 10.
[1331] Vgl.: „[...] alle Motive angeschlagen" (*Im Berg*, S. 140.)

gentlichen τόπος darbietet. Insofern bietet die fragende Anwendung des Heterotopiebegriffes auf Führmanns Bergwerk die Chance einer „contestation à la fois mythique et réelle"[1332] dieser Örtlichkeit. Zudem darf vielleicht gerade die Verdeutlichung der für ein Bergwerk typischen Elemente des Örtlichen als Moment gelten, das an einen gewissermaßen heterotopisch beunruhigenden Konflikt rührt. Mit Blick auf die durch Foucault vorgenommenen Charakterisierungen lassen sich weiterhin derartige Problemzusammenhänge beschreiben, die etwa jenen Zusammenhalt zwischen – wie es bei Foucault heißt – den Worten und den Dingen betreffen. Zunächst Foucaults Beschreibung des Heterotopiebegriffes:

> Les *hétérotopies* inquiètent, sans doute parce qu'elles minent secrètement le langage, parce qu'elles empêchent de nommer ceci *et* cela, parce qu'elles brisent les noms communs ou les enchevêtrent, parce qu'elles ruinent d'avance la «syntaxe», et pas seulement celle qui construit les phrases, – celle moins manifeste qui fait «tenir ensemble» (à côté et en face les uns des autres) les mots et les choses. C'est pourquoi les utopies permettent les fables et les discours: elles sont dans le droit fil du langage, dans la dimension fondamentale de la *fabula*; les hétérotopies [...] dessèchent le propos, arrêtent les mots sur eux-mêmes, contestent, dès sa racine, toute possibilité de grammaire; elles dénouent les mythes et frappent de stérilité le lyrisme des phrases.[1333]

Im Angesicht des Bergwerkes und vor allem mit den dort arbeitenden Bergleuten als Gegenüber offenbaren sich Züge eines Heterotopischen in diesem untertägigen Raum. Gerade dort vor Ort und formuliert von den Bergleuten, stellt sich die Frage nach dem Geschriebenen und damit nach dem schriftstellerischen Tun existentiell und eben in einer Weise beunruhigend[1334], dass in der Tat von „minent secrètement le langage"[1335] die Rede sein kann. Dies mag sich vordergründig als Dysfunktionalität bzw. als paralytisches Moment darstellen und schließt dennoch das fortgesetzte Aufbrechen einer denkbaren Utopie ein. Denn im Bergwerk funktioniert etwas nicht mehr, das in seiner vollendeten Reibungslosigkeit noch im Märchen sich utopisch zeigte, doch das hier nun heterotopisch gebrochen unter Tage zutage tritt. Die Enttäuschung des Besuchers über die Ödnis und Eintönigkeit der grauschwarzen Stöße und noch seine Verblüffung über die zahlreichen Ähnlichkeiten zwischen der Welt über Tage und der unter Tage erweisen letztlich die bei Führmann im Bergwerk zu beobachtende und bei Foucault zentrale Schwierigkeit diskursiver Benennungsvorgänge. Die narrativ fundamentale Frage nach dem Zusammenhalt von Din-

---

[1332] Foucault, *Des espaces autres*. Dits et écrits 1, S. 756.
[1333] Ders.: *Les mots et les choses*, S. 9f. (Hervorhebungen i. Orig.)
[1334] Ein weiterer Kontext, in dem sich der Ort Bergwerk als eine Topographie des Fremden zeigte, ließe sich vor dem Hintergrund etwa der folgenden Überlegung von Waldenfels zeigen: „Statt direkt *auf das Fremde* zuzugehen und zu fragen, *was* es ist und *wozu* es gut ist, empfiehlt es sich von der Beunruhigung *durch das Fremde* auszugehen. Das Fremde wäre das, *worauf* wir antworten und zu antworten haben, was immer wir sagen und tun." (Waldenfels, *Topographie des Fremden*, S. 51. Hervorhebungen i. Orig.)
[1335] Foucault, *Les mots et les choses*, S. 9.

IV.3 „[…] da wie dort unbegreiflich vor Ort" 259

gen und Wörtern, auch Dingen der Erfahrung, jener „«syntaxe», et pas seulement celle qui construit les phrases, – celle moins manifeste qui fait «tenir ensemble» […] les mots et les choses"[1336] ist dort unten gestellt und steht zugleich in Frage. Von dort unten zu erzählen, heißt denn zum einen jenen Anspruch vollends ernst zu nehmen, den jeder Bergmann als sein Selbstverständnis definiert, es heißt zum anderen auch in jeder Hinsicht einen romantischen Utopismus zu überwinden und abzulegen, der die Narration durch stetig wiederkehrende Erwartungen um deren Erfüllung bzw. Nicht-Erfüllung fehlleitet. Hier erweist sich das Bergwerk zwar als gestaltbarer Ort, doch ebenso sehr als Platz, dem seine eigene Gestaltbarkeit eingeschrieben ist, derer eingedenk wiederum sich seine Präsenz bezeugt.

Der Wunsch, „nicht der privilegierte Besucher, sondern ein Kumpel gleich andern zu sein"[1337] und in den auf seine Weise dort passenden und rhythmisierten Ablauf einzugehen, widerspricht dabei zunächst dem notwendigen Schritt über ein primär Charakteristisches hinaus. Vielmehr wohl mag es nämlich gelten, an jenes „Rätsel des Dahinter […] und das Rätsel des Darin"[1338] zu rühren, als dessen – auch literarisch – feste Fügung sich die Bergwerkswelt zunächst gibt. Deren Auffassung changiert in Fühmanns Text zwischen einer Konstellation erster – und darin auch primär notwendiger – Eindrücke und Auffälligkeiten, hinter der sich jedoch eine Heterotopie der Gestaltbarkeit befindet, zu der es nicht nur vorzudringen gilt, sondern deren Gestaltbarkeit gar zunächst auszuloten bleibt. „Das Bergwerk ist von ungeheurer Korruptionsmächtigkeit. […] Das ist genial, nur: das paralysiert das Bergwerk!"[1339]

Denn so sehr die weiter oben zitierte Hoffmann'sche Auffassung des Alltäglichen als Phantastisches und die untrennbare Korrespondenz dieser beiden Bereiche die Poetik des Bergwerkes bestimmen, so sehr ist ihr ein Komplex des Performativen anzuschließen, das die Vordergründigkeit der Ortschaften unter Tage nicht hervorzubringen vermag. Diesbezüglich ist eine längere Notiz Fühmanns aufschlussreich, in der er stufenweise die Dialektik der genannten Problembereiche thematisiert und durchdenkt:

> Man muß erst die Erfahrung machen, daß das, was einem zuerst als wesentlich erscheint, weil es einen existentiell betrifft, das Unwesentliche im höheren Sinn ist – z.Bsp. der Ort, drin wir uns bewegen, Flecken oder die /unleserlich/ der Einfahrt, Seilfahrt –
> genauer topos – das bemüht man sich klarer zu fassen, aber das ist die Stufe, die man überschreiten muß. Bleibt man drauf stehen, ist es schlimm.
> Es ist auch so, daß man abschweifen muß, ja man bewegt sich erst frei am Ort, wenn man nicht mehr bei jedem Schritt alles festhalten möchte, sondern etwas vom andren drunter hat.
> Besteht nun die Gefahr, daß die Unmittelbarkeit verloren geht?

[1336] Ebd.
[1337] *Im Berg*, S. 18.
[1338] Ebd., S. 55.
[1339] Tagebucheintrag vom 22.10.1974. AdK, Berlin, FFA Nr. 35/1(2).

> Was heißt unmittelbar? Unartikuliert.
> Gesetzt, ich spräche ins Mikrophon – was spräche ich da? Ausrufe, Empfindungen, aber das unmittelbar erlebte Substrat einer objektiven Realität – aber eben die fehlt ja dem Leser![1340]

Was Fühmann hier skizziert und fragend problematisiert, betrifft nicht nur jenen „Autorentraum"[1341], von dem Heiner Müller spricht. Vielmehr ist hier in engem Zusammenhang mit allem zuerst Eindrücklichen und vermeintlich Wesentlichen die Frage nach jener Mitte aufgeworfen, deren Gegenwärtigkeit das Präsens einer jeden Vermittlung bestimmt. Indem Fühmann über die Oberfläche eines Ersten hinauszugehen intendiert, bietet sich ihm die Anschauung seiner Umgebung als ungerichtete und sozusagen bloß sammlerische Darstellungstätigkeit an. Es geht jedoch höchst eigentlich um ein Anderes, das unter der Menge von äußeren Eindrücken gewissermaßen als ein Inneres dieser Phänomene herauszuarbeiten bleibt. Doch hiervor wiederum steht jene äußerliche Realität, die sich für den Leser als unbedingt notwendig erweist, da sonst „das Wahnsinnige am Bergwerk"[1342] unter einer Flut von „Früh-Enthusiasmus"[1343] zu verschwinden droht.

Der später auch im Text wiederholte Satz „das ist mein Ort"[1344], den Fühmann sich bereits früh, 1974, notiert, scheint zunächst in klarem Widerspruch zu der späteren Aufzeichnung zu stehen, in der eben der Ort als das zu Überwindende benannt wird. Die vorgesehene Überschreitung ist indessen als poetische Selbstanweisung nicht die Negation oder gar Ausblendung der örtlich-räumlichen Metapher Bergwerk. Vielmehr geht es Fühmann um ein Vordringen zu jenem Wesentlichen, dessen Ausdruck sich nicht mehr in der notierenden Beobachtung von Formen, Abläufen Vorgängen und Gegebenheiten offenbaren kann. Dies ist zudem der Punkt, an dem der Plan bzw. Wunsch plausibel wird, unten im Bergwerk die Dichterwerkstatt einzurichten und somit das Schreibpult als Arbeitsort des Schriftstellers dem bergmännischen Vor Ort anzuverwandeln. Diese Mimikry des schriftstellerischen Arbeitsplatzes an den der Bergleute drückt nicht nur den Versuch aus, einen vermeintlich vorhandenen intellektuellen Graben[1345] zu überschreiten und letztlich bei den Kumpeln anzukommen, sondern viel ernsthafter noch „nicht als Spielerei [zu] treiben, was den andern

---

[1340] Fühmanns typographische Abschrift seiner Notizen unter der Beschriftung: ‚4Sa 22.5.-7.6.' AdK, Berlin, FFA Nr. 34/10.
[1341] Müller, *Krieg ohne Schlacht*. W 9, S. 287.
[1342] Fühmann, *Gespräch Schoeller*. Katzenartigen, S. 376.
[1343] Vgl.: „Kein Zuwachs an Information mehr. Mein alter Früh-Enthusiasmus, Gott sei dank aufgefangen." (Fühmann, [Tagebuch Sangerhausen, Eintrag vom 10.06.1974 „(Schacht)"]. AdK, Berlin, FFA Nr. 35/1$_{(3)}$.)
[1344] [Handschriftliche Notiz]. AdK, Berlin, FFA Nr. 33$_{(1)[2.Notizkarte]}$.
[1345] In Fühmanns Aufzeichnungen von 1975 finden sich Überlegungen zur örtlich-räumlichen Deutung bzw. *Be*deutung der Strecken unter Tage und ihrer Dimensionen. Dort heißt es unter anderem: „[…] breit + tief = Graben, über den ich wegmuß". (AdK, Berlin, FFA Nr. 35/2$_{(1)}$, S. 11.)

IV.3 „[...] da wie dort unbegreiflich vor Ort" 261

hartes Tagwerk war."[1346] Das Motiv der unterirdischen Werkstatt im Bergwerk ist dabei nicht bloße Anlehnung an Novalis' *Heinrich von Ofterdingen* und den dort auftretenden gelehrten Alten, der tief unten in der Höhle seine Einsiedelei eingerichtet hat und die Gesellschaft der Reisenden empfängt. Auch Fühmanns Hephaistos lernt und arbeitet ja als Schmied zunächst in einer Höhle[1347], in die ihn Gaia führt, und noch nach seinem von Zeus befohlenen Umzug zum Olymp richtet er seine Werkstatt dort nahe einem Krater voller Erzvorkommen[1348] ein.

In der Tat ist die Auffassung des Bergwerkes nicht nur als Ort der Arbeit, sondern eben als Arbeitsort, als „ideale Werkstatt [...] in einer verbrochenen Strecke, was natürlich utopisch ist"[1349], die fortgeschrittene Form der Annäherung ans Bergwerk selbst, ja es mag gar der Versuch seiner geistigen Besetzung sein.[1350] Darüber hinaus steckt darin aber gerade der Schritt in die Alltäglichkeit der Bergwerkswelt, die bei einem ersten Besuch sich nicht einstellen kann und die nach Fühmanns oben angeführter Notiz zum Einen unbedingt notwendig ist, um in tiefer liegende Deutungs- und Bedeutungsschichten vorzudringen, die zum Anderen aber sich als genauso hinderlich bzw. blockierend erweist, je mehr solche gewohnt wiederkehrenden Abläufe etwa noch zu Entdeckendes und obendrein die unmittelbare Authentizität[1351] des Gesagten überlagern.

In der Art der Anwesenheit vor Ort findet sich weiterhin eines der zentralen Probleme des Bergwerk-Textes.[1352] Denn indem im Text aus dem ‚wir' des ersten Satzes[1353] bereits ein Jargon der Zugehörigkeit zur Gruppe der Bergleute spricht, ist jeder Annäherung an die Welt des Bergwerkes vorgegeben, dieses ‚wir' nicht nur beizubehalten, sondern in der für Fühmann obligatorischen und von ihm selbst aus gebotenen Wahrhaftigkeit auch zu bestätigen. Somit bleibt

---

[1346] *Im Berg*, S. 102.
[1347] Vgl.: *Prometheus. Die Titanenschlacht.* WA 4, S. 210.
[1348] Vgl.: Ebd., S. 267.
[1349] Ders., *Gespräch Schoeller*. Katzenartigen, S. 378. In diesen Zusammenhang gehört auch eine doppeldeutige Notiz aus dem Bergwerk-Konvolut: „Mein Schreibtisch = auch vor Ort." (AdK, Berlin, FFA Nr. 33(1)[8.Notizkarte].) Vor dem Hintergrund des Bergwerkes von Aufzeichnungen, Tagebüchern und Materialien, mit dem Kapitel II.13 beginnen sollte (vgl.: AdK, Berlin, FFA Nr. 34/10.) wäre der Schreibtisch der Ort des Vortriebs, den die bergmännische Bezeichnung „vor Ort" meint; mit Blick aber auf die Vorstellung von einem unterirdischen Idealarbeitsplatz müsste es dabei um die Einrichtung dieses Arbeitsortes vor Streb im Bergwerk gehen.
[1350] Einen ähnlichen Gedanken – mit Blick auf eine Grotte oder ‚caverne' – formuliert Gaston Bachelard: „Passé un certain seuil de mystère et d'effroi, le rêveur entré dans la caverne sent qu'il pourrait vivre là. Qu'on y séjourne quelques minutes et déjà l'imagination emménage." (Bachelard, Gaston: *La terre et les rêveries du repos*. Paris 1958, S. 185.)
[1351] Der Begriff der Authentizität stellt den Bergwerk-Text vielleicht eher in einen Zusammenhang mit reportagehaft gestalteten Texten. Doch gilt es, diesen Begriff auch vor dem Hintergrund des bereits erwähnten Gespräches zu sehen, in dem der Obersteiger Busse den richtigen Gebrauch der bergmännischen Bezeichnungen allein mit der Begründung anmahnt, dass alles andere „gelogen" sei. (*Im Berg*, S. 11.)
[1352] S. dazu auch Kap. IV.7.
[1353] Vgl.: „Wir fahren auch diese Woche wieder ins Nordfeld." (*Im Berg*, S. 6.)

die Kennzeichnung des Besuchers durch das ‚B' am Helm – vermeintlich ein nebenbei erwähntes Detail – natürlich gerade durch ihre Erwähnung ein Gegenpol zu der geradezu selbstverständlichen Benutzung des Personalpronomens der ersten Person Plural. Warum aus der Benutzung des ‚wir' im Text alsbald das ‚ich' eines Beschreibenden und Berichtenden sowie eines Erzählenden wird, ist nur allzu oft mit dem Hinweis auf eine Reihe biographischer und biographistischer Hintergründe und Zusammenhänge begründet und teilweise gar zu Deutungen des Textes ausgebaut worden. Selbst sein vermeintliches Nicht-Gelingen ist mit dieser Frage in Zusammenhang gebracht worden. Dass hiermit zwar das Scheitern des 1976 geschlossenen Freundschaftsvertrages zwischen Fühmann und der Brigade Siebenhüner[1354] und auch die Problematik des Briefwechsels zwischen Fühmann und der Bergwerksbibliothekarin Erna Köppl erklärt werden können, mag außer Zweifel stehen. Für die Fragen, die das vorhandene Textfragment in diesem Zusammenhang hier aufwirft, bleiben diese Hintergründe jedoch irrelevant, hat Fühmann mit Blick auf seinen Text gerade die Erfindung von Örtlichkeiten und Figuren[1355] und damit den eindeutig fiktiven Grundcharakter des Textes betont, der es ihm ermöglicht, die Übereinstimmung seiner Figuren und Orte mit authentischen Personen und Schauplätzen explizit zu vermeiden. Verdeutlichen lässt sich dies anhand des Auszuges aus einem Brief an Schwarzkopf, in dem sich folgende aufschlussreiche Erklärung zur für den Text vorgesehenen bzw. im Text bereits vorhandenen Örtlichkeit findet:

> Ich will Dir jetzt schildern, was ich mir ausgedacht habe, topographisch, da ich doch Sangerhausen nicht nenne und auch eigentlich gar nicht meine, es sind Gestalten von da & dort; natürlich färben meine Erfahrungen, aber es soll ja eine ausgedachte Landschaft & Stadt sein, auf der anderen Seite muß ich natürlich angeben, wo sie liegt, also muß ich das Ganze völlig mystifizieren.[1356]

Natürlich lässt sich gerade diese Explikation an einen der ersten Leser des Bergwerk-Textes in ihrer Offenheit so verstehen, als liefe der Autor dem lesenden Bergmann in den Arm, ob seiner auf seine Erfahrung gegründeten eindeutigen Zuordnungen der Textwirklichkeit zu seiner bergmännischen Realität und als gebe er eben durch diese Erklärungen gerade den offen daliegenden

---

[1354] Bei den Archivmaterialien zum Bergwerk findet sich auch der Freundschaftsvertrag vom 03.06.1976. (Vgl.: AdK, Berlin, FFA Nr. 36.)

[1355] Davon zeugen nicht nur die erwähnten Briefe an Horst Schwarzkopf (Franz Fühmann an Horst Schwarzkopf am 29.05.1981. AdK, Berlin, FFA Nr. 36, S. 2 und Franz Fühmann an Horst Schwarzkopf am 22.01.1983. AdK, Berlin, FFA Nr. 1160.) und an Ingrid Prignitz (Franz Fühmann an Ingrid Prignitz am 24.01.1983. AdK, Berlin, FFA Nr. 36.), sondern auch Zeichnungen von Fühmanns Hand, die die fiktive Anlage des Schauplatzes Tillroda / Tullroda zeigen. Vgl. die Materialien unter AdK, Berlin, FFA Nr. 38/4, 38/7. Unter 38/6 findet sich eine tektonische Übersichtskarte der Sangerhäuser Mulde, in die Fühmann seinen Schauplatz Tullroda mit dem Schacht eingezeichnet hat. Dies weist freilich einen engen Zusammenhang nach, doch mithin keine Identität. Fühmann selbst betont auch die inspirierende Funktion der Sangerhäuser Umgebung.

[1356] Fühmann an Horst Schwarzkopf am 22.01.1983, AdK, Berlin, FFA Nr. 1160.

IV.3 „[…] da wie dort unbegreiflich vor Ort"

direkten Bezug zu eben jener ge- und erlebten Realität des Sangerhäuser Thomas-Müntzer-Schachtes preis. Allerdings verschwände mit der festen Annahme dieser Preisgabe gerade das in immer neuen Variationen aufkommende poetische Problem, das in dem Schwarzkopf-Brief etwa sich hinter dem Stichwort „mystifizieren" verbirgt. Es ist die schon oben berührte Frage nach der Schreibbarkeit von Erfahrung ohne den beinahe notwendigen Verlust ihrer Unmittelbarkeit eben im und durch den Prozess der schriftlichen Aufzeichnung.

Bernhard Waldenfels hat in seinen *Topographien des Fremden* Orte des Fremden beschrieben, zu denen er im Übrigen auch Orte in der Form von Heterotopien nach Foucault rechnet, bzw. „[d]as Fremde als das, was in seiner Unzugänglichkeit zugänglich ist"[1357]. Als Ort betrachtet, der im Bergwerk-Text von einem gerade der Bergwerkswelt fremden Ich betreten wird und bei dessen Betreten sich offensichtlich die Frage nach einer, wenngleich nicht ausschließlich räumlichen, Zugänglichkeit, auch Zugangsmöglichkeit stellt, wäre das Unter Tage in Fühmanns Text auch als ein Ort des Fremden[1358] lesbar. Der in den Berg sich begebende Besucher, Schriftsteller, in Fühmanns Bergwerk trägt von Beginn an die Markierung eines Fremdlings unter Tage sichtbar als Aufschrift ‚B' auf dem Helm. Dem im Text auftretenden Ich eignet von Beginn an nicht der Impetus eines Entdeckenden, den etwa die Helden romantischer Bergwerksliteratur als wichtige Eigenschaft besitzen – so etwa in den einschlägigen Szenen in Tiecks *Der Runenberg* oder in Novalis' *Heinrich von Ofterdingen*. Bei Fühmann ist ein solcher Antrieb unter einer Attitüde der Zugehörigkeit zu dieser Welt und zu den dort Arbeitenden verdeckt, ja wird gleichsam als Eroberung des Ortes Bergwerk gegeben:

> In dem Augenblick, da ich begriff, daß die Grube mein Ort war, hatte ich mich als ihr Herr gefühlt; es war eine ungeheure Inbesitznahme gewesen, Inbesitznahme auch von Zukunft und Schicksal, und ebenso stark auch Unterwerfung und Bindung: das, was man ein Urerlebnis nennt.[1359]

Fernab jeder in welche Richtung auch immer wertenden Einschätzung dieser Textstelle im Hinblick auf die Richtigkeit oder Fragwürdigkeit der hier wiedergegebenen Haltung hat es primär um die Benennung des Problems zu gehen, das aus der hier skizzierten Dialektik der beschriebenen Erfahrung erwächst. Während eine nahezu herrschaftlich-geistige Okkupation hier vielmehr im Begriff zu sein scheint, einen Ort der Fremdheit aufzulösen, als die Möglichkeiten eines Zutritts und damit Einlasses auszuloten, trägt gerade diese Aneignung noch den Zug einer Besitznahme, von der sich das im Bergwerk gegenwärtige Subjekt

---
[1357] Waldenfels, *Topographie des Fremden*, S. 42.
[1358] Mit Blick auf den Zusammenhang mit Halas' Gedicht *Nikde* sei hier auch Waldenfels' Definition für den Ort des Fremden ergänzt: „Der Ort des Fremden in der Erfahrung ist streng genommen ein Nicht-Ort. Das Fremde ist nicht einfach anderswo, es *ist* das Anderswo." (Waldenfels, *Topographie des Fremden*, S. 26.)
[1359] *Im Berg*, S. 25. Das außerdem an dieser Stelle zum ersten Mal benannte Problem des Urerlebnisses erfährt eine weitergehende Betrachtung in Kap. IV.7.

betroffen sieht.[1360] Somit drückte sich in dieser Betroffenheit zugleich ein Modus von Gegenwärtigkeit aus, die freilich nicht nur jenen Augenblick unmittelbaren Begreifens hielte, sondern zudem die weiter oben zitierte Selbstanforderung nach dem Überschreiten eines vordergründig Erscheinenden zumindest anzudeuten, das erfahrungsmäßige Potential besäße. Der nicht zu messende und nicht messbare Grad an ‚inquiètude' – ein Seitenblick auf Foucaults Ausführungen zum Heterotopiebegriff[1361] –, die der in dem Abschnitt gegebene Moment hervorruft, lässt hier nicht nur eigentlich einen Anfang erkennen, dem die Blumenberg'sche Schelte als „Ursprünglichkeitswahn"[1362] beinahe sicher wäre, sondern macht gerade den Ort eines Beginnens erahnen, zu dessen Gefilden soeben erst der Abstieg beginnt. Als Spur einer sowohl vorausgehenden wie in der Grube sich zeigenden Beunruhigung, die sich sogleich in Enttäuschung zu verlieren droht, ragen noch zuvor jene Vorstellungen in den Text, die ob eines wenig erfüllten ersten Eindrucks, als Versuch erscheinen, dem Ort die Tradition eines Begriffes und von Vorstellungen u.a. etwa aus den romantischen Erzählungen einzuschreiben. Eine kurze Dialogszene[1363] zwischen Obersteiger und Erzähler drückt in der anaphorischen Antwortenreihe des Bergmannes nicht nur dessen ruhige Gewissheit[1364] gegenüber einer vermeintlich enttäuschten Ungeduld – auch des Lesers – aus, sondern soll auf dieser frühen Stufe noch jenem Wunsch nach Überschreitung auch durch Unmittelbarkeit ein gewisses Abwarten gebieten.

In einer früheren Typoskriptfassung dieser Stelle finden sich die einzelnen Teile des Dialoges durch Zeilenbrüche gegliedert untereinander.[1365] Die Textgestalt des Typoskriptes arbeitet hier erkennbar mit den Mitteln gebundener Rede, deren rhythmische Spurenelemente die Druckfassung auch noch enthält. Allerdings sind hier jeweils Einlassungen des Erzählers eingefügt worden und auch die gedichtartige Textgestaltung wurde aufgelöst. Der in der regelmäßig wiederholten Zeile ausgesprochene Ausblick gilt einem zur Enttäuschung nicht Gesehenen und hier (noch) nicht Erreichten, das der Vorstellung von einem typischen Bergwerk vor der Einfahrt entspräche, das hingegen nicht typisch in dieser Form sein kann. Die rhetorische Heraushebung des erwähnten kurzen

---

[1360] Vgl. auch hier Waldenfels' Begriff des Anblicks, in den sowohl Anschauen als auch Angeschautwerden eingeschlossen sind: Waldenfels, *Sinnesschwellen*, S. 131.
[1361] Vgl.: Foucault, *Les mots et les choses*, S. 9.
[1362] Vgl.: „Von Anfängen zu reden, ist immer des Ursprünglichkeitswahns verdächtig." (Blumenberg, *Arbeit am Mythos*, S. 28.)
[1363] Vgl.: *Im Berg*, S. 20.
[1364] Die Gewissheit, mit der der Obersteiger seine Voraussagen macht, lässt auch an eine Episode aus dem *Prometheus* denken: Gaia verleiht Prometheus die Gabe des Voraussehens in dem Moment, als sie beide tief unter der Erde bei den Hundertarmigen weilen. Von da an ist es Prometheus möglich, mit Sicherheit Voraussagen bis zum Punkt der nächsten eigenen Entscheidung zu machen. (Vgl.: *Prometheus. Die Titanenschlacht*. WA 4, S. 120ff.)
[1365] Vgl. die Fassung dieser Stelle in: AdK, Berlin, FFA Nr. 34/1: „Ich habe mir es enger vorgestellt – / Das kommt noch / und wärmer / Das kommt noch / und finstrer / Das kommt noch / und anstrengender / oh das kommt auch noch –."

IV.3 „[...] da wie dort unbegreiflich vor Ort"

Abschnittes um die wiederholte Zeile ‚das kommt noch' beruhigt einmal sicher die Erwartungen mit der lapidarsten Ankündigung zu allem, was auf diesen Eintritt ins Bergwerk noch folgt. Die sprachliche Figur weist von dieser Stelle des Textes aus nicht nur weit über die Situation hinaus, sondern lässt auch sonst alles weithin offen. Zudem sei nochmals darauf hingewiesen, dass hier eigentlich nicht weniger eingefordert wird, als die Bestätigung mitgebrachter Vorstellungen durch die Umgebung am unterirdischen Ort. Die Enttäuschung über die Inkongruenz zwischen Vorstellung und Realität führt demnach nicht zu einem neuen Bedenken des je Gegenwärtigen, sondern sucht weiterhin nach der Überwindung der ersten Enttäuschung durch eine in die Ankündigung verlegte (lyrische) Bekräftigung der mitgebrachten Imagination. Hier also türmt sich vor einem möglichen Eindruck schon die Mittelbarkeit einer in die Landschaft getragenen Fiktion[1366] auf, die sich späterhin zu einem der poetischen Kernprobleme im Bergwerk-Text entwickeln wird.

Dass demgegenüber noch die Ankündigungen eigentlich als optative Figur auftreten, deren Vorhandensein mit der Umgebung höchst selbst zu verknüpfen bliebe, unterstriche nicht nur ein weiteres Mal die Art der Bedeutsamkeit des Ortes selbst. Dessen konzeptuelle Offenheit ließe sich vor einem derartigen figurativen Hintergrund vielmehr als Denkbild verfolgen, das nicht so sehr über Imaginationen *vom* Bergwerk, als eher über solche *im* Bergwerk verfügt. Die Rede ist von jener Nacht unter Tage, „die über Tage nie Natur ist" [1367] und anhand derer sich auch die Unentrinnbarkeit aus den unterirdischen Räumlichkeiten manifestiert. Sehr früh schon findet sich im Text die Erwähnung eben dieser räumlichen Begrenztheit, die sich am ehesten in der offenbar relativ geringen Reichweite der Beleuchtung ausdrückt und – im indirekten Zwiegespräch mit Platon[1368] – alsbald im imaginativen Blick empor in die Weiten des Himmels über Tage:

> Hier hinab dringt keine der Helligkeiten, die oben, unter dem freien Himmel, noch durch die tiefste Mitternacht huscht; kein Mondschein kann hier ein Gewölk durchbrechen, kein Morgen dunkelnd sein Nahen verkünden: Alles Licht ist Kunstlicht, [...] aber dieses Licht reicht nicht weit in die Grube, ein paar Meter Fahlnis zwischen Lampe und Lampe, und wo die Zentralbelichtung endet, wird die Finsternis nur von dem Licht durchschlagen, das jeder auf seinem Schutzhelm trägt.[1369]

Auffällig ist die Bestimmung der Wahrnehmungsgrenze und damit gewissermaßen auch der Begrenzung des Handlungsraumes durch die Reichweite der Lichtstrahlen.[1370] Weiterhin fügt sich an die Reflexion über die räumliche Ein-

---

[1366] Vgl. dazu: *Im Berg*, S. 103.
[1367] Ebd., S. 9.
[1368] Fühmann erwähnt und reflektiert Platons Gleichnis expressis verbis im Bergwerk im 11. Unterkapitel. (S. 113.)
[1369] Ebd., S. 9.
[1370] Bei Platon ist dieses Problem zwar nicht gegenwärtig, da der Höhlenraum zum Schattenwurf offensichtlich genügend ausgeleuchtet ist. Dennoch ist aber jene Höhle als ebenso

grenzung unter Tage sofort der negative Vergleich mit dem, wie es andernorts heißt, „unermeßliche[n] Blau des Himmels"[1371], dessen nächtliche Erscheinung noch seine Unbegrenztheit erahnen lässt. Auf das Verhältnis zwischen dem unterirdisch geschlossenen Ort und dem oberirdisch freien passt der archaische Gegensatz, den Blumenberg in eine Sentenz fasst, die auf eine Erklärung für die Mächtigkeit der Vorstellungen hinzeigt: „Der geschlossene Raum erlaubt, was der offene verwehrt: die Herrschaft des Wunsches, der Magie, der Illusion, die Vorbereitung der Wirkung durch den Gedanken."[1372]

Dass die Räumlichkeit des Ortes Bergwerk durch solche oder ähnliche Erfahrungen unter Tage gefärbt ist, deutet Fühmann an verschiedenen Stellen an.[1373] Darüber hinaus jedoch lassen sich auch anderweitige Quellen finden, die den Text beeinflusst haben bzw. deren Einbezug für die Weiterarbeit am Bergwerk-Buch vorgesehen war. Zunächst sind verschiedene Bezüge neben dem gedruckten Text anhand des Notizenmaterials im Bergwerkkonvolut festzustellen. Die Opposition von geschlossen engem und offenem Raum – bis hin zur offenen Weite des Himmels, die bei der Ausfahrt erwähnt wird – lässt sich als zentraler Antagonismus der Erfahrungsdifferenz zwischen dem Unten des Bergwerkes und den oberirdischen Orten erkennen. Die Auffassung, die der Text von der Räumlichkeit der unterirdischen Strecken und Strebe im Kupferbergbau vermittelt, bestätigt dabei die landläufige Vorstellung von der Enge der Örtlichkeit, etwa wenn von nur kriechender Fortbewegung die Rede ist bzw. von der halb hockenden, halb sitzenden Arbeitshaltung der Häuer vor Ort. Davon jedoch unterscheidet sich die Kalisalzförderung stark durch die Höhe und überhaupt durch die Größe der Grubenbaue, in denen Radlader und Lastwagen bequem beim Abbau und beim Transport eingesetzt werden können.[1374] Neben diesen geologisch bedingten Unterschieden mit Folgen für die anwendbaren Abbauverfahren ergeben sich unterirdisch jeweils entsprechend unterschiedliche räumliche Bedingungen. Fühmann unterscheidet für seine Darstellungen natürlich auch zwischen den jeweiligen Raum- bzw. Ortserfahrungen, die die ver-

---

himmelloser Ort vorzustellen, wie die Beschreibung des Bergwerkes es hier nahelegt. Michel Serres merkt in *Les cinq sens [Die fünf Sinne]* an: „[…] nul ne voit d'ombres dansantes dans le fond de la caverne quand y brûle un feu. La fumée pique les yeux, elle occupe le volume, elle étouffe, il faut vous coucher, aveuglé. On ne peut sortir qu'à tâtons, il ne reste que le toucher pour se diriger." (Serres, Michel: *Les cinq sens*. Philosophie des corps mêlés – 1. Paris 1985, S. 14.) Ohne explizite Nennung Platons geht es hier offenbar darum, das Höhlengleichnis anhand seiner empirischen Praktikabilität ad absurdum zu führen. Dieser Aspekt freilich spielt auch bei Fühmann keine Rolle.

[1371] *Im Berg*, S. 27.
[1372] Blumenberg, *Arbeit am Mythos*, S. 14.
[1373] Vgl. u.a. die einschlägigen Abschnitte in: Fühmann, *Gespräch Schoeller*. Katzenartigen, S. 349-384; oder: „natürlich färben meine Erfahrungen […]." (Franz Fühmann an Horst Schwarzkopf am 22.01.1983. AdK, Berlin, FFA Nr. 1160.)
[1374] Dies zeigen z.B. auch Szenen in Karl-Heinz Munds filmischer Bearbeitung von Fühmanns Bergwerk-Projekt: *Franz Fühmann – Das Bergwerk*. Regie: Karl-Heinz Mund, Deutschland, 1998.

schiedenen Bergwerke bieten. Eine stichpunktartig festgehaltene Beschreibung eines solchen Raumeindrucks aus dem Kupferberg findet sich unter den Tagebuchnotizen aus dem Jahr 1975:

> Eindruck nicht Grab, merkwürdige Kerkergänge, immer trotz Enge die Weite-Dimension, die Qual der Weite, nein: Länge, des langen Kriechens, die Hoffnungslosigkeit des Langen!![1375]

Hervorzuheben ist, dass die räumliche Beschreibung hier nicht primär durch die wiederholte Beschwörung der drangvollen Enge unter Tage charakterisiert wird. Dahingegen herrscht hier eher der auch zu Beginn des gedruckten Textes vorfindbare Zug einer Ausdehnung in – zeitlicher – Länge vor. Dort kam zur eingeengten Sitzhaltung im Wagen der Grubenbahn noch die mehr als eine Stunde dauernde Fahrt vor Ort. Fühmanns Text selbst drückt dort durch seine Gestalt die Länge der Fahrt aus, deren zeitliche Dauer zunächst nur als sachliches Detail angegeben zu werden scheint. Doch die zweimal hintereinander als Wort ausgeschriebene Zahl und die zusätzliche Angabe der Summe der Gesamtfahrtzeit lassen an dieser Stelle nicht nur wiederum Fühmanns „lyrische Schaffensmethode"[1376] gewahr werden, sondern vermögen durch die auffällige Länge des Ausdrucks ebenso die – im Vergleich zu dieser einzelnen Zeile freilich ungleich längere – Dauer der Fahrt in der Grubenbahn eigentlich in den Text zu setzen. Der folgende Absatz dient denn, unter erneuter, betont eingeschobener Wiederholung der Zeitdauer, zur Darstellung der langwierigen und unbequemen Fahrt zum eigentlichen Arbeitsplatz vor Streb. Die elementare Bedeutung derartiger räumlicher und zeitlicher Dimensionen war schon anhand der Entfernungsfeststellung aufgrund der Fahrtdauer gezeigt worden. Mit Blick auf die derartige Verquickung beider Dimensionen ist auf weitere Vorüberlegungen Fühmanns hinzuweisen, die die Erstellung – oder den Plan dazu – eines Systems von Attributen beinhalten. Eine dergestalt attributive, zeitlich-räumliche Abmessung des Bergwerks erlaubt schließlich die entsprechende Einmessung des Ortes in den Text. So ist etwa schon zu Beginn vom Nordfeld als der „in unsrer Grube [...] weiteste[n] Anfahrt, um vor Ort zu kommen"[1377], die Rede, worauf der bereits oben angeführte Ausdruck zeitlicher Länge folgt. An dieser Stelle bliebe weiterhin die Auffassung des Bergwerkes als Topographie der Geschichte bzw. der Literaturgeschichte zu nennen. Die letztgenannte Metapher findet sich schon in dem Aufsatz *Schieferbrechen und Schreiben* in Form einer weitgehenden Explizierung der metaphorischen Bedeutung der Bergwerkstopographie. Danach sei auch die Literatur ein großes Bergwerk mit Strecken und Streben. Die Schriftsteller seien jeweils in ihrem Flöz als Häuer zugange und brächen, so ihrer Erfahrung folgend wie der Bergmann häuend dem Flözverlauf folge, das

---

[1375] Tagebuchaufzeichnung Fühmanns vom 22.04.1975. AdK, Berlin, FFA Nr. 35/2(1), S. 11.
[1376] Ders., *Gespräch Schoeller*. Katzenartigen, S. 376.
[1377] *Im Berg*, S. 6.

Sediment ihrer Erfahrung.¹³⁷⁸ Als Metapher des dichterischen Arbeitens wird hier das mühsame Ausbrechen des Erzes unter Tage gezeigt. Die Eindeutigkeit der Zuordnungen der Einzelteile hat Fühmann im Bergwerk-Text späterhin leicht modifiziert und bringt den Charakter eines im Laufe der Geschichte gewordenen Ortes, der, mit Blumenberg zu sprechen, „Zeitraumtiefe"¹³⁷⁹ zum Ausdruck. In diesem Sinne führt er im zweiten Tanzpalastkapitel (I/8) die aus der Thematisierung von Freuds Rom-Metapher¹³⁸⁰ herrührende plötzliche Erkenntnis vor,

> [...] daß auch die Literatur etwas solcherart historisch Gewordenes und eben auch Angelegtes darstellte, Angelegtes, nicht der Willkür Entsprungenes, in ihrer Gänze wie im Individuellen –: Sie war doch auch etwas mit Schächten und Stollen und Querschlägen und Fahrten und verbrochenen Strecken, und ein Feld darin hieß »Romantik« und eine Strecke »E.T.A. Hoffmann«, und die nächste Generation setzte da fort, wo die vor ihr aufgehört hatte, oder das Flöz hatte sich verworfen, und sie begann im Unbekannten.¹³⁸¹

Das Gerüst der diese Metapher konstituierenden Einzelattribute dürfte die Fortsetzung des weiter oben zitierten Tagebucheintrages liefern, der sich gewissermaßen als Übersetzungshilfe für deren Verwendung verstehen lässt:

> Unterschied des Langen und des Weiten herausarbeiten!
> Lang/breit; lang = mit Zeit verbunden, breit = Ausdehnung im Raum, tief = ins Wesen. Lang + breit = weit. Lang + tief = Kluft, in die ich hineingehen muß; breit + tief = Graben, über den ich wegmuß [...]
> Stein ≠ Erde ≠ Lehm ≠ Modriges = fester Stein, darum nicht Grab, und: Länge. niederdrückend, aber nicht Gefühl zerdrückend¹³⁸²

Bemerkenswert ist die schon im ersten Teil des Eintrags auftauchende – wenn auch negative – Assoziation der Bergwerksstrecke mit einem Grab, was

---

¹³⁷⁸ Vgl.: *Schieferbrechen und Schreiben*. WA 3, S. 515.
¹³⁷⁹ Blumenberg, *Höhlenausgänge*, S. 25.
¹³⁸⁰ Es ist der Freudianer Dr. Schmid, der die Metapher aus Freuds *Das Unbehagen in der Kultur* als ‚Gedankenspiel' zitiert. Vgl. die entsprechende Textstelle in: Freud, Sigmund: *Trauer und Melancholie*. Essays. Hrsg. v. Franz Fühmann u. Dietrich Simon. Mit Aufzeichnungen e. Gesprächs zwischen d. Hrsgn. Berlin 1982, S. 104-197, hier S. 109-112.
¹³⁸¹ *Im Berg*, S. 80. – Zum Begriff des Gewordenen notiert sich Fühmann Tucholskys Unterscheidung von Gewachsenem und Gemachtem. Letzterer formuliert in seinem Artikel *Man muß dran glauben...*: „Es gibt gewachsene Dinge und gemachte – die meisten sind gemacht. Die gewachsenen sind die, bei deren Herstellung der Schöpfer sich das geglaubt hat, was er machte." (Tucholsky, Kurt: *Man muß dran glauben...* In: Ders.: Gesammelte Werke i. 10 Bdn. (GW). Bd. 2, 1919-1920. Hrsg. v. Mary Gerold-Tucholsky u. Fritz J. Raddatz. Reinbek b. Hamburg 1995, S. 186.) Zwar nicht als ‚nächste Generation', aber als Anknüpfender hat Volker Braun in *Das unbesetzte Gebiet. Im schwarzen Berg*. (Frankfurt/M. 2004.) Fühmanns Bemühungen kommentierend fortgesetzt, wenngleich er in seinem Text *Die Literatur als Bergwerk betrachtet. Epitaph für Fühmann* in Anspielung auf die fehlenden Ehrentafeln Fühmanns als im Berg Verunglückten zeigt. (Vgl.: Ebd., S. 83f.)
¹³⁸² Tagebuchaufzeichnung Fühmanns vom 22.04.1975. AdK, Berlin, FFA Nr. 35/2₍₁₎, S. 11.

IV.3 „[…] da wie dort unbegreiflich vor Ort" 269

natürlich auch an die Gegenwart des Bergwerkes als eschatologischer Ort im „Wirkungsfeld des Todes"[1383] und möglicherweise gleichfalls der unterirdischen „Hadeslandschaften"[1384] gemahnt.[1385]

Die positive Beschreibung in diesem Auszug vermittelt einen anderen Zusammenhang: „merkwürdige Kerkergänge"[1386] heißt es dort gerade in Abgrenzung von Vorstellungen eines Grabes. Dies wird zusätzlich mit Blick auf einzelne Materialien bekräftigt und schließlich nochmals mit den räumlichen Längendimensionen des Bergwerks verknüpft.[1387] Fühmann bringt die Vor-

---

[1383] *Im Berg*, S. 22.

[1384] Ders., *Gespräch Schoeller*. Katzenartigen, S. 375. Fühmann verwendet diese Bezeichnung mit Bezug auf eine Kaligrube.

[1385] Mit der Verwandtschaft des Bergwerkes mit der griechischen Unterwelt und Hadesvorstellungen befasst sich Kap. IV.6 dieser Untersuchung.

[1386] Tagebuchaufzeichnung Fühmanns v. 22.04.1975. AdK, Berlin, FFA Nr. 35/2$_{(1)}$, S. 11.

[1387] Anzumerken bliebe hier, dass eine derartige Auffassung bereits die Bezeichnungen der Bergmannssprache nahelegen. Begriffe wie Strecke, Streb, Sohle (als Bezeichnung für ein „Stockwerk" in der Grube), Flachen, Stollen enthalten als gemeinsame Bedeutungselemente die Bezeichnung von in freilich unterschiedlicher Länge angeordneten Räumen unter Tage. Vgl.: FLACHEN (vermutlich ein Begriff, der vorwiegend im Mansfeldischen benutzt wird): „[…] mannshoch ausgebaute, schräg vom Füllort zur tieferen Sohle fallende Strecke". (*Im Berg*, S. 87.) Im *Bergmännischen Wörterbuch* von Dannenberg und Frank heißt es: „Flach, nicht sehr geneigt im Fallen, Einfallen in einem Winkel von 15-45-90 Grad […]. – Flache, soviel wie flacher Gang." (Hervorhebungen i. Orig.) Drißen (*Die deutsche Bergmannssprache*, S. 17) definiert unter diesem Lemma etwas genauer: „Flach – nennt man bergmännisch jede von der seigeren […] und von der söhligen […] abweichende Richtung; flach im engeren Sinne heißt geneigt unter einem Winkel zwischen 45 und 15 Grad." Im *ABC Erzbergbau* findet sich der Terminus „Flaches, flach geneigter Grubenbau vom Streckenquerschnitt, der im Lagerstättenbereich zwei oder mehrere Sohlen miteinander verbindet." (Roschlau, Horst: *ABC Erzbergbau*. Über 3500 Begriffe m. 386 Bildern u. 14 Tabellen. Leipzig 1985, S. 70.)
SOHLE: „Sohle, die untere Begrenzungsfläche eines Grubenbaues im Gegensatz zu Dach, Firste; das Liegende im Gegensatz zum Hangenden; Begrenzung einer Strosse oder Stufe in der Horizontalebene im Gegensatz zu Stirn oder Brust; Unterlage, auf der ein Stempel, Pfahl u.s.w. bei der Zimmerung steht im Gegensatz zu barfuß f. Grundsohle […]" (Dannenberg / Frank, *Bergmännisches Wörterbuch*. Hervorhebungen i. Orig.) „Sohle, die (aus got. sulja, ahd. sola, mhd. sol, lat. solea) – die untere Begrenzungsfläche eines Grubenbaues […]; söhlig – hotizontal, waagerecht." (Drißen, *Die deutsche Bergmannssprache*, S. 44.) „Sohle […] Jede einen Grubenbau nach unten begrenzende Fläche." (Roschlau, *ABC Erzbergbau*, S. 184.)
STOLLEN: „Stollen, Stolln, […] ein möglichst horizontaler, vom Tage ausgehender, nach Umständen unter der Oberfläche verzweigter Grubenbau […]." (Dannenberg / Frank, *Bergmännisches Wörterbuch*. Hervorhebungen i. Orig.) „Stollen, an einem Hang beginnende Strecke, die schwach zum Mundloch einfällt und das Grubengebäude oder einen Teil desselben mit der Tagesoberfläche verbindet. S[tollen] werden in gebirgigen Gegenden aufgefahren." (Roschlau, *ABC Erzbergbau*, S. 198.)
STREB: „Streb, Strebe oder Streben in der Mehrzahl, Abbaustoß beim Strebbau, Strebstoß." (Dannenberg / Frank, *Bergmännisches Wörterbuch*. Hervorhebungen i. Orig.) „Streb, langer, schmaler Abbau, der einerseits vomm Abbaustoß, andererseits vom Versatz oder von Bruchmassen begrenzt wird." (Roschlau, *ABC Erzbergbau*, S. 200.)

stellungen vom Bergwerk und von der Ausgestaltung der unterirdischen Orte mit den Raumimaginationen der *Carceri d'Invenzione* von Giovanni Battista Piranesi in Verbindung. Denn – offensichtlich als Antwort und Empfangsbestätigung – schreibt Fühmann 1979 an seine Lektorin: „[...] ein dickes Buch Piranesi, herrlich! brauch ich fürs Bergwerk."[1388] Später erwähnt der Autor an dieselbe Adressatin gerichtet fast beiläufig, das unterirdische Gangsystem der Grube sei „ein Gefängnistrakt a la Piranesi, bloß halt 30 cm hoch"[1389]. Im gedruckten Text ist die Spur nur sehr dürftig vorhanden. Die einmal gebrauchte Viaduktmetapher freilich erinnert an die bei Piranesi allgegenwärtigen Steinbögen und die vielgeschossigen hoch sich türmenden Viaduktkonstruktionen: „[...] wir gingen, nein, fuhren in den Berg, der offen, ein Untertagsviadukt, vor uns lag."[1390] Der Vergleich mit Piranesis imaginierten Kerkern ist nicht nur deshalb für die dem Bergwerk-Text zugrundeliegenden Vorstellungen aufschlussreich, weil sich von dort aus ein Zugang zum Bereich des Phantastischen, dem Reich der Kupferkönigin und zweiten Strang des Projektes eröffnet. Vielmehr lässt sich mit Hilfe dieser Zusammenhänge auch auf einen grundsätzlichen konzeptuellen Zug der Bergwerkslandschaft hinweisen, der bereits oben unter dem Aspekt des betont fiktiven und phantasiebestimmten Charakters des Ortes angeführt wurde. Im Hinblick auf die Anlehnung des Fühmann'schen Bergwerkes an die in vierzehn Radierungen ausgedrückten Raumvisionen Piranesis, muss gerade auch deren durch die Erdachtheit der Räume bestimmter Charakter unterstrichen werden: „Das entscheidende Wort im Titel der *CARCERI* ist nicht Kerker, sondern »invenzione«."[1391] Die Betonung des gedanklich unvollend-

---

STRECKE: „Strecke, Lauf, Ort, Schlag, Straße, gewöhnlicher Betrieb **innerhalb der** Lagerstätten, deshalb fast immer ohne Mundloch über Tage (wesentlicher Unterschied von Stollen und Schacht, die nur ausnahmsweise nicht an der Erdoberfläche münden), Grubenbau von regelmäßigem, sich gleichbleibendem Querschnitt, in seiner Längenrichtung mehr horizontal, in der Regel von andern Grubenbauen aus angelegt." (Dannenberg / Frank, *Bergmännisches Wörterbuch*. Hervorhebungen i. Orig.) „Strecke, die – ein in seinem Querschnitte gleichbleibender meist söhliger Grubenbau, der nicht vom Tage ausgeht, sondern von einem andern Grubenbau aus angesetzt worden ist." (Drißen, *Die deutsche Bergmannssprache*, S. 46.) „Strecke, söhliger oder annähernd söhliger Grubenbau von relativ kleinem Querschnitt in bezug auf seine Länge. S[trecken] dienen der Fahrung, der Wetterführung, der Förderung und dem Transport." (Roschlau, *ABS Erzbergbau*, S. 201.) Vgl. zu allen hier aufgeführten Begriffen auch die sehr aufschlussreichen und ausführlichen Angaben in: *Deutsches Wörterbuch* v. Jakob u. Wilhelm Grimm. München 1999 [Fotomechan. Nachdruck d. Erstausgabe].

[1388] Franz Fühmann an Ingrid Prignitz am 21.02.1979. AdK, Berlin, FFA Nr. 1143, S. 3. Das hier erwähnte Buch befindet sich in Franz Fühmanns Arbeitsbibliothek, die zu den Sondersammlungen der Zentral- und Landesbibliothek Berlin (ZLB, Sammlung Fühmann) gehört.

[1389] Franz Fühmann an Ingrid Prignitz am 24.01.1983. AdK, Berlin, FFA Nr. 36, S. 3. Die gleiche Vorstellung äußert Fühmann auch gegenüber Schoeller: „Man kommt in Gebilde hinein, wo man in der Phantasie Piranesische Kerker sieht und anfängt, Gefängnisbilder auszuspinnen." (Fühmann, *Gespräch Schoeller*. Katzenartigen, S. 379f.)

[1390] *Im Berg*, S. 20.

[1391] Höper, Corinna: *Giovanni Battista Piranesi* (Staatsgalerie Stuttgart, Graphische Sammlung). Ostfildern-Ruit 1999, S. 145. (Hervorhebung i. Orig.) Zu Piranesis *Carceri* vgl.

IV.3 „[...] da wie dort unbegreiflich vor Ort" 271

baren Ortes Bergwerk lässt sich in Korrespondenz mit den *Carceri* gut zeigen. Der unter Tage oft nur durch das Licht der Helmlampe abzusteckende Raum scheint durch die begrenzte Reichweite des menschlichen Blickes einen Abschluss des Raumes zu suggerieren. Die mit Hilfe der Beleuchtung scheinbar konkrete Bestimmung einer räumlichen Umgebung des örtlichen Hier endet mit der Entfernung, die der Lichtkegel der Helmlampe im Raum wirft und doch verweist deren Beleuchtung der Finsternis eben auf eine in dieser Dunkelheit befindliche Fortsetzung des Raumes. Dessen Abschluss muss gerade durch die unterirdische Nacht als ein unbegrenzt erahnbares Weiter erscheinen:

> Seine Lampe (die eines Häuers, S.K.) strahlte ins Ende des Strebs und machte dort ein Gewölbe ahnen, das sich in Nacht und Rauschen verlor, im versickernden Licht schien ein Gang aufzudämmern; die Finsternis funkelte.[1392]

Anhand der Gewölbe in Piranesis Drucken lässt sich ein durchaus analoges Phänomen nachvollziehen, wenngleich dieses durch graphische Mittel erzeugt wird und Hell-Dunkel-Kontraste bei ihm wohl eine andere Funktion erhalten. Piranesi hat seine *Carceri* für eine zweite Publikation (1761) gründlich überarbeitet und die Kontraste zwischen den einzelnen Flächen und Linien deutlich verstärkt, sodass die eher vage Konturierung der Räumlichkeiten in den ersten Fassungen erkennbar konkretisiert wurde. Mit Hilfe dieser sichtbaren Konkretisierung erreicht er jedoch gerade keine imaginative Verengung der dargestellten Rauminventionen, sondern deren Öffnung hin zu einem „komplexen Raumgefüge"[1393]. Die technische Verbesserung der Raumansichten führt in Piranesis Radierungen zu mehr Klarheit der Struktur und „ihre Grenzenlosigkeit [liegt] nun nicht mehr im vagen Strichbild selbst, sondern in ihrer ständigen Erweiterbarkeit"[1394]. Mit Blick auf das Bergwerk bei Fühmann wäre angesichts des sehr umfänglichen Konvolutes an Materialien, Notizen, geologischen Karten und Fachbüchern sowie bergmännischer Literatur von einer mit Piranesis Vorgehen durchaus vergleichbaren fortschreitenden Konkretisierung des Bergwerkes als ‚invenzione' bzw. als Vorstellung auszugehen. Denn umso weniger die *Carceri* trotz graphischer Klarheit „reale Gefängnisse" sind, umso mehr zeigen sie „eine allgemeine Vorstellung davon"[1395]. Für sein Bergwerk trachtet Fühmanns Text wohl in analoger Weise danach, eine gängige Fiktion[1396] dieser Örtlichkeit zu erzeugen, deren Konkretheit im Bereich all der Aspekte liegt, die das Technische, Fachliche und Räumlich-Authentische betreffen. Solide lässt

---

auch: Miller, Norbert: *Archäologie des Traums. Versuch über Giovanni Battista Piranesi.* München 1994, besonders S. 76-100 u. 193-220.
[1392] *Im Berg*, S. 23.
[1393] Höper, *Piranesi*, S. 142.
[1394] Ebd.
[1395] Beide Zitate: Ebd.
[1396] Auch Tate weist auf die Fiktionalität des Bergwerk-Textes hin und beschreibt dies als notwendige Verfremdung einer eigentlich zugrunde liegenden Realität der Einfahrten von 1974 und 1976. (Vgl.: Tate, *Franz Fühmann. Innovation and Authenticity*, S. 214.)

sich darauf – und hierin berührt die Narration des Bergwerkes die poetische Konzeption des Mythischen – eine in sich selbst bedeutsame Geschichte bauen, die nicht versiegt und deren Interesse „überhaupt nirgendwo Ehrgeiz [ist], Reportagehaftes anzubringen"[1397].

Fühmanns wie Piranesis Orte zeigen sich gleichermaßen als räumliche Anlagen, wobei bei beiden sich die Perspektivierungen als Einblicke in Innenräume trotz der medialen Differenz ähneln. Vom Leser bzw. Betrachter her wird jeweils eine Räumlichkeit geöffnet, bei der es mit der Eröffnung der Einsichten nicht um einen durch Wechsel der Ansichten erfassbaren Ort geht, dessen Eigenschaften Thomas Mann mit dem „nach allen Seiten offenen Schauplatz"[1398] der antiken Theaterbühne gemeint haben könnte. Vielmehr wird hier eine in räumlicher Länge sich erstreckende Wahrnehmung gegeben, die notwendig von nur einem Stollenmundloch aus per Seilfahrt zugänglich bleibt.

Anhand der Zugangsmöglichkeiten lässt sich weiterhin die örtliche Extraposition des Bergwerkes aufzeigen. Mit der Schwelle, die für den Zutritt zu überwinden ist, ließe sich das Bergwerk mit Waldenfels zu einem Ort des Fremden erklären, das in der durch ihn somit nötigen Weise Antwort forderte. Die Erlangung der Zutrittsberechtigung und die Erlaubnis zum Überschreiten der trennenden Schwelle fallen im Bergwerk durch die Ritualisierung der entsprechenden Vorgänge auf. Hierzu gehört zuerst der Nachweis der gesundheitlichen Eignung und das Beibringen eines entsprechenden Nachweises, der ja bei einem ersten Betriebsbesuch die Einfahrt in den Berg noch verhindert hatte, sodass sich hieran explizit das Vorhandensein einer Schwelle erwies.[1399] Darüber hinaus ist mit dem Anlegen der bergmännischen Arbeits- bzw. Schutzkleidung inklusive Schutzhelm in der Kaue auch eine nach Außen hin erkennbare Veränderung zu vollziehen, die den Zutritt zur Grube ermöglicht. Wegen des Gefahrenpotentials des Ortes unter Tage werden daneben weitere Schutzvorkehrungen verlangt. So gehören u.a. ein Lehrgang zum sicheren Umgang mit dem Selbstretter, einem pflichtgemäß mitzuführenden Atemgerät für den Einsatz bei möglichen Havariefällen, sowie die Entgegennahme dieses Gerätes und der Grubenlampe zu den notwendigen Verrichtungen vor der Einfahrt in den Berg:

> Wir wurden in Kladden eingetragen, mußten Belehrungen unterschreiben, empfingen den Selbstretter und die Lampe, hefteten Marken aus Blech ans Jackenrevers und steckten andre in die Tasche (um sie später an Kontrollorten zu deponieren).[1400]

An dieser Stelle steht denn auch zuerst das ‚Glück auf!' als typischer Bergmannsgruß vor der Einfahrt.[1401] Die Formel findet sich hier erwartungsgemäß

[1397] Franz Fühmann an Ingrid Prignitz am 24.01.1983. AdK, Berlin, FFA Nr. 36, S. 1.
[1398] Mann, Thomas: *Versuch über das Theater* [1908]. In: Ders.: Große kommentierte Frankfurter Ausgabe Werke – Briefe – Tagebücher (FA). Hrsg. v. Heinrich Detering u.a. Bd. 14.1, Essays I 1893-1914. Frankfurt/M.: 2002, S. 123-168, hier S. 163.
[1399] Vgl.: *Im Berg*, S. 17.
[1400] Ebd., S. 18.
[1401] Er wird natürlich auch bei Begegnungen unter Tage verwendet.

und markiert als feste sprachliche Wendung die Stelle des Beginns der Einfahrt, vor der der Aufstieg in die Höhe der Hängebank als Überwindung einer gegenständlichen Schwelle aufzufassen ist. Alle notwendigen Vorkehrungen, Regeln und Handlungen bilden hier eine Ordnung „d'ouverture et de fermeture"[1402], die letztlich alle Modi von Ausschluss und Einlass in zu erfüllende Verrichtungen übersetzt. Im Rahmen einer derart entstehenden Einteilung werden jeweils Zuordnungen nach den Kategorien eines örtlichen Unten bzw. Oben im Bergwerk vorgenommen.

Das Procedere der Einfahrt mit allen darin integrierten Handlungen und Vorgängen bildet dieser Art eine zwischen dem Ober- und dem Unterirdischen befindliche Schwelle. Als Marke eines Dazwischen findet mit der Seilfahrt der eigentliche Übergang zwischen zwei vertikal voneinander geschiedenen, über und unter der Erde angelegten Bereichen statt. Durch dieses Dazwischen wird der Ort der Grube als Ganzes entscheidend mit strukturiert.

Über Tage findet sich eine Auswahl an Örtlichkeiten, die sich nicht nur durch ihre oberirdische Lage vom Untertagsraum des Bergwerkes abgrenzen lassen, sondern die zudem innerhalb des Oben zu unterscheiden sind.

Das zuallererst benannte unterirdische Bergwerk wird so durch die Betriebsanlagen über Tage scheinbar vom Unten her oberirdisch ergänzt. Allerdings taucht gleich nach der Ausfahrt nicht nur der Gruß an das „unermeßliche Blau des Himmels"[1403] auf, sondern in dem an dieser Stelle gegebenen deutlichen Gegensatz der örtlichen Eindrücke entsteht der zunächst skizzenhafte Entwurf der divergenten Topographien im Oben und im Unten. So werden die Funktionsbauten des Bergwerksbetriebes durch die Grobschlächtigkeit ihrer „ungetüme[n] Architektur"[1404] gekennzeichnet. Die Lohnhalle apostrophiert der Erzähler als „riesige[n] quadratische[n] Raum"[1405]. Die auffällige Erwähnung der Höhe und Größe der Räumlichkeiten über Tage verweist zurück auf die Andersartigkeit der Kupfergrube[1406] unter Tage und die dortige labyrinthische Gewundenheit, Gedrungenheit und Enge der Sohlenstrecken. Das oberirdische Außen der Grube steht hier auch in einem Gegensatz zu deren Innen, das anhand der Fabrikanlagen über Tage nicht nur nicht erkennbar wird, sondern das durch sie auch nicht

---

[1402] Foucault, *Des espaces autres*. Dits et écrits 1, S. 760. Foucaults vollständige Beschreibung dort lautet: „Les hétérotopies supposent toujours un système d'ouverture et de fermeture qui, à la fois, les isole et les rend pénétrables. En général, on n'accède pas à un emplacement hétérotopique comme dans un moulin. Ou bien on y est contraint, c'est le cas de la caserne, le cas de la prison, ou bien il faut se soumettre à des rites et à des purifications. On ne peut y entrer qu'avec une certaine permission et une fois qu'on a accompli un certain nombre de gestes."
[1403] *Im Berg*, S. 27.
[1404] Ebd., S. 28.
[1405] Ebd. – Auch der Kauentrakt ist als eine derartige hohe und unerhört geräumige Halle vorzustellen. Im Text werden die darin umherfliegenden Schwalben erwähnt, was auf die Größe des mit der Kaue umbauten Raumes schließen lässt.
[1406] Diese Verschiedenartigkeit gilt insbesondere für das Kupfererzbergwerk, da man im Kali „auf Lastkraftwagen durch übermannshohe Strecken" fährt. (Ebd., S. 12.)

wiedergegeben werden kann. Das Oben repräsentiert auch die Differenz zwischen der betrieblichen Leitungsebene und dem Ort des Bergarbeiters, sodass die unförmigen Bauten über Tage auch für mögliche Unterschiede innerhalb der Belegschaft stehen. Über Tage findet die Organisation und Planung der Arbeit statt, die unter Tage zur Ausführung kommt. Das Bergwerk zeigt in diesem Verständnis auch die hierarchische Struktur eines Betriebes, vermittelt eben durch seinen vertikalen örtlichen Aufbau. Dem Oben kommen dabei die Attribute einer nüchternen und teilweise technokratischen Steuerungsebene zu, die die Anwesenheit des Mythischen oder gar des Phantastischen auszuschließen scheint. Die Notwendigkeit etwaiger strenger und auf den ersten Blick bürokratisch und hinderlich erscheinender Regeln und Vorschriften[1407] erschließt sich aber wiederum im Bereich des Unten, wo der Tod „im schwarzen Bergmannstuch [...] gnadenlos jeden Handgriff"[1408] prüfe. Der klar hierarchische Aufbau des Bergwerkes hat natürlich auch hier seine Begründung, sodass der Verstehensvorgang unter Tage Strukturen erklären hilft, innerhalb derer sich eine soziale Bergwerksobrigkeit herausgebildet haben mag. Allerdings zeigt der Text die Angehörigen dieser Schicht – über Tage – ausführlicher zunächst nur in dem problematischen Zwielicht der beiden Tanzpalast-Kapitel.[1409]

Mit Blick auf die Frage des Zugangs zum Bergwerk ist weiterhin ein eminent wichtiger Unterschied zwischen Über- und Untertagssphäre festzustellen: Frauen haben „ausnahmslos"[1410] keinen Zutritt zum unterirdischen Teil der Grube, d.h. zum eigentlichen Bergwerk. Die Begründung für diese strenge Restriktion wird in einer Andeutung des Kulturobmanns Asmus gegeben. Es sei zu viel passiert, deutet dieser nicht näher erläuterte Vorkommnisse an. Auf Nachfrage wird er nach einem „»Nun, was schon!«"[1411] nur zögerlich deutlicher und erwähnt, dass einmal eine schwangere Journalistin das Bergwerk besucht habe, nach deren Zusammenbruch unter Tage „die Grube für Frauen gesperrt [sei], ausnahmslos, auch bei Anfragen prominenter Besucherinnen."[1412] Frauen sind

---

[1407] Vgl. die derartige Einschätzung: Ebd., S. 17.
[1408] Ebd., S. 22f. – Der in Bergmannskleidung auftretende Tod erinnert freilich an Hebels *Unverhofftes Wiedersehen* und an Hoffmanns *Die Bergwerke zu Falun*, wo von der bergmännischen Trachtuniform als Totenkleid die Rede ist. Dies deutet in beiden Texten das Unglück des eifrigen jungen Häuers voraus.
[1409] In der gedruckten Fassung Kapitel I/7 und I/8, vgl.: *Im Berg*, S. 66-84.
[1410] Ebd., S. 46.
[1411] Ebd., S. 45. – Angesichts dieser eigentlich verschleiernden Bemerkung ist vermutlich auch an etwaige sexuelle Kontakte zwischen den männlichen und den weiblichen unter Tage Beschäftigten zu denken. Dies wird im Text jedoch nicht explizit gesagt.
[1412] Ebd., S. 46. – In diesen Zusammenhang gehört auch ein strenges Ritual, das Fühmann in einer Darstellung der Bergmannssage fand und sich markierte: „Am Fastnachtstage ziehen die Bergleute in den Bergstädten des Oberharzes vom Gaipel (Göpel; große Drehvorrichtung, etwa, um den Förderkorb auf und ab zu bewegen, S.K.) mit Musik zur Kirche, um die Bergpredigt zu hören. Sie dulden nicht, daß auch nur eine einzige Frau daran teilnimmt. Denn soviel Frauen dabei sind, soviel Bergleute verunglücken ihrem Glauben nach im folgenden Jahre." (Stötzel, *Die deutsche Bergmannssage*, S. 19.)

IV.3 „[…] da wie dort unbegreiflich vor Ort"

unter Tage also ausschließlich in den Vorstellungen der Männer anwesend, so etwa in einer Bemerkung des August Kuhn, er könne, da sie sich direkt unter dem Ambulatorium befänden, mit genügend langen Armen seiner Tochter die Füße kitzeln. Der Erzähler enthält sich nicht eines kurzen und andeutungsvollen Kommentars zu dieser zunächst als Lokalisierung verständlichen Bemerkung: „[…] und sein breites, behäbiges Lachen verriet, daß er nicht nur an die Fußsohlen seiner Lina dachte."[1413] Der kommentierende Halbsatz alludiert eine sexuell bestimmte Phantasie, in der sich die begehrliche Imagination des Oben aus dem frauenlosen Unten heraus zeigt. Dass dem Bergmann August Kuhn hier eine sexuelle Phantasie in Bezug auf seine Tochter unterstellt wird, fügt der Sache zusätzliche Brisanz hinzu. Selbstverständlich wird Kuhn hier eine völlig harmlose Bemerkung in den Mund gelegt, deren sexueller Kontext mithin nur durch das Eingreifen des Erzählers in der zweiten Satzhälfte entsteht.[1414] Vor dem Hintergrund dieser Textstelle lässt sich neuerlich auf die betonte Fiktionalität des Bergwerk-Textes hinweisen. Diese Andeutung einer inzestuösen Beziehung wäre mit Blick auf einen in der Realität des Thomas-Müntzer-Schachtes gemeinten Kumpel wohl zutiefst skandalös und würde den Betreffenden bloßstellen. Dafür, dass dies nicht intendiert war, stehe hier ein weiterer Verweis auf den bereits erwähnten Briefwechsel mit Schwarzkopf, in dem Fühmann seine Art des Meinens expliziert und darüber hinaus der Hinweis auf eine Notiz im Nachlass. Mit der dort vorgefundenen, kurzen Stichwortreihe lässt sich zu diesem vermeintlich marginalen Ereignis ein Hintergrund aufzeigen, der die Figur des August Kuhn zwar nicht von dem vom Erzähler evozierten Verdacht befreit, der aber die Motivation des auktorialen Kommentars erläutern kann:

Kupfer – Venusmetall – die Aktbilder – die Wünsche – Obsessionen[1415]

In einen Zusammenhang mit dieser Assoziationsreihe gestellt, wird Kuhns Bemerkung hier als Spur einer wenigstens latent obsessiven Vorstellung gezeigt. Diese hängt mit Blick auf die assoziative Kette jedoch schlicht mit seinem Beruf zusammen, der ihn in den direkten Kontakt mit dem – vermutlich auch in einer gewissen Weise obsessiv – gesuchten Venusmetall Kupfer bringt. An der kleinen Episode zeigt sich so nicht nur die vermeintliche Janusköpfigkeit der porträtierten Figur Kuhn, sondern auch schon ein Dahinter des phantastisch-mythischen Gefildes, das Fühmann im Übergang zwischen Kupfer und Kali anordnet und zum gefährlichen Herrschaftsbereich der – auch erotisch-obsessiv konnotierten – Kupferkönigin erklärt.[1416]

[1413] *Im Berg*, S. 107f.
[1414] Allerdings gibt es noch eine weitere derartige Anspielung im dreizehnten Unterkapitel: August Kuhn kuckt dort „der stattlichen Dame fröhlich auf die Brust". (Ebd., S. 126.)
[1415] Notiz Fühmanns unter dem 22.04.1975. AdK, Berlin, FFA Nr. 35/2$_{(1)}$, S. 9.
[1416] Der Erzähler überlegt im Text, „[o]b man unter Tage die Trappe unterwandern, vom Kupfer ins Kali kommen konnte" und warnt sogleich „den Weg dahin […] zu betreten." (*Im Berg*, S. 48.) In einer früheren Fassung wird die Warnung durch Wiederholung verstärkt und zudem eine Erklärung angefügt: „Sie führen durchs Reich der Kupferkönigin." (AdK, Berlin,

Im topographisch nicht weniger gegliederten Über Tage werden außer dem oberirdischen Teil des Bergwerkes noch ein in Tullroda befindliches „Hôtel"[1417] aufgeführt sowie jene außerhalb der Kleinstadt gelegene Landschaft, von der als Morunger Pingen die Rede ist, und schließlich der Tanzpalast als Vergnügungsort.

Eine beschriebene Wanderung des Erzählers beginnt am Hôtel, von dem aus der Nebel bereits vor dem Aufbruch in seinen optischen Auswirkungen wahrnehmbar ist. Der gewohnte Ausblick auf die umliegende vom Bergbau gezeichnete Mittelgebirgslandschaft ist nebelverhangen und zeigt sich allenfalls in Bruchstücken, teils unklar oder schemenhaft:

> Nun sah man Dunst, doch zweigeteilten, die beiden Innenräume der Landschaft, geschieden und doch ineinanderfließend, im Dunst schien der Rücken des Gratzugs riesig; das Grau wehte, die Trappe schien zu atmen; ich würde auch ins Kali gehn.[1418]

Der Weg hinaus aus der Stadt zu den monolithischen Schürfstellen und Pingen, gegeben als Besichtigungsgang zu historischen Stätten der bergbaulichen Aktivitäten der Gegend, wird allerdings eher zu einem Irrgang ohne Erreichen des vorgesehenen Ziels. Die Ursprünge des regionalen Bergbaus bleiben hier demnach in dem Nebel, in dem sie sich auch historisch vermutlich befinden, dienen deren erzählerischer Vermittlung doch längst eine beträchtliche Zahl von sagenhaften Geschichten, mit deren Hilfe sich ein solcher Beginn wirkungsvoll bezeichnen und nachsprechen lässt.[1419] Der Weg durch den Nebel führt letztlich zwar nicht direkt an den Hadeseingang in Homers Kimmerien. Von dem ist in der Nebelepisode zwar auch die Rede, doch der Erzähler gelangt zum Eingang eines wohl zunächst als unmythisch, wenn nicht gar amythisch beschreibbaren Ortes, dem Tanzpalast, auf den er gänzlich unerwartet als vorläufigen Endpunkt seiner Wanderung trifft. Inwiefern der Eingang des Tanzpalastes auch den Einlass in eine vielleicht gesellschaftliche Unterwelt darstellt, sagt der Text nicht explizit. Allerdings steht an der Tür ein „Wächter"[1420] – und nicht etwa ein Türsteher oder Einlasser –, der dem unerwarteten und wohl auch ungebetenen Besucher energisch den Weg versperrt, weil diesem eine äußerliche Zugangsvoraussetzung in Form einer Krawatte fehlt. Was der wachende Türsteher vollzieht, ist die Ausschließung, die sich an den Nicht-Vollzug einer für diese Ort

---

FFA Nr. 34/6₍₂₎.) Vgl. zum Gefilde zwischen Kupfer und Kali: Franz Fühmann an Horst Schwarzkopf am 22.01.1983. AdK, Berlin, FFA Nr. 1160.

[1417] *Im Berg*, ab S. 47. – Dass die durchgehend beibehaltene französische Schreibung eher ironisierend wirkt, lässt sich an den Bemerkungen zum Zustand des Gebäudes ablesen. Es ist „ein arg verlotterter Fachwerkspätbau", heißt es darüber sehr eindeutig. (Ebd., S. 51.) Die Wände sind dünn, das ganze Haus äußerst hellhörig und dessen „Schankraum voll mitternächtlichen Grölens [...]." (Ebd., S. 48.)

[1418] Ebd.

[1419] Vgl. auch die ausführlichen Überlegungen zu dieser Problematik in Kap. IV.2.

[1420] *Im Berg*, S. 66.

vorgegebenen ‚geste' knüpft. Die Zugangsbeschränkungen zum Tanzcafé und zum Bergwerksschacht gleichen sich trotz freilich differenter Kompliziertheit und Strenge des jeweiligen Reglements. Der Wächter vor dem Tanzpalast setzt seine der Funktionsweise entsprechende Ausschließung ins Werk, um ein Innen abzugrenzen, wo „Kultur [herrsche]"[1421]. Das Außen und gleichermaßen der Arbeitsbereich des Unter Tage wären demgegenüber vermutlich kulturlose Zonen. Auch die Schwelle zum Vergnügungsort des Tanzcafés wird damit als Grenze zwischen einem Unten und einem Oben definiert, die räumlich horizontal verläuft und letztlich als eine zwischen, wenn auch nicht näher angegebenen, kulturellen Wertigkeiten zu sehen ist.

Den Weg dorthin legt der Erzähler eigentlich ohne wirklich klare Orientierung zurück, sondern folgt seiner ungewissen Annahme.[1422] Der Eingang zum Tanzpalast liegt wie der wenig vorher erwähnte Hadeseingang im „Land des Nebels"[1423] unter immerwährender Dunkelheit.[1424]

Den Zutritt zu diesem Ort zu ermöglichen, ist schließlich nur Dr. Schmid mächtig genug, der unversehens auftaucht und, noch bevor er dem Abgewiesenen doch noch Einlass verschafft, sogleich als „gnadenloser Analytiker" und „orthodoxer Freudianer"[1425] vorgestellt wird. Die Kontrolluntersuchung vor der ersten Einfahrt in den Berg und dabei ein kurzes Gespräch über Kafka werden als erste Begegnung mit dem hier so mächtigen Arzt erwähnt. Der Untersuchung galt nur ein einzelner Satz: „Auch Dr. Schmid hatte nichts einzuwenden; er auskultierte mir Brustkorb und Rücken und brachte dann das Gespräch auf Kafka."[1426] Bei Kafka zeigt die kleine Bergwerkserzählung *Ein Besuch im Bergwerk* eine Bergwerksbegehung durch eine zehnköpfige Gruppe von Ingenieuren. Die Geschichte wird aus der Perspektive eines ‚Wir' gegeben und lässt durch die gegenseitige Fremdheit der beiden Gruppen zwischen ihnen eine Distanz gewahr werden, die den gesamten Text kennzeichnet. Zwar wird dieser Kafka-Text nicht explizit genannt, doch fällt bereits im ersten Satz die markante Divergenz zwischen Oben und Unten auf: „Heute waren die obersten Ingenieure bei uns unten."[1427] Bei Fühmann folgt auf den Arztbesuch das „Umziehn in der

---

[1421] Ebd.
[1422] Am Ende von I/6 heißt es: „Ich ging die Richtung, von der ich annahm, daß sie richtig sein müsse; sie führte auch nach Tullroda hinein, allerdings in die Neustadt, und auch dort dicker Nebel." (*Im Berg*, S. 65.)
[1423] Ebd., S. 62.
[1424] Auch in der Ὀδύσσεια liegt der Eingang zur Unterwelt im dunklen Kimmerien in dickem Nebel. Odysseus und seine Gefährten geraten dorthin nur „dank Kirkes Hilfe" (*Irrfahrt und Heimkehr des Odysseus*. WA 4, S. 52) und durch ihren „genauen Rat, wo der Eingang zur Unterwelt aufzufinden sei" (Ebd., S.51). Sie können die Fahrt dorthin jedoch wiederum nicht durch ihre nautischen Fähigkeiten beeinflussen. Auch der Erzähler am Ende der Nebelepisode scheint sich eher zu dem Tanzpalast zu verirren als ihn wissentlich aufzusuchen.
[1425] *Im Berg*, S. 66.
[1426] Ebd., S. 17.
[1427] Kafka, Franz: *Ein Besuch im Bergwerk*. In: Ders.: Gesammelte Werke, Bd. 5, Erzählungen. Hrsg. v. Max Brod. Frankfurt/M. 1980⁵, S. 125-128, hier S. 125.

Besucherkaue"¹⁴²⁸, einem Ort, der dem Bergwerksbesucher seine Nichtzugehörigkeit zur Grube deutlich werden lässt. Das im ersten Unterkapitel noch wie bei Kafka vorhandene ‚wir' fehlt hier gänzlich. Letztlich ist gar die Ausstaffierung des Grubengastes mit Arbeitskleidung Teil einer weitreichenden Mimikry, die aber die bei Kafka so signifikante Differenz doch nur zum Schein überwindbar werden lässt, allenfalls noch durch die richtige Benutzung der Bergmannssprache.

Die Macht des Dr. Schmid, über Zutritt oder Abweisung zu gebieten, ist im Tanzpalast im Übrigen die gleiche, wie schon im Moment der ärztlichen Untersuchung vor der ersten Einfahrt ins Bergwerk, die er in seiner Tätigkeit als leitender Grubenarzt durchzuführen hatte: „[W]oher solche Autorität eines Dr. Schmid diesem Mächtigen gegenüber herrührte, weiß ich heute noch nicht. – Jedenfalls war sie da und erwies sich als wirksam [...]."¹⁴²⁹ Die im Text ausgedrückte Verwunderung über die Machtfülle Schmids verweist dabei zusätzlich auf die Parallelität der Eingänge in die (Unter-)Welt des Tanzpalastes und in die unterweltlichen Sphären des Bergwerkes. Es liegt in diesem, wie im vorangegangenen Falle eindeutig an der Person des Dr. Schmid, ob sich der Zugang zu den beiden Orten öffnet oder ob er verschlossen bleibt.¹⁴³⁰ Der Arzt und Psychoanalytiker trägt auch Züge des mythischen Rhadamanthys, jenes im Totenreich Richtenden, mit dem etwa Settembrini im *Zauberberg* den seelenzerlegenden Dr. Krokowski vergleicht.¹⁴³¹ Der Vergleich mit dem antiken Unterweltrichter gilt für Schmid auch mit Blick auf seine Macht gegenüber dem Wachenden, der ihm ergeben seinen Tribut zollt, als handle es sich um seinen Gebieter. Der „physisch überlegen[e]"¹⁴³² Türwächter ließe sich aufgrund dieses Verhaltens als Zerberus¹⁴³³ bezeichnen, dessen mythisches Vorbild Κέρβερος bei den Griechen bekanntlich eben so scharf den Eingang in die Unterwelt bewacht.

Einmal drinnen, eröffnet sich die Atmosphäre eines Tanzetablissements, dessen insgesamt zwei Unterkapitel lange Darstellung bereits vom mythisie-

---

¹⁴²⁸ *Im Berg*, S. 17.
¹⁴²⁹ Ebd., S. 66.
¹⁴³⁰ Vgl. die Erwähnung der Kontrolluntersuchung bei Dr. Schmid: Ebd., S. 17.
¹⁴³¹ Vgl. das Gespräch zwischen Castorp und Settembrini in: Mann, Thomas: *Der Zauberberg*. Roman. FA Bd. 5.1. Hrsg. u. textkrit. durchges. v. Michael Neumann. Frankfurt/M 2002, S. 89ff. – Angesichts der kurzen Beschreibung, die zu Dr. Schmids Äußerem gegeben wird (vgl.: *Im Berg*, S. 66) lässt sich zudem eine geringe Ähnlichkeit mit der Figur des Dr. Krokowski in Thomas Manns *Zauberberg* feststellen. Allerdings liegt die auffälligste Ähnlichkeit zwischen beiden wohl in der nachweislichen Begeisterung für die „Seelenzergliederung". (Mann, *Zauberberg*, S. 198.)
¹⁴³² *Im Berg*, S. 66.
¹⁴³³ Vgl. den Eintrag zu ‚Zerberus' im *Duden – Deutsches Universalwörterbuch*: „[lat. Cerberus < griech. Kérberos = Name des Hundes, der nach der griech. Mythologie den Eingang der Unterwelt bewacht] (scherzh.): 1. Hund, der etw., den Zugang zu etw. bewacht. 2. Pförtner, Türhüter o.Ä., der streng od. unfreundlich ist."

IV.3 „[...] da wie dort unbegreiflich vor Ort"

renden und zugleich distanziert-ironischen Beginn an als Groteske[1434] gegeben wird. Der dem Eintritt folgende Anblick des Innenraums wird nur noch in Stichworten beschrieben, wobei sich ein leicht pejorativer Ton nicht überhören lässt und wohl auch aufzudecken sich anschickt, worin der Kulturbegriff des Einlassers bestanden haben mag. Als „einer jener Riesenschuppen, wie man sie aus Neustädten kennt, Mittelding zwischen Bürgerbräu und Kulturpalast"[1435] stellt der Ort räumlich das unmythische, ja amythische oberirdische Gegenteil zum chthonischen Bergwerk dar. Der von schwülstiger Musik erfüllte Tanzsaal und die zugehörige Imbissstube bilden hier den doch eher primitiv wirkenden Ort, wo die zumindest von der Lage ihres Arbeitsplatzes her so einzuordnende ‚Obrigkeit' des Bergwerkes[1436] sich trifft und feiert. Die vom Türsteher vollmundig machtvoll angekündigte, vorherrschende Kultur des Ortes wird schon sehr bald entlarvt als „seltsam schäbige[...] Aura aus gedoppelter Bumsmusik, Schweiß und Kreischen, einer kaum mehr atembaren Luft und schubweise sich zersetzender Steifheit"[1437]. Dr. Schmid, dem nach der einladenden wie vereinnahmenden Geste am Eingang nun die Rolle eines Gastgebers zukommt, erklärt die Wahl dieses Ortes einmal mit der eingeschränkten Auswahl an entsprechenden Vergnügungsstätten in Tullroda und zum anderen durch die Vorliebe des „junge[n] Volk[es], [der] Schwestern und Laborantinnen"[1438] für dieses Tanzcafé. In dieser Welt eines scheinbaren kulturellen Oben, das vielmehr ein Unten etwa in der von Dr. Schmid gegebenen „psychosoziologische[n] Diagnose"[1439] zeigt, verfertigt Fühmann gleichsam jenes dunkel Unterirdische, zu dem sich der Ort Bergwerk als Metapher auch für die menschliche Psyche eignen mag. Indem der Doktor dem mehr zufällig Vorbeigekommenen den Eintritt in diese Kaverne des psychisch-sozialen Untergrundes der Schachtumgebung verschafft, ermöglicht er ihm auch den Zugang zu jener Kultur-Schicht[1440], die das Oben des

---

[1434] Vgl. auch Schoellers Einschätzung dieses Abschnittes als „groteske Schilderung". (Schoeller, *Wandlung als Konzept*. „Jeder hat seinen Fühmann", S. 39.)
[1435] *Im Berg*, S. 67.
[1436] In seinen Planungen überlegte Fühmann durchaus, feudalistische Relikte (eine für Fühmanns Darstellung der Hoffmann'schen Phantastik zentral wichtige Vokabel, vgl.: *Ernst Theodor Amadeus Hoffmann*. WA 6, S. 229f., auch S. 226f.) der innerbetrieblichen Organisation und Praxis in seinem Nappian-Neucke-Schacht zu zeigen. Er erwähnt diesen Punkt auch im Rahmen des vierten thematischen Strangs in seinem konzeptionellen Brief an Prignitz vom 24.01.1983. (Vgl.: AdK, Berlin, FFA Nr. 36, S. 5.) Mit Blick auf dieses Problem – besonders das der Arroganz der Leitungsebenen, des Oben, gegenüber den Arbeitenden, dem Unten – ließe sich auch auf eine intertextuelle Relation zu Volker Brauns *Verheerende Folgen mangelnden Anscheins innerbetrieblicher Demokratie* von 1980 hinweisen. (In: Braun, Volker: Verheerende Folgen mangelnden Anscheins innerbetrieblicher Demokratie. Schriften. Leipzig 1988, S. 36f.)
[1437] *Im Berg*, S. 70.
[1438] Ebd., S. 68.
[1439] Ebd., S. 70.
[1440] Vgl. Fühmanns eigentlich geologischen Gebrauch dieses Wortes: Ebd., S. 14. Dass auch hier der Gebrauch des Begriffes Kultur nicht notwendigerweise hohen Wert oder gar kultu-

Nappian-Neucke-Schachtes zu prägen scheint. Er versäumt es auch nicht, einen Seitenhieb auf die gewerkschaftliche Organisation von betrieblichen Kulturveranstaltungen auszuteilen, der ihm im selben Zuge als Rechtfertigung dient, an der „Lesung"[1441] nicht teilgenommen zu haben. Die Brigaden erhielten nämlich ihre Karten gratis, nutzten sie, so Schmid, aber nur zur scheinbaren Erfüllung ihrer „Kulturselbstverpflichtung"[1442], da sie die entsprechenden Veranstaltungen meist nicht besuchten. „Was sollte ich da sagen?"[1443], bleibt der eingeschobene Kommentar des Erzählers, wodurch offensichtlich eine gewisse Ratlosigkeit angesichts dieser zugleich beschuldigenden und erklärenden Worte zum Ausdruck kommt. Die rhetorische Frage bezeichnet in der „nachtblau angestrahlt[en]"[1444] Atmosphäre jedoch gleichsam den Platz eines Dazwischen, an dem sich die Erzählerfigur innerhalb der sozialen Ordnung des Bergwerkes befindet. Der neue Besucher nimmt als vom Doktor geladener Gast nun an einer Feierlichkeit teil, in deren Verlauf sich Dinge ereignen, die in der Reihung und Zusammensetzung von nur etwa zwanzig Druckseiten das grotesk komprimierte Panorama einer gesellschaftlichen Befindlichkeit zeigen, für die sich der elitäradrette Kulturbegriff vom Eingang wahrlich als Groteske ausnimmt.[1445] Eine Hauptfigur des Abends tritt kurz nach den ersten Gesprächen an Schmids Tisch auf. Die Gestalt und die Gestaltung[1446] des Dr. Bräuer lassen keinen Zweifel daran, dass sich spätestens hier die Unvereinbarkeit von Anspruch und Wirklichkeit der ‚herrschenden Kultur' am Ort des Tanzpalastes zeigt. Dr. Bräuer ist so stark betrunken, dass er seine Bewegungen nicht mehr koordinieren kann und anstatt zu sprechen „dann rülpst[]"[1447]. Die relativ kurz gehaltene Szene induziert jene „sachlich distanzierte psychosoziologische Diagnose"[1448] des Dr. Schmid, die der Erzähler, nun ganz Schriftsteller, als ‚Materialübergabe' zeigt. Die nur in Umrissen erzählte Leidens- und Skandalgeschichte des Dr. Bräuer richtet Schmid in Form einer sachlichen Analyse an den sie wiedergebenden

---

relle Leistung beinhaltet, wird anhand der Bestandteile deutlich, aus denen sich die Kulturschicht im Bergwerk geologisch zusammensetzt: „Müll, Asphalt, Beton, Ziegel". (Ebd.)
[1441] Ebd., S. 67.
[1442] Ebd.
[1443] Ebd.
[1444] Ebd.
[1445] Wie sittlicher Niedergang sich vollzieht, hat Fühmann zudem in die Erzählung *Das Ohr des Dionysios* gefasst, die als einzige der geplanten eingeschobenen Geschichten im direkten Textzusammenhang des Bergwerks vorliegt. Erzählt wird dort, wie die Nutzung einer abhörbaren Höhle stufenweise schäbiger und unmoralischer wird. Als letzte Stufe wird die „einfallslose[n] Demonstrationen eines lokalen Phänomens" (Ebd., S. 122) gezeigt, die dem simplen Kommerz verpflichtet bar aller Sittlichkeit durch die Fremdenführer praktiziert wird.
[1446] Dr. Bräuer erinnert durch seine „abnorm hag[ere]" (Ebd., S. 68) Gestalt entfernt an den bis zum Zikadendasein in sich zusammentrocknenden Tithonos aus Fühmanns Erzählung *Der Geliebte der Morgenröte*, in der sich Tithonos, von Zeus unsterblich gemacht, nach Eos verzehrt, die vergaß, für ihn bei Zeus auch ewige Jugend zu erbitten und sich alsbald von ihm abwendet. (Vgl.: *Der Geliebte der Morgenröte*, WA 4, S. 329-338.)
[1447] *Im Berg*, S. 69.
[1448] Ebd., S. 70.

IV.3 „[...] da wie dort unbegreiflich vor Ort"   281

Erzähler „als Kollegen anderer Art"¹⁴⁴⁹. Die analytische Nüchternheit des detailliert referierten Berichtes bietet einen weiterhin sich vertiefenden Einblick in die am Ort des Tanzpalastes gedrängt gegenwärtigen Verhältnisse. Die eigentliche Größe des quadratischen „Riesenschuppen[s]"¹⁴⁵⁰ wird durch die Erzählung des Doktors zur Fortsetzung eines Abstiegs, der am in dicken Nebel gehüllten Eingang begonnen hatte und nun schrittweise in die Enge eines Untergrundes führt. Mit metaphorischen und paraphrasisch-intertextuellen Anleihen wird der so von Dr. Schmid vorgestellte Vorgang später in einer psychologisch bestimmten Vertikalordnung verortet. Darin verläuft die Bewegungsrichtung fortschreitend in das Unterirdische der im Tanzcafé versammelten Gesellschaft. Der offene Bericht des Dr. Schmid zielt darauf, Verständnis für den Kollegen Dr. Bräuer zu erreichen und die Zusammenhänge seines offensichtlichen persönlichen Niederganges jemandem aufzuzeigen, „von dem man wollte, daß er verstehe."¹⁴⁵¹ Die Geschichte des Dr. Bräuer hatte, wie gleich zu Anfang der Schilderung verdeutlicht wird, den Charakter einer

> Alltagsgeschichte: Geschiedene Ehe, rasche Neuvermählung der Frau; dem nun Alleinstehenden wird schon über ein Jahr kein neuer Wohnraum zugewiesen, so daß man zu dritt in eine Kleinstwohnung gesperrt ist: das einzige Zimmer durch eine Sperrholzplatte gedoppelt.¹⁴⁵²

Die Figur der Evelyn Gietzsch, verkörpert in dieser Geschichte einen Typus der nach gesellschaftlichem, will hier heißen materiellem Aufstieg nicht nur mit allen Mitteln strebenden, sondern denselben rücksichtslos betreibenden Frau. Die Charakterisierung dieses Typs fällt prägnant und wohl sehr kritisch aus: „Sie begehrte jenes Leben, das, vollkommen im Äußerlichen verharrend, jenen als »Leben« schlechthin erscheint, die vollkommen in Äußerlichkeiten aufgehn."¹⁴⁵³

Die dann folgende Darstellung des bezeichneten Lebensstils ist angefüllt mit einer Reihe von als DDR-spezifisch identifizierbaren alltagshistorischen Details und Zusammenhängen, anhand derer sich die DDR sehr einfach als sozialhistorischer Hintergrund erkennen lässt. Die ausgeführten Schilderungen und Beschreibungen wegen des eindeutigen Vokabulars und der zweifelsfrei wiedererkennbaren Alltagsbegrifflichkeit auf sozialhistorische Aspekte im Zusammenhang mit Fragen des alltäglichen Lebens in der DDR einzuschränken, hieße jedoch für diesen Abschnitt und gleichsam für die Gesamtheit der Tanzpalast-

---

¹⁴⁴⁹ Ebd.
¹⁴⁵⁰ Ebd., S. 67.
¹⁴⁵¹ Ebd., S. 75.
¹⁴⁵² Ebd., S. 70. – Beachtenswert ist die Parallele dieses Motivs zur Wohnsituation des Erzählers, in dessen ‚Hôtel' die einst größeren Zimmer ebenso „verdoppelt (sind) durch eine Trennwand, Sperrholz" (S. 48).
¹⁴⁵³ Ebd., S. 70. – Vgl. auch im Nachlass: Evelyn Gietzschs Verhalten sei das „von einer kleinen Person, einem schäbigen Charakter, dem es um das Äußerlichste zu tun ist –". (AdK, Berlin, FFA Nr. 34/5₍₁₎.)

kapitel die Musealisierung in einer Art Kuriositätenschau vorzunehmen, die dem Text nicht nur seine aktuell-rezeptive Sprengkraft[1454] nähme, sondern ihn zugleich auf ein bloßes Dokument reduzierte. Es hieße ebenso darüber hinweg zu sehen, dass sich die nachhaltige Gültigkeit einer Bemerkung Heiner Müllers für die Rezeption von Texten gerade an einem solchen vermeintlich derartig eindeutigen Ausschnitt erweist:

> Ich wußte das damals nicht, ich habe es nur beschrieben, der Text weiß mehr als der Autor.[1455]

Der Text bleibt hier eben darin klüger als der Autor – bzw. der epochale Hintergrund –, dass er über die Enge der DDR hinaus „die Armseligkeit des Persönchens jener Evelyn"[1456] als eine Charakterisierung entwirft, die nicht auf konkrete Versatzstücke beschränkt zu werden braucht. Letztere sind deswegen weder austauschbar noch sind sie auszutauschen, sondern stehen in ihrer Signifikanz für jenen Typus einer Existenz, die sich bereits in dem vorgeblich elitären Kulturverständnis offenbarte, das am Eingang zur unterweltlichen Tanz-Groteske[1457] stand. Fühmann hat in einem vergleichbaren Kontext auf E.T.A. Hoffmann blickend zudem eine Relation aufgezeigt, die es umso mehr erlaubt, den Charakter des fortdauernd Typischen zu unterstreichen, den die dokumentierten Konstellationen und Verhaltensweisen besitzen. Die Ausschließlichkeit der Bedeutung, welche materielle Äußerlichkeiten für eine Evelyn Gietzsch besitzen, lässt die Rückbindung der hier gezeigten Zusammenhänge an die Stelle aus Marx' *Grundrisse der Kritik der politischen Ökonomie* zu, woraus Fühmann unter anderem Folgendes zitiert:

> Im Tauschwert ist die gesellschaftliche Beziehung der Personen in ein gesellschaftliches Verhalten der Sachen verwandelt; das persönliche Vermögen in ein sachliches.[1458]

[1454] Auf einen derartigen Aspekt hat Püschel schon 1992 in ihrer Kritik zu *Im Berg* hingewiesen, indem sie die jeweils „herrschende Kultur" der Systeme pointiert gegenüberstellte. (Vgl.: Püschel, *Franz Fühmann im Berg*. NdL 40 (1992) 1, S. 154f.)

[1455] Müller, *Krieg ohne Schlacht*. W 9, S. 202. Vgl. auch eine weitere Variante dieses Gedankens bei Müller: „Der Autor ist klüger als die Allegorie, die Metapher klüger als der Autor." (Ders.: *Fatzer ± Keuner*. In: Ders.: W 8, Schriften. Hrsg. v. Frank Hörnigk. Frankfurt/M. 2005, S. 223-231, hier S. 224.

[1456] *Im Berg*, S. 72.

[1457] Von Wilpert verweist in seiner Begrifsserläuterung auch auf die Etymologie; vom Italienischen ‚grotta' = Grotte abgeleitet, geht dieser eben auf die in „unterirdischen Ruinen, sog. ›Grotten‹" vorgefundene Ornamentik zurück. (Vgl. den Eintrag zum Lemma ‚Groteske' in: v. Wilpert, *Sachwörterbuch der Literatur*.)

[1458] Marx, Karl: *Grundrisse der Kritik der politischen Ökonomie*. In: Marx, Karl / Engels, Friedrich: Werke. Hrsg. v. Institut f. Marxismus-Leninismus b. ZK der SED (MEW). Bd. 42. Berlin 1983, S. 91. Fühmann weist im Anschluss an sein Zitat auf den Kontext hin, in dem es um „den Übergang von der Feudalgesellschaft zur bürgerlichen Gesellschaft" gehe. (*Ernst Theodor Amadeus Hoffmann*. WA 6, S. 235.) Der exemplarische Einblick in das Leben des

IV.3 „[…] da wie dort unbegreiflich vor Ort"

Inwieweit dies für das Beispiel der Evelyn Gietzsch zutrifft, zeigt die Fülle von für sie wichtigen, pur materiellen Statussymbolen, die Fühmann im Bergwerk-Text aufführt. Bei einem zusätzlichen Blick in den Hoffmann-Essay wird aber klar, dass es Fühmann dort wie auch in der Tanzlokalszenerie um jene „Gespenstischheit"[1459] von Alltagsgestalten wie eines Alltagslebens geht, dessen innere Funktionsweisen von derartiger Verdinglichung gekennzeichnet sind. Was laut Fühmann die schauerliche Wirklichkeit der Hoffmann-Texte charakterisiert, zeichnet sich folglich auch im Bergwerk ab:

> Hoffmanns Gespenster entstammen dem Leben, das Gespenstische seiner Erzählungen ist jene Erfahrungsrealität des Daseins, die das Räderwerk der Wissenschaft mit dem Wort »Gespenster« gewiß nicht faßt und mit allen Begriffen stets unzulänglich, welchen Tatbestand eine gleichlautende Nomenklatur verwischt.[1460]

Die Darstellung der Evelyn geht schließlich über in eine offene Wertung dieser Art der materiellen Glückseligkeitsvorstellung, die Evelyn Gietzsch so radikal verfolgt und die wiederum noch bar aller zuvor gegebenen, alltags- und sozialhistorischen Spezifik vielmehr als Psychogramm erscheint, das auch in einem viel jüngeren als dem DDR-Kontext durchaus gültig bleibt:

> Daß dies Glück schal ist, braucht man nicht zu betonen; es ist schal, denn es quillt nicht aus einem Werden; es bewegt sich im Additiven des Immer-Gleichen, und der Begriff des Fests ist ihm wesensfremd. Da eine solche Lebensführung nur darauf aus ist, den Alltag permanent zum Fest zu machen, einem Fest, das nicht einem Anlaß entspringt, sondern lediglich Gelegenheiten wahrnimmt und sich in seiner Fortsetzungsfolge nur in einem Weniger oder Mehr an Annehmlichkeiten unterscheidet (es läuft ja, so ein Fest, auch jedesmal gleich ab, bis ins Stereotype der Gespräche, Witze, Flirts, Schmeicheleien, Beleidigungen und Fauxpas) – aus allen diesen und noch anderen Gründen erweist sich so ein Fest nicht als das Andre zum Alltag, was das Fest seinem Wesen nach doch ist, sondern als ein Sich-Wegschwindeln-Wollen über den Alltag, den es aber in seiner Tristheit nicht aufhebt, sondern als kaschierte Tristheit bestätigt. – Solche Feste sind nicht froh, da ihnen keine sauren Wochen vorangehn, zumindest nicht für die Veranstalterin. – Dennoch wird sie glücklich gepriesen, und ebendarauf kommt es ihr an.[1461]

Dr. Bräuer und der Evelyn Gietzsch ließe sich also auch unter dem Aspekt feudalistischer Relikte in der um das Bergwerk gruppierten gesellschaftlichen Ordnung verstehen.

[1459] *Ernst Theodor Amadeus Hoffmann.* WA 6, S. 235.

[1460] Ebd., S. 227.

[1461] *Im Berg*, S. 71f. Zum Begriff des Festes vgl.: Kerényi, Karl: *Vom Wesen des Festes.* In: Ders.: Antike Religion. Werke in Einzelausgaben Bd. 7. München u. Wien 1971, S. 43-67 (ZLB, Sammlung Fühmann) sowie bei Marquard: „Sein Leben leben: das ist beim Menschen sein Alltag. Auf Distanz gehen zu seinem Leben: das ist beim Menschen das Fest." (Marquard, Odo: *Moratorium des Alltags.* Eine kleine Philosophie des Festes. In: Haug, Walter / Warning, Rainer (Hrsg.): Das Fest. München 1989, S. 684-691, hier S. 685). Vgl. dort zum Problem und zur Insitution des Festes auch die Aufsätze im Abschnitt VIII: Bubner, Rüdiger: *Ästhetisierung der Lebenswelt.* Das Fest. S. 651-662, hier besonders S. 657-660; Lipp, Wolfgang: *Feste heute – Animation, Partizipation und Happening.* Das Fest, S. 663-

Zwar wird diese ausführliche Bewertung im folgenden Absatz auf die Freiheit der individuellen Glücksentscheidung zurückgenommen, doch entschlägt dies der formulierten Kritik an dem Glücksbegriff und der Reflexion über das Wesen und Unwesen des Festes in diesem Zusammenhang mitnichten seine Gültigkeit. Dies bleibt gerade auch mit Blick auf den Kontext dieser Einschätzungen zu betonen, da ja insbesondere der Fest-Begriff sich auf bereits geschilderte Umstände der von Dr. Schmid und seinen Kolleginnen begangenen kleinen Feierlichkeit anwenden lässt.

Zudem ist unter dem Aspekt sozialhistorisch gültiger Zuordnungen anhand dieses Absatzes eben die These zu untermauern, dass die durch den Doktor erzählte Alltagsgeschichte nicht nur einen Einblick in die zweifelsfrei dort auffindbare private Realität des kleineren deutschen Staates bietet. Vielmehr erlaubt gerade die kritische Evozierung des Fest-Begriffes aber ein über diese Deutung hinausgehendes Verständnis der Episode, die diese beispielsweise durchaus im Kontext der Realität einer nicht weniger dürftigen kapitalistischen, sogenannten Spaß- und Konsumgesellschaft und der Monotonie einer uniformen sogenannten ‚Event-Kultur' zu sehen erlaubte. Das simple materielle Geltungsbedürfnis, welches sich in der beschriebenen Persönlichkeit der Evelyn Gietzsch mit ihrem starken Instinkt für den eigenen gesellschaftlichen Aufstieg paart, hängt so wenig allein an der speziellen Wunschwelt im gegebenen DDR-Alltag, wie an Tullroda, dem fiktiven Ort dieser Vorgänge. Eine äußere Realitätsbezogenheit der Schilderungen bleibt zwar identifizierbar, doch bietet eine weniger vereindeutigende Lesart den nicht unerheblichen Vorzug, die Erzählung des Dr. Schmid im Zusammenhang mit den eingefügten Kommentaren zu betrachten. Diese stehen bei Lichte besehen ausdrücklich nicht nur in einem sozialhistorischen Kontext, wo „mit dem Dacia vors DELIKAT fahren zu können [Inhalt des vollkommenen Lebens]"[1462] ist, sondern wo die hier genannten Konkretisierungen eine Abstrahierung erlauben. So lässt sich die Verbindung von materieller und körperlicher Enttäuschung eines geträumten Lebensplanes, die für Evelyn Gietzsch geschildert wird, sehr wohl auch in einem Rahmen[1463] be-

---

683, hier besonders S. 664-670. Einen Überblick über bergmännische Feiern und Feste gibt: Heilfurth, Gerhard: *Der Bergbau und seine Kultur. Eine Welt zwischen Dunkel und Licht.* Zürich 1981, S. 165ff. (ZLB, Sammlung Fühmann)

[1462] *Im Berg*, S. 71. – Das Auto stellt hier selbstverständlich ein vom gesellschaftlichen System vollends unabhängiges soziales Statussymbol als solches dar. Zum Problem des Statussymbols Auto vgl. u.a.: Wolf, Winfried: *Verkehr – Umwelt – Klima. Die Globalisierung des Tempowahns.* Wien 2007; Ders.: *Eisenbahn und Autowahn. Personen- und Gütertransport auf Schiene und Straße. Geschichte, Bilanz, Perspektiven.* Hamburg 1992 und Sachs, Wolfgang: *Die Liebe zum Automobil. Ein Rückblick in die Geschichte unserer Wünsche.* Reinbek b. Hamburg 1990.

[1463] Vgl. hierzu etwa Foucaults Überlegungen zu Fragen der Macht und des Mächtigen im Zusammenhang mit seinem Begriff des ‚dispositif de sexualité' in *Histoire de la sexualité I*, (La volonté de savoir. Paris 2005) insbesondere Kapitel II.2 (*L'implantation perverse*), S. 50-67.

IV.3 „[...] da wie dort unbegreiflich vor Ort"

trachten, worin sich auch der Ort des Tanzpalastes als jene unterweltliche Ereignislandschaft befindet, die das Andere zum mythischen ‚τόπος χθόνιος' des Bergwerkes noch in dessen textueller Präsenz darstellt.

In der Drehbewegung des Tanzes mit der ‚Grubenecho'-Redakteurin Marion Gietzsch[1464] und der „drallen Assistentin" zieht eine ‚passage à revue' der zurückliegenden Kardinalereignisse vorüber – „das jähe Urerlebnis der Grube, und der Ausflug zu den historischen Stätten, und das seltsame Grübeln durch den Nebel"[1465]. Daraus leitet sich das zwar kurze, aber aufschlussreiche Gespräch mit den Apothekerinnen des Bergbaubetriebes her, welches Dr. Schmid zu dem erwähnten Zitat von Freuds Rom-Metapher aus dem späten Aufsatz *Das Unbehagen in der Kultur* veranlasst. Es ist der Eintritt „in ein anderes Reich"[1466], der nicht allein in die dunkel bläuliche Beleuchtung der Tanzfläche führt, sondern alsbald über die Plötzlichkeit eines Wissensgewinns zu jener zentralen Auffassung des Bergwerkes als heterochronischem[1467] Ort des „Geworden-Sein[s]", dessen Anlage „als Angelegtes"[1468] den Text nachhaltig bestimmt. Aus der Tanzbewegung, jener „raumzentrierten"[1469] Praktik, entsteht so während des sich anschließenden Gesprächs, zunächst mit den Apothekerinnen[1470], dann wiederum mit Dr. Schmid, im Text die Vorstellung der Bergwerksgeschichte und der Bergwerksgeschichten als Analogon zur Geschichte der Literatur.[1471]

Vom fast Überschwänglichen dieser Erkenntnis her schwenkt die Darstellung zurück in die „nicht mehr atembare[] Luft jenes Tanzbumses"[1472], wo offenbar

---

[1464] Der Name der bis dahin als *Kollegin* bezeichneten Gesprächspartnerin wird erst im letzten Satz von I/8 enthüllt. Dass es sich um die Schwester der bereits genannten Evelyn Gietzsch handelt, ist sehr wahrscheinlich, wird allerdings nicht explizit gesagt.
[1465] *Im Berg*, S. 78.
[1466] Ebd., S. 77.
[1467] Für ‚hétérochronie'vgl.: Foucault, *Des espaces autres*. Dits et écrits 1, S. 759.
[1468] Beide Zitate: *Im Berg*, S. 80. – Vgl. weiterhin den von Fühmann dort aufgerufenen Zusammenhang mit einem Gedanken aus Marx' *18. Brumaire*: „Die Menschen machen ihre eigene Geschichte, aber sie machen sie nicht aus freien Stücken, nicht unter selbstgewählten; sondern unter unmittelbar vorgefundenen, gegebenen und überlieferten Umständen." (Marx, Karl: *Der achtzehnte Brumaire des Louis Bonaparte*. In: MEW Bd. 8, S. 111-207, hier S. 115.)
[1469] Böhme, Hartmut: *Einleitung: Raum – Bewegung – Topographie*. In: Ders. (Hrsg.): Topographien der Literatur. Deutsche Literatur im transnationalen Kontext. Stuttgart 2005, S. IX-XXIII, hier S. XII.
[1470] Beide werden als „höchst vorzügliche Kennerinnen der Geschichte des Bergwerks" (*Im Berg*, S. 79) vorgestellt.
[1471] Dieser sich jäh einstellenden Erkenntnis gehen in Fühmanns Texten sowohl die bereits in *Schieferbrechen und Schreiben* dargebotene metaphorische Auffassung der Grube, wie auch deren Abgrenzung vom Gegenentwurf der Schokoladenfabrik voran. Vgl. dazu die Passagen: *Im Berg*, S. 20 u. 25 und im Nachlass: „[...] und plötzlich kam mir der Gedanke, daß es auch in der Literatur Bergwerke und Schokoladenfabriken gab [...]." (AdK, Berlin, FFA Nr. 34/3₍₁₎, S. 19.)
[1472] *Im Berg*, S. 81.

eine Exaltation ganz anderer Art im Gange ist. Eine dazu passende Paraphrase des ersten Verses aus Rilkes *Orpheus. Eurydike. Hermes* hält erneut Dr. Schmid bereit: „»Dies ist der Seele wunderliches Bergwerk«, hörte ich den Doktor wie als Kommentar zu Freud paraphrasieren."[1473] Bei Rilke lautet der Vers geringfügig aber bedeutsam anders: „Das war der Seelen wunderliches Bergwerk"[1474]. Der Einbau dieses offenen intertextuellen Verweises charakterisiert hier gewissermaßen in der Funktion eines metaleptischen Kommentars die gesamte Szene. Denn indem Fühmann den als Freudianer beschriebenen Doktor hier gleich zweimal hintereinander derartige Einlassungen anbringen lässt, verweist er auf einen der Tanzpalastepisode unterlegten Intertext. So lassen sich die Ausbrüche des Triebhaften im klaren Gegensatz zu existierenden äußeren und daraus erwachsenden inneren bzw. psychischen Normierungen erkennen. Die Episode nimmt eine Erkenntnis auf, die ein zentrales Problem in Freuds *Das Unbehagen in der Kultur* darstellt, nämlich jene bekannte These von der für den Menschen restriktiven Organisation der Kultur überhaupt:

> Die Kultur muß alles aufbieten, um den Aggressionstrieben der Menschen Schranken zu setzen, ihre Äußerungen durch psychische Reaktionsbildungen niederzuhalten. Daher also das Aufgebot von Methoden, die die Menschen zu Identifizierungen und zielgehemmten Liebesbeziehungen antreiben sollen, daher die Einschränkung des Sexuallebens und daher auch das Idealgebot, den Nächsten so zu lieben wie sich selbst, das sich wirklich dadurch rechtfertigt, daß nichts anderes der ursprünglichen Natur so sehr zuwiderläuft. Durch alle ihre Mühen hat diese Kulturbestrebung bisher nicht sehr viel erreicht.[1475]

Der offene Hinweis auf diesen Freud-Text wird von Dr. Schmid, der „die Quelle [natürlich] nicht an[gab]"[1476], mit der Erwähnung der Rom-Metapher aus *Das Unbehagen in der Kultur* ausgesprochen. D.h. Fühmanns Text verweist indirekt auf den unterlegten Freud'schen Text, zu dessen Hauptgedanken die

---

[1473] Ebd.
[1474] Rilke, Rainer Maria: *Orpheus. Eurydike. Hermes*. In: Ders.: Werke. Kommentierte Ausgabe in vier Bänden. Hrsg. v. Manfred Engel, Ulrich Fülleborn, Horst Nalewski, August Stahl. (WKA). Bd. 1, Gedichte 1895 bis 1910. Hrsg. v. Manfred Engel u. Ulrich Fülleborn Frankfurt/M. 1996, S. 500-503, hier S. 500. Vgl. auch das dort gegebene Bild der unterirdischen Landschaft, „in der alles noch einmal da war". (S. 502.) Fühmann verweist schon zu Beginn darauf, „daß unter Tage zunächst alles so ist wie an einem vergleichbaren Industrieort über Tage, nur eben unter statt über Tage" (*Im Berg*, S. 9). Rilkes Gedicht erschien 1907 im ersten Teil der *Neuen Gedichte*. In dem Gespräch mit Margarete Hannsmann berichtet Fühmann von seiner Lektüre beider Bände der Sammlung während seiner Zeit als Soldat in der faschistischen Wehrmacht. (Vgl.: *Miteinander reden*. WA 6, S. 436.) Nach den Angaben Richters fällt die Lektürephase in die Zeit des Militärdienstes in Kiew. (Vgl.: Richter, *Dichterleben*, S. 112.) Zu Fühmanns Rilke-Rezeption vgl. auch: Nalewski, Horst: *Franz Fühmanns Erfahrung mit Rilkes Gedicht*. In: Jost, Roland / Schmidt-Bergmann, Hansgeorg (Hrsg.): Im Dialog mit der Moderne. Zur deutschsprachigen Literatur von der Gründerzeit bis zur Gegenwart. Jacob Steiner zum sechzigsten Geburtstag. Frankfurt/M. 1986, S. 396-402.
[1475] Freud, *Das Unbehagen in der Kultur*. Trauer und Melancholie, S. 159.
[1476] *Im Berg*, S. 79.

Tanzpalastepisode in Beziehung zu setzen ist. Die Szenenfolge in der Tanzbar, die im Gewaltausbruch einer Prügelei endet, lässt sich auch vor dem Hintergrund der Freud'schen These als jener mehrgestaltige Einblick in den Untergrund der kulturellen Organisation verstehen, deren Regeln der Türsteher bereits als Wächter dieser Kultur vertrat. Diese von Beginn an groteske Episode bezieht ihre innere Spannung nicht nur aus dem Grundgegensatz zwischen Anspruch und erzählter Wirklichkeit. Hinzu kommt der exemplarische Hinweis auf den Freud'schen Kulturbegriff, sodass sich der gezeigte Ausbruch des Rausch- und Triebhaften, letztlich als Bestätigung der Freud'schen Überlegungen verstehen lässt. Zudem erscheint diese oberirdisch angesiedelte Episode eben besonders als Besuch in einem unterirdischen Bereich und als tiefer Einblick in „das Rätsel des Dahinter [...] und das Rätsel des Darin"[1477], wovon diese Episode mehr und mehr offen legt. Hierzu gehört etwa nicht nur der Einblick in das private Schicksal des Dr. Bräuer, sondern eben auch die Dekonstruktion der als mythischuntertägig Wirkender verklärten Bergmannsgestalt zum über Tage rauschhafte bzw. gar explizit sexuelle Vergnügung Suchenden. In diesen Unterkapiteln wird so die Widersprüchlichkeit der vermeintlichen Hauptfiguren des Textes offenbar. Auch die strenge Organisation der Sicherheits- und Gesundheitsvorschriften für die Arbeit im Bergwerk wird durch das orgienartige und zugleich primitive Geschehen im Tanzpalast konterkariert. Die unter Tage einem mythischen Wesen verglichene Bergmannsbrigade erscheint im Rahmen der Tanzbar als laute, alkoholisierte und schließlich gar sich prügelnde Bande.[1478] Die Differenz zwischen Oben und Unten wird hier somit nicht nur als sozialer Zusammenhang gezeigt oder gar nur als Relikt feudaler Organisation im Sozialismus. Vielmehr finden sich die Unterschiede hauptsächlich im Bereich des Körperlichen. Unter diesem Aspekt ist die Bergwerksarbeit durch die schwere körperliche Tätigkeit gekennzeichnet, der oberirdisch die rauschhafte Ausgelassenheit des nämlichen Potentials gegenübersteht. Das unter Tage so unentfremdete Tun findet seinen Gegensatz somit in der (kulturellen) Entfremdung über Tage, die die Tanzpalastepisode vorführt.

In der Schlusssequenz lässt Fühmann noch eine Figur auftreten, die offensichtlich für einen Bezirk steht, der den phantastischen Bereich eines Dahinter darstellt. Folglich wird diese Region auch erst quasi theatralisch freigegeben. Die Gruppe der Prügelnden drängt aus dem Saal und „wie hinter einem sich auftuenden Vorhang" wird nicht nur die „Kampfstätte"[1479] sichtbar[1480], sondern

---

[1477] Ebd., S. 55.
[1478] Eine Notiz Fühmanns verweist auf einen Aufsatz von Wilhelm Kosch, der eine ähnliche Darstellung beinhaltet: „Von dem Frohmut der alten sauf- und rauflustigen Bergleute geben nicht bloß heitere Komödien Kunde [...]." (Kosch, Wilhelm: *Das Bergwesen in der deutschen Romantik*. In: Der Wächter 4 (1921) 6, S. 218-227, hier S. 218.) Auch Bemerkungen bei Heilfurth im Kapitel „Ethos und Verhalten" zeichnen ein solches Bild, vgl.: Heilfurth, *Der Bergbau und seine Kultur*, S. 180f. (ZLB, Sammlung Fühmann)
[1479] Beide Zitate: *Im Berg*, S. 82.

mit ihr der Grund für die Prügelei in Person der Regina Kuypers.[1481] In den Zusammenhang ihrer erotisch provozierend dargestellten Erscheinung gehört damit auch die Verknüpfung von Momenten körperlicher Gewalt und körperlicher Lust, die schon Jirro in *Die Straße der Perversionen* als dialektische Sentenz fasst: „Lust der Gewalt – Gewalt der Lust"[1482].

Regina Kuypers ähnelt durch ihre Attribute auffällig der Gestalt der Kupferkönigin.[1483] So wird zuerst auf ihre roten Haare hingewiesen, die dann nochmals ihr eigentliches Erkennungszeichen sind. Sie trägt später zudem eine „Kunstlederjoppe, grellrot, mit dicken grünen Wülsten über den Schultern und unter den Hüften"[1484]. Das auffällige Rot der Jacke verweist hier ebenso auf die Farbe des Kupfers, wie das Grün, das an Kupferoxid erinnert. In Fühmanns Beschreibung eines Sees in der Barbarossahöhle taucht diese Farbe auch als „Kupfergrün […] des Wassermannes"[1485] auf:

> […] im Lichtkegel sich zeigend, in die Tiefe weisend – eine ungeheure Verlockung, die Ahnung eines Organischen, Leiblichen, Körperlichen, Animalischen, aber eben in der Steinsphäre[1486]

Das kupferne Rot und das „gedämpft-satte[…]"[1487] Grün der Kleidung wären mit diesen Attributen Ausweis der aus dem Venusmetall unergründlich herrüh-

---

[1480] Das durch den Vorhang angedeutete Moment des Theatralischen erinnert an eine Szene aus der *Spiegelgeschichte*, in der der Erzähler noch breiter mit Theatervokabular arbeitet. Er kommentiert: „Es war das phantastischste Theater; vollkommen imaginär, und vollkommen real." (*Spiegelgeschichte*. WA 1, S. 491-508, hier S. 498.) Mit Blick auf die Doppelfigur der Kupferkönigin / Regina Kuypers (vgl. die Erläuterungen weiter unten in diesem Kapitel) ließe sich der Satz aus der *Spiegelgeschichte* auch als Kommentar zur Tanzpalastepisode im Bergwerk verstehen.
[1481] Ein Notizbuch im Nachlass enthält die Zeichnung einer weiblichen Gestalt, deren Sitzhaltung durchaus an die Darstellung der Regina Kuypers erinnert (AdK, Berlin, FFA Nr. 38/2).
[1482] Fühmann, *Die Straße der Perversionen*. Saiäns-fiktschen, S. 69-78, hier S. 71). Jirro sinniert dort über das Fernsehen von Libroterr.
[1483] Im geplanten IV. Hauptstück sollten der Figur der Kupferkönigin offenbar noch weitere Züge verliehen werden. So ist für das 43. Unterkapitel eine „Geschichte der Kupferkönigin. / Aphrodite." geplant, wobei vor dem Hintergrund der im Prometheus gezeichneten Aphrodite-Figur vielleicht eine Art Konkurrenz vorgesehen war. Zu betonen ist in jedem Falle die mythische Dimension, die sich in diesem Plan andeutet. Darüber hinaus tauchen in enger Folge die Begriffe „Renaissance – Kurtisane" und „la femme fatale" auf, über deren genaue konzeptionelle Bedeutung für das Bergwerk sich nur spekulieren ließe. Sie lassen jedoch die vorgesehenen Dimensionen der im ersten Hauptstück als ‚Schlampe' eingeführten phantastischen wie realen (Doppel-)Figur erahnen, die letztlich auch eng mit der Hadeswelt in Zusammenhang steht: „Doktor: Kupferkönigin = personifizierter Todestrieb" und unter 46: „Der See Proserpina". (Alle Zitate: AdK, Berlin, FFA Nr. 38/6.)
[1484] *Im Berg*, S. 84. – Die Farbe Rot rührt hier nicht nur vom Kupfer her, sondern auch vom „scharlachfarbenen Mantel", in dem sich nach Herrmann „der König der Bergmännlein" zeigt. (Herrmann, Paul: *Deutsche Mythologie in gemeinverständlicher Darstellung*. Leipzig 1906, S. 127.)
[1485] AdK, Berlin, FFA Nr. 35/1.
[1486] Ebd.

IV.3 „[...] da wie dort unbegreiflich vor Ort"

renden Reize, die noch an der Realitätserscheinung der Kupferkönigin sichtbar bleiben.

Darüber hinaus ist Fühmanns phantastische Gestalt an der Schreibung ihres Namens zu erkennen. Zusammengesetzt aus dem lateinischen ‚regina' und dem mittelniederdeutschen ‚Kuypers' liegt in der Schrift die Interpretation ‚Königin Kupfer' durchaus nahe.[1488] Allerdings hat der Name ‚Kuypers' onomastisch nichts mit dem Wort Kupfer zu tun.[1489] „Sie wohne im äußersten Winkel der Altstadt, schon vor der Mauer, zwischen Alt- und Neustadt, in einer recht verrufenen Gegend, die allgemein nur »dort drunten« hieß."[1490], wird dann noch Dr. Schmids Auskunft über die Betreffende zitiert.[1491] Die Lage des Wohnorts der Regina Kuypers befindet sich also in einem Dazwischen, das weder schon zur Neustadt noch zur Altstadt gerechnet wird. Im Moment der Prügelei befindet sie sich so als „Anlaß des Kampfes"[1492] auch zwischen den verfeindeten Bergleuten aus der Tullrodaer Alt- und Neustadt. Die gängige Bezeichnung ‚dort drunten' zeigt zudem einen zwar durch seine Lage bestimmten, jedoch keinem städti-

---

[1487] Ebd.
[1488] Vgl. auch die von der Figur der Regina Kuypers inspirierten Frauendarstellungen in Barbara Gaugers Kupferkönigin-Zyklus *Studien zu Franz Fühmann »Im Berg«* (2002/2003) [Kohle- und Kreidezeichnungen] in: Eicher, Thomas (Hrsg.): Das Bergwerk von Falun. Texte von Johann Peter Hebel, E.T.A. Hoffmann, Georg Trakl und Franz Fühmann. Zeichnungen von Barbara Gauger. Oberhausen 2003, S. 61ff. Einen Eindruck vom Gefolge der Kupferkönigin vermittelt eine Bemerkung aus dem Nachlass. Auffällig wird hier ihr Genital betont: „Nixen schwimmen hier nicht. Gnomenweiber beschreiben. Sehr große Vulva, dürre Brüste. Nicht dürr, ganz unentwickelt / Knollig / Romanisch mit Längsdimension –". (AdK, Berlin, FFA Nr. 35/2(1), S. 12.) Auch Lothar Köhn merkt den „sprechenden Namen Regina Kuyper [sic!]" an. (Köhn, *Franz Fühmanns Fragment Im Berg. La mine dans la civilisation et la littérature allemandes*, S. 82.)
[1489] Daher verweist allenfalls die Schreibung des Namens auf das Wort Kupfer. Laut *Duden – Familiennamen* handelt es sich bei Kuypers jedoch um eine „patronymische Bildung (starker Genitiv) zu Kuyper, einer niederrheinischen Form von Kuper, Küper", was wiederum Berufsnamen „zu mnd. [mittelniederdeutsch] Kuper ›Küfer, Fassbinder‹" sind. (Vgl.: *Duden – Familiennamen. Herkunft und Bedeutung.* Bearb. v. Rosa u. Volker Kohlheim. Mannheim 2005.) Eine sehr ähnliche Auskunft findet sich auch bei Bahlow: „Kuyper(s): ndrhein. für Küper(s)", wo auf Küfer verwiesen wird, das „v. mhd. küefer = Hersteller der Kufen (gr[oße] Holzgefäße, bes. für Wein: lat. cupa)" herkommt. (Vgl.: Bahlow, Hans: *Deutsches Namenlexikon. Familien- und Vornamen nach Ursprung und Sinn erklärt.* München 1967.) Die Rede vom sprechenden Namen dürfte damit nur eingeschränkt Berechtigung finden, wenngleich der Zusammenhang zwischen der realen Figur und der phantastischen Kupferkönigin bestehen bleibt. Ob Fühmanns Namenswahl vor diesem onomastischen Hintergrund geschah, lässt sich nicht einwandfrei feststellen. Seine Nachlassbibliothek enthält kein Namenlexikon.
[1490] *Im Berg*, S. 84.
[1491] An Ingrid Prignitz schreibt Fühmann über die Kupferkönigin: „[...] die Hauptfigur ist die Kupferkönigin, das ist einerseits eine reale Person, eine in der Stadt verschriene Schlampe, andrerseits unter Tage die mächtige Kupferkönigin." (Franz Fühmann an Ingrid Prignitz vom 24.01.1983. AdK, Berlin, FFA Nr. 36, S. 3.)
[1492] *Im Berg*, S. 82.

schen Areal eigentlich zugeschlagenen und suspekten Ort an, wo sich die Wohnung der Regina Kuypers befindet.[1493]

Die Anordnung der unterirdischen Topographie weist hierzu eine offensichtliche Analogie auf. Denn Fühmann berichtet sowohl an Horst Schwarzkopf wie an seine Lektorin Ingrid Prignitz von jenem phantastischen Reich zwischen einer Kupfergrube östlich der gedachten Trappe und einer Kaligrube westlich davon.[1494] Dieses Gefilde sei das Reich der Kupferkönigin, durch das Kali und Kupfer miteinander verbunden seien. Die verfeindeten Bergmannsgruppen aus der Alt- und der Neustadt, für deren Feindschaft auch Dr. Schmid keine Erklärung hat, repräsentieren vermutlich jeweils Kali- und Kupferbergbau. Entsprechend befinden sich unter Tage wie über Tage zwischen ihnen die Gestalt der Kupferkönigin bzw. Regina Kuypers in ihrem über Tage vor allem berüchtigten und unter Tage erotisch-phantastischen Zwischenreich.[1495] Komplementär zur Anordnung unten in der Grube zeigt sich so gleichsam die Bedeutsamkeit der Verortung der Figuren bzw. Figurengruppen im Oben, wenngleich auch der oberirdisch zu denkende Tanzpalast ja einen konzeptuell untergründigen Ort

---

[1493] Mit Blick auf die Gesamtheit der Tanzlokalszenerie vgl auch die Nachlass-Skizze zum Bereich der Kupferkönigin: „dort erscheint ja alles, was auf der Realebene erscheint, nur eben transzendiert, ins Absurde, Groteske, Unflätige, Obszöne, Bizarre, usw. gewendet." (Franz Fühmann an Ingrid Prignitz am 05.02.1983. AdK, Berlin, FFA Nr. 36, S. 5.)

[1494] Vgl. Fühmanns Brief an Horst Schwarzkopf vom 22.01.1983 (AdK, Berlin, FFA Nr. 1160) sowie an Ingrid Prignitz vom 24.01.1983. (AdK, Berlin, FFA Nr. 36.)

[1495] Fühmanns Kupferkönigin erinnert als Figur, die gleichermaßen über wie unter Tage vorkommt, auch an Persephone (Περσεφόνεια/-η), die mythische Gemahlin des Hades und Tochter der Demeter. Fühmann erwähnt diese Göttin einmal im Zusammenhang mit de Sades Heldin Juliette aus *Les cent vingt journées de Sodome*. (Vgl.: *Im Berg*, S. 111.) Nach der griechischen Vorstellung weilt Persephone im Winter ein Drittel des Jahres als strenge Königin im unterirdischen Hadesreich, während sie die anderen zwei Drittel des Jahres auf der Erde verbringt, wo sie als Göttin des Ackerbaus zusammen mit ihrer Mutter wirkt. Der Mythos der Persephone erzählt davon, wie Hades sie raubt und Demeter neun Tage und Nächte in Folge nach ihr sucht. Ovid erwähnt, dass der Raub der Proserpina (lat. Name der Persephone) auf Sizilien am See Pergus stattgefunden habe und Dis (Hades) hernach mit seiner klagenden Beute durch die nahegelegene Quelle Kyane in die Unterwelt hinabgefahren sei. (Vgl.: Ovid: *Metamorphosen* 5. Buch, V. 385ff. – Zitierte Ausgabe: Ovid: Werke in zwei Bänden. Bd. 1, Verwandlungen (Bibliothek der Antike, Römische Reihe). Übers. v. R. Suchier. Hrsg. u. bearb. v. Liselot Huchthausen. Berlin u. Weimar 1973.) Fühmanns Planungen für das 46. Unterkapitel weisen das Vorhaben nach, auch den Mythos der Persephone ins Bergwerk zu integrieren, vermutlich gar in enger Verbindung mit der Figur der Kupferkönigin. Im Nachlass findet sich dazu folgende Notiz: „/46/ Kali, Salzsee – Der See Proserpina, gehen fast auf dem Wasser". (Notiz. AdK, Berlin, FFA Nr. 38/6.) Im geplanten 45. Unterkapitel hätte Doktor Schmid sagen sollen: „Kupferkönigin = Personifizierter Todestrieb" (Ebd.), sodass sich durch beider Figuren Anteil an der Sphäre des Todes wohl ein Zusammenhang ergeben sollte. Darüber hinaus könnte hinter der Personifizierung der Kupferkönigin als Todestrieb auch eine bereits oben erwähnte Sagenvorstellung stehen: „Am Fastnachtstage ziehen die Bergleute […] zur Kirche, um die Bergpredigt zu hören. Sie dulden nicht, daß auch nur eine einzige Frau daran teilnimmt. Denn soviel Frauen dabei sind, soviel Bergleute verunglücken ihrem Glauben nach im folgenden Jahre." (Stötzel, *Die deutsche Bergmannssage*, S. 19.)

IV.3 „[…] da wie dort unbegreiflich vor Ort"

darstellt. Dies bestätigen auch noch die im Telegrammstil wiedergegebenen wenigen Einzelheiten zur Rückfahrt im Taxi nach Tullroda. Noch immer kennzeichnen die Situation dicker Nebel, Dunkelheit und Orientierungslosigkeit und lassen die Heimfahrt fast wie den ohne Kunde zu findenden Rückweg aus der Unterwelt erscheinen, der sich auch bei Rilke in dem bereits erwähnten Gedicht *Orpheus. Eurydike. Hermes* findet. Darüber hinaus erinnert der Eindruck der Taxifahrt auch an die Kimmerien-Beschreibung, die die Griechen im Hörspiel *Die Schatten* geben:

> Ein Land ohne Himmel, ohne Sonne, ohne Sterne, und die Stadt ist ja eigentlich nur eine Straße, nicht einmal ein Markt, nur eine Straße, vom Hafen herauf, und weiter zum Hain hin; man geht lange, aber man weiß nicht wie weit es ist.[1496]

Der Ausflug zu den Ursprüngen des Mansfelder Bergbaus und die nebelhafte Suche nach dessen nahezu unauffindbaren und durch die Kulturschichtungen des 20. Jahrhunderts überschriebenen Spuren führte in die jede Formhaftigkeit verbergenden Gefilde einer Nebellandschaft und dort hindurch zu einem Eingang, der mitten in eine Unterwelt führt. Der folgende Besuch im Tanzsaal wietet sich zu einem psychosoziologischen Panorama, an dessen Schluss wirkungsvoll die Gestalt der Kupferkönigin als Regina Kuypers auftritt.

Für Oben und Unten als komplementäre Distrikte *eines* Ortes Bergwerk, den noch der fragmentarische Text entstehen lässt, bleibt deren angelegter Anlage die konstatierte An- und Einnahme des Ortes eingeschrieben. Mit ‚das war mein Ort' gelingt früh eine Aneignung, die vor allem als tief gründende und tiefgründige Gestaltung einer Topographie erscheint. Fühmann geht somit bei der Anlegung seiner Landschaft weit über jedweden reportagehaften Bericht hinaus. Denn indem er die literarische Erschließung eines bergmännisch bereits Erschlossenen als Schritte auf unberührtes ‚Pionierland' ausführt, gelingt ihm weitaus mehr als von der Besichtigung einer – im Text beinahe sprichwörtlichen – Schokoladenfabrik fortzukommen.

[1496] Fühmann, Franz: *Die Schatten. Ein Hörspiel.* Rostock 1986, S.15 (*Teil I, Dritter Grieche*).

IV.4 „Natürlich würde ich Bergmannsgeschichten erzählen" – das Bergwerk als Bibliotheksphänomen

Die unterirdische Bergwerkslandschaft zwischen Kupfer- und Kalibergwerk trägt in der Schreibung Franz Fühmanns von Beginn an die deutlichen Zeichen einer auch intertextuellen Fortschreibung[1497] etwa der romantischen Stofftraditionen.[1498] In dem erst posthum veröffentlichten Gespräch mit Hans-Georg Soldat von 1979 benennt er selbst einen seiner wichtigsten Gewährsmänner:

> Seit vielen Jahren interessiere ich mich für Bergwerke. Übrigens hat das sehr viel mit E.T.A. Hoffmann zu tun, überhaupt mit der ganzen Romantik. Ein großer Teil Romantik spielt im Bergwerk und hat mit Bergwerk zu tun.[1499]

[1497] Auch im Trakl-Essay bemerkt Fühmann: „Natürlich ist alle Dichtung Bezogenheit aufeinander [...]." (*Vor Feuerschlünden*. WA 7, S. 57.) – Der in der Überschrift verwendete Begriff ‚Bibliotheksphänomen' stammt ursprünglich von Michel Foucault: *[Sans titre]*. In: Ders.: Dits et écrits 1. 1954-1969. Paris 1994, S. 293-325, hier S. 298.

[1498] In einer früheren Typoskriptfassung des Bergwerks (vgl.: AdK, Berlin, FFA Nr. 34/3) fehlt noch die Einwurzelung des Textes in der romantischen Bergbauliteratur. Die zunehmende Einarbeitung und Privilegierung dieses eminent wichtigen stofflichen Stranges in den folgenden Fassungen belegt gut den zunehmenden Grad an Fiktionalisierung und damit Literarisierung, den Fühmann anstrebte. Sie geht natürlich auch einher mit Fühmanns Entdeckung von und intensiver Beschäftigung mit Autoren der Romantik: „[...] und wieder neue Entdeckungen in E.T.A. Hoffmann »Falun«". (Tagebuchnotiz vom 01.06.1976. AdK, Berlin, FFA Nr. 36.) Fühmanns Hoffmann-Rezeption im Bergwerk erwähnen etwa: Rehfeld, Swantje: „... *seltsames Knistern unter Bindestrichen*". Franz Fühmanns produktive Rezeption E. T. A. Hoffmanns. Trier 2007 (nur am Rande). Müller, *Schichtende. Literaturwissenschaft und politische Kultur*, S. 83-93, besonders S. 89f.; Krüger, *Mythischer Ort – poetischer Ort.* „Jeder hat seinen Fühmann", S. 79-100 (nur Hinweise auf Hoffmann); Köhn, *Franz Fühmanns Fragment Im Berg. La mine dans la civilisation et la littérature allemandes*, S. 83-93, erwähnt Hoffmann lediglich, S. 81); Fries, *Die Bergwerke zu Falun. Zwischen Erzählen und Schweigen*, S. 73-78. Einige Untersuchungen zu Fühmanns Hoffmann-Rezeption sparen den Komplex Bergwerk leider gänzlich aus: Kohlhof, Sigrid: *Franz Fühmanns Essays zu E.T.A. Hoffmann*. In: „Jeder hat seinen Fühmann", S. 149-166; Nährlich-Slatewa, Elena: „*Was bannt mich da?*" Franz Fühmanns Rezeption von E.T.A. Hoffmann. In: Wirkendes Wort 45 (1995) 1, S. 151-166; Kohlhof, Sigrid: *Franz Fühmann und E.T.A. Hoffmann*. In: E.T.A. Hoffmann Jahrbuch 1 (1992-1993), S. 199-208; Wagner, *Nachdenken über Literatur*; daraus Kap. IV, S. 57-72; Kohlhof, Sigrid: *Franz Fühmann und E.T.A. Hoffmann. Romantikrezeption und Kulturkritik in der DDR*. Frankfurt/M. u.a. 1988. Als nicht romantische Variante gehört hierher Stephan Hermlins Reportage *Es geht um Kupfer* (in: Aufsätze, Reportagen, Reden, Interviews, S. 258-269), die Fühmann im Nachlass als „Cu-Reportage" selbst nennt. (Tagebuchnotiz v. 22.04.1975. AdK, Berlin, FFA Nr. 35/2$_{(1)}$.)

[1499] Soldat, *Gespräch Fühmann*. SuF 50 (1998) 6, S. 854. Einen kleinen Einblick in Fühmanns E.T.A. Hoffmann-Sammlung bieten der bibliographische Anhang 2 dieser Arbeit sowie, kommentierend: Petzel, Jörg: „... *da habe ich mich in E.T.A. Hoffmann eingegraben" oder Ein erster Blick in Franz Fühmanns Arbeitsbibliothek und in seine E.T.A. Hoffmann-Sammlung*. In: E.T.A. Hoffmann-Jahrbuch Bd. 7 (1999), S. 102-106.

IV.4 „Natürlich würde ich Bergmannsgeschichten erzählen"

Fühmann eröffnet seinen Text auch mit der Vorstellung eines sogenannten Fahrterzählers[1500], durch den die Bergwerksgeschichten der Romantik erneut an den Ort ihrer Entstehung gebracht werden würden. Sie sollen unter Tage während der Anfahrt vor Ort in der Grubenbahn gelesen werden und so als dem Orte bereits eingeschriebene Divertimenti die immerhin fünfundsiebzigminütige Fahrt verkürzen helfen. Indem die Texte der Romantik unter Tage gelesen würden, brächte sie dieser mündliche Vortrag nicht nur vor ein Publikum zurück, aus dessen Mitte sie wohl einst stofflich hervorgegangen waren, sondern erprobte gleichermaßen ihre performative Wirkungsmächtigkeit.[1501] Die im gedachten Vorlesen hergestellte Situation einer, wenn auch künstlichen Oralität zeigt den wahrhaftigen Aufruf der – vor allem romantischen – Tradition, in die Fühmanns Bergwerk sich hiermit explizit intertextuell einstellt. Was als bloße Nennung einzelner Titel gegeben wird, ist in deren Aussprechen der Ausweis einer Stelle innerhalb eines Gewebes von Relationen. Es ist in der Nennung der Ähnlichkeit der Hinweis auf eine Divergenz, die dem Fühmann'schen Text eingeschrieben ist: Jener Fahrterzähler bleibt letztlich nicht mehr als eine Idee und somit auch der Textvortrag im Stadium der Vorstellung. Zudem ist dem bei Fühmann erzählten Bergwerk schon hier jeder romantische Charme einer Schatzgrube voll phantastischer Gebilde und Räume nahezu verloren gegangen. Denn die rumpelnde und unbequeme Fahrt in der Grubenbahn „zerüttet jede Fabel"[1502], sodass noch das Aufrufen intertextueller Bezüge gleichsam als deren Brechung im Präsens des Bergwerk-Textes erscheint. Fühmann nutzt die zu Beginn genannten Titel[1503] –

> »Die Bergwerke zu Falun« nach E.T.A. Hoffmann; »Der Alte vom Berge« nach Ludwig Tieck; die Bergszenen aus dem »Heinrich von Ofterdingen«; »Unverhofftes Wiedersehen« nach Johann Peter Hebel; »Die vier Norweger« nach Henrik Steffens[1504]

– eher als Marken eines Eingangs, d.h. als Eingänge ins und Zugänge zum Bergwerk, und zwar als Ort wie als Stoff.[1505] Diese Elemente weisen noch als

---

[1500] Für das diesbezüglich Titelzitat vgl.: *Im Berg*, S. 8.
[1501] Vgl. dazu auch den bei Blumenberg geäußerten Gedanken: „Die Zeit der Mündlichkeit war die Phase der ständigen und unmittelbaren Rückmeldung des Erfolgs literarischer Mittel. […] Nichts ist schonungsloser für einen Text als der mündliche Vortrag […]." (Blumenberg, *Arbeit am Mythos*, S. 168.)
[1502] *Im Berg*, S. 13.
[1503] Bei einer zweiten Reflexion der Idee wird der Geschichtenkreis noch ergänzt: „natürlich […] auch Geschichten vom Venusberg […], vom Hörselberg, von der Tannhäuserhöhle […]." (Ebd., S. 12) Die genannten Stoffe zeichnen sich alle durch die entscheidende Bedeutung einer erotischen Komponente aus, was auch den Nachsatz erklärt: „[…] im Kali könnte ich nur solche Geschichten erzählen, die interessieren sich dort für Bergleute nicht […]." (Ebd.) In einer Randnotiz im Typoskript wird die Bedeutung des Erotisch-Sexuellen, ja Sexistischen im Kali für die Fahrterzählungen noch erheblich stärker zugespitzt: „Porno dann im Kali". (AdK, Berlin, FFA Nr. 34/10.)
[1504] *Im Berg*, S. 8.

einfache Nennung auf Fühmanns Einschreibung der romantischen Motiv- und Stofftradition in die Gegenwärtigkeit seines Textes hin und sie zeugen bereits von jenem zutiefst faszinierenden Moment, von dem Fühmann später mit Blick auf seine Lektüre von Schriftstellern der Romantik berichtet.[1506] Noch die Vorstellungen vom Bergwerk und der Bergmannsarbeit, die Fühmanns Text mitteilt, erscheinen anfänglich als nachhaltig von romantischen Darstellungen der Grube geprägt. So lautet eine rückblickende Äußerung:[1507]

> [...] die Einfahrt in die Grube stellte ich mir, wenn überhaupt, als eine Art Paternosterverkehr in eine Sesamhöhle vor, darin eine tosende Schatzgräberei umging.[1508]

Fühmanns Kupfergrube entspricht jedoch ausdrücklich nicht dieser Imagination der unterirdischen Schatzhöhle. Vielmehr erscheint das Grubeninnere vielfach dem Oben ähnlich und dem behauenen Gestein der eintönig grauen Stöße fehlt jeglicher märchenhafte Reiz, der noch im Wort „Sesamhöhle"[1509] hatte angedeutet werden sollen. Die Erscheinung des Bergwerkes bei Fühmann bestätigt somit die Differenz zu jenem Ort der herbeizitierten romantischen Texte. Ihr Glanz ließe sich nur noch als Abglanz einer Erzählung ins Bergwerk

---

[1505] Die Einfahrt ins Bergwerk folgt z.T. zuvor von Anderen hinterlassenen Textspuren. Dazu sei hier ein Seitenblick erlaubt: Das Bergwerk wird von Fühmann nur eingeschränkt „in den Spuren von Vorgängern [begangen]", wie dies Bettine Menke für verschiedene fiktionale Texte zu Polarexpeditionen nachweist. (Menke, Bettine: *Über die metapoetische Metapher.* In: DVjs 74 (2000) 4, S. 545-599, hier S. 545.) Sie erwähnt dort auch die um den Nordpol aufgestellten Markierungen, die die Reichweite vorangegangener Expeditionen bezeichnen. Bei Fühmann ist der Besuch weder eine Expedition, noch gibt es einen absoluten oder erreichbaren Zielpunkt. Vielmehr wird bei ihm die romantische Bergwerksliteratur selbst mit ins Bergwerk gebracht, um dort quasi ausprobiert zu werden. Doch wird sie nicht als kartenartiger Wegweiser benötigt, wie dies in den bei Menke verhandelten Beispielen der Fall ist. Bei Fühmann stellen die aufgerufenen Texte eher eine Art Inventar dar, das gerade auch dekonstruiert wird.
[1506] Vgl.: *Im Berg*, S. 32f.
[1507] Als biographischer Hintergrund lässt sich hier anmerken, dass Fühmann 1964 zuerst den – vergeblichen – Versuch unternommen hatte, in ein Bergwerk einzufahren: „1964 1.Besuch o. Einfahrt" (AdK, Berlin, FFA Nr. 35/1₍₄₎). 1974, bei seiner zweiten Leseeinladung gelang ihm dann die Einfahrt. Vgl. die Postkarte an Ursula Fühmann vom 07.06.1974: „Ursula, ich war im Berg! Es ist für mich eine Offenbarung! Hier zieh ich her!" (Zentral- und Landesbibliothek Berlin (ZLB), Historische Sammlungen, Sammlung Fühmann [Nachlass] Nr. 457.)
[1508] *Im Berg*, S. 17.
[1509] Hingewiesen sei hier auf Fühmanns anderweitige Verwendung dieser auffälligen Sesam-Komposita, woran sich die Metapher einer Denkkonzeption erkennen lässt: In *22 Tage* ist die Rede vom „Sesamberg" (WA 3, S. 316) der ungarischen Literatur, zu deren Zauber dem Betrachter als „taube[m] Ali Baba" (ebd.) der nötige Spruch fehle. Auch das Budapester Astoria-Hotel ist mit der Sesamhöhle verwandt. (Ebd., S. 290.) In der Akademierede über E.T.A. Hoffmann findet sich mit Blick auf die germanistische Auseinandersetzung mit den *Serapionsbrüdern* die Feststellung, „daß die Wissenschaft diese Serapions-Sesamhöhle von Produktionserfahrung und Werkstattweisheit so gänzlich uninteressiert hat liegenlassen" (WA 6, S. 233). Von dort führt die Fährte weiter bis zur genannten Vorstellung von der Schatzhöhle im Berg.

hinabtragen. Der Nachhall der romantischen Bergwerksgeschichten scheint im polternden Malmen der Grubenbahnräder beinahe unhörbar zum Verhallen eines sermonartigen Sprechens sich zu wandeln, das sich jedoch in einer weiteren Textversion selbst im Angesicht der Katastrophe noch fortsetzt. Denn in Fühmanns Nachlass findet sich folgende kurze Skizze dieser phantastisch-katastrophischen Szene: „Zug-Erzähler erzählt weiter, da er merkt, daß Zug in einen Abgrund rast (in Kupfersee)"[1510] Dieses Bruchstück offenbart, in welcher Weise bei Fühmann die Rezeption des romantisch-mächtigen Textkorpus erscheint. Denn so sehr sein Bergwerk – und, wie zu zeigen sein wird, auch dessen Personal – die romantischen Vorbilder nur noch als deren Brechung wiedergibt, so weit steht es noch mit jener Vergänglichkeitsmetapher des in der Hosentasche zerbröckelnden Pflanzenabdrucks in enger intertextueller Korrespondenz mit dem Schlüsselort der Romantik, der sich etwa mit den Bergwerken zu Falun verbindet.

Der Falun-Stoff betont in all seinen Varianten[1511] das Motiv einer nahezu überzeitlichen Erhaltung im Bergwerk.[1512] So nimmt die Natur selbst den Leichnam des jungen Bergmanns tief in einer Art Mutterhöhle auf und konserviert die Züge seiner Jugend, vor denen die ebenso erhalten gebliebene Treue der greisen Braut sich nochmals als jugendliche Erregung zeigt. Der Stoff bezieht seine Kontingenz dabei aus der Strenge der parallel organisierten Zeitachsen unter und über Tage, die im abschließenden Moment der letzten Begegnung sich noch einmal treffen, wie sich zu Beginn die Wege des Bergmanns und seiner Braut getroffen hatten.

Diese vielfach neu- und forterzählte Geschichte dürfte zunächst durchaus als Epitaph für die Vielzahl der in Verrichtung ihrer Arbeit im Schacht gebliebenen Bergleute zu verstehen sein. Ähnlich reiht auch Volker Braun übrigens Fühmann in die Reihe dieser nicht zurückgekehrten Bergleute ein.[1513] Indem aber jegliche Totenerinnerung in Fühmanns Nappian-Neucke-Schacht fehlt, denn die

---

[1510] AdK, Berlin, FFA Nr. 33/(2).

[1511] Vgl. die zahlreichen Varianten, die die von Thomas Eicher herausgegebene Anthologie versammelt, darunter selbstverständlich auch die Texte von Johann Peter Hebel und E.T.A. Hoffmann, in: Eicher, Thomas (Hrsg.): *Das Bergwerk von Falun. Varianten eines literarischen Stoffes*. Münster 1996.

[1512] Dieses Motiv lässt sich beispielsweise auch in Bergmannssagen immer wieder finden. Vgl. z.B. die folgenden Auswahlen: Kühn, Dietrich (Hrsg.): *Sagen und Legenden vom Harz und vom Kyffhäuser*. Neu erz. u. hrsg. Weimar 2002², darin Abschnitte 3. u. 4; Werner, Dietmar (Hrsg.): *Bergmannssagen aus dem sächsischen Erzgebirge*. Hrsg. u. bearb. Leipzig 1986². Auch Sabine Haupt weist in ihrem Beitrag unter Berufung auf zahlreiche Beispiele darauf hin, vgl.: ›Kryptopische‹ Zeit-Räume. Unterirdische und außerirdische Topographien als Reservate von Temporalität. Topographien der Literatur, S. 501-535, hier besonders S. 507f.

[1513] Vgl.: Braun, Volker: *Das unbesetzte Gebiet. Im schwarzen Berg*. Frankfurt/M.: Suhrkamp, 2004. Dort findet sich neben *Die Literatur als Bergwerk betrachtet. Epitaph für Fühmann* (S. 83-84) auch Brauns ‚Variante' von *Unverhofftes Wiedersehen* unter dem Titel *Aufgeschobene Heimkehr. Wie von Hebel* (S. 78-79).

Schaukästen in der Lohnhalle enthalten keinen noch so geringen Hinweis auf die im Berg Gebliebenen, wird ein Konflikt angedeutet, an dessen Ende schon im thebanischen Sagenkreis Kreons Todesurteil über Antigone stand. In dieser Hinsicht könnten wohl noch die anonymen Epitaphe romantischer Erzählungen als Praxis eines zaghaften Totengedenkens genommen werden. In jedem Falle hat Letzteres spätestens seit dem Konflikt Antigone – Kreon als Frage der Macht zu gelten, welche sich mit der Tilgung des Opfergedenkens eben über die Realität am „bergunterhöhlenden Arbeitsort"[1514] erhebt und jenen Nebensatz Hebels über die Bergmannskleidung verkennt, an den auch Fühmann erinnert:

> […] in diesem Augenblick begriff ich, daß hier unten ein jedes Tun und Lassen im Wirkungsfeld des Todes stand. Er war da, im schwarzen Bergmannstuch, und prüfte gnadenlos jeden Handgriff.[1515]

Bei Hebel heißt es fast beiläufig:

> Denn als der Jüngling den andern Morgen in seiner schwarzen Bergmannskleidung an ihrem Haus vorbeygieng, der Bergmann hat sein Todtenkleid immer an, da klopfte er zwar noch einmal an ihr Fenster, und sagte ihr guten Morgen, aber keinen guten Abend mehr.[1516]

Dem Fehlen des Totengedenkens mag weiterhin entsprechen, dass aus der unverbrüchlichen Treue der Braut bei Hebel wie der Ulla Dahlsjö in Hoffmanns *Die Bergwerke zu Falun* bei Fühmann letztlich das sozialpsychologische Kalkül einer Evelyn Gietzsch geworden ist, die als negativ besetzte Gegenfigur zu den romantischen Bergmannsbräuten entwickelt wird. Gietzschs primitive Attitüde materialistischer Vorteilsnahme zur Realisierung ihres Lebensplans sind die diametrale Verkehrung der Bescheidenheit, Güte, ja marienhaften Keuschheit (insbesondere Ulla Dahlsjös[1517]), für die die beiden Frauenfiguren Hebels und Hoffmanns stehen. Markante Züge von Hoffmanns unterirdischer Königin,

---

[1514] *Im Berg*, S. 22.
[1515] Ebd., S. 22f.
[1516] Hebel, Johann Peter: *Unverhofftes Wiedersehen*. In: Ders.: Sämtliche Schriften. Historisch-kritische Gesamtausgabe. Hrsg. v. Adrian Braunbehrens u. Peter Pfaff. Bd. II, Erzählungen und Aufsätze. Erster Teil, Die Beiträge für den Badischen Landkalender und für den Kalender des Rheinländischen Hausfreundes auf die Jahre 1803-1811. Karlsruhe 1990, S. 281-284, hier S. 281. Franz Fühmann benutzte die zweibändige Ausgabe des Aufbau-Verlages (Hebel, Johann Peter: Gesammelte Werke in zwei Bänden. Hrsg. u. eingel. v. Eberhard Meckel. Berlin 1958.) Dies lässt sich anhand einiger Anstreichungen in seinem Exemplar nachvollziehen (ZLB, Sammlung Fühmann). Weiterhin findet sich in Fühmanns Bibliothek folgende bibliophile Ausgabe: Hebel, Johann Peter: *Schatzkästlein des Rheinischen Hausfreundes*. Ein Werk in seiner Zeit. M. Bilddok., Quellen, histor. Kommentar u. Interpret. hrsg. v. Hannelore Schlaffer. Tübingen 1980. (ZLB, Sammlung Fühmann)
[1517] Vgl. die Darstellung aus Anlass von Elis Fröboms erstem Aufenthalt im Hause Dahlsjö, Hoffmann, E.T.A.: *Die Bergwerke zu Falun*. In: Ders.: Werke in sechs Bänden. Hrsg. v. Hartmut Steinecke u. Wulf Segebrecht. Bd. 4, Die Serapionsbrüder. Hrsg. v. Wulf Segebrecht. Frankfurt/M. 2001, S. 208-239 [241], hier S. 223f.

IV.4 „Natürlich würde ich Bergmannsgeschichten erzählen"

deren Wunderkräfte Elis Fröbom im Bergwerk bannen und ihn noch an seinem Hochzeitstag in den sicheren Tod unter Tage führen, hat Fühmann freilich in seine Figur der Kupferkönigin einfließen lassen.[1518] Die mächtige Verführungskunst, mit der er sie ausstattet, sollte sich unter Tage etwa im Erglühen des Bergwerkes äußern.[1519] Das seduktiv-destruktive Charisma der Regina Kuypers, wie die Kupferkönigin als „reale Person"[1520] über Tage heißt, bewirkt zudem den regelmäßig wiederkehrenden, gewalttätigen Streit der Bergleute, der in der Tanzlokal-Episode erwähnt wird.

Fühmanns aktive Romantikrezeption lässt sich für sein Bergwerk weitgehend als intertextuell komplementär bzw. intertextuell konträr beschreiben. Das Aufgreifen wesentlicher Motive vollzieht dabei die Fortschreibung der romantischen Bergwerkserzählungen, die nicht mehr nur als Inventar der Fühmann'schen Grube erscheinen. Vielmehr lässt sich hier eine weitere Stufe der Produktivität der Fühmann'schen Romantikrezeption und gar seiner rezeptiven Verfahrensweisen überhaupt beobachten. Im Unterschied zu dem ausgedehnten rezeptiven Verhalten in *22 Tage*, mit dem Fühmann Lese- und Texterfahrungen zumeist aphoristisch kontextualisiert und in die Budapester Stadtlandschaft einschreibt, geht mit der Unterbringung eines stofflichen, motivischen oder generell intertextuellen Elementes im Text nunmehr eine deutlich produktive Abwandlung des Quellmaterials einher.

Neben Hoffmann und Hebel stellt Fühmann Steffens, Tieck und, eingangs nur durch die Nennung des *Ofterdingen*, Friedrich von Hardenberg, Novalis. Auf letzteren blickend erschließt Fühmanns Sentenz „Der Bergmann war eine Schlüsselgestalt der Romantik"[1521] den insbesondere für die Darstellung der Bergleute wichtigen Hintergrund[1522] in Gestalt von Novalis' fragmentarischem

---

[1518] In der Erzählung *Die Glöckchen* stellt der Goldschmied, den der Erzähler nach dem seltsamen Klang der Glöckchen befragt, zudem eine Verbindung zwischen der Kupferkönigin und Hoffmanns Figur her. (Vgl.: Fühmann, Die Glöckchen. [Ein Fragment]. In: Ohr, S. 86-105, hier S. 87f.)
[1519] Im Nachlass heißt es in den Planungen zu „BW II – IV" für das 42. Unterkapitel (im IV. Hauptstück): „wollen südwärts, da beginnt das Bergwerk zu glühen – die Kupferkönigin erscheint –". (AdK, Berlin, FFA Nr. 38/6.) An einer anderen Stelle wird die Farbe eines unterirdischen Sees in der Barbarossahöhle beschrieben, die das phantastische Reich des Wassermannes aufscheinen lässt: „Kupfergrün – (später Führer: Durch die Tiefe, einfaches Phänomen, wie etwa Meerestiefe!) dies Grün ist das Reich des Wassermannes, das hier herausleuchtet –". (AdK, Berlin, FFA Nr. 35/1; auch ein aktueller Reiseführer zum Kyffhäuser weist auf die eigentümliche Farbe der Seen hin: „blaugrün schimmernde Seen". Vgl.: Müller, Horst: *Der Kyffhäuser*. Leipzig 2002², S. 125.) Der Farbton taucht in der Kleidung der Kupferkönigin / Regina Kuypers am Ende des achten Unterkapitels nochmals auf. (Vgl.: *Im Berg*, S. 84.)
[1520] Franz Fühmann an Ingrid Prignitz am 24.01.1983. AdK, Berlin, FFA Nr. 36, S. 3.
[1521] *Im Berg*, S. 8.
[1522] In seinem Vortrag *Der Bergmann in der Literatur* vor Bergleuten versteht Fühmann Novalis' Bergmann als Idealdarstellung: „Novalis will jetzt kein soziales Bild des Bergarbeiters geben, er will keine sozialen Mißstände aufdecken, nicht anprangern oder entlarven, sondern er möchte ein Idealbild des Menschen zeichnen und die großen Werte herausarbeiten,

Roman.[1523] Spuren von Fühmanns *Ofterdingen*-Lektüre, speziell des vielfältig gedeuteten[1524] fünften Kapitels, sind jedoch im Text nur hinter den Nennungen von Titel und Autor zu erkennen. Offene intertextuelle Bezüge lassen sich nicht erkennen, auf Novalis und seinen *Ofterdingen* gibt es in Fühmanns Bergwerk zunächst bloß eine Referenz.[1525] Zu Beginn des zweiten Unterkapitels deutet der Erzähler allerdings eine Vorstellung vom Bergwerk und der Arbeit darin an, die durchaus bei Novalis entliehen sein könnte. Der alte Bergmann im *Ofterdingen* berichtet vom Bergbau mehrfach als „Schatzgräberei"[1526]. Er beschreibt seine erste Einfahrt als „Weg zu den verborgenen Schatzkammern der Natur"[1527] und die Erze als von „allen Launen des Zufalls [...] hartnäckig vertheidigte[ ] Schätze"[1528], die dem Bergmann – wie es dann im Lied des Alten heißt – „alle Felsenschlösser"[1529] darböten. Der nahezu unermeßliche Reichtum der unterirdischen Abbaustätten wird bei Novalis mit der unerschütterlichen Lauterkeit und einer selbst gewählten, materiellen Askese der Bergleute verbunden. Der alte Häuer beschreibt Bergbau und Bergmann in diesem Sinne:

> [...] es giebt keine Kunst, die ihre Theilhaber glücklicher und edler machte, die mehr Glauben an eine himmlische Weisheit und Fügung erweckte, und die Unschuld und Kindlichkeit des Herzens reiner erhielte, als der Bergbau. Arm wird der Bergmann ge-

die im Bergmannsberuf stecken, und die sieht er vor allem in der Tatsache, daß der Bergmann zwar Gold und Silber fördert, aber sich von diesen Mächten selbst nicht beherrschen läßt." (Heinze, *Biographie*, S. 335.)

[1523] Margarete Hannsmann hat auch eine Verwandtschaft von Fühmann und Novalis im Fragmentarischen angedacht: „Wenn die Nachwelt Dein Dichterwort stehen läßt, kann sein, sie rückt es zu Novalis-Fragmenten, Deinem Märchenbruder im Bergwerksrevier." (Hannsmann, Margarete: *Franz, sie wollen Dich ausstellen:* In: Es bleibt nichts anderes als das Werk, S. 7.) Vgl. auch den (generelleren) Gedanken von Jan Ross im Zusammenhang mit der Fühmann-Ausstellung im Berliner Marstall 1993: „Überhaupt herrscht in Fühmanns zerklüftetem Leben und Werk eine Tendenz zum Fragmentarischen. Die Fragmente freilich sind massiv und dauerhaft." (Ross, Jan: *Filou und sein Bergwerk*. In: Frankfurter Allgemeine Zeitung (FAZ) Nr. 86 v. 14.04.1993, S. 35.)

[1524] In einer jüngeren Deutung der Hardenberg'schen Bergwerk-Motivik weist beispielsweise Matt Erlin darauf hin, dass das fünfte Kapitel des *Ofterdingen* sich „among the most frequently discussed passages in secondary literature" befindet. (Erlin, Matt: *Products of the Imagination: Mining, Luxury and the Romantic Artist in* Heinrich von Ofterdingen. In: German Life and Letters 60 (2007) 1, S. 40-58, hier S. 41.)

[1525] Auch die gut gemachte, bebilderte Mappe *Franz Fühmann und Novalis im Mansfelder Berg(werk)* der Oberwiederstedter Novalis-Forschungsstätte (Wiederstedt 2000) bezeugt neben dem genannten Vortrag Fühmanns letztlich vor allem Parallelitäten und die Tatsache, dass Fühmann Novalis im Zusammenhang mit dem Bergwerk und auch bei seinen Aufenthalten in Sangerhausen gelesen hat. Dass Fühmanns Roman an einem fiktiven Ort im Mansfeldischen spielt (vgl.: Im Berg, S. 23), stellt eine Verortung in unmittelbarer Nähe zum Geburtsort und Lebensbereich von Novalis dar.

[1526] Im Berg, S. 17. – Eine Tagebuchnotiz vom 02.06.1976 zeigt hier noch eine Vorstufe an: „Vor dem Bergmann war der Schatzgräber in der Lit[eratur]!!!" (AdK, Berlin, FFA Nr. 36.)

[1527] Novalis: *Ofterdingen*. Schriften 1, S. 242.

[1528] Ebd., S. 246.

[1529] Ebd., S. 248.

IV.4 „Natürlich würde ich Bergmannsgeschichten erzählen" 299

> boren, und arm gehet er wieder dahin. Er begnügt sich zu wissen, wo die metallischen Mächte gefunden werden, und sie zu Tage zu fördern; aber ihr blendender Glanz vermag nichts über sein lautres Herz. Unentzündet von gefährlichem Wahnsinn, freut er sich mehr über ihre wunderlichen Bildungen, und die Seltsamkeiten ihrer Herkunft und ihrer Wohnungen, als über ihren alles verheißenden Besitz. Sie haben für ihn keinen Reiz mehr, wenn sie Waaren geworden sind, und er sucht sie lieber unter tausend Gefahren und Mühseligkeiten in den Vesten der Erde, als daß er ihrem Rufe in die Welt folgen, und auf der Oberfläche des Bodens durch täuschende, hinterlistige Künste nach ihnen trachten sollte. Jene Mühseeligkeiten erhalten sein Herz frisch und seinen Sinn wacker [...]. Sein einsames Geschäft sondert ihn vom Tage und dem Umgange mit Menschen einen großen Teil seines Lebens ab. Er gewöhnt sich nicht zu einer stumpfen Gleichgültigkeit gegen diese überirdischen tiefsinnigen Dinge und behält die kindliche Stimmung, in der ihm alles mit seinem eigenthümlichsten Geiste und in seiner ursprünglichen bunten Wunderbarkeit erscheint. Die Natur will nicht der ausschließliche Besitz eines Einzigen seyn. Als Eigenthum verwandelt sie sich in ein böses Gift, was die Ruhe verscheucht, und die verderbliche Lust, alles in diesen Kreis des Besitzers zu ziehn, mit einem Gefolge von unendlichen Sorgen und wilden Leidenschaften herbeylockt. So untergräbt sie heimlich den Grund des Eigenthümers, und begräbt ihn bald in den einbrechenden Abgrund, um aus Hand in Hand zu gehen, und so ihre Neigung, Allen anzugehören, allmählich zu befriedigen.[1530]

Bei Fühmann im Berg gilt für die Begegnung mit den Bergleuten unter Tage und über Tage eine solche Beschreibung aber als anachronistisch. Die Freude und das Glück des bergmännischen Häuens sind nicht nur dem beständig geringer werdenden Ertrag und damit einer fast unehrenhaft-vergeblichen Mühe gewichen, sondern sie sind vielmehr wohl an jener unheilvollen Unvernunft zerspellt, von der Novalis' alter Bergmann spricht. Das implizite Warnen des Alten zeigt eine Versündigung an der Natur und auch am Menschen auf, wie sie Richard Wagner im *Ring* gestaltet und bis zum kathartischen Weltenbrand geführt hat. *Das Rheingold* beginnt ja mit Alberichs Verfluchung der Liebe und dem Goldraub aus dem Schoße der von den Rheintöchtern verkörperten Natur[1531] und – was erst in der *Götterdämmerung* erzählt wird – mit Wotans folgenschwerer Verwundung der Weltesche.[1532] In Fühmanns Bergwerk nun ist Novalis' „Herr der Erde"[1533] kein tief religiöser und besonnener Asket mehr. Bis auf das Mottozitat des fünften Unterkapitels fehlt in Fühmanns Bergwerk jeglicher Hinweis auf eine Religiosität der Bergleute oder religiöse Praxis. Die Andacht vor der Einfahrt, die im *Ofterdingen* vorkommt, ist bei Fühmann zum Warten auf der Treppe hinauf zur Hängebank säkularisiert. Auch die kindliche Freude am metallischen Glanz ist dem Bergmann in dem Maße abhanden ge-

---

[1530] Ebd., S. 244f. – Fühmann zitiert in seinem Vortrag *Der Bergmann in der Literatur* neben dem Bergmannslied aus derselben *Ofterdingen*-Passage. (Vgl.: Heinze, *Biographie*, S. 335.)
[1531] Vgl.: Wagner, *Rheingold*, 1. Szene.
[1532] Vgl.: „[...] Von der Weltesche / brach da Wotan einen Ast; / eines Speeres Schaft / entschnitt der Starke dem Stamm." (Ders.: *Götterdämmerung*. Vorspiel.)
[1533] Novalis: *Ofterdingen*. Schriften 1, S. 247.

kommen, wie der Erzgehalt des Flözes auf ein Minimum[1534] gesunken ist. Im Spiegel von Fühmanns Bergleuten erscheinen die Gestalten des Novalis' wie der entfernte Schein einer nur noch in den verlassenen Streben des Alten Mannes[1535] existierenden Epoche, die allenfalls noch der stolze Anspruch[1536] der Häuer konserviert. Darauf deutet schon der im ersten Kapitel aufgemachte Gegensatz zwischen dem literarischen Bereich des Fahrterzählers und den ironisch als „bewegende[] Fragen"[1537] erwähnten praktisch-alltäglichen Pausenthemen wie Fußball oder Gurkensaat. Dafür steht dann mehr noch die in Sexualität und Gewalt sich überschneidende Szenerie des Freizeitbereiches in der Tanzbar[1538], wo „böses Gift, was die Ruhe verscheucht, und die verderbliche Lust, alles in diesen Kreis des Besitzers zu ziehn, mit einem Gefolge von unendlichen Sorgen und wilden Leidenschaften herbeylockt"[1539] und wo sich letztlich am gewalttätigen Streit der Bergarbeiter um die „Schlampe"[1540] Regina Kuypers wie an der Figur des Dr. Bräuer die Prophezeiung von Novalis' Altem zu bestätigen scheint. Schließlich steht dafür wohl zum Teil auch die Figur des August Kuhn, der der Erzähler freilich ein hohes Prestige einräumt: „[...] ein Mensch[], dem ich voll vertrauen konnte und den ich in jedem möglichen Konflikt als Schiedsrichter akzeptieren würde"[1541]. Kuhn erzählt auf Bitten des Erzählers sein Leben und ähnelt darin bereits dem „alten Mann [...] in fremder Tracht"[1542] im *Ofterdingen*, wenngleich Kuhns „Autobiographie"[1543] vom Erzähler wiedergegeben wird, während Novalis den alten Bergmann selbst sprechen lässt. Fühmanns Arbeitsschutzinspektor „war ein Funktionär und war ein Arbeiter geblieben, glaubwürdig in beidem, ein guter Mann"[1544]. Doch die wahrhaftige Dar-

---

[1534] „[...] heute baun wir, zum Beispiel im Nordfeld, Flöze mit 0,3 Prozent [Erzgehalt] ab", heißt es schon im ersten Unterkapitel. (*Im Berg*, S. 15)
[1535] Gemeint ist die bergmännische Bezeichnung für offen gelassene Abbaufelder. (Vgl. etwa Fühmanns Gebrauch des Terminus in: *Im Berg*, S. 90.) Vgl. auch: „Alter Mann, im allgemeinen jeder alte liegengebliebene und verlassene Bau. Der Alte Mann kann nur verbrochen oder zugleich mit bösen Wettern oder mit Wassern gefüllt sein. Häufig verbinden sich alle drei Thatsachen. [...] Im Alten Mann bauen heißt in einer zu Bruche gegangenen (verbrochenen) oder mit Wassern gefüllten verlassenen Grube die Arbeit wieder aufnehmen." (Dannenberg / Frank: *Bergmännisches Wörterbuch*. Hervorhebung i. Orig.)
[1536] Vgl.: „ICH BIN EIN BERGMANN, WER IST MEHR!" (*Im Berg*, S. 23. Hervorhebung i. Orig.)
[1537] Ebd., S. 12.
[1538] Novalis' alter Bergmann hingegen sitzt zwar in einem Gasthaus, doch spricht er dort nur vom Bergwerk und initiiert schließlich gar die geheimnisvolle Höhlenwanderung. (Vgl.: Novalis, *Ofterdingen*. Schriften 1, S. 239ff.)
[1539] Ebd., S. 245.
[1540] *Im Berg*, S. 82.
[1541] Ebd., S. 86.
[1542] Novalis, *Ofterdingen*. Schriften 1, S. 239. – Noch Kuhns Herkunft aus dem Eulengebirge (Schlesien) erinnert entfernt an Novalis' Alten, der nach Eula in Böhmen geht, um Bergmann zu werden.
[1543] *Im Berg*, S. 87.
[1544] Ebd., S. 86.

IV.4 „Natürlich würde ich Bergmannsgeschichten erzählen" 301

stellung, die eben als nichts verschweigende Wahrhaftigkeit im Text problematisiert wird, enthält Aspekte, die auch Kuhn nicht mehr nur als „unterirdische[n] Helden"[1545] erscheinen lassen. Die durch Frömmigkeit und arbeitsame Reinheit, aber auch „eine heftige Neugierde"[1546] geprägte Bergmannsgestalt nach Novalis[1547] erhält im Fühmann'schen Bergwerk – gleichsam als Gegengewicht – eine Trübung, die dort unweigerlich vom Stoff zur Problematisierung der Textsorte Porträt führt. In Analogie zur Rezeption der Hoffmann'schen und Hebel'schen Figuren lässt sich hier auch Fühmanns produktiver Umgang mit Novalis' Schlüsselgestalt als jener Gewinn erkennen, von dem eine Tagebuchnotiz[1548] weiß. Diese Gestalt wird unter Fühmanns Hand allerdings eher einem Personal zuzuordnen sein, das ein unter Tage längst entdecktes Labyrinth bevölkert, welches ihm vor allem Arbeitsplatz ist.

Dass Fühmann neben Novalis' *Ofterdingen* und Hebels und Hoffmanns Bergwerk-Texten auch die Novellen von Tieck und Steffens nennt, belegt nicht nur die weitreichenden Kenntnisse, die sich der Autor angeeignet hatte. Vielmehr fällt gerade die Nennung Tiecks und Steffens' besonders auf. Dies gilt vor allem angesichts der Editionssituation der fraglichen Texte. Fühmann hat diese beiden Bergwerk-Texte in sehr alten Ausgaben rezipiert. Die Nachlassbibliothek enthält eine nicht ganz vollständige Ausgabe von Steffens' Novellen[1549] sowie verschiedene Tieck-Bände[1550], in denen jedoch nur einmal *Der Alte vom Berge* enthalten ist. Weder Tiecks Novelle *Der Alte vom Berge* noch Steffens' *Die vier Norweger* hat angesichts der Greifbarkeit der Texte als so selbstverständlich zu gelten, wie es der Erzähler in Fühmanns Bergwerk für den Vortrag während der Fahrt nahezulegen scheint. Die gegebene Textauswahl vermittelt somit hier schon gewisse Spezialkenntnisse, die in der thematischen und stofflichen Korrespondenz der Texte ihre Erweiterung erfahren. Die Funktion des erdachten Fahrterzählers ist daher nicht nur die vordergründig angegebene Erzeugung von

---

[1545] Novalis, *Ofterdingen*. Schriften 1, S. 241.

[1546] Ebd., S. 239. – Vgl. auch die Beschreibung der bergmännischen Neugier als „potential counterbalance to the threat posed by luxury" bei Erlin, *Mining, Luxury*. German Life and Letters 60 (2007) 1, S. 48.

[1547] Zur *Konstruktion* der Gestalt bei Novalis vgl. auch die hilfreichen Ausführungen in: Gold, Helmut: *Erkenntnisse unter Tage*. Bergbaumotive in der Literatur der Romantik. Opladen 1990, hier besonders Kap. 2.1 u. 2.2, S. 78ff.)

[1548] „Mit außerordentlichem Interesse und Gewinn über Novalis; jetzt ist mir wieder ein Dichter / Denker aufgegangen!" (AdK, Berlin, FFA Nr. 35/1$_{(2)}$.)

[1549] Dort findet sich: Steffens, Henrich: *Novellen*. Gesammt-Ausgabe. Bde. 1-8, 13-14. Breslau 1837. (ZLB, Sammlung Fühmann)

[1550] In Fühmanns Nachlassbibliothek (ZLB, Sammlung Fühmann) sind an Bänden aus Schriften- bzw. Werkausgaben Tiecks vorhanden: Tieck, Ludwig: *Sämmtliche Werke*. Bd. 25-27, Deutsches Theater 1.-3. Teil; Bd. 28, Sämmtliche Gedichte. Wien 1821 [25-27], 1822 [28]; Ders.: *Schriften*. Bde. 6-9, 12, 14, 16; Bd. 19-26, Gesammelte Novellen Bd. 3-10. Berlin 1828 [6-9], 1829 [12, 14], 1843 [16], 1853 [19-26]; Ders.: *Schriften*. Bde. 1-5, 10-11, 13, 17-18. Berlin 1828-1844; Ders.: *Gesammelte Novellen* (GN). Bd. 1-10. Breslau 1838-1839, 1842 [1-2]; Ders.: *Werke. Auswahl in sechs Teilen*. Hrsg. u. m. Einl. u. Anmerk. vers. v. Eduard Berend. Berlin u. Leipzig [1908].

Kurzweil und Unterhaltung, sondern er wird gleichsam zum, eben auch medial entfernten, literarischen Vermittler, wohl auch zum quasi didaktischen Literaturmittler vor dem bergmännischen Publikum. Fühmanns herausgeberische Bemühungen um Ludwig Tieck gingen aber über ein unvollendetes Nachwort nicht hinaus. Seine Auseinandersetzung mit Tiecks Novellen, die „[...] doch kaum mehr aufzutreiben [sind], wohl gar die Mehrzahl, seit hundertfünfzig Jahren nicht mehr aufgelegt"[1551], hinterließ noch im schlichten Aufruf des späten Tieck-Textes ihre deutliche Spur. Doch hat Fühmann auch von Tieck nicht mehr als einen Titel ins Bergwerk eingefügt und damit dennoch die Breite eines Einblicks kenntlich gemacht. Gegenüber Hoffmanns, Hebels und Novalis' Bergwerkserzählungen lässt sich bei Tieck eine grundsätzlich andere Bearbeitung des Themas erkennen. Zunächst ist festzuhalten, dass in der gesamten Novelle kein einziger Abstieg in die unterirdischen Bereiche eines Bergwerkes stattfindet.[1552] Alles spielt sich dort über Tage ab und die eigentliche Arbeitswelt des Bergmannes bleibt ausgespart und wird nur erwähnt, so etwa in dem Streitgespräch zwischen Kunz und einem vermutlich ungarischen Bergmann. Tiecks Figuren sind, vielleicht mit Ausnahme des alten Kunz, nicht mehr in ihrer Faszination der unterirdischen Schatzkammern befangen. Wichtig sind z.B. für Balthasar und Eduard die sozialen und ökonomischen Verhältnisse im Einflussbereich der von Balthasar besessenen Minen, Pochwerke und Schmieden. Der bei Hoffmann oder Novalis noch wundersam-märchenhafte Reichtum der Gruben ist in Tiecks Novelle schon Grundlage eines vom Tauschwert bestimmten Wirtschaftens, dessen ungebrochen höchst erfolgreicher Verlauf dem Großunternehmer Balthasar jedoch größte moralische Schwierigkeiten bereitet. Er überführt diese in ein christlich eingefärbtes, sehr strenges Entsagungsethos, dessen Gültigkeit sich auch auf sein Umfeld erstreckt. ‚Der Alte vom Berge' erscheint in der gesamten Novelle nicht einmal als Bergmann und auch über seine wie über Eduards Kenntnisse des Montanwesens ist nichts zu erfahren, ja Letzterer wird als Inspektor von dem Bergmann Kunz über den unterirdischen Erfahrungsbereich belehrt.[1553] Was die Vermittlung bergbaulichen Wissens im Text angeht, so geschieht diese bei Tieck vor allem in dem Streitgespräch zwischen einem fremden Bergmann und dem recht überheblich auftretenden Kunz in einer Gastwirt-

---

[1551] Fühmann, Franz: *Ludwig Tiecks Novellen [1976-1982]*. In: Heinze, Biographie, S. 235-238, hier S. 235.
[1552] In dem von Fühmann gegenüber Klaus Günzel vehement abgelehnten Buch *Die Romantische Schule* von Rudolf Haym (vgl. Fühmanns Brief an Günzel v. 21.02.1978. In: Heinze, Biographie, S. 229f.) werden Tiecks und Wackenroders gemeinsame Grubenbesuche erwähnt: „Da wurden die Hütten- und Bergwerke besucht, ein Streifzug in's Böhmische, Wanderungen in die Wälder des Fichtelgebirges unternommen." Fühmann markierte sich diese Stelle. Er benutzte die Erstausgabe, erschienen in Berlin 1870, vgl. dort S. 55. (ZLB, Sammlung Fühmann)
[1553] Vgl.: Tieck, Ludwig: *Der Alte vom Berge*. In: GN 7, S. 231-416, hier S. 240f. (ZLB, Sammlung Fühmann)

IV.4 „Natürlich würde ich Bergmannsgeschichten erzählen"

schaft. In dem Streit vertritt Kunz eine veraltet erscheinende Position[1554], die sich auch als unaufgeklärte Weltsicht beschreiben ließe, während der Reisende – es ist gerade ein von außen kommender Fremder, der diese Auffassung vertritt – eher rational erklärt, dass die Rohstoffvorräte in sich erschöpfenden Lagerstätten vorkämen, die sich nicht nach organischer Art quasi selbst erneuerten.[1555] Der Widerstreit zwischen diesen Ansichten endet mit einem Gewaltausbruch Kunz' und der Rache des Fremden bzw. der Bauern, woraufhin Kunz fast wahnsinnig wird. Hinzuzusetzen bleibt weiterhin, dass eben der fremde Bergmann später als diebischer Komplize des alternden Alchimisten Eliesar entlarvt wird.[1556] Im Gegensatz zu den anderen Figuren erscheinen beide Streitgegner damit zwar als diskreditiert[1557], doch bleiben sie die einzigen Vertreter des Bergmannsstandes im Text. Eine auffällige Parallele zu den Bergleuten, die bei Fühmann gezeigt werden, stellt die Betonung des Berufsstolzes dar. Bei Tieck wird dies gar als Arroganz gegenüber den Bauern und als zumindest selbstsicher wissende Haltung gegenüber dem Verwalter Eduard gezeigt. Kunz' bergmännischer Stolz ist nach dem Streich der Bauern und des Fremden so tief gekränkt, dass er „wie ein Unsinniger durch die Berge [laufe], und weder Rath noch Trost annehmen wolle"[1558]. Auch für die Bergleute bei Fühmann lässt sich eine ähnlich stolze Haltung beobachten. So betont der Erzähler dort, alle Häuer stünden fest zu der Losung „ICH BIN EIN BERGMANN, WER IST MEHR!"[1559], die zwar zunächst als überheblich erscheine, doch eben ihre große berufshistorische Basis habe. Diese Attitüde lässt sich noch in Kunz' Herabblicken auf die Bauern feststellen und sie prägt etwa auch das Selbstverständnis des Obersteigers Busse, der den schriftstellerischen Gast ohne Umschweife prinzipiell über den wahren Sprachgebrauch im und für das Bergwerk belehrt. Was Novalis' alter Bergmann noch begierig als bergmännischen Gruß „Glück auf!" lernt, zeigt sich bei Fühmann denn auch als Kennzeichen eines festen Anspruchs eines Berufsstandes, der auch vor Gewaltanwendung[1560] nicht zurückschreckt. Noch in der

---

[1554] Kunz' Ausführungen über nachwachsende Erze und Rohstoffe in der Erde begegnet der reisende Bergmann mit dem Satz: „Also, so weit seid Ihr hier noch zurück?" (Ebd., S. 297.)

[1555] Bemerkenswert ist die schroffe Ablehnung der Bauern und ihrer Tätigkeit durch Kunz. So sehr er das organische Verhalten der unterirdischen Stoffe vertritt, so sehr verachtet er die bäuerliche Pflanzenwirtschaft. (Vgl.: Ebd., S. 296 u. 305.) Daher kommt für ihn letztlich auch der Streich – sie legen den schlafenden Kunz in ein Kornfeld –, den ihm die Bauern unter Anleitung des Fremden spielen, tiefster Ehrverletzung gleich. (Vgl.: Ebd., S. 309f.)

[1556] Beide bestehlen immer wieder die Lager von Balthasars Betrieben. Eliesar wird am Ende bei einem Diebstahl angeschossen und stirbt. (Vgl.: Ebd., S. 387f.)

[1557] Gold sieht Kunz' Auffassungen als Kritik an den kapitalistischen Akkumulationsstrategien von Balthasar und Eduard (engster Vertrauter von Balthasar). Dies bleibt jedoch ebenso Behauptung, wie die ungenügend belegte Charakterisierung Balthasars, den „protestantische[] Arbeitsethik" kennzeichne. (Vgl.: Gold, *Erkenntnisse unter Tage*, S. 177f.)

[1558] Tieck, *Der Alte vom Berge*. GN 7, S. 309.

[1559] *Im Berg*, S. 23. (Hervorhebung i. Orig.)

[1560] Kunz' Faustschlag gegen den Fremden ist natürlich auch als vorausdeutende Marke zu verstehen, mit der einer der Materialdiebe gekennzeichnet wird, bevor die Erzählung ihre Vergehen enthüllt.

Prügelei, die um Regina Kuypers zwischen den Bergmannsgruppen im Tanzlokal ausbricht, steckt wohl neben verletzter Mannesehre auch eine gewisse Reizbarkeit des bergmännischen Stolzes. Noch die leicht provozierende, rhetorische Frage „Mann, halten Sie das für eine Schokoladenfabrik?"[1561] des Obersteigers enthält von der stolzen Art des Bergmanns, hier zudem im Angesicht seines Arbeitsortes. Fühmanns Rezeption bzw. rezeptive Verarbeitung von Tiecks Novelle gestaltet sich insgesamt wohl folgendermaßen: Zum einen zeichnet sich dieser Text durch seinen diskursiven Charakter aus, was Fühmann „an Tiecks Novellen [gefällt]". Sie seien, so schreibt Fühmann weiter, „Lehrstücke der Demokratie", denn „seine Ideen wie seinen Charakter auszubreiten, [hat] jedermann gleiche Chancen [...], nicht nur ideologisch, sondern auch moralisch."[1562] Dieser Hinweis mag auch für *Der Alte vom Berge* seine Gültigkeit bewahren und reflektiert zudem die von Tieck selbst ins Spiel gebrachte inhaltliche Vielgestaltigkeit der Novelle als solche:

> [D]ie Novelle [kann] zuweilen auf ihrem Standpunkt die Widersprüche des Lebens lösen, die Laune des Schicksals erklären, den Wahnsinn der Leidenschaft verspotten, und manche Räthsel des Herzens [...].[1563]

Andererseits enthält die Novelle Bergmannsdarstellungen, die sich deutlich von denen bei Hoffmann, Hebel und Novalis unterscheiden. In dieser späten Tieck-Novelle scheint die ökonomische und soziale Organisation über Tage die schürfende Entdeckerlust der Schatzgräberei unter Tage abgelöst zu haben. Reichtum wird dort durch Geschäftsgeschick und kapitalistische Ausnutzung der unterirdischen Rohstoffvorkommen gewonnen, nicht mehr durch den Bund mit einer Bergkönigin, ja die phantastischen Elemente einer anderen Welt der Berggeister und Kobolde scheint gegenüber einem heraufkommenden ökonomischen Pragma[1564] der herrschenden Klasse unbedeutend geworden zu sein oder wird gar auf das Strengste von ihr verurteilt.[1565] Fühmann differenziert die Darstellungen der Bergmannsfigur in seinem Vortrag über den Bergmann in der Literatur. Dort stellt er neben Novalis' Figur den Tieck'schen Kunz. Fühmann verdeutlicht „die großen Werte [...], die im Bergmannsberuf stecken", und das „Idealbild", das die „ideale[] Verklärung"[1566] bei Novalis enthält und pointiert diese Darstellung, indem er als Gegensatz dazu aus Tiecks „Galerie von Menschencharakteren" Kunz als „Typ eines alten Bergmanns" auswählt. Er expliziert, wie sich an Tiecks Kunz die bergmännische Berufsehre erfassen lasse, die

---

[1561] *Im Berg*, S. 20.
[1562] Alle drei Zitate: Fühmann, *Ludwig Tiecks Novellen*. Heinze, Biographie, S. 235f.
[1563] Tieck, Ludwig: *[Zum Begriff der Novelle]*. In: Ders.: Werke in zwei Bänden. Bd. 2, Die Vogelscheuche. Des Lebens Überfluß. Literaturwissenschaftliche Schriften. Berlin u. Weimar 1985, S. 462-465, hier S. 465.
[1564] Zur Bedeutung ökonomischer Fragen in Tiecks Novelle vgl. auch: Gold, *Erkenntnisse unter Tage*, insbesondere Kap. V.3, S. 176ff.
[1565] Dies gilt z.B. für die Haltung Balthasars.
[1566] Alle Zitate: Fühmann, *Der Bergmann in der Literatur*. Heinze, Biographie, S. 335.

IV.4 „Natürlich würde ich Bergmannsgeschichten erzählen"

auch jenes „ungeheuer stolze[] Wort"[1567] in sich trage, mit dem die Mansfelder Bergleute täglich einfahren. Fühmann und Tieck lassen dieses Ehrverständnis des Bergmannes in ihren Texten sprechen und säumen nicht, ihm jeweils dessen Dekonstruktion oder zumindest dessen Problematisierung nachzuschieben, die sich etwa in den Gewaltausbrüchen wiederfinden ließen. Mit der Erwähnung dieses Tieck-Textes erweitert Fühmann sein intertextuelles Spektrum durchaus um kritische Aspekte der Bergmannsdarstellung. Wenn „[d]ieser Bergmann [...] nun in die Literatur eintritt"[1568], so lässt sich dieser angesichts der intertextuellen Verweise nur als eine durchaus heterogene Figur vorstellen, für die sich Darstellungsschwierigkeiten ergeben werden, wie sie etwa die längere poetologische Reflexion in *Im Berg* zum Genre des Porträts bezeugen. Was dort verhandelt wird, ist letztlich die Frage nach dem Eintritt des Bergmanns bzw. dem Eintritt *welches* Bergmannes in die Literatur und damit vor allem die Frage nach der Darstellung des Arbeiters im Bergwerk. Deren ambivalente poetische Voraussetzungen drängen im Bergwerk als dessen Einschreibungen aus der Literaturgeschichte herauf wie jener zuweilen unbändige bergmännische Stolz aus der Tradition des Bergbaus. Tiecks Kunz beschreibt den Grund dieses Ehrgefühls: „Wir arbeiten in Silber und Gold, sind groß im Geheimniß und der Wissenschaft, hauen, amalgamiren, schmelzen [...]."[1569]

Als fünfte intertextuelle Referenz erwähnt Fühmann Henrik Steffens' sechsteiligen Novellenzyklus *Die vier Norweger*. In der vierten Novelle gibt der Erzähler zu Beginn seiner Reise „von Norden nach Süden"[1570], d.h. von Norwegen (Bergen) nach Deutschland, seinen Erwartungen Ausdruck, zu für ihn bedeutsamen historischen Erkenntnissen zu kommen. Er geht davon aus, für seine Sichtweise Bestätigung zu finden, „wie in grauer Vorzeit der hohe Norden sich mit Deutschland im Innersten verstand [...]."[1571] Es ist für den Zusammenhang zwischen Steffens' Text und Fühmanns Bergwerk weniger der Inhalt dieser historischen Fragestellung entscheidend. Eine Verbindung beider ergibt sich viel-

---

[1567] Alle vorhergehenden Zitate: Ebd., S. 336. – „ungeheuer stolzes Wort": Fühmann stellt in seinem Vortrag selbst den Konnex zwischen dem im Bergwerk-Text zitierten Anspruch und Kunz her. Dass dieser Satz im Bergwerk-Text mit einem ‚!' endet und im Vortrag mit einem ‚?' sei hier vielleicht im Zusammenhang mit Fühmanns durchaus kritischer Darstellung der Bergleute angemerkt. Denn dieser vor allem unter Tage gültige Anspruch, enthalten in Fühmanns Aussage, man müsse „unter Tage gewesen sein um es (das Wort, S.K.) voll zu begreifen" (ebd.), steht mit der über Tage gezeigten Realität durchaus in einem Spannungsverhältnis.
[1568] Ebd.
[1569] Tieck, *Der Alte vom Berge*. GN 7, S. 305.
[1570] Steffens, *Die vier Norweger*. Novellen 10, S. 30. – Für die Ideen der Romantik gilt Steffens als „Hauptvermittler zwischen Deutschland und Skandinavien". (Hoffmeister; Gerhart: *Deutsche und europäische Romantik*. In: Schanze, Helmut (Hrsg.): Romantik-Handbuch. Stuttgart 2003², S. 131-165, hier S. 156; zu Steffens vgl. auch: Müller-Wille, Klaus: *Romantik – Biedermeier – Poetischer Realismus (1800-1870)*. In: Glauser, Jürg (Hrsg.): Skandinavische Literaturgeschichte. Stuttgart u. Weimar 2006, S. 131-182, hier S. 131ff.)
[1571] Steffens, *Die vier Norweger*. Novellen 10, S. 28.

mehr durch die metaphorische Darstellung seiner Vergangenheitsforschungen, die der Werner-Schüler Steffens[1572] wählt:

> Es war mir, als wenn ich mit einem Grubenlicht bewaffnet, in den dunklen Gängen der vergrabenen Vergangenheit herumginge, wo der in Steinmassen gefesselte König mir hoffnungsvoll entgegenklänge, wenn ich die reichen, leuchtenden Adern aufschlug. Jetzt war mir die Vergangenheit der Natur theuer und heilig; ich begriff, wie auch sie eine Geschichte habe, eine Entwicklung, und diese war mir Enthüllung der Liebe, wenn auch nur dunkel, in erstarrten Hieroglyphen, als rätselhafte Weissagung. [...] Die Grubenlichter in den dunkeln Räumen leuchteten mir wie das geheime Zeichen vergrabener Zeiten mit ihren Schätzen entgegen, und selbst die trübe Aussicht, das verschwundene Erz, was sich mehr in das taube Gestein hineinzog und versteckte, lockte mich, wie ein wichtiges Geheimnis.[1573]

Sehr ähnlich bewegt sich Fühmanns Erzähler in einem Erinnerungsbild einer derartigen Lichtquelle historischer Erkenntnis entgegen, und zwar exakt in dem Moment, als sich das „Bild der Literatur als eines Bergwerks"[1574] einstellt. Zwar weist diese Textstelle nicht ausdrücklich Steffens Text aus, doch fällt an der nur kurz in den Zusammenhang des Tanzlokals eingeblendeten Erinnerung an das Kriechen „auf dem Hartgummiband den Lichtern der Grubenlampen entgegen" gerade die hinabführende Bewegung in einen Bereich des „historisch Gewordne[n] als Angelegtes"[1575] auf. Allerdings geht Fühmann insofern deutlich über Steffens hinaus, als er die Genese einer Metapher zeigt, für die das naturphilosophische Begreifen, das der Norweger heraushebt, eine Basis abgibt.

Das Bergwerk in derartigen intertextuellen Relationen als heterochronisches Phänomen eines Material-, Wissens- und Erfahrungsspeichers zu verstehen – Fühmann spricht vom „Flöz, drin er (der Schriftsteller, S.K.) haue" als der „Erfahrung, Sediment seiner und eben *seiner* Jahre"[1576] –, weist diesem τόπος dann die Divergenz eines Bestehens an, die jedoch innere Gleichzeitigkeit verfassen soll. Dies stellt etwa eine Funktion von Fühmanns Verwendung der unten angesprochenen Mottozitate dar. Ähnlich wie schon bei den Passagen der Budapester ‚flânerie' scheint im Bergwerk zu gelten, dass „le temps ne cesse de s'amonceler et de se jucher au sommet de lui-même"[1577], und zwar in der Anwesenheit der dort den Stößen eingeschriebenen Texte.

[1572] Zu Steffens' Aufenthalt an der Bergakademie in Freiberg i. Sachsen vgl. den autobiographischen Bericht über die Entstehung seiner Schrift *Beiträge zur inneren Naturgeschichte der Erde* in: Steffens, Henrik: *Lebenserinnerungen aus dem Kreise der Romantik*. I. Ausw. hrsg. v. Friedrich Gundelfinger. Jena 1908, S. 175-177 sowie die einschlägigen Kapitel in: Steffens, Henrik: *Was ich erlebte* [Auswahl]. München 1956.
[1573] Ders., *Die vier Norweger*. Novellen 10, S. 29f.
[1574] *Im Berg*, S. 80.
[1575] Beide Zitate: Ebd.
[1576] Beide Zitate: *Schieferbrechen und Schreiben*. WA 3, S. 515. (Hervorhebung i. Orig.)
[1577] Foucault, *Des espaces autres*. Dits et écrits 1, S. 759.

IV.4 „Natürlich würde ich Bergmannsgeschichten erzählen"   307

Mit „Országok rongya! könyvtár a neved, / De hát hol a könyv, mely célhoz vezet?"[1578], in Fühmanns Nachdichtung: „Gelump der Länder! du heißt Bibliothek. / Wo aber ist das Buch, das uns zum Ziel führt?"[1579], ließe sich zudem der Ausdruck des ‚ennui' aus Vörösmartys *Gedanken in der Bibliothek*[1580] hierher stellen. Dem zunächst vergeblich in einer Bibliothek aufgetürmten „Berg Papiere"[1581] stellt Vörösmarty im zweiten Teil einen lustvoll entwickelten Begriff von Arbeit entgegen, der sich über jeden wegwerfenden Verdruss als Tätigsein erhebt. Dass sich in Vörösmartys Gedicht „a tapasztalás arany / Bányái[]"[1582] finden, rückt es nochmals enger an die bei Fühmann entwickelte Vorstellung heran. Vörösmarty könnte somit in dieser Hinsicht auch ohne explizite Nennung neben die freilich viel umfänglichere Novalis-Rezeption treten. Fühmanns Reise durch das ungarische Vértes-Gebirge 1977 – längere, intensive Aufenthalte im Kupfer hatten 1976 stattgefunden – bildet hier vielleicht einen nennenswerten Hintergrund. Er besuchte in Oroszlány auch ein Bergwerk.[1583] Im selben Zeitraum arbeitete Fühmann an Nachdichtungen zu Vörösmartys Lyrik. In einem Gespräch mit der *Budapester Rundschau* findet sich dazu folgende Bemerkung:

> Augenblicklich dichte ich 10 oder 11 Gedichte von Mihály Vörösmarty, einem Ihrer größten Poeten des 19. Jahrhunderts, nach. [...] In Oroszlány war ich bei einem Bergbauingenieur zu Gast. Dieser Besuch hat vielleicht einen noch größeren Eindruck auf

---

[1578] Vörösmarty, Mihály: *Gondolatok a könyvtárban*. [Gedanken in der Bibliothek.] V. 41/42. In: Ders.: Összes művei [18 kt.]. Szerk. Horváth Károly és Tóth Dezső. 3. kt., Kisebb költeményei III (1840-1855). Sajtó alá rendezte Tóth Dezső. [Sämtliche Werke [18 Bde.]. Hrsg. v. Károly Horváth u. Dezső Tóth. 3. Bd., Kleinere Dichtungen III (1840-1855). Hrsg. v. Dezső Tóth.] Budapest 1962, S. 101-104, hier S. 102.
[1579] Ders., *Gedanken in der Bibliothek*. WA 2, S. 335-338, hier S. 336.
[1580] Bei Attila József und Sándor Petőfi, aus deren Werken Fühmann ja auch nachgedichtet hat, finden sich auch Texte, in denen ein Bergwerkmotiv enthalten ist – so bei József – oder die gar das Bergwerk zum Thema haben – wie bei Petőfi. Vgl. jeweils: József Attila: *Alkalmi vers a szocializmus állásáról*. Összes versei II, S. 252f. und Petőfi Sándor: *Bányában* [Im Bergwerk.] In: Ders.: Összes művei. Kritikai kiadás. 5. kt., Összes költeményei (1847). Sajtó alá rendezte Kerényi Ferenc. [Sämtliche Werke. Kritische Ausgabe. 5. Bd., Sämtliche Dichtungen (1847). Hrsg. v. Ferenc Kerényi. Budapest 2008, S. 70-71. Ob Fühmann diese Texte gekannt hat, ließ sich nicht abschließend feststellen. Fühmanns Arbeitsbibliothek enthält ungarischsprachige Originalausgaben sowohl der Gedichte Józsefs als auch der Petőfis. In keinem der Bände finden sich auch den entsprechenden Texten nachweisbare Bearbeitungsspuren. Nach den Worten Paul Kárpátis hat Fühmann diese Texte wohl nicht gekannt.
[1581] Notiz Fühmanns. AdK, Berlin, FFA Nr. 34/10.
[1582] Vörösmarty, *Gondolatok a könyvtárban* V. 52/53, Összes művei 3, S. 102. Deutsch: „Goldmine der Erfahrung". (Vörösmarty: *Gedanken in der Bibliothek*. WA 2, S. 337.)
[1583] Davon zeugen der im Nachlass erhaltene Programmentwurf (datiert auf den 31.10.1977) für einen Bergwerksbesuch in Oroszlány (AdK, Berlin, FFA Nr. 604₍₄₎.) sowie Kárpátis Hinweis auf Besuche in ungarischen Kohlebergwerken 1978. (Fühmann, *Briefe aus der Werkstatt des Nachdichters 1961-1984*, S. 68f.)

mich gemacht, als das Vértes Gebirge. Dieser Mann sprach so verständnisvoll über Literatur und Lyrik, daß ich fühlte, dies gehört zu seinem Lebensinhalt.[1584]

In *Schieferbrechen und Schreiben* hat Fühmanns Bergwerkmetapher Ähnlichkeit mit dem Bild, das Vörösmarty in nur drei Zeilen evoziert. Für den Text seines Bergwerkromans privilegiert Fühmann in diesem Zusammenhang neben dem Begriff der Erfahrung den des Gewordenseins.[1585]

An den Beginn fast jedes Unterkapitels[1586] setzt Fühmann zudem mottoartige Zitate, die das Spektrum der textuellen Ein- und Zuschreibungen nochmals erweitern. Sie erhalten quasi die Funktion eines thematischen Einstiegs in das jeweilige Kapitel, wo darauf jedoch – mit Ausnahme des Agricola-Zitates in I/2 – allenfalls implizit nicht jedoch explizit Bezug genommen wird. Das Zitieren stellt hier jeweils eine weitere Form der Wiederholung dar.[1587] Vor jedem Kapiteleinstieg lässt sich demnach ein iterativer Modus des Beginnens vorfinden, der sich ganz ähnlich ja schon in der Sprache des Nochmaligen zeigt, die überhaupt das Bergwerk eröffnet.

Die vorgesehene Gliederung des Gesamttextes in „sieben Hauptstücke, jedes geteilt in drei Großkapitel, jedes zu vier Unterkapitel"[1588] ist für den gedruckt vorhandenen Text nicht gänzlich nachvollziehbar, es fehlt etwa die Zwischeneinteilung in Großkapitel. Was somit die einführenden Zitate betrifft, erhalten diese die Funktion thematischer Strukturmarken, die etwa verschiedene inhaltliche Textschichten ausweisen könnten. Zur der Nummerierung entsprechenden Kapitelabfolge kämen demnach thematische Kennzeichnungen, für die weniger eine Orientierung an der numerischen Kapitelfolge relevant ist. Vielmehr wäre hier wohl erneut an die optische Medialisierung der Schichtenstruktur zu erinnern, die Fühmann vorgeschwebt hatte. An den Zitaten ließe sich so zusätzlich zur linearen Gliederung des Buches nach aufeinander folgenden Kapiteln ein gedanklich vertikaler Einteilungsmodus feststellen. In diesem Verständnis erscheinen die Zitatmarkierungen an den einzelnen Kapiteln wie Beschriftungen in einer mehrfarbigen, geologischen Schichtenzeichnung, einem sogenannten Saigerriss, wovon das Nachlasskonvolut zum Bergwerk gleich mehrere enthält. Die einzelnen Mottozitate sind dabei jeweils Kennzeichen einer differenten Erfahrbarkeit und Lesbarkeit des Ortes, die dessen Schreibung über den eigentlichen Text hinaus jeweils kontextualisieren. Die Konstruktion des Bergwerkes erfolgt mit Blick auf die so ausgewiesenen Texte als eine Art Einspannung in die Dimensionen, die durch die aufgerufenen Intertexte gegeben werden. Das Bergwerk wird so nicht nur zu jenem Modell für Literaturgeschichte, das Fühmann in dem als Vorarbeit ansehbaren Essay *Schieferbrechen und Schreiben*

[1584] Tóth, *Eine Stunde mit Franz Fühmann*. BR 12 (1978) 47, S. 10.
[1585] Vgl.: *Im Berg*, S. 80.
[1586] Dies trifft nicht zu auf die Unterkapitel 1, 7, 8 und das abgebrochene 14.
[1587] Einen ähnlichen Gedanken äußert Menke in: *Über die metapoetische Metapher*. DVjs 74 (2000) 4, S. 553.
[1588] Franz Fühmann an Ingrid Prignitz am 24.01.1983. AdK, Berlin, FFA Nr. 36, S. 1.

erstmalig zeigt. Es wird mehr noch zu einer Anlage, in der die textuelle Sedimentation und die Einlagerungen von Lektüren deutlich nachvollziehbar werden, da Fühmanns Text sie so zum Vorschein kommen lässt, wie vor Streb das Helmlicht den „aufgebrochene[n] Berg"[1589]. Dieses Phänomen beschreibt etwa eine Einschätzung, die Gérard Genette von der textuellen Funktion derartiger Mottozitate gibt:

> Le plus puissant effet oblique de l'épigraphe tient peut-être à sa simple présence, quelle qu'elle soit: c'est l'effet épigraphe. La présence ou l'absence d'épigraphe signe à elle seule, à quelques fractions d'erreur près, l'époque, le genre ou la tendance d'un écrit.[1590]

Was Fühmann in der aphoristischen Kollektion seines Budapest-Buches durch die unermüdliche Einstreuung zahlreicher intertextueller Fährten in den Stadtraum der *22 Tage* begann, entwickelt er im Bergwerk wirksam fort. Hatte der Text von *22 Tage* Rezeptionsspuren wie in einer Art Ausstellung weitestgehend erkennbar gehalten und gezeigt, so gewinnt die Poetik des Bergwerkes diesbezüglich an Komplexität. Hier sind Intertexte vielmehr auch als Subtexte im Bereich tieferliegender (Text-)Schichten vorhanden, sodass sich unter diesem Aspekt von einer intertextuellen Anlegung der Bergwerksanlage sprechen lässt. Letztlich wird die Erzählung der Grube nicht mehr so spielerisch und weit ausgreifend durch die Poetologie der Anordnung intertextueller Relationen und durch die Setzung entsprechender topographischer Marken im Text dominiert. Der Reiz des wirksamen und bedeutsamen Aufrufens ist auch bei der Verarbeitung rezipierter Texte einer poetischen Durchdringung des Materials gewichen, die sich je anstelle der Rezeptionsspuren behauptet. Die offene Diskursivität der Bergwerkstufen kündet so von der Eigenheit des dort praktizierten Sprechens im Sinne jenes ‚Das war mein Ort'.

[1589] *Im Berg*, S. 21.
[1590] Genette, Gérard: *Seuils*. Paris 2002, S. 163.

IV.5 Bitterfelder Weg und Mansfelder Strecke

„[E]ine Betriebsbesichtigung"[1591] sei die erste Einfahrt und zudem das Honorar für eine Lesung in der Gewerkschaftsbibliothek, erläutert der Erzähler im ersten Unterkapitel. Auf seinen Besucherstatus wird auch später noch hingewiesen:

> Mein Helm trug ein B, Abkürzung für »Besucher«, das gab im Fall einer Havarie zu erkennen, daß sein Träger nicht Bescheid in der Grube wisse, etwa nicht verwendbar für Meldegänge sei.[1592]

Der Schritt des Schriftstellers in den Betrieb und der Gang in die Welt des Arbeiters als der das Bergwerk-Projekt gleich zu Beginn in dem so selbstverständlichen Einsetzen im ‚Wir' anmutet, stellt sich jedoch als Besichtigungsgang eines zumindest bergbaulich Uneingeweihten dar. Der besichtigende Besucher tritt in eine ihm unvertraute Welt – freilich zeigt er sie am äußersten Beginn als alltäglich vertraute, ja von Ritualen konstituierte[1593] – und muss sich sowohl deren sprachliches Inventar aneignen als auch die den Örtlichkeiten adäquate Verhaltens- und Bewegungsweise lernen: Kaum ist die „Anfangslektion in der Bergmannssprache"[1594] beendet, entgeht der Erzähler knapp einem Unfall mit einem Erzzug um gleich darauf „mit dem Helm gegen eine Kabelhalterung, einen rostigen, eckigen Eisenhaken"[1595] zu stoßen. Als diffus donnernder Lärm des Lorenzuges bricht hier der Bereich der Arbeit in den kurzen Dialog über prinzipielle Fragen des wahrheitsgemäßen Schreibens und des angemessenen Gebrauchs der bergmännischen Bezeichnungen zwischen dem Obersteiger Busse und dem Erzähler. Die daraufhin fast schroff formulierten Regeln unterstreichen die Anforderungen an den Besucher und sie vermitteln bereits den Unterschied zwischen dem eingefahrenen Schriftsteller und dem unter Tage schürfenden Bergmann. Die Differenz wird noch deutlicher, sobald der Bergmann dem Schriftsteller seine Vorstellungen vom korrekten Gebrauch der zuvor erläuterten Fachsprache erklärt. Deren Benutzung fordert er um ihrer selbst willen ein, denn noch bei richtiger Verwendung der Bezeichnungen sei dem Bergmann ein solcher Text nicht nahezubringen, „er kenne doch, was er da unten mache, und

---

[1591] *Im Berg*, S. 9.
[1592] Ebd., S. 90.
[1593] Vgl. die Passagen in I/1: Ebd., S. 6-8.
[1594] Ebd., S. 9.
[1595] Ebd., S. 11.

IV.5 Bitterfelder Weg und Mansfelder Strecke

solch ein Geschreibe interessiere ihn nicht!"[1596] Doch ein Abweichen sei eben Lüge.[1597]

In dieser kurzen Szene wird noch in der Aura eines ersten In-den-Berg-Gelangens ein Problem exponiert, das sich lapidar auf die Frage des je richtigen Fach- bzw. Gruppensprachgebrauches zu reduzieren scheint. Indessen enthält der Hinweis, „der Bergmann fährt immer, auch wenn er zu Fuß geht"[1598] nicht allein die daraus zu folgernde terminologische Divergenz zwischen Strecke und Weg, sondern ganz genauso die Frage nach den Möglichkeiten, eine Realität wiederzugeben, deren literarische Übersetzbarkeit von den literaturpolitischen Vorgaben der Bitterfelder Konferenzen[1599] schlicht vorausgesetzt worden war. Fühmanns literarische Annäherung an die Arbeitswelt des Bergbaus und ihren vermeintlichen Protagonisten, den Bergmann, erfolgt somit von Anfang an eingedenk einer – in jenem Dialog zunächst nur sprachlichen – Erfahrung des Divergenten. Der Arbeiter ist darin der in vieler Hinsicht Andere, von dem im dritten Unterkapitel erneut die Rede ist.[1600] Seine Arbeit sei beinah archaischer „Kampf mit dem Element, [...] Kampf mit der Natur, in dem der Mensch sein Menschsein gewonnen, und eben das machte sie in ihrer Härte zu einer menschlichen Arbeit"[1601], der gegenüber Kunst fast ökonomisch nutzloser Tändelei gleichkommt. Am chthonischen Ort der bergmännischen Arbeit offenbart sich der zentrale Widerspruch zwischen dem schriftstellerischen Tun und dem körperlichen Arbeiten als Differenz im Sichtbaren und Messbaren. Während Fühmann aufgrund greifbarer Ergebnisse seiner Arbeit den Bergmann erhebt, zeigt er den Intellektuellen mit seinem „Schuldgefühl [...], als »nicht physisch Tätiger« den körperlich Arbeitenden gegenüber letztlich ein Parasit zu sein."[1602] Diese „Aura der Scham"[1603] des künstlerisch Tätigen schwindet übrigens erst im Moment des plötzlichen Begreifens, dass Literatur gleichermaßen „etwas solcherart historisch Gewordenes und eben auch Angelegtes"[1604] war. So folgerichtig denn die Kette der Gegenüberstellungen bei Fühmann den Grundwiderspruch zwischen Schriftsteller und Arbeiter aufzuzeigen scheint, so wenig hat

---

[1596] Ebd.
[1597] Dass die Lüge prinzipiell nicht duldbar ist, zeigt wohl zusätzlich die direkt folgende Demonstration einer Unfall-, wenn nicht gar Todesgefahr. Die Missachtung der Regeln in der Grube könnte tödliche Folgen zeitigen.
[1598] *Im Berg*, S. 9.
[1599] Vgl. hierzu u.a.: Barck, Simone / Wahl, Stefanie (Hrsg.): *Bitterfelder Nachlese. Ein Kulturpalast, seine Konferenzen und Wirkungen*. Berlin 2007 und: Reuss, Ulrich: *Der Traum vom neuen Menschen*. In: ND v. 30.04.1999, S. 16 und den literarhistorischen Überblick bei: Schnell, Ralf: *Geschichte der deutschsprachigen Literatur seit 1945*. Stuttgart 2003², S. 116ff. und bei: Emmerich, Wolfgang: *Kleine Literaturgeschichte der DDR*. Leipzig 1996, S. 129ff.
[1600] Vgl.: *Im Berg*, S. 31.
[1601] Ebd., S. 23.
[1602] Ebd., S. 99.
[1603] In Konfrontation mit jener „Frage des Brigadiers" heißt es: „Jede Künstlerarbeit geschieht in einer Aura der Scham [...]." (Ebd., S. 33.)
[1604] Ebd., S. 80.

dieser als deren eigentliches Ergebnis Geltung. Der die Grube besuchende Schriftsteller fährt dort mit der Kenntnis ein, eine ihm unbekannte Welt zu besichtigen, zu deren ‚Wir' er eigentlich nicht recht gelangt. Arbeiter und Schriftsteller bleiben bei fast jeder Begegnung räumlich von einander getrennt, eine Überbrückung des Dazwischen findet nicht statt. In der Grubenbahn wie im Seilfahrtbehältnis lässt sich der körperliche Kontakt zwischen Besucher und Arbeiter zwar nicht vermeiden, doch leistet die Erwähnung dieser unausweichlichen Tatsache weiterhin nur einem Getrenntsein Vorschub. Schon zuvor in der Kaue muss sich der Besucher ja einer Sonderbehandlung unterziehen und holt beispielsweise auch einfache praktische Informationen nicht bei den Bergarbeitern selbst, sondern beim Kauenwärter ein: Letzterer rät von der Benutzung der Knieschützer ab und verweist wiederum darauf, dass ein Besucher ohnehin „zum bequemsten Flügel"[1605] der Grube geführt werde. Unter Tage im Streb sitzt der Erzähler nahe bei der arbeitenden Brigade und betrachtet die Arbeitsabläufe, versucht den Vortrieb in den Berg Schritt für Schritt zu erfassen. Doch bleibt auch dies noch in der Erwähnung der Mansfelder Besonderheiten eine Außensicht, in der die Beschreibung sich eigentlich als Überschreibung zeigt. Um die eigentliche Abbaustelle, den Arbeitsort, darstellen zu können, wählt Fühmann eine Beschreibung der Anlage aus überhöhter Position, als Draufsicht, in der die Anlage in Form des Buchstaben ‚T' gezeigt wird. Der Ort, an dem die Arbeit selbst vorgeht, wird so in die Schrift übertragen. Der in den Text gesetzte einzelne Buchstabe zeichnet den Ort der Arbeit medial in den Text ein. Die Wiedergabe des Ortes wird damit vom Wiedergegebenen entfernt und ins Zeichen gesetzt, das gleichsam selbst Zeichnung und Bezeichnung wird. Um die Beschreibung herum gruppiert sich die Übersetzung des Arbeitsvorgangs, dessen Schritte aus dem Bergwerk her in die Signifikanz auch des Mythischen[1606] übersetzt werden: „[D]iesen Herzschlag lang war er Atlas, und es schien mir, als trage er den Berg"[1607], heißt es über einen Bergmann, der im Streb einen Stempel austauscht. Was in dem mythischen Bild zunächst als Überhöhung des

---

[1605] Vgl. die kurze Episode: Ebd., S. 18.
[1606] In einer Tagebuchskizze lässt sich der Stellenwert des Mythos ablesen, wenngleich die Bergleute in dieser Szene in die Nähe von Zyklopen rücken: „„,alles aus dem Mythos nehmen – Kopflampen = die Einäugigen – / Die Vier, die aus dem Flachen uns entgegenkamen – unwillkürlich Respekt, unbekannt, und mit Kopflicht aus dem Dunkeln scheint der Mensch bedeutend größer –". (Tagebuchnotiz Fühmanns vom 22.04.1975. AdK, Berlin, FFA Nr. 35/2$_{(1)}$, S. 8/9.)
[1607] *Im Berg*, S. 22. – Auch in der unvollendeten Erzählung *Die Glöckchen* (1984) findet sich das gleiche Bild in etwas erweiterter Ausführung. (Vgl.: Ders., *Die Glöckchen. Ohr*, S. 90.) In seinem Tagebuch notiert Fühmann zudem: „Stempel beim Abnehmen auf dem Rücken – ATLAS – verstößt gegen Arb[eits]schutz". (Tagebuchnotiz vom 22.04.1975. AdK, Berlin, FFA Nr. 35/2$_{(1)}$, S. 9.) Außerdem weist eine Textstellennotiz im Nachlass auf Simrocks *Handbuch der Deutschen Mythologie* hin. Dort lässt sich eine breite Erklärung zum Namen ‚Asen' finden, der auch mit Atlas (hier vor allem dem Gebirge!) in Verbindung gebracht wird. (Vgl.: Simrock, *Handbuch der Deutschen Mythologie*, S. 178 und dazu Fühmanns Notiz: AdK, Berlin, FFA Nr. 38/3.)

IV.5 Bitterfelder Weg und Mansfelder Strecke 313

Arbeiters erscheint, hat jedoch unter Berücksichtigung des Atlas-Mythos, wie ihn etwa Fühmanns mythologischer Gewährsmann Karl Kerényi vermerkt[1608], längst nicht mehr als solche zu gelten. Denn der Titan Atlas trägt seine Last zur Strafe – im Übrigen meist den Rand der Himmelskuppel im Westen der antiken Welt. Überdies hat Fühmann in seinem *Prometheus*-Text Atlas genau so dargestellt.[1609] Zusätzlich wäre auch an Herakles' Begegnung mit Atlas zu erinnern, bei der Atlas sich seiner Aufgabe zu entziehen versucht. Herakles gelingt es nur durch eine List, dem Titanen seine Last wieder auf die Schulter zu laden.[1610] Was durch Fühmanns Einsatz eines mythischen Kontextes wohl zunächst als Verklärung des Bergarbeiters daherkommt, stützt der derart eingeschriebene mythologische Hintergrund nur teilweise, gilt dem Bergmann doch sein unterirdisches Tun im Allgemeinen nicht als Bestrafung.

Indem die bergmännische Arbeit sich unmittelbar an ihrem Material vollzieht, verläuft parallel dazu die des Schriftstellers als medialisierende Entfernung vom erfahrenen Leben. Die Medialität ästhetischer Erfahrung ist gleichsam vor deren Aisthesis gesetzt. Als Kluft zwischen dem arbeitenden Bergmann und dem schreibenden Erzähler wird damit jeweils beider Tätigsein in seiner Differenz und Ähnlichkeit zugleich offenbar. Unter dem Aspekt des Nützens ist dies erneut in den Kontext der Mythospoetik zu stellen, deren Kern Fühmann ja im Aussprechen, „was Sache ist"[1611] sah. Dass und wie sich anhand dieser Artikulationsfähigkeit eine ebenso notwendige wie nicht überbrückbare und auch nicht zu überbrückende Differenz erweist, die die Literatur letztlich in die Mitte der Gesellschaft holt, hat Fühmann zudem in seinem *Vademecum*-Text gefasst:

> [...] denn nur dadurch, daß ein Andrer die Erfahrungen des (schreibenden oder geschriebenen) Ichs als eigne bestätigt und für sich, als einen des Artikulierens oder *so* Artikulierens Unfähigen, ausgedrückt sieht, gewinnt jene Hervorbringung gesellschaftlichen Charakter, und ohne den ist Literatur nicht Literatur.[1612]

[1608] „Atlas trug den breiten Himmel, fest stehend, und mit Kopf und Hand die Last stützend, am Rand der Erde, vor dem Garten der Hesperiden, unter mächtigem Zwang. Dieses Schicksal wurde von Zeus über ihn verhängt." (Kerényi, Karl: *Die Mythologie der Griechen. Bd. I. Die Götter- und Menschheitsgeschichten*. München 2000²¹, S. 165.)
[1609] Vgl.: *Prometheus. Die Titanenschlacht*. WA 4, S. 313ff. – Anzumerken bliebe mit Blick auf diese Szene, dass Fühmann sie insbesondere zur Darstellung von Zeus' Art der Machtausübung benutzt.
[1610] Herakles wird von Prometheus im Rahmen seiner elften Arbeit zu Atlas geschickt. Letzterer ist Nachbar der Hesperiden, deren goldene Äpfel Herakles zu besorgen hat. Während Atlas in den nachbarlichen Garten eindringt, muss Herakles den Himmelsrand tragen. Atlas will die Last nicht wieder übernehmen, doch Herakles überlistet den Titanen , indem er ihn bittet, ihn kurz zu vertreten, damit er sich ein Kissen auf die Schulter legen könne. (Vgl.: Kerényi, Karl: *Die Mythologie der Griechen*. Bd. II, Die Heroen-Geschichten. München 1999¹⁸, S. 140ff.) Kerényi beschreibt Atlas folgendermaßen: „Atlas, der Nachbar der Hesperiden, galt für einen schlauen Gott, für einen heimtückischen und hinterlistigen Titanen, der mit dem Tragen der Himmelsachse bestraft war." (Ebd., S. 142.)
[1611] *Das mythische Element in der Literatur*. WA 6, S. 98.
[1612] *Vademecum für Leser von Zaubersprüchen*. WA 6, S. 156f. (Hervorhebung i. Orig.)

Die Einfahrt zu den Sohlenstrecken des Bergwerkes führt in einen Bereich, wo „man vom Ort her auszuharren gezwungen"[1613] sei und wo die Diskrepanz zwischen einem des literarischen Artikulierens fähigen Wortarbeiter und einem eines derartigen Artikulierens nicht mächtigen körperlich Arbeitenden entsprechend hervortritt und somit auch die Zwischenräume und Unterschiedlichkeiten intensiv und unausweichlich bestätigt werden, die sich im Bereich des Oben ausgedrückt finden. Denn noch in die kurze konflikthafte Begegnung zwischen dem Erzähler und der Zimmerfrau im ‚Hôtel' ist der Abstand eingeschrieben, der den Erzähler seine Grobheit gegenüber der Frau sofort bereuen lässt.[1614] Die Szene ist außerdem mit der Erinnerung an einen Bergwerkstraum verflochten. Es wird dort von „schattenhaft[en]" Bergarbeitern berichtet, die „auf die lächerlichste Weise unvollständig waren"[1615]. Das Traumbild gibt hier wieder, was der übrige Text verfasst. Denn da wie dort treten die Bergleute mehr als Komparserie eines tosenden Geschehens auf, als dessen genuine Akteure sie eher selten explizit gezeigt werden. Sie befinden sich zumeist im Hintergrund und ihre Gegenwart drückt oder bricht in die Vorgänge im Vordergrund hinein: So sind sie in das ‚Wir' der ersten Szene zwar als Kollegen mit eingeschlossen, doch wird ihnen alsbald die Rolle eines Publikums für den Fahrterzähler zugedacht. Noch die Wiedergabe ihrer Gesprächsthemen erfolgt als erlebte Rede mit anaphorischem ‚man'. Gespräche, wie jenes erste, finden mit dem Obersteiger, einem Vorgesetzten, statt. Auch vor Streb, wo sich die Mitglieder einer Brigade, die Häuer, und der Erzähler zuerst begegnen, kommt es nicht zu einem echten Gespräch. Vielmehr verbleibt Verständigung im bloßen Ansetzen und in den verbalen Austausch zwischen Besucher und Bergarbeiter bricht immer wieder „Rattern, die Arbeit lief weiter, ein Rhythmus, den ich rasch begriff"[1616]. Diesen akustisch-örtlichen Gegebenheiten gemäß reduziert sich Kommunikation gar auf „ein paar geschriene Worte, Händegefuchtel", deren Bedeutung sich dem Erzähler nicht erschließt: „ich nickte, ohne etwas verstanden zu haben"[1617]. Die Arbeit selbst, ihr Vorgehen und Ablauf erhalten als erzählenswerter Gegenstand hauptsächlich Bedeutung, während die Gegenwart der Bergleute hinter den präzisen Beschreibungen und Darstellungen des Arbeitsprozesses vielleicht zu erahnen bleibt, doch treten sie selbst nicht als Protagonisten dieser Erzählung auf. Dies gilt auch für die Episode im Tanzpalast, die maßgeblich durch die Dialogizität zwischen dem Erzähler und Dr. Schmid bestimmt ist, die von die Prügelei der Bergleute gleichsam aufgelöst wird. In dieser Szene gehören die Bergarbeiter zum lärmenden, trinkenden Hintergrundpersonal, das erst durch den Vorfall in den intellektuellen Austausch im Vordergrund hineindrängt. Jeglicher Zug eines

---

[1613] *Im Berg*, S. 33.
[1614] Vgl. den entsprechenden Abschnitt: Ebd., S. 49ff.
[1615] Beide Zitate: Ebd., S. 49.
[1616] Ebd., S. 35.
[1617] Beide Zitate: Ebd., S. 27. – Später heißt es gar: „[…] die Sprenghäuer achteten nicht auf mich." (Ebd., S. 108.)

IV.5 Bitterfelder Weg und Mansfelder Strecke

Mythischen fehlt ihnen über Tage zudem. Die Leibeskraft des Arbeiters im unterirdischen Ringen mit den Elementen begegnet über Tage als primitive Gewalt im maskulinen Kampf. Wie im Tanzlokal werden die Arbeiter auch meist als Gruppe gezeigt oder gar „als Brigade, körperhaft, sechsköpfig, zwölfarmig, Lichter um den Panzer der Hunte schlagend, eine mythische Urgestalt"[1618], und damit nicht als Individuen. Die einzige Ausnahme scheint der in Unterkapitel neun auftretende Arbeitsschutzinspektor August Kuhn zu bilden. Allerdings weisen ihn seine Funktion sowie die einem Spaziergang ähnliche Besichtigung, die er mit dem Erzähler gewissermaßen quer durch die Grube[1619] unternimmt, nicht recht als im Streb häuenden Bergmann aus, sondern vielmehr als Aufsichtsperson von höherem Rang.[1620] Für einen Bergarbeiterroman, den der Erzähler ohnehin nicht als sein Vorhaben betrachtet, wiese der Text demnach signifikant wenige Bergarbeiterdarstellungen auf, die noch Hermlins affirmative Reportage *Es geht um Kupfer* oder mehr noch Bräunigs aus dem Nachlass erschienener Roman *Rummelplatz* beinhalten.

Für Fühmanns Text ist demgegenüber vielmehr die durchgängige Problematisierung einer Nicht-Zugehörigkeit zur Gruppe der Arbeiter wichtig. Das heißt, indem im Bergwerk das Außerhalb des einfahrenden Schriftstellers gegenüber den Werktätigen fortgesetzt zu erkennen ist, eröffnet der Text folglich nicht den Blick auf einen in aller Vergeblichkeit unternommenen Versuch, Zugehörigkeit zu erlangen. Das Wissen um die Grundsätzlichkeit einer subjektiven Differenz, deren Erfahrung jedoch im Bergwerk nicht mehr als Erkenntnis erlangt werden muss, liegt der ersten Einfahrt bereits zugrunde. Nicht nur in dem Antagonismus zur ohnehin bereits durchfahrenen Blockstelle des ‚Bitterfelder Weges', sondern eher noch in der je wiederkehrenden Andersartigkeit des Arbeitenden spricht der Text somit den Standort literarischer und literater Subjektivität aus.[1621] Der Widerspruch zwischen Schriftsteller und Arbeiter gilt hier nicht mehr als zu lösendes Problem literarischer Wirklichkeit, vielmehr ist er als Voraussetzung künstlerischer Produktion bereits in dem Dualismus von unter Tage je mit dem Presslufthammer und mit dem Bleistift[1622] Arbeitenden vorhanden. Unter dieser Präsupposition findet die Einfahrt statt.

[1618] Ebd., S. 107. – Diese vielarmige Gestalt im Streb erinnert gar an die unter der Erde eingesperrten Hundertarmigen im *Prometheus*.

[1619] Gleich zweimal wird betont, dass Kuhn und der Erzähler sich „beim Befahren eines »Flachen«, einer mannshoch ausgebauten, schräg vom Füllort zur tieferen Sohle fallenden Strecke" unterhalten. (Ebd., S. 87. Vgl. dazu auch: Ebd., S. 90.)

[1620] Es wird explizit auf seinen an den Helmringen erkennbaren Rang eines Obersteigers hingewiesen. (Vgl.: Ebd., S. 90.)

[1621] Unter diesem Aspekt ist die Disparatheit des Bergwerk-Projektes gegenüber einem Text wie *Kabelkran und Blauer Peter* oder den Passagen über Betriebsbesuche im *Ruppiner Tagebuch* zu unterstreichen.

[1622] Im Nachlass findet sich eine Textvariante, in der die beiden Arbeitsgeräte in einem kurzen Gespräch zwischen Häuer und Schriftsteller direkt gegenüber gestellt werden: „»Das ist schwerer als ein Bleistift, was«, sagte der Häuer […] und ich sagte: »Ach was, das hier ist ja

Zurückzukommen ist damit auf die unter- wie oberirdische Hospitation, die der Text vorführt. Anders als in Kafkas kleiner Erzählung *Ein Besuch im Bergwerk* lässt Fühmann nicht einen Bergmann über die Eigenarten der besuchsweise eingefahrenen Ingenieure sprechen, sondern er schickt einen Schriftsteller in die Grube, dessen Werkzeug sich in sehr ähnlicher Weise von dem des Bergmannes unterscheidet, wie es in Kafkas Erzählung bei den Messapparaturen der Fall ist. Wenn dort der Bergmann anhebt, vom Prüfgang der Bergbauingenieure „bei uns unten"[1623] zu sprechen, so wäre dies bei Fühmanns Erzähler in ein ‚bei euch' zu wenden. Die detailgenaue Darstellung der bergbaulichen Arbeitsabläufe weist dabei den aufmerksamen Beobachter aus, der im Schauen die Inbesitznahme der Grube vollzieht. Doch eben die geschieht eigentlich im beschreibenden Griff nach dem Arbeitsprozess, nach dem Vorgang, der über Tage noch das Signum romantischer Schatzsuche getragen hatte und der hier nun ein unausweichliches Moment des Körperlichen gegenübersteht, das die bergmännische Arbeit ausmacht.

Die körperliche Anstrengung und die Beschwerlichkeit der Bergmannsarbeit und der beinahe euphemistisch als ‚Fahren' bezeichneten Fortbewegung werden mehrfach erwähnt. Ausführlich werden die sich der Höhe der Strecke anpassende Bewegungsart und schließlich das Kriechen beschrieben. Kennzeichnend ist dabei das Motiv des Schmerzes:

> Und dann gingen wir gebückt, und dann watschelten wir, und dann krochen wir; wir krochen insgesamt etwa fünfzehn Meter, sie kamen mir wie fünfhundert vor. [...] [Z]uerst kroch ich auf Knien und Ellenbogen; dann [...] versuchte ich auf dem Bauch zu kriechen [...]; ich kroch wieder auf Knien und Ellenbogen; die Druckschmerzen wurden unerträglich; ich kroch weiter, und spätestens nach zehn Metern verwünschte ich meinen Wunsch, einzufahren, und dann kroch ich noch manche hundertmal.[1624]

Dieses Motiv wird im direkten Zusammenhang mit der eigentlichen Arbeit wiederholt. Die Schwere der Arbeit wird anhand des physischen Schmerzes verdeutlicht. Zwar wird hier alles, angefangen von der unbequemen, eingeengten Sitzhaltung in der Grubenbahn bis hin zum Scherz mit dem Neuling[1625], aus dessen Perspektive gegeben, doch legt eben dieser Blick jene körperlichen Anstrengungen offen, mit denen der Bergmann das 0,3 Prozent Erz enthaltende Flöz unter Tage abbaut. Die mehrfache Wiederholung dieses Charakteristikums der bergmännischen Arbeit erklärt natürlich die Strenge, mit der eine Einfahrt von vollständiger körperlicher Gesundheit abhängig ist.

---

nur Eisen, aber ein Bleistift ist Blei!« Kaum ausgesprochen, ärgerte mich diese Antwort, aber die Häuer lachten [...];" (AdK, Berlin, FFA Nr. 34/7₍₁₎.)
[1623] Kafka, *Ein Besuch im Bergwerk*. Erzählungen, S. 125.
[1624] *Im Berg*, S. 11f.
[1625] Vgl. die Episode mit dem durch einen Griff in die Salzlake verursachten brennenden Wundschmerz. (Ebd., S. 14.)

IV.5 Bitterfelder Weg und Mansfelder Strecke

„Auf den Knien gehend"[1626] bewegt ein Häuer den Erzhunt und diese Haltung erinnert an eine gelähmte Frau aus dem Fürstenwalder Heim für behinderte Menschen, von der Fühmann berichtete, er sehe bei ihr, wie es sei, auf Knien zu gehen.[1627] Die Beschwerlichkeit ihrer Bewegung gilt ihm als (vor-)bildhafte Anstrengung, der die schriftstellerische Arbeit ähnelt, und zwar besonders bei der Fortbewegung im Kupferbergwerk, wo quasi jeder Meter unter physischem Schmerz zurückgelegt wird.

Die Zusammenhänge zwischen der körperlichen Beschwerlichkeit der Arbeit, ja dem körperlichen Schmerz, den seine Arbeit dem Bergmann verursacht, und einem sich daraus ergebenden möglichen heroischen Abglanz und der volkswirtschaftlich so geringen Produktivität des Bergbaus lassen ein fast absurdes Verhältnis zwischen Aufwand und Ertrag erkennbar werden. Gerade hier aber liegt der Anknüpfungspunkt zwischen Fühmanns Beschreibung der schriftstellerischen Arbeit – „der Prozeß ist qualvoll"[1628] – und dem mühsamen Häuen des Bergmannes um den vergleichsweise geringen Ertrag an Erz und – letztlich – Kupfer. Dazu gehört auch die Unbedingtheit der Arbeitsatmosphäre, wie sie im Bergwerk herrscht:

> Ist man eingefahren, kann man nicht beliebig weggehen. Zwischen den Seilfahrten hinunter und hinauf sitzt man acht Stunden da, teilt das Leben und die Arbeit mit Kumpels und muß sich ihren Fragen stellen. Ich sehe ja, was sie machen, und nun wollen sie wissen, was ich mache; so muß ich versuchen, es ihnen nahezubringen, was voraussetzt, daß man es erst mal für sich durchdenkt und es auf die einfachst-mögliche Fassung der Antwort zurückführt.[1629]

Es ist Fühmanns Sicht schriftstellerischen Arbeitens in der Welt der Arbeit, die er schon als Schulkind bestaunte, und so ist noch der Kniegang eine Möglichkeit, ihre Mühseligkeit zu erfahren. Im Bergwerk, vor Ort, stellte sich die Frage nach dem schriftstellerischen Tun zudem existentiell nicht nur im Erlebnis der körperlichen Schmerzen, die an den qualvollen Schreibprozess erinnern. Das Bergwerk wird, wie Fühmann es im Gespräch mit Schoeller sagt, zum Ort des Nachdenkens über das eigene Tun im Verhältnis zum Tun der Arbeiter. Die Frage nach dem jeweiligen Nutzen des Tuns tritt am stärksten in der Frage des Häuers hervor, „was [er] denn so schreibe"[1630]. „[D]iese Frage traf ins Herz"[1631], nicht weil sie dem Befragten eine Rechtfertigung abverlangt, sondern weil sie angesichts des „aufgebrochene[n] Berg[es]"[1632] die Konfrontation des

---

[1626] Ebd., S. 35.
[1627] Vgl. den Hinweis darauf bei Damm: „*Am liebsten tät ich auf die Straße gehen und brüllen*". Es bleibt nichts anderes als das Werk, S. 14.
[1628] Fühmann, *Gespräch Schoeller*. Katzenartigen, S. 351.
[1629] Ebd., S. 353.
[1630] *Im Berg*, S. 28.
[1631] Schieferbrechen und Schreiben. WA 3, S. 512.
[1632] *Im Berg*, S. 21.

schriftstellerischen Tuns mit der Tätigkeit der Bergleute bedeutet.[1633] Auf ihr Selbstverständnis – „ICH BIN EIN BERGMANN; WER IST MEHR!"[1634] – trifft „Künstlerarbeit […] in einer Aura von Scham"[1635]. Denn die Arbeit des Künstlers bleibt ihre eigene Notwendigkeit, das Nicht-anders-Können, von dem Fühmann in seinem Brief an Manfred Steingans[1636] spricht. Gegenüber Jacqueline Benker-Grenz hat er dies etwa ein Jahr später noch einmal bekräftigt: „Ich kann mir mein Leben nicht anders vorstellen, als mit der Arbeit, die ich mache, als mit dem Schreiben. Da komme ich nicht heraus. Und da will ich auch nicht heraus."[1637]

Das Bergwerk bietet vor allem das Studium der Arbeit, die Darstellung der Arbeitsvorgänge und die Bedingungen der Arbeit unter Tage, sodass mögliche Parallelen zwischen dem unterirdischen Häuen und seiner, laut Fühmann, schriftstellerischen „Pizzelei"[1638] gegenüber den Bergarbeiterfiguren privilegiert werden. So wird etwa erwähnt, dass „bei der Arbeit […] Ellbogenfreiheit"[1639] herrscht. Im Kontext mit diesem Hinweis auf die räumliche Enge des Arbeitsortes unter Tage, steht auch das im Materialkonvolut geplante unterirdische Schriftstelleratelier.[1640] In direkter Nachbarschaft zum Ort der Bergwerksarbeit befände sich dort am Schreibtisch mit Ellbogenfreiheit der Ort schriftstellerischen Schaffens.[1641] Zudem erwähnt der schriftstellerische Ich-Erzähler auch seine geistige Assimilation an die Arbeitsvorgänge unter Tage. Denn dem starken Wunsch, in den Rhythmus des Arbeitsvorgangs (und -vortriebs) „einzugehen, vielleicht sogar darin aufzugehen"[1642], folgt späterhin die Übernahme des Arbeitsrhythmus als Denkrhythmus – „ich begann im Rhythmus der Arbeit zu denken"[1643]. Spuren davon scheint auch die oben beschriebene iterative Gestal-

---

[1633] Hinter dieser Fragestellung von existentiellem Charakter scheint auch eine Feststellung György Lukács' auf, nach der „[…] die ästhetischen Elemente (beispielhaft geht es dort um Verzierungen, S.K.) einen Überschuß [repräsentieren], der nichts zum effektiven, faktischen Nutzen der Arbeit beiträgt." (Lukács, *Ästhetik I*, S. 145.) Lukács sucht hiermit insbesondere den Beweis für eine klare Differenz zwischen Dingen des Alltags und Produkten der Kunst zu führen. (Vgl.: Ebd., S. 149f.)
[1634] *Im Berg*, S. 23. (Hervorhebung i. Orig.)
[1635] Ebd., S. 33.
[1636] Vgl.: Brief Franz Fühmanns an Manfred Steingans vom 30.05.1978. In: Heinze, Biographie, S. 341.
[1637] *Gespräch Benker-Grenz*. WA 6, S. 422.
[1638] Ders., *Gespräch Schoeller*. Katzenartigen, S. 376.
[1639] *Im Berg*, S. 8.
[1640] Vgl. dazu Fühmanns Brief an Prignitz vom 24.01.1983 (AdK, Berlin, FFA Nr. 36) und die Erwähnung einer ähnlichen Überlegung gegenüber Schoeller. (Ders., *Gespräch Schoeller*. Katzenartigen, S. 378.)
[1641] Die Arbeit hat bei Fühmann nicht mehr „dieses erschreckende, kriegerische, machtvoll hinreißende Medusenantlitz", das ihr Hermlin in seiner Kupfer-Reportage überhöhend andichtet. (Hermlin, *Es geht um Kupfer*. Aufsätze, Reportagen, Reden, Interviews, S. 262.)
[1642] *Im Berg*, S. 36.
[1643] Ebd., S. 109. – Zudem lässt sich hierin bereits die Bedeutung der Wiederholung erkennen, durch die sich der Arbeitsablauf auszeichnet.

IV.5 Bitterfelder Weg und Mansfelder Strecke

tung des Textes aufzuweisen, in der sich die tägliche Wiederholung der bergmännischen Arbeitsvorgänge wiederfindet. In der Tanzpalastepisode wird dies aus dem hergestellten metaphorischen Zusammenhang zwischen Bergwerk und Literatur abgeleitet, sodass

> […] seine Arbeit tun […] da wie dort heißen [mußte], dies Angelegte weiterzuführen, nicht nach irgendwelchen Wünschen und Lüsten, sondern nach Notwendigkeiten, gleichgültig ob im Bergwerk oder am Schreibtisch, und da wie dort unbegreiflich vor Ort.[1644]

Durch den so entwickelten Arbeitsbegriff stehen der bergmännische Kampf mit dem Element und die schriftstellerische Arbeit in enger Verbindung. Die zuvor so plötzlich und unerwartet drängende Frage des Brigadiers, die in das Problem des Nutzens schriftstellerischer Arbeit mündete[1645], löst Fühmann in der Zusammenführung dieser mit der körperlichen Tätigkeit des Bergmanns. Indem er gleichsam die Ernsthaftigkeit und den Wert beider in ihrem je „unbegreiflich[en]"[1646] Wirken heraushebt, kann er beider Ähnlichkeit als die eines Tätigseins zeigen. Das anfängliche Schuldgefühl des Schriftstellers gegenüber dem körperlich Arbeitenden lässt sich von der Position des Dichters aus nicht in der einfachen Besichtigung überwinden, sondern durch die fiktionale Zusammenführung beider Arbeitsbereiche. Die Arbeit in der Teufe des Bergwerks zeigt Fühmann demnach als so unentfremdet, wie er wohl auch die eigene, dichterische betrachtet. Zur Arbeit des Häuers heißt es somit:

> Sie ging, diese Arbeit, nicht nur in ein Produkt ein, das sich als Ware von seinem Erzeuger entfernte, um ihm nie wieder zu begegnen; sie blieb auch hier unten in der Grube und wurde, im ungeheuersten Wortsinn, ein Stück Schicksal ihrer Verrichter […].[1647]

Die unentfremdete Arbeit wird – hier noch unausgesprochen – direkt neben das wohl ebenso schicksalhafte, schaffende Tun des Schriftstellers gestellt werden können. Weil letzterem nämlich seine „Arbeit alles [bedeutete], wenngleich in unpräzisierbarer Weise"[1648], steht sie ihrem Hervorbringer wenigstens genauso nahe, wie dem Häuer sein beschwerliches Tagewerk im Dunkel des Unter Tage, ja indem beide auf der Gültigkeit – mit Blick auf das Gespräch mit dem Obersteiger[1649] wäre gar von alleiniger Gültigkeit zu sprechen – je ihrer Sprache nachdrücklich bestehen, erhält eine zentrale Gemeinsamkeit zwischen Bergmann und Schriftsteller zusätzlich Ausdruck. Anhand des Nebeneinanders von bergmännischer Arbeit und Schriftstellerarbeit entsteht die Frage nach der Er-

---

[1644] Ebd., S. 80f.
[1645] Vgl. die entsprechenden Passagen: Ebd., S. 33f.
[1646] Ebd., S. 81.
[1647] Ebd., S. 23.
[1648] Ebd., S. 29.
[1649] Vgl.: Ebd., S. 9ff.

klärbarkeit des künstlerischen Tuns, auf die eine scheinbar einfache Antwort gegeben wird:

> Das Werk eines Künstlers *ist* seine Erklärung."[1650]

Fühmann leitet aus diesen Überlegungen „die Frage des Nützens"[1651] ab, die er seinen Ich-Erzähler im Moment des Bergwerksbesuches durchdenken und in kulturpolitische Zusammenhänge stellen lässt. Diese Reflexion erscheint jedoch eher als Hintergrund zu der klaren Feststellung eines künstlerischen Selbstverständnisses, das von der nahezu unbedingten poetischen Autonomie des Künstlers ausgeht, und zwar vielmehr noch im Augenblick des Niederschreibens, aus dessen Perspektive eben ein „Schulterzucken [...] die einzig angemessene Antwort"[1652] zur „Fragestellung der Macht"[1653] bedeutet. Worauf Fühmann hier mit diesem Stichwort hinweist, sind in ihren Grundsätzen differente Auffassungen von Literatur. Während die Tätigkeit des Künstlers auf das Hervorbringen eines literarischen Textes als Kunstwerk abzielt, dessen Status als Werk eines Künstlers eben dessen Erklärung ist, interessiert in kulturpolitischen Zusammenhängen als denen der Machtausübung gerade nicht der ästhetische Wert des jeweiligen Textes, sondern – und so dürfte die Formulierung „zweite Erklärung"[1654] zu verstehen sein – vielmehr eine aus ihm ableitbare Position oder eine greifbare Meinung. Welche unaufhebbare Gegensätzlichkeit zwischen derartiger politisch geleiteter und werkgemäßer Auffassung besteht, verdeutlicht die zur Veranschaulichung grotesk gehaltene Textpassage wenig zuvor: „Erkläre die Wölbung einer Kugel durch Ausbreiten in einer Fläche; rechtfertige eine Taschenuhr durch den Nachweis, daß sie zum Brotschneiden taugt."[1655]

Dass sich Fühmanns Ausführungen auf den konkret vorhandenen Hintergrund der Kulturpolitik in der DDR beziehen lassen, wird spätestens bei seiner wiederholten Bezugnahme auf die von ihm gewählte Gesellschaft deutlich und nimmt sich daher eher als literaturgeschichtliche Fußnote aus. Bedeutsamer jedoch erscheint die auf der Basis eines bewussten Tätigseins entwickelte Auffassung von Literatur als einer Erscheinung, die zunächst durch ihre schlichte Existenz als Vorhandensein produzierender und schaffender Subjektivität ernst zu nehmen ist, und zwar als Literatur und nicht als politisch[1656] oder wie immer

---

[1650] Ebd., S. 29. (Hervorhebung i. Orig.)
[1651] Ebd.
[1652] Ebd., S. 30.
[1653] Ebd., S. 29.
[1654] Ebd.
[1655] Ebd. – Die Formulierung erinnert erkennbar an Fühmanns Kritik an der Literaturkritik in seinem Brief an Hans Bentzien: „Einer grünen Bank wird vorgeworfen, daß sie kein blauer Tisch sei." (Franz Fühmann an Hans Bentzien am 01.03.1964. Briefe, S. 38.)
[1656] Mit Blick auf das dargestellte Selbstverständnis des August Kuhn lässt sich durchaus Ähnliches erkennen: „Doch, wie gesagt, [...] er (Kuhn, S.K.) erzählte auch nichts Politisches [...], das alles blieb als das Unwesentliche offen, und es *war* auch hier das Unwesentliche;

IV.5 Bitterfelder Weg und Mansfelder Strecke 321

verwertbares „Transportmittel für anderes"[1657]. Eben das Moment der Bewusstheit im Tätigsein ist hierbei eminent wichtig, da sich darin erneut bergmännische und schriftstellerische Arbeit durch ihre besondere Erfahrungs- und damit wohl auch Traditionsbezogenheit parallelisieren lassen.

Den Begriff der unentfremdeten Arbeit[1658] verwendet Fühmann im Bergwerk-Text an keiner Stelle explizit. Jedoch in seinem Begleittext zum Fotoband *Was für eine Insel in was für einem Meer* erwähnt er gerade auch die Tätigkeit des Bergmannes beispielhaft im Zusammenhang mit der gänzlich unentfremdeten Arbeit der geistig behinderten Menschen in der Fürstenwalder Werkstatt.[1659] Mit der ausdrücklichen und wiederholten Hervorhebung und Betonung der Arbeit, die die Menschen dort wie auch im Bergwerk leisten, unterstreicht Fühmann jedoch nicht nur den unentfremdeten Charakter, den Arbeit in den genannten Fällen besitzt. Es geht ihm im Hinblick auf Mitglieder der Fürstenwalder Gruppe auch insbesondere darum, anhand ihrer Tätigkeit und mit deren genauer Beschreibung ihr Menschsein herauszustellen. Indem Fühmann also bei den Bergarbeitern wie bei den Arbeitern der Werkstatt in Fürstenwalde gleichermaßen von unentfremdeter Arbeit spricht, kann er auf völlig gleicher Ebene ihren jeweiligen Beitrag zur menschlichen Gemeinschaft zeigen. Insofern stehen die detaillierten Beschreibungen der Bergwerksarbeit und die der mühevollen

---

wesentlich war, daß er hat Gras mähen müssen, in einem Alter, da man zu spielen pflegt." (*Im Berg*, S. 88.)

[1657] Lange, *Deutschlehrer auf „verlorenem Posten"?* DU 44 (1991) 6, S. 430. – Anzumerken bliebe, dass Fühmanns Literaturauffassung wohl nicht notwendig auf *einen* Kontext zu beschränken ist, da die Betrachtung literarischer Texte in derartiger außerästhetischer Hinsicht wohl nur allzu oft zu deren gänzlich vereinfachender, bloßer Verwertung führt.

[1658] Eine prägnante Erläuterung des Gegenbegriffes der entfremdeten Arbeit findet sich beispielsweise in Marx' *Ökonomisch-philosophischen Manuskripten*: „[...] die Tätigkeit des Arbeiters [ist] nicht seine Selbsttätigkeit. Sie gehört einem anderen, sie ist der Verlust seiner selbst. [...] 1) Das Verhältnis des Arbeiters zum *Produkt der Arbeit* als fremden und über ihn mächtigen Gegenstand. Dies Verhältnis ist zugleich das Verhältnis zur sinnlichen Außenwelt, zu den Naturgegenständen als einer fremden ihm feindlich gegenüberstehenden Welt. 2) Das Verhältnis der Arbeit zum *Akt der Produktion* innerhalb der *Arbeit*. Dies Verhältnis ist das Verhältnis des Arbeiters zu seiner eigenen Tätigkeit als einer fremden, ihm nicht angehörigen, d[ie] Tätigkeit als Leiden, d[ie] Kraft als Ohnmacht, d[ie] Zeugung als Entmannung. Die *eigene* physische und geistige Energie des Arbeiters, sein persönliches Leben – denn was ist Leben als Tätigkeit – als eine wider ihn selbst gewendete, von ihm unabhängige, ihm nicht gehörige Tätigkeit. Die *Selbstentfremdung* wie oben die Entfremdung der *Sache*." (Marx, Karl: *Ökonomisch-philosophische Manuskripte*. Hrsg. v. Barbara Zehnpfennig. Hamburg 2005, S. 60f. Hervorhebungen i. Orig.) Zum Begriff der Entfremdung s. auch die instruktive Untersuchung von Jaeggi, Rahel: *Entfremdung. Zur Aktualität eines sozialphilosophischen Problems*. Frankfurt/M. 2005. In seiner Akademierede über E.T.A. Hoffmann formuliert Fühmann zudem: „Die Widersprüche der Arbeitsteilung und der als entfremdet nicht mehr unmittelbar gesellschaftlich sinnvollen Arbeit, des Warencharakters aller Werte und des Fetischcharakters verdinglichter Menschensubstanz bilden den Schlüssel zur Romantik." (*Ernst Theodor Amadeus Hoffmann*. WA 6, S. 236.)

[1659] Vgl.: Fühmann, Franz / Riemann, Dietmar: *Was für eine Insel in was für einem Meer. Leben mit geistig Behinderten*. Rostock 1988².

Tätigkeit der Fürstenwalder Pfleglinge auch über Fühmanns nachdrückliche Parteinahme für sie in Zusammenhang: „[D]as sind Leute, die den Beitrag eines jeden Menschen zur Gesellschaft auf zwar spezifische, aber doch volle Weise leisten."[1660] Als Basis dafür mag auch der schon für den *Prometheus* formulierte Zusammenhang zwischen dem (die Arbeit verrichtenden) Menschen und der Arbeit gelten:

> Die Arbeit gehört den Menschen, und ich kann sie erst da schildern, nirgends anders, und dort *muß* ich sie schildern. Ich kann sie daher nicht vorwegnehmen. Auch das Werken des Hephaistos ist noch nicht Arbeit. [...] Die ganze Mühsal, die ganze Qual, aber dann auch das ganze Glück der Arbeit gehört in die Menschensphäre.[1661]

Beschwerlichkeit und speziell körperlicher Schmerz sind im Verein mit einem, wenn auch bei 0,3 Prozent Erzgehalt eingeschränkten, Glücksgefühl des Findens nicht minder Kennzeichen der Bergmannsarbeit, die im Übrigen ausschließlich von Männern verrichtet wird.[1662] Die Andeutung des Kollegen Asmus, „da sei zu viel passiert"[1663], lässt etwaige sexuelle Kontakte im Schacht vermuten, die wohl gerade auch aus Sicherheitsgründen streng unterbunden werden mussten. Diese Bemerkung bildet einen weiteren Kontext zur gewaltsamen Auseinandersetzung der Bergleute um Regina Kuypers im Tanzlokal, die ja gerade als sexuelles Objekt männlicher Begierde zwischen den streitenden Bergleuten steht. Wie in Asmus' Bemerkung findet sich dieser Bereich des Erotisch-Sexuellen jedoch zumeist als Andeutung oder Anspielung. So könnte der Fahrterzähler im Kali „nur solche Geschichten"[1664], nämlich mit erotischem Hintergrund, vortragen.[1665] Hierher gehört auch die Bemerkung August Kuhns,

---

[1660] Fühmann, *Gespräch Schoeller*. Katzenartigen, S. 381.
[1661] Fühmann an Hans Koch am 14.01.1973. Heinze, Biographie, S. 210f. Als Hintergrund dürfen hier wohl ebenso Marx' wie Engels' Aussagen gelten: „Wenn man von der Arbeit spricht, so hat man es unmittelbar mit d[em] Menschen selbst zu tun." (Marx, *Ökonomisch-philosophische Manuskripte*, S. 69.) und: „Sie (die Arbeit, S.K.) ist die erste Grundbedingung alles menschlichen Lebens, und zwar in einem solchen Grade, daß wir in gewissem Sinn sagen müssen: Sie hat den Menschen selbst geschaffen." (Engels, Friedrich: *Dialektik der Natur*. MEW Bd. 20, S. 444.) – Für das Bergwerk-Projekt sieht auch Bernhardt „die Arbeit zum entscheidenden Kriterium des Menschseins" werden (Bernhardt, Rüdiger: *Denkmalsturz und literarische Auferstehung*. Fühmanns Beschäftigung mit „Prometheus". In: „Jeder hat seinen Fühmann", S. 107-129, hier S. 126), insbesondere allerdings im Gegensatz zum *Prometheus*, was der Auszug aus Fühmanns Brief an Koch jedoch nicht bestätigt.
[1662] Dazu s. die vom Kollegen Asmus kurz geschilderte Episode am Ende von Unterkapitel 4. (Vgl.: *Im Berg*, S. 45f.) – Angemerkt sei in diesem Zusammenhang, dass der Text für Heukenkamps Einschätzung, Frauen seien in Fühmanns Bergwerk „am Leib des Arbeiters schmarotzendes Personal" (Heukenkamp, Ursula: *Die große Erzählung von der befreiten Arbeit*. Dichter sein heißt aufs Ganze aus sein, S. 34) keinen greifbaren Nachweis liefert.
[1663] *Im Berg*, S. 45.
[1664] Ebd., S. 12. – Erwähnt werden dort beispielhaft „Geschichten vom Venusberg [...], vom Hörselberg, von der Tannhäuserhöhle." (Ebd.)
[1665] Im Nachlass findet sich zu diesem Zusammenhang auch die Notiz: „Porno dann im Kali; [...]." (AdK, Berlin, FFA Nr. 34/10.)

IV.5 Bitterfelder Weg und Mansfelder Strecke   323

an die der Erzähler jene Deutung seines „breite[n], behäbige[n] Lachen[s]"¹⁶⁶⁶ anschließt. Außerdem ist die stark erotisch konnotierte Figur der Kupferkönigin hier zu nennen. Sie ist ja nicht nur das phantastische Andere der Regina Kuypers, sondern sie dürfte genauso mit St. Barbara¹⁶⁶⁷, der Patronin der Bergleute, verwandt sein. Sexuelle Wünsche oder gar Obsessionen der Bergleute könnten demnach beim Abbau des Venusmetalls Kupfer sowohl als wunschgeleitete Gegenbilder zur Arbeit wie auch als deren Motivation vorhanden sein.¹⁶⁶⁸ Die Dunkelheit der Grube und die Kargheit und Unwirtlichkeit des Arbeitsplatzes unter Tage wird so durch die Aussicht etwa auf ein erotisches Abenteuer über Tage nicht nur erträglich, sondern zum Zweck.¹⁶⁶⁹ An der Figur der St. Barbara, wie letztlich an der Kupferkönigin und ihrem Gnomenstaat, manifestiert sich jedoch ebenso ein sakralisierter Ausdruck der ungeheuren Gefahren der Arbeit unter Tage. Dies spiegelt bereits der bergmännische Gruß und verdichtet sich in Bräuchen und Riten, in denen die Einfahrt in die Dunkelheit des Bergwerks auch der Abstieg zur Urmutter Erde¹⁶⁷⁰ ist. Im vorhandenen Text ist dieser Themenkomplex so gut wie nicht ausgeführt. Über die einmal erwähnte Göttin Demeter und das epigraphische Zitat der Altarinschrift gehen die Spuren im Text nicht hinaus. Für diesen Bedeutungsstrang dürften beispielsweise die Darstellungen Mircea Eliades grundlegend sein, dessen vierbändige *Geschichte der religiösen Ideen* Fühmanns Bibliothek enthält und die eine Reihe von Anstreichungen aufweist. Die Arbeit des Bergmanns als Auseinandersetzung mit der Natur und in unmittelbarer Nähe zum Bereich des Todes finde nämlich in „einer sakralen Zone" statt, „die als unantastbar gilt"¹⁶⁷¹.

---

¹⁶⁶⁶ *Im Berg*, S. 107f.
¹⁶⁶⁷ St. Barbara wird nur in dem Mottozitat zu Beginn des fünften Unterkapitels erwähnt. (Ebd., S. 47.) – Der Bilderzyklus Barbara Gaugers deutet übrigens auch eine derartige Interpretation an. (Vgl.: „*Studien zu Franz Fühmann »Im Berg«*". Eicher (Hrsg.), Das Bergwerk von Falun, S. 49-93.)
¹⁶⁶⁸ Heiner Müllers *Herakles 5* enthält eine Szene, in der Herakles durch den Anblick der nackten Hebe erneut zur Arbeit (Ausmistung der Augias-Ställe) motiviert wird. Zeus zeigt sie ihm als versprochenen Lohn. Daraufhin setzt Herakles die zuvor fallengelassene Arbeit fort: „Schönheit der Arbeit, Wohlgeruch des Drecks / Im Vorgefühl des allerhöchsten Zwecks!" (Müller, Heiner: *Herakles 5*. In: Ders.: W 3. Die Stücke 1. Hrsg. v. Frank Hörnigk. Frankfurt/M. 2000, S. 397-409, hier S. 404f.)
¹⁶⁶⁹ In Foucaults *Histoire de la sexualité* heißt es: „Ce qui est propre aux sociétés modernes, ce n'est pas qu'elles aient voué le sexe à rester dans l'ombre, c'est qu'elles se soient vouées à en parler toujours, en le faisant valoir comme *le* secret." (Foucault, *Histoire de la sexualité I*, S. 49.) Fühmann hatte sich dies in seiner deutschen Ausgabe markiert. (Foucault, *Sexualität und Wahrheit. Der Wille zum Wissen*. Frankfurt/M. 1977, S. 49.) (ZLB, Sammlung Fühmann)
¹⁶⁷⁰ „Bergwerke und Höhlen werden mit der Gebärmutter der Erdmutter verglichen. Die aus Bergwerken geförderten Erze sind also gewissermaßen „Embryonen". Sie wachsen langsam." (Eliade, Mircea: *Geschichte der religiösen Ideen*. Bd. 1. Von der Steinzeit bis zu den Mysterien von Eleusis. Freiburg/Brsg. 1978³, S. 59.) (ZLB, Sammlung Fühmann)
¹⁶⁷¹ Ebd. – Vgl. dort auch die gesamte von Fühmann in seinem Exemplar markierte Passage: „In der ganzen Welt praktizieren die Bergleute Riten, die Reinheit, Fasten, Meditation, Gebete und kultische Handlungen umfassen. Die Riten sind durch die Art des in Aussicht ge-

Im Zentrum steht bei Fühmann die Arbeit als solche, ihre Verrichtung als Vorgang eines Machens, an das er mit einfachen Worten die Begegnung zwischen Bergmann und Schriftsteller knüpft: „Ich sehe ja, was sie machen und nun wollen sie wissen, was ich mache"[1672], erläutert Fühmann gegenüber Schoeller. In dieser Skizze steckt die Grundlage für die Offenheit im Austausch über die jeweilige Arbeit, deren je schicksalhafter Charakter somit nicht als verborgenes Wirken erscheint bzw. erscheinen soll. Die möglichst detailgetreue Darstellung der Arbeitsvorgänge unter Tage soll insofern nicht nur den Wahrheitsanspruch der Häuer erfüllen, der sich in der Forderung nach der Benutzung der richtigen bergmännischen Bezeichnungen ausdrückt. Eine solche Darstellungsweise baut vielmehr auch einen in seiner Wirklichkeit nachvollziehbaren Bereich auf, demgegenüber etwa die phantastisch-geheimnisvolle Sphäre der Kupferkönigin oder alles im unerklärbar sinistren Liegende – wie etwa die fehlende offizielle Totenehrung im Bergbaubetrieb – umso mysteriöser erscheint, d.h. eben gerade *nicht* erscheint. Zu wissen und zu erkennen, zu sehen, was der andere tut, schafft die Klarheit, deren ausdrücklicher Mangel nach einem Wort Fühmanns dazu angetan ist, Unheimliches zu erzeugen:

> Nicht der exotisch Fremde ist uns unheimlich, sondern der, von dem wir nicht wissen, was er tut oder eigentlich tut – Hoffmanns Hofräte zum Beispiel, oder, im Passiv, Gogols Aktenkopisten[1673]

Die schroffe Antwort des Steigers, dass der Bergmann ohnehin nicht lese, was ein Schriftsteller über die Bergwerksarbeit schreibe, führt zurück zum Missverhältnis im Nutzen, das die Frage nach der Arbeit im Bergwerk zu bestimmen scheint. Denn sofern nicht einmal die Entdeckung oder Aufdeckung eines Tuns zum Inhalt des Textes werden könnte, da der Bergmann „[doch] kenne [...], was er da unten mache"[1674], stellt sich die Frage nach dem Tun des Schriftstellers in der Tat utilitaristisch. Fühmann hat sie in diesem Rahmen reflektiert und letzt-

---

nommenen Unternehmens bestimmt, denn man will sich zu einer sakralen Zone Zugang verschaffen, die als unantastbar gilt; man kommt in Berührung mit einer Sakralzone, die nichts mit der vertrauten religiösen Welt zu tun hat, die tiefer, aber auch gefährlicher ist. Man hat das Gefühl, sich in einen Bereich vorzuwagen, der von Rechts wegen dem Menschen nicht zugehört: in die unterirdische Welt mit ihrem Mysterium der langsam fortschreitenden mineralogischen Schwangerschaft, die sich im Schoß der Erdmutter entwickelt. Alle Mythologien von Bergwerken und Bergen, die zahllosen Feen, Schutzgeister, Elfen und Gnomen sind ebenso viele Epiphanien der *heiligen Gegenwart*, die man herausfordert, wenn man in die geologischen Schichten des Lebens eindringt." (Ebd. Hervorhebung i. Orig.)
[1672] Fühmann, *Gespräch Schoeller*. Katzenartigen, S. 353. – Anzufügen wäre noch ein Fühmann-Wort aus dem Nachlass: „Kunst ist immer: MACHEN!" (AdK, Berlin, FFA Nr. 35/2, SA A22.) Fühmann stellt damit – ähnlich wie Paul Valéry in seinem Vortrag vor dem Collège de France (vgl.: Valéry, Paul: *Première leçon du Cours de Poétique*. In: Ders.: Œuvres [1]. Éd. établie et annotée par Jean Hytier. Paris 1965, S. 1340-1358, hier S. 1342f.) – das aktiv Tätige im Poetischen heraus.
[1673] *22 Tage*. WA 3, S. 288.
[1674] *Im Berg*, S. 11.

IV.5 Bitterfelder Weg und Mansfelder Strecke

lich eine Antwort angeboten, die in der sozialen Bestimmung von Literatur deren Existenzberechtigung, ja -notwendigkeit auch im Angesicht der körperlich Arbeitenden betont:

> [...] die Landschaft wird existentiell, damit verschwindet sie in der Reflexion. Der Reflektierende = Spieler oder Träumer, jedenfalls zunächst Nicht-Arbeitender, aber der Arbeitende empfindet dann dies als Entdeckung, und als Selbstbestätigung. Hier brauchte er den Schrifts[eller], Künstl[er] wirklich!![1675]

Im Grunde wächst noch diese Überlegung aus einem zentralen poetologischen Gedanken des Mythos-Essays, wo Fühmann die gesellschaftliche Leistung von Literatur bestimmt hatte, die deren Entstehung und Existenz gerade auch mit der beschwerlichen Arbeit unter Tage zu kontextualisieren fähig ist:

> Der sein Gleichnis formt, um *sein* Leid zu bewältigen, stellt es zugleich zum Gebrauch für seine Brüder und Schwestern bereit, die der Gabe solchen Artikulierens nicht teilhaftig sind, und er hilft ihnen in ebendem Maße, in dem er rückhaltlos sagt »was ist«.[1676]

In der Landschaft des Bergwerkes erweist sich somit die existentielle Gültigkeit der vom Begriff des Mythos her erschlossenen Poetik, deren Machen des ‚ποιέω' noch wie „jedes Stück Arbeit" des Bergmanns im „Wirkungsfeld des Todes [...] gnadenlos"[1677] gewogen wird.

[1675] AdK, Berlin, FFA Nr. 35/2, SA A10. – In diesen Kontext gehört auch Fühmanns von Gehlen herrührende Überlegung, den Schriftsteller als Antipoden des Fachmanns aufzubauen: „Gehlens These vom Fachmann als dem charakt[eristischen] Typus des automatis[ierten] Verhaltens heute (S. 107) – und zu ebensolchem Fachmann wollen Benjamin & Co den Schriftsteller machen statt im Gegenteil[,] ihn als Gegentypus zu entwickeln – den ganzen, zumindest nach Ganzheit strebenden Menschen [...]." (AdK, Berlin, FFA Nr. 35/2, SA A37.) Fühmanns Seitenangabe bezieht sich auf Arnold Gehlens Schrift *Die Seele im technischen Zeitalter. Sozialpsychologische Probleme in der industriellen Gesellschaft*. (Hamburg 1957. ZLB, Sammlung Fühmann): „Daß nun die heute hochrationalisierte und durch und durch bürokratisierte Gesellschaft die Verwandlung der Person in einen ‹Funktionsträger› in bedeutendem Grade verlangt und eine Annäherung an diesen Typus nahelegt, darüber kann kein Zweifel bestehen. [...] Überall, wo in der wesentlich unstabilen Gesellschaft der Industriezeit die Herausarbeitung von Stabilisationskernen gelingt, ist dieser Typus am Werke, und so wie jede Sozialordnung einen repräsentativen, sozusagen sprichwörtlichen Typus herausstellt, so die unsere den ‹Fachmann›." (S. 106f.) Vgl. auch Lukács' Überlegungen zu Gehlen in: Lukács, *Ästhetik I*, S. 118ff.
[1676] *Das mythische Element in der Literatur*. WA 6, S. 121f. (Hervorhebungen i. Orig.)
[1677] Beide Zitate: *Im Berg*, S. 22f.

IV.6 „Jedes BW = Totenstadt, Nekropolis"

Der Bergwerk-Text wie auch das umfangreiche Material dazu aus dem Fühmann-Nachlass weisen in den Darstellungen des Untertagsraums der Grube oft eine enge Verwandtschaft zum Totenreich[1678] und zur mythischen Unterwelt auf. Fühmann nutzt eine Fülle von deskriptiven Details, die für die unterirdischen Orte als Attribute von „Hadeslandschaften"[1679] stehen:

> In die Laugenlandschaft = Abstieg zum Tartaros!!! First sehr tief hangend über Laugensee, davor sehr hochräumig, Trampelpfad durch Gesteinslandschaft, unten zu Füßen ein schwarzer Fluß (Bach), Laugensee grottenartig, First verflachend, das Glitzern des stumpfbraunschwarzen Wassers, das das Licht reflektiert, ohne Licht unsichtbar ≠ an sich unerkennbar weite Lagunenvorsprünge, trümmerig und salzig, fahles ockriges Salz, völliges Schweigen, absolute Lautlosigkeit, kein Glucksen, kein Murmeln, kein Tropfen, kein Tier, kein Wind. Die Starre des Gesättigtseins...
> Charon im Watanzug
> Styx = Süßwasserquelle? Was ist die Quelle des Vergessens?
> völlige Lautlosigkeit = absolut abseits des Grubenbetriebs[1680]

Die hier gezeigte unterirdische Gegend wird jedoch nicht durch die außergewöhnliche Beschaffenheit und Erscheinung des Ortes und der Räume selbst zur Unterweltlandschaft, sondern Fühmann verleiht ihr durch das Einfügen mythischer Koordinaten diese Bedeutung. Der Tartaros (,Τάρταρος') bezeichnet bei den Griechen sowohl den Teil der Unterwelt, in dem die Titanen gefangen sind, als auch die Unterwelt insgesamt. Im Bergwerkmaterial findet sich dieser Begriff nur einmal und ist wohl als Gesamtbezeichnung zu interpretieren. Das Erebos (,Ἔρεβος'), neben dem Tartaros die zweite Teilsphäre der Unterwelt, nach Kerényi „die lichtlose Dunkelheit der Tiefen"[1681], wird in Fühmanns Hörspiel *Die Schatten* von einem der Griechen als „das vollkommene Dunkel, wo die Schatten drin unsichtbar werden"[1682] beschrieben, kommt aber im Bergwerk nicht vor. Dort wird Charon aufgeführt, der als Fährmann in der Unterwelt die Seelen der Toten über den schwarzen Fluss Styx (,Στύξ')[1683]

[1678] Titelzitat: AdK, Berlin, FFA Nr. 35/2₍₂₎, SA A6. – Neben den im Folgenden dargestellten Bezügen zur griechischen Mythologie beachtete Fühmann allerdings auch solche aus dem germanischen Mythenkreis. Eine bibliographische Notiz im Nachlass (AdK, Berlin, FFA Nr. 38/3) verweist auf Herrmann, der erklärt, dass im Berg, im „Seelenheim", die „[...] Seelen der Verstorbenen [hausten]". (Herrmann, *Deutsche Mythologie*, S. 30f.) Bei Simrock heißt es außerdem: „In den Berg, in den Hügel gehen, heißt [...] Sterben." (Simrock, *Handbuch der Deutschen Mythologie*, S. 350.)
[1679] Fühmann, *Gespräch Schoeller*. Katzenartigen, S. 375.
[1680] AdK, Berlin, FFA Nr. 35/2₍₂₎, S. 3/1.
[1681] Kerényi, *Mythologie I*, S. 21.
[1682] Fühmann, *Die Schatten*, S. 9.
[1683] ‚Στύξ', der Unterweltsfluss, auf den die Götter ihre Eide schwören; neben Acheron (,Ἀχέρων', Fluss des Jammers; Fühmann nennt diesen Fluss in einer Notiz zum Bergwerk

IV.6 „Jedes BW = Totenstadt, Nekropolis" 327

überzusetzen hat. Ob eine in dieser Skizze angedeutete Erwähnung der Lethe (‚Λήθη', Quelle des Vergessens) mit der vollständigen Abwesenheit jeglichen Geräusches verknüpft werden sollte, ist nicht eindeutig auszumachen. Der akustischen Gegenwart des Bergwerkes, gerade auch gegenüber dem zentralen optischen Gegensatz zwischen Dunkelheit und Licht, kommt jedoch erkennbare Bedeutung zu, etwa für die Darstellung der Arbeitsvorgänge oder als sprachlicher Verständigung entgegengesetzter Lärm.[1684] Der Ort Bergwerk wird so erst im Zuge einer derart ausgerichteten Attribuierung zum engen Verwandten des mythischen Hadesreiches. Fühmann bringt den Ort durch seine Beschreibung in den Kontext der mythologischen griechischen Unterwelt, wodurch dem Bergwerk gleichsam die Kennzeichen des Hades eingeschrieben werden. Wie oben für die Nebelepisode im sechsten Unterkapitel aufgezeigt, gilt für die unterirdischen Gefilde des Bergwerkes gleichermaßen, dass Fühmann ihr vorhandenes mythisches Potential für seine Darstellungsweise nutzt. Denn das Bergwerk wird vor allem motivisch zum Totenreich. Folglich bestimmt die ununterbrochene Gegenwart des Todes dort weitestgehend die Bedingungen des Aufenthaltes. Etwa durch das Sicherheitssystem[1685], die sehr eingeschränkten Bewegungsmöglichkeiten und die Anwesenheit des Todes als Kontrolleur und Überwacher allen bergmännischen Handelns wird dies in der Darstellung des Unter Tage ausgedrückt. Es beginnt mit dem Mangel an Orientierung, von dem der Besucher und Neuling spricht: „Ich hatte längst jede Orientierung verloren."[1686] Im Fehlen der konkreten Lokalisierbarkeit des eigenen Ortes zeigt sich hier eine vollkommene Abgeschiedenheit von der Welt über Tage, die jener der mythischen Unterwelt durchaus vergleichbar ist.[1687] Daran erinnert ebenso die Tatsache, dass der Besucher mit den Bergleuten unter Tage „vom Ort her auszuharren gezwungen [ist], bis [er] zur Seilfahrt entlassen"[1688] wird. Zudem besitzt die Unmöglichkeit der Orientierung – und damit eben der Bestimmung des eigenen Standortes im Raum auch in Bezug zum Stand der Sonne – unter Tage ihre Ana-

---

(AdK, Berlin, FFA Nr.35/2₍₂₎, G3/3)), Kokytos (‚Κωκυτός', der Beklagte), Pyriphlegethon (‚Πυριφλεγέθων', Fluss des Feuers) und Lethe (‚Λήθη', Quelle des Vergessens) eine/r der fünf Flüsse bzw. Quellen in der Unterwelt. Vgl. dazu auch: Kerényi, *Mythologie I*, S. 195.
[1684] Vgl. die entsprechenden Passagen: *Im Berg*, S. 23f. (Geräusche des Gesteins, Arbeitsgeräusche) u. S. 27 (Lärm).
[1685] Es sei „an Vollkommenheit unüberbietbar". (AdK, Berlin, FFA Nr. 34/2, S. 16.) Dies fiel in einer späteren Fassung fort.
[1686] *Im Berg*, S. 11. An anderer Stelle: „An welchem Ort der Grube staken wir? Ich hatte nur eine Dimension, die der Höhe, hinauf zum Taglicht." (Ebd., S. 107.)
[1687] So müssen sich Odysseus und seine Gefährten für ihren vorgeschriebenen Besuch im Hades von einem Nordwind treiben lassen, den Kirke Odysseus vor der Abreise verspricht: „Kümmre dich nicht so sehr um einen Führer des Schiffes! / Sondern richte den Mast und spanne die schimmernden Segel, / Dann sitz ruhig, indes der Hauch des Nordens dich hintreibt!" (Homer, *Odyssee* X, 505-507.)
[1688] *Im Berg*, S. 33. – Bei Kerényi markierte sich Fühmann dazu Folgendes: „Die Schwierigkeit der Rückkehr ist eine Eigenschaft des Totenreichs." (Kerényi, *Humanistische Seelenforschung*, S. 247.)

logie in der Wahrnehmung und in der optisch-kognitiven und zuweilen fiktiven Konstruktion des Räumlichen. Einer Unbestimmbarkeit des eigenen Ortes anhand oberirdischer Anhaltspunkte entspricht die je nur durch künstliches Licht mögliche eigentliche Entstehung des Untertagsraumes[1689] in der Wahrnehmung. Die eigentliche Dimensionierung des Ortes, etwa als „espace clos [...], dont on s'entoure pour jouir d'un plaisir clandestin"[1690], wird so erst möglich:

> IM STREB ALLEIN
> die glatte glänzende Sohle –
> mehrschichtige Nacht – sie ist schwarz, und wird schwärzer, da der Schein der Lampe hineinfällt, weil sich das Dunkel vor der Hellzone (hinter ihr natürlich) tiefer abhebt –
> Da man so alleinsitzt beginnen sich Bilder einzufinden – noch nicht greifbar, aber im Prozeß
> Lampe wirft einen Schein um dich = dein Daheim, dein Kreis dahinter Mauern aus Dunkelheit, etwas Samtartiges, ein Innenraum ohne sichtbare Mauern – daher dieses Anheimelnde, das ist es!! Soweit das Licht scheint, schiebt sich diese Mauer lautlos zurück und naht dann wieder, so schwebt die Erde im schwarzen All, so schwebt das Bewußtsein im Unbewußten –
> und dieses runde Bällchen, dieser Kosmos, bist jetzt du, dies Stück Bewußtsein – jeder müßte sein Stück Erdinneres haben, darein er sich zurückziehen kann –[1691]

Die gegensätzliche Bezogenheit von Über Tage und Unter Tage aufeinander in der Anlage des Bergwerkes wiederholt sich im darin zugleich enthaltenen Antagonismus von Licht, d.h. lichtem bzw. belichtetem Raum und Dunkelheit respektive Finsternis, die je voneinander getrennt bleiben.[1692] Denn die Grube befindet sich „von Natur aus in einer Nacht, die über Tage nie Natur ist"[1693]. Erst durch Beleuchtung bzw. durch Belichtung des Ortes wird eine Wahrnehmung möglich: „Im Schein meiner Lampe der aufgebrochene Berg"[1694], etwa ließe sich vor diesem Hintergrund als schriftliche Übersetzung des photographischen Momentes verstehen, der durch Einfall von Licht (der Grubenlampe) festgehalten worden ist.

[1689] Vgl. dazu auch Fühmanns Notiz im Nachlass: „Licht als Gestalt/ Raum/ (Ort) gebend". (AdK, Berlin, FFA Nr. 38/2.)
[1690] Blanchot, *L'espace littéraire*, S. 252.
[1691] AdK, Berlin, FFA Nr. 35/2_(2), SA A21. (Hervorhebung i. Orig.) Vgl. auch: „ohne Licht ist die Höhle überhaupt nicht da, nicht betretbar, ihre Dimensionen nicht erkennbar, amorphe Finsternis, und mehr nicht – nicht existent." (AdK, Berlin, FFA Nr. 35/1.) Die angedeutete Vorstellung vom Erdinnern als Rückzugsort erinnert an die mütterliche schützende Höhle, in die Demeter ihre Tochter Persephone bringt. (Vgl.: Kerényi, *Mythologie I*, S. 198f.)
[1692] Der Gegensatz zwischen dem lichtlosen Unter Tage und dem Über Tage im Licht, findet sich gleichsam in dem Gegensatz zwischen den Göttern Hades und Helios (‚Ἥλιος') wieder. Nach Kerényi bedeutet der Name Hades (in älterer Fassung Ais, Aides) „mit größter Wahrscheinlichkeit »der Unsichtbare« und »unsichtbar Machende« im Gegensatz zu Helios dem Sichtbaren und sichtbar Machenden". (Kerényi, *Mythologie I*, S. 182.)
[1693] *Im Berg*, S. 9.
[1694] Ebd., S. 21.

IV.6 „Jedes BW = Totenstadt, Nekropolis"

Die im permanten Dunkeln liegende Räumlichkeit des Hadesreiches Bergwerk lässt sich aufgrund der vorhandenen Lichtverhältnisse folglich optisch nicht zur Gänze erfassen. Darin gleicht der gegebene Eindruck vom unterirdischen Ort Bergwerk dem, den einer der Griechen den Nymphen vom Hadeseingang erzählt: „Die Tiefe verliert sich im Finstern. Man kann es schlecht schätzen."[1695]

In der Grube ist diese nicht zu ermessende Tiefe des Hades, die Tiefe des Untertagsraumes, die in der optischen Wahrnehmung unabschätzbar bleibt. Der eigentliche Strebraum verschwindet „in Nacht und Rauschen"[1696], während sich eine Umgebung zeigt, die trotz gerichtet strahlender Helmlampen visuell wie akustisch diffus erscheint:

> Seine Lampe (die des Häuers, S.K.) strahlte ins Ende des Strebs und machte dort ein Gewölbe ahnen, das sich in Nacht und Rauschen verlor, im versickernden Licht schien ein Gang aufzudämmern; die Finsternis funkelte; aus der Tiefe ein Knirschen; der Häuer rüttelte prüfend den Stempel, ein letzter Schlag, und wieder das Rattern; der Häuer kroch zu uns, ich sah ihm entgegen, im Kreuzschnitt der Lichter zerstäubende Erdnacht, wie sie unter den Tagen wandert, und ich wußte jählings: Das war mein Ort.[1697]

Dort findet die bergmännische Arbeit statt, stets als derartiges „Tun und Lassen im Wirkungsfeld des Todes"[1698], woran sich umso mehr die Gültigkeit des Negativvergleichs zwischen Bergwerk und Schokoladenfabrik[1699] erweist. Im Bergwerk würde der Verlust des Lichtes bzw. der Lichtquelle letztlich wohl den Tod bedeuten. Die Verrichtungen vor der Einfahrt, die Reihe der Sicherheitsmaßnahmen, durch die der Erzähler „wie durch Nebel [trieb][1700]" – auch die Griechen berichten für Kimmerien, dem Land am Hadeseingang, ja von: „Nebel im Hafen, und die ganze Stadt im Nebel, und dann draußen, im Nebel, das Loch in der Erde"[1701] –, deuten die unten zu erwartenden Gefahren und die Todesnähe voraus, die sich gewissermaßen schon in der strengen Gesundheitskontrolle offenbaren: Dorthin, wo er, der Tod, „im schwarzen Bergmannstuch […] jedes Stück Arbeit wog"[1702], gelangt nur, wer als Grundvoraussetzung einen einwandfreien Gesundheitszustand nachweist.[1703]

Die Einfahrt ins Bergwerk als Fahrt in die Unterwelt des Totenreiches reflektiert somit nicht nur das ‚Glück auf!' des Bergmannsgrußes, sondern auch

---

[1695] Ders., *Die Schatten*, S. 16. Vgl. auch die beinahe identische Hadesdarstellung in der Erzählung *Baubo*: „die Tiefe verlor sich in finsterster Nacht." (Ders., *Baubo. Ohr*, S. 50-67, hier S. 54.)
[1696] *Im Berg*, S. 23.
[1697] Ebd., S. 23f.
[1698] Ebd., S. 22.
[1699] Vgl.: Ebd., S. 25f.
[1700] Ebd., S. 18.
[1701] Ders., *Die Schatten*, S. 7.
[1702] *Im Berg*, S. 22f.
[1703] Vgl. hierzu die Erwähnung der ärztlichen Untersuchung: Ebd., S. 17.

den allmorgendlichen Abschied des Bergmannes von seinem „schmucke[n] Frauchen"[1704], den Fühmann als Motiv in die fragmentarische Erzählung *Die Glöckchen* eingearbeitet hat. Die Szene ruft Elis' Abschied von Ulla ebenso auf, wie den des jungen Bergmannes von seiner Braut in Hebels *Unverhofftes Wiedersehen*. Die schwarze bergmännische Tracht wird dabei zum Symbol für die Todesgefahr, in der der Bergmann sich bei seiner Arbeit je befindet und die in Hoffmanns und Hebels Erzählungen in ihrer letzten Konsequenz gezeigt wird. Auch bei Fühmann taucht das „[...] Bergmannskleid [...] [im] Schwarz der Nacht, der Kohle, des Todes"[1705] auf und der Tod selbst ist im Bergwerk anwesend „im schwarzen Bergmannstuch"[1706]. Diese Anwesenheit verdeutlicht ebenso die Anekdote, die der Kollege Asmus vom Bergwerksbesuch einer schwangeren Journalistin erzählt. Die Frau sei dort vor Angst zusammengebrochen und es habe gar die Befürchtung einer Frühgeburt bestanden. Die Schwangerschaft als Zeichen beginnenden Lebens und das Bergwerk als hadesähnlicher Ort mit der ständigen Präsenz des Todes stehen hier in einem offenen Gegensatz, zumal das Gespräch zwischen dem Erzähler und Asmus in der Lohnhalle auch noch direkt vor den Schaukästen stattfindet, worin die Ehrung für die tot im Schacht gebliebenen Kumpel fehlt.[1707] Der vorhandene Text enthüllt allerdings nicht, dass es sich bei der angesprochenen Auslassung um die früher vorhandenen und dann entfernten Namen der Verunglückten handelt.[1708] Der Erzähler wird auf diese Tatsache durch eine nicht identifizierte Person hingewiesen[1709] und geht dann selbst diesem Mangel nach. Ob der zuerst befragte Kulturobmann Asmus diese Frage nicht beantworten kann oder nicht will, bleibt offen. Wenngleich der Erzähler bei diesem Problem nicht recht weiterkommt,

---

[1704] Ders., *Die Glöckchen*. Ohr, S. 97.
[1705] *Im Berg*, S. 46.
[1706] Ebd., S. 22f.
[1707] Im Nachlass findet sich folgende Klärung des Zusammenhangs: „!!! Was fehlt ist die Erinnerungstafel an die umgekommenen Leute – keine Gedenkstätte, nichts, einfach verscharrt, und weg – und das waren verdiente Leute!!! Da hat er recht!!!" (AdK, Berlin, FFA Nr. 35/2₍₂₎, SA A40.)
[1708] Vgl. dazu aber Fühmanns Darstellung dieses Erzählstranges in seinem Brief an Prignitz vom 24.01.1983: „»Nu, da fehlt was!« - Ärgere mich; es bleibt lang unklar, was das ist, schließlich: Früher war da eine Tafel für die Verunglückten, Ehrentafel der in der Grube Gebliebenen, das ist unter VEB weg, der Tod wird nicht erinnert. Und das ist auch mein Hauptkonflikt." (AdK, Berlin, FFA Nr. 36, S. 2.) Als Negation des Unfalltodes im Bergwerk offenbart sich mit dieser Leugnung auch eine Beziehung zu dem Bereich und den Vorgängen, innerhalb derer dieser Tod vorkommt bzw. vorkam. Mit dessen Negation wird der Versuch unternommen, „die Identität des Objekts" (Virilio, Paul: *Technik und Fragmentierung*. Paul Virilio im Gespräch mit Sylvère Lortinger. In: Aisthesis, S. 71-82, hier S. 74) Bergwerk als Ort „im Wirkungsfeld des Todes" (*Im Berg*, S. 23) zu bestreiten. Vgl. dazu auch die Äußerung Virilios: „Ich glaube, daß der Unfall für die menschliche Wissenschaft das ist, was die Sünde für die menschliche Natur war. Er stellt ein bestimmtes Verhältnis zum Tod dar, d.h. er enthüllt die Identität des Objekts." (Virilio, *Technik und Fragmentierung*. Aisthesis, S. 74.)
[1709] Vgl. die entsprechende Szene, in der „ein kleingewachsener Mann" seine Mitteilung dreimal wiederholt. (*Im Berg*, S. 37f.)

finden sich im Text durchaus Anzeichen dafür, dass der anonym ausgesprochene Hinweis eben mit der Todesproblematik in Zusammenhang steht. Denn in direktem Anschluss an die Nachfrage bei Asmus wird die schwarze Farbe der Bergmannskleidung auf den vorhandenen Fotos als Farbe des Todes bezeichnet. Später taucht die offene Frage erneut unerwartet in der Tanzpalastepisode „nach dem Tanz mit der drallen Assistentin"[1710] auf. Der Erzähler tut sie mit einem „parodierenden Satz" ab, der wiederum auf den Hintergrund Totengedenken verweist: „Mochten die Fehlenden die Fehlenden begraben [...]."[1711] Hinzu kommt die oben gezeigte Atmosphäre des hadesähnlichen Ortes Tanzpalast, wo die Farben Schwarz und Nachtblau zudem dominieren.[1712] Ein vorerst letztes Mal wird am Ende von Unterkapitel zehn auf die alltägliche Gegenwart der Todesgefahr[1713] im Bergwerk angespielt, als eine Bergmannskapelle „Morgenrot, Morgenrot, leuchtest mir zum frühen Tod"[1714] intoniert. Dieses einstweilen ungelöste Problem, Fühmann nennt es den „Hauptkonflikt Tod und Leugnung des Todes"[1715], wird fast von Beginn an jeweils in modulierter Art thematisiert. Der Erzähler formuliert seine plötzliche Einsicht in die Allgegenwärtigkeit des Todes in der hadesartigen Untertagslandschaft im zweiten Unterkapitel und zwei der im ersten Unterkapitel aufgerufenen Intertexte haben den Tod im Bergwerk zum Inhalt.

Noch das zu gewinnende Kupfererz trägt durch eine seiner erdgeschichtlichen Entstehungsstufen den Tod in sich: „[E]in von Lavawallungen mit Salzen gespeister zähflüssiger todbringender Tümpel [...], alles Leben, das ihm anheimfiel, zersetzend"[1716] sei eine geologische Vorstufe des Kupferflözes am Ostrand des Harzes gewesen, wo dieses austritt, „schwarz, voll von Tod die Sonne grüßend, die einst seine Substanz gebacken"[1717]. In diese Begegnung zwischen dem aus unterirdischer Schwärze ausbeißenden ebenso schwarzen Flöz und dem Sonnenlicht wird hier der Gegensatz zwischen chthonischem Bereich und himmlischer Sphäre zusammengezogen. Leben und Tod sind hier geologisch wie mythisch in dem vom Unterirdischen her ins Sonnenlicht gelangenden Kupferflöz aufgehoben, das das rötliche Venusmetall enthält, und zwar durch den Sedimentations- und Eintrocknungsvorgang, bei dem das Kupferflöz entsteht, und durch die geschwisterliche[1718] Gleichzeitigkeit von Eros als Gott-

---

[1710] Ebd., S. 78.
[1711] Beide Zitate: Ebd.
[1712] Vgl. ebd. die Nennung der Farben in direktem Zusammenhang mit der Rückerinnerung an die Szene vor dem Schaukasten.
[1713] Im Nachlasskonvolut befinden sich auch Handzettel, auf denen mit auffälliger, abschreckender Todesikonographie zur Einhaltung von Arbeitsschutzmaßnahmen im Bergbau aufgerufen wird. Der Bergmann in der Atlas-Szene etwa missachtet solche Regeln.
[1714] *Im Berg*, S. 114.
[1715] AdK, Berlin, FFA Nr. 36, S. 4.
[1716] *Im Berg*, S. 56.
[1717] Ebd.
[1718] Beide, Eros und Thanatos, sind Abkömmlinge der Nyx, der Nacht. (Vgl.: Kerényi, *Mythologie I*, S. 20f. u. 32.)

heit der Liebe und Thanatos als Todesgottheit[1719] im Bergwerk, ausgedrückt auch in der Figur der Kupferkönigin.

Im Entstehungsprozess des Erzes erhält Demeter zudem Eigenschaften von de Sades Juliette. Mit dieser funktionalen Gleichsetzung wird angedeutet, inwiefern die Göttin durch die eigentliche Umkehrung ihres Prinzips der Fruchtbarkeit in der Natur[1720] gleichsam Teil am Vergehen derselben haben könne und eben dieses Vergehen dann gar unter sadistischer Lustempfindung fördere[1721], sodass „die Denkkonsequenz"[1722] hier dazu führte, dass der Natur selbst noch ihr eigenes Verderben innewohne.

Fühmann entwirft im Bergwerk das Geflecht einer Todesmotivik[1723], die den Text nicht allein durch ihr vielgestaltiges Vorkommen prägt, sondern vielmehr als durchgehaltener, innerer wie äußerer, oft räumlicher Widerspruch. Dessen Basis in der Poetik des Mythos erweist sich daran, dass Fühmann die Spannung zwischen den Widerspruchspolen je offen hält. Als Ort der „finsterste[n] Finsternis"[1724] und als tartareisches Gefilde ist dem Bergwerk der Hades als mythischer τόπος des Todes eingeschrieben. Fühmann überwindet durch die wiederkehrende Thematisierung des Todes das Fehlen der Erinnerung an die toten Bergleute. Denn das Bergwerk zeigt sich durch die Erscheinung als Hades gerade auch als Landschaft, die die Tilgung des Totengedenkens nicht nur nicht erlaubt, sondern die eben den mythischen Aufenthaltsort der Toten bildet. In

---

[1719] Vgl. dazu die Planungsnotiz in Fühmanns Brief an Prignitz vom 24.01.1983. (AdK, Berlin, FFA Nr. 36, S. 4.)

[1720] Fühmann bezeichnet Demeter in seiner Erzählung *Baubo* als „die Kornmutter, die Große Göttin, deren Tau alles Blühen hervorbringt, alles Reifen und Knospen und jegliche Frucht." (Fühmann, *Baubo*. Ohr, S. 51.)

[1721] Den Hintergrund bildet hier der Mythos der Demeter, die durch die Verweigerung ihres Dienstes die Flora und Fauna der Erde vertrocknen und vergehen lässt. Sie setzt auf diese Weise ihre Macht über die Natur ein, um von den olympischen Göttern, insbesondere von Zeus, Auskunft über den Aufenthaltsort ihrer von Hades geraubten Tochter Persephone zu erhalten. Fühmann hat dies in *Baubo* als „grausamste[n] Sommer des Landes" beschrieben. (Ebd., S. 52.) Vgl. dazu auch die Darstellung bei: Kerényi, *Mythologie I*, S. 188f. Vgl. zur Synthese von Fruchtbarkeits- und Todesgöttin auch die Analyse der Erzählung *Baubo* bei Blanchet, *Le mythe dans l'œuvre de Franz Fühmann*, S. 227ff. Eine derartige Verbindung von Todes- und Fruchtbarkeitsgöttin findet sich gleichfalls in der biblischen Mythologie. Fühmann versah eine entsprechende Passage in: Beltz, Walter: *Gott und die Götter. Biblische Mythologie*. Berlin u. Weimar 1975, S. 71 (ZLB, Sammlung Fühmann) mit einer Anstreichung.

[1722] *Im Berg*, S. 111.

[1723] Hans Richter zeigt für die Bedeutung „der Sterblichkeit des Menschen" bei Fühmann hauptsächlich biographische Zusammenhänge auf. (Vgl.: Richter, *Dichterleben*, S. 333f.) Auch Bernhardt weist (etwas pauschaler) auf die Bedeutung des Todes im Bergwerk hin. Persephone wird dort z.B. auch mit Blick auf den zweiten fragmentarischen Teil des *Prometheus* erwähnt. (Vgl.: Bernhardt, *Denkmalsturz*. „Jeder hat seinen Fühmann", S. 126f.) Vor dem Hintergrund der früheren Rostocker Fassung des Mythos-Essays bezeichnet v. Bülow den Tod als „Zentralmotiv im Spätwerk Fühmanns". (v. Bülow, *Die Poetik Franz Fühmanns*, S. 163.)

[1724] Fühmann, *Baubo*. Ohr, S. 55.

Fühmanns Hörspiel *Die Schatten* etwa berichten die Gefährten des Odysseus von der Begegnung mit den Schatten der vor Troja getöteten Helden und davon, wie sich Odysseus mit ihnen unterhielt. Die Tartarosgrube Bergwerk hat daher nicht allein als eschatologische Topographie zu gelten, sondern viel eher schon als Praxis eines sich fortsetzenden Schreibens und Beschreibens, die den Tod fast beiläufig alltäglich mitten ins Lebens stellt. Die Todesfülle des Kupferflözes meint ja, neben der Naturgeschichte seiner Entstehung, der Bergleute harten „Kampf mit dem Element, mit dem Fels, mit dem Wasser, mit der Luft, mit dem Feuer"[1725], für den Schriftsteller in der Literatur aber schreibend den „ewig quälende[n] Drang, jenen Ort in der Sprache zurückzugewinnen, den das Leben ihm unwiederbringlich verlor."[1726]

[1725] *Im Berg*, S. 23.
[1726] Ebd., S. 104.

IV.7 „Mein Problem: wie kann ich das darstellen, ›kann‹ nicht im Sinne eines ›Dürfens‹, sondern eines literarisch-handwerklichen Vermögens."

Noch in der Setzung seines Anfangs stellt sich der Bergwerk-Text ein als Fortführung eines längst Begonnenen, dessen Fortschreibung gleichsam in ihrem Vorgehen den Text konstituiert. Wenn dieser vorderhand seinen τόπος in den Teufen der Grube bestimmt und *be*schreibt, so eignet ihm gleichsam als Reflexion seiner selbst noch die Auseinandersetzung mit zentralen poetischen Problemen. Führmanns Schreiben am und im Bergwerk hat damit nicht allein als Schurf[1727] im massiven Erz zu gelten, d.h. etwa bloß als komparatistisches Experiment eines Schriftstellers im Betrieb. Aus dieser unterirdischen Umgebung heraus eröffnet Führmanns Text vielmehr Betrachtungen, mit denen zum Einen das Bergwerk und zum Anderen die Genese des Textes selbst *zur Sprache kommen*. Dies nun geschieht nicht als simpler Abstieg in den Schacht, der als doppelte Werkstattbegehung gegeben würde und dieser literarischen und literaten Ausdruck verliehe. Eher noch führt der Text die Frage nach seiner Verfertigung und seinem Zustandekommen aus, sodass er poetisch mithin über sich hinausweist und zugleich den Modus seiner Schreibbarkeit sowie diese selbst *zur Sprache bringt*.

Dies stellt sich für Führmann als Problem des „literarisch-handwerklichen Vermögens"[1728] und betrifft in gleicher Weise jenes sprachlich „Prinzipielle"[1729], das bereits für die richtigen bergmännischen Ausdrücke in Rede stand. Die Problematik der Verwendung von Bergmannssprache oder ‚laienhafter' Sprache des Über Tage zur Erzählung und Beschreibung des Bergwerks gilt dem Bergmann dort als Fragestellung von Wahrheit und Unwahrheit, die letztlich an die Ehre seines Berufsstandes rührt. Sie offenbart jedoch ebenso eine Unzulänglichkeit des sprachlichen Mediums, die weitaus später im Text diskutiert wird. Denn nicht der einer vermeintlichen Wahrheit gerechte (und nach ihr gerichtete) Gebrauch eines Idioms wirft die Frage nach der Medialität des Sprachlichen auf, sondern überhaupt die Übertragung eines Erlebten *in* das Medium und hier auch *im* Medium. In der Weise, wie also eine zunächst fachsprachliche Divergenz sich zwischen dem Steiger und dem Schriftsteller ergibt, wird die Frage nach den Möglichkeiten sprachlicher Vermittlung im Bereich des Literarischen vorbereitet. Die facettenreich gezeigte, mehrfache Anwesenheit

---

[1727] Vgl. zu diesem bergmännischen Begriff: „Der Schurf wird mit Schaufel, Kratze, und Keilhaue verrichtet. [...] / Der Zweck d[es] Schurfs: 1. Schon gewissermaßen bekannte Gänge genauer aufzusuchen. 2. Einen Gang von Tage nieder zu untersuchen. 3. Einen Bau anzufangen." (Novalis: *[Aufzeichnungen zum Berg- und Hüttenwesen.]* In: Ders.: Schriften in vier Bänden. Dritter Band, Das philosophische Werk II. Hrsg. v. Richard Samuel. Stuttgart 1983³, S. 713-737, hier S. 714.)
[1728] Führmann, *Gespräch Schoeller*. Katzenartigen, S. 378.
[1729] *Im Berg*, S. 9.

IV.7 „Mein Problem: wie kann ich das darstellen..."

des Schriftstellers *vor Ort* – bis hin zum eigentlichen *Be*greifen des Berges mit der Hand am Flöz – vollzieht räumliche Nähe als Voraussetzung für die Unmittelbarkeit von Erfahrung nach. Allein die sprachliche Nicht-Fassbarkeit eines als Erfahrung sich Gebenden verwindet auch diese Annäherung nicht:

> Das Unmittelbare faßt man nicht; man lebt es, oder vielmehr: es lebt einen, und tritt man aus diesem Verhältnis heraus, beginnt ein quälender Prozeß, den unerfüllbare Sehnsucht antreibt.[1730]

Vielmehr offenbart sich im Bergwerk gerade anhand dieser Sehnsucht die sprachliche Vermitteltheit von Erfahrung, über die das sprachliche Medium nicht hinausgeht. Durch ihr eigenes Sprechen teilt sich *zuerst* gleichsam diese Medialität mit:

> Das Unmittelbare kann man nicht sagen; es sagt sich selbst, doch nur dem Erfahrer, und der versteht es ohne Worte, da er es ja eben unmittelbar, ohne das Medium Sprache hat.[1731]

Die Bergwerkserfahrung erreicht somit im Medium der Sprache keine Gegenwärtigkeit, da die Sprache diese nicht wiedergibt, nicht wiedergeben kann, sondern sie durch sich selbst ersetzt und sich selbst an der Stelle jeglicher eigentlichen Erfahrung behauptet. Der eigentliche Verlust einer solchen Präsenz der Grube durch Inbesitznahme war bereits in der Erwähnung eines Details vorausgedeutet worden. Während eines ersten Besuches unter Tage steckt sich der Erzähler ein Stück Erz „in die Hosentasche (wo es sich zu Pulver zerrieb)"[1732]. Noch der Griff nach einer handfesten Bewahrung des (be-) greifbaren Materials lässt dies in der Aneignung zu Staub zerfallen und bietet keine Übertragung in Haltbarkeit.[1733] Dem entsprechen die Bedingungen der Übersetzung[1734] von unmittelbar Erfahrenem in Sprache und letztlich in Schrift. Zu beobachten ist dabei die innere Gegenläufigkeit dieses Aneignungsvorgangs, worin sprachliche Gewinnung und Inbesitznahme eines Erfahrenen eigentlich dessen Verlust zeitigen und bedeuten: „Les mots, nous le savons, ont le pouvoir

---

[1730] Ebd., S. 104.
[1731] Ebd., S. 105. – Dies wird auch in dem Abschnitt zur Poetik des Porträts angesprochen, dort mit Blick auf die Probleme der Gattung: „[W]oran lag es, daß stets als Ganzes mißlang, wovon jeder Satz höchst gelungen schien? Der Grund dafür mußte also doch außer mir liegen, doch wenn nicht im Stoff, in welchem Außen dann? Etwa im Genre, dem vorgegebnen Außen, das zwischen Schreiber und Stoff sich als Medium schiebt?" (Ebd., S. 94.)
[1732] Ebd., S. 21. (Parenthese i. Orig.)
[1733] Analog wird auch der mögliche Verlust selbst des schriftlich Festgehaltenen angedeutet, da der Erzähler aus der Perspektive des rund zehn Jahre nach der Aufzeichnung Schreibenden erklärt, dass er die eigene „Kritzelschrift, mitunter im Kriechen geschrieben, [...] nicht mehr entziffern könnte, hätte [er] sie nicht sofort damals abgetippt." (Ebd., S. 124.)
[1734] Vgl. dazu auch das Verständnis von Übersetzung bei Derrida: „L'intervalle entre la chose même et sa reproduction, si fidèle soit-elle, n'est parcouru que par une translation." (Derrida, *De la grammatologie*, S. 400.)

de faire disparaître les choses, de les faire apparaître en tant que disparues, apparence qui n'est que celle d'une disparition [...]."[1735]

Im Bergwerk wird damit ein poetisches Problem behandelt, das Fühmann schon im *Ruppiner Tagebuch* berührt und das auch in *22 Tage* begegnet und das zudem eine der Kernfragen der Nachdichtung ausmacht. Denn der Wunsch, in einen idealen Nachdichtungsband gleichsam drei Varianten eines jeden Gedichtes aufzunehmen, will ja nicht nur dem Dichter des Originals und dem Interlinearübersetzer ihre gleichberechtigten Plätze neben dem Nachdichter einräumen. Was die Erstellung einer Nachdichtung mit ihrer Existenz selbst zum Verschwinden bringt – Genette etwa sieht die Übersetzung ausdrücklich als eine Form des Palimpsests[1736] –, soll durch die gleichberechtigte und gleichwertige Anwesenheit ihrer Paralleltexte quasi durch Stadien eines Prozesses zum Erscheinen gebracht werden. Die ästhetische Erfahrung selbst, die Grundlage einer Nachdichtung ist, bleibt freilich auch in diesem Fall im Bereich des Nicht-Fassbaren. Der Text der Nachdichtung ist zugleich ihre Überschreibung *und* ihre Schrift. Ein analoges Problem enthalten die Überlegungen im *Ruppiner Tagebuch*:

> Blättere in meinen Aufzeichnungen herum und sehe entsetzt, daß ich zwischen Neuruppin und mich einen Schwall Papier geschoben habe. Das ist das zutiefst Ruchlose der Literatur: sie verwandelt die Welt in Papier und Tinte, abstrahiert, schafft Abgezogenes, Schatten, Preßpflanzen fürs Herbarium.[1737]

Angesichts eines derartigen poetischen Unbehagens, ließen sich nun die Schreibstrategien der Aphoristik in *22 Tage* gar als Versuch verstehen, einer solchen Papierexistenz anders zu begegnen und gerade durch den Einsatz einer Vielzahl von Formen, Themen und Intertexten auf die literarische Unerreichbarkeit der außerliterarischen Wirklichkeit hinzudeuten. Dass schon an den Budapester Donauufern das „Zwischenreich von »schon nicht mehr« und »noch nicht«"[1738] präsent war, lässt sich ablesen an der kurzen Episode, in der der Erzähler die „gemeine, hinterhältige Freude" erwähnt, mit der er „ein Stück Leben"[1739] absichtlich ungeschrieben und damit ungestaltet belässt. Es drückt sich darin wohl die profunde Skepsis gegenüber dem eigenen Tun aus und mehr noch der ausdrückliche Hinweis darauf, dass die literarische *Um*setzung eines präsentisch Gelebten sich von diesem medial deutlich entfernt. Fühmann spitzt dies scheinbar paradox zu:

> Was dauern soll, ist das Erleben, und was gestiftet wird, daß dieses bleibe, ist eben dies Erleben nicht.[1740]

[1735] Blanchot, *L'espace littéraire*, S. 45.
[1736] Vgl.: Genette, *Palimpsestes*, zur Übersetzung besonders S. 291-299.
[1737] Fühmann, *Ruppiner Tagebuch*, S. 189. Vgl. auch: Ebd., S. 135 u. 142f.
[1738] *Im Berg*, S. 104.
[1739] Beide Zitate: *22 Tage*. WA 3, S. 453.
[1740] *Im Berg*, S. 105f.

IV.7 „Mein Problem: wie kann ich das darstellen..."

Diese Geste vermeintlicher literarischer Vergeblichkeit erwächst hier aus einem faustischen Problem – Fühmann zitiert: „Verweile doch, du bist so schön."[1741] –, in dem sich die für den Bergwerk-Text eminent wichtigen poetischen Fragestellungen wiederfinden.

So nähert sich Fühmanns Text dem Problem, indem zunächst „der Augenblick, da ich begriff, daß die Grube mein Ort war" als ein Erlebnis gegeben wird, das an Tiefe und Wirkungsmächtigkeit ganz offensichtlich in der Benennung als „Urerlebnis"[1742] gefasst werden soll. Dieser Moment wird in einer kurzen Passage im dritten Unterkapitel wiedergegeben, wobei dieses erfahrende Begreifen und begreifende Erfahren eigentlich das *An*fallen eines im Augenblick zusammengezogenen Erfahrungsgehaltes aufweist. Fühmann benutzt hier wenig zuvor für die Darstellung (eines Undarstellbaren[1743]) ein „Leitwort"[1744], das die Erfahrung eines Umschlags und noch dessen Ort selbst zur Sprache bringt: „[...] ich wußte jählings: Das war mein Ort."[1745] Im direkten Vorlauf zu dieser Erkenntnis ist zudem die akustische Anwesenheit des Berges selbst hervorzuheben, die als „verworrene[s] Schweigen" und beinahe unhörbares „Knacken im Fels" bzw. „Gepink eines Steinchens"[1746] ausgesprochen wird. Dazu stehen die weitaus lauteren Geräusche der Arbeit in direktem Gegensatz. Ergänzend erscheint das Bergwerk hier auch durch das Auftreffen von (künstlichem) Licht. Diese aisthetische Präsenz des Ortes bedingt die formulierte Erkenntnis.[1747]

[1741] Ebd., S. 106. – Vgl. die entsprechenden Verse in der Szene im Studierzimmer: *Faust I*, V. 1700 und in der Todesszene *Faust II*, V. 11582 (Zitierte Ausgabe: v. Goethe, Johann Wolfgang: *Faust. Eine Tragödie*. In: HA 3, Dramatische Dichtungen I, S. 57 sowie S. 348.)

[1742] Beide Zitate: *Im Berg*, S. 25. – Krüger geht in ihrem Aufsatz davon aus, mit dem Urerlebnis sei das Erblicken des Bergmanns als Atlas gemeint. (Vgl.: *Mythischer Ort – poetischer Ort*. „Jeder hat seinen Fühmann", S. 94.) Dem ist vor dem Hintergrund dieser Textstelle zu widersprechen, sowie auch mit Blick auf „das jähe Urerlebnis der Grube", das in Unterkapitel acht erwähnt wird. (*Im Berg*, S. 78.) Hinzuweisen bleibt auf die Szene, da der Erzähler von dem brennenden Schmerz berichtet, den unter Tage ein Griff in die Salzlake verursacht. Im ersten Unterkapitel steht hier der körperliche Schmerz als anthropologische Urerfahrung; Fühmann nennt dies „Unterricht". (Ebd., S. 14.) Vgl. zur ansatzweisen Problematisierung des Urerlebnisses auch weiterhin: Krüger, *Mythischer Ort – poetischer Ort*. „Jeder hat seinen Fühmann", S. 98ff.

[1743] Vgl. dazu: „[Die Ökonomie des Begehrens] reißt genau an der Stelle ihres Mangels auf und leitet zu einem anderen über: Dem Unendlichen in Gestalt des unfaßlichen *Augenblicks*, der unverfügbaren Präsenz, der Undarstellbarkeit." (Mersch, *Ereignis und Aura*, S. 180. Hervorhebung i. Orig.)

[1744] Franz Fühmann an Dr. Kurt Batt am 22.08.1971. Briefe, S. 102. Fühmann nennt dort beispielhaft „plötzlich, jählings" und ergänzt in einem wenige Tage später folgenden Brief eben die Verbindung derartiger Augenblickserfahrungen mit denen des jähen Übergangs. (Vgl.: Franz Fühmann an Dr. Kurt Batt am 09.09.1971. Briefe, S. 105.)

[1745] *Im Berg*, S. 24.

[1746] Alle drei Zitate: Ebd., S. 23.

[1747] Zu überlegen bliebe vielleicht, inwiefern sich schon im notwendigen Einsatz von Kunstlicht eben das Artifizielle des Ortes und auch seiner Darstellung ausdrückt. Denn eigentlich entsteht die örtlich-räumliche Dimension ja ausschließlich durch die und mit der Beleuchtung.

Mit dem Moment des Umschlagens ist ein zweiter zu verknüpfen, der in der Tanzpalastepisode beschrieben wird: Dr. Schmid erwähnt dort die Freud'sche Rom-Metapher „als Modell des Gewordenseins der menschlichen Psyche"[1748], was beim Erzähler „plötzlich, und gänzlich unvermutet"[1749] die Erkenntnis auslöst, auch das Bergwerk könne letztlich als Modell des Gewordenseins von Literatur aufgefasst werden. Die folgende Passage drückt den Charakter des Jähen und Augenblicklichen dieser Erkenntnis aus:

> [D]a *durchzuckte* mich eine Erkenntnis, die von der Art der poetischen war: Man hat das, was einen *bestürzend durchfährt*, schon lange als selbstverständlich gewußt, doch *jetzt, plötzlich*, mit einem *Zauberschlag* ist dies Wissen lebendig geworden, und solchermaßen, daß man sich für einen *Augenblick* zu einer Art gedoppelter Existenz *gerissen* fühlt –: Man hat tatsächlich den *Sprung* erfahren, der einen (etwas in einem) so verändert, daß man den Zustand von noch soeben schon als vollkommen undenkbar ansieht, genau: nicht undenkbar als gewesen, sondern undenkbar im Sinn von schon unnachvollziehbar, daß man so lange der Einsicht entbehrte, die nun als selbstverständlich dasteht, und zu gleicher Zeit weiß man, daß niemand andrer dies selbstverständliche Wissen besitzt.[1750]

Im Gefüge des vorhandenen Bergwerk-Textes wird das erste Übergangserlebnis in dem iterativ gestalteten Kontext der ersten Einfahrt erzählt, innerhalb dessen dieses Ereignis immer bereits als „Heraustreten aus dem Alltag"[1751] gegeben wird. Es wird so die Spannung einer Kontradiktion zwischen jäh vorfallender Einmaligkeit und einer sich aus bereits Gewesenem speisenden Wiederholung aufgebaut. Beide Pole dieses Widerspruchs jedoch sind nicht voneinander zu lösen, wird doch die Darstellung des Urerlebnisses bereits in eine Alltäglichkeit eingebettet, die als Hintergrund den Charakter des Ereignishaften noch unterstreicht, ja die ihn bedingt. Dem unmittelbar sich Ereignenden hingegen kann die Übersetzung ins Literarische als Form der Wiederholung nicht entsprechen, bildet das Wort doch „ein anderes Unmittelbares, das für seinen Erschaffer nicht das Heraustreten aus dem Alltag, das Gerissen-Werden in ein Andres [...], sondern fortwährender Alltag ist."[1752] Diese Reflexion bietet Unterkapitel zehn, das gewissermaßen einen poetologischen Kommentar zur im dritten Unterkapitel gegebenen Erzählung des Urerlebnisses beinhaltet. Auf der Basis von Søren Kierkegaards *Die Wiederholung*[1753] wird auch im zehnten

---

[1748] *Im Berg*, S. 79.
[1749] Ebd., S. 80.
[1750] Ebd., S. 79f. (Hervorhebungen S.K.) – Zum Problem des Plötzlichen vgl. auch: Bohrer, *Plötzlichkeit*, hier besonders S. 63ff.
[1751] *Im Berg*, S. 106.
[1752] Ebd.
[1753] Dem 10. Unterkapitel sind zwei Mottozitate vorangestellt: „»Die Dialektik der Wiederholung ist leicht; denn das, was wiederholt wird, ist gewesen, sonst könnte es nicht wiederholt werden, aber gerade dies, daß es gewesen ist, macht die Wiederholung zu dem Neuen.« / »Wenn man die Kategorie der Erinnerung oder der Wiederholung nicht hat, dann löst sich das ganze Leben in ein leeres und inhaltloses Lärmen auf.« Constantin Constantius, Die

Unterkapitel das Spannungsverhältnis zwischen einmalig Erlebtem und dessen Wiederholung thematisiert. Fühmann problematisiert dabei die absolute Einmaligkeit des Urerlebnisses als Vorfall eines Unwiederholbaren.[1754] Als epiphanischer Moment steht dieser am Beginn einer Wiederholungskette, in der die Stiftung von Erfahrung zu sehen ist.[1755] Allerdings, so die Überlegung weiter, können sich in einer solchen Kette nur „die äußeren Umstände eines inneren Erlebnisses, nicht das innere Erlebnis selbst"[1756] wiederholen. Darin liegt bspw. auch die Differenzierung zwischen dem Joyce'schen Konzept der ‚epiphany'[1757] und dem der ‚mémoire involontaire' bei Proust, die Ziolkowski in seinem Aufsatz zur Epiphanie-Konzeption anführt. Er definiert die Epiphanie bei Joyce als Erkenntnis der ‚whatness' oder Seele des jeweiligen Dinges, wobei sich dies *„im gegenwärtigen Augenblick"*[1758] vollzieht. Mit Hilfe dieses zweiten Momentes unterscheidet Ziolkowski zwischen ‚mémoire involontaire' und Epiphanie, da etwa in der Madeleine-Episode oder beim Hören der Vinteuil-Sonate bei Proust „bloß Erinnerungen aus seiner (Marcels, S.K.) eigenen Vergangenheit […] in ihren mannigfaltigen Verflechtungen heraufbeschworen"[1759] wurden.

Bei Fühmann klingt zwar durchaus eine Verbindung der Urerlebniserfahrung mit der Erinnerung an, doch ist jenes Unwiederholbare „vollständig vergangen und die Erinnerung daran ein Erinnern an Vergangenes"[1760], sodass das wiederholende Erinnern daran mit dem epiphanischen Erlebnis nicht in eins gesetzt

---

Wiederholung." (*Im Berg*, S. 100.) Beide stammen aus Kierkegaards Prosatext, dessen Erzähler Fühmann hier als Urheber angibt. Vgl. für die beiden Textstellen: Kierkegaard, Søren: *Die Wiederholung. Ein Versuch in der experimentierenden Psychologie von Constantin Constantius*. In: Ders.: Die Wiederholung. Die Krise und eine Krise im Leben einer Schauspielerin. Übers. u. hrsg. v. Liselotte Richter. Reinbek b. Hamburg 1961, S. 5-83, hier S. 23. In Fühmanns Ausgabe sind die entsprechenden Zeilen unterstrichen, am Rande befindet sich die Notiz „Erfahrung!" (ZLB, Sammlung Fühmann)

[1754] Im Trakl-Essay wird das Erste eines ästhetischen Erfahrens ebenso als unwiederholbar gezeigt: „Die erste Begegnung ist zumeist die innigste, aber sie ist unwiederholbar; sie zwingt uns, das Gedicht verstehen zu wollen, um es ganz als das unsere zu haben, doch je mehr wir von einer Dichtung verstehen, um so strahlender, ein dunkles Feuer, tritt ihr unerhellbares Geheimnis hervor." (*Vor Feuerschlünden*. WA 7, S. 196.)

[1755] Daran ließe sich erläuternd Blumenbergs Sentenz fügen: „Erfahrung setzt Erfahrung voraus." (Blumenberg, *Höhlenausgänge*, S. 561.)

[1756] *Im Berg*, S. 100.

[1757] Zu diesem Begriff (auch bei Joyce) vgl. u.a.: Abrams, *A Glossary of Literary Terms*, S. 52f. Zum Epiphanie-Problem vgl. auch: Eco, Umberto: *Das offene Kunstwerk*. Frankfurt/M. 1977, hier S. 329-342 sowie Bohrer, Karl Heinz: *Augenblicke mit abnehmender Repräsentanz. Das Problem der Epiphanie in der Dichtung der klassischen Moderne*. In: Ders.: Ekstasen der Zeit. Augenblick, Gegenwart, Erinnerung. München 2003, S. 72-91.

[1758] Ziolkowski, Theodore: *James Joyces Epiphanie und die Überwindung der empirischen Welt in der modernen deutschen Prosa*. In: DVjs 35 (1961) 4, S. 594-616, hier S. 602. (Hervorhebung i. Orig.)

[1759] Ebd.

[1760] *Im Berg*, S. 100.

werden kann.[1761] Dass das Mythische Epiphanie sei, wie sich aus der Tatsache ergibt, dass die zum Alltag gewordene Wiederholung des Bergwerkerlebnisses der bloße „Abglanz des Mythischen traf"[1762], erlaubt es mithin die Ähnlichkeit von Fühmanns Begriff des Urerlebnisses und Joyce' Konzeption der ‚epiphany' zu erkennen. Gleichwohl muss Fühmanns Verwendung des Epiphanie-Begriffes bzw. dessen vermeintliche Konvergenz mit dem Urerlebnis eher als teilweise Anleihe beim Autor des *Ulysses* betrachten werden. Denn Fühmanns Verwendung des Begriffes intendiert offensichtlich die konzeptionelle Verbindung von Mythischem und Epiphanie.

Bereits in Joyce'*Stephen Hero* findet sich eine kurze aber prägnante Definition der ‚epiphany' gegeben:

> By an epiphany he (Stephen, S.K.) meant a sudden spiritual manifestation, whether in the vulgarity of speech or of gesture or in a memorable phase of the mind itself. He believed that it was for man of letters to record these epiphanies with extreme care, seeing that they themselves are the most delicate and evanescent of moments.[1763]

Mit Blick auf Fühmanns poetische Problematik im Bergwerk lässt sich neben dem Moment der Überwältigung durch das Urerlebnis noch die Tatsache festhalten, dass sich das Urerlebnis an sich gerade der bei Joyce intendierten Aufzeichnung, dem „record these epiphanies"[1764] entzieht. Denn Fühmann differenziert ja ausdrücklich das Unmittelbare eines Erlebens und jenes andere Unmittelbare des Wortes als „ein ästhetisches Gebilde, das, aufs Urerlebnis bezogen, stets als dessen Surrogat wirkt"[1765]. Beide Konzepte verbindet jedoch jene „sudden spiritual manifestation"[1766], das Moment des Sprunghaft-Augenblicklichen mit dem ein derartiges Erlebnis an- bzw. vorkommt. „This is the moment which I call epiphany."[1767], meint letztlich den Moment, da das jeweilige Objekt in seiner ‚whatness' erscheint: „This supreme quality is felt by the artist when the esthetic image is first conceived in his imagination."[1768] Während sich

---

[1761] Vgl. aber ebd. die sich durch die Wiederholung ergebende prozessuale Offenheit: „Das Unwiederholbare ist eine geschloßne Figur; das Wiederholen ist zur Zukunft hin offen, und jede Wiederholung schließt diese Öffnung und bietet neues Offensein an."
[1762] Ebd., S. 101.
[1763] Joyce, James: *Stephen Hero*. Edited from the Manuscript in the Harvard College Library by Theodore Spencer. New York 1963, S. 211. Vgl. auch ebd., S. 212f., den Fortgang des Gespräches zwischen Stephen und Cranly zur Klärung der Basis von Joyce' ‚epiphany'-Konzeption bei Thomas von Aquin und vgl. dazu auch die Erörterung von Stephens ‚esthetic theory' im Dialog mit Lynch in Joyce' *A Portrait of the Artist as a Young Man*. (Ed. by R.B. Kershner. Boston / Newe York 1993, S. 180-186.) Vgl. zu diesem Komplex auch Ziolkowski, *James Joyces Epiphanie*, S. 600ff.
[1764] Joyce, *Stephen Hero*, S. 211.
[1765] *Im Berg*, S. 106.
[1766] Joyce, *Stephen Hero*, S. 211. Vgl. zudem die Wirkung, die das Erlebnis auf Stephen macht: „an impression keen enough to afflict his sensitiveness very severely." (Ebd.)
[1767] Ebd., S. 213.
[1768] Ders., *Portrait*, S. 185.

Joyce' Held bei der Entwicklung seiner Epiphanie-Theorie jedoch vor allem auf den Zeitpunkt künstlerischer Erkenntnis konzentriert, problematisiert Fühmann darüber hinausgehend – zudem bereits mit einem Ton der Vergeblichkeit – die künstlerische Gestaltung als Vorgang einer unzureichenden und unbefriedigenden Fixierung auch von epiphanisch (Ur-)Erlebtem. Die äußere Wiederholung, von der zu Beginn des zehnten Unterkapitels die Rede ist, wird hier zu jenem, an seiner unmittelbaren Fülle gemessen, unzulänglichen Festhalten eines Erlebten, das nur noch die abgeschmackte Überdrüssigkeit äußerer Wieder-Holung zu bringen hat.

Weiterhin zeigt sich bei Fühmann die Unterscheidung zwischen dem inneren Erlebnis und dessen äußeren Umständen wohl als konstitutiv für die Modellhaftigkeit, in die sich die (Ur-)Erfahrung des Mythos wendet. Auf die Unwiederholbarkeit der letzteren hatte Fühmann bereits im Mythos-Essay nachdrücklich hingewiesen, als er die absolute Unauffindbarkeit des Mythosursprungs[1769] und damit das Sein des Mythos in fortwährender Rezeption betonte. Im Bergwerk jedoch wird der Anschein erweckt, als sei mit der Poetik des Mythos nicht mehr als ein Schurf vorgenommen worden, der jedoch nunmehr zum Ursprünglichen des Mythos hin nicht nur zu schürfen, sondern als Strecke vorzutreiben sei: „Das Mythische kann man nicht wollen; es überfällt, es ist Epiphanie."[1770]

Im Kontext von „Verschiebung; Sublimation"[1771] von Gelebtem durch Wortarbeit scheint sich mit diesem Satz die Dekonstruktion der Mythospoetik anzukündigen. Doch indem hier das Moment des Jähen – „es überfällt"[1772] – am Mythos hervorgehoben wird, bestätigt Fühmann sentenzhaft vielmehr, was bereits im Mythos-Essay postuliert worden war:

> [B]estimmte Erfahrungen rühren so heftig an das Menschsein, daß sie es erschüttern; ich kann danach nicht wie vordem weiterleben, ich brauche, schon daß ich sie überstehe, die Hilfe der Nachbarn, doch diese Erfahrungen sind eben von solcher Art, daß sie zu beschreiben schwer, ja unmöglich ist, und diese Kommunikationsqual gehört wesentlich mit zu ihrer Wucht. [...] Es sind dies nun, und das ist das scheinbar Sonderbare, nicht irgendwelche einmaligen Sensationen, die da niederfahren, sondern Begebnisse elementarster Alltagsexistenz [...] – Elementarereignisse von jedermann, die milliardenfach und milliardenfach Minute für Minute geschehen und doch für jeden einzig und einzigartig und zumeist auch unwiederholbar sind.[1773]

Die eigentliche Feststellung betrifft hier das Verhältnis von einmaligem Ereignis und dessen Gerinnung in einem sich an eben dieses Ereignis fügenden iterativen Prozess, in dem allerdings die Wiederholung, mit Ausnahme des ent-

---

[1769] Vgl.: „Wir sind mit einer solchen Zuordnung (die historische Erklärung mythischer Geschichten, S.K.) nicht am Ursprung eines Mythos, wir haben damit nicht seine Urform gewonnen. Wann aber sind wir dort, wann finden wir sie? Die harte Antwort lautet: Niemals." (*Das mythische Element in der Literatur*. WA 6, S. 101.)
[1770] *Im Berg*, S. 102.
[1771] Ebd., S. 106.
[1772] Ebd., S. 102.
[1773] *Das mythische Element in der Literatur*. WA 6, S. 117.

scheidenden Schrittes vom absolut Ersten zur ersten Wiederholung, nicht notwendig chronologisch zu denken ist, sondern auch als Geschehen in alltäglicher Gleichzeitigkeit. Insofern als Fühmann im Essay den Gehalt des Mythos an Menschheitserfahrung hervorhebt, legt er damit nicht allein die Basis für ein von Verkürzungen freies Literaturverständnis, das am Menschheitsaußen wie am Menscheninnen[1774] interessiert ist, anstatt z.B. an politisch-historischer Instrumentalisierung. Er erreicht damit vielmehr auch die logische Verankerung dieser Vorstellungen und bietet darüber hinaus eine anthropologische Erklärung seines Erfahrungsbegriffes an.[1775] So sei – Fühmann beruft sich hier auf Lukács – Lenin über Hegel insbesondere darin hinausgegangen, dass er die Entstehung von Axiomen menschlicher Praxis mit der „milliardenmaligen Wiederholung"[1776] logischer Schlussfiguren erklärt habe, wodurch letztlich Einzelnes zu Allgemeinem werde.[1777]

Im Bergwerk wird diese Fragestellung stärker als Problem des literarischen Schreibens bearbeitet.[1778] War der Mythos-Essay Ort poetisch-theoretischer Überlegungen und der Reflexion von Voraussetzungen der eigenen Poetik gewesen, so wird die Kupfergrube zum Ort praktisch-existentieller Bewährung dieser Poetik. Vor *diesem* Hintergrund verunsichert die Frage des Häuers unter Tage den Schriftsteller, vor *diesem* Hintergrund behauptet Letzterer seine Erkenntnis des Gewordenseins von Bergwerk *und* Literatur und vor *diesem* Hintergrund stellen sich die Fragen nach der Schreibbarkeit von Erfahrung mit einer Unbedingtheit, die letztlich mit dem Urerlebnis im Angesicht der Bergwerkslandschaft konzeptionalisiert werden sollen. Dem Urerlebnis weist Fühmann im Bergwerk eine zentrale poetische Funktion zu, von der genuin die Motivation der literarischen Tätigkeit des Schriftstellers herrühre. Es sei dies „der ewig quälende Drang, jenen Ort in der Sprache zurückzugewinnen, den das Leben ihm unwiederbringlich verlor."[1779] Im Trakl-Essay ist die im Schreiben sich ausdrückende Existenzfunktion gar noch deutlicher gegeben: „Künstler ist, wer nicht anders kann – und dem dann nicht zu helfen ist."[1780] Aus dieser funktionalen Verknüpfung von Leben und Literatur, der nach Fühmann das Verhältnis

---

[1774] Vgl. für diese beiden Begriffe: Ebd., S. 124.
[1775] V. Bülow weist auf den Erfahrungsbegriff Arnold Gehlens hin, der Fühmanns Grundlage bilde. (Vgl.: v. Bülow, *Die Poetik Franz Fühmanns*, S. 87f.)
[1776] Fühmann zitiert aus Lenins *Zur Frage der Dialektik*. (Vgl.: *Das mythische Element in der Literatur*. WA 6, S. 109.), Lenin, *Zur Frage der Dialektik*. W 38, S. 338-344.
[1777] Vgl. dazu auch bei Kierkegaard: „Die Ausnahme erklärt also das Allgemeine und sich selbst, und wenn man das Allgemeine recht studieren will, muß man sich bloß nach einer berechtigten Ausnahme umsehen; diese zeigt alles weit deutlicher als das Allgemeine selbst." (Kierkegaard, *Die Wiederholung*, S. 80.)
[1778] Vgl. hierzu auch die allgemeine Erwähnung einer verwandten Problematik bei v. Bülow, *Die Poetik Franz Fühmanns*, S. 10, bei Schoeller, *Wandlung als Konzept*. „Jeder hat seinen Fühmann", S. 39 sowie bei Wagner, *Nachdenken über Literatur*, S. 9.
[1779] *Im Berg*, S. 104.
[1780] *Vor Feuerschlünden*. WA 7, S. 175.

IV.7 „Mein Problem: wie kann ich das darstellen..."

von Urerlebnis und Wiederholung entspricht[1781], entstehen im Bergwerk die künstlerisch-poetischen Hauptprobleme, die der Text beinhaltet und an denen seine Unvollendetheit mit festzumachen sein wird.[1782]

In einer höchst komprimierten Passage des zehnten Unterkapitels verknüpft Fühmann die zentralen Aspekte des Problems miteinander:

> Verschiebung; Sublimation. – Was das Wort schafft, der »Phallus des Geistes«, um mit Gottfried Benn zu sprechen, ist ein anderes Unmittelbares, das jedoch für seinen Erschaffer nicht das Heraustreten aus dem Alltag, das Gerissen-Werden in ein Andres – und das war dies Urerlebnis, das Verzehren des Ich, gewesen –, sondern fortwährender Alltag ist. Verweile doch, du bist so schön: das Überwältigende entschwindet; das Bestreben, es festzuhalten, muß, im Willen, es gestalten zu können, das Unwiederholbare wiederholen; die Wiederholung wird zum Alltag, der mit dem Alltag des Schaffens verschmilzt, und was geschaffen wird, ist ein ästhetisches Gebilde, das, aufs Urerlebnis bezogen, stets als dessen Surrogat wirkt und also, und wäre es ästhetisch vollendet, immer wieder die Unbefriedigung neu setzt, daß die Lust keine Ewigkeit hat und die Kunst nicht das Leben ist.
>
> Unter diesem Aspekt ist jedes Gelingen ein Scheitern, und man mag sich noch so oft sagen, daß Literatur nicht das Leben sein kann und nicht dessen Surrogat sein darf – etwas in einem weiß es besser; und wenn man auch nicht dran zugrunde geht, so reibt man sich doch ein Leblang dran auf und schmeckt noch im Glück des Werk-Vollendens den Überdruß am Artefakt. – Papier; Leinwand; Gips; armselige Zeichen; man stößt derlei angewidert von sich. – Am farbigen Abglanz hätten wir das Leben – nein, das Leben haben wir als Leben, allein wir können es nicht halten, wir haben es im steten Entgleiten, und der farbige Abglanz seines Verweilens ist als Abglanz einer Dimension, der wesentlichsten, der des Lebendig-Seins beraubt. – Unglückliches Volk, das einen Helden; armseliges Sein, das Künstler braucht. – Die Verse mögen noch so glühen, ihr Feuer setzt keinen Strohhalm in Brand, die prangendsten Rosen auf der Leinwand sind duftlos, man könnte ihnen Essenzen beimengen und hätte Ärgres als Leichengeruch, nämlich dessen Surrogat als Surrogat des Lebendig-Schönen. – Die Schattenwelt am lichten Tag; die Hadesgrube mitten im Leben, und Achilles begehrt, viel lieber droben der geringste aller Tagelöhner zu sein als drunten der Schatten des gewaltigsten Helden und er heult, Schatten, nach einem Rinnsal Leben, nach einem Tropfen rauchendem Blut.
> Ach –[1783]

[1781] Vgl.: *Im Berg*, S. 104.

[1782] Zudem ist eine derartige Kategorie des als anfallend-unerwartet Erfahrenen auch für andere Texte Fühmanns charakteristisch. So ist auf die poetologische Problematisierung der eigenen Darstellung im Trakl-Essay hinzuweisen, da Fühmann von der „Untunlichkeit" spricht, „einen Augenblick, in dem sich eine Ära des Außen wie Innen als Sekunde der Ewigkeit versammelt, im Nacheinander eines entwickelnden Berichts abzuhandeln". (*Vor Feuerschlünden*. WA 7, S. 13.) Dies betrifft hier den unmittelbaren Augenblick der Wirkung eines poetischen Gebildes. Das Bergwerk als „jungfräulicher Ort" (*Im Berg*, S. 23) korreliert außerdem mit der im Mythos-Essay als „Urerlebnis" beschriebenen „erste[n] Liebesvereinigung", die noch in „einer *jeden* Umarmung" stecke (*Das mythische Element in der Literatur*. WA 6, S. 94).

[1783] *Im Berg*, S. 106f.

Die Reflexion bleibt unabgeschlossen und bedingt in ihrem mythischen Ausgang einen Nachhall, der die Behandlung des Themas auch in Unabgeschlossenheit belässt. Fühmann operiert an dieser Stelle mit Merkmalen einer Offenheit, die nicht als vergebliche Auseinandersetzung mit einem Komplex nicht lösbarer Fragen erscheint, sondern als subjektiv-souveräne Darstellung der wesentlichen künstlerischen Problemlage des Textes. Aus dem Spannungsverhältnis von jäh sich einstellendem Urerlebnis und der zirkulären Bewegung des Wiederkehrenden – wohl nicht Immergleichen, da ja doch in der Wiederholung Neuen – wird ein einstweilen fast melancholisches Überdrüssig-Werden an den zugleich kunst*vollen* und künst*lichen* und kläglichen Versuchen abgeleitet, dem Entgleiten des Lebendigen doch noch die Dauerhaftigkeit eines Werkes entgegenzusetzen. Der künstlerische Griff nach dem Existentiellen, als notwendiges sich Vergreifen an einem ohnehin Nicht-(Er-)Haltbaren enthüllt, kann jedoch je nur die fortwährende Divergenz zwischen Leben und Kunst zeigen.[1784] Der profunde Überdruss, ja gar der Anflug von Ekel, den die leere Alltäglichkeit der Wieder-Holung des Unwiederholbaren hervorzurufen fähig ist, führen hier indessen nicht zum verdammenden Abwenden und nicht zum Bruch mit dem Abgeschmackten, das jeden Lebens entbehrt. In der Gegenüberstellung von Kunst und Leben erscheint alle Kunst freilich als totes Artefakt, an dem jeder noch so umfassende Versuch einer Mimesis des Lebendigen je nur die leblose Hülle einer Mimikry produzierte. Der Text betont hier diesen antipodischen Abstand zwischen Kunst und Leben und bereitet so die kurze Einblendung des Schattenreiches vor, an das die Grube den Bergwerksgänger zuvor ja ohnehin schon gemahnt hatte. Mit dem Aufrufen der Unterwelt – wofür Fühmann das Wort ‚Tod' hier *nicht* braucht – wird der Gegensatz zwischen dem schattenhaft Toten der Kunst und dem immer währenden Verrinnen allen (Er-)Lebens noch durch die Figur des Achilles verdeutlicht.[1785] Sein unstillbares und unerfüllbares Verlangen nach Leben steht hier für den unzureichenden Verweis darauf, über den die Leistung des Kunstwerks – in diesem Verständnis ein bloßer Schatten des Lebens – nicht hinausgelangt. Doch der Abschnitt führt nicht endgültig hinab in die Landschaft des Hades. Fühmann setzt hingegen – wie es im Mythos-Essay mit Blick auf das Schlusswort der Alkmene heißt – „die abgedroschene Allerweltsfloskel"[1786] ‚ach'. In einer früheren Fassung des Bergwerk-Textes

---

[1784] Eine ähnliche Reflexion findet sich auch in einer Notiz im *Ruppiner Tagebuch*. (Vgl.: Ders., *Ruppiner Tagebuch*, S. 134.)

[1785] Vgl. dazu auch den z.T. im Wortlaut gleichen Bericht der Griechen gegenüber den Nymphen auf Aiaia in Fühmanns Hörspiel *Die Schatten*. (S. 39f.) Vgl. weiterhin das Motiv der Hadesfahrt bei Nietzsche, Friedrich: *Menschliches Allzumenschliches II*. Vermischte Meinungen und Sprüche Nr. 408. In: Ders.: Sämtliche Werke. Kritische Studienausgabe (KSA). Hrsg. v. Giorgio Colli u. Mazzino Montinari. Bd. 2, Menschliches Allzumenschliches. Berlin / München 1999$^{(2)}$, S. 533f. Vgl. zudem bei Blumenberg, *Höhlenausgänge*, S. 634ff., die Darstellung Nietzsches als Unterirdischen im Zusammenhang mit dem Beinamen „Chthonios" für Dionysos.

[1786] *Das mythische Element in der Literatur*. WA 6, S. 136.

IV.7 „Mein Problem: wie kann ich das darstellen…"

lautete die Stelle noch „Alkmenes Ach –"[1787]. Durch die Streichung des direkten Verweises auf Kleists Drama gewinnt der Text hier zusätzlich an Offenheit. So lässt sich in diesem ‚Ach' auch Büchners Camille finden, die sich in *Dantons Tod* mit ihrem verächtlichen „ach die Kunst!" über „die Leute" empört, die „[v]on der Schöpfung, die glühend, brausend und leuchtend, um und in ihnen, sich jeden Augenblick neu gebiert, [nichts] hören und sehen".[1788] Auffällig in Fühmanns und Büchners Text ist der brandmarkende Ton. Am Schluss der endgültig scheinenden Passage poetischer Reflexion weist diese Floskel zudem auf deren Fortführung im Offenen, ja mehr noch bedeutet sie erneut jenen schriftstellerischen Antrieb, im Tone eines fortwährenden Dennoch[1789] dem glanzlosen Abglanz der Wiederholung je noch den Ort einzuschreiben, dessen Verlust erst eigentlich diesen Drang geschaffen. Literatur und literarisches Arbeiten sind hier Existenzfunktionen. Denn es geht nicht allein um das Postulat einer schmerzlichen, schwärenden Unzulänglichkeit, das sich aus einem vergeblichen Sinn für die ad se ohnehin unerreichbare Vollständigkeit eines literarisch Wirklichen und noch darin wirklich Literarischen speist. Die Frage nach der Kunst und hier besonders der Literatur als Arbeit war ja zuvor mit der für unentfremdet geltenden Arbeit des Bergmanns in ein komparatives Spannungsverhältnis gebracht worden. Hier nun wird die *Literatur* in einem Wirkungsfeld der Todessphäre gezeigt – gleichsam der des bergmännischen Häuens verwandt – und die Arbeit an und in ihr der „Aura der Scham"[1790] entledigt.

Das genannte Begehren nach Wieder-Holung des Unwiederholbaren in der Literatur lässt sich mithin als ein unerschöpflicher Antrieb erkennen, dem sein Zweck immer schon als unerfüllbar gewusst innewohnt. So verstanden beschreibt diese poetisch-reflexive Passage „die Askese-Übung: Erzeugung von Versuchung, um widerstehen zu können!"[1791] Und ‚η ασκησις' bedeutet originär ‚Ausbildung'.

Gegenüber dem gelebten Alltag der Grube bricht sich eine literarische „Uneinholbarkeit des Alltags"[1792] Bahn, anhand derer im Bergwerk eine Unzulänglichkeit des sprachlichen Mediums auseinandergelegt wird, die sich durch den Überdruss am ästhetisch Geschaffenen manifestiert. Fühmanns Text lässt dies eigentlich *zur Sprache kommen*, indem an der Nahtstelle zwischen dargestellter Reflexion und dargestelltem Alltagsgeschehen einem Verstummen Aus-

---

[1787] AdK, Berlin, FFA Nr. 34/6₍₂₎.
[1788] Alle drei Zitate: Büchner, Georg: *Dantons Tod* ‹II/3›. In: Ders.: Sämtliche Werke, Briefe und Dokumente in zwei Bänden. Hrsg. v. Henri Poschmann. Bd. 1, Dichtungen. Frankfurt/M. 1992, S. 11-90, hier S. 45. Vgl. auch Celans Bezugnahme auf diese Textstelle in seiner Büchner-Preis-Rede *Der Meridian*. (Celan, *Der Meridian*, S. 4f.)
[1789] Vgl. hierzu auch Fühmanns Wortspiel (AdK, Berlin, FFA Nr. 38/7): „ Dennoch: D e n noch! / Denn: noch!"
[1790] *Im Berg*, S. 33.
[1791] AdK, Berlin, FFA Nr. 35/2₍₂₎, Zie 8.
[1792] Iser verwendet diese Fügung mit Blick auf Joyce' *Ulysses*, dem „kein abschließender, alle Aspekte integrierender Sinn zugeschrieben werden kann." (Iser in: *Neunte Diskussion*. Terror und Spiel, S. 687-719, hier S. 704.)

druck gegeben wird, das den Text für ein kurzes Innehalten unterbricht.[1793] Der Einschub markiert so zudem einen Übergang. Es ist derjenige von der Reflexion in die Wirklichkeit der Bergwerksarbeit. Das ‚Ach–' kennzeichnet auf diese Weise im Text den Zwischenraum zwischen Literatur und Leben. Es zeigt in dieser Position eine Grenze an, die zugleich trennt und verbindet.

Diese zentrale Passage und mit ihr das Bergwerk zeigen nicht das Zerrinnen einer bereits verwitterten und je vergeblich literarisch belebten Sehnsucht nach unaustauschbarer Lebensoriginalität. Vielmehr wird hier der Vermitteltheit von Erfahrung Ausdruck verliehen, deren Selbst-Erscheinen gerade das künstlich-kunstvoll Erscheinende unmöglich macht.

Die Herleitung dieses Problemkomplexes erfolgt ausgehend vom Begriff der Wiederholung, deren Praxis – wie oben gezeigt – insbesondere die ersten drei Unterkapitel aufweisen. Das zwölfte Unterkapitel enthält die einzige von sechs vorgesehenen Erzählungen, die sich im Textzusammenhang des Bergwerks befindet. Fühmann motiviert sie aus einem für den Erzähler überraschend unter Tage erlebten Phänomen. Gemeinsam mit Arbeitsinspektor Kuhn kann er an einer Stelle der Grube ein dort andernorts geführtes Gespräch (mit)hören, das durch eine gehörgangartige Formation im Fels akustisch übertragen wird. An diese Begebenheit knüpft sich die eingeschobene mythische Erzählung *Das Ohr des Dionysios*. Darin ist der Berg, d.h. genauer der von der Grotte heraufreichende Stollen vermittelnde Gehörwindung geworden, steinernes Übertragungsmedium, das echohaft zum Ohr des Zuhörenden transportiert, was in einer Steinbruchhöhle an Worten, Lauten und Geräuschen produziert wird.[1794] Fühmann führt anhand dieser teils von der Natur teils vom Menschen ausgeformten Kuriosität die (Kultur-)Geschichte des Zu- und Abhörens vor. Stufe für Stufe zeigt Fühmann in der Erzählung das sittliche Herunterkommen der aufeinanderfolgenden Besitzer und Benutzer des dionysischen Ohrs. Fühmann beschreibt zuerst das unerwartete erste Erleben dieses Phänomens durch „Dionysios I., Selbstherrschender Stratege von Syrakus"[1795]. Es fügt sich die syllogistische Beweisführung an, mit der sich der Herrscher die Erkenntnis verschafft, dass er tatsächlich die Stimme seines im Verlies gefesselten, ärgsten Feindes an einem

---

[1793] Fühmann hat sich bei der Verwendung dieser Interjektion trotz aller gezeigten Intertextualität explizit nicht des – bei Kleist wie bei Büchner vorhandenen – Rufzeichens bedient, sondern einen Gedankenstrich gesetzt, der gleichermaßen als Zeichen des Innehaltens wie der Unabgeschlossenheit steht. Zu verweisen bliebe zudem darauf, dass sich ‚Ach–' hier nach Derrida auch als „langage d'espace" auffassen ließe und die darauf folgende Arbeitsszene eben als „langue des gestes visibles": „Cette structure de supplémentarité réfléchie, mutuelle, spéculative, infinie, permet seule d'expliquer que le langage d'espace, le regard et le mutisme (dont Rousseau savait aussi qu'ils signifient la mort) tiennent parfois lieu de parole lorsque celle-ci comporte *une plus grande* menace d'absence et entame l'énergie de la vie. Dans ce cas, la langue des gestes visibles est plus vive." (Derrida, *De la grammatologie*, S. 335f. Hervorhebung i. Orig.)
[1794] Auch Bachelard erwähnt kurz die Geschichte des „Oreille de Denys". (Vgl.: Bachelard, *La terre et les rêveries du repos*, S. 194f.)
[1795] *Im Berg*, S. 116.

IV.7 „Mein Problem: wie kann ich das darstellen…" 347

dafür viel zu weit entfernten Ort gehört hatte. Offenbar, so der logische Schluss, transportierte *etwas* den Schall von unten herauf. Darauf folgt die Genealogie von sich ablösenden „Dionysiossen"[1796], parallel zu der die Nutzung des Felsspaltes weiter und weiter sittlich verfällt, wohlgemerkt in sich fortsetzender wiederholter Nutzung der einst durch Dionysios I. entdeckten Erscheinung. Als – vorläufig – tiefste erreichte Stufe nennt Fühmann „eine Art akustischer Peep-Show [...], Hörspiele aus einer gigantischen Pornolalie-Kassette"[1797], die über den steinernen Gehörgang für Touristen kommerziell übertragen werden. Mit dem Erlebnis des antiken Königs beginnt eine Geschichte, in der die Weitergabe eines zu erzählenden, erzählenswerten Zusammenhangs als je nur äußerlich abgewandelte Struktur erkennbar wird. Fühmann führt die Erzählung bis zu einem Stadium, das mit der vorerst niedrigsten erreichten Stufe die gegebene Geschichte beendet. Noch der Nennung des einstweilen letzten Abschnittes jedoch wird die Fortführbarkeit, d.h. das offen Unabgeschlossene dieses Erzählten, mitgegeben: „[E]s geht immer noch eine Stufe tiefer hinunter [...]."[1798] Diese Erzählung überbrückt den Wechsel zu dem folgenden zweiten Hauptstück, auf das der Text gleichsam durch den echoenden Granitspalt des dionysischen Ohres hinführt.

Der dort gegebene Einblick in eine Schriftstellerwerkstatt, ja vermeintlich unmittelbar in den Arbeitsprozess, zeitigt zunächst eine erneute Veränderung der Erzählerposition in Bezug auf die Erzählerinstanz selbst und auch im Hinblick auf die zeitliche Entfernung vom nun erzählten Geschehen. Denn in dieser Außensicht eines im Verhältnis zum ersten Hauptstück späteren Ich wird ein bereits zuvor in der Innensicht des ausgehenden elften Kapitels erzähltes Ereignis nochmals wiedergegeben. Es ist der Moment des zweiten, im Übrigen wiederum brüsk aufdringlichen Auftritts[1799] der Journalistin Marion Gietzsch, „Mitglied des Redaktionskollegiums des GRUBENECHO"[1800]. Vom Standpunkt dieses Erzähler-Ichs aus wird dieser zuvor nur erwähnte Moment nun detailliert und mit verschiedenen Wertungen versehen dargestellt. Der Aufbau dieser Erzählperspektive, die im vorhandenen Text nur in Unterkapitel dreizehn vorkommt, ermöglicht es, aus einem Blickwinkel des temporalen Außen, die

---

[1796] Ebd., S. 121.
[1797] Ebd., S. 122.
[1798] Ebd.
[1799] Der Erzähler macht dies deutlich: Vgl. ebd. die Einführung der Marion Gietzsch. (S. 75ff.) Der Erzähler lässt die „forsche [...] Kollegin" (S. 75) dort mit ihrer Gesprächsstrategie auflaufen, sodass diese in „bedrängendem Ton" (S. 75) weiterspricht und schließlich gar „gereizt" (S. 76) ist. In den Unterkapiteln elf und dreizehn wird jeweils die gleiche Szene gegeben, wobei dort erst beim zweiten Erzählen der Szene klar wird, dass sich der Erzähler durch Gietzsch gestört fühlt. In Unterkapitel elf fällt allerdings auf, dass Gietzschs Auftritt dort direkt mit dem von der Bergmannskapelle dargebotenen Lied – *Morgenrot, Morgenrot, leuchtest mir zum frühen Tod* – verbunden zu sein scheint (S. 114), was auf eine Relation dieser Figur mit der Sphäre des Totenreiches hindeuten könnte. Bei Gietzschs drittem Auftritt ist von einer „an Zudringlichkeit grenzenden Zähigkeit ihres Sich-Näherns" (S. 126) die Rede.
[1800] Ebd., S. 123.

Distanz zum bisher Erzählten zu vergrößern. Überdies erlaubt diese zusätzliche Erzählperspektive eine weitere Spielart der Wiederholung, diesmal der der Erinnerung eines vom Schriftstellerschreibtisch aus Zurückblickenden, der eben diesen Rückblick noch im letzten Satz dieses Unterkapitels als „Tagtraum"[1801] bezeichnet. Insofern geht die Aufspaltung der Erzählerinstanz im dreizehnten Unterkapitel über das Ich des „Heute, da ich dies schreibe"[1802], zu Beginn des sechsten Unterkapitels hinaus, bei dessen erstem Teil es sich eher um einen bergbauhistorischen Einschub handelt. Dieser holt zwar die Sagenerzählungen über den Beginn des Bergbaus herauf und bildet damit einen Wiederholungsvorgang, doch wird demgegenüber im dreizehnten Unterkapitel ja ausdrücklich von Neuem eine Szene dargestellt, die zuvor schon Teil des erzählten Geschehens gewesen war. Im ersten Falle wäre vielleicht von der Wiederholung eines stofflich – etwa als Sage – Gegebenen zu sprechen, während sich im zweiten Fall die perspektivisch differente Wiederholung eines Handlungsteils darbietet.

Noch am Titel der Betriebszeitung lässt sich indes ein weiterer Wiederholungsmodus erkennen, den diese „profilierte Zeitung" letztlich selbst produziert. Da sich der „Inhalt aller Nummern aus dem Inhalt einer"[1803] entnehmen lässt, erscheint das ‚Grubenecho' nicht nur als wöchentliche, journalistisch-laienhafte Reproduktion des Arbeitsalltags, sondern zudem gewissermaßen als Echo seiner selbst. Die Figur der aufdringlichen Journalistin Gietzsch ähnelt in diesem Verständnis auch der mythischen Echo, die von Hera für ihre Schwatzhaftigkeit damit bestraft wurde, sich nicht mehr selbst äußern zu können, sondern je nur die Worte der Andern echoend wiederholen zu müssen.[1804] Gietzschs ‚Grubenecho' ließe sich somit als ironisierender Reflex der Wiederholungszyklen lesen, repetiert die Zeitung doch bei Strafe der Nichtbeachtung[1805] durch die Bergleute ohnehin nur Alltäglich-Banales.

Dem Begriff vom Alltag, den Fühmann etwa im Trakl-Text *Vor Feuerschlünden* verwendet, aber entsprechen die in der Betriebszeitung vorgefundenen Inhalte weniger. Denn im Trakl-Essay wird die exponierte Position des Künstlers gegenüber seinen Mitmenschen betont. Künstlertum sei demnach „eine Essenz, die das Dasein durchtränkt und alle seine Züge steigert: nicht zum Über- noch zum Untermenschen, sondern so, daß man darin Menschentum Aller schärfer und gnadenloser sieht."[1806] Dies knüpft an die bereits für den Mythos herausgestellte dichterische Fähigkeit an, eben solche Erfahrungsmodelle als Gleichnisse erzählen zu können und diese „des Artikulierens oder *so* Artikulierens Unfähigen"[1807] bereitzustellen. Doch markiert dies ausdrücklich keine

---

[1801] Ebd., S. 127.
[1802] Ebd., S. 55.
[1803] Beide Zitate: Ebd., S. 128.
[1804] Vgl. die Version des Echo-Mythos bei Ovid (*Metamorphosen 3,356ff.*).
[1805] Im 7. Unterkapitel wird erwähnt, dass die Zeitung für diverse andere Dinge benutzt, nur eben nicht gelesen wird. (Vgl.: *Im Berg*, S. 76.)
[1806] *Vor Feuerschlünden*. WA 7, S. 160.
[1807] *Vademecum für Leser von Zaubersprüchen*. WA 6, S. 157. (Hervorhebung i. Orig.)

IV.7 „Mein Problem: wie kann ich das darstellen..." 349

Position „turmhoch über oder klaftertief unter dem Alltag"[1808], sondern lässt somit den Schreibenden sich mitten in der Sphäre des Alltäglichen befinden, das ihm zugleich als Stoff wie als Zweck seines Schaffens begegnet.

Im Untertagsraum nun scheint die in Wiederholung vorkommende mythische bis romantische Aura der Kupfer- und Kaligrube alsbald in der Trivialität einer täglichen Routine zu verschwinden. Mit Blick darauf ist von der „Unvereinbarkeit der real existierenden Banalität mit den Mythen"[1809] gesprochen worden, was wiederum zur Betonung einer Differenz zwischen Kunst und Leben überleitet, die Fühmann im Bergwerk intensiv thematisiert hat. Die These vom Spalt zwischen einem allzu sehr sich sperrenden[1810] Prosaismus der Alltagsrealität und einer ihr gegenüberstehenden mythischen Wirklichkeit übersieht jedoch nicht nur, dass es Fühmann bereits im Mythos-Essay darum ging, die Bedeutung noch von „Splitterchen"[1811] des Mythischen auch und gerade im Seicht-Alltäglichen aufzuzeigen. Dies zeigt sich im Übrigen auch in der umfangreichen Budapester Aphorismen-Kollektion, in der die Stadt eben nicht nur durch den Anschluss zahlreicher Intertexte entsteht, sondern auch mit dem Auflesen scheinbar unbedeutender Alltagsdetails, etwa indem der Ausfall von einzelnen Buchstaben in einer Leuchtreklame zum lyrischen Phänomen wird oder die Tätigkeit des Zugabfertigers mit ihrem mythischen Potential gezeigt wird oder indem sich durch einen einfachen Rollladen sogleich Mallarmés Gedicht aufrufen lässt. Hier zeichnet sich scheinbar Bedeutungsloses in seiner Allgemeingültigkeit gerade dadurch aus, dass es unauslöschlich sein Spänchen Einzelnes in sich trägt. Dies nun eignet auch dem Bergwerk, wo drei Badewannen in der Kaue beispielsweise einen auto-intertextuellen Verweis auf *Drei nackte Männer* bilden oder der Kantinenbetrieb „eine[r] Art Blutkreislauf"[1812] ähnelt. Hier, wie noch in anderen Texten, zeigt Fühmann vielmehr, in welcher Weise Alltägliches Bedeutsamkeit enthalten kann bzw. vor(ent)halten kann. Nicht die Notwendigkeit bloß funktionaler Anreicherung eines Inhaltsleeren schiebt sich als Schwierigkeit des Erzählens in den Kontext des Bergwerkes. Es ist vielmehr die Frage

---

[1808] *Vor Feuerschlünden.* WA 7, S. 160.
[1809] Fries, *Die Bergwerke zu Falun. Zwischen Erzählen und Schweigen*, S. 74. Diese Einschätzung übernimmt auch v. Bülow (vgl.: *Die Poetik Franz Fühmanns*, S. 215), Damm weist lediglich darauf hin. (Vgl.: *„Am liebsten tät ich auf die Straße gehen und brüllen". Es bleibt nichts anderes als das Werk*, S. 13.)
[1810] Vgl.: Ebd., S. 11: „Aber der Stoff sperrte sich, gab sich nicht frei."
[1811] *Das mythische Element in der Literatur.* WA 6, S. 139. Dort wird z.B. auch auf den Schlager „Am Tag, da Conny Cramer starb" hingewiesen, der zwar „rührselig und kitschig" sei und dennoch etwas Mythisches enthalte: „die kommerzialisierte Unterhaltungswelt des Imperialismus bietet Surrogat, das zugleich Gift ist, aber wenn auch nur ein Splitterchen des Mythischen darin aufglänzt, dann übt dieser Glanz eine Faszination aus, vor der wir mit angestrengter Ideologie und dem besten Willen zum Besten immer wieder verdattert stehen und schimpfen, statt es recht zu machen."
[1812] *Im Berg*, S. 41.

danach, was Vor- und Zuhandenes *noch* bedeuten kann[1813], entfaltet sich doch die Gültigkeit des Eichendorff-Wortes vom Lied, das in allen Dingen schlafe und dessen Zauberwort je nur zu treffen sei.[1814] Insofern steigt der Erzähler nicht als verwunderter (oder verwundernder) Nicht-Wissender hinab ins Bergwerk, sondern mit ausgeprägter Kenntnis der Arbeitswelt und ihrer Gewöhnlichkeit, die sich allerspätestens bei der dritten Wiederholung auch im Text einstellt. In dieser Hinsicht baut das Bergwerk sehr wohl auf den Erfahrungen etwa des Werfterlebnisses im *Kabelkran* oder der LPG-Besuche im *Ruppiner Tagebuch* auf, und zwar als deren Überschreitung. Wenn also der kritische Blick schon auf Fühmanns Beschäftigung mit dem Alltäglichen fällt, so wäre vielmehr an die Nicht-Fassbarkeit von dessen Dahinter zu erinnern, die sich ja bereits in *22 Tage* als poetische Problematik angedeutet hatte und die Fühmann dann in der Selbstverständigung des Mythos-Essays theoretisiert. Wenn es im Bergwerk schließlich so aussieht, als versiege dort die aufgetane Quelle mythisch bestimmten Erzählens, so ist dabei vor allem zu betonen, dass hier die Unmöglichkeit zur Sprache kommt, Ursprünglichkeit letztendlich zu fassen. Noch diese Unmöglichkeit hatte der Mythos-Essay festgestellt.[1815] Der Bergwerk-Text zeigt geradezu die Gier nach einem unerreichbaren Ersten, dessen Material zwar (wiederholt) zu (be-)greifen ist, jedoch nicht fassbar:

> Ich spaltete mit gierigen Blicken die Schiefer, vielleicht stak im Flöz ein Fossil; es würde gewißlich zerschlagen werden, der Häuer hat nicht Zeit, nachzuschaun. – Nasser Fels; das Tagespensum; sonst nichts. – Ich sagte mir wieder und sagte mir's nochmals, daß die Wand gegenüber ein jungfräulicher Ort war, und Schiefer und Anhydrit ein Stück Erdball, das vor uns noch kein Menschenauge erblickt, doch ich sagte mir das alles nur, es war vorgestellt, stand nicht als Mächtigkeit vor mir, der Mythos sprang nicht aus der Landschaft ins Herz, er war in sie hineingetragen und gab meiner Erwartung nur das Meine, aber nicht mehr das Seine zurück.
> Scharren der Schaufeln überm Gestein.[1816]

Der Text gibt einer Nicht-Machbarkeit Ausdruck, die den tiefen Zweifel an der (Be-)Schreibbarkeit der Bergwerkserfahrung repräsentiert. Vor dem Hintergrund dieser Aussageebene von Fühmanns Text lässt sich nachhaltig jenes vielfach wiederholte Urteil kritisieren, dessen eschatologischer Grund wie Einfluss[1817] eine Auseinandersetzung mit den Dimensionen des Textes wie des

---

[1813] Vgl. dazu: „Je vieldeutiger sie (die Mythen, S.K.) schon sind, umso mehr provozieren sie zur Ausschöpfung dessen, was sie ‚noch' bedeuten könnten, und umso sicherer bedeuten sie noch mehr. Radikalität will dabei jeweils den letzten Schritt tun und es endgültig zutage fördern, was bis dahin in zaghafter Vorläufigkeit nur berührt worden sein soll." (Blumenberg, *Wirklichkeitsbegriff*. Terror und Spiel, S. 66.)
[1814] Fühmann zitiert dies auch in seinem Mythos-Essay. (Vgl.: *Das mythische Element in der Literatur*. WA 6, S. 135.)
[1815] Vgl.: Ebd., S. 99ff.
[1816] *Im Berg*, S. 103.
[1817] Es würde sich etwa lohnen, die scheinbare Autofunktionalität des testamentarischen Diktums auch in der Weise kritisch zu hinterfragen, dass schon der eschatologische Charakter ei-

Projektes beinahe a priori auf ihren Gang festlegen. Dieses Verdikt ist bereits Ausdruck einer unbefriedigten Lesehaltung, die gerade die Subjektivität des und im Unvollendeten bei Fühmann übergeht, das von der Nicht-Schreibbarkeit und Undarstellbarkeit subjektiver Erfahrung enthält. Solches Übergehen geschieht zugunsten eines Verweisens auf ausgebliebene, doch in toto ohnehin nicht leistbare Vollständigkeit. Damit wird je neu die offen daliegende Unabgeschlossenheit des Textes hervorgehoben, von der dieser ja ohnehin Kunde gibt. Indem im unterirdischen Streb die sprachliche Unmöglichkeit explizit besprochen und vorgeführt wird, den epiphanischen Moment selbst urerlebnishaft zu fassen, bestätigt Fühmann die mit dem Mythos poetisch und poetologisch erreichte Offenheit. Das endgültige – und darin ungültige – Fassen des Urerlebnisses entspräche dem Fassen der Urform eines Mythos, dem Griff nach dem dritten Ort, den Fühmann im Mythos-Essay ja mit dem ‚Niemals' einer Nicht-Erreichbarkeit belegt hat, die recht eigentlich Grundbedingung des Mythischen ist. Eine Feststellung Kerényis stützt dies zudem:

> Das Urphänomen Mythos ist eine Bearbeitung der Wirklichkeit. Keine abgeschlossene Bearbeitung! Die Bearbeitung geschieht. Auf solche Weise ist das Urphänomen Mythos. Zum Wesen des Mythos gelangen wir, wenn wir wissen, daß der Mythos eben *die ihm eigene, nicht abgeschlossene Bearbeitung der Wirklichkeit ist.* Abgeschlossen wäre der Mythos tot und nicht *der* Mythos, von dem jetzt die Rede ist.[1818]

Hier schon befindet sich die Basis für das künstlerische Unbehagen in der Lust am Fertigen, die – mehr noch gegenüber dem urtümlichen Tätigsein des Bergmanns – einer „Kapitulation in Siegespose"[1819] gleichkäme. Einer solchen war noch die poetische Orientierung an der stringenten Teleologie des Märchens verwandt, dem sein Ende quasi mit seinem Beginn narrativ geschlossen eingeschrieben ist.[1820] Fühmanns poetische Distanznahme zur Poetik des Märchens, das sich entscheidend vom Ende her bestimmt, hat aus dem Blickwinkel des Bergwerkes nicht nur als wortreiche Abkehr Bedeutung. Vielmehr stecken Spuren einer gewissen Märchenhaftigkeit noch in dem verschiedentlichen interpretatorischen wie historischen Überdachen des erschienenen Bergwerk-Tex-

---

nes solchen Textes eine Dynamik entwickelt, mit der sich nur allzu leicht die offene Unabgeschlossenheit des Bergwerk-Textes überschreiben lässt. Die biographisch bestimmte Platzierung des Testamenttextes entfaltet hier eher ihre Wirkung als dessen für die verbliebenen literarischen Texte wenig relevante Aussage, die letztlich vor allem Glättungen Vorschub leistet und zu endgültigen Antworten verführt. (Vgl. hierzu auch die Hinweise von Krüger: *Mythischer Ort – poetischer Ort*. „Jeder hat seinen Fühmann", S. 84f.)
[1818] Kerényi, Karl: *Wesen und Gegenwärtigkeit des Mythos 1964*. In: Die Eröffnung des Zugangs zum Mythos, S. 234-252, hier S. 240. (Hervorhebungen i. Orig.)
[1819] Fühmann, *Kleine Praxis des Übersetzens*. Mitteilungen der Akademie 8 (1969) 3, S. 9.
[1820] V. Bülow behandelt Fühmanns Auseinandersetzung mit dem Märchen als „Modell für Ideologien, die auf teleologischen Geschichtsphilosophien beruhen." (v. Bülow, *Die Poetik Franz Fühmanns*, S. 130ff.)

tes[1821], der so an einen märchenhaft gegebenen Endpunkt angeschlossen wird, der schon für *22 Tage* ausdrücklich keine Relevanz mehr besaß und den etwa auch Fühmanns Janno kritisiert:

> Ich kann das einfach nicht mehr hören: ‚Kamerad Diplomkausalitätler Nummer 180, untersuchen Sie, daß sich dies soundso verhält –'; ‚überprüfen Sie, daß –'; erforschen Sie, daß'; immer nur: daß, daß, daß, immer und immer zu einem Resultat hin, das vor der Arbeit längst schon feststeht, und niemals ein Wie, nicht einmal ein Ob, geschweige ein Was.[1822]

Doch zeigt dies ja nicht allein die Ernüchterung eines ohne Aussicht auf echte Erkenntnis arbeitenden Wissenschaftlers, sondern den Verlust jener produktiven, weil Erfahrung gründenden Wiederholung, einen Zustand also, dem Fühmann in der Agonie der „Määhntschen"[1823] im zweiten Teil des *Prometheus* Ausdruck gegeben hat und dem dort, wie im Bergwerk, keine andere Attitüde als die fortgesetzter ‚ποίησις', des „Kunst ist immer: MACHEN!"[1824], gegenüberstehen kann.

Der Bergwerk-Text bezeugt mithin nicht den Abbruch oder gar Zusammenbruch eines zu ehrgeizig gedachten Planes[1825], in den der Autor fast blind hineingegangen und aus dessen Windungen er nicht mehr herausgefunden. Viel-

---

[1821] Vgl.: „Denn die Kunst flieht, wenn ihr eure Thaten sofort mit dem historischen Zeltdach überspannt. Wer dort im Augenblick verstehen, berechnen, begreifen will, wo er in langer Erschütterung das Unverständliche als das Erhabene festhalten sollte, mag verständig genannt werden, doch nur in dem Sinne, in dem Schiller von dem Verstand der Verständigen redet: er sieht Einiges nicht, was doch das Kind sieht, er hört Einiges nicht, was doch das Kind hört; dieses Einige ist gerade das Wichtigste: weil er dies nicht versteht, ist sein Verstehen kindischer als das Kind und einfältiger als die Einfalt – trotz der vielen schlauen Fältchen seiner pergamentnen Züge und der virtuosen Uebung seiner Finger, das Verwickelte aufzuwickeln." (Nietzsche, *Vom Nutzen und Nachtheil der Historie für das Leben 5*. Unzeitgemäße Betrachtungen II. In: KSA 1, S. 243-334, hier S. 280.)
[1822] Fühmann, *Der Haufen. Saiäns-fiktschen*, S. 46.
[1823] *Prometheus. Die Titanenschlacht*. WA 4, S. 325. Vgl. wenig vorher auch die versteckte Anspielung auf Bobrowski – „das Lied des Vogels Pirol" (Ebd., S. 324.) – und dessen Gedicht *Das Wort Mensch* (in: Bobrowski, Johannes: Gesammelte Werke in sechs Bänden. Bd. 1, Die Gedichte. Hrsg. v. Eberhard Haufe. Stuttgart 1998, S. 217.) im Dialog zwischen Prometheus und Hermes. Letzterer sagt: „Die Hauptsache ist die Bedeutung, auf den Klang kommt's überhaupt nicht an." (*Prometheus. Die Titanenschlacht*. WA 4, S. 324.) Die Bemerkung von Hermes korrespondiert mit einer Feststellung in *Kleine Praxis des Übersetzens unter ungünstigen Umständen*, wo Fühmann darauf hinweist, „daß unser geliebtes Deutsch keinen Reim auf sein wichtigstes Wort, das Wort „Mensch" besitzt." (Fühmann, *Kleine Praxis des Übersetzens*, Mitteilungen der Akademie 8 (1969) 3, S. 9.)
[1824] AdK, Berlin, FFA Nr. 35/2, SA A22. (Hervorhebung i. Orig.)
[1825] Noch der Hinweis auf eine von Fühmanns letzten Aussagen zur Fortführung des Bergwerks gegenüber Wieland Förster bestätigt nicht das Verdikt. Damm erwähnt, Fühmann habe Förster in der Charité noch kurz vor seinem Tode die Konzeption des Bergwerkes vorgetragen. (Vgl.: Damm, *„Am liebsten tät ich auf die Straße gehen und brüllen". Es bleibt nichts anderes als das Werk*, S. 14.)

IV.7 „Mein Problem: wie kann ich das darstellen…"

mehr wird der schwierige „Prozeß eines Eindringens in unbekannte Bezirke"[1826] im Bergwerk *zur Sprache gebracht*, ja dessen eigentliche Schwierigkeit gar angekündigt: „[F]ür eine größere Arbeit muß man tiefer hinein, und da beginnen die Probleme. – Man wird es hier sehn. –"[1827] Zudem wäre ja das – gerade auch schriftliche – Fassen des Urerlebnisses als „Gelingen ein Scheitern"[1828], das eine sich in wiederholender Rezeption begreifende Produktivität negierte und damit noch die poetologischen Erkenntnisse des Mythos-Essays. Die Offenheit des Mythischen ist auch das Fragmentarische des Bergwerkes, sodass die Bergwerk-Topographie nur als narratives Fragment erscheinen kann. Dessen Gegenteil wäre ein Zum-Ende-Bringen, das einem Zu-Ende-Bringen auch des Mythos gleichkäme und letzterem so jeden Erfahrungsgehalt, erst recht jede Menschheitserfahrung, eigentlich nähme, mit der im Vergleich stehen zu können ja die eigentliche Funktion des Mythos, sein „unvergleichlich Anderes"[1829], ist.

Das Problem der Fragmentarizität von Fühmanns Bergwerk als Binnenfragestellung vermag insbesondere auf diesen *Text* bezogen seine Aussagen zu zeitigen – wenngleich nur zu oft ein Außerhalb des Textes betreffend. Doch im Kontext der Schaffenslinien des Fühmann'schen Gesamtwerkes gibt für das Bergwerk nicht mehr die Konzentration auf dessen Modus des Endens den Ausschlag, sondern die Erkennbarkeit und Kenntlichkeit von Fühmanns Poetik. Sein Schreiben privilegiert dafür Fiktionalität und Literarizität gegenüber einer Fixierung auf Botschaften, und zwar jedweder Couleur, die Literatur vollends in Erklärung zu bringen trachten. Insofern ist der Bergwerk-Text mit seinem ausgebliebenen Abschluss in der Logik dieser Poetik durchaus *kein* „unbefriedigendes Fragment"[1830], im Laufe von dessen Rezeption sich je nur aufs Neue die Kataklase eines ambitionierten Projektes zeigen ließe. Hiermit würde eine Lesart bestätigt, die einst und noch immer sich in dem Kurzgriff neben die Texte und insbesondere wohl neben diesen Text übte, worin Fühmann beizeiten eine suggestive Farbenblindheit entdeckte. Denn der vermeintlichen Annahme, dass

---

[1826] *Im Berg*, S. 55.
[1827] Ebd., S. 57.
[1828] Ebd., S. 106. – Vgl. zur Dialektik dieser Textstelle die Überlegungen von Püschel: „Beruft Fühmann nicht nur die Einheit der Gegensätze, sondern besteht auf ihrer Identität? Provoziert er den Blick aufs Absolute so, daß dessen Absurdes in die Optik tritt? Jedes Scheitern ein Gelingen?" (Püschel, *Franz Fühmann im Berg*. NdL 40 (1992) 1, S. 152.) Sowohl Richter (*Dichterleben*, S. 23 und in Karl-Heinz Munds Film *Franz Fühmann – Das Bergwerk*) als auch Bircken weisen auf diese zentrale Sentenz hin. (Bircken, Margrid: *Drei Sätze über das Scheitern. Oder das Dritte ist nicht in Sicht*. In: „Jeder hat seinen Fühmann", S. 329-333, hier S. 333.)
[1829] *Das mythische Element in der Literatur*. WA 6, S. 96.
[1830] Richter, *Dichterleben*, S. 18. – Vgl. dazu die Auffassung bei Fries: „Daß ein Werk Fragment bleibt, mag uns trösten, weiter ins Bergwerk fahren zu müssen, auf der Suche nach dem Wunderstein." (Fries, *Die Bergwerke zu Falun. Zwischen Erzählen und Schweigen*, S. 78.) In Karl-Heinz Munds Film *Franz Fühmann – Das Bergwerk*. (Regie: Karl-Heinz Mund, Deutschland, 1998) äußert sich Christa Wolf ähnlich. Sie nimmt die Unabgeschlossenheit des Bergwerkes als Aufforderung dort weiterzumachen, wo Fühmann aufhören musste.

es in der Literatur um die Herstellung von verwertbaren Mustererklärungen ginge, hat Fühmann im Blick auf den Mythos scheinbar spitzfindig mit dem Hinweis widersprochen, dass dieser zwar erklärende Gewalt besitze, allerdings nichts eigentlich erkläre und sich so auch nicht „als Ergebnis [...] schwarz auf weiß und frohgemut nach Hause tragen ließe"[1831]. Selbst in dieser Eingangsbemerkung also stecken der Zweifel an Endgültigkeit und die Einsicht in eine Unvollendbarkeit, die Fühmann auch im Bergwerk beschreibt und als Festigung der schriftstellerischen Position zeigt:

> [W]enn ich gewiß auch schon damals fühlte, daß in dem neugewonnenen Bild der Literatur als eines Bergwerks nicht alles aufging und aufgehen konnte, so traf es doch das Wesentliche und traf es so überwältigend, daß ich mit einem Schlag keine Angst vor der Frage des Brigadiers nach meiner jetzigen Arbeit mehr hatte.[1832]

Hierzu gehört auch Sigrid Damms Einschätzung des Bergwerks als „dichte[r], erregende[r] Text, vollendet im Unvollendeten."[1833], der Worte Adornos zu reflektieren scheint:

> Das Rätselhafte der Kunstwerke ist ihr Abgebrochensein. Wäre Transzendenz in ihnen zugegen, wären sie Mysterien, keine Rätsel; das sind sie, weil sie als Abgebrochene dementieren, was sie doch sein wollen.[1834]

So bleibt auch der Ort Bergwerk an sich unerreichbar, noch im Erreichen der Sohlen, Strecken und Strebe. Dies fördert seinen mythischen Charakter zutage und lässt seine Unvollendetheit gerade nicht als ein Scheitern erscheinen, sondern als Unvollendbarkeit eines „nie ausschreitbare[n] Innenraum[s]"[1835].

[1831] *Das mythische Element in der Literatur.* WA 6, S. 83.
[1832] *Im Berg,* S. 80.
[1833] Damm, *„Am liebsten tät ich auf die Straße gehen und brüllen".* Es bleibt nichts anderes als das Werk, S. 14. Ebd., (S. 8) erläutert sie auch, Fühmanns Sujet sei „nicht so sehr die Wandlung, wie oft geschrieben wird und wie er es in früherer Zeit selbst nahegelegt hat, – sondern die Kontinuität." Die rezeptive Gültigkeit des Fragments beschreibt auch Marcel Beyer: „Gleichwohl erscheint es mir, als würden die einhundertdreißig Seiten [...] ganz von allein zu jenen von Fühmann veranschlagten eintausend Seiten – auch ohne daß [...] der größere Teil geschrieben worden wäre." (Beyer, Marcel: *Berggeschrei, Franz Fühmanns Bergwerk-Projekt.* In: die horen 49 (2004) 216, S. 97-114, hier S. 100.)
[1834] Adorno, Theodor W.: *Ästhetische Theorie.* GS 7, S. 191. Vgl. zur Problematik der Unvollendetheit auch: „[L]'œuvre échappe toujours à ce qu'elle est, semble définitivement faite et pourtant inachevée [...]." (Blanchot, *L'espace littéraire,* S. 273.) Weiterhin zum Problem der Vollendung vgl. auch die Untersuchung von Grübel, Rainer: *Vollendung ohne Ende? Genuine Ambivalenz der Teleologie oder: Wider die tyrannische Perfektion.* In: Poetica 27 (1995) 1-2, S. 58-100, der dort u.a. den von Bachtin entwickelten Begriff der Unvollendetheit des Romanwortes aufführt. (Ebd., S. 76ff.)
[1835] *Vor Feuerschlünden.* WA 7, S. 41. – So gering der Umfang des ausgeführten Textes sich auch gegenüber dem geplanten Werk vielleicht ausnehmen mag, schafft dieses Fragment doch jene „allgemeine Vorstellung" (Höper, *Piranesi,* S. 142) vom Bergwerk, die auch wesentliches Kennzeichen der imaginierten *Carceri* des Piranesi gewesen war.

V. Schwarzkaue – Schlusswort als Ausblick

Verheißungsvorstellungen nähren sich nur zu oft von einer Lust am abgeschlossen Vollständigen, dessen Projektion sie kraftvoll und ausschließlich zu pflegen suchen. Das in sich Passende, auch als ‚passe-partout', begründet durch sie und mit ihnen den festen Glauben an einen richtigen Griff, den einzig rechten Griff, die Zusammenführung restlos aller offenen Enden zu einem runden Schluss. Die Brüchigkeit eines sich durch eine Vollständigkeitsattitüde als fest bestehend und immer beständig Gebenden (und letztlich darin selbst Bestätigenden) erzeugt Furcht, gar Grauen, nicht das Abgebrochene, das noch in dem übrig gebliebenen und dem übrig bleibenden Weiß ein Moment des sich Entziehenden angibt. In der Beschwörung des Abbruchs gibt sich eine Rhetorik des Wunsches zu erkennen, die sich in die Klarheiten einer Märchenlandschaft hinfortträumt.

Die nachträgliche Beschriftung des Bergwerkes mit seinem Untertitel offenbart die Art eines schon nachträglichen Darauf-Schauens. Er ist insofern nicht nur ein auf den Schreibprozess folgendes und ihn wertendes (Nach-)Urteil.[1836] Vielmehr ist er Fühmanns Ausdruck dafür, einer Verheißung sich anheimgegeben zu haben[1837], und zeigt zugleich mit einer solchen Markierung des Abbruchs die Zerschlissenheit jener Vorstellungen an. Nicht Weinerlichkeit einer je neu repetierten Kennzeichnung ist hier von Bedeutung, aber die negative Spur eines verheißungsvollen Wunsches, als die der Untertitel erscheint. Er ragt vor der Gestalt des Bergwerk-Textes auf und wirkt affirmativ dabei wie Schmuck, der „das Geschmückte [verdeckt]"[1838]. Die Anlegung und Anlage des Bergwerkes, die sich gleichsam dahinter als dessen Spannbreite anbieten, entgleiten nicht in den Verbruch, in dem sich der Autor testamentarisch verortete. Viel eher bestätigt gerade die als Gegenwärtigkeit des Bergwerk-Textes bereitgestellte Lesbarkeit eindrücklich, dass auch die Worte des Untertitels teilhaben an einer Vollendungsfiktion, der zu entsprechen noch aus der Betonung der Fragmentarizität als Wunsch sich vernehmen lässt. Insofern muten auch die unterschiedlich affirmativen Überlegungen zum Abschluss und zum sich erfüllenden Fertig-

---

[1836] Vgl. dazu auch: „Pour l'avant-propos, reformant un vouloir-dire après le coup, le texte est un écrit – un passé – que, dans une fausse apparence de présent, un auteur caché et tout puissant, en pleine maîtrise de son produit, présente au lecteur comme son avenir." (Derrida, Jacques: *La dissémination*. Paris 1993, S. 13.)

[1837] Vgl.: „Aber, so durchfuhr es mich plötzlich, lag der Grund des Scheiterns denn nicht schon in der Hoffnung, war die auf das richtige Ziel gerichtet, wenn sie das Rettende stets im Stofflichen sah?" (*Im Berg*, S. 93.)

[1838] Nietzsche, *Vom Nutzen und Nachtheil der Historie für das Leben 5*. KSA 1, S. 334.

Werden eher so an, als solle „Fühmann gegen ihn selbst"[1839] in Schutz genommen werden.

Die so erneut angesprochene Problematik des Abbruchs wird sich bei Fühmann nicht durch eine Distinktion zwischen den antagonistischen Polen von Gelingen und Scheitern lösen lassen, erst recht nicht, sofern ein Gleichheitszeichen zwischen Literatur und Leben gesetzt wird, das Fühmann mit wirkungsvollem Hinweis auf die Brisanz des Problems nachdrücklich gestrichen hat. Doch

> […] etwas in einem weiß es besser; und wenn man auch nicht dran zugrunde geht, so reibt man sich doch ein Leblang dran auf und schmeckt noch im Glück des Werk-Vollendens den Überdruß am Artefakt.[1840]

Was sich hierin als Fortsetzung und Fort-zu-Setzendes ausdrückt, ist mithin nicht eine mit Saturiertheit angefärbte Reihe von erfolgreich Abgeschlossenem, denn vielmehr die Rastlosigkeit eines Angetrieben-Seins durch Nicht-Erfüllung und dabei eben das Wissen um die Schalheit strotzender Vollendung. Der vermeintliche Rückzug in den Abbruch kommt so nicht ohne das Aufrufen einer Schlussmarke aus, die das Bergwerk von Beginn an klassifiziert und mit der noch das nach dem Textende verbleibende Weiß beschriftet wird. Dieser nachträgliche Griff nach *einem* Ende des Textes stellt gleichsam im Vorhinein zur ersten Seilfahrt das Ende aus, sodass dem ausbleibenden Vorstoß bis zum Letzten nicht mehr die Okkasionalität eines Ereignisses zukommt. Erkennbar wird Folgendes: „The artist, like the God of creation, remains within or behind or beyond or above his handiwork, invisible, refined out of existence, indifferent, paring his fingernails."[1841]

Die durch den Text, vor allem jedoch durch seine vorzufindende und vorgefundene Gestalt aufgeworfene Frage nach seiner Fragmentarizität entbehrt eindeutiger Klärung, ja verweigert diese wohl gerade, wo der Text sein Fragment-Sein *zur Sprache bringt*. Letzteres wird mit dem Tod des Autors nur so insuffizient zur Deckung gebracht werden können, wie schon die biographische Fest- und damit Kleinschreibung sich in Unzulänglichkeiten verliert, die eben die sprachliche Verfasstheit der Texte außer Acht lassen muss. Indem in Fühmanns Werk zudem eine weithin unbegrenzte geistesgeschichtliche Dimension *zur Sprache kommt*, verstärkt sich der Eindruck, dass schon das Sichtbar-Werden einer solchen Anlage, deren Anlegung nicht nach einem „Glück am Erreichten" eingeordnet werden kann, das als „Dauerzustand dem Bürger gemäß ist"[1842], sondern dass hier die mediale Unaussprechlichkeit insbesondere der Bergwerkserfahrung erscheint.

[1839] Fühmann an Sigrid Damm am 20.08.1976, Briefe, S. 187f.
[1840] *Im Berg*, S. 106.
[1841] Joyce, *Portrait*, S. 187.
[1842] Beide Zitate: [18. These] in: *Ernst Theodor Amadeus Hoffmann*. WA 6, S. 237.

> Denn die Frage: „Wo bin ich?" hätte keinen Sinn, wenn das Hier sich eindeutig bestimmen und eindeutig zuschreiben ließe. Wo bin ich: dort, wo ich rede, oder dort, wo meine Gedanken, Sorgen, Wünsche oder Ängste sind?[1843]

Die topographische Schreibung dieser Fragestellungen im Bergwerk und auch in den übrigen behandelten Texten und Schaffensbereichen ist denn durchaus als Ausdruck eines in Vergeblichkeit auslaufenden Projektes gesehen worden. Dessen pur existenzielle Rückbindung ist sicher durch allerhand Dokumentarisches anreicherbar, sodass noch der Abbruch *realiter* in Zusammenhänge eingepasst werden konnte, die die am Textende verbleibende weiße Fläche als politisch-soziale Prophetie erscheinen lassen wollen. Deren Zustande-Kommen zeigte dann wohl eine Saloppheit im Umgang mit der Wirklichkeit, die sich aber keinesfalls im Bergwerk-Text nachweisen lässt. Viel eher lassen sich Spuren existenzieller Bedrängnis erkennen, die sich noch in der dem Verlauf des Flözes folgenden, starren Gefügtheit der Grubenanlage auffinden lassen. „[D]as historisch Gewordne als Angelegtes"[1844] erschiene entsprechend nicht nur als auszuschöpfendes Sediment von Erfahrung, sondern zudem als vielschichtig systematisierte „vas világ"[1845], in die hinein sich der Erzähler als „scheiternde Existenz"[1846] stellt, um einmal mehr auch den individuellen körperlichen Schmerz mit „diesem dünstenden, zähen Wahnsinn, der über dem Planeten brodelt,"[1847] in Relation zu setzen, sodass noch die voller Zweifel erhobene Frage nach dem Sinn der „schöpferische[n] Qual"[1848] die Menschheit als ihren absoluten Maßstab einbezieht.[1849] Dies sind die Dimensionen, die Fühmann schon mit der Poetik des Mythos skizziert und dessen, mit Blumenberg zu sprechen, „erratischen Einschluß"[1850] ein unerschöpflicher Kerngehalt eben an Menschheitserfahrung konstituiert. Das zutiefst Kontradiktorische menschlicher Existenz stellt dabei die Struktur dieser Erfahrung dar.[1851]

Misstrauen gegenüber dem entblößten und bloßen Vollständigkeitsgetue von Verheißungen zeigt sich vor diesem Hintergrund gleichermaßen als Misstrauen gegenüber noch so fiktional sich hergebenden Formen eines rundenden Abschlusses, die die lebendige Fülle widersprüchlicher Erfahrungen und Erfahrungskontexte gänzlich verfehlen. Fahlheit einer lichten Kontur entsteht durch

---

[1843] Waldenfels, *Sinnesschwellen*, S. 25.
[1844] *Im Berg*, S. 80.
[1845] József, *Eszmélet*. Összes versei II, S. 237 („Welt von Eisen"; Übers. S.K.)
[1846] *Im Berg*, S. 125.
[1847] Ebd. – Vgl. dazu auch Fühmanns Aussagen in: *Rede bei der Berliner Begegnung zur Friedensförderung 1981*. WA 6, S. 510-513 und *Gespräch mit Horst Simon*, WA 6, S. 482ff.
[1848] [18. These] in: *Ernst Theodor Amadeus Hoffmann*. WA 6, S. 237.
[1849] Zum Motiv der Apokalypse bei Fühmann vgl. hier: Tate, Dennis: *The Spectre of the Apocalypse in the Work of Franz Fühmann*. In: Goodbody, Axel (Hrsg.): Literatur und Ökologie. Amsterdam 1998, S. 257-270.
[1850] Blumenberg, *Arbeit am Mythos*, S. 165.
[1851] Vgl. dazu: „Literatur ist immer Literatur im Widerspruch, und die dem Leben entstammende und entstammte Einheit der Widersprüche bleibt nur als Widerspruch lebendig und wirkt nur so auf das Leben zurück." (*Ernst Theodor Amadeus Hoffmann*. WA 6, S. 237.)

ihre feste (Ein-)Zeichnung. Insofern bleibt auch der Griff nach der passgenauen Metapher unter dem Verdacht von Anpassung, der sich „Literatur im Widerspruch"[1852] schon de nome entzieht. Das Primat einer nicht zu erreichenden Abschlussform, das Fühmann etwa im Mythos-Essay betont hat, verweigert sich einer auf pure Endgültigkeit festgelegten Narrationsstrategie und noch der ‚pureté' von Richtigkeit um ihrerselbst willen.

Schon die Schrift der Budapester Landschaft, die sich mit dem Blick eines flanierenden wie fragenden Ich darbietet, deutete etwa durch die offene Form und die nahezu unbegrenzte thematische wie inhaltliche ‚affluence' eine nachhaltige Skepsis gegenüber allein konsistenten Modellen und deren alleiniger Verlässlichkeit an. Das Erzeugen einer poetisch endgültigen Greifbarkeit zöge eine widerspruchsfreie und von Widersprüchen bereinigte Griffigkeit nach sich, die alsbald in die Abgegriffenheit eines alltäglichen Geplauders mündete. Doch gerade die auch als Unterbrechungen und Brüche lesbaren Leerräume zwischen den zum Teil disparaten aphoristischen Einzelteilen in *22 Tage* weisen die Abwesenheit einer ‚Wirklichkeit in extenso' aus.[1853] Das im und als Text Vorfindbare und Vorgefundene hat mithin eher als etwas zu gelten, das das in die Schrift Übertragbare darstellt.[1854] Die Leerräume in der Schrift verweisen so auch auf die Unabschließbarkeit dieses Vorgangs. Analog ließe sich wiederum auf die Arbeit des Nachdichters hinweisen, der sich damit konfrontiert sieht, dass durch die Schrift seiner Übertragung hindurch zwar jene des Originals sichtbar bleiben mag, dass eine vollends abschließende Nachbildung des Ursprungstextes jedoch nicht geleistet werden kann.[1855] D.h. auch der Nachdichter realisiert ein unvollendbares Fragment.

[1852] Ebd. – Nach welcher konkreten Einfärbung hier weiterhin Festlegungen vorgenommen werden können, darüber lässt sich auf einer diskursiven Nebenlinie zudem sicher trefflich streiten.

[1853] Vgl. auch: „Dem neuzeitlichen Wirklichkeitsbegriff des ›in sich einstimmigen offenen Kontextes‹, für den Realität immer das Resultat einer Realisierung, einer sich in der Zeit durchhaltenden, aber nie definitiv gesicherten Verläßlichkeit, einer nie abgeschlossenen und daher immer noch auf die Zukunft angewiesenen Konsistenz ist – diesem Wirklichkeitsbegriff ist die Möglichkeit unverständlich geworden, an einer Gegebenheit die Gültigkeit des ›eigentlich Seienden‹ wahrzunehmen oder wahrgenommen zu denken und darin die Aufforderung zur Wiederholung gestellt zu sehen. Der Wirklichkeitsbegriff der ›offenen Konsistenz‹ ist der einer Gewißheit auf Abruf; diese Wirklichkeit kann als solche nur dadurch bestätigt werden, daß sie nicht widerrufen wird, anders ausgedrückt: nur das Erwachen kann den Traum als das Irreale denunzieren. Der Irrtum aller ästhetischen Realismus-Theorien und -Praktiken ist die Prämisse, es gäbe so etwas wie Merkmale des Realen, die man auf das Kunstwerk und seine Elemente transplantieren könnte." (Blumenberg, *Wirklichkeitsbegriff. Terror und Spiel*, S. 36. Hervorhebungen u. Zitate wie Orig.)

[1854] Vgl. hierzu auch folgenden Gedanken bei Blanchot: „Quand écrire, c'est découvrir l'interminable, l'écrivain qui entre dans cette région ne se dépasse pas vers l'universel. Il ne va pas vers un monde plus sûr, plus beau, mieux justifié, où tout s'ordonnerait selon la clarté d'un jour juste." (Blanchot, *L'espace littéraire*, S. 23.)

[1855] Vgl. dazu: „[…] [E]ine Nachdichtung kann ja nie Identität sein: schon *nikde* ist trotz Vokalgleichheit nicht *nirgends*." (*Anhang »Nikde«*. WA 6, S. 290. Hervorhebungen i. Orig.)

Schlusswort als Ausblick

Der Bogen, der hier über das Fühmann'sche Werk gespannt werden konnte, wölbt sich chronologisch als Verbindungsbauwerk über einem sehr umfänglichen Teil von dessen Ganzem. Die als Hauptstränge ausgemachten exemplarischen Schaffensbereiche bzw. Texte konnten dabei als einzelne Schichten – gleichsam tragende Säulen der Untersuchung – innerhalb eines Saigerrisses der Topographie von Fühmanns Werk beschrieben werden. Die Einzeichnung des τόπος Bergwerk sowie die Verortung der Nachdichtung im Gesamtwerk und in enger Korrespondenz mit zentralen Texten wie *22 Tage* und dem Mythos-Essay eröffneten dabei Einsichten, die die Betonung einer objektiv vorhandenen Verschiedenartigkeit und Vielgestaltigkeit der Fühmann'schen Literatur um die Dimensionen innerer poetischer Relationen und sich fortsetzender Schreibstrategien ergänzen. Die Beschreibung im Rahmen einer Topographie ermöglichte je ein örtliches Bei- und Nebeneinander der τόποι zu denken. Nicht die Intention, eine kartographische Festschreibung vorzunehmen, war hierbei bestimmend, sondern vielmehr Fühmanns ausdrückliche Versuche, Orte zu *be*greifen und in Sprache und Schrift(-sprache) zu übersetzen. Dies gilt umso mehr, da die viergliedrige Betrachtung Fühmanns Werk als heterogene Topographie[1856] zeigt und reflektiert.

Weiterhin charakterisiert und konstituiert ein poetischer Modus des offen Unabgeschlossenen, des Unvollendbaren die behandelten Schaffensbereiche bei Fühmann. Diese Beschreibung genießt den Vorteil, eine breit basierte Kontextualisierung des Bergwerkfragments innerhalb des Gesamtwerkes von Franz Fühmann zu ermöglichen und zudem anstelle von andernorts zuweilen spekulativen Taxierungen ‚avant la lettre'[1857] Probleme der literarischen Arbeit – „Im Schaffensprozeß gibt es keine Seilfahrt; man steigt mühsam hinab und klimmt noch mühseliger wieder hinan."[1858] – und vor allem der vorhandenen Anlegung wie auch der Anlage des Bergwerks zu diskutieren.

[1856] Eine Affinität zum Konzept der Heterotopie besteht etwa im Zusammenhang mit folgender Aussage: „L'hétérotopie a le pouvoir de juxtaposer en un seul lieu réel plusieurs espaces, plusieurs emplacements qui sont en eux même incompatibles." (Foucault, *Des espaces autres*. Dits et Écrits 1, S. 758.)

[1857] Folgendes zeige dies stellvertretend: „Es enthüllt sich mit den Proben der Umriß eines Projekts, das – fertiggestellt – vielleicht das reichhaltigste Werk der DDR-Literatur geworden wäre." (Schoeller, *Wandlung als Konzept*. „Jeder hat seinen Fühmann", S. 38.) Christa Wolf äußert in Munds Film *Franz Fühmann – Das Bergwerk*, sie sei sicher, wenn Fühmann noch einige Jahre gegeben gewesen wären, „wir hätten etwas bekommen, dass dieses Jahrhundert irgendwie aufgerissen hätte." Volker Braun unternimmt eine ähnliche Prognose aus dem Rückblick: „Er (Fühmann, S.K.) war dann auch *Im Berg* – er hätte, um das Manuskript zu vollenden, den Einbruch 1989 gebraucht, das hätte die Schlacken gesprengt." (Braun, Volker / Schlenstedt, Silvia / Schlenstedt, Dieter: *Schichtwechsel oder die Verlagerung des geheimen Punktes*. In: Hörnigk, Frank (Hrsg.): Volker Braun. Berlin 1999, S. 174-188, hier S. 182. Kim geht soweit eine nicht begründete oder belegte Opposition innerhalb des Gesamtwerkes anzunehmen: „Sein gescheitertes »Bergwerk-Projekt« stellt in erster Linie den Versuch dar, die Position des Trakl-Buches zu widerrufen." (Kim, *Dichter des „Lebens"*, S. 270.)

[1858] *Im Berg*, S. 108.

„Ne nous confions pas à l'échec, ce serait avoir la nostalgie de la réussite."[1859]

Das hoffnungsfroh gepflegte Modell einer Verheißung von Grund auf kritisch zu sehen, hätte wohl eine derartig distanzierte Sicht auf das Scheitern hervorbringen können. Denn mit der Bezeichnung des nicht wunschgemäß (oder wunschgemäß *nicht*?) Gelungenen tritt einmal mehr jene wahrhaftige Haltung zutage, die sich noch im Angesicht des fragmentarisch liegen Gelassenen neuerlich mit einer Regung konfrontiert, zu der es im Text selbst wie in Gesprächen und Briefen wortreiche Äußerungen gibt und von der Fühmann ebenso wortreich Abschied nimmt[1860].

> [...] und Achilles begehrt, viel lieber droben der geringste aller Tagelöhner zu sein als drunten der Schatten des gewaltigsten Helden, und er heult, Schatten, nach einem Rinnsal Leben, nach einem Tropfen rauchendem Blut.
> Ach–[1861]

[1859] Blanchot, Maurice: *L'écriture du désastre*. Paris 1980, S. 25.
[1860] So etwa in dem Gespräch mit Heinz Blumensath in Berlin (West) am 04.06.1984: [Blumensath, Heinz]: *Franz Fühmann im Gespräch mit Berliner Lehrerinnen und Lehrern*. In: Connaissance de la RDA 26 (1988), S. 49-57, hier S.49f.
[1861] *Im Berg*, S. 106f.

VI. Bibliographie

- VI.1 Primärliteratur
  - VI.1.1 Franz Fühmann
  - Literarische und poetische Texte:

FÜHMANN, FRANZ: *Das Ruppiner Tagebuch*. Auf den Spuren Theodor Fontanes. Hrsg. v. Barbara Heinze u. Peter Dehmel. Rostock 2005.
FÜHMANN, FRANZ: *Irrfahrt und Heimkehr des Odysseus*. Rostock 1998.
FÜHMANN, FRANZ: *Die dampfenden Hälse der Pferde im Turm von Babel*. Ein Sprachspielbuch für Kinder. Mit Bildern v. Egberth Herfurth. Berlin 1996 [Nachdruck].
FÜHMANN, FRANZ: *Prometheus – Die Zeugung*. Hrsg. v. Sigurd Schmidt. Rostock 1996.
FÜHMANN, FRANZ: *Die Sage von Trojas Fall*. Rostock 1996.
FÜHMANN, FRANZ: *Das Ohr des Dionysios*. Nachgelassene Erzählungen. Hrsg. v. Ingrid Prignitz. Rostock 1995.
FÜHMANN, FRANZ: *Urworte Deutsch*. Aus Steputats Reimlexikon gezogen von Franz Fühmann. Hrsg. v. Ingrid Prignitz. Enth. Collagen v. Alfred T. Mörstedt. Rostock 1995^2.
FÜHMANN, FRANZ: *Autorisierte Werkausgabe in 8 Bänden*. Rostock 1993.
FÜHMANN, FRANZ: *Im Berg*. Texte aus dem Nachlaß. Hrsg. v. Ingrid Prignitz. Rostock 1993^2.
FÜHMANN, FRANZ: *Marsyas*. Mythos und Traum. Hrsg. v. Jürgen Krätzer (=Reclam-Bibliothek Bd. 1449). Leipzig 1993.
FÜHMANN, FRANZ: *Zum 10. Mai 1933*. Ein Gedenken. In: Frankfurter Rundschau (FR) 49 (1993) 107 v. 10.05.1993, S. 13.
FÜHMANN, FRANZ: *Saiäns-fiktschen*. Erzählungen (=Reclam-Bibliothek Bd. 1076). Leipzig 1990^2.
FÜHMANN, FRANZ: *Alkestis*. Stück mit Musik. Hrsg. u. m. e. Nachw. vers. v. Ingrid Prignitz. Mit Reprod. n. Graphiken v. Heiner Ulrich. Rostock 1989.
FÜHMANN, FRANZ; RIEMANN, DIETMAR: *Was für eine Insel in was für einem Meer*. Leben mit geistig Behinderten. Rostock 1988^2.
FÜHMANN, FRANZ: *Die Schatten*. Ein Hörspiel. Hrsg. v. Ingrid Prignitz. Mit Reprod. v. Graphiken v. Clemens Gröszer. Rostock 1986.
FÜHMANN, FRANZ: *Den Katzenartigen wollten wir verbrennen*. Ein Lesebuch. Hrsg. v. Hans-Jürgen Schmitt. Hamburg 1983.
FÜHMANN, FRANZ: *Vor Feuerschlünden*. Erfahrung mit Georg Trakls Gedicht. Rostock 1982.
FÜHMANN, FRANZ: *Gedichte und Nachdichtungen*. Werkausgabe Bd. 2 [gebundene Ausgabe]. Rostock 1978.
FÜHMANN, FRANZ: *[Arkadischer Akt.]* In: Förster, Wieland: Plastik und Zeichnung. Hrsg. v. Claude Keisch. Dresden 1977, S. 282.
FÜHMANN, FRANZ: *Schneewittchen: Ein paar Gedanken zu zwei jungen Dichtern*. In: Sinn und Form 28 (1976) 6, S. 1259-1272.
FÜHMANN, FRANZ: *Schieferbrechen und Schreiben*. Der Brigade Wilmar Siebenhüner ein GLÜCKAUF! zum Tag des Bergmanns. In: Sonntag 30 (1976) 27, S. 7f.
FÜHMANN, FRANZ: *Nachwort*. In: Förster, Wieland: Begegnungen. Tagebuch, Gouachen und Zeichnungen einer Reise in Tunesien. Berlin 1974, S. 119-131.
FÜHMANN, FRANZ: *Kleine Praxis des Übersetzens unter ungünstigen Umständen*. In: Mitteilungen der Deutschen Akademie der Künste zu Berlin [DDR] 7 (1969) 3, S. 8f. Auch in: Bücherkarren II / 1970, S. 14.

- Sammelbände mit Beiträgen Fühmanns:
Franz Fühmann und Novalis im Mansfelder Berg(werk). [Mappe, 9 Blatt.] Wiederstedt 2000.
trajekt 5. Franz Fühmann zum 50. Geburtstag am 15. Januar 1972. Rostock 1972.

- Briefe und Briefbände (veröffentlicht):
FÜHMANN, FRANZ: *Briefe aus der Werkstatt des Nachdichters 1961-1984. / Műfordítói műhelylevelek 1961-1984.* Mitgeteilt vom Adressaten Paul Kárpáti / Közzéteszi a levelek címzettje Kárpáti Pál [Zweisprachige Ausgabe Deutsch-Ungarisch]. Leipzig / Budapest 2007.
FÜHMANN, FRANZ: *Briefe an den Übersetzer Paul Kárpáti.* In: Sinn und Form 57 (2005) 5, S. 671-684 [Enthält auch eine Vorbemerkung von Paul Kárpáti].
HANNSMANN, MARGARETE: *Protokolle aus der Dämmerung 1977-1984.* Begegnungen und Briefwechsel zwischen Franz Fühmann, Margarete Hannsmann und HAP Grieshaber. M. Anmerk. v. Brigitte Selbig. Rostock 2000.
WOLF, CHRISTA / FÜHMANN, FRANZ: *Monsieur – wir finden uns wieder.* Briefe 1968-1984. Hrsg. v. Angela Drescher. Berlin 1998.
FÜHMANN, FRANZ: *Briefe 1950 – 1984.* Eine Auswahl. Hrsg. v. Hans-Jürgen Schmitt. Rostock 1994^2.

- Franz-Fühmann-Nachlass (Stiftung Archiv der Akademie der Künste Berlin-Brandenburg (AdK), Franz-Fühmann-Archiv(FFA) und Zentral- und Landesbibliothek Berlin (ZLB), Historische Sammlungen, Sammlung Fühmann) und andere Archivalien – © Hinstorff Verlag GmbH, Rostock

Akademie der Künste, Berlin, Franz-Fühmann-Archiv, Nr. 33.
Akademie der Künste, Berlin, Franz-Fühmann-Archiv, Nr. 34/1.
Akademie der Künste, Berlin, Franz-Fühmann-Archiv, Nr. 34/2.
Akademie der Künste, Berlin, Franz-Fühmann-Archiv, Nr. 34/3.
Akademie der Künste, Berlin, Franz-Fühmann-Archiv, Nr. 34/6.
Akademie der Künste, Berlin, Franz-Fühmann-Archiv, Nr. 34/7.
Akademie der Künste, Berlin, Franz-Fühmann-Archiv, Nr. 34/9.
Akademie der Künste, Berlin, Franz-Fühmann-Archiv, Nr. 34/10.
Akademie der Künste, Berlin, Franz-Fühmann-Archiv, Nr. 35/1.
Akademie der Künste, Berlin, Franz-Fühmann-Archiv, Nr. 35/2.
Übersichtszeichnung von Fühmanns Hand. Akademie der Künste, Berlin, Franz-Fühmann-Archiv, Nr. 35/3.
Franz Fühmann an Manfred Steingans am 25.03.1978. Akademie der Künste, Berlin, Franz-Fühmann-Archiv, Nr. 36.
Franz Fühmann an Horst Schwarzkopf am 29.05.1981. Akademie der Künste, Berlin, Franz-Fühmann-Archiv, Nr. 36.
Franz Fühmann an Ingrid Prignitz am 24.01.1983. Akademie der Künste, Berlin, Franz-Fühmann-Archiv, Nr. 36.
Franz Fühmann an Ingrid Prignitz am 05.02.1983. Akademie der Künste, Berlin, Franz-Fühmann-Archiv, Nr. 36.
Weitere Briefe von Franz Fühmann an Horst Schwarzkopf. Akademie der Künste, Berlin, Franz-Fühmann-Archiv, Nr. 36.
Akademie der Künste, Berlin, Franz-Fühmann-Archiv, Nr. 38/2.
Akademie der Künste, Berlin, Franz-Fühmann-Archiv, Nr. 38/3.
Filzstiftzeichnungen: Plan von *Tillroda*, Plan der Grube, Erdgeschichtliche Schnittzeichnung. Akademie der Künste, Berlin, Franz-Fühmann-Archiv, Nr. 38/4.

Akademie der Künste, Berlin, Franz-Fühmann-Archiv, Nr. 38/6, 38/8, 38 (großformatige Karten und Pläne, darunter eine Karte des Mansfelder Reviers von 1536 (Nachdruck v. 1935) und eine weitere Karte der Bezirke Magdeburg und Halle/S.)
Akademie der Künste, Berlin, Franz-Fühmann-Archiv, Nr. 38/7.
Akademie der Künste, Berlin, Franz-Fühmann-Archiv, Nr. 167.
Akademie der Künste, Berlin, Franz-Fühmann-Archiv, Nr. 604.
Akademie der Künste, Berlin, Franz-Fühmann-Archiv, Nr. 1100.
Akademie der Künste, Berlin, Franz-Fühmann-Archiv, Nr. 1111.
Akademie der Künste, Berlin, Franz-Fühmann-Archiv, Nr. 1136.
Franz Fühmann an Horst Schwarzkopf am 22.01.1983. Akademie der Künste, Berlin, Franz-Fühmann-Archiv, Nr. 1160.
Franz Fühmann an Horst Schwarzkopf am 26.06.1983. Akademie der Künste, Berlin, Franz-Fühmann-Archiv, Nr. 1160.
Weitere Briefe von Franz Fühmann an Horst Schwarzkopf. Akademie der Künste, Berlin, Franz-Fühmann-Archiv, Nr. 1160.

Notizheft. Zentral- und Landesbibliothek Berlin, Historische Sammlungen, Sammlung Fühmann [Nachlass], Nr. 106.
Zettelkästen. Zentral- und Landesbibliothek Berlin, Historische Sammlungen, Sammlung Fühmann [Nachlass], Nr. 128-133.
Postkarte Franz Fühmanns an Ursula Fühmann vom 07.06.1974. Zentral- und Landesbibliothek Berlin, Historische Sammlungen, Sammlung Fühmann [Nachlass], Nr. 457.)

[Mitschrift zum 2. Kafka-Gespräch in der Akademie der Künste am 22.11.1983.] [Typoskript, 21 S.] AdK – O,ZAA 2577.

Ingrid Prignitz an Franz Fühmann vom 30.06.1981. Akademie der Künste, Berlin, Franz-Fühmann-Archiv, Nr. 1143.

• Gespräche und Interviews mit Franz Fühmann
[BLUMENSATH, HEINZ]: *Franz Fühmann im Gespräch mit Berliner Lehrerinnen und Lehrern.* In: Connaissance de la RDA 26 (1988), S. 49-57.
CORINO, KARL: *Ein Roman ist die Krönung für jeden Schriftsteller.* In: Deutschland-Archiv. Zeitschrift für das vereinigte Deutschland 8 (1975) 3, S. 291-294.
GUGISCH, PETER: *Geschichten einer gebrochenen Kinderwelt.* [Gespräch.] In: Sonntag 25 (1971) 2, S. 11.
HEGYI, HANNELORE: *Franz Fühmann zu Gast in der Budapester Rundschau.* Kostproben aus „Csongor und Tünde" im KIZ. In: Budapester Rundschau 15 (1981) 48, S. 9.
JÓZSA GYÖRGY GÁBOR: *„Minden, amit most csinálok, folytatás".* Beszélgetés Franz Fühmann-nal. [„Alles, was ich jetzt mache, ist Weitermachen". Gespräch mit Franz Fühmann.] In: Magyar Nemzet 33 (1977) 267 v. 13.11.1977, S. 9.
JÓZSA, GYÖRGY [GÁBOR]: *„Alles, was ich jetzt mache, ist Weitermachen".* Gespräch mit Franz Fühmann. In: Budapester Rundschau 11 (1977) 48, S. 10.
KISS, ENDRE: *Ich versuche Petőfi zu übersetzen.* Ein Gespräch mit Franz Fühmann. In: Budapester Rundschau 6 (1972) 50, S. 6.
KISS ENDRE: *Vendégünk: Franz Fühmann.* [Unser Gast: Franz Fühmann.] In: Élet és Irodalom 16 (1972) 47, S. 6.
LOTHÁR LÁSZLÓ: *Vendégeink: Franz Fühmann.* [Unsere Gäste: Franz Fühmann.] In: Élet és Irodalom 22 (1978) 46, S. 6.
NEUBERT, WERNER: *Arbeitsgespräch mit Franz Fühmann.* In: Neue deutsche Literatur 18 (1970) 12, S. 68-75.

NEUBERT, WERNER: *Klassik - neu erzählt*. Werkstattgespräch mit Franz Fühmann. In: Neue deutsche Literatur 14 (1966) 12, S. 99-102.
SAUTER, JOSEF-HERMANN: *Interview mit Franz Fühmann*. In: Weimarer Beiträge 17 (1971) 1, S. 33-53.
SOLDAT, HANS-GEORG: *Gespräch mit Franz Fühmann 1979*. In: Sinn und Form 50 (1998) 6, S. 844-854.
THIERY ÁRPÁD: *A magyar irodalom ablakai*. Találkozás Franz Fühmannal. [Die Fenster der ungarischen Literatur. Treffen mit Franz Fühmann.] In: Népszava 100 (1972) v. 26.02.1972, S. 8.
TIMÁR GYÖRGY: *„Sokat köszönhetünk a magyar költészetnek" - Budapesti beszélgetés Franz Fühmann-nal*. [„Wir haben der ungarischen Dichtung viel zu verdanken" - Budapester Gespräch mit Franz Fühmann.] In: Élet és Irodalom 12 (1968) 22, S. 4.
TÓTH JÁNOS: *Budapesti találkozás*. Tizenöt perc Franz Fühmann-nal. [Budapester Treffen. Fünfzehn Minuten mit Franz Fühmann.] In: Magyar Hírlap 11 (1978) v. 03.12.1978, S. 8.
TÓTH, JÁNOS: *Eine Stunde mit Franz Fühmann*. Treffen in Budapest. In: Budapester Rundschau 12 (1978) 47, S. 10.
[B. [redakt. Abkürzung]]: *Berlintől -Párizson kereztül - a Szinva patakig*. Beszélgetés József Attila egyik német fordítójával. In: Esti Hírlap 6 (1961) 290 v. 09.12.1961, S. 2.
[-SG- [redakt. Abkürzung]]: *Nem statisztikai kérdés*. Interjú Franz Fühmannal. [Keine statistische Frage. Interview mit Franz Fühmann.] In: Élet és Irodalom 15 (1971) 45, S. 6.

VI.1.2 Primärliteratur weiterer Autoren (Belletristik)

ADY ENDRE: *Összes versei*. [Sämtliche Gedichte.] Budapest 2004[4].
ADY, ENDRE: *Gedichte*. Auswahl zum 100. Geburtstag des Dichters. Hrsg. v. László Bóka. Budapest 1977.
ADY, ENDRE: *Der verirrte Reiter*. Gedichte. A. d. Ungar. Hrsg. v. Paul Kárpáti. Nachgedichtet v. Martin Bischoff, Günther Deicke, Franz Fühmann, Heinz Kahlau. Nachwort v. István Király. Berlin 1977.
BACHMANN, INGEBORG: *Böhmen liegt am Meer*. In: Dies.: Werke. Erster Band. Gedichte, Hörspiele, Libretti, Übersetzungen. Hrsg. v. Christine Koschel, Inge v. Weidenbaum, Clemens Münster. München / Zürich 1993[4], S. 167f.
BAUDELAIRE, CHARLES: *Œuvres complètes* [2 tomes]. Texte établi, présenté et annoté par Claude Pichois (=Bibliothèque de la Pléiade 1 u. 7). Paris 1975 u. 1990.
BENN, GOTTFRIED: *Probleme der Lyrik*. In: Ders.: Sämtliche Werke. Stuttgarter Ausgabe. Hrsg. v. Gerhard Schuster (I-V) u. Holger Hof (VI-VII). Bd. VI, Prosa 4 [1951-1956]. Stuttgart 2001, S. 9-44.
BIEBL, KONSTANTIN: *Poesiealbum 117*. Berlin 1977.
BOBROWSKI, JOHANNES: *Gesammelte Werke in sechs Bänden*. Bd. 1, Die Gedichte. Hrsg. v. Eberhard Haufe. Stuttgart 1998.
BRAUN, VOLKER: *Das unbesetzte Gebiet. Im schwarzen Berg*. Frankfurt/M. 2004.
BRAUN, VOLKER: *Verheerende Folgen mangelnden Anscheins innerbetrieblicher Demokratie*. Schriften. Leipzig 1988.
BRÄUNIG, WERNER: *Rummelplatz*. Roman. M. e. Vorwort v. Christa Wolf. Hrsg. v. Angela Drescher. Berlin 2007[2].
BRECHT, BERTOLT: *Große kommentierte Berliner und Frankfurter Ausgabe*. Hrsg. v. Werner Hecht, Jan Knopf, Werner Mittenzwei, Klaus-Detlef Müller. Berlin, Weimar / Frankfurt/M. 1988-2000.
BÜCHNER, GEORG: *Sämtliche Werke, Briefe und Dokumente in zwei Bänden*. Hrsg. v. Henri Poschmann. Frankfurt/M. 1992-1999.

BULGAKOW, MICHAIL: Gesammelte Werke. Bd. 3, *Der Meister und Margarita*. Roman. Deutsch v. Thomas Reschke. Berlin 1994.
CAMUS, ALBERT: *Le mythe de Sisyphe*. Essai sur l'absurde. In: Ders.: Œuvres complètes I, 1931-1944. Éd. publiée sous la dir. de Jacqueline Lévi-Valensi, avec, pour ce volume, la collab. de Raymond Gay-Crosier et d'André Abbou, Zedjiga Abdelkrim, Marie-Louise Audin, Samantha Novello, Pierre-Louis Rey, Philippe Vanney, David H. Walker et Maurice Weyembergh (=Bibliothèque de la Pléiade 161). Paris 2006, S. 217-322.
CELAN, PAUL: *Gesammelte Werke in sieben Bänden*. Hrsg. v. Beda Allemann u. Stefan Reichert (=suhrkamp taschenbuch 3202-3208). Frankfurt/M. 2000.
CELAN, PAUL: *Der Meridian*. Endfassung – Entwürfe – Materialien. Hrsg. v. Bernhard Böschenstein u. Heino Schmull. [Werke. Tübinger Ausgabe.] Frankfurt/M. 1999.
CELAN, PAUL: *Die Niemandsrose*. Vorstufen - Textgenese - Endfassung. Bearb. v. Heino Schmull. [Werke. Tübinger Ausgabe.] Frankfurt/M. 1996.
COCTEAU, JEAN: *Opéra, Le paquet rouge*. In: Ders.: Œuvres poétiques complètes. Éd. publiée sous la dir. de Michel Décaudin (=Bibliothèque de la Pléiade 460). Paris 1999, S. 540.
DANTE ALIGHIERI: *La Divina Commedia*. Inferno-Purgatorio-Paradiso. Introduzione di Italo Borzi, commento i cura di Giovanni Fallani e Silvi Zennaro (=Biblioteca Economica Newton Classici 1). Roma 2003.
[DANTE]: *La Divina Commedia di Dante Alighieri*. Illustrata di Gustavo Doré dichiarata con note tratte dai migliori commenti per cura di Eugenio Camerini. Milano 1894. (ZLB, Sammlung Fühmann)
DANTE: *Die Göttliche Komödie*. M. fünfzig Zeichnungen v. Botticelli. Deutsch v. Friedrich Freih. v. Falkenhausen (=Insel Taschenbuch 94). Frankfurt/M. 1974.
DANTE ALIGHIERI: *Göttliche Komödie*. Übers. v. Karl Witte. Leipzig 1965. (ZLB, Sammlung Fühmann)
DANTE ALIGHIERI: *Die Göttliche Komödie*. Deutsch v. Karl Vossler. (zuerst Zürich 1942) Gütersloh [1960]. (ZLB, Sammlung Fühmann)
DANTE ALIGHIERI: *Die Göttliche Komödie*. Übers. v. Herrmann Gmelin. Stuttgart 1955. (ZLB, Sammlung Fühmann)
DANTE: *Göttliche Komödie*. Übers. v. Philalethes. Berlin [um 1935]. (ZLB, Sammlung Fühmann)
[DANTE]: *Dante's Göttliche Komödie in 125 Bildern* nebst erläuterndem Texte von Bernhard Schuler [Nacherzählung m. Versen a. d. Übersetzungen v. Philalethes u. Witte]. München 1892. (ZLB, Sammlung Fühmann)
DEICKE, GÜNTHER: *Land überm Kupferschiefer*. In: Sinn und Form 36 (1984) 5, S. 1023-1038.
DÖBLIN, ALFRED: *[Berlin] (1928)*. In: Ders.: Kleine Schriften 3. Ausgew. Werke i. Einzelbdn. [Bd. 15.] Begr. v. Walter Muschg. I. Verbindung m. d. Söhnen d. Dichters hrsg. v. Anthony W. Riley. Zürich u.a. 1999, S. 153-159.
DZIEKOŃSKI, JÓZEF BOHDAN: *Der Höhlengeist*. In: Tuwim, Julian (Hrsg.): *Beherrscher der Zeit*. Polnische phantastische Novellen Bd. 2 (=Phantastische Bibliothek Bd. 176, suhrkamp taschenbuch 1274). Frankfurt/M. 1986, S. 7-18.
ECKERMANN, JOHANN PETER: *Gespräche mit Goethe in den letzten Jahren seines Lebens*. M. e. Einf. hrsg. v. Ernst Beutler. München 1999.
ERB, ELKE: *Mündig*. In: Dies.: Kastanienallee. Texte und Kommentare. Berlin u. Weimar 1987, S. 44f.
ERB, ELKE: *Werde ich nach meinem Verhältnis zu Franz Fühmann gefragt*. In: Laabs, Jochen / Wolter, Manfred (Hrsg.): Lebensmitte. Geschichten von 31 Autoren. Halle/S. 1987, S. 107-116.

FLAUBERT, GUSTAVE: *Préface aux «Dernières Chansons»*. In: Ders.: Œuvres complètes. Bd.12, Œuvres diverses. Fragments et ébauches. Édition nouvelle établie d'après les manuscripts inédits de Flaubert par la Soc. d. Études litt. Françaises. Paris 1974, S.37-51.
FÜST, MILÁN: *Herbstdüsternisse*. Gedichte, „Aufzeichnungen". A. d. Ungar. Nachdichtung v. Franz Fühmann. Übersetzung v. Paul Kárpáti. Nachwort v. Márton Kalász (=RUB 544). Leipzig 1974.
GIDE, ANDRE: *Le Prométhée mal enchaîné*. In: Ders.: Œuvres complètes. Tome 3. Paris: Gallimard, 1933, S. 97-160.
GIDE, ANDRÉ: *Le Prométhée mal enchaîné*. In: Ders.: Romans, récits et soties œuvres lyriques (= Bibliothèque de la Pléiade 135). Paris 1958, S. 301-341.
V. GOETHE, JOHANN WOLFGANG: *Werke*. Hamburger Ausgabe in 14 Bänden. Hrsg. v. Erich Trunz. München 1998.
V. GOETHE, JOHANN WOLFGANG: *Noten und Abhandlungen zum besseren Verständnis des west-östlichen Divans*. In: Ders.: Berliner Ausgabe. Bd. 3. Poetische Werke. Gedichte und Singspiele III. West-östlicher Divan, Epen. Berlin 1965.
V. GOETHE, JOHANN WOLFGANG: *Rede bei der Eröffnung des neuen Bergbaues zu Ilmenau den 24. Februar 1784*. In: Ders.: Berliner Ausgabe Bd. 16, Poetische Werke, Autobiographische Schriften IV. Tag- und Jahreshefte, Biographische Einzelheiten, Reden, Testamente und Verfügungen. Berlin 1964, S. 439-443.
V. GOETHE, JOHANN WOLFGANG: *Nachträgliches zu Philostrats Gemälde*. In: Ders.: Berliner Ausgabe Bd. 20. Kunsttheoretische Schriften und Übersetzungen, Schriften zur bildenden Kunst II, Aufsätze zur bildenden Kunst (1812-1832). Berlin 1974, S. 244-250.
HAJNAL, GÁBOR: *Walpurgisnacht*. Gedichte. A. d. Ungar. Nachdichtung v. Günther Deicke, Franz Fühmann, Günter Kunert u.a. M. e. Nachwort v. Franz Fühmann. Hrsg. v. Paul Kárpáti (=RUB 749). Leipzig 1986².
HALAS, FRANTIŠEK: *Časy*. Dílo Františka Halase Bd. 2. [Zeiten. František Halas' Werke.] Praha 1981.
HALAS, FRANTIŠEK: *Der Hahn verscheucht die Finsternis*. Gedichte. Nachgedichtet v. Franz Fühmann. Berlin 1970. (ZLB, Sammlung Fühmann)
HEBEL, JOHANN PETER: *Schatzkästlein des Rheinischen Hausfreundes*. Ein Werk in seiner Zeit. M. Bilddok., Quellen, histor. Kommentar u. Interpret. hrsg. v. Hannelore Schlaffer. Tübingen 1980. (ZLB, Sammlung Fühmann)
HEBEL, JOHANN PETER: *Unverhofftes Wiedersehen*. In: Ders.: Sämtliche Schriften. Historisch-kritische Gesamtausgabe. Hrsg. v. Adrian Braunbehrens u. Peter Pfaff. Bd. II, Erzählungen und Aufsätze. Erster Teil, Die Beiträge für den Badischen Landkalender und für den Kalender des Rheinländischen Hausfreundes auf die Jahre 1803-1811. Karlsruhe 1990, S. 281-284.
HEBEL, JOHANN PETER: *Gesammelte Werke in zwei Bänden*. Hrsg. u. eingel. v. Eberhard Meckel. Berlin 1958. (ZLB, Sammlung Fühmann)
HEINE, HEINRICH: *Lutezia*. In: Ders.: Werke in vier Bänden. Dritter Band. Schriften über Frankreich. Hrsg. v. Eberhard Galley. Frankfurt/M. 1968, S. 304-601.
HERMLIN, STEPHAN: *Gedichte und Nachdichtungen*. Berlin u.a. 1990.
HERMLIN, STEPHAN: *Es geht um Kupfer*. In: Ders.: Aufsätze, Reportagen, Reden, Interviews. Hrsg. v. Ulla Hahn. München 1980, S. 258-269.
HOFFMANN, E.T.A.: *Die Bergwerke zu Falun*. In: Ders.: Werke in sechs Bänden. Hrsg. v. Hartmut Steinecke u. Wulf Segebrecht. Bd. 4, Die Serapionsbrüder. Hrsg. v. Wulf Segebrecht (=Bibliothek deutscher Klassiker 175). Frankfurt/M. 2001, S. 208-239 [241].
HOFFMANN, E.T.A.: *Sämtliche Werke*. Historisch-kritische Ausgabe m. Einl., Anmerk. u. Lesarten v. Carl Georg v. Maassen. Bde.1-8. Leipzig u. München 1908-1925. (ZLB, Sammlung Fühmann)
HOFFMANN, E.T.A.: *Sämmtliche Werke*. Serapions-Ausgabe. Bde. 13 u. 14. Berlin u. Leipzig: 1922. (ZLB, Sammlung Fühmann)

HOFFMANN, E.T.A.: *Werke*. 15 Bde. Hrsg. u. m. e. Lebensbild vers. v. Georg Ellinger. Berlin u. Leipzig [1927]. (ZLB, Sammlung Fühmann)
HOFFMANN, E.T.A.: *Poetische Werke in sechs Bänden*. M. e. Einl. v. Hans Mayer. Berlin u. Weimar 1958. (ZLB, Sammlung Fühmann)
HÖLDERLIN, FRIEDRICH: *Sämtliche Werke*. Stuttgarter Ausgabe. Hrsg. v. Friedrich Beissner. Bd. 2, Gedichte nach 1800, Hälfte 1, Text.Stuttgart 1951.
HOMERI: Opera. Tomus III, Odysseae libros I-XII continens. Oxford 1917[2] [fotomechan. Nachdruck 2002].
HOMER: 'Οδυσσείας/*Odyssee*. Griechisch und deutsch. Übertr. v. Anton Weiher. M. Urtext, Anhang u. Registern (Sammlung Tusculum). München / Zürich 1990[6].
HOMER: Werke. 2. Bd., *Odyssee*. A. d. Griech. v. Johann Heinrich Voss. Hrsg. v. Peter von der Mühll. M. e. Nachw. v. Egon Friedell (=Diogenes Taschenbuch 20779). Zürich 1980.
JOYCE, JAMES: *Ulysses*. With an Introduction by Declan Kiberd. London 1992 [Reprint 2000].
JOYCE, JAMES: *A Portrait of the Artist as a Young Man*. Edited by R. Brandon Kershner. Boston / New York 1993.
JOYCE, JAMES: *Stephen Hero*. Edited from the Manuscrpit in the Harvard College Library by Theodore Spencer. Incorporating the Additional Manuscript Pages in the Yale University Library and the Cornell University Library. Edited by John J. Slocum and Herbert Cahoon. New York 1963.
JÓZSEF ATTILA: *Összes versei*. Kritikai kiadás [Sämtliche Gedichte. Kritische Ausgabe]. 3 Bde. Hrsg. v. Béla Stoll. Budapest 2005.
JÓZSEF ATTILA: *Tanulmányok és cikkek 1923-1930*. Szövegek. [Studien und Artikel 1923-1930. Texte.] Hrsg. v. Iván Horváth et al. Budapest 1995.
JÓZSEF, ATTILA: *Ein wilder Apfelbaum will ich werden*. Gedichte 1916-1937. A. d. Ungar. übers., ausgew. u. hrsg. v. Daniel Muth [Csaba Báthory]. Zürich 2005.
JÓZSEF, ATTILA: *Poesiealbum 90*. Hrsg. v. Bernd Jentzsch. Ausw. v. Stephan Hermlin. Übertr. v. Franz Fühmann, Peter Hacks, Stephan Hermlin u. Heinz Kahlau. Berlin 1975.
JÓZSEF, ATTILA: *Gedichte*. Nachdichtungen v. Franz Fühmann, Peter Hacks, Stephan Hermlin u.a. Hrsg. v. Stephan Hermlin. Berlin / Budapest 1960.
KAFKA, FRANZ: *Gesammelte Werke*. Bd. 5, Erzählungen. Hrsg. v. Max Brod. Frankfurt/M. 1980[5].
KIRSCH, SARAH: *Zaubersprüche*. Ebenhausen b. München 1974.
V. KLEIST, HEINRICH: *Über die allmähliche Verfertigung der Gedanken beim Reden*. In: Ders.: Sämtliche Werke. Bd. 3, Erzählungen. Anekdoten. Gedichte. Schriften. Hrsg. v. Klaus Müller-Salget. Frankfurt/M. 1990, S. 534-540.
KOLBE, UWE: *Die Reise als Differenzierung*. Chromatisches Tagebuch an Franz Fühmann. In: Kolbe, Uwe: Renegatentermine. 30 Versuche, die eigene Erfahrung zu behaupten. Frankfurt/M. 1998, S. 85-97.
KOSZTOLÁNYI, DEZSŐ: *Nyelv és lélek*. [Sprache und Seele.] Budapest 2002[3].
KOSZTOLÁNYI, DEZSŐ: *Esti Kornél*. [Kornél Esti.] [2 Bde.] Budapest 2003.
KOSZTOLÁNYI, DEZSŐ: *Die Bekenntnisse des Kornél Esti [Esti Kornél]*. Übers. v. Christina Virágh. Reinbek b. Hamburg 2004.
MADÁCH IMRE: *Az ember tragédiája*. Drámai költemény. Szinoptikus kritikai kiadás. Sajtó alá rendezte és a jegyzeteket írta Kerényi Ferenc. [*Die Tragödie des Menschen*. Dramatische Dichtung. Synoptische kritische Ausgabe. Hrsg. u. m. Fußnoten versehen v. Ferenc Kerényi.] Budapest 2005.
MADÁCH, IMRE: *Die Tragödie des Menschen*. Ein dramatisches Gedicht. Dt. Übertragung v. Jenő Mohácsi unter Bearb. v. Géza Engl. Vorw. v. Marcell Benedek. Budapest 1983[7].
MADÁCH, IMRE: *Die Tragödie des Menschen*. Ein dramatisches Gedicht. Dt. Übertragung v. Jenő Mohácsi. Vorw. v. Marcell Benedek. Budapest 1977; 1970[5]; 1959[2].

MALLARMÉ, STÉPHANE: Œuvres complètes [2 tomes]. Édition présentée, établie et annotée par Betrand Marchal (= Bibliothèque de la Pléiade 65 u. 497). Paris 1998 u. 2003.
MALLARMÉ, STÉPHANE: Igitur. Divagations. Un coup de dés. Éd. de Bertrand Marchal. Paris 2003.
MALLARME, STÉPHANE: Poésies. Éd. de Bertrand Marchal. Paris 1992.
MALLARME, STÉPHANE: Un coup de Dés jamais n'abolira le Hasard. Manuscrit et épreuves. Édition et Observations de Françoise Morel. Paris 2007.
MALLARMÉ, STÉPHANE: Eines Faunen Nachmittag. Dt. Nachdichtung u. Nachw. v. Edwin Maria Landau. Frankfurt/M. 1979. (ZLB, Sammlung Fühmann)
MALLARMÉ, STÉPHANE: Sämtliche Gedichte. Französisch-Deutsch. Übertr. v. Carl Fischer. Heidelberg 1974[3]. (ZLB, Sammlung Fühmann)
MALLARMÉ, STÉPHANE: Gedichte. Französisch-Deutsch. Dt. v. Fritz Usinger. Jena 1948[2]. (ZLB, Sammlung Fühmann)
MALLARMÉ, STÉPHANE: Dichtungen. Deutsch-französische Ausgabe. I. Ausw. übers. u. hrsg. v. Kurt Reidemeister. Krefeld 1948. (ZLB, Sammlung Fühmann)
MÁNDY, IVÁN: Erzählungen. Übers. v. Elemér Schag (=edition suhrkamp 176). Frankfurt/M. 1966. (ZLB, Sammlung Fühmann)
MÁNDY, IVÁN: Kino alter Zeiten. Erzählungen. Übers. v. Hans Skirecki. Berlin 1975. (ZLB, Sammlung Fühmann)
MANN, THOMAS: Der Zauberberg. Roman. Große kommentierte Frankfurter Ausgabe Werke – Briefe – Tagebücher. Hrsg. v. Heinrich Detering u.a. Bd. 5.1. Hrsg. u. textkrit. durchges. v. Michael Neumann. Frankfurt/M. 2002.
MANN, THOMAS: Versuch über das Theater [1908]. In: Ders.: Große kommentierte Frankfurter Ausgabe Werke – Briefe – Tagebücher. Hrsg. v. Heinrich Detering u.a. Bd. 14.1, Essays I 1893-1914. Frankfurt/M. 2002, S. 123-168.
MANN, THOMAS: Essays. 6 Bde. Nach den Erstdrucken, textkrit. durchges., komm. u. hrsg. v. Hermann Kurzke u. Stephan Stachorski. Frankfurt/M. 1993-1997.
MANN, THOMAS: Joseph und seine Brüder. Frankfurt/M. 1964.
MÁRAI, SÁNDOR: Die Glut. [A gyertyák csonkig égnek.] Übers. v. Christina Virágh. München 2000.
MÁRAI, SÁNDOR: Bekenntnisse eines Bürgers. [Egy polgár vallomásai.] Übers. v. Klaus Skirecki. Hrsg. v. Siegfried Heinrichs. München 2005[7].
MARCINKEVIČIUS, JUSTINAS: Auf der Erde geht ein Vogel. Gedichte. Hrsg. u. m. e. Nachwort vers. v. Leonhard Kossuth. Nachgedichtet v. Heinz Czechowski, Franz Fühmann, Sarah Kirsch, Karl Mickel. Berlin 1969.
MOLNÁR, FRANZ: Liliom. Deutsch v. Alfred Polgár. Stuttgart 1979.
MÜLLER, HEINER: Werke 1. Die Gedichte. Hrsg. v. Frank Hörnigk. Frankfurt/M. 1998.
MÜLLER, HEINER: Werke 3. Die Stücke 1. Hrsg. v. Frank Hörnigk. Red. Mitarb.: Kristin Schulz, Klaus Gehre, Marit Gienke. Frankfurt/M. 2000.
MÜLLER, HEINER: Werke 8. Schriften. Hrsg. v. Frank Hörnigk. Red. Mitarb.: Kristin Schulz, Ludwig Haugk. Frankfurt/M. 2005.
MÜLLER, HEINER: Werke 9. Eine Autobiographie. Hrsg. v. Frank Hörnigk. Red. Mitarb.: Christian Hippe, Kristin Schulz, Ludwig Haugk, Ingo Way. Frankfurt/M. 2005.
NÁDAS PÉTER: Az égi és a földi szerelemről. [Von der himmlichen und der irdischen Liebe.] Pécs 2000[2].
NÁDAS, PÉTER: Von der himmlichen und der irdischen Liebe. A. d. Ungar. v. Magda Berg u. Dirk Wölfer. Reinbek b. Hamburg 1999 [Neuausgabe].
NEMES NAGY ÁGNES: Tudjuk-e, hogy mit csinálunk? [Wissen wir denn, was wir tun?] In: Dies.: Az élők mértana I. Prózai írások. [Die Geometrie der Lebenden I. Prosa.] Budapest 2004, S. 23-35.
NEMES NAGY ÁGNES: Összegyűjtött versei. [Gesammelte Gedichte.] Budapest 2002.

NEMES NAGY ÁGNES: *Szó és szótlanság*. [Wort und Wortlosigkeit.] Budapest 1989.
NEMES NAGY ÁGNES: *Dennoch schauen*. Gedichte. Nachgedichtet v. Franz Fühmann (=Insel-Bücherei Nr. 1068). Leipzig 1986.
NEMES NAGY ÁGNES: *Durst*. [Nachgedichtet v. Günther Deicke.] In: Engl, Géza / Kerékgyártó, István (Hrsg.): Wie könnte ich dich nennen? Ungarische Liebesgedichte aus alter und neuer Zeit. Budapest 1971, S. 119.
NOVALIS: *Schriften in 4 Bänden*. Hrsg. v. Paul Kluckhohn u. Richard Samuel. Bd. 1, Das dichterische Werk. Hrsg. v. Paul Kluckhohn u. Richard Samuel. Stuttgart 1977^3.
NOVALIS: *[Aufzeichnungen zum Berg- und Hüttenwesen.]* In: Ders.: Schriften in 4 Bänden. Hrsg. v. Paul Kluckhohn u. Richard Samuel. Bd. 3, Das philosophische Werk II. Hrsg. v. Richard Samuel. Stuttgart 1968^2, S. 713-737.
NOVALIS: *Briefe und Werke*. 3 Bde. Berlin 1943. (ZLB, Sammlung Fühmann)
OVID: *Werke in zwei Bänden*. Bd. 1 Verwandlungen. Übers. v. R. Suchier. Hrsg. u. bearb. v. Liselot Huchthausen (Bibliothek der Antike, Römische Reihe). Berlin u. Weimar 1973. (ZLB, Sammlung Fühmann)
PETŐFI SÁNDOR: *Összes művei*. Szerk. Kiss József. [Sämtliche Werke. Hrsg. v. József Kiss.] Budapest 1973-
POE, EDGAR ALLAN: *The Fall of the Haouse of Usher*. In: Ders.: Complete Works. Edited by James A. Harrison. Volume III, Tales Volume II. New York 1965, S. 273-297.
PROUST, MARCEL: *À la recherche du temps perdu* [4 tomes]. Édition publiée sous la direction de Jean-Yves Tadié (= Bibliothèque de la Pléiade 100, 101, 102, 356). Paris 1989.
QUIGNARD, PASCAL: *Le sexe et l'effroi* (=coll. folio 2839). Paris 2002.
QUIGNARD, PASCAL: *Petits traités I + II* (=coll. folio 2976 + 2977). Paris 2002 + 1997.
RACINE, JEAN: *Œuvres complètes*. Présentation, notes et commentaires par Raymond Picard (= Bibliothèque de la Pléiade 5). Paris 1950.
RADNÓTI MIKLÓS: *Ikrek hava. Napló*. [Monat der Zwillinge. Tagebuch.] Hrsg. v. Győző Ferencz. Budapest 2003.
RADNÓTI MIKLÓS: *Összegyűjtött versei és versfordításai*. [Gesammelte Gedichte und Gedichtübersetzungen.] Hrsg. v. Győző Ferencz. Budapest 2002^2.
RADNÓTI MIKLÓS: *Orpheus nyomában. Műfordítások kétezer év költőiből*. [Auf Orpheus' Spur. Nachdichtungen aus zweitausend Jahren Dichtung.] Budapest 1943, S. 165-171.
RADNÓTI, MIKLÓS: *Monat der Zwillinge*. Prosa, Gedichte, Fotos, Dokumente. Hrsg. v. Siegfried Heinrichs. A. d. Ungarischen von Hans Skirecki, Uwe Kolbe und Franz Fühmann. Interlinearübers. v. Paul Kárpáti. Berlin 1993.
RADNÓTI, MIKLÓS: *Offenen Haars fliegt der Frühling*. Tagebücher, Gedichte, Fotos, Dokumente. A. d. Ungarischen v. Hans Skirecki (Tagebücher) u. Franz Fühmann (Gedichte). Berlin 1993.
RADNÓTI, MIKLÓS: *Gewaltmarsch*. Ausgewählte Gedichte. Nachdichtungen v. Markus Bieler. Budapest 1979.
RADNÓTI, MIKLÓS: *Ansichtskarten*. Gedichte. Nachdichtung v. Franz Fühmann. Berlin 1967.
JEAN PAUL: *Sämtliche Werke*. Historisch-kritische Ausgabe. Hrsg. v. d. Preußischen Akademie d. Wissenschaften i. Verb. m. der Akademie z. wissenschaftlichen Erforschung u. zur Pflege d. Deutschtums (Deutsche Akademie) u. d. Jean-Paul-Gesellschaft. Erste Abteilung. Sechster Band, Blumen-, Frucht- und Dornenstücke (Siebenkäs). Hrsg. v. Kurt Schreinert. Weimar 1928.
JEAN PAUL: *Leben des vergnügten Schulmeisterlein Maria Wutz in Auenthal*. In: Ders.: Sämtliche Werke. Historisch-kritische Ausgabe. Erste Abteilung, Zweiter Band, Die unsichtbare Loge. Hrsg. v. Eduard Berend. Weimar 1927, S. 408-446.
JEAN PAUL: *Des Feldpredigers Schmelzle Reise nach Flätz mit fortgehenden Noten nebst einer Beichte des Teufels bei einem Staatsmanne*. In: Ders.: Sämtliche Werke. Historisch-kritische Ausgabe. Erste Abteilung, Dreizehnter Band, Des Feldpredigers Schmelzle Reise

nach Flätz. Dr. Katzenbergers Badereise. Leben Fibels. Hrsg. v. Eduard Berend. Weimar 1935, S. 3-68.

RILKE, RAINER MARIA: *Werke. Kommentierte Ausgabe in vier Bänden* (WKA). Hrsg. v. Manfred Engel, Ulrich Fülleborn, Horst Nalewski, August Stahl. Frankfurt/M. 1996-2003.

RILKE, RAINER MARIA: *Gesammelte Werke in fünf Bänden*. Hrsg. v. Manfred Engel, Ulrich Fülleborn, Horst Nalewski, August Stahl. Frankfurt/M. 2003.

ROTH, JOSEPH: *Radetzkymarsch*. In: Ders.: Werke. Fünfter Band, Romane und Erzählungen 1930-1936. Hrsg. v. Fritz Hackert. Köln 1990, S. 137-455.

DE SADE, DONATIEN ALPHONSE FRANÇOIS: *Œuvres complètes du Marquis de Sade*. Tome 1, Les cent vingt journées de Sodome. Cinq écrits de jeunesse. Quatrième cahier de notes ou réflexions. Lettre d'Étrennes à Mademoiselle de Rousset. Dialogue entre un prêtre et un moribond. Pensées. Fragments du portefeuille d'un homme de lettres. La vérité. Éd. mise en place par Annie Le Brun et Jean-Jacques Pauvert. Paris 1991.

SCHILLER, FRIEDRICH: *Der Spaziergang [Elegie]*. In: Ders.: Werke, Nationalausgabe. Zweiter Band, Teil I, Gedichte in der Reihenfolge ihres Erscheinens 1799-1805 (Text). Hrsg. v. Norbert Oellers. Weimar 1983, S. 308-314.

SCHULZE, INGO: *In Estland, auf dem Lande*. In: Ders.: Handy. Dreizehn Geschichten in alter Manier. Berlin 2007[2], S. 108-128.

SHAKESPEARE, WILLIAM: *The Winter's Tale*. In: The Complete Works of William Shakespeare comprising his plays and poems with a pref. by Donald Wolfit. Twickenham 1987[25], S. 286-314.

STEFFENS, HENRIK: *Was ich erlebte* [Auswahl]. München 1956.

STEFFENS, HENRIK: *Beiträge zur inneren Naturgeschichte der Erde*. In: Ders.: *Lebenserinnerungen aus dem Kreise der Romantik*. I. Ausw. hrsg. v. Friedrich Gundelfinger. Jena 1908, S. 175-177.

STEFFENS, HENRICH: *Novellen*. Gesammt-Ausgabe. Bde. 1-8, 13-14. Breslau 1837. (ZLB, Sammlung Fühmann)

STEFFENS, HENRICH: *Novellen*. Gesammt-Ausgabe. Bd. 10-11. Breslau 1837.

SZABÓ LŐRINC: *Összes versei*. [Sämtliche Gedichte.] 2 Bde. Budapest 2000.

SZERB, ANTAL: *Reise im Mondlicht*. [Utas és holdvilág.] Übers. v. Christina Virágh. München 2003.

TIECK, LUDWIG: *Die Vogelscheuche. Des Lebens Überfluß. Literaturwissenschaftliche Schriften*. Werke in zwei Bänden. Bd. 2. Berlin u. Weimar 1985.

TIECK, LUDWIG: *Werke*. Auswahl in sechs Teilen. Hrsg. u. m. Einl. u. Anmerk. vers. v. Eduard Berend. Berlin / Leipzig [1908]. (ZLB, Sammlung Fühmann)

TIECK, LUDWIG: *Gesammelte Novellen*. Bde. 1-10. Breslau 1838-1839, 1842 [1-2]. (ZLB, Sammlung Fühmann)

TIECK, LUDWIG: *Schriften*. Bde. 6-9, 12, 14, 16; Bde. 19-26, Gesammelte Novellen Bde. 3-10. Berlin 1828 [6-9], 1829 [12, 14], 1843 [16], 1853 [19-26]. (ZLB, Sammlung Fühmann)

TIECK, LUDWIG: *Schriften*. Bde. 1-5, 10-11, 13, 17-18. Berlin 1828-1844. (ZLB, Sammlung Fühmann)

TIECK, LUDWIG: *Sämmtliche Werke*. Bde. 25-27, Deutsches Theater 1.-3.Teil; Bd. 28, Sämmtliche Gedichte. Wien 1821 [25-27], 1822 [28]. (ZLB, Sammlung Fühmann)

TOLSTOI, LEW: *Wer soll bei wem schreiben lernen, die Bauernkinder bei uns oder wir bei den Bauernkindern?* In: Ders.: Gesammelte Werke in zwanzig Bänden. Hrsg. v. Eberhard Dieckmann u. Gerhard Dudek. Bd. 14, Ästhetische Schriften. Berlin 1968, S. 10-41. (ZLB, Sammlung Fühmann)

TOURNIER, MICHEL: *Le Roi des Aulnes* (=coll. folioplus 14). Paris 1996.

TUCHOLSKY, KURT: *Man muß dran glauben...* In: Ders.: Gesammelte Werke. Hrsg. v. Mary Gerold-Tucholsky u. Fritz J. Raddatz. Bd. 2, 1919-1920. Reinbek b. Hamburg 1975 [Sonderausgabe 1995].

VI. Bibliographie

VILLIERS DE L'ISLE-ADAM, AUGUSTE: *La Torture de l'espérance.* In: Ders.: Œuvres complètes. Bd. 2. Edition établie par Alan Raitt et Pierre Georges Castex (= Bibliothèque de la Pléiade 329). Paris 1986, S. 361-366.
VÖRÖSMARTY, MIHÁLY: *Összes művei* [18 kt.]. Szerk. Horváth Károly és Tóth Dezső. [Sämtliche Werke [18 Bde.]. Hrsg. v. Károly Horváth u. Dezső Tóth.] Budapest 1960-1989.
VÖRÖSMARTY MIHÁLY: *Összes költeményei.* [Sämtliche Dichtungen.] [2 Bde.] Budapest 1978. (ZLB, Sammlung Fühmann)
VÖRÖSMARTY, MIHÁLY: *Csongor und Tünde.* Ein romantisches Märchenspiel. Deutsch v. Franz Fühmann. M. e. Nachwort v. Paul Kárpáti. Berlin 1985.
VÖRÖSMARTY, MIHÁLY: *Wenn einst die Nacht sich erschöpft.* Gedichte und dramatische Lyrik. Interlinearübers. a. d. Ungar. v. Paul Kárpáti. Nachdichtung v. Franz Fühmann. M. e. Nachwort v. Franz Fühmann, Márton Kalász u. Paul Kárpáti. Berlin 1982.
WAGNER, RICHARD: *Der Ring des Nibelungen.* Vollständiger Text mit Notentafeln der Leitmotive. Hrsg. v. Julius Burghold (=Serie Musik Bd. 8229). Mainz 1997[7].
WOLF, CHRISTA: *Ein Tag im Jahr 1960-2000.* München 2003.
WOLF, CHRISTA: *Nirgends sein o Nirgends du mein Land.* In: Dies.: Hierzulande Andernorts. Erzählungen und andere Texte 1994-1998. München 1999, S. 61-68.

- VI.1.2.1 Anthologien und Textsammlungen

BERGER, UWE / DEICKE, GÜNTER [Hrsg.]: *Lyrik der DDR.* Berlin u. Weimar 1976[4].
EICHER, THOMAS (Hrsg.): *Das Bergwerk von Falun.* Texte von Johann Peter Hebel, E.T.A. Hoffmann, Georg Trakl und Franz Fühmann. Zeichnungen v. Barbara Gauger. Oberhausen 2003.
EICHER, THOMAS (Hrsg.): *Das Bergwerk von Falun.* Varianten eines literarischen Stoffes (=Literatur im Kontext 1). Münster 1996.
HERMLIN, STEPHAN / VAJDA, GYÖRGY MIHÁLY (Hrsg.): *Ungarische Dichtung aus fünf Jahrhunderten.* [M. e. Vorw. v. Stephan Hermlin.] Berlin u. Weimar 1970.
KÁRPÁTI, PAUL (Hrsg.): *Moderne Lyrik aus Ungarn.* Leipzig 1982.
Ungarische Lyrik im zwanzigsten Jahrhundert. A. d. Ungar. nachgedichtet v. Günter Deicke, Franz Fühmann, Uwe Greßmann, Peter Hacks, Stephan Hermlin, Heinz Kahlau, Paul Kárpáti, Uwe Kolbe, Günter Kunert, Richard Pietraß, Paul Wiens u.a. Hrsg. v. Verband ungar. Schriftsteller i. Zusammenarb. m. Paul Kárpáti. (Reihe Europäische Poesie des zwanzigsten Jahrhunderts). Berlin 1987.
KÜHN, DIETRICH (Hrsg.): *Sagen und Legenden vom Harz und vom Kyffhäuser.* Weimar 2002[2].
MATUSZEWSKI, RYSZARD (Hrsg.): *Polnische Lyrik.* Vorw. v. Ryszard Matuszewski. Berlin 1953.
WAGENBACH, KLAUS (Hrsg.): *Deutsche Orte.* Berlin 1991.
WAGENBACH, KLAUS (Hrsg.): *Atlas.* Deutsche Autoren über ihren Ort. Berlin 1965 [Neuausgabe 2004].
WERNER, DIETMAR (Hrsg.): *Bergmannssagen aus dem sächsischen Erzgebirge.* M. Illustrationen v. Christa Jahr. Leipzig 1986[2].
In diesem besseren Land. Gedichte der Deutschen Demokratischen Republik seit 1945. Ausgewählt v. Adolf Endler u. Karl Mickel. Halle/S. 1966.

- VI.2 Sekundärliteratur
  - VI.2.1 Verfasserschriften

ADORNO, THEODOR W.: Gesammelte Schriften. Bd. 6, *Negative Dialektik.* Jargon der Eigentlichkeit: Erster Teil: Verhältnis zur Ontologie. Hrsg. v. Rolf Tiedemann. Frankfurt/M. 1986.

ADORNO, THEODOR W.: Gesammelte Schriften. Bd. 7, *Ästhetische Theorie*. Hrsg. v. Rolf Tiedemann. Frankfurt/M. 1970.
ADORNO, THEODOR W.: *Kulturkritik und Gesellschaft*. In: Ders.: Gesammelte Schriften. Bd. 10/I, Kulturkritik und Gesellschaft I. Prismen. Hrsg. v. Rolf Tiedemann. Frankfurt/M. 1986, S. 11-30.
ADORNO, THEODOR W.: *Der Essay als Form*. In: Ders.: Gesammelte Schriften. Bd. 11, Noten zur Literatur. Hrsg. v. Rolf Tiedemann. Frankfurt/M. 1986, S. 9-33.
ADORNO, THEODOR W. / HORKHEIMER, MAX: *Dialektik der Aufklärung*. In: Horkheimer, Max: Gesammelte Schriften. Bd. 5, Dialektik der Aufklärung und Schriften 1940-1950. Frankfurt/M. 1987, S. 13-290.
AGRICOLA, GEORG: *De Re Metallica Libri XII*. Zwölf Bücher vom Berg- und Hüttenwesen. [Unveränderter Nachdruck der Erstausgabe v. 1928.] Wiesbaden 2006.
ASSMANN, JAN: *Das kulturelle Gedächtnis*. Schrift, Erinnerung und politische Identität in frühen Hochkulturen (=Beck'sche Reihe 1307). München 1999^2.
BACHELARD, GASTON: *La terre et les rêveries du repos*. Paris 1958.
BACHELARD, GASTON: *La poétique de l'espace*. Paris 1957.
BARTHES, ROLAND: *L'Empire des signes*. In: Ders.: Œuvres complètes. Tome III, Livres, textes, entretiens 1968-1971. Éd. par Éric Marty. Paris 2002, S. 347-444.
BATT, KURT: *Widerspruch und Übereinkunft*. Aufsätze zur Literatur. Hrsg. v. Franz Fühmann u. Konrad Reich. Leipzig 1978.
BELTZ, WALTER: *Gott und die Götter*. Biblische Mythologie. Berlin u. Weimar 1975. (ZLB, Sammlung Fühmann)
BENDA, KÁLMÁN / FÜGEDI, ERIK: *Tausend Jahre Stephanskrone*. [A. d. Ungar. übers.] Budapest 1988.
BENJAMIN, WALTER: *Die Aufgabe des Übersetzers*. In: Ders.: Gesammelte Schriften. Hrsg. v. Rolf Tiedemann unter Mitwirkung v. Theodor W. Adorno. Bd. IV/1, Kleine Prosa, Baudelaire-Übertragungen. Hrsg. v. Tillman Rexroth. Frankfurt/M. 1998^2, S. 9-21.
BENJAMIN, WALTER: *Das Kunstwerk im Zeitalter seiner technischen Reproduzierbarkeit. [Zweite Fassung]*. In: Ders.: Gesammelte Schriften (GS) Bd. VII/1 (=suhrkamp taschenbuch wissenschaft 937). Frankfurt/M. 1991, S. 351-384.
BIESTERFELD, WOLFGANG: *Die literarische Utopie* (=Sammlung Metzler Bd. 127). Stuttgart 1974. (ZLB, Sammlung Fühmann)
BLANCHET, RICHARD: *Le mythe dans l'œuvre de Franz Fühmann (1922-1984)*. Etudes des modalités de réception et de mise en œuvre du mythe grec chez l'écrivain. Rennes 1993.
BLANCHOT, MAURICE: *L'espace littéraire* (=coll. folio essais 89). Paris 2003.
BLANCHOT, MAURICE: *L'écriture du désastre*. Paris 1980.
BLEI, WOLFGANG: *Erkenntniswege zur Erd- und Lebensgeschichte*. Ein Abriß (=Wissenschaftliche Taschenbücher Bd. 219, Reihe Texte u. Studien). Berlin 1981. (ZLB, Sammlung Fühmann)
BLOCH, ERNST: *Das Prinzip Hoffnung*. In fünf Teilen. Ernst Bloch Gesamtausgabe Bd. 5 [3 Teilbde.] (=suhrkamp taschenbuch wissenschaft 554). Frankfurt/M. 1985.
BLUMENBERG, HANS: *Die Lesbarkeit der Welt* (=suhrkamp taschenbuch wissenschaft 592). Frankfurt/M. 2000^5.
BLUMENBERG, HANS: *Höhlenausgänge* (=suhrkamp taschenbuch wissenschaft 1300). Frankfurt/M. 1996.
BLUMENBERG, HANS: *Arbeit am Mythos*. Frankfurt/M. 1990^5 [Sonderausgabe 1996].
V. BOGYAY, THOMAS: *Grundzüge der Geschichte Ungarns*. Darmstadt: 1990^4.
BOHRER, KARL HEINZ: *Ekstasen der Zeit*. Augenblick, Gegenwart, Erinnerung. München u. Wien 2003.
BOHRER, KARL HEINZ: *Plötzlichkeit*. Zum Augenblick des ästhetischen Scheins. M. e. Nachw. v. 1998 (=edition suhrkamp 1058, Neue Folge 58). Frankfurt/M. 1998^3.

BRAUN, MICHAEL: »*Hörreste, Sehreste*«. Das literarische Fragment bei Büchner, Kafka, Benn und Celan. Köln u.a. 2002.
V. BÜLOW, ULRICH: *Die Poetik Franz Fühmanns*. Vom geschichtsphilosophischen Märchen zum anthropologischen Mythos (=Deutsche Hochschuledition Bd. 107). Neuried 2001.
BURCKHARDT, JAKOB: *Griechische Kulturgeschichte*. 3 Bde. Stuttgart 1939-1941. (ZLB, Sammlung Fühmann)
BÜTTNER, LUDWIG: *Von Benn zu Enzensberger*. Eine Einführung in die zeitgenössische deutsche Lyrik 1945-1970. Nürnberg 1971.
CHILDE, V. GORDON: *Gesellschaft und Erkenntnis*. Weltperspektiven. Berlin u.a. 1974. (ZLB, Sammlung Fühmann)
CREUTZIGER, WERNER: *In Dichters Lande gehen*. Übersetzen als Schreibkunst. Halle/S. 1985.
DAHMEN, HANS: *E.T.A. Hoffmanns Weltanschauung*. Marburg 1929. (ZLB, Sammlung Fühmann)
DALOS, GYÖRGY: *Ungarn in der Nussschale*. Geschichte meines Landes. München 2004.
DEMUTH, VOLKER: *Topische Ästhetik*. Würzburg 2002.
DERCSÉNYI BALÁZS: *Budapest Nyugati pályaudvar*. [Budapest Westbahnhof.] (=Tájak, korok, múzeumok kiskönyvtára Nr. 420). Budapest 1991.
DERRIDA, JACQUES: *Des tours de Babel*. In: Ders.: Psyché. Invention de l'autre. Paris 1998, S. 203-235.
DERRIDA, JACQUES: *La différance*. In: Ders.: Marges de la philosophie. Paris 1997, S. 1-29.
DERRIDA, JACQUES: *La dissémination* (=coll. points essais 265). Paris 1993.
DERRIDA, JACQUES: *Ulysse gramophone*. Deux mots pour Joyce. Paris 1987.
DERRIDA, JACQUES: *De la grammatologie*. Paris 1967.
DOOR, ROCHUS: *Neueste Geschichte Ungarns*. Von 1917 bis zur Gegenwart. Berlin 1981. (ZLB, Sammlung Fühmann)
DRIßEN, ALFRED: *Die deutsche Bergmannssprache*. Bochum 1939^2.
ECO, UMBERTO: *Das offene Kunstwerk*. Übers. v. Günter Memmert (=suhrkamp taschenbuch wissenschaft 222). Frankfurt/M. 1977. (ZLB, Sammlung Fühmann)
ELIADE, MIRCEA: *Geschichte der religiösen Ideen*. 4 Bde. [1, 2, 3.1, Quellentexte]. A. d. Frz. übers. v. Elisabeth Darlap. Freiburg/Brsg. 1978-1981. (ZLB, Sammlung Fühmann)
EMMERICH, WOLFGANG: *Kleine Literaturgeschichte der DDR*. Leipzig 1996.
ENGELS, FRIEDRICH: *Dialektik der Natur*. In: Marx, Karl / Engels, Friedrich: Werke. Hrsg. v. Institut f. Marxismus-Leninismus b. ZK der SED. Bd. 20. Berlin 1972^4. (ZLB, Sammlung Fühmann)
FEICKE, BERND: *Novalis in der Mansfelder Regionalgeschichtsschreibung* (=Zeitschrift für Heimatforschung, Beiheft 4). Halle/S. 1997.
FISCHER, HOLGER: *Eine kleine Geschichte Ungarns* (=edition suhrkamp 2114). Frankfurt/M. 1999.
FOUCAULT, MICHEL: *Histoire de la sexualité I*. La volonté de savoir (=coll. tel 248). Paris 2005.
FOUCAULT, MICHEL: *L'ordre du dicours*. Leçon inaugurale au Collège de France prononcée le 2 décembre 1970. Paris 2004.
FOUCAULT, MICHEL: *Les mots et les choses* (=coll. tel 166). Paris 2002.
FOUCAULT, MICHEL: *Dits et écrits* 4 tomes. Éd. établie sous la direction de Daniel Defert et François Ewald. Paris 1994.
FOUCAULT, MICHEL: *Die Ordnung der Dinge*. Frankfurt/M. 1978^2. (ZLB, Sammlung Fühmann)
FOUCAULT, MICHEL: *Sexualität und Wahrheit*. Der Wille zum Wissen. Frankfurt/M. 1977. (ZLB, Sammlung Fühmann)
FREUD, SIGMUND: *Trauer und Melancholie*. Essays. Hrsg. v. Franz Fühmann und Dietrich Simon (=›Volk und Welt Spektrum‹ 171). Berlin 1982.

GADAMER, HANS GEORG: *Gesammelte Werke*. Bd.1, Hermeneutik: Wahrheit und Methode. 1.Grundzüge einer philosophischen Hermeneutik. Tübingen 1986⁵.

GADAMER, HANS-GEORG: *Die Vielfalt der Sprachen und das Verstehen der Welt*. Ein Studium-generale-Vortrag. In: Ders.: Gesammelte Werke. Bd.8, Ästhetik und Poetik I. Kunst als Aussage. Tübingen 1993, S. 339-347.

GARBER, KLAUS: *Der locus amoenus und der locus terribilis*. Köln 1974.

GEHLEN, ARNOLD: *Erfahrung zweiter Hand*. In: Ders.: Gesamtausgabe. Bd. 6, Die Seele im technischen Zeitalter und andere sozialpsychologische, soziologische und kulturanalytische Schriften. Hrsg. v. Karl-Siegbert Rehberg. Frankfurt/M. 2004, S. 204-213.

GEHLEN, ARNOLD: *Vom Wesen der Erfahrung*. In: Ders.: Gesamtausgabe. Bd. 4, Philosophische Anthropologie und Handlungslehre. Hrsg. v. Karl-Siegbert Rehberg. Frankfurt/M. 1983, S. 3-24.

GEHLEN, ARNOLD: *Arbeiten – Ausruhen – Ausnützen*. Wesensmerkmale des Menschen. In: Ders.: Gesamtausgabe. Bd. 7, Einblicke. Hrsg. v. Karl-Siegbert Rehberg. Frankfurt/M. 1983, S. 20-33.

GEHLEN, ARNOLD: *Anthropologische Forschung*. Zur Selbstbegegnung und Selbstentdeckung des Menschen. Reinbek b. Hamburg 1961. (ZLB, Sammlung Fühmann)

GEHLEN, ARNOLD: *Die Seele im technischen Zeitalter*. Sozialpsychologische Probleme in der industriellen Gesellschaft. Hamburg 1957. (ZLB, Sammlung Fühmann)

GENETTE, GÉRARD: *Métalepse*. De la figure à la fiction. Paris 2004.

GENETTE, GÉRARD: *Seuils* (=coll. points essais 474). Paris 2002.

GENETTE, GÉRARD: *Palimpsestes*. La littérature au second degré (=coll. points essais 257). Paris 1992.

GENETTE, GÉRARD: *La littérature et l'espace*. In: Ders.: Figures II. Paris 1969, S. 43-48.

GLAUSER, JÜRG (Hrsg.): *Skandinavische Literaturgeschichte*. Stuttgart 2006.

GOLD, HELMUT: *Erkenntnisse unter Tage*. Bergbaumotive in der Literatur der Romantik. (Kulturwissenschaftliche Studien zur deutschen Literatur.) Opladen 1990.

HANÁK, PÉTER (Hrsg.): *Die Geschichte Ungarns von den Anfängen bis zur Gegenwart*. Budapest 1988.

HAYM, RUDOLF: *Die Romantische Schule*. Berlin 1870. (ZLB, Sammlung Fühmann)

HEGEL, GEORG WILHELM FRIEDRICH: *Werke*. Bd. 6, Wissenschaft der Logik II. A. d. Grundl. d. Werke v. 1832-1845 neu ed. Ausg. [i. 20 Bdn.] Frankfurt/M. 1999⁵

HEGEL, GEORG WILHELM FRIEDRICH: *Werke*. Bd. 13, Vorlesungen über die Ästhetik I. A. d. Grundl. d. Werke v. 1832-1845 neu ed. Ausg. [i. 20 Bdn.] Frankfurt/M. 1999⁶

HEIDEGGER, MARTIN: *Heraklit*. 1. Der Anfang des abendländischen Denkens. 2. Logik. Heraklits Lehre vom Logos. In: Ders.: Gesamtausgabe. II. Abt. Vorlesungen 1923-1944. Bd. 55, Heraklit. Hrsg. v. Manfred S. Frings. Frankfurt/M. 1979.

HEILFURTH, GERHARD: *Der Bergbau und seine Kultur*. Eine Welt zwischen Dunkel und Licht. Zürich 1981. (ZLB, Sammlung Fühmann)

HEILFURTH, GERHARD: *Das Heilige und die Welt der Arbeit am Beispiel der Verehrung des Propheten Daniel im Montanwesen Mitteleuropas*. Marburg 1965². (ZLB, Sammlung Fühmann)

HERRMANN, PAUL: *Deutsche Mythologie in gemeinverständlicher Darstellung*. Leipzig 1906.

HÖPER, CORINNA: *Giovanni Battista Piranesi* (Staatsgalerie Stuttgart, Graphische Sammlung). Ostfildern-Ruit 1999.

HÜBNER, KURT: *Die Wahrheit des Mythos*. München 1985.

HUCH, RICARDA: *Ausbreitung und Verfall der Romantik*. Leipzig 1902.

JAEGGI, RAHEL: *Entfremdung*. Zur Aktualität eines sozialphilosophischen Problems (=Frankfurter Beiträge zur Soziologie und Sozialphilosophie Bd. 8). Frankfurt/M. 2005.

JAMME, CHRISTOPH: *»Gott hat an ein Gewand«*. Grenzen und Perspektiven philosophischer Mythos-Theorien der Gegenwart (=suhrkamp taschenbuch wissenschaft 1433). Frankfurt/M. 1999.
KERÉNYI, KARL: *Die Mythologie der Griechen*. Bd. 1, Die Götter- und Menschheitsgeschichten. München 2000^{21}.
KERÉNYI, KARL: *Die Mythologie der Griechen*. Bd. 2, Die Heroen-Geschichten. München 1999^{18}.
KERÉNYI, KARL: *Vom Wesen des Festes*. In: Ders.: Werke in Einzelausgaben. Bd. 7, Antike Religion. München 1971, S. 43-67. (ZLB, Sammlung Fühmann)
KERÉNYI, KARL: *Humanistische Seelenforschung*. München / Wien 1966. (ZLB, Sammlung Fühmann)
KERÉNYI, KARL: *Mythos in verbaler Form*. Zur Wortgeschichte als Geistesgeschichte. In: Ders.: Griechische Grundbegriffe. Fragen und Antworten aus der heutigen Situation. Zürich 1964, S. 59-67.
KERN, HERMANN: *Labyrinthe*. Erscheinungsformen und Deutungen. 5000 Jahre Geschichte eines Urbilds. München 1999^{4}.
KIERKEGAARD, SØREN: *Die Wiederholung*. Ein Versuch in der experimentierenden Psychologie von Constantin Constantius. In: Ders.: Die Wiederholung. Die Krise und eine Krise im Leben einer Schauspielerin. Übers. u. hrsg. v. Liselotte Richter (=Philosophie der Neuzeit Bd. 2). Reinbek b. Hamburg 1961, S. 5-83. (ZLB, Sammlung Fühmann)
KIM, IHMKU: *Franz Fühmann – Dichter des „Lebens"*. Zum potentialgeschichtlichen Wandel in seinen Texten. (=Beiträge zur Neuen Epochenforschung 14). Frankfurt/M. u.a. 1996.
KIRNBAUER, FRANZ: *Der Markscheider und seine Tätigkeit im Bergmanns-Lied, Spruch, Brauch und in der Kunst* (=Leobener Grüne Hefte 164). Wien 1976.
KOHLHOF, SIGRID: *Franz Fühmann und E.T.A. Hoffmann*. Romantikrezeption und Kulturkritik in der DDR (=Europäische Hochschulschriften Reihe I, Deutsche Sprache und Literatur Bd. 1044). Frankfurt/M. u.a. 1988.
KOLBE, UWE: *Rübezahl in der Garage*. Franz Fühmann in Märkisch-Buchholz und Fürstenwalde 1958-1984 (=Frankfurter Buntbücher 41). Frankfurt/O. 2006.
KOLBE, UWE: *Worum es geht*. Paralipomena zu Franz Fühmann „Vor Feuerschlünden". In: Fühmann, Franz: Vor Feuerschlünden – Erfahrung mit Georg Trakls Gedicht. Anhang: Dichtungen und Briefe Georg Trakls Hrsg. v. Franz Fühmann. Rostock 2000, S. 535-552.
KOLBE, UWE: *Rede an Franz Fühmanns Grab*. In: Kolbe, Uwe: Renegatentermine. 30 Versuche, die eigene Erfahrung zu behaupten. Frankfurt/M. 1998, S. 9-13.
KOLBE, UWE: *Meinem Lehrer Franz Fühmann*. In: Kolbe, Uwe: Renegatentermine. 30 Versuche, die eigene Erfahrung zu behaupten. Frankfurt/M. 1998, S. 70-81. (Zuerst in: Lüdke, Martin / Schmidt, Delf (Hrsg.): Siegreiche Niederlagen – Scheitern: die Signatur der Moderne (=Literaturmagazin 30). Reinbek b. Hamburg 1992, S. 96-105.)
LASCHEN, GREGOR: *Lyrik in der DDR*. Anmerkungen zur Sprachverfassung des modernen Gedichts. Frankfurt/M. 1971.
LEFÈBVRE, HENRI: *Kritik des Alltagslebens*. Bd. 1. M. e. Vorw. z. dt. Ausgabe hrsg. v. Dieter Prokop (=Reihe Hanser Kommunikationsforschung 142). München 1974. (ZLB, Sammlung Fühmann)
LENIN, WLADIMIR ILITSCH: *Zur Frage der Dialektik*. In: Ders.: Werke. Bd. 38. Berlin 1973, S. 338-344 u. [a. d. Manuskript] S. 345-349.
LEVÝ, JIŘÍ: *Die literarische Übersetzung*. Theorie einer Kunstgattung. Frankfurt/M. 1969.
LOEST, ERICH: *Bruder Franz*. Drei Vorlesungen über Franz Fühmann gehalten an der Universität Paderborn im Jahre 1985 (=Schriften der Universität-Gesamthochschule-Paderborn, Reihe Sprach- und Literaturwissenschaft Bd. 7). Paderborn 1986.
LUKÁCS, GEORG [GYÖRGY]: *Ästhetik in vier Teilen*. Erster-Vierter Teil (=Sammlung Luchterhand 63, 64, 70, 71). Darmstadt u. Neuwied 1972.

LUKÁCS, GEORG [GYÖRGY]: *Werke. Bd. 11+12, Die Eigenart des Ästhetischen.* 2 Halbbde. Neuwied u.a. 1963. (ZLB, Sammlung Fühmann)
LUKÁCS, GEORG [GYÖRGY]: *Skizze einer Geschichte der neueren deutschen Literatur.* Berlin 1953. (ZLB, Sammlung Fühmann)
DE MAN, PAUL: *Conclusions: Walter Benjamin's „The Task of the Translator".* In: Ders.: The Resistance of Theory (=Theory and History of Literature Bd. 33). Minneapolis 1993[3], S. 73-105.
MARGENDORFF, WOLFGANG: *Imre Madách – Die Tragödie des Menschen* (=Das Nationaltheater, Schriftenreihe d. Theaterwiss. Instituts d. Friedrich-Schiller-Universität Jena Bd. VII). Würzburg 1944[3]. (ZLB, Sammlung Fühmann)
MARKOS, GYÖRGY: *Ungarn. Land, Volk, Wirtschaft in Stichworten.* Wien 1971. (ZLB, Sammlung Fühmann)
MARX, KARL: *Ökonomisch-philosophische Manuskripte.* Hrsg. v. Barbara Zehnpfenning. Hamburg 2005.
MARX, KARL: *Der achtzehnte Brumaire des Louis Bonaparte.* In: Marx, Karl/ Engels, Friedrich: Werke. Hrsg. v. Institut f. Marxismus-Leninismus b. ZK der SED. Bd. 8. Berlin 1972[3], S. 111-207. (ZLB, Sammlung Fühmann)
MARX, KARL: *Grundrisse der Kritik der politischen Ökonomie.* In: Marx, Karl / Engels, Friedrich: Werke. Hrsg. v. Institut f. Marxismus-Leninismus b. ZK der SED. Bd. 42. Berlin 1983. (ZLB, Sammlung Fühmann)
MARX, KARL / ENGELS, FIEDRICH: *Über Kunst und Literatur.* [2 Bde.] [Auswahl: Manfred Kliem.] Berlin 1967 + 1968.
MERSCH, DIETER: *Ereignis und Aura.* Untersuchungen zu einer Ästhetik des Performativen (Aesthetica, edition suhrkamp 2219). Frankfurt/M. 2002.
MESKÓ, CSABA: *Heilbäder.* Übers. v. Veronika Stöckigt u. Dagmar Fischer. Budapest 2001[2].
MILLER, NORBERT: *Archäologie des Traums.* Versuch über Giovanni Battista Piranesi. München 1994.
MOLNÁR, MIKLÓS: *Geschichte Ungarns von den Anfängen bis zur Gegenwart.* A. d. Frz. v. Bálint Balla. Hamburg 1999.
MÜLLER, HORST: *Der Kyffhäuser.* Aufnahmen v. Hans-Dieter Kluge. Leipzig 2002[2].
NALEWSKI, HORST / SCHUHMANN, KLAUS (Hrsg.): *Selbsterfahrung als Welterfahrung.* DDR-Literatur in den siebziger Jahren. Berlin u. Weimar 1981.
NIETZSCHE, FRIEDRICH: *Sämtliche Werke.* Kritische Studienausgabe in 15 Bänden (KSA). Hrsg. v. Giorgio Colli u. Mazzino Montinari. München 1988[2] [Neuausgabe 1999].
OSTEN, MANFRED: *Die Kunst, Fehler zu machen.* Frankfurt/M. 2006.
PAMLÉNYI, ERVIN / BARTA, ISTVÁN [Hrsg.]: *Die Geschichte Ungarns.* A. d. Ungar. übers. Budapest 1971. (ZLB, Sammlung Fühmann)
PETERSEN, JÜRGEN H.: *Mimesis – Imitatio – Nachahmung.* Eine Geschichte der europäischen Poetik (=UTB 8191). München 2000.
PLATTHAUS, ISABELL: *Höllenfahrten.* Die epische *katábasis* und die Unterwelten der Moderne. München 2004.
REHFELD, SWANTJE: *„... seltsames Knistern unter Bindestrichen".* Franz Fühmanns produktive Rezeption E.T.A. Hoffmanns. Trier 2007.
REICH-RANICKI, MARCEL: *Deutsche Literatur in Ost und West.* München 1963.
RICHTER, HANS: *Zwischen Böhmen und Utopia.* Literaturhistorische Aufsätze und Studien (=Jenaer Studien Bd. 4). Jena 2000.
RICHTER, HANS: *Franz Fühmann – Ein deutsches Dichterleben.* Berlin u. Weimar 1992.
RÜCKER, SILVIE: *Totalität bei Georg Lukács und in nachfolgenden Diskussionen.* Münster/Westf. 1975.
SACHS, WOLFGANG: *Die Liebe zum Automobil.* Ein Rückblick in die Geschichte unserer Wünsche. Reinbek b. Hamburg 1990.

SARTRE, JEAN-PAUL: *Qu'est-ce que la littérature?* (=coll. folio essais N°·19). Paris 2002.
SARTRE, JEAN-PAUL: *Was ist Literatur?* Ein Essay. Reinbek b. Hamburg 1967. (ZLB, Sammlung Fühmann)
SAUERMANN, EBERHARD: *Fühmanns Trakl-Essay – das Schicksal eines Buches* (=Arbeiten zur Editionswissenschaft Bd. 3). Frankfurt/M. 1992.
SCHIVELBUSCH, WOLFGANG: *Geschichte der Eisenbahnreise.* Zur Industrialisierung von Raum und Zeit im 19. Jahrhundert. Frankfurt/M. 2000.
SCHLEIERMACHER, FRIEDRICH D. E.: *Über die verschiedenen Methoden des Übersetzens.* In: Ders.: Kritische Gesamtausgabe. Im Auftrag der Berlin-Brandenburgischen Akademie der Wissenschaften und der Akademie der Wissenschaften zu Göttingen hrsg. v. Hermann Fischer u. Ulrich Barth, Konrad Cramer, Günter Meckenstock, Kurt-Victor Selge. Erste Abteilung. Schriften und Entwürfe. Bd. 11. Akademievorträge. Hrsg. v. Martin Rössler. Berlin u.a. 2002, S. 66-93.
SCHLÖGEL, KARL: *Im Raume lesen wir die Zeit.* Über Zivilisationsgeschichte und Geopolitik. Frankfurt/M. 2006.
SCHNELL, RALF: *Geschichte der deutschsprachigen Literatur seit 1945.* Stuttgart 2003[2].
SCHNELLER, D.J.F.: *Die Geschichte Ungarns.* [3 Bde.] (=Allg. historische Taschenbibliothek für Jedermann 27.Teil). Dresden 1829. (ZLB, Sammlung Fühmann)
SERRES, MICHEL: *Les cinq sens.* Philosophie des corps mêlés. Paris 1985.
STÖTZEL, HEINRICH: *Die deutsche Bergmannssage.* Essen 1936. (ZLB, Sammlung Fühmann)
SZABOLCSI MIKLÓS: *Kész a leltár.* József Attila élete és pályája 1930-1937. [Das Inventar ist fertig. Attila Józsefs Leben und Lebensweg 1930-1937.] (=Irodalomtörténeti könyvtár 41). Budapest 1998.
SZABOLCSI, MIKLÓS (Hrsg.): *József Attila – Leben und Schaffen in Gedichten, Bekenntnissen, Briefen und zeitgenössischen Dokumenten.* Budapest 1978. (ZLB, Sammlung Fühmann)
SZÉKELY, ANDRÁS: *Illustrierte Kulturgeschichte Ungarns.* Leipzig u.a. 1979. (ZLB, Sammlung Fühmann)
SZERB ANTAL: *Magyar Irodalom Történet.* [Ungarische Literaturgeschichte.] Budapest 2003[13].
SZINNYEI, JOSEF: *Die Herkunft der Ungarn, ihre Sprache und Kultur* (=Ungarische Bibliothek 1.Reihe 1.[Bd.]). Berlin u. Leipzig 1923[2]. (ZLB, Sammlung Fühmann)
TATE, DENNIS: *Franz Fühmann. Innovation and Authenticity.* A Study of his Prose Writing. Amsterdam 1995.
TÓTH ISTVÁN GY. (Hrsg.): *Milleniumi Magyar Történet.* Magyarország története a honfoglalástól napjainkig. [*Tausend Jahre ungarische Geschichte.* Geschichte Ungarns von der Landnahme bis in unsere Tage.] Budapest 2002.
TOURNIER, MICHEL: *Le vent Paraclet* (=coll. folio 1138). Paris 2000.
TVERDOTA GYÖRGY: *József Attila tanulmányok és cikkek 1923-1930.* Magyarázatok. [Attila József Studien und Artikel 1923-1930. Erklärungen.] Budapest 1995.
VALERY, PAUL: *Première leçon du Cours de Poétique.* In: Ders.: Œuvres [1] Édition établie et annotée par Jean Hytier (=Bibliothèque de la Pléiade 127). Paris 1965, S. 1340-1358.
VIRILIO, PAUL: *Un paysage d'événements.* Paris 1996.
VIRILIO, PAUL: *Ereignislandschaft.* A. d. Frz. v. Bernd Wilczek. München 1998.
WAGNER, IRMGARD: *Franz Fühmann – Nachdenken über Literatur* (=Reihe Siegen Beiträge zur Literatur-, Sprach- und Medienwissenschaft Bd. 86). Heidelberg 1989.
WALDENFELS, BERNHARD: *Topographien des Fremden.* Studien zur Phänomenologie des Fremden 1 (=suhrkamp taschenbuch wissenschaft 1320). Frankfurt/M. 1997.
WALDENFELS, BERNHARD: *Sinnesschwellen.* Studien zur Phänomenologie des Fremden 3 (=suhrkamp taschenbuch wissenschaft 1397). Frankfurt/M. 1999.

WEIGEL, SIGRID: *Text und Topographie der Stadt*. Symbole, religiöse Rituale und Kulturtechniken in der europäischen Stadtgeschichte. In: Dies.: Literatur als Voraussetzung der Kulturgeschichte. Schauplätze von Shakespeare bis Benjamin. München 2004, S. 248-284.
WERNER, HANS-GEORG: *E.T.A. Hoffmann*. Darstellung und Deutung der Wirklichkeit im dichterischen Werk. (Beiträge zur deutschen Klassik.) Berlin u. Weimar 1971. (ZLB, Sammlung Fühmann)
DE WILD, HENK: *Bibliographie der Sekundärliteratur zu Franz Fühmann*. Frankfurt/M. 2003.
WITTBRODT, ANDREAS: *Verfahren der Gedichtübersetzung*. Definition, Klassifikation, Charakterisierung. Frankfurt/M. u.a. 1995.
WITTKOP-MÉNARDEAU, GABRIELLE: *E.T.A. Hoffmann* (=rororo Bildmonographien 50113). Reinbek b. Hamburg 1997[14].
WITTSTOCK, UWE: *Franz Fühmann* (=Beck'sche Reihe Autorenbücher 610). München 1988.
WOLF, WINFRIED: *Eisenbahn und Autowahn*. Personen- und Gütertransport auf Schiene und Straße. Geschichte, Bilanz, Perspektiven. Hamburg 1992.
ZIEGLER, THILO: *Der Röhrigschacht*. Eine Führung durch das Bergbaumuseum und Schaubergwerk (=Veröffentlichung des Bergbaumuseums Röhrigschacht Wettelrode). Wettelrode 2001.

- VI.2.2 Sammelbände

BARCK, KARLHEINZ / GENTE, PETER / PARIS, HEIDI / RICHTER, STEFAN (Hrsg.): *Aisthesis*. Wahrnehmung heute oder Perspektiven einer anderen Ästhetik. Mit 13 Künstlersprüchen (=Reclam Bibliothek Bd. 1352). Leipzig 2002[7].
BARCK, SIMONE / WAHL, STEFANIE (Hrsg.): *Bitterfelder Nachlese*. Ein Kulturpalast, seine Konferenzen und Wirkungen. Berlin 2007.
BERNÁTH ÁRPÁD / BOMBITZ ATTILA (Hrsg.): *Miért olvassák a németek a magyarokat. Befogadás és műfordítás*. [Warum lesen die Deutschen die Ungarn? Aufnahme und literarische Übersetzung.] Szeged 2004.
BÖHME, HARTMUT (Hrsg.): *Topographien der Literatur*. Deutsche Literatur im transnationalen Kontext (= Germanistische Symposien Berichtsbände, Bd. XXVI, Sonderband DVjs). Stuttgart 2005.
CAMOIN, ARLETTE / DROST, WOLFGANG / LEROY, GÉRALDI / ROLOFF, VOLKER (Hrsg.): *Über das Fragment – Du fragment*. Bd. IV der Kolloquien der Universitäten Orléans und Siegen – Tome IV des colloques des universités Orléans et de Siegen (=Reihe Siegen Beiträge zur Literatur-, Sprach- und Medienwissenschaft Bd. 140). Heidelberg 1999.
CSONTOS, NÓRA / L'HOMME, ILONA / THULLNER, ZSUZSANNA (Hrsg.): *„Híres vagy, hogyha ezt akartad..."* József Attila recepciója külföldön. [„Berühmt bist du, falls du das wolltest..." Die Rezeption Attila Józsefs im Ausland.] Budapest 2005.
DIERS, MICHAEL / KUDIELKA, ROBERT / LAMMERT, ANGELA / MATTENKLOTT, GERT (Hrsg.): *Topos RAUM*. Die Aktualität des Raumes in den Künsten der Gegenwart. Berlin / Nürnberg 2005.
FUHRMANN, MANFRED (Hrsg.): *Terror und Spiel*. Probleme der Mythenrezeption (=Poetik und Hermeneutik IV). München 1971 [2. Nachdruck 1990].
GELLHAUS, AXEL (Hrsg.): *»Fremde Nähe« – Celan als Übersetzer*. Eine Ausstellung d. Deutschen Literaturarchivs i. Verb. m. d. Präsidialdepartement d. Stadt Zürich i. Schiller-Nationalmuseum Marbach a. Neckar u. i. Stadthaus Zürich (=Marbacher Katalog Nr. 50). Marbach a. Neckar 1998[3].
HEINZE, BARBARA (Hrsg.): *Franz Fühmann*. Eine Biographie in Bildern, Dokumenten und Briefen. Rostock 1998.
HEINZE, BARBARA (Hrsg.): *Franz Fühmann. Es bleibt nichts anderes als das Werk*. Ausstellung der Stiftung Archiv der Akademie der Künste [Ausstellungskatalog]. Berlin 1993.

KERÉNYI, KARL (Hrsg.): *Die Eröffnung des Zugangs zum Mythos*. Ein Lesebuch. Darmstadt 1996[5].
KOCH, HANS U.A.: *Zur Theorie des sozialistischen Realismus*. Hrsg. v. Institut f. Gesellschaftswissenschaften b. ZK d. SED, Lehrstuhl f. marxistisch-leninistische Kultur- und Kunstwissenschaften. Berlin 1974.
KRÜGER, BRIGITTE (Hrsg.): *Dichter sein heißt aufs Ganze aus sein*. Zugänge zu Poetologie und Werk Franz Fühmanns. Frankfurt/M. u.a. 2003.
KRÜGER, BRIGITTE / BIRCKEN, MARGRID / JOHN, HELMUT (Hrsg.): *„Jeder hat seinen Fühmann"*. Zugänge zu Poetologie und Werk Franz Fühmanns (Potsdamer literaturwissenschaftliche Studien und Konferenzberichte). Frankfurt/M. u.a. 1998.
KULCSÁR-SZABÓ ZOLTÁN / SZÍRÁK PÉTER (Hrsg.): *Az esztétikai tapasztalat medialitása*. [Die Medialität ästhetischer Erfahrung.] Budapest 2004.
RÖTTGERS, KURT / SCHMITZ-EMANS, MONIKA (Hrsg.): *Labyrinthe*. Philosophische und literarische Modelle. U. Mitarb. v. Uwe Lindemann (=Philosophisch-literarische Reflexionen Bd. 2). Essen 2000.
SCHERPE, KLAUS R. (Hrsg.): *Die Unwirklichkeit der Städte*. Großstadtdarstellungen zwischen Moderne und Postmoderne. Reinbek b. Hamburg 1988.
SIMON, HORST (Hrsg.): *Zwischen Erzählen und Schweigen*. Ein Buch des Erinnerns und Gedenkens. Franz Fühmann zum 65. Mitarb. v. Barbara Richter. Rostock 1987.
SOMLYÓ, GYÖRGY (Hrsg.): *Arion 9 – Numéro spécial Attila József 1905-1937*. Nemzetközi Költői Almanach – Almanach International de poésie. Budapest 1976.
STIERLE, KARLHEINZ / WARNING, RAINER (Hrsg.): *Das Ende*. Figuren einer Denkform (=Poetik und Hermeneutik XVI). München 1996.
ZONDERGELD, REIN A. (Hrsg.): *Phaïcon 1*. Almanach der phantastischen Literatur (=Insel Taschenbuch 69). Frankfurt/M. 1974. (ZLB, Sammlung Fühmann)
Drei Raben (2005) 8-9 *[Heft zu Attila József]*. Budapest 2005.

- VI.2.3 Artikel in Periodika und Sammelbänden

AGTHE, KAI: *„Zum Gelingen einer Arbeit gehört eine tiefe Krise"*. Dem Dichter Franz Fühmann zum achtzigsten Geburtstag. In: Deutschunterricht 55 (2002) 4, S. 42f.
AGTHE, KAI: *Der Wahrheit nachsinnen*. In: Palmbaum 9 (2001) 1+2, S. 180f.
AMBRUZS VIKTOR: *Franz Fühmann – világnézeti változásainak tükröződése művészetében*. [Franz Fühmann – die Spiegelung der Veränderungen seiner Weltsicht in seiner Kunst.] In: Határ 6 (1991) 10, S. 125-137.
BARTHELEMY-TORAILLE, FRANÇOISE: *Franz Fühmann et le Conte*. In: Tunner, Erika / Ueberschlag, Georges (Hrsg.): Le conte dans les littératures germaniques du XXe siècle (=Germanica 11). Villeneuve d'Ascq 1992, S. 71-82.
BATA, IMRE: *Könyvszemle*. [Bücherrundschau.] [Rezension zur ungar. Ausgabe v. *Erfahrungen und Widersprüche*.] In: Népszabadság 38 v. 5.11.1980, S. 7.
BELLA ISTVÁN: *Gát utca három*. [Gát utca drei.] In: Élet és Irodalom 29 (1985) 15, S. 3.
BENSE, MAX: *Über den Essay und seine Prosa*. In: Merkur 1 u. 2 (1947/48) 3, S. 414-424. (ZLB, Sammlung Fühmann)
BERGER, CHRISTEL: *Sich als Menschheit verstehen lernen*. Vor 80 Jahren geboren: Franz Fühmann. In. Neues Deutschland 57 (2002) v. 15.01.2002, S. 12.
BERGER, CHRISTEL: *Edelsteine in einem Steinbruch*. Auf den Spuren von Franz Fühmann. [Rezension zu: Heinze, Biographie, 1998 u. Krüger / Bircken / John, „Jeder hat seinen Fühmann", 1998.] In: Neues Deutschland 52 (1998) v. 05.11.1998, S. 13.
BERGER, CHRISTEL: *Abrechnung mit der Vergangenheit*. Zum Tode des Schriftstellers Franz Fühmann. In: Berliner Zeitung 40 (1984) 161 v. 10.07.1984, S. 7.

BERNHARD, HANS JOACHIM: *Über den Grund des Schreibens.* [Rezension zu: Zweiundzwanzig Tage oder Die Hälfte des Lebens.] In: Neue deutsche Literatur 22 (1974) 1, S. 121-128.
BERNHARD, HANS JOACHIM: *Meer-Motiv und Menschenbild.* Bemerkungen zu Lyrik und Prosa Franz Fühmanns. In: Neue deutsche Literatur 20 (1972) 1, S. 37-55.
BEYER, MARCEL: *Berggeschrei, Franz Fühmanns Bergwerk-Projekt.* In: die horen 49 (2004) 216, S. 97-114.
BIELER, MARKUS: *Begegnung mit einem großen Lyriker.* Über meinen Versuch, Miklós Radnóti (1909-1944) deutsch nachzudichten. In: Pannonia 8 (1980) 2, S. 4f.
BIRCSÁK ANIKÓ: „*... akár az erdőben a vadnyom".* József Attila Németországban. [„... sogar die Wildspur im Wald". Attila József in Deutschland.] In: Élet és Irodalom 49 (2005) 34, S. 15.
BOHRER, KARL HEINZ: *Kulturschutzgebiet DDR?* In: Merkur 44 (1990) 7, S. 1015-1018.
BORN, ARNE: *Fühmanns Offener Brief vom November 1977.* Ein Postulat und seine Unterdrückung. Mit unveröffentlichten Schriftstücken. In: Berliner Hefte zur Geschichte des literarischen Lebens (2000) 3, S. 81-115.
BORNEMANN, EVA: *Das Übersetzen von Lyrik – eine unmögliche Aufgabe?* In: Bühler, Hildegund [Hrsg. f. Fédération Internationale des Traducteurs (FIT)]: Der Übersetzer und seine Stellung in der Öffentlichkeit. Kongressakte. Wien 1985, S. 154-157.
BRAUN, VOLKER / SCHLENSTEDT, SILVIA / SCHLENSTEDT, DIETER: *Schichtwechsel oder die Verlagerung des geheimen Punktes.* [Gespräch.] In: Hörnigk, Frank (Hrsg.): Volker Braun (=Arbeitsbuch Theater der Zeit). Berlin 1999, S. 174-188.
BUBNER, RÜDIGER: *Ästhetisierung der Lebenswelt.* In: Haug, Walter / Warning, Rainer (Hrsg.): Das Fest (=Poetik und Hermeneutik XIV). München 1989, S. 651-662.
CASTEIN, HANNE: *Mit der Reichsbahn ins Weltall.* Zur Science-Fiction der DDR. In: Goodbody, Axel / Tate, Dennis (Hrsg.): Geist und Macht. Writers and the State in the GDR (=German Monitor 29). Amsterdam 1992, S. 81-89.
CORINO, KARL: *Vor und nach der Wende.* Die Rezeption der DDR-Literatur in der Bundesrepublik und das Problem einer einheitlichen deutschen Literatur. In: Neue deutsche Literatur (NdL) 39 (1991) 8, S. 146-164.
CSONGÁR, ÁLMOS: *Zwanglos Daten drängen.* Begegnungen mit Franz Fühmann. In: Gegner [4] (2002) 11, S. 45-49.
DAMM, SIGRID: *„... nicht in der Schuld der Gesellschaft bleiben".* [Rezension zu: Erfahrungen und Widersprüche.] In: Neue deutsche Literatur 24 (1976) 6, S. 147-163.
DAMM, SIGRID: *Ein Spielbuch in Sachen Sprache.* [Rezension zu: Die dampfenden Hälse der Pferde im Turm von Babel.] In: Neue deutsche Literatur 27 (1979) 5, S. 144-146.
DECKER, GUNNAR: *Selbstbildnis als Sisyphos.* Debatten über Franz Fühmann im Berliner Brecht-Haus. In: Neues Deutschland 60 (2005) v. 25.08.2005, S. 12.
DECKER, GUNNAR: *Der Dichter und der Schmerz.* Vor zwanzig Jahren starb Franz Fühmann. In: Neues Deutschland 59 (2004) v. 08.07.2004, S. 13.
DEICKE, GÜNTHER: *In seinem Werk lebendig.* In: Neue deutsche Literatur 32 (1984) 11, S. 122-124.
DOLEŽALOVÁ, ROMANA: *Böhmen am Meer.* Zu Ingeborg Bachmanns Prätexten (Erschaffen einer utopischen Landschaft in Werken von Greene, Shakespeare, Rilke und Fühmann). In: Germanoslavica. Zeitschrift für germano-slawische Studien 15 (2004), S. 45-58.
EBERT, JENS: Saiäns Fiktschen *statt Science-fiction: Franz Fühmann.* In: Esselborn, Hans (Hrsg.): Utopie, Antiutopie und Science Fiction im deutschsprachigen Roman des 20. Jahrhunderts. Würzburg 2003, S. 150-156.
ELSNER, URSULA: *Wandlung und Erfahrung im Erbeverständnis Franz Fühmanns dargestellt am Beispiel seiner Homerrezeption.* In: Germanistisches Jahrbuch DDR-Republik Ungarn 9 (1990), S. 86-109.

EMMERICH, WOLFGANG: *Für eine andere Wahrnehmung der DDR-Literatur. Neue Kontexte, neue Paradigmen, ein neuer Kanon.* In: Goodbody, Axel / Tate, Dennis (Hrsg.): Geist und Macht. Writers and the State in the GDR (=German Monitor 29). Amsterdam 1992, S. 7-22.

ENDLER, ADOLF: *Eine Reihe internationaler Lyrik.* In: Sinn und Form 25 (1973) 4, S. 887-900.

ENDLER, ADOLF: *Im Zeichen der Inkonsequenz.* Über Hans Richters Aufsatzsammlung „Verse, Dichter, Wirklichkeiten". In: Sinn und Form 23 (1971) 6, S. 1358-1366.

ENGL GÉZA: *Kétnyelvű József Attila-kiadás Svájcban.* [Zweisprachige Attila-József-Ausgabe in der Schweiz.] In: Nagyvilág 9 (1964) 9, S. 1417.

ENGLER, JÜRGEN: *Das ideologische Element in der Literatur.* [Rezension zu: Essays, Gespräche, Aufsätze 1964-1981.] In: Neue deutsche Literatur 32 (1984) 6, S. 149-153.

ENZENSBERGER, HANS MAGNUS: *[Auf ihre Frage will ich in aller Kürze antworten.]* In: Arion 1. Nemzetközi költői almanach – Almanach international de poésie. Hrsg. v. György Somlyó. Budapest 1966, S. 57f.

ERLIN, MATT: *Products of the Imagination: Mining, Luxury and the Romantic Artist in Heinrich von Ofterdingen.* In: German Life and Letters 60 (2007) 1, S. 40-58.

FÖRSTER, WIELAND: *Ein Brief.* In: Neue deutsche Literatur 32 (1984) 11, S. 130f.

FRIEDO, HERIBERT: *Franz Fühmanns Kunst des Übertragens.* In: Mitteilungen. [Akademie der Künste der DDR] 24 (1986) 5, S. 18-20.

GARAI GÁBOR: *József Attila németül.* [Attila József auf Deutsch.] In: Nagyvilág 6 (1961) 3, S. 444f.

GORDON, ETEL: *Attila József.* In: Bücher aus Ungarn 1 (1959) 1-2, S. 6f.

GREINER, BERNHARD: *DDR-Literatur als Problem der Literaturwissenschaft.* In: Klussmann, Paul Gerhard / Mohr, Heinrich (Hrsg.): Probleme deutscher Identität. Zeitgenössische Autobiographien, Identitätssuche und Zivilisationskritik. Bonn 1983, S. 233-262.

GRENZ, JACQUELINE / HIRDINA, KARIN: *Ein Sprachbuch voll Spielsachen.* [Rezension zu: Die dampfenden Hälse der Pferde im Turm von Babel.] In: Sinn und Form 32 (1980) 4, S. 884-892.

GRÜBEL, RAINER: *Vollendung ohne Ende?* Genuine Ambivalenz der Teleologie oder: Wider die tyrannische Perfektion. In: Poetica 27 (1995) 1-2, S. 58-100.

GUGISCH, PETER: *Viel gelesen, nicht populär.* Heute vor achtzig Jahren wurde Franz Fühmann geboren. In: Berliner Zeitung 58 (2002) 12 v. 15.01.2002, S. 11.

HAHN, MANFRED: *Franz Fühmann: Zweiundzwanzig Tage oder Die Hälfte des Lebens.* [Rezension.] In: Weimarer Beiträge 20 (1974) 10, S. 143-155.

HAINES, BIRGID: *'Böhmen liegt am Meer', or When Writers Redraw Maps.* In: Foster, Ian / Wigmore, Juliet (Eds.): Neighbours and Strangers. Literary and Cultural Relations in Germany, Austria and Central Europe since 1989 (=German Monitor No. 59). Amsterdam 2004, S. 7-25.

HAJNAL GÁBOR: *Franz Fühmann 1922-1984.* In: Nagyvilág 29 (1984) 9, S. 1407f.

HAJNAL GÁBOR: *Utószó.* [Nachwort.] In: Fühmann, Franz: Tapasztalatok és ellentmondások. Válogatott ésszék. Ford. Hajnal Gábor és Tihanyi Vera. [Erfahrungen und Widersprüche. Ausgewählte Essays. Übers. v. Gábor Hajnal u. Vera Tihanyi.] (=Modern könyvtár 416.) Budapest 1980, S. 223-226.

HAJNAL, GÁBOR: *Brief aus Budapest.* In: Sinn und Form 26 (1974) 5, S. 1065-1068.

HEGEWALD, WOLFGANG: *Franz Fühmann: »Es bleibt nichts anderes als das Werk«.* In: die horen 42 (1997) 186, S. 61-66.

HEINZE, DIETHARD: *Vom Ethos der Grenzsuche.* Grenzsituationen in Texten Franz Fühmanns. In: Lauterbach, Dorothea et al. (Hrsg.): Grenzsituationen. Wahrnehmung, Bedeutung und Gestaltung in der neueren Literatur. Göttingen 2002, S. 283-302.

HELLER, ÁGNES: *Vergessen und Erinnern.* In: Sinn und Form 53 (2001) 2, S. 149-160.

HELLER, ÁGNES: *Die »Ode« und »Der Zauberberg«.* In: Mádl, Antal / Győri, Judit (Hrsg.): Thomas Mann und Ungarn. Budapest 1977, S. 181-186.
HEUKENKAMP, URSULA: *Konjunktur – und was danach?* In: Deiritz, Karl / Krauss, Hannes (Hrsg.): Verrat an der Kunst? Rückblicke auf die DDR-Literatur. Berlin 1993, S. 29-40.
HILBIG, WOLFGANG: *Der Mythos ist irdisch.* Für Franz Fühmann zum 60. Geburtstag. In: Hilbig, Wolfgang: Materialien zu Leben und Werk. Hrsg. v. Uwe Wittstock (=Fischer Taschenbücher 12253). Frankfurt/M. 1994, S. 30-37.
HIRDINA, KARIN: *Parodien ohne Komik.* [Rezension zu: Saiäns-fiktschen.] In: Sinn und Form 34 (1982) 4, S. 907-910.
HOGEVEEN, JOS: *Prolegomena zu einer funktionsgerechten Betrachtung von DDR-Literatur.* In: Labroisse, Gerd (Hrsg.): Zur Literatur und Literaturwissenschaft der DDR (=Amsterdamer Beiträge zur Neueren Germanistik 7). Amsterdam 1978, S. 27-66.
HÖRNIGK, FRANK: *Die Literatur ist zuständig.* Über das Verhältnis von Literatur und Politik in der DDR. In: Goodbody, Axel / Tate, Dennis (Hrsg.): Geist und Macht. Writers and the State in the GDR (=German Monitor 29). Amsterdam 1992, S. 23-34.
HUBERTH, FRANZ: *Vor Feuerschlünden.* Der Schriftsteller Franz Fühmann. In: Juni - Magazin für Literatur und Politik 2000 Nr.32, S. 117-124.
JARMATZ, KLAUS: *Fühmanns Tagebuch und Bilanz.* [Rezension zu: Zweiundzwanzig Tage oder Die Hälfte des Lebens. In: Sinn und Form 26 (1974) 5, S. 1076-1081.
JÓZAN ILDIKÓ: *Műfordítás és intertextualitás.* [Nachdichtung und Intertextualität.] In: Kabdebó, Loránt / Kulcsár Szabó, Ernő / Kulcsár-Szabó, Zoltán / Menyhért, Anna (Hrsg.): A fordítás és intertextualitás alakzatai. [Die Figuren von Übersetzung und Intertextualität.] Budapest 1998, S. 133-145. (auch in: Alföld 48 (1997) 11, S. 45-53.)
KALÁSZ, MÁRTON: *„Monsieur – wir finden uns wieder".* In: Studia Caroliensia 5 (2004) 1, S. 147-151.
KALÁSZ MÁRTON: *Franz Fühmann 1922-1984.* In: Új írás 24 (1984) 9, S. 114.
KALÁSZ MÁRTON: *Arcképvázlat Franz Fühmannról.* [Porträtskizze von Franz Fühmann.] In: Új írás 16 (1976) 9, S. 102-105.
KÁRPÁTI, PAUL: *Franz Fühmanns nachdichterisches Scheitern an Adys Lyrik dokumentiert in Briefen und Interviews.* In: Drei Raben (2003) 4-5, S. 39-44.
KÁRPÁTI, PÁL: *Műfordítói műhelylevelek.* [Briefe aus der Nachdichterwerkstatt.] In: Árgus 13 (2002) 5-6, S. 40-45.
KÁRPÁTI, PAUL: *Dokumentarisches zur Edition ungarischer Lyrik in der DDR (1968-1982).* In: Bödeker, Birgit / Eßmann, Helga (Hrsg.): Weltliteratur in Versanthologien des 20. Jahrhunderts (=Göttinger Beiträge zur internationalen Übersetzungsforschung 13). Berlin 1997, S. 335-343.
KÁRPÁTI PÁL: *Vörösmarty költészetének német(országi) befogadása.* [Die deutsche Aufnahme von Vörösmartys Lyrik]. In: Bakonyi István / Péntek Imre (Hrsg.): Vörösmarty – mai szemmel. Válogatás a Székesfehérváron 1999. december 1-én, valamint a Kápolnásnyéken 2000. szeptember 29-én elhangzott előadásokból. [Vörösmarty in heutiger Sicht. Auswahl aus den Vorträgen vom 1. Dezember 1999 in Székesfehérvár sowie Kápolnásnyék am 29. September 2000.] Székesfehérvár 2000, S. 129-138.
KIM, IHMKU: *Neue Mythologie in der DDR.* Zum Mythos-Konzept bei Franz Fühmann. In: Dogilmunhak [Koreanische Zeitschrift für Germanistik] 42, Bd. 78 (2001) 2, S. 59-72.
KIRSCHEY-FEIX, INGRID: *Wege einer Generation.* „Zwischen Erzählen und Schweigen" – ein Erinnerungsbuch an Franz Fühmann. [Rezension] In: Junge Welt 42 (1988) v. 22.01.1988.
KLÖTZER, CHRISTIAN: *Ogre und „Zauberberg".* In: Neue deutsche Literatur 32 (1984) 11, S. 131-133.
KOCH VALÉRIA: *Franz Fühmann 60 éves.* [Franz Fühmann zum 60.] In: Magyar Hírlap 15 (1982) v. 15.01.1982, S. 6.

KOHLHOF, SIGRID: *Franz Fühmann und E.T.A. Hoffmann*. In: E.T.A. Hoffmann Jahrbuch 1 (1992-1993), S. 199-208.
KÖHN, LOTHAR: *Franz Fühmanns Fragment Im Berg*. In: [Colonge, Paul (Hrsg.)]: La mine dans la civilisation et la littérature allemandes. / Der Bergbau in Kultur und Literatur des deutschen Sprachraums (=Germanica 6/1995). Villeneuve d'Ascq 1995, S. 83-93.
KÖHN, LOTHAR: *Vergangenheitssprachen*. Fühmanns „Saiäns-Fiktschen" und „Der Sturz des Engels". In: Klussmann, Paul Gerhard / Mohr, Heinrich (Hrsg.): Dialektik des Anfangs. Spiele des Lachens. Literaturpolitik in Bibliotheken. Über Texte von: Heiner Müller, Franz Fühmann, Stefan Heym (=Jahrbuch zur Literatur in der DDR Bd. 5). Bonn 1986, S. 109-128.
KOLBE, UWE: *Die Furcht vor Franz Fühmann*. In: Neue deutsche Literatur 41 (1993) 4, S. 156-161.
KÖPKE, WULF: *„... wie ein Feuerstrom in mein Bewußtsein getreten..."*. Franz Fühmann und die Bewältigung der Zeit. In: Literatur für Leser 16 (1993) 2, S. 69-80.
KOSCH, WILHELM: *Das Bergwesen in der deutschen Romantik*. In: Der Wächter 4 (1921) 6, S. 218-227.
KRÄTZER, JÜRGEN: *»... interessant für mich, aber für wen sonst?«* [Rezension zum *Ruppiner Tagebuch*.] In: die horen 51 (2006) 221, S. 162-164.
KRÄTZER, JÜRGEN: *„... was dazwischen liegt, ist immer nur das Halbe..."*. Biographie als Collage. [Rezension zu: Heinze, Biographie, 1998.] In: Neue deutsche Literatur 48 (2000) 1, S. 157-168.
KRÄTZER, JÜRGEN: *Versuch: Essay als Medium der Selbstfindung*. Ein Beitrag zur Untersuchung der Poetologie Franz Fühmanns. In: Weimarer Beiträge 35 (1989) 10, S. 1619-1639.
KRAUSE, STEPHAN: *Der aufgespannte Widerspruch*. Franz Fühmanns nachdichterische Spurensuche bei Attila József. In: Jahrbuch der ungarischen Germanistik 2004, S. 133-149.
KRAUSE, STEPHAN: *Nagy tudós vagy idegen. [Du bist ein großer Gelehrter, Fremder] – Zu Franz Fühmanns Ungarntagebuch 22 Tage oder Die Hälfte des Lebens*. In: Berliner Beiträge zur Hungarologie 13 (2004), S. 95-112.
KULCSÁR SZABÓ ERNŐ: *A „szerelmi" líra vége. „Igazságosság" és az intimitás kódolása a későmodern költészetben*. [Székfoglaló előadás a Magyar Tudományos Akadémián.] [Das Ende der „Liebeslyrik". Wahrhaftigkeit und Kodifizierung von Intimität in der spätmodernen Dichtung. [Antrittsvorlesung in der Ungarischen Akademie der Wissenschaften].] In: Alföld 56 (2005) 2, S. 46-65.
KULCSÁR SZABÓ ERNŐ: *A saját idegensége. A nyelv „humanista perspektívájának" változása és a műfordítás a kései modernségben*. [Die Fremdheit des Eigenen. Die Veränderung der „humanistischen Perspektive" der Sprache und die Nachdichtung in der späten Moderne.] In: Alföld 48 (1997) 11, S. 32-44. (auch in: Kabdebó, Loránt / Kulcsár Szabó, Ernő / Kulcsár-Szabó, Zoltán / Menyhért, Anna (Hrsg.): A fordítás és intertextualitás alakzatai. [Die Figuren von Übersetzung und Intertextualität.] Budapest 1998, S. 93-111.)
KUNDERA, LUDVÍK: *Erinnerungen*. In: Sinn und Form 53 (2001) 2, S. 238-246.
LABROISSE, GERD: *DDR-Literatur als literaturwissenschaftliches Problem*. In: Ders. (Hrsg.): Zur Literatur und Literaturwissenschaft der DDR (=Amsterdamer Beiträge zur Neueren Germanistik 7). Amsterdam 1978, S. 7-25.
LACHMANN, RENATE: *Ebenen des Intertextualitätsbegriffs*. In: Stierle, Karlheinz / Warning, Rainer (Hrsg.): Das Gespräch (=Poetik und Hermeneutik XI). München 1984, S. 133-138.
LACHMANN, RENATE: *Zur Semantik metonymischer Intertextualität*. In: Stierle, Karlheinz / Warning, Rainer (Hrsg.): Das Gespräch (=Poetik und Hermeneutik XI). München 1984, S. 517-523.
LANGE, MARIANNE: *Deutschlehrer auf „verlorenem Posten"? – „Die dampfenden Hälse der Pferde im Turm von Babel"*. In: Deutschunterricht 44 (1991) 6, S. 430-444.

LASCHEN, GREGOR: *Von der Richtung der Märchen.* Zwei Notate zum Werk Franz Fühmanns. In: Labroisse, Gerd (Hrsg.): Zur Literatur und Literaturwissenschaft der DDR (=Amsterdamer Beiträge zur Neueren Germanistik 7). Amsterdam 1978, S. 297-300.

LATOR LÁSZLÓ: *Radnóti Miklós németül.* [Miklós Radnóti auf Deutsch.] In: Nagyvilág 14 (1969) 7, S. 1085-1088.

LIEBERS, PETER: *Gespräch mit Wieland Förster über Franz Fühmann.* In: Sinn und Form 37 (1985) 2, S. 287-297.

LIERSCH, WERNER: *Zweiundzwanzig Tage oder Die Hälfte des Lebens.* In: Jarmatz, Klaus et al. (Hrsg.): Literaturkritik der DDR. Bd.2. Halle/S. 1978, S. 396-399.

LIPP, WOLFGANG: *Feste heute – Animation, Partizipation, Happening.* In: Haug, Walter / Warning, Rainer (Hrsg.): Das Fest (=Poetik und Hermeneutik XIV). München 1989, S. 663-683.

LOHR, HORST: *Vom Märchen zum Mythos.* Zum Werk von Franz Fühmann. In: Weimarer Beiträge 28 (1982) 1, S. 62-81.

MÁDL, ANTAL: *Imre Madách – Die Tragödie des Menschen und ihr Verhältnis zu Goethes Faust.* In: Jahrbuch der ungarischen Germanistik 1 (1992), S. 53-66.

MAGENAU, JÖRG: *Strukturelle Befangenheiten.* Die Intellektuellen-Debatte. In: Deiritz, Karl / Krauss, Hannes (Hrsg.): Verrat an der Kunst? Rückblicke auf die DDR-Literatur. Berlin 1993, S. 48-63.

MANNACK, EBERHARD: *Franz Fühmann als Interpret Hoffmannscher Erzählungen.* In: Klussmann, Paul Gerhard / Mohr, Heinrich (Hrsg.): Dialektik des Anfangs. Spiele des Lachens. Literaturpolitik in Bibliotheken. Über Texte von: Heiner Müller, Franz Fühmann, Stefan Heym (=Jahrbuch zur Literatur in der DDR Bd. 5). Bonn 1986, S. 129-141.

MARQUARD, ODO: *Moratorium des Alltags – Eine kleine Philosophie des Festes.* In: Haug, Walter / Warning, Rainer (Hrsg.): Das Fest (=Poetik und Hermeneutik XIV). München 1989, S. 684-691.

MAURER, GEORG: *Näher der Wurzel der Dinge.* Das Märchenmotiv bei Franz Fühmann. In: Neue deutsche Literatur 12 (1964) 12, S. 111-127.

MEIER, GERHARD: *Die Bedeutung von Franz Fühmanns Reisetagebuch „Zweiundzwanzig Tage oder Die Hälfte des Lebens" für den Selbstverständigungsprozeß des Schriftstellers in der sozialistischen Gesellschaft.* In: Rieck, Werner / Meier, Gerhard (Hrsg.): Internationalistische Positionen in der DDR-Literatur (=Potsdamer Forschungen der Pädagogischen Hochschule „Karl Liebknecht" Heft 63, Reihe A). Potsdam 1984, S. 65-86.

MEIER, GERHARD: *Zur Produktivität der Romantik-Rezeption in der DDR-Literatur.* In: Hartmann, Horst (Hrsg.): Zu einigen Positionen der Romantik-Forschung in der DDR und zur Rezeption der Romantik in der DDR-Literatur. Materialien e. Konferenz d. Wissenschaftsbereiches Literaturwissenschaft d. Sektion Germanistik / Geschichte / Musikerziehung d. Pädagog. Hochschule „Karl Liebknecht". Potsdam 1980, S. 147-166.

MELCHERT, MONIKA: *[Rezension zu: Marsyas. Mythos und Traum. Hrsg. v. Jürgen Krätzer.]* In: Zeitschrift für Germanistik [Berlin] 4 (1994) 3, S. 710-712.

MELCZER TIBOR: *Új német nyelvű Radnóti-verseskönyv.* [Neuer deutschsprachiger Radnóti-Band.] In: Nagyvilág 25 (1980) 12, S. 1888-1890.

MENKE, BETTINE: *Über die metapoetische Metapher.* In: Deutsche Vierteljahrsschrift für Literaturwissenschaft und Geistesgeschichte 74 (2000) 4, S. 545-599.

MICKEL, KARL: *Von der Richtung der Märchen.* [Rezension zu: Die Richtung der Märchen.] In: Neue deutsche Literatur 10 (1962) 11, S. 116-120.

MÜLLER, LOTHAR: *Schichtende.* Über Franz Fühmanns Fragment »Im Berg«. In: Menninghaus, Winfried/ Scherpe, Klaus R. (Hrsg.): Literaturwissenschaft und politische Kultur. Für Eberhard Lämmert zum 75. Geburtstag. Stuttgart 1999, S. 77-99.

NÄHRLICH-SLATEWA, ELENA: *„Was bannt mich da?"* Franz Fühmanns Rezeption von E.T.A. Hoffmann. In: Wirkendes Wort 45 (1995) 1, S. 151-166.

NALEWSKI, HORST: *Franz Fühmanns Erfahrung mit Rilkes Gedicht.* In: Jost, Roland / Schmidt-Bergmann, Hansgeorg (Hrsg.): Im Dialog mit der Moderne. Zur deutschsprachigen Literatur von der Gründerzeit bis zur Gegenwart. Jacob Steiner zum sechzigsten Geburtstag. Frankfurt/M. 1986, S. 396-402.

NEMES, GYÖRGY: *Fölzaklató utazás.* [Eine aufwühlende Reise.] [Rezension zur ungar. Ausgabe von *Zweiundzwanzig Tage oder Die Hälfte des Lebens.*] In: Élet és Irodalom 20 (1976) 37, S. 10.

NEMES, GYÖRGY: *Eine aufwühlende Reise.* [Rez. zur ungar. Ausgabe von *Zweiundzwanzig Tage oder Die Hälfte des Lebens.*] In: Budapester Rundschau 10 (1976) 39, S. 10.

NEUBERT, WERNER: *Ernste Schöpfung – schöpferisch und heiter.* [Rezension zu: Prometheus. Die Titanenschlacht.] In: Neue deutsche Literatur 23 (1975) 6, S. 129-132.

ORT, JAN: *Česká lyrika v nových německých překladech.* [Tschechische Lyrik in neuen deutschen Übersetzungen.] In: Česká literatura 14 (1966), S. 162-166.

PAETZOLD, HEINZ: *Die Ästhetik des späten Georg Lukács.* In: Gvozden, Flego / Schmied-Kowarzik, Wolfdietrich (Hrsg.): Georg Lukács – ersehnte Totalität (=Band d. Bloch-Lukács-Symposions Dubrovnik 1985) (Studien z. Philosophie d. Praxis). Bochum 1986, S. 187-195.

PASCAL, ROY: *Georg Lukács: the Concept of Totality.* In: Parkinson, G.H.R. (Hrsg.): Georg Lukács. The man, his work and his ideas (=Reading University Studies on Contemporary Europe 4). London 1970, S. 147-171.

PAULINYI, ZOLTÁN: *Von Janus Pannonius bis Gyula Illyés.* Gespräch mit Stephan Hermlin über Dichter und Übersetzer. In: Mitteilungen der Deutschen Akademie der Künste zu Berlin [DDR] 7 (1969) 3, S. 6-8.

PETZEL, JÖRG: *„... da habe ich mich in E.T.A. Hoffmann eingegraben" oder Ein erster Blick in Franz Fühmanns Arbeitsbibliothek und in seine E.T.A. Hoffmann-Sammlung.* In: E.T.A. Hoffmann-Jahrbuch Bd.7 (1999), S. 102-106.

PEZOLD, ANTONIA: *Attila Józsefs „Ode".* In: Weimarer Beiträge 30 (1984) 2, S. 236-257.

PISCHEL, JOSEPH: *Über den produktiven Umgang mit Mythen.* [Rezension zu: Irrfahrt und Heimkehr des Odysseus. Prometheus. Der Geliebte der Morgenröte und andere Erzählungen.] In: Neue deutsche Literatur 35 (1987) 7, S. 147-154.

PLAVIUS, HEINZ: *Um Schwimmen zu lernen, muss man ins Wasser gehen.* [Rezension zu: Erfahrungen und Widersprüche.] In: Sinn und Form 28 (1976) 4, S. 889-895.

PÖDÖR, LÁSZLÓ: *Attila József.* In: Bücher aus Ungarn 3 (1961) 1, S. 1f.

POMOGATS BÉLA: *Az otthonkereső.* [Der Heimatsucher.] In: Jelenkor 13 (1970) 4, S. 384-391.

PRÉVOST, CLAUDE U.A.: *Pariser Gespräch über die Prosa der DDR.* In: Sinn und Form 28 (1976) 6, S. 1164-1192.

PÜSCHEL, URSULA: *Franz Fühmann im Berg.* In: Neue deutsche Literatur 40 (1992) 1, S. 149-155.

PÜSCHEL, URSULA: *„Aber die Schöpfung soll dauern".* In: Neue deutsche Literatur 32 (1984) 11, S. 124-129.

RÁCZ, CHRISTINE: *A fordítások tartozásai. A német Ady-fordítások (recepció)történetéhez.* [Die Schulden der Übersetzungen. Zur (Rezeptions-)Geschichte der deutschen Ady-Übersetzungen.] In: Kabdebó Loránt / Kulcsár Szabó Ernő / Kulcsár-Szabó Zoltán / Menyhért Anna (Hrsg.): Tanulmányok Ady Endréről. [Studien z. Endre Ady.] Budapest 1999, S. 197-203.

REICH-RANICKI, MARCEL: *Der treue Dichter seiner Herrn.* Franz Fühmann. In: Ders.: Zur Literatur der DDR. München 1974, S. 63-73.

RÉNYI PÉTER: *József Attilától a máig és tovább.* Beszélgetés Stephan Hermlinnel korunk lírájáról. [Von Attila József bis zum Heute und weiter. Gespräch mit Stephan Hermlin über die Lyrik unserer Zeit.] In: Népszabadság 26 (1968) 128 v. 02.06.1968, S. 9.

REUSS, ULRICH: *Der Traum vom neuen Menschen.* »Greif zur Feder Kumpel!« Erinnerung an die erste Bitterfelder Konferenz. In: Neues Deutschland 54 (1999) v. 30.04.1999, S. 16.

RICHTER, HANS: *Ein verlorener Sohn Böhmens.* Dem toten Franz Fühmann zum 70. Geburtstag. In: Sinn und Form 44 (1992) 4, S. 682-686.
RICHTER, HANS: *Bruchstücke einer offenen Konfession.* Zu Franz Fühmanns Essayistik. In: Rönisch, Siegfried: DDR-Literatur '83 im Gespräch. Berlin u. Weimar 1984, S. 33-40.
RIEDEL, VOLKER: *[Rezension zu: Heinze, Biographie, 1998 u. Krüger / Bircken / John, „Jeder hat seinen Fühmann", 1998.]* In: Referatedienst zur Literaturwissenschaft 31 (1999) 4, S. 787-792.
RIEDEL, VOLKER: *Franz Fühmanns „Prometheus".* In: Weimarer Beiträge 26 (1980) 2, S. 73-96.
Ross, JAN: *Filou und sein Bergwerk.* In: Frankfurter Allgemeine Zeitung Nr. 86 v. 14.04.1993, S. 35.
RUBNOW, BETTINA: *Franz Fühmann: Wandlung und Identität.* In: Arnold, Heinz-Ludwig (Hrsg.): Literatur in der DDR. Rückblicke (=Text + Kritik Sonderband). München 1991, S. 101-108.
RÜCKER, GÜNTHER: *Was ich läse.* Günther Rücker über Franz Fühmann. In: Neue deutsche Literatur 20 (1972) 1, S. 23-27.
SÄNDIG, BRIGITTE: *Franz Fühmann: Wozu lesen, warum schreiben?* In: Einfalt, Michael et al. (Hrsg.): Intellektuelle Redlichkeit. Literatur – Geschichte – Kultur. Festschrift für Joseph Jurt. Heidelberg 2005, S. 243-253.
SCHARENBERG, MARIANNE: *Franz Fühmanns „Hera und Zeus" oder Möglichkeiten des mythologischen Stoffes heute.* In: Germanistisches Jahrbuch der VR Bulgarien 1987/1988, S. 36-43.
SCHARENBERG, MARIANNE: *Franz Fühmanns „Der Geliebte der Morgenröte":* Zu Fühmanns Arbeit mit dem Mythos. Weimarer Beiträge 33 (1987) 1, S. 18-39.
SCHARENBERG, MARIANNE: *Franz Fühmanns Hinwendung zum Mythos.* In: Német Filológiai Tanulmányok XIII / Arbeiten zur deutschen Philologie XIII. Debrecen: Tankönyvkiadó, 1979, S. 325-340.
SCHARNEFSKY, VOLKER: *Einblick in die Bibliothek Franz Fühmanns.* URL: http://www.zlb.de/wissensgebiete/historische_sammlungen/Einblick_in_die_Bibliothek_Franz_Fuehmanns.pdf (eingesehen am 08.06.2006)
SCHICKER, MARCO: *Enzyklopädie statt Lyrik.* Der Amman-Verlag bringt eine große zweisprachige Gedichtsammlung zum 100. Geburtstag von Attila József heraus, die seiner dichterischen Größe in der Übersetzung allerdings kaum gerecht wird. In: Pester Lloyd 12 (2005) 16, S. 6.
SCHILLER, DIETER: *Attila József: Gedichte.* [Rezension.] In: Sonntag 16 (1961) 19, S. 11.
SCHMIDT, JOCHEN: *Den Kopf einziehen.* In seiner DDR-Literatur-Rückschau präsentierte das Maxim Gorki Theater Franz Fühmanns Bergbau-Fragment. In: die tageszeitung 27 (2005) 7584 v. 07.02.2005, S. 23.
SCHMITT, HANS-JÜRGEN: *Nachwort.* In: Fühmann, Franz: Die Verteidigung der Reichenberger Turnhalle. Das Judenauto und andere Erzählungen (=RUB 9858). Stuttgart 1995, S. 69-76.
SCHÖNEWERK, KLAUS-DIETER: *Sein Werk spiegelt historische Wandlung.* Zum Gedenken an Franz Fühmann. In. Neues Deutschland 39 (1984) 160 v. 09.07.1984, S. 4.
SCHORLEMMER, FRIEDRICH: *»Ein Riss; und der Abgrund Mensch klaffte auf«.* Wie Franz Fühmann die Bibel zu lesen lehrt. In: Neues Deutschland 57 (2002) v. 19./20.01.2002, S. 20.
SCHRADE, ANDREAS: *Fühmanns nachgelassene Erzählungen.* [Rez. zu: Das Ohr des Dionysios.] In: Neue deutsche Literatur 35 (1987) 6, S. 141-149.
SCHULZ, MAX WALTER: *Zum Tod von Franz Fühmann.* In: Sinn und Form 36 (1984) 5, S. 1012-1016.
SCHÜTTE, WOLFRAM: *Die Unersetzlichkeit der Poesie.* Franz Fühmann ist gestorben. In: Frankfurter Rundschau 40 (1984) 158 v. 10.07.1984, S. 7.

SEYPPEL, JOACHIM: *Post an Wilderer.* Begegnungen mit Franz Fühmann. In: Neues Deutschland 52 (1998) v. 27./28.06.1998, S. 16.
SIEGENTHALER, WERNER: *Science-fiction – Nachbarland der Wirklichkeit.* Grundsätzliches zu einem umstrittenen Thema. In: Neue Zürcher Zeitung 197 (1976) 119 v. 22./23.05.1976, S. 61. (ZLB, Sammlung Fühmann)
SRAMÓ KLINGENBERG, ANNETTE: *Die Einheit des Widerspruchs.* Franz Fühmann: *Zweiundzwanzig Tage oder Die Hälfte des Lebens.* In: Studien zur Germanistik [Pécs] 8 (2002), S. 71-91.
STEINECKE, HARTMUT: *Warum Hoffmann?* Zur Einführung in das Symposion. In: E.T.A. Hoffmann-Jahrbuch 1 (1992/1993), S. 14-17.
STEINER, GEORGE: *Das totale Fragment.* In: Dällenbach, Lucien, Hart Nibbrig, Christiaan (Hrsg.): Fragment und Totalität (=edition suhrkamp 1107). Frankfurt/M. 1984, S. 18-29.
STIERLE; KARLHEINZ: *Werk und Intertextualität.* In: Stierle, Karlheinz / Warning, Rainer (Hrsg.): Das Gespräch (=Poetik und Hermeneutik XI). München 1984, S. 139-150.
STRAUB, MARTIN: *Marsyas – Zu Franz Fühmanns späten Erzählungen.* In: Literatur für Leser 16 (1993) 2, S. 94-112.
SZABOLCSI MIKLÓS: *Radnóti halálos tájai.* [Radnótis Todeslandschaften.] In: Alföld 36 (1985) 4, S. 53-59.
SZABOLCSI, MIKLÓS: *Attila József.* In: Sinn und Form 11 (1959) 3, S. 359-390.
SZÁSZ, FERENC: *Der Weg der ungarischen Literatur in die „Weltliteratur" oder ihre Aufnahme im deutschen Sprachraum.* Ein Rückblick von der Jahrtausendwende. In: Studia Caroliensia 5 (2004) 1, S. 152-170.
TARNOI, LÁSZLÓ: *Die Friedensbotschaft des Miklós Radnóti – deutsch.* In: Berliner Beiträge zur Hungarologie 5 (1990), S. 7-41.
TATE, DENNIS: *‚[...] vielleicht nur für Franz geschrieben': Volker Braun's intertextual tributes to his special relationship with Franz Fühmann.* In: Jucker, Rolf (Ed.): Volker Braun in Perspective (=German Monitor 58). Amsterdam 2004, S. 71-90.
TATE, DENNIS: *The Spectre of the Apocalypse in the Work of Franz Fühmann.* In: Goodbody, Axel (Hrsg.): Literatur und Ökologie (=Amsterdamer Beiträge zur Germanistik Bd. 43). Amsterdam 1998, S. 257-270.
TATE, DENNIS: *Undercover Odyssey:* The Reception of James Joyce in the Work of Franz Fühmann. In: German Life and Letters 47 (1994) 3, S. 302-312.
TATE, DENNIS: *Franz Fühmann: A Neglected Legacy.* In: Kane, Martin (Ed.): Socialism and the Literary Imagination. Essays on East German Writers. New York u.a. 1991, S. 91-105.
TATE, DENNIS: *Franz Fühmann als Lyriker und Förderer der Lyrik in der DDR.* In: Flood, John L. (Hrsg.): Ein Moment des erfahrenen Lebens. Zur Lyrik der DDR (=GDR Monitor Special Series No.5). Amsterdam 1987, S. 51-72.
THEILE, GERD: *Kanon Grenzen Wandlung.* Die Marsyas-Bearbeitungen von Franz Fühmann und Thomas Brasch. In: Renner, Ursula / Schneider, Manfred (Hrsg.): Häutung. Lesarten des Marsyas-Mythos. München 2006, S. 197-216.
THEILE, GERD: *Unter der Haut des Fauns.* Zur Instrumentalisierung des Eros bei Wilhelm Heise und Franz Fühmann. In: Pott, Hans-Georg (Hrsg.): Liebe und Gesellschaft. Das Geschlecht der Musen. (Weimarer Editionen). München 1997, S. 155-179.
TIMÁR GYÖRGY: *József Attila versei németül.* [Attila Józsefs Gedichte auf Deutsch.] In: Élet és Irodalom 5 (1961) 10, S. 8.
TOLNAI, GÁBOR: *Die letzte Station.* Leidensweg des Dichters Radnóti. In: Acta Litteraria Academiae Scientiarium Hungaricae Tomus 16 (1974) 1-2, S. 55-118.
TRÄGER, CLAUS: *Ursprünge und Stellung der Romantik.* In: Weimarer Beiträge 21 (1975) 2, S. 39-73.

WALKÓ GYÖRGY: *Magyar költők világba vezérlő kalauza.* Emlékezés Franz Fühmannra. [Botschafter ungarischer Dichter in der Welt. Erinnerung an Franz Fühmann.] In: Népszabadság 42 (1984) 164 v. 14.07.1984, S. 14.

WALKÓ, GYÖRGY: *Franz Fühmann önmegtagadása és ujjászületése.* [Franz Fühmanns Selbstverleugnung und Neugeburt.] [Rez. zu: Zweiundzwanzig Tage oder Die Hälfte des Lebens.] In: Nagyvilág 19 (1974) 1, S. 460-461.

WALTHER, SIBYLLE: *Rückhaltlos sagen was ist...* Ein Abend für den Dichter Franz Fühmann in der literaturWERKstatt. In: Neues Deutschland 59 (2004) v. 25.10.2004, S. 19.

WARNECKE, SYLVIA: *Franz Fühmanns „Prometheus".* In: Deutschunterricht 45 (1992) 5, S. 273-277.

WEIGEL, SIGRID: *Zum ›topographical turn‹.* Kartographie, Topographie und Raumkonzepte in den Kulturwissenschaften. In: KulturPoetik. Zeitschrift für kulturgeschichtliche Literaturwissenschaft 2 (2002), S. 151-165.

WERNER, HANS-GEORG: *Der Dichter als Anwalt der Dichtung.* [Rezension zu: Essays, Gespräche, Aufsätze 1964-1981.] In: Sinn und Form 37 (1985) 4, S. 894-903.

WERNER, HANS-GEORG: *Romantische Traditionen in epischen Werken der neueren DDR-Literatur.* Franz Fühmann und Christa Wolf. In: Zeitschrift für Germanistik [Leipzig] 1 (1980) 4, S. 398-416.

WERNER, KLAUS: *Zur Darstellung der Kunst- und Künstlerproblematik in der Literatur der DDR.* In: Diersch, Manfred / Hartinger, Walfried (Hrsg.): Literatur und Geschichtsbewußtsein. Entwicklungstendenzen der DDR-Literatur in den sechziger und siebziger Jahren. Berlin u. Weimar 1976, S. 150-183.

WERTHEIMER, JÜRGEN: *Augenblicke durch Fenster.* In: Études germaniques 61 (2006) 3, S. 401-415.

WESTPHAL, BERTRAND: *Pour une approche géocritique des textes.* Esquisse. In: Ders. (Hrsg.): La géocritique mode d'emploi. Limoges 2000, S. 9-39.

WOLF, CHRISTA: *Worte des Gedenkens.* In: Sinn und Form 36 (1984) 5, S. 1017-1022.

USKE, HOLGER: *Er-innern eines Dichters.* Ein Nachruf auf Franz Fühmann aus dem Jahr seines Todes (1984). In: Kritische Ausgabe 5 (2001) 1, S. 14-19.

ZIMA, PETER V.: *Formen und Funktionen der Intertextualität in Moderne und Postmoderne.* In: Csáky, Moritz / Reichensperger, Richard (Hrsg.): Literatur als Text der Kultur. Wien 1999, S. 41-54.

ZIOLKOWSKI, THEODORE: *James Joyces Epiphanie und die Überwindung der empirischen Welt in der modernen deutschen Prosa.* In: Deutsche Vierteljahrsschrift für Literaturwissenschaft und Geistesgeschichte 35 (1961) 4, S. 594-616.

ZONDERGELD, REIN A.: *Eine notwendige Korrektur.* Ueber die Funktion der phantastischen Literatur. In: Neue Zürcher Zeitung 197 (1976) 119 v. 22./23.05.1976, S. 61. (ZLB, Sammlung Fühmann)

[–mey]: *Phantastisches und Erlebtes.* In: Neue Zürcher Zeitung 197 (1976) 119 v. 22. / 23.05.1976, S. 61. (ZLB, Sammlung Fühmann)

Nachruf der Akademie der Künste [DDR]. In: Sonntag 38 (1984) 30, S. 4.

Über die Kunst des Nachdichtens. In: Weimarer Beiträge 19 (1973) 8, S. 34-74.

- VI.2.4 Handbücher, Wörterbücher und Lexika

ABRAMS, MEYER HOWARD: *A Glossary of Literary Terms.* New York u.a. 1971[3].

BAHLOW, HANS: *Deutsches Namenlexikon.* Familien- und Vornamen nach Ursprung und Sinn erklärt. München 1967.

BARCK, KARLHEINZ / FONTIUS, MARTIN / SCHLENSTEDT, DIETER / STEINWACHS, BURKHART / WOLFZETTEL, FRIEDRICH (Hrsg.): *Ästhetische Grundbegriffe.* Historisches Wörterbuch in sieben Bänden. Stuttgart 2000-2005.

VI. Bibliographie

BART, ISTVÁN: *Ungarn – Land und Leute*. Ein kleines Konversationslexikon der ungarischen Alltagskultur. A. d. Ungar. v. Éva Zádor. Budapest 2000.
BRADBURY, MALCOLM / MCFARLANE, JAMES (Hrsg.): *Modernism*. A Guide to European Literature 1890-1930. London 1991 [Reprint].
Brockhaus. Enzyklopädie in 30 Bdn. [Red. Leitung Annette Zwahr.] Leipzig u.a. 2006[21].
DANNENBERG, JULIUS / FRANK, WERNER ADOLF (Hrsg.): *Bergmännisches Wörterbuch*. Verzeichniß und Erklärung der bei Bergbau, Salinenbetrieb und Aufbereitung vorkommenden technischen Ausdrücke. Nach dem neuesten Stande der Wissenschaft, Technik und Gesetzgebung. Leipzig 1882.
Duden – Deutsches Universalwörterbuch. Hrsg. v. d. Dudenredaktion. Mannheim 2003[5].
Duden – Familiennamen. Herkunft und Bedeutung. Bearb. v. Rosa u. Volker Kohlheim. Mannheim 2005.
EISENHUTH, KARL-HEINZ / KAUTZSCH, EBERHARD: *Handbuch für den Kupferschieferbergbau*. Leipzig 1954. (ZLB, Sammlung Fühmann)
GLÜCK, HELMUT (Hrsg.): *Metzler Lexikon Sprache*. Stuttgart 2000[2].
Deutsches Wörterbuch v. Jakob u. Wilhelm Grimm. München 1999 [Fotomechan. Nachdruck d. Erstausgabe].
JUHÁSZ JÓZSEF ET AL. (Hrsg.): *Magyar Értelmező Szótár*. [Bedeutungswörterbuch.] 2 Bde. Budapest 1992[9].
KELEMEN, BÉLA: *Magyar – Német Nagyszótár*. [Großwörterbuch Ungarisch – Deutsch.] Budapest 1929 [Nachdruck Budapest: Könyvmíves, 2004].
A Magyar Nyelv Értelmező Szótára. Szerk. A Magyar Tudományos Akadémia Nyelvtudományi Intézete. [Bedeutungswörterbuch der Ungarischen Sprache. Hrsg. v. Sprachwissenschaftlichen Institut der Ungarischen Akademie der Wissenschaften.] 7 Bde. Budapest 1959-1962.
Langenscheidts Taschenwörterbuch Altgriechisch. Begr. v. Hermann Menge. Neubearb. v. Karl-Heinz Schäfer u. Bernhard Zimmermann. Berlin u.a. 2000[8].
Ungarn. Tausend Jahre Zeitgeschehen im Überblick. Red. Éva Molnár. Budapest 1999.
Der Neue Pauly. Enzyklopädie der Antike. Hrsg. v. Hubert Cancik u. Helmuth Schneider. Ersch. 16 Bde. Stuttgart 1996 -.
Paulys Real-Encyclopädie der classischen Alterumswissenschaften. Neue Bearb. beg. v. Georg Wissowa. Hrsg. v. Wilhelm Kroll. Stuttgart 1894-1978.
Nouvelle Édition du Petit Robert de Paul Robert. Texte remanié et amplifié sous la direction de Josette Rey-Debove et Alain Rey. Paris 1996.
ROSCHLAU, HORST: *ABC Erzbergbau*. Über 3500 Begriffe m. 386 Bildern u. 14 Tabellen. Leipzig 1985.
SCHANZE, HELMUT (Hrsg.): *Romantik-Handbuch* (=Kröners Taschenausgabe Bd. 363). Stuttgart 2003[2].
SIMROCK, KARL: *Handbuch der deutschen Mythologie mit Einschluß der nordischen*. Bonn 1864[2].
V. WILPERT, GERO: *Sachwörterbuch der Literatur*. Stuttgart 2001[8].
ZIEGLER, KONRAD / SONTHEIMER, WALTHER (Hrsg.): *Der Kleine Pauly*. Lexikon der Antike. A. d. Grundlage v. Pauly's Realencyclopädie der classischen Altertumswissenschaft unter Mitw. zahlreicher Fachgelehrter bearb. u. hrsg. 5 Bde. München 1979. (ZLB, Sammlung Fühmann)

- VI.2.6 Weitere Medien

Das Bergwerk – Franz Fühmann. Regie: Karl-Heinz Mund. Deutschland, 1998.

- VI.2.7 Bibliographischer Anhang – Auswahlbibliographie aus Franz Fühmanns Sammlung von Bergwerk- und Bergbauliteratur in der Nachlassbibliothek (ZLB, Sammlung Fühmann)

AGRICOLA, GEORG: *Vom Berg- und Hüttenwesen.* München 1980^2.
AGRICOLA, GEORG: *Bermannus oder über den Bergbau.* Ein Dialog. Ausgewählte Werke (AW). Bd. II. Übers. u. bearb. v. Helmut Wilsdorf. Berlin 1955.
AGRICOLA, GEORG: *Schriften zur Geologie und Mineralogie I.* [Epistula ad Meurerum de ortu et causis subterraneorum libri V de natura eorum quae effluunt ex terra libri IV.] AW. Bd.III. Übers. u. bearb. v. Georg Fraustadt. Berlin 1956.
AGRICOLA, GEORG: *De re metallica libri XII* (Bergbau und Hüttenkunde, 12 Bücher). AW. Bd. VIII. Übers. u. bearb. v. Georg Fraustadt u. Hans Prescher. Berlin 1974.
ARNOLD, WERNER: *Eroberung der Tiefe.* Leipzig 1974.
BLECHSCHMIDT, MANFRED (Hrsg.): *Die silberne Rose.* Europäische Bergmannssagen. Rudolstadt 1974.
Der Bergmann in seinem Berufe. Bilder aus den Freiberger Gruben v. HEINRICH BÖRNER. Freiberg i. Sachs. [1903].
BRINKMANN, LUDWIG: *Silber.* Aus meiner Bergwerkszeit. Frankfurt/M. 1923.
V. BUBNOFF, SERGE: *Geschichte und Bau des deutschen Bodens* (=Deutscher Boden Bd. 1). Berlin 1936.
V. BÜLOW, KURD: *Geologie für jedermann.* Eine erste Einführung in geologisches Denken, Arbeiten und Wissen. Leipzig u.a. 1962^7.
EISENHUTH, KARL-HEINZ / KAUTZSCH, EBERHARD: *Handbuch für den Kupferschieferbergbau.* Leipzig 1954.
ENGEWALD, GISELA-RUTH: *Georgius Agricola* (=Biographien hervorragender Naturwissenschaftler, Techniker u. Mediziner Bd.61). Leipzig 1982.
GEHRIG, HERRMANN: *Lesebuch für Berg- und Hüttenschulen.* Leipzig u. Berlin 1905.
GRINER, A.S.: *Der Hauer vor Ort.* A. d. Russ. v. Georg Feist. Leipzig 1953.
GORKI, MAXIM: *Arbeit im Simplon.* Zürich 1977.
HABRASCHKA, PAUL: *Der Kumpel lacht* (=Bertelsmann-Feldpostheft). Gütersloh [1942].
HEILFURTH, GERHARD: *Der Bergbau und seine Kultur.* Eine Welt zwischen Dunkel und Licht. Zürich 1981.
HEYDENREICH, EDUARD: *Geschichte und Poesie des Freiberger Berg- und Hüttenwesens.* Freiberg i. Sachs. 1892.
HÖLDER, HELMUT: *Geologie und Paläontologie in Texten und ihrer Geschichte.* Freiburg/Brsg. u. München 1960.
HORST, ULRICH: *Das Agricola-Büchlein* (=Kl. Bibliothek d. Natur- u. Heimatfreunde Bd. 5). Dresden 1955.
HUE, OTTO: *Die Bergarbeiter.* Historische Darstellung der Bergarbeiter-Verhältnisse von der ältesten bis in die neueste Zeit. 1. Bd. Stuttgart 1910.
V. HUMBOLDT, ALEXANDER: *Über den Zustand des Bergbaus und Hütten-Wesens in den Fürstentümern Bayreuth und Ansbach im Jahre 1792* (=Freiberger Forschungshefte Kultur u. Technik D23). Berlin 1959.
JACOB, ARTHUR: *Kali.* Gewinnung und Anwendung der Kalidüngesalze. Melsungen / Hannover 1955^2.
Aus den sibirischen Bleibergwerken. Unedierte Briefe von Vaszilij Jakszakov. [A. d. Ungar. übers.] Berlin 1892.
JANKOWSKI, GÜNTER / REMUS, WALTER: *Die Kupferschieferlagerstätte in der Sangerhäuser Mulde.* Halle/S. 1963.
JUBELT, RUDOLF / SCHREITER, PETER: *Gesteinsbestimmungsbuch.* Leipzig 1972^6.
KENNGOTT, ADOLF: *Naturgeschichte des Mineralreichs für Schule und Haus* (=Naturgeschichte des Tier-, Pflanzen- und Mineralreichs 3). Eßlingen b. Stuttgart 1888.

KLAUßMANN, OSKAR A.: *„Schlagende Wetter".* Episoden aus dem Leben eines jungen Bergmanns für die reifere Jugend erzählt. Leipzig u. Kattowitz 1907.
KOHL, HORST: *Ökonomische Geographie der Montanindustrie in der Deutschen Demokratischen Republik.* Gotha u. Leipzig 1966.
KRAEMER, HANS (Hrsg.): *Der Mensch und die Mineralien.* Berlin u. Leipzig [1920].
KRUMBIEGEL, GÜNTER / WALTHER, HARALD: *Fossilien.* Sammeln, Präparieren, Bestimmen, Auswerten. Leipzig 1979^2.
[MAY, W. (Hrsg.)]: *Taschenbuch für den Bergmann.* Bd. 2, Allgemeines bergmännisches Fachwissen. Mit 23 Tabellen. Leipzig 1961. (Titel liegt unter: AdK, Berlin, FFA, Nr. 38/9.)
MÖLLENBERG, WALTER: *Das Mansfelder Bergrecht und seine Geschichte.* (Hrsg. v. Harzverein f. Geschichte u. Alterumskunde.) Wernigerode 1914.
LAUTERBACH, ROBERT: *Erlebnis Geologie.* Die Erde einst und jetzt. Leipzig 1981.
Das Buch der Geologie oder die Wunder der Erdrinde und der Urwelt. Naturgeschichte der Erde in allgemeinverständlicher Darstellung für alle Freunde dieser Wissenschaft. Durchges. u. m. e. Einl. begl. v. Carl Cäsar v. Leonhard. Leipzig 1855.
NEHER, FRANZ LUDWIG: *Kupfer, Zinn, Aluminium.* Leipzig 1942^2.
NOTHING, KARL: *Bergmännisches Handbuch für Schule und Haus.* 2 Bde. Halle/S. 1925^2 (Bd. I) u. Eisleben 1923 (Bd. II).
PFANNSTIEL, MARGOT: *Seilfahrt und Ofenreise.* Geschichten a. Hütte u. Schacht. Berlin 1979.
PFEIFFER, EDUARD: *Das Bergwerk im Bild.* Bilder a. aller Welt f. jedermann. Stuttgart 1925^2.
RÖSSGER, KARL (Hrsg.): *Sagen der Technik nach alten Quellen berichtet von Oskar Ebermann* (=Dürr's Sammlung deutscher Sagen, Neue Reihe Bd. 4). Leipzig [1931].
SÄRCHINGER, HELLMUTH: *Geologie und Gesteinskunde.* Berlin 1952^2.
SCHEWIECZEK, ALFONS: *Der Erzbergmann.* Bd. 3, Historische Geologie. (Fachbücher f. d. Bergbau). Leipzig 1953.
SIEBER, FRIEDRICH: *Aus dem Leben eines Bergsängers.* Leipzig 1958.
TREPTOW, EMIL / WÜST, FRITZ / BORCHERS, WILHELM: *Bergbau und Hüttenwesen.* F. weitere Kreise dargest. Leipzig 1900.
WAGENBRETH, OTFRIED: *Goethe und der Ilmenauer Bergbau.* Weimar 1983.
WILSDORF, HELMUT: *Bergwerke und Hüttenanlagen der Agricola-Zeit* (=Ergänzungsbd. I zu Agricolas AW). Berlin 1971.
WRUBEL, FRIEDRICH: *Sammlung bergmännischer Sagen.* Freiberg i. Sachs. [1882].
Der Kupferschieferbergbau und der Hüttenbetrieb zur Verarbeitung der gewonnenen Minern in den beiden Mansfelder Kreisen und im Sangerhäuser Kreise. Dargest. v. d. Ober-Berg- u. Hüttendirection i. Eisleben. Eisleben 1881.
Schichtsegen. Andachten für Bergleute auf der Grube und im Hause. Essen 1892.
Geologische Formationstabellen. O.O. 1914.